1 **Die Wattküste**

2 **Der Westen**

3 **Der Nordwesten**

4 **Der Norden**

Nachlesen & Nachschlagen

Wandern & Rad fahren

Unterwegs mit

Heidi Schmitt

1963 in Nürnberg geboren. Schreiben, Reisen und Kunst bestimmen die kreative Arbeit von Heidi Schmitt. Die freie Publizistin studierte Theater- und Medienwissenschaften an der Universität Erlangen-Nürnberg und war Redakteurin der Neuen Presse Coburg. Im Michael Müller Verlag sind ihre Reiseführer „Thüringen" und „Dänemark Nordseeküste" erschienen. Zu ihren abenteuerlichsten Welt-Reisen gehören Australien und Mexiko.

Die Sehnsucht nach dem Meer hat meinen Mann und mich 2018 zur „Auswanderung" nach Flensburg bewogen. Schnell habe ich mich vom nordischen Lebensgefühl unseres liebenswerten Nachbarlands Dänemark anstecken lassen. Gleich hinter der Grenze beginnt eine Welt der Gelassenheit und Gemütlichkeit. Diese Welt ist gleichbedeutend mit „Hygge", was für die Dänen nicht nur ein Wort ist, sondern ein Lebensgefühl. Für mich ist Hygge ein Kaffee am Torvet in Ribe oder ein Herbstspaziergang am Strand von Rømø. Hygge ist auch ein netter Schnack mit den Kunsthandwerkern und Designern an der dänischen Nordseeküste, zum Beispiel auf Fanø oder in Lønstrup. Sie erläutern gerne, wie sie mit ihren Materialien – Ton, Glas, Textil, Bernstein, Treibholz u. a. – arbeiten. Was mich an der dänischen Nordseeküste am meisten beeindruckt? „Elia" – die riesige, schwarze Donnerkuppel des schwedischen Künstlers Ingvar Cronhammar im Birk Centerpark in Herning. Wo es mir am besten gefällt? Zu den schönsten Plätzen an der Nordsee gehört für mich der Bulbjerg, denn von dem eindrucksvollen Felsen aus hat man eine spektakuläre Aussicht aufs Meer.

Was haben Sie entdeckt?

Haben Sie ein besonderes Restaurant, ein neues Museum oder ein nettes Hotel entdeckt? Wenn Sie Ergänzungen, Verbesserungen oder Tipps zum Buch haben, lassen Sie es uns bitte wissen!

Schreiben Sie an: Heidi Schmitt, Stichwort „Dänemark Nordseeküste"
c/o Michael Müller Verlag GmbH | Gerberei 19 | D – 91054 Erlangen
heidi.schmitt@michael-mueller-verlag.de

Dänemark Nordseeküste

Heidi Schmitt

3. komplett überarbeitete und aktualisierte Auflage 2024

Inhalt

Orientiert in Dänemark ▪ 8

Unterwegs in Dänemark ▪ 22

Die Wattküste ▪ 24

Als UNESCO-Weltnaturerbe ist das dänische Wattenmeer ausgezeichnet. Die vielfältige Natur im Lebensraum zwischen Ebbe und Flut lässt sich bei Wattwanderungen erkunden. Das grüne Marschland bietet sich für Radtouren an. Die schönsten Strände findet man auf den Inseln Rømø und Fanø, wo man zudem viel über den alten Brauch des Walfangs lernen kann. Viel Kultur und schöne Stadtensembles bieten Ribe und Tønder. Auch Møgeltønder und Løgumkloster sind einen Besuch wert. Kulturgenuss und Einkaufsbummel kann man in der lebendigen Hafenstadt Esbjerg verbinden.

Der Westen ▪ 102

Sandstrand bis zum Horizont und idyllische Ferienhaussiedlungen in den Dünen machen den Westen zum beliebten Ziel deutscher Urlauber. Familien fühlen sich in Blåvand, Vejers und Henne Strand wohl. Ein Abstecher ins Legoland Billund bringt temporeichen Spaß. Rund um den Ringkøbing Fjord sind Radler, Wassersportler, Vogelkundler und Kulturinteressierte in ihrem Element. Sehenswert sind das Wikingerdorf Bork Vikingehavn, das Tirpitz Museum und das Sandskulpturenfestival Søndervig. Die Stadt Holstebro hat ein ausgezeichnetes Kulturprogramm zu bieten.

Preise Übernachten

(DZ inkl. Frühstück in der Hauptsaison)

€	bis 750 DKK
€€	750–1000 DKK
€€€	1000–1600 DKK
€€€€	über 1600 DKK

nachhaltig, ökologisch, regional

Mein Tipp Die besondere Empfehlung unseres Autors

Der Nordwesten ▪ 200

Zwischen wilder Nordsee und lieblichem Limfjord steht Naturgenuss im Vordergrund. Der Nationalpark Thy und die einsamen Sandstrände kann man am besten zu Fuß oder mit dem Fahrrad erkunden. Surfer zieht es zum Brandungssurfen nach Klitmøller. Der Limfjord ist ein beliebtes Segelrevier. Am 61 m hohen Hanklit auf der Insel Mors kann man sich über Erdgeschichte informieren. Sehenswert sind das Frilandsmuseet Hjerl Hede, die mittelalterliche Spøttrup Borg, das Bunkermuseum Hanstholm und das Limfjordsmuseet Løgstør.

Der Norden ▪ 252

Die Wanderdüne Råbjerg Mile und der Rubjerg Knude Fyr sind die Naturhighlights der Region. An den Stränden der Jammerbugt findet man ruhige Strandorte ebenso wie das quirlige Blokhus mit Fårup Sommerland. Ein Besuch im Nordsøen Oceanarium in der Hafenstadt Hirtshals gefällt Groß und Klein. In Thorup Strand kann man Strandfischer in Aktion erleben. Kulturinteressierte lernen in Skagen die Bildwelten der berühmten Skagenmaler kennen. Aalborg wartet mit abwechslungsreichen Sehenswürdigkeiten und der längsten Kneipenmeile Jütlands auf.

GPS-kartierte Touren sind mit dem Symbol GPS gekennzeichnet. Download der GPS-Tracks inkl. Waypoints unter https://mmv.me/52692

An der Slotsgade in Møgeltønder

Orientiert

in Dänemark

Die Region im Profil

Dänemarks Nordseeküste ist …

Gewaltiger Ozean, überwältigende Natur und inspirierende Kultur: Wer Dänemarks Nordseeküste kennt, will mehr davon.

- Die Westküste der Halbinsel Jylland hat eine Länge von rund 500 km.
- Größter Felsen der dänischen Nordseeküste ist der 47 m hohe Bulbjerg.
- Der westlichste Punkt Dänemarks liegt am Blåvandshuk Fyr.

… aus Wind, Sand und Wasser gemacht

Herrliche Sandstrände, die malerische Wasserstraße des Limfjords, aber auch gewaltige Wanderdünen gehen aufs Konto des Windes. Stetig weht er aus vorwiegend westlicher Richtung, und man tut gut daran, sich beim Sonnenbaden ein geschütztes Plätzchen zu suchen. Im Zusammenspiel von Wind, Wellen und Strömungen der Nordsee wurde über Jahrtausende Sand angehäuft und eine gleichmäßige Küstenlinie geformt. Windparks in Reih und Glied und nach Osten gebeugte Baumreihen zeigen, wer in der flachen Landschaft das Sagen hat.

… das Land der Wikinger

Dem stolzen Volk der Wikinger begegnet man an der Nordseeküste überall. Sie waren tüchtige Seefahrer, erfolgreiche Weltentdecker und Händler, aber eben auch grausame Krieger, die auf ihren Raubzügen verbrannte Erde und eine wahre Blutspur hinterließen. Vom Mythos der Nordmänner künden archäologische Stätten wie die Aggersborg oder das Gräberfeld Lindholm Høje. Die auf Touristenformat gebrachten Siedlungen „Ribe VikingeCenter" und „Bork Vikingehavn" machen das Wikingerleben anschaulich und bieten einen hohen Erlebnisfaktor.

… geprägt von Fischern und Seefahrern

Die Seefahrt auf der Nordsee ist eine Geschichte voller Glanz und Katastrophen. Reiche Kapitänshöfe auf Rømø erzählen von erfolgreichen Handelsfahrten. Doch der Name „Eisenküste" erinnert an die zahlreichen Schiffsunglücke, bei denen Tausende Seeleute ums Leben kamen. Votivschiffe in den Kirchen sind Symbole des Danks für göttlichen Beistand. Die Fischerei ist ein wichtiger Wirtschaftszweig: Die großen Fischereihäfen Hanstholm und Hirtshals beliefern die Region und die Welt. Traditionelle Küstenfischerei wird noch in Thorup Strand betrieben. Neues Kapital schöpfen die Offshore-Windparks, die vom modernen Hafen Esbjerg aus betreut werden.

… lebendige Szene für Kunst und Design

Entlang der Nordseeküste sind Kunst und Kunsthandwerk auf Schritt und Tritt zu finden. Hochkarätige Malerei in Museen, Skulpturenwege in den Städten oder feines Kunsthandwerk von Glas bis Keramik – alle Kreativen spiegeln in ihren Werken ihre Sicht auf Meer und Landschaft. Dänisches Design mit seinen klaren Formen und zurückhaltenden Farben steht nicht nur im Museum wie die Stühle von Hans J. Wegner in Tønder, in den meisten Fällen wird man im Ferienhaus oder Badehotel auch darin wohnen.

… zu jeder Jahreszeit ein Erlebnis

Die meisten Urlauber kommen im Sommer an die dänische Nordseeküste, um Sonne und Strand zu genießen und die langen Sommerabende zu feiern. Herrlich entschleunigt lassen sich Land und Natur auch im Frühjahr, Herbst und Winter erleben: bei der Beobachtung von tanzenden Starenschwärmen in der Marsch, Wanderungen zur Hirschbrunft im Nationalpark Thy, Exkursionen im Wattenmeer mit der Verkostung selbst gesammelter Austern oder beim Winterbaden in Søndervig.

… Hygge – gemütlicher geht's nicht

Die Dänen sind echte Gemütlichkeitsfanatiker. Hygge ist für sie knisterndes Kaminfeuer im Ferienhaus, Kerzen selbst ziehen, Pullover stricken, den Sonnenuntergang ansehen, mit Freunden kochen und essen. Dänen sind so gemütlich, dass sie hygge sogar als Verb verwenden. Also dann gemütlichen wir uns mal!

… voll kulinarischer Entdeckungen

Natürlich geht in den Küchen der Region nichts ohne Fisch und Meeresfrüchte, die überall fangfrisch auf den Tisch kommen. Essen wird nicht selten zum Event, ob beim Heringsfestival in Hvide Sande oder beim Muschelerntefest in Løgstør. Die Landwirtschaft sorgt für weitere Gaumenfreuden wie zartes Marschlamm, saftige Steaks von Weiderindern oder monatelang in der Salzluft gereifter Nordseekäse. Um alle Craftbiere der zahlreichen Mikrobrauereien durchzuprobieren, wird ein Urlaub allein nicht ausreichen.

Museen und mehr

Erlebnis Kultur

Es soll Leute geben, die sehen vor lauter Kunst das Wasser nicht: Recht haben sie, denn ein Kultururlaub an der Nordseeküste lohnt sich!

- Im Untergrund: das Gråbrødremuseet in Aalborg → S. 298
- Häuschen aus Muscheln: das Sneglehuset in Thyborøn → S. 183
- Werke der Fantasie: im Museum Frello in Varde → S. 108

Lebendige Geschichte

Die Aufbereitung und Vermittlung von Geschichte liegt den Museumsmachern in Dänemark am Herzen. Unter dem Motto „levende historie" wird vom kleinen regionalen Museum bis hin zu großen Freilichtmuseen in den Sommermonaten Geschichte lebendig. Im Freilichtmuseum Hjerl Hede schlüpfen Freiwillige in historische Kostüme und leben und arbeiten ganz wie in alten Zeiten (→ S. 243). Bei großen Events wie dem Wikingermarkt in Ribe oder dem Ritterspektakel auf Burg Spøttrup wird gehandelt und gekämpft wie einst.

Großartige Baukunst

Der mächtige Dom von Ribe und das Altstadtensemble der ältesten Stadt Dänemarks versprühen noch heute einen Hauch Mittelalter (→ S. 74). Die Kunst von Spätromanik und Frühgotik sieht man in der Kirche von Løgumkloster (→ S. 68). Eine der besterhaltenen Mittelalterburgen Dänemarks ist die Spøttrup Borg am Limfjord (→ S. 244). Auch Architekten neuerer Zeit haben Spuren hinterlassen: Jørn Utzon schuf Kulturzentren in Esbjerg und Aalborg und Ulrik Plesner gestaltete ganze Areale in Ringkøbing und Skagen. Überall im Land weisen Wegweiser mit Schleifensymbolen auf besondere Sehenswürdigkeiten hin.

Schmucke Dörfer

Als schönstes Dorf Dänemarks gilt Sønderho auf Fanø (→ S. 43). Auf schmalen Fußwegen lässt sich das Gewirr aus bunten Reetdach-Häusern, Holländer-Mühle, Kirche und Dorf-Krug entdecken. Das einst elende Fischernest Skagen wurde durch seine Künstlerkolonie im 19. Jh. bekannt und ist heute ein stilvoll herausgeputzter Sommertreffpunkt des Jetsets.

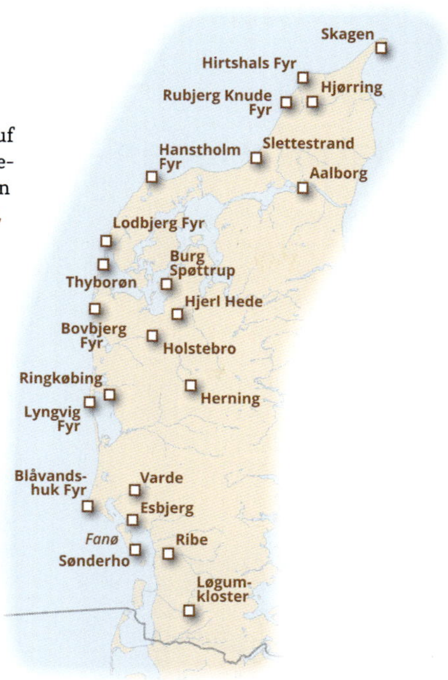

Historische Leuchttürme

Unentbehrlich für die Orientierung auf See sind die Leuchttürme der Nordseeküste. Jedes der historischen Seezeichen wie der Blåvandshuk Fyr, Lyngvig Fyr, Lodbjerg Fyr und Hirtshals Fyr ist eine Gelegenheit, im flachen Land den Überblick zu bekommen. Vorausgesetzt, man scheut nicht das Treppensteigen. Der knallrot angemalte Bovbjerg Fyr bei Ferring unterscheidet sich schon äußerlich von den übrigen Türmen. Im Skagen Grå Fyr ist ein Zentrum für Zugvögel untergebracht (→ S. 317).

Der ausgemusterte Leuchtturm Rubjerg Knude Fyr, der von einer fast 100 m hohen Wanderdüne überrollt wurde, ist ein Besuchermagnet. Weil er zu nahe an der Steilküste stand und in Gefahr war, ins Meer zu stürzen, wurde er 2019 in einer spektakulären Rettungsaktion landeinwärts versetzt (→ S. 277).

Gelebte Traditionen

Bei den Fanniker Dagen auf Fanø schlüpfen Jung und Alt in traditionelle Trachten und feiern ihr Volksfest mit Gesang, Tanz und Umzügen. Durch den Bau neuer Fischerboote im Bootshaus Han Herred Havbåde am Slettestrand wird das alte Bootsmacherhandwerk als Teil der Küstenfischerkultur in die nächste Generation getragen (→ S. 262).

Aus düsteren Zeiten

An die Skagerrakschlacht von 1916, bei der fast 9000 Menschen den Tod fanden, erinnert ein Denkmal in den Dünen von Thyborøn (→ S. 181). Über den Irrsinn des sogenannten Atlantikwalls und das Leid, das die deutsche Besatzung in Dänemark hinterließ, informiert u. a. das Bunkermuseum Hanstholm (→ S. 222). Damit auch die jüngere Generation diesen Teil der Geschichte nicht vergisst, werden Führungen zu den größeren Bunkeranlagen wie z. B. zu den Houvig Fæstningen bei Søndervig veranstaltet.

Spektakuläre Kunst

Auf Schritt und Tritt stolpert man an der Nordseeküste über Kunst. Rund 50 Kunstwerke umfasst der Skulpturenweg in Holstebro (→ S. 193), doch auch kleinere Orte wie Tarm und Hjørring schmücken sich mit Kunst im öffentlichen Raum. In Skagen (→ S. 312) steht die Malerei der Skagenmaler im Mittelpunkt, der man in Skagens Museum und in den Künstlerhäusern begegnen kann. Das größte Kunstwerk der Region ist im Birk Centerpark in Herning zu sehen: die 11 m hohe Stahlkuppel „Elia" von Ingvar Cronhammar (→ S. 168). Die wichtigsten Museen für zeitgenössische Kunst gibt es in Aalborg, Esbjerg und Herning. Aber auch kleinere Kunstmuseen wie das in Ribe lohnen einen Besuch.

Viel Grün im Blau

Natur erleben

Vogelpfeifen und Robbenknurren, Wasserblau und Kieferngrün, Wandersand und Lehmablagerungen – so kontrastreich ist die Natur an der Nordsee. Das Meer, die Fjorde und die Flüsse bieten Lebensraum für eine vielfältige Fauna mit den majestätischen Seeadlern als Krönung.

- In der Luft: Starenschwärme färben die Sonne in der Marsch schwarz („Sort Sol").
- Auf dem Teller: Am Meer auf Fanø gedeiht der „Arme-Leute-Spargel" Queller.
- Unterm Sand: Von den Eichen im Wald bei Henne sieht man nur die grünen Spitzen.

Das Wattenmeer

Geprägt von Ebbe und Flut, ist das Wattenmeer ein einzigartiges Ökosystem mit etwa 10.000 Tier- und Pflanzenarten. Der dänische Teil des Wattenmeers reicht von der deutsch-dänischen Grenze bis hinter Esbjerg. Der schützenswerte Naturraum mit seinen drei vorgelagerten Inseln wurde 2010 zum Nationalpark Vadehavet (Nationalpark Wattenmeer) erklärt und trägt seit 2014 das Label UNESCO-Weltnaturerbe Wattenmeer. Auf Wattwanderungen kann man die Natur vom Wattwurm bis zu den possierlichen Seehunden kennenlernen. Im Frühjahr und Herbst machen Millionen Zugvögel im Wattenmeer Station. → S. 27

Nationalpark Thy

Im Jahr 2008 eingeweiht, ist der Nationalpark Thy im Nordwesten Dänemarks ältester Nationalpark. Er reicht von der Agger Tange bis Hanstholm und bietet ein vielfältiges Landschaftsbild mit hoch aufgetürmten Dünen, Heide, Kiefernwäldern und mehr als 200 Seen. Ein dichtes Netz aus Wander- und Fahrradwegen erschließt dieses herrliche Stück Natur. → S. 202

Skjern Enge

Der Fluss Skjern Å, der heute in einem wasserreichen, mäandernden Flussdelta in den Ringkøbing Fjord mündet, hat eine aufsehenerregende Geschichte hinter sich. In den 1950er- und 60er-Jahren wurde er zur Gewinnung von Ackerland begradigt. Erst in den 80er-Jahren erkannte man den Fehler und renaturierte die Agrarmonotonie. 20 Jahre später war die grüne Auenlandschaft der Skjern Enge wiederhergestellt, wo heute eine Vielzahl von Vögeln, darunter auch Löffelreiher und Seeadler, zu beobachten sind. → S. 161

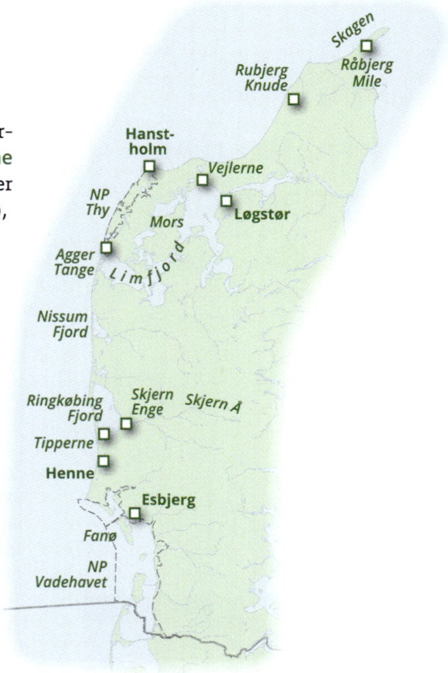

Schutzgebiete für Tiere

Als Rast- und Brutgebiet für Wasservögel steht die Halbinsel Tipperne (→ S. 135) am Ringkøbing Fjord unter Naturschutz. In den Vejlerne (→ S. 227), einem Tiefland aus Wiesen, Röhricht und Brackwasserseen am Limfjord, wird die Vogelwelt wissenschaftlich erforscht. Besucher dürfen als Zaungäste mit dem Fernglas von Vogelbeobachtungstürmen aus schauen. Das Wildreservat Hanstholm (→ S. 221) bietet Rückzugsmöglichkeiten für eine stattliche Population an Rotwild und ist Brutgebiet vieler Vögel.

Insel Mors

Mächtige Naturgewalten haben die „Perle des Limfjords" geformt. Im Norden der Insel Mors türmen sich hohe Kliffs auf wie das 61 m hohe Hanklit, an dessen schroffen Abhängen man 55 Millionen Jahre Erdgeschichte ablesen kann. Die Überreste des Urmeeres zeichnen sich als lehmige Moler-Ablagerungen ab und bergen gut erhaltene Fossilien. → S. 236

Die Fjorde

Die dänischen Fjorde sind unter dem Anbranden der Nordsee und im Kommen und Gehen sandiger Landzungen entstandene Förden oder Haffs. Der etwa 180 km lange Limfjord verbindet Nord- und Ostsee. Sein Ufer ist mal flach, mal steil, und so gibt es vielfältige Eindrücke. In Løgstør wird das knallblaue Wasser von aufgehäuften weißen Muschelschalen kontrastiert. Auf der flachen Agger Tange kann man sich an Fjord und Nordsee zwischen zwei Wassern bewegen. Die Landschaft an Ringkøbing Fjord und Nissum Fjord ist flach, sodass man die Gewässer am besten von einem Boot aus genießt.

Wanderdünen

Sandflucht prägt die dänische Nordseeküste seit Jahrhunderten. Auf der Halbinsel Skagen ist noch zu erleben, wie das Land aussehen würde, wenn der Mensch nicht mit der Pflanzung von Dünenwäldern und Heide etwas gegen den Sand unternommen hätte. Die unter Naturschutz gestellte Wanderdüne Råbjerg Mile (→ S. 325) bedeckt eine Fläche von etwa einem Quadratkilometer und ist etwa 40 m hoch. Der Wind treibt sie pro Jahr etwa 15 m weiter nach Nordosten.

Auch die Rubjerg Knude (→ S. 277) bei Lønstrup ist eine spektakuläre Wanderdüne. Der bis zu 100 m hohe Sandberg hat bereits den dortigen Leuchtturm überrollt und bewegt sich etwa 20 m jährlich landeinwärts. Beide Dünen sind absolut sehenswert; je stärker der Wind weht, desto sandiger das Erlebnis.

Vielfältig sportlich

Aktiv an der Nordseeküste

Die perfekte Welle reiten, mit dem Mountainbike durch Dünenwälder preschen oder gemütlich im Heideland wandern – an der Nordseeküste heißt's: Raus in die Natur!

- Gespurt: mit der Fahrrad-Draisine auf der alten Bahnstrecke bei Nørre Nebel → S. 130
- Abgefahren: mit Skirollern trainieren im Ski Park Vesterhavet bei Oksbøl → S. 113
- Herausfordernd: Abseilen vom 38 m hohen Lyngvig Fyr bei Hvide Sande. → S. 146

Wandern

Als Wanderland ist Dänemark unterschätzt. Sicher, man kann hier kaum Höhenmeter sammeln, aber die abwechslungsreiche Natur mit Marsch, Strand, Heide, Wäldern, Flussauen und Fjorden lässt sich besonders gut zu Fuß erkunden. In jeder Region findet man schöne regionale Wanderwege mit kurzen Teilstücken, die miteinander kombinierbar sind. Beliebtester Weitwanderweg ist der **Nordsøstien** (Nordseewanderweg). Er führt von Tønder nach Esbjerg, weiter über Skjern und Holstebro nach Thyborøn und dann an der Küste entlang nach Skagen (www.northseatrail.org). Der **Hærvejen** (Ochsenweg) zieht sich ab Padborg mitten durch Jütland, und man kann ab Løgstør die Nordseeküste bis nach Hirtshals erwandern (www.haervej.dk). Entlang der Trails gibt es urige Übernachtungsplätze mit offenen Holzhütten und oft auch Feuerstellen. In den Touristenbüros sind Flyer und Karten erhältlich.

Fahrradfahren

Dänemark ist Fahrradland. In Stadt und Land gibt es ein dichtes Netz an Fahrradwegen. Die Wegweiser sind blau, unter einem weißen Radfahrer steht die entsprechende Nummer. Die Touristenbüros haben dazu meist kostenlose Karten. Besonders schön sind die **16 Panoramarouten** zwischen 20 und 50 km Länge, die als Rundfahrten konzipiert sind und schöne Aussichtspunkte und Sehenswürdigkeiten beinhalten. Radreisende können die gesamte Nordseeküste auf der **Vestkystruten** abfahren. Von der deutsch-dänischen Grenze bei Rudbøl bis nach Skagen sind 560 km zu bewältigen. **15 Mountainbike-Strecken** bieten sportliche Herausforderungen. Eine der schönsten befindet sich in der Svinkløv Dünenplantage mit 385 Höhenmetern auf 20 km Strecke (Infos und Karten:

https://vestkystruten.dk/de/). Die Limfjordroute (Nationale Radroute 12, 610 km) umrundet den Limfjord. Schön und aussichtsreich ist die „Solruten" (Sonnenroute, 170 km) rund um die Insel Mors.

Wassersport

An der Nordsee und ihren Fjorden kann man sich bei jeder Art von Wassersport austoben. In allen Urlaubsorten wird die nötige Ausrüstung vermietet. Legendär bei Brandungssurfern ist der kleine Ort Klitmøller, denn „Cold Hawaii", wie der Spot auch genannt wird, bietet surftaugliche Wellen (→ S. 218). Ein windiges Paradies für Windsurfing, Kite, SUP und Surfing ist Hvide Sande mit wellenreichen Bedingungen an der Nordsee und ruhigem, seichtem Wasser am Ringkøbing Fjord. Die beliebteste Region für Segler ist der Limfjord, dessen hübsche Marinas im Sommer proppenvoll sind. Wer gerne in Kajak und Kanu unterwegs ist, findet am Ringkøbing Fjord sowie in Flüssen wie Vidå, Skjern Å oder Uggerby Å schöne Paddelreviere. Auf Fjorden und Flüssen gelten jahreszeitliche Beschränkungen während der Vogelbrutzeiten.

Angeln

Ob Hering, Aal, Makrele oder Plattfisch, ob Strandangeln oder bequem am Hafenbecken – wer an der Nordseeküste die Angel auslegt, wird meist reich belohnt. Beliebte Angelplätze sind an den Mündungen der Fjorde, z. B. in Hvide Sande am Hafen und an der Schleuse in Thorsminde. Ab Vorupør und Hanstholm geht's mit erfahrenen Fischern auf ihren Kuttern zum Hochseeangeln ans Gelbe Riff und zu anderen ergiebigen Fischgründen auf hoher See. In der Skjern Å ist der Lachs wieder heimisch und darf gefischt werden. Außerdem

gibt es zahlreiche Put-and-take-Seen in der Nähe der Urlaubsorte. Überall gilt: Angelkarte ist Pflicht.

... und sonst noch?

Golf: Anspruchsvolle Golfplätze gibt es an der Nordseeküste wie Sand am Meer, die mit der schönsten Aussicht findet man auf Fanø, bei Blåvand, bei Nykøbing Mors, in Lemvig und bei Løgstør.

Reiten: Am kilometerlangen Strand entlangzugaloppieren, ist für Pferdefans Freiheit pur. Gute Reitställe mit Touren für Anfänger und Fortgeschrittene gibt es u. a. auf Rømø, Fanø, in Blåvand, Henne, Nymindegab und Blokhus.

Paragliding und Rapelling: Die Aufwinde am Steilhang bei Ferring nutzen Paraglider für ihren Sport. Am dortigen Bovbjerg Fyr wird sogenanntes Rapelling angeboten: Mutige dürfen sich außen an der Leuchtturmwand abseilen.

Baden, Sonnen und Meer

Traumstrände ohne Ende

Blaues Wasser und weißer Sand, so weit das Auge schaut – die dänische Nordsee ist eine der beliebtesten Küsten für deutsche Strandurlauber. Auch in der Hochsaison findet man einsame Strandabschnitte zum Genießen.

- Einfach toll: In Dänemark gibt's keine Strandgebühr.
- Echt bequem: am Autostrand bis zum Wasser fahren
- Glänzende Funde: Mit Glück findet man Bernstein.

„Til Stranden“

Auf gut 500 Kilometern bietet die dänische Nordseeküste schier endlose weiße, meist feinsandige Traumstrände. Sie laden zum Baden, Sonnen, zu langen Strandspaziergängen und zu jeder Art von Wassersport ein. Wo immer man von den Küstenstraßen ans Meer (und zu einem Parkplatz) kommt, gibt es ein Schild „Til Stranden“ – zum Strand! Einfach abbiegen und den eigenen Lieblingsstrand entdecken! Am Wattenmeer zwischen der deutschen Grenze und Esbjerg herrscht an den Deichen ein grüner Eindruck vor, herrliche weite Sandstrände säumen dagegen die vorgelagerten Wattenmeer-Inseln. Bis nach Skagen reicht der sandige Küstenstreifen, wobei sich ab dem Nordwesten auch Kies und Steine darunter mischen.

Von Bunkern und Buhnen

An der gesamten Nordseeküste findet man Bunkerreste des im Zweiten Weltkrieg gebauten Atlantikwalls. Schön sind sie nicht, aber immerhin dienen sie Künstlern als „Leinwand“ wie in Blåvand und Urlaubern als Windschutz. Dänemark investiert Millionen in den Küstenschutz. Unter anderem zwischen Fjaltring und Thyborøn sowie an der Agger Tange sollen Buhnen verhindern, dass Sand und Dünen abgetragen werden. Beim Schwimmen sollte man genügend Abstand zu diesen Steinwällen halten.

Die schönsten Strände

Der Superlativ unter den Nordsee-Stränden ist in Rømø zu finden. Hier ist der Strand gut 18 km lang, bis zu 4 km breit und darf mit dem Auto befahren werden. Bis zu 100.000 Tagesgäste kommen in der Hochsaison hierher (→ S. 31). Hier wird nicht nur gefaulenzt: Mit Strandbuggys und -Kites flitzen Anfänger und Fortgeschrittene über die breiten, festen Strände in Rømø und Fanø.

Der gemütliche Ferienort Vejers Strand (→ S. 120) steht für naturnahen Urlaub. Dass der breite Südstrand mit dem Auto befahren werden kann, ist kein Widerspruch. Zwischen dem lebhaften Henne Strand (→ S. 125) und dem ruhigen Nymindegab (→ S. 131) erstreckt sich ein bildschöner Strand mit hohen Dünen.

Die Jammerbugt ist ein 55 km langer Megastrand (→ S. 254). Viel los ist am Strand von Blokhus (→ S. 264). Von hier aus geht's mit dem Auto direkt am Wasser entlang bis nach Løkken (→ S. 272).

Baden mit und ohne

In Dänemark ist es grundsätzlich jedem freigestellt, ob er mit oder ohne Badebekleidung an den Strand geht. Speziell ausgewiesene FKK-Strände gibt es z. B. auf Rømø, Fanø, am Houstrup Strand und am Græm Strand.

Strände für Kinder

Planschen und Burgenbauen – darauf freuen sich Kinder das ganze Jahr. Den schönsten Strand mit flachem Uferbereich und moderaten Wellen bietet der quirlige Urlaubsort Blåvand, dessen Infrastruktur viele Angebote für Familien bereithält. Weitere kinderfreundliche Strände findet man in Hjerting und am Sønderstrand in Skagen (Ostseeseite). Ruhiger als die Nordsee ist das Wasser in den Fjorden mit kleinen Stränden wie in Bork Havn am Ringkøbing Fjord. Das Havbad in Vorupør bändigt die Nordsee in einem gemauerten Becken.

Blaue Flagge

Die meisten Strände sind mit der „Blauen Flagge" als Symbol für hervorragende Wasserqualität ausgezeichnet. In der Hochsaison bewachen Rettungsschwimmer auf rot-weiß gestreiften Wachtürmen die Strände der beliebtesten Küstenorte. Trotzdem muss man sich immer bewusst sein, dass auch bei scheinbar niedrigen Wellen Gefahren z. B. durch Strömungen lauern können. Sicherheitstipps gibt es auf den Infotafeln an den Strandzugängen. Die Hauptstrände der Urlaubsorte werden von Meerespflanzen und Unrat gesäubert. Je ursprünglicher die Strände sind, desto eher liegen dort Pflanzen, Treibholz oder auch Zivilisationsrückstände herum. Es wird gerne gesehen, wenn auch Urlauber angeschwemmten Plastikmüll einsammeln. Vielfach sind aus den bunten Plastikresten kuriose „Strandskulpturen" als Mahnmale wider unsere Wegwerfgesellschaft entstanden.

Übrigens sind die Dänen beinhart und steigen auch in der kalten Jahreszeit in die Nordsee. An Winterbadestränden wie in Hirtshals stehen Strandsaunen bereit.

Nordseeküste mit Kids

Wo Kinder Könige sind

Ein Ausflug ins Legoland ist fast schon Pflicht. Aber es gibt noch viel mehr Spiel und Spaß für die Kleinen. Und man muss nicht unbedingt viel Geld ausgeben.

- Drachen: jederzeit am Strand und auf den beliebten Festivals in Rømø und Fanø → S. 37 und S. 48
- Klettern: hoch oben in den Baumwipfeln des WOW-Parks bei Skjern → S. 162
- Musik machen: auf Open-Air-Instrumenten an der Varde Musikschule → S. 109

Kinderland Dänemark

Dänemark ist ein empfehlenswertes Reiseland mit Kindern. Die Dänen sind ausgesprochen kinderfreundlich, und ein entspannter Urlaub im Ferienhaus steht bei Familien hoch im Kurs. In den Tourismuszentren am Strand kommt mit Angeboten von Minigolf über Reitställe bis Bonbonkocherei selten Langeweile auf. Oft gibt es in Dekoläden Mitmachangebote, man kann etwa Kerzen selbst ziehen, Bernsteinketten fädeln oder Fusing-Glaskunstwerke selbst gestalten.

Spaß zum Nulltarif

In fast jeder Klitplantage (Dünenwald) gibt es einen schönen Skovlegeplads (Waldspielplatz), so z. B. auf Rømø, auf Fanø oder in Blokhus, wo man zum Nulltarif toben kann. Nach einem Stadtbesuch in Ribe können die Kleinen auf dem neuen Spielplatz „Riplay" zu Entdeckern werden. Beliebt sind die maritimen Spielplätze mit Klettergerüsten in Schiffsform wie am Strandingsmuseum St. George in Thorsminde. Oft lohnt es sich, in die nächstgelegene Stadt zu fahren. Die kommunalen Schwimmbäder kommen mit Rutschen, Kletterwänden und Kinderpools auch bei kleinen Wasserratten gut an. Zudem ist der Bad-Eintritt deutlich billiger als in Strandresorts. In vielen Museen haben Kinder bis 18 Jahre freien Eintritt.

Auf Kinder vorbereitet

Dänemarks Gastronomie und Übernachtungsbetriebe sind bestens auf kleine Gäste eingestellt. Kinderstühle, Spielmöglichkeiten und natürlich Kindergerichte gibt es in fast jedem Restaurant. Ferienanlagen und Campingplätze bieten viele Freizeitaktivitäten wie Spielplätze, Schwimmbäder, Reitmöglichkeiten, Streichelzoo, Indoor-Spielräume und Kinderprogramme. Bei der Buchung ist es jedoch empfehlenswert, genau hinzuschauen, denn manche

Anbieter verlangen in der Hauptsaison für Kinderattraktionen Eintritt.

Freizeitparks

Dänemarks Nordseeküste wartet mit mehreren großen Freizeitparks auf. Spitzenreiter ist sicherlich das Legoland Billund (→ S. 137). Es ist auf die ganze Familie ausgerichtet, vom gemütlichen Duploland für die Kleinsten bis zu den rasanten Achterbahnen für die Größeren. Das Fårup Sommerland bei Blokhus (→ S. 266) vereint Aquapark und Erlebnispark mit mehr als 60 Attraktionen. Der Jesperhus Blomsterpark auf der Insel Mors (→ S. 239) ist ein Ferienpark mit In- und Outdoor-Wasserpark, Dschungelzoo und Blumenpark. Auf die Wasserrutschen im Aquadome des Lalandia Søndervig freuen sich mutige Wasserratten.

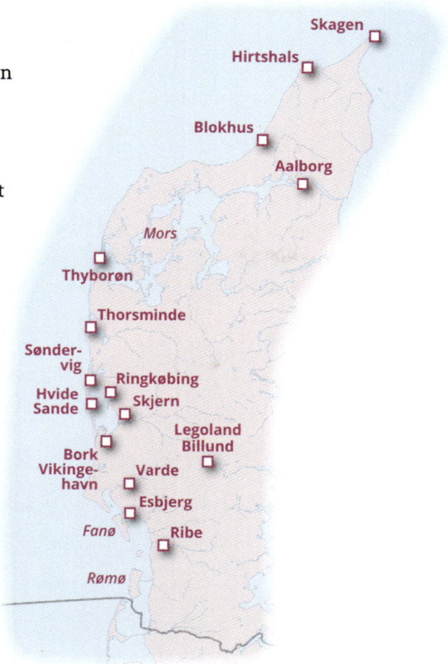

Geschichte entdecken

Wenn Jungs und Mädchen als kleine Wikinger die Kunst des Schwertkampfs erlernen oder gemeinsam mit Wikingerfrauen Gürtel weben, dann prägt sich Geschichte besonders gut ein. Die beiden Wikinger-Dörfer Ribe VikingeCenter (→ S. 80) und Bork Vikingehavn (→ S. 165) bieten viele Mitmachangebote wie Bogenschießen, Münzen prägen, Brot backen oder Runenjagd (Bork sogar bei freiem Eintritt für Kids).

Natur und Tiere

Mit dem vielfältigen Leben in der Nordsee machen Aquarien bekannt. Das größte steht in Hirtshals: Im Nordsøen Oceanarium (→ S. 290) ziehen im 22 mal 33 m großen Riesenaquarium Makrelenschwärme und der eigentümliche Mondfisch an staunenden Kindern vorbei. Ebenso sind Haie, Robben, Plattfisch, Krabben & Co. zu erleben. Auch Jyllands Akvariet in Thyborøn (→ S. 182) und das Fiskeri- og Søfartsmuseet in Esbjerg (→ S. 94) haben sich auf kindgerechte Vermittlung spezialisiert. In Streichelbecken dürfen Fische auch angefasst werden. Die tollsten Erlebnisse bietet die Natur selbst, und deshalb rein in die Gummistiefel und raus ans Meer. Geführte Touren für Familien (zum Teil auch in deutscher Sprache) bieten z. B. das Naturcenter Tønnisgård auf Rømø (→ S. 34) und das Skagens Odde Naturcenter (→ S. 318). Im Naturerlebniszentrum Naturkraft (→ S. 155) in Ringkøbing können Kinder in spielerischen Experimenten die Naturkräfte der Westküste – Sonne, Wind und Wasser – erleben. Durch Sound und visuelle Effekte unterstützt, hört man in einer Riesenwelle Meeresrauschen, ohne nasse Füße zu bekommen. Auch im Glasdom werden durch mediale Installationen die Elemente lebendig. Der schönste Zoo mit exotischen Tieren ist der Aalborg Zoo (→ S. 302). Aber auch Begegnungen mit heimischen Tieren wie Hirschen und Seeadlern sind in der Natur und sogar am Ferienhaus keine Seltenheit.

Ausblick über Blåvand

Unterwegs

an Dänemarks Nordseeküste

Die Wattküste

Strandurlaub, Kulturerlebnis und kurze Anreisezeit – aus diesen Gründen ist die Wattküste eine der beliebtesten Regionen Dänemarks. Ausgezeichnet ist sie sowieso: Sie trägt das Siegel UNESCO-Weltnaturerbe.

Das gezeitengeprägte Wattenmeer wird von den Inseln Sylt (dt.), Rømø, Mandø und Fanø gegen die Nordsee abgeschirmt. Die Sandstrände von Rømø und Fanø gehören zu den breitesten in Europa. Im Marschland setzen Städte wie Tønder und Ribe kulturelle Glanzlichter.

Grün und flach – so ist sie, die Wattküste. Die Gezeitenkräfte Ebbe und Flut prägen diese Landschaft mit Schlickzonen, Salzwiesen, Deichen, Marschland, Gezeitenrinnen und breiten Sandstränden auf den vorgelagerten Inseln. Zweimal täglich fallen weitläufige Flächen trocken. Dann kommen Wattwürmer, Schnecken, Muscheln und Krebstiere zum Vorschein, die einen reich gedeckten Tisch für Watt- und Zugvögel bieten. Das Wattenmeer ist ein einzigartiges Ökosystem mit etwa 10.000 verschiedenen Pflanzen- und Tierarten. Um das Wattenmeer besonders zu schützen, hat Dänemark den Küstenstreifen von der deutsch-dänischen Grenze bis nach Blåvandshuk 2010 zum Nationalpark Vadehavet (Nationalpark Wattenmeer) erklärt. Das Vadehavscentret in Vester Vedsted vermittelt alles Wissenswerte zum Watt.

Die Kulturlandschaft hinter der Wattküste wurde von Wikingern, Mönchen, Bauern und Kaufleuten geprägt. Auf den Inseln waren Seeleute heimisch, die als Walfänger oder Händler die Weltmeere durchsegelten. Den Gefahren des Meeres trotzen die Anwohner mit Deichen. Die Marsch dahinter bietet bestes Weideland für Rinder und Schafe. Den Kontrapunkt bildet Dänemarks größter Offshore-Hafen Esbjerg. Riesige Frachter und Transportschiffe für Windkraftanlagen befahren die tiefe Meeresrinne zwischen Fanø und der Halbinsel Skallingen.

Was anschauen?

Tønder: Klöppelspitze war der Markenschlager der hyggeligen Kleinstadt, heute gilt Tønder als Heiratsparadies. Sehenswert ist nicht nur die Stadt, auch dem Museum Sønderjylland sollte man einen Besuch abstatten. → **S. 55**

Ribe: Die älteste Stadt Dänemarks mit ihrem Dom und einem wohlerhaltenen mittelalterlichen Stadtensemble muss man gesehen haben. → S. 74

Løgumkloster: 1173 wurde das Kloster von Zisterziensern gegründet. Die eindrucksvolle, aus Backstein gebaute Klosterkirche trägt die Merkmale von Spätromanik und Frühgotik. → S. 68

Sønderho: Der Ort an der Südspitze der Insel Fanø mit bunten Reetdachhäusern, Museen, Kirche und einem historischen Dorfkrug mit Spitzengastronomie gilt als schönstes Dorf Dänemarks. → S. 43

Nationalmuseet Kommandørgården: In dem reetgedeckten Gutshof eines Walfang-Kapitäns auf Rømø kann man die Lebensweise wohlhabender Seefahrerfamilien kennenlernen. → S. 32

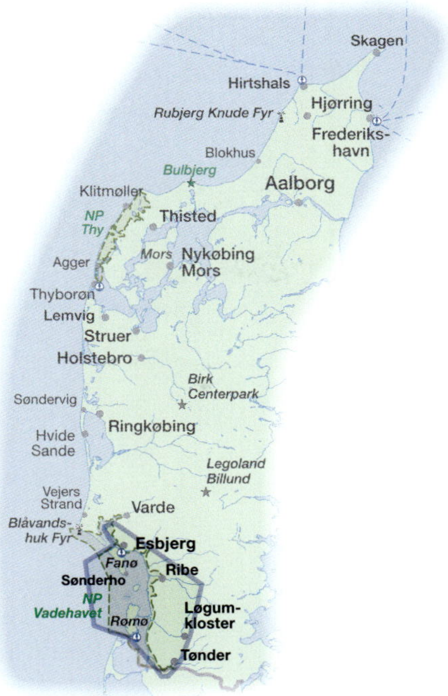

Was unternehmen?

Wattwanderungen: Geführte Expeditionen in die archaische Natur des Watts und Beobachtungen von Seehunden oder tanzenden Starenschwärmen (Sort Sol) sind eindrucksvolle Erlebnisse. Wer alleine loswandern möchte, muss sich vorher genau über Gezeiten und örtliche Gegebenheiten informieren. → S. 30

Strandsegeln: Auf den Inseln Rømø und Fanø kann man in ausgewiesenen Bereichen mit Blokarts und Kitebuggys über den Strand flitzen. → S. 36 und 48

Hafen Esbjerg erkunden: Vor mehr als 150 Jahren begann die Erfolgsgeschichte mit dem Bau eines Fracht- und Fischereihafens. Heute werden von hier aus Dänemarks Ölplattformen und Offshore-Windparks versorgt. Bei Bootstouren, Fischauktionen oder dem Besuch einer Seemannsgaststätte lassen sich die Facetten des Hafens kennenlernen. → S. 91

Wo ist was los?

Wikinger-Markt: Rund um den 1. Mai findet im Ribe VikingeCenter ein großer Wikinger-Markt mit Handwerkern, Händlern, Gauklern, Musikern, Kriegern und Bogenschützen statt. → S. 80

Esbjerg Festwoche: Opern, Kammermusik, Freilichtkonzerte, Straßentheater und Kunstausstellungen gibt es im August in Esbjerg. → S. 96

Rømø Drachenfest: Bis zu 50.000 Zuschauer reisen am ersten Wochenende im September an, um bunte Drachen in den Himmel steigen zu sehen. → S. 37

Tønder Festival: Am letzten Wochenende im August feiern und tanzen Tausende Fans bei Nordeuropas größtem Folk- und Rootsmusik-Festival in Tønder. → S. 60

Was schmeckt?

Wattenmeer Lammfestival: In den ersten 15 Tagen im Juni kommen überall an der Wattküste leckere Lammgerichte auf den Tisch.

Nørre Nebel, Hvide Sande
Tarm, Skjern
Ølgod, Herning
Grindsted
Henne Strand
Outrup
Skovlund
Billund
Tistrup
Ansager
Hejnsvig
Henne Stationsby
Filsø
Stenderup
Syddänemark (Syddanmark)
Børsmose Strand
Varde Å
Øster Vrøgum
Tinghøj
Sig
Grærup Strand
Nordenskov
Tofterup
Vejers Strand
Varde
Oksbøl
Janderup
Vorbasse
Næsbjerg
Billum
Agerbæk
Holme Å
Hovborg
Alslev
Fåborg
Blåvand-Oksby
Marbæk
Årre
Lindknud
Ho Bugt
Glejbjerg
Ho
Esbjerg Lufthavn
Hjerting
Grimstrup
Nørre Vejrup
Esperance Bugt
Skallingen
Langli
Tarp
Esbjerg
E 20
Holsted
Mennesket ved Havet
Andrup
Holsted Å
Brørup
Gørding
Gradyb
Tjæreborg
Nordby
Bramming
Foldingbro
Fanø Bad
Fanø Bugt
Hunderup
Kongeå
Store Darum
Jernved
Rindby Strand
Rindby
Lintrup
Vilslev
Gredstedbro
Fanø
Kongeå
Rødding
Kærbøl
Sønderho Mølle
Sønderho
Sønder Hygum
Domkirke
Ribe Å
Brændstrup
Øster Vedsted
Ribe
Fole
Knudedyb
Låningsvej
Vester Vedsted
Ribe VikingeCenter
Gram Å
Gram Slot
Nationalpark Vadehavet
Mandø
Vadehavs-centret
Gram
Egebæk-Hviding
Mandø By
Arnum
Koresand
Roager
Juvre Dyb
Rejsby
Frifelt
Nordsee (Vesterhavet)
Juvresand
Brøns
Toftlund
Nationalmuseet Kommandørgården
Juvre
Skærbæk
Rømø-Damm
Lakolk
Arrild
Rømø
Ballum Sluse
Kongsmark
Brede Å
Døstrup
Branderup
Havneby
Vesterende-Ballum
Listerdyb
Ballum
Løgumgårde
Løgum-kloster
Bredebro
Bedsted
Nationalpark Schleswig-Holsteinisches Wattenmeer
Klosterkirke
List
Hjerpsted
Visby
Øster Højst
Arnå
Abild
Højer Mølle
Højer
Galle-hus
Vidå Sluse
Schacken-borg
Vidå
Kampen
Højer Sluse
Tønder
Jejsing
Wenningstedt
Møgel-tønder
Sylt
Museum Sønderjylland
Westerland
Rudbøl
Sønderå
Keitum
Hindenburg-damm
Nolde-Haus
Süder-lügum
Neukirchen
Morsum
Klanx-büll
Humptrup
Ladelund
Braderup
DEUTSCHLAND
Die Wattküste
6 km
Klixbüll
Achtrup
Niebüll
Husum
Leck
465
487
469
12
11
181
475
469
30
463
425
431
475
11
12
191
417
425
417
24
11
32
449
437
24
179
449
11
175
175
25
401
419
11
401
435
44
8
L 6
B 5
L 8
B 199
L 7

Wollige Landschaftspfleger: Schafe in den Salzwiesen

Das Wattenmeer und seine Inseln

Breite Sandstrände, Schlickzonen, Salzwiesen, Deiche, Dünen und Marschland – die mit etwa 10.000 Jahren erdgeschichtlich junge Landschaft im Nationalpark Wattenmeer ist abwechslungsreich und nach wie vor ständig in Bewegung.

Das Wattenmeer erstreckt sich auf rund 450 km entlang der Nordseeküste von Blåvandshuk in Dänemark bis Den Helder in den Niederlanden. Wegen seiner geologischen und ökologischen Bedeutung steht das Wattenmeer unter besonderem Schutz. 2009 wurden der holländische und der deutsche Teil von der UNESCO zum Weltnaturerbe erklärt. Im Jahr 2010 kürte Dänemark „sein" Wattenmeer zum **Nationalpark Vadehavet.** So war der Weg frei zur Anerkennung als UNESCO-Weltnaturerbe, die 2014 erfolgte.

Ebbe und Flut sind die pulsierenden Kräfte, die an dieser flachen Küste wirken. Zweimal am Tag hebt und senkt sich der Meeresspiegel. Die Gezeiten, auch Tiden genannt, werden durch vielerlei Faktoren beeinflusst, besonders jedoch durch die Anziehungskräfte des Mondes und der Sonne. An der dänischen Wattenmeerküste ist der Unterschied zwischen Hoch- und Niedrigwasser aber weniger groß als an der deutschen, er beträgt im Schnitt bei Rømø im Süden 1,80 bis 2 m, nimmt dann aber nach Norden stetig ab. Zwischen ablaufendem (Ebbe) und auflaufendem (Flut) Wasser liegen etwa 6 Stunden 13 Minuten. Eine Gezeitenperiode mit Ebbe und Flut dauert 12 Stunden und 25 Minuten, sie verschiebt sich also jeden Tag um 50 Minuten. Das bedeutet, dass das Meer die Wattlandschaft in knapp 25 Stunden zweimal überflutet. Die Anziehungskraft der weiter entfernten Sonne auf die Gezeiten ist viel schwächer, macht sich jedoch bemerkbar, wenn Mond und Sonne in ihren Bahnen hintereinanderstehen, also bei Neu- und Vollmond; dann summieren sich die Kräfte mit der Folge, dass die Flutberge besonders hoch (Springtiden) sind. Extrem niedrig fällt die Flut dagegen aus, wenn Mond und Sonne sieben Tage später einen rechten Winkel zueinander bilden (Nipptiden).

Verheerende Sturmfluten haben Dänemarks Küstenlinie immer wieder nachhaltig verändert wie die Zweite Marcellusflut von 1362 und die Burchardiflut 1634. Die „Großen Manntränken" forderten nicht nur Zehntausende Opfer, sie fegten unter anderem den wichtigen westjütländischen Hafenort Sønderside (nahe dem heutigen Blåvand) von der Landkarte und trennten die Halbinsel Langli durch eine tiefe Rinne (Hobo Dyb) vom Festland ab. Die neuen Strömungsverhältnisse sorgten schließlich für die Entstehung der Halbinsel Skallingen.

Auch unter Normalbedingungen verändert sich die Wattenmeerküste. Eine Milliarde Kubikmeter Wasser sind ständig in Bewegung. Das Meer hat Sand und Schlick im Gepäck. Der schwerere Sand wird weit außen abgelagert, formt Sandbänke und vergrößert in Zusammenarbeit mit dem Wind Inseln wie Rømø oder Fanø. Nährstoffreicher Schlick lagert sich dort ab, wo das Wasser lange genug still steht; so entsteht die Marsch.

Das Watt schafft eine reich gefüllte Speisekammer. 10.000 Arten von Einzellern bis zu höheren Pflanzen und Tieren leben im Wattenmeer. Der Wattwurm hinterlässt seine auffälligen Sandspaghettihäufchen, wenn er den Meeresboden nach Nahrung filtert. Erstaunlich: Auch Mini-Organismen verursachen hörbare Geräusche. Das geheimnisvolle „Wattknistern" entsteht, wenn Tausende nur wenige Millimeter lange Schlickkrebse den Wasserfilm zwischen ihren Scheren zum Platzen bringen.

Sort Sol – Ballett der Stare

Sehr viel lauter wird es im Frühjahr und Herbst, wenn bis zu zwölf Millionen Zugvögel eine Rast im Wattenmeer einlegen. Sort Sol (Schwarze Sonne) nennen die Dänen das Schwärmen der Zugvögel bei Sonnenuntergang. Zu diesem größten Naturschauspiel Dänemarks reisen nicht nur Ornithologen, sondern viele Tausende Touristen an. Naturführer kennen die Rastplätze der Vogelscharen und bringen die Gäste zu den Logenplätzen im (feuchten) Gras für ein einzigartiges Naturspektakel. Wer sich auskennt, macht es sich mit heißem Tee, Keksen und belegten Broten gemütlich bis zum Auftritt der gefiederten Künstler. Wenn die Dämmerung kommt, finden sich Stare in

Bei Sonnenuntergang tanzen Schwärme von Staren ihr Ballett

Schwärmen von bis zu einer Million Vögeln über den Schilfzonen ein. Während die Sonne den Himmel in Farben von Orange bis Rosarot färbt, bilden die Schwärme ständig wechselnde, rhythmische Formationen, mal kugelrund wie ein Ball, mal spitz wie ein Pfeil, mal in synchronen Wellen. Blitzschnell bewegt sich der Schwarm, ohne dass die Vögel miteinander kollidieren. Damit schützen sie sich gegen angreifende Raubvögel wie etwa Wanderfalken. Dass jeder einzelne Vogel den Bewegungen im Schwarm synchron folgt, liegt daran, dass sich der einzelne Star im Schwarm immer nur an bis zu sieben Vögeln in seiner direkten Umgebung orientiert. Das funktioniert selbst dann, wenn der eine oder andere Star vom Fressen vergorener Beeren leicht beschwipst sein sollte. Wenn die Dunkelheit hereinbricht, ist das Spektakel so schnell zu Ende, wie es angefangen hat, und die Stare lassen sich im Schilf nieder. Für sie heißt es nun verdauen und „aufspecken": In nur fünf bis sechs Wochen legen die gefiederten Gäste das Doppelte an Körpergewicht zu, was ihnen über den Winter helfen muss.

Seehunde – Dänemarks größte Raubtiere

Die bei Urlaubern wohl beliebtesten Tiere sind die Seehunde und Kegelrobben. Sie nutzen die Sandbänke, um sich auszuruhen und um im Sommer dort ihre Jungen zur Welt zu bringen. Auf keinen Fall darf man sich den kleinen Heulern nähern oder sie gar anfassen, meist sind die Mütter ja nicht weit. Seehunde ernähren sich von Fisch und Krebstieren und werden bis 1,60 m lang und bis zu 130 kg schwer. Kegelrobben werden noch größer und können sogar 300 kg auf die Waage bringen. Sie sind sehr scheu, deshalb empfiehlt es sich, zur Beobachtung immer ein Fernglas mitzunehmen. Wer die Wattküste besucht, sollte es nicht versäumen, eine Tour mit einem erfahrenen Guide zu den Seehundbänken zu machen. Bei geführten Wattwanderungen lernt man nicht nur Flora und Fauna am besten kennen, sondern kann auch kleine Schätze – Bernstein und Muscheln – heben. Wie elegant sich die Meeresräuber unter Wasser bewegen, kann man in hiesigen Salzwasseraquarien (z. B. Fiskeri- og Søfartsmuseet Esbjerg) beobachten.

In der fruchtbaren Marsch züchten Menschen seit Jahrhunderten Vieh. Als Bollwerk gegen die Gewalt des Meeres wurden schon im Mittelalter Deiche angelegt. Wirklich wirksame Barrieren gegen wütende Sturmfluten werden aber erst seit 150 Jahren gebaut. Schleusen regulieren die Zu- und Abflüsse von Wasserläufen im Land hinterm Deich (z. B. Ballum Sluse). Ihre Höfe bauten die Bauern auf Warften. Auf diesen künstlich errichteten Hügeln sind Gebäude und Ställe einigermaßen sicher vor den Fluten. In der Tønder Marsch sind sie noch zahlreich zu sehen. Die drei Inseln des dänischen Wattenmeers, Rømø, Mandø und Fanø, haben eine lange Tradition als Seefahrerinseln, heute sind sie touristische Anziehungspunkte.

Die Abwägung von ökologischen und wirtschaftlichen Interessen geht nicht immer zugunsten der Natur aus. Das Eingreifen des Menschen hinterlässt Spuren im Wattenmeer. Die Fahrrinne im Grådyb zwischen Fanø und der Halbinsel Skallingen wurde vertieft, um die Passage der Offshore-Flotte nach Esbjerg, Dänemarks wichtigstem Nordseehafen, zu gewährleisten. Der von 1939 bis 1948 gebaute Rømø-Damm schränkt zwar die Wasserbewegungen ein, ermöglicht aber den Insulanern ein einträgliches Tourismusgeschäft.

Auf der Webseite vom Nationalpark Vadehavet gibt es vielfältige Informationen zu Natur, Landschaft, Gezeiten, Schifffahrt, Handel, Kultur und viel mehr. Hier findet man auch Karten, Publikationen und touristische Infos (www.nationalparkvadehavet.dk).

Die Wattküste → Karte S. 26

Informationen & Exkursionen

Informationszentren des Nationalparks Vadehavscentret, in Vester Vedsted, Okholmvej 5, 6760 Ribe, ✆ 75 44 61 61, www.vadehavscentret.dk.

Naturcenter Tønnisgård, auf Rømø, www.tonnisgaard.dk.

Naturcenter Myrthuegård, im Marbæk, Myrtuevej 39, 6710 Esbjerg, ✆ 76 16 81 00, www.myrthue.esbjerg.dk.

Fiskeri- og Søfartsmuseet, Tarphagevej 2, 6710 Esbjerg, ✆ 76 12 20 00, www.fimus.dk.

Højer Mølle, Møllegade 13, 6280 Højer, ✆ 65 37 08 04, www.msj.dk.

Exkursionen im Nationalpark (Anbieter) Vadehavscentret in Vester Vedsted, **Naturcenter Tønnisgård** auf Rømø und **Mandøbussen** auf Mandø. Außerdem **Sort Safari,** Slotsgaden 19, Møgeltønder, 6270 Tønder, ✆ 73 72 64 00, www.sortsafari.dk.

Nicht unterschätzen: Gefahren im Wattenmeer

Die weiten Sand- und Schlickflächen des Wattenmeeres bei Ebbe verlocken viele Touristen zu einer Wattwanderung auf eigene Faust. Immer wieder geraten Ortsunkundige in lebensgefährliche Situationen. Ohne Kenntnis der von Ort zu Ort variierenden Tiden-Zeiten darf man sich auf keinen Fall ins Watt wagen. Stets zu rechnen ist mit dem in wenigen Minuten aufkommenden Seenebel, durch den man völlig die Orientierung verlieren kann.

Priele sind die natürlichen Zu- und Abflüsse im Watt. Sie füllen sich bei auflaufender Flut als Erstes mit Wasser und werden dann zu reißenden Strömen, die einen von den Beinen holen und die man nicht durchschwimmen kann. Baden Sie auf keinen Fall in Prielen! Weitere Gefahren, die man nicht unterschätzen sollte, sind Schlicklöcher, in die man bis an die Oberschenkel einsinken kann, ferner Miesmuschel- und Austernbänke, an denen man sich Schnittverletzungen holen kann, und Gewitter, denen man im Watt ungeschützt ausgeliefert ist.

Eine Wattwanderung mit einem Führer ist die beste und sicherste Option. Wer auf eigene Faust losgehen möchte, sollte Folgendes beachten: Informieren Sie sich bei der örtlichen Touristeninformation, welche Strecken man gehen kann und welche man meiden sollte. Gehen Sie nicht alleine und informieren Sie jemanden auf dem Festland über ihre Tour. Informieren Sie sich in einem Gezeitenkalender (højvandskalender) über die tagesaktuellen Zeiten für Hoch- und Niedrigwasser. Starten Sie nie bei auflaufendem Wasser (Flut). Der günstigste Zeitpunkt für eine Wattwanderung liegt ca. zwei Stunden vor Niedrigwasser. Merken Sie sich die Uhrzeit für die Ebbe an dem Tag, berechnen Sie den Rückweg, bevor Sie loswandern. Liegt nach Niedrigwasser noch ein Priel zwischen Ihnen und dem Festland, machen Sie sich sofort auf den Rückweg. Gehen Sie nur bei Tage, bei gutem Wetter und guter Sicht ins Watt. Tragen Sie gut sichtbare Kleidung, nehmen Sie eine Uhr und ein Handy mit. Denken Sie an Sonnen- und Windschutz.

- Seenotrettung europaweit: ✆ 112

Der weitläufige Strand von Rømø ist mit dem Auto befahrbar

Die Wattküste → Karte S. 26

Insel Rømø

Rømø, die südlichste dänische Wattenmeerinsel, liegt bei deutschen Urlaubern hoch im Kurs. Kein Wunder: Gerade mal 80 km sind es von der deutsch-dänischen Autobahngrenzstation bei Padborg bis zu Nordeuropas breitestem Sandstrand. Mit dem Auto ist das Eiland über den 9 km langen Rømø-Damm problemlos erreichbar. Und von der Nachbarinsel Sylt pendelt die Syltfähre im Zweistundentakt nach Rømø.

Bis zu 4 km Breite erstreckt sich der Strand im Westen der Insel auf insgesamt 18,6 km Länge. Jedes Jahr wächst er durch Sandanspülung um 2–3 m. Große Teile des Strandes sind für den Autoverkehr freigegeben, und so düst an schönen Tagen, wer kann, mit Kind und Kegel, ausgerüstet mit Eimerchen, Schäufelchen, Liegen und Badesachen, direkt an die munter plätschernden Nordseewellen heran. Bis zu 100.000 Tagesgäste kommen bei schönem Wetter in der Hochsaison hierher. Am Ende des Badetags macht sich die Urlauber-Karawane oft fast gleichzeitig auf den Rückweg – Staus an den Strandzufahrten sind in der Hochsaison keine Seltenheit.

Beim Fahren und Parken auf dem Strand ist es ratsam, sich daran zu erinnern, dass man sich nicht auf einer üblichen Straße befindet. Nicht überall ist der Untergrund hart, wer nicht aufpasst, kann sich schnell in weichem Sand festfahren. Der Tidenhub, also die Höhe des bei Flut auflaufenden Wassers, beträgt hier ca. 1,80 m, bei Wind auch mehr. Halten Sie beim Parken genügend Abstand zum Meer und achten Sie auf die durch Pflöcke ausgewiesenen

Stellen, an denen man nicht parken darf. Jeweils an den Zufahrten zum Autostrand in Lakolk bzw. Sønderby gibt es Infotafeln mit Sicherheitshinweisen und Strandplan. Die Höchstgeschwindigkeit am Strand ist 30 km/h.

Rømøs Strand ist natürlich mehr als der schönste Parkplatz an der Nordsee. Auf dem weitläufigen Strandareal findet man ruhiges Dünenidyll ebenso wie turbulente Hotspots für Wind- und Wassersport. Bunte Drachen tanzen im Wind, Sonnenanbeter, Sandburgenbauer, Strandwanderer, Seehundbeobachter, Radfahrer und Reiter – alle finden ihren Platz. Die Wasserqualität ist erstklassig und wurde mit dem Gütezeichen Blaue Flagge ausgezeichnet.

Der Strand von Lakolk wird jedes Jahr im August beim Rømø Motor Festival zum Treffpunkt röhrender Oldtimer. Am ersten Wochenende im September findet hier das Internationale Drachenfestival mit bis zu 50.000 Zuschauern statt. Am Strand von Sønderby im Süden der Insel erleben Strandsegler mit Blokarts und Kitebuggys ihren Adrenalinkick.

Komfortabler Lebensstil im Kommandørgården

Nur etwa 580 Einwohner leben auf der Insel, die sie kurz „Røm" (Röm) nennen. Gegliedert ist sie in die Gemeinden Juvre im Inselnorden, Kongsmark in der Mitte und Kirkeby im Süden, verwaltungstechnisch gehört sie zur Kommune Tønder. Im 16. Jh. wurde die Insel bedeutsam für die Schifffahrt. Seit Mitte des 20. Jh. dominiert auf der einstigen Bauern- und Walfänger-Insel der Tourismus. Über eine Million Übernachtungen verzeichnet die Statistik pro Jahr. Die Infrastruktur dafür ist ausgezeichnet: Ferienhäuser und Campingplätze in den Dünen, Apartments und Hotels auf der windgeschützten Ostseite, dazu Restaurants, Supermärkte und Boutiquen. Neben den typischen, hyggeligen Ferienhäusern (Lakolk, Kongsmark, Sønderstrand) findet man auch moderne Retortenbauten, besonders in Havneby.

Wer dem Trubel von Strand und Feriensiedlung für eine Weile entfliehen möchte, findet beim Radeln oder Wandern in der Dünenheide und im Wald in der Inselmitte Ruhe, auch in der Hauptsaison. Am 1961–64 gebauten Hafen in Havneby lässt sich das geschäftige Treiben der Berufsfischer (Garnelen- und Muschelfischerei) und des Fährbetriebs von und nach Sylt beobachten.

Sehenswertes

Nationalmuseet Kommandørgården: Das Highlight unter den Sehenswürdigkeiten auf Rømø ist das Museum Kommandørgården, eine Außenstelle des Dänischen Nationalmuseums. In dem um 1600 errichteten und 150 Jahre später in seiner heutigen Form umgebauten Gutshof lebten zwölf Generationen einer Römser Kapitänsfamilie. Bis zu 40 Kapitäne lebten zur Blütezeit des Walfangs auf der Insel. Sie waren reich, hoch angesehen und pflegten einen komfortablen Lebensstil. Von den Reisen mitgebrachte holländische Fliesen bilden die Wandverkleidung in den Wohnräumen des Kommandørgården. Bemalungen mit Genreszenen zieren die Decken. Geschnitzte Möbel, schwere Schiffstruhen, Porzellan, Trachten mit geklöppelter Spitze und Gebrauchsgegenstände wie Häkelnadeln aus Walknochen erzählen aus dem Leben dieser Familien. Nachts zogen sich die Seefahrer in mollige Schlafkajüten zurück – aus Gewohnheit vielleicht, aber auch wegen des kühlen Klimas. Da die Männer (auch schon Knaben ab 6 Jahren) von Frühjahr bis Herbst auf dem Meer waren, mussten die Frauen zu Hause allein die schwere Arbeit auf dem Feld, im Stall und im Haushalt verrichten, aber sie erbten wenigstens die Höfe. Unter dem reetgedeckten doppelten Dach der Scheune verbirgt sich eine Besonderheit: das Skelett eines 1996 vor Rømø gestrandeten Pottwals. Es macht die auf Schautafeln erklärte Geschichte des Walfangs anschaulich.

▪ Di–So 10–17 Uhr. 50 DKK, Kinder unter 18 J. frei. Es gibt ein kleines Museumscafé. Juvrevej 60, Toftum, 6792 Rømø, ✆ 74 75 52 76, www.natmus.dk.

St. Clemens Kirke und Kommandørsteene: Der Schutzheilige der Seefahrer, St. Clemens, gab Rømøs Kirche ihren Namen. Sie wurde im romanischen Stil um 1200 erbaut. Der Turm aus der Zeit der Gotik zeigt die in Schleswig übliche rechteckige Form. Innen fallen sofort die sieben Votivschiffe ins Auge, darunter der Walfänger „Flora", der 1794/95 in Flensburg für Fahrten nach Westindien gebaut worden war. Im 19. Jh. fuhr die „Flora" über 50 Jahre lang nach Grönland und brachte von dort stets reichen Fang mit. 1836 gelang der größte Fischzug mit fünf Walen und 5438 Robben, aus denen 1078 Fässer Öl gewonnen wurden. Die Kanzel der Kirche wurde 1584 im Stil der Renaissance geschaffen. Auf dem Kir-

Rømø St. Clemens Kirke

chengestühl finden sich die Namen vermögender Inselbewohner, die sich für großzügige Spenden einen Platz auf Lebenszeit erkauften.

Auf dem umliegenden Friedhof stehen die großen Grabsteine der einstigen Walfangkäpitäne aufgereiht. Viele der Kommandørsteene sind reich verziert, so zum Beispiel der Grabstein des Kapitäns Matthis Schouws: Er zeigt einen zweimastigen Schoner und die zum Abschied winkenden Frauen.

▪ Tägl. 8–16 Uhr sowie bei Konzerten und Gottesdiensten. Havnebyvej 152, 6792 Rømø, www.sctclemensromo.dk.

Gamle Redningsstation: Die stürmische Nordsee und starke Gezeitenströmungen vor Rømø brachten seit alters her oft Schiffe und Fischerboote in Seenot. In Kirkeby steht nahe der Kirche die alte Rettungsstation. 1872 wurde hier ein Backsteinhaus gebaut, in dem ein Rettungsruderboot für acht Besatzungsmitglieder sowie ein Fuhrwerk für den Transport untergebracht waren. 1886 wurde das Haus vergrößert und es

Die Wattküste → Karte S. 26

erhielt einen Turm. Seit 1920 waren Ruder-Rettungsboote für zwölf Mann im Einsatz. 1962 wurde die alte Station geschlossen und im Hafen von Havneby ein Motorrettungsboot stationiert, das mit einer Leistung von 2435 PS und Höchstgeschwindigkeit von 44 Knoten (81 km/h) Verunglückten zu Hilfe eilen kann. Die alte Rettungsstation, deren Tor mit den typischen gekreuzten dänischen Flaggen bemalt ist, wird heute von der Feuerwehr genutzt.

▪ Die Seenotrettung ist europaweit unter der Nummer ✆ 112 erreichbar.

Naturcenter Tønnisgård: Im reetgedeckten Hof Tønnisgård bietet das Naturcenter eine Ausstellung für die ganze Familie u. a. über das Wattenmeer, den Strand, die Wälder Rømøs, Flora und Fauna sowie den Walfang. Besonders Kinder sind angesprochen, an den Stationen auszuprobieren, zu fühlen, zu lesen und zu spielen. Von April bis Oktober veranstaltet das Naturcenter geführte Touren wie Wattwanderungen (145 DKK, Kinder 85 DKK), Bunker- und Austerntouren, oder es geht mit der Pferdekutsche in die Natur (jeweils nur mit Anmeldung). Auch wird typisches Handwerk wie Wolleherstellung oder Bernsteinschleifen vorgestellt.

▪ April–Okt. Mo–Fr 10–16 Uhr, Juli/Aug. auch So, Nov.–März Mo–Mi 10–15 Uhr. Museum 22 DKK. Havnebyvej 30, 6792 Rømø, ✆ 74 75 52 57, www.tonnisgaard.dk.

Praktische Infos

→ Karte S. 35

Allgemeine Infos

Information **Touristeninformation,** Mo–So 7–22 Uhr; mit Personal Mo–Fr 10–16, Sa/So 11–14 Uhr. Juvrevej 6, 6792 Rømø, ✆ 73 70 96 50, www.romo-tonder.dk.

Verbindungen Ab Busbahnhof Skærbæk fahren **Busse der Linie 285** nach Havneby. 5–7 Fahrten an Werktagen, 2–3 Fahrten Sa/So. Haltestellen in Nørre Tvismark, Juvre, Lakolk, Kongsmark und Havneby. www.sydtrafik.dk.

Fähre: In der Hauptsaison pendelt die **Syltfähre** bis zu 9-mal am Tag zwischen Havneby auf Rømø nach List auf Sylt. Dabei passiert die Fähre die Robbenbänke vor Rømø. Erwachsene hin und zurück 16,50 €, Fahrrad 20,50 €, Pkw hin und zurück am selben Tag inkl. aller Pers. 85,90 €. Anleger Rømø Hafen: Kilebryggen 1, 6792 Rømø, ✆ +49 (0)461/864-601, www.syltfaehre.de.

Angeln In dem langgestreckten **Rømø Fiskesø** (Vestervej 46, Rømø) hinterm Deich bei Toftum kann man Forellen, Aale und Karpfen fangen. Angelscheine gibt es am See, im Museumscafé Kommandørgården und in der Touristeninformation. Am **Hafen** in Havneby ist die Angelstelle gelb markiert. Hier fängt man Aale und Plattfisch.

Einkaufen **Hattesgard Cafe-Antik-Genbrug** **7**, breite Palette von Hausrat und Möbeln aus Omas Zeiten, hier lassen sich Entdeckungen machen. Auch neue Waren mit hyggeligem Touch warten auf Fans. Hattesvej 17, 6792 Rømø, ✆ 73 75 52 11, www.hattesgaard.dk.

Otto & Ani's Fisk **14**, hier gibt's Fische, Muscheln und Krabben, Räucherfisch und Fischsalate. HS tägl. 10–17.30 Uhr, NS Mi–So 11.30–17 Uhr. Havnepladsen 4, 6792 Havenby, Rømø, ✆ 22 44 53 06, www.ottooganisfisk.dk.

Rømø Slagteren **8**, die Qualitätsmetzgerei an der Inselhauptstraße hat alles für Pfanne und Grill sowie Wurstwaren. Besondere Spezialität ist frisches Marsch-Lamm – am Stück oder als Bratwürste. HS Mo–Fr 10–18, Sa 10–17 Uhr, NS s. Webseite. Prilen 2, 6792 Rømø, ✆ 29 90 75 16, www.romoslagteren.dk.

Fahrradfahren An der Hauptachse der Insel von Juvre bis Havneby ist ein zweistreifiger Radweg ausgebaut. Die **Panoramaroute 402** führt zum Strand und zu den wichtigsten Sehenswürdigkeiten.

Fahrradverleih und -reparatur **Rømø Cykler** bietet Leihräder und Reparaturservice, Juli/Aug. tägl. 10–18 Uhr, März–Juni, Sept.–Nov. 10–17 Uhr. Nørre Frankel 1b, Havneby, Rømø, ✆ 88 93 50 40, www.romocykler.dk.

Ferienhausvermietung **Dan Center Rømø** **3**, Vesterhavsvej 17, 6792 Rømø, ✆ 73 75 50 50, www.dancenter.de; **Novasol Rømø** **2**, Søvej 2, 6792 Rømø, ✆ 70 42 44 24, www.novasol.de; **Sonne und Strand Rømø** **6**, Lakolk Butikcenter 20, 6792 Rømø, ✆ 74 75 52 75, www.sonneundstrand.de; **Feriepartner Rømø** **13**, Nr. Frankel 1, 6792 Rømø, ✆ 74 75 51 30, www.feriepartner.de.

bernachten (S. 37/38)
1 Rømø Family Camping
2 Novasol (S. 34)
3 Dan Center (S. 34)
4 First Camp Lakolk
5 Sonne und Strand (S. 34)
9 Genz Appartments
0 Hos Else og Keld
1 Hotel Kommandørgården
2 Poppelgaarden Rømø
3 Feriepartner (S. 34)
5 Havneby Kro
7 Enjoy Resort
ssen & Trinken (S. 38/39)
4 Otto & Ani's Fisk
5 Havneby Kro
6 Frankel 5
Militärisches Übungsgelände (mit Einschränkung begehbar)
Juvre
Toftum
Nationalmuseet Kommandørgården
Juvrevej
Bolilmark
Nørre Tvismark
Rømø-Damm
Skærbæk
Lakolk Strand
Vesterhavsvej
Naturcenter Tønnisgård
Lakolk
Kongsmark
Nordsee
Wattenmeer
Småfolksvej
Havnebyvej
St. Clemens Kirke
Gamle Redningsstation
Kirkeby
Havneby
Rømø Lege og Labyrintpark
Vestergade
Kitebuggys
Sønderstrand
Strandsegeln
List (Sylt)
afés (S. 38/39)
5 Café Fru Dax
7 Hattesgard Café-Antik-Genbrug
inkaufen (S. 34)
7 Hattesgard Café-Antik-Genbrug
8 Rømø Slagteren
1000 m
Rømø

FKK Am Südstrand (Sønderstrand).

Golf Mit Blick aufs Wattenmeer spielt man auf dem 18-Loch-Platz von **Golf Rømø Links** im Süden der Insel beim Enjoy Resort (350 DKK/Tag). Unter dem Motto „Rømø Pay&Play" gibt es auch einen 9-Loch-Platz (200 DKK/Tag). www.enjoyresorts.dk.

Hunde Auf Rømø herrscht Leinenpflicht für Hunde außer in den ausgewiesenen Hundeparks Lakolk und Kirkeby Plantage. Von 1. Okt.–31. März dürfen Hunde am Strand ohne Leine laufen.

Minigolf **Rømø Minigolf,** auf 18 Bahnen, tägl. 11–17, Juli/Aug. bis 19.30 Uhr. Havnebyvej 209, Rømø, ✆ 74 75 51 31, www. dengamle koebmandsgaard.dk.

Militär Der **Norden der Insel** ist militärisches Übungsgelände. Über dem Schießstand der dänischen Luftwaffe ziehen zu festgelegten Zeiten F16-Düsenjäger lärmend ihre Kreise und schießen mit Lasertechnik auf Attrappen von Panzern und Kampfflugzeugen. Ein schwarzer Signalball sowie Blinklichter am Kontrollturm warnen vor Übungen. www.roemoe.de, www.forsvaret.dk.

Fun-Sport: mit Blokarts über den Strand flitzen

Reiten Ausritte durch Wald und Heide sowie am Strand auf Pferden, Ponys und Isländern bietet der **Reiterhof Thomsen,** Vrabyvej 3, 6792 Havneby, ✆ 61 48 67 92, www.sigurd-thomsen.com.

Im Islandpferdecenter des **Hotel Kommandørgården** kann man (nach Reservierung) in der Halle oder im Gelände/Strand reiten. Borrebjergvej 15, Rømø, ✆ 74 75 51 22, www.kommandoergaarden.dk.

Ponys in verschiedenen Größen warten auf kleine Reitfans auf der **Rømø Ponyfarm.** Ausritte führen nach Sønderstrand. Rimmevej 41/Sønderstrand, 6792 Rømø, ✆ 24 41 57 41, www.romo-ponyfarm.com.

Schwimmbäder **Hotel Kommandørgården,** Hallen- und Außen-Schwimmbad, tägl. 7–21 Uhr, externe Gäste 75 DKK.

Enjoy Resort Rømø, großer Pool, Whirlpool und Kinderplanschbecken. Juli–Mitte Aug. tägl. 9–20 Uhr, sonst Mo–Do 12–17, Fr 12–20, Sa/So 9–20 Uhr. 75 DKK, Kinder 35 DKK. Vestergade 31, 6792 Rømø.

Spielen Im **Rømø Lege- og Labyrintpark** fordert ein riesiges, begehbares Labyrinth aus Holzstellwänden das Orientierungsvermögen von Groß und Klein heraus. Außerdem gibt es Puzzles und andere Spiele im XXL-Format, Tischtennis, Freiluftschach, Klettergerüste etc. Mitte Juni–Mitte Aug. tägl. 10–18 Uhr, NS tägl. 10–16/17 Uhr. Erwachsene/Kinder 70 DKK, Familienermäßigung. Engvej 5a, 6792 Rømø, ✆ 71 90 67 92, www.romolab.dk.

Tipp: Einen schönen kostenlosen **Waldspielplatz** findet man in der Kirkeby Plantage, Havnebyvej; Parkplatz an der Straße.

Strand Lebensretterstation am Lakolk Strand, Mitte Juni–Mitte. Aug. 10–18 Uhr.

Strandsegeln Kurse für Anfänger und Fortgeschrittene am breiten Sønderstrand, dort Verleih von Blokarts und Kitebuggys, direkt am Strand bei **KiteSyd**, ab 375 DKK/Std. ✆ 20 21 03 06, www.kitesyd.dk.

Strandparkplatz Großparkplatz für Strandbesucher, die nicht auf den Autostrand fahren wollen, an der Ladenzeile in Lakolk (Vesterhavsvej). Einige wenige Stellplätze an der Strandzufahrt Sønderstrand.

Veranstaltungen Anf. Juni: **Rømø Lamm-Festival;** erstes Wochenende im Sept.: **Internationales Rømø Drachenfestival** am Lakolk Strand; Aug.: **Rømø Motor Festival** für Oldtimer am Lakolk Strand.

Wandern Mehrere **Wanderwege** führen durch die schönen Wälder und Dünenheide von Tvismark, Kirkeby und Vråby. Kartendownload: www.roemoe.de. **Wattwanderungen** sollten am besten mit einem erfahrenen Guide erfolgen. Bei Wattwanderungen auf eigene Faust beachten: Gezeitenkalender studieren, nur bei ablaufendem Wasser loslaufen, mindestens zu zweit laufen, Handy mitnehmen (→ Kasten, S. 30).

Wellness Das **Hotel Kommandørgården** hat einen Wellnessbereich mit Tepidarium, Biosauna, Finnischer Sauna und Dampfbad. Verschiedene Wellnessanwendungen und Massagen nach Reservierung. Externe Gäste ca. 145 DKK. Havnebyvej 201, Rømø, www.kommandoergaarden.dk.

Schönes Spa im **Enjoy Resort** mit Sauna, Whirlpool, Massagen, Ayurveda- und Beauty-Anwendungen sowie „Knabberfischen" für schöne Füße. Externe Gäste 299 DKK. Juli–Mitte Aug. tägl. 9–20 Uhr, sonst Mo–Do 12–17, Fr 12–20, Sa/So 9–20 Uhr. Vestergade 31, 6792 Rømø, www.enjoyresorts.dk.

Wohnmobile **Autocamper-Areal des Hotel Kommandørgården,** mit Blick aufs Wattenmeer, inkl. Wasser, Pool und WLAN. 2 Pers./Nacht 20–10 Uhr 132 DKK. Havnebyvej 201, Rømø, www.kommandoergaarden.dk.

Autocamperplads Oasen Rømø, mit 200 Stellplätzen (Schotter und Rasen) für Wohnmobile, mit Sanitäranlage. Keine Reservierung. Stellplatz für 2 Pers./Nacht 160 DKK. Rømersvej 9, 6792 Rømø, ✆ 73 75 52 00, www.oasen-roemoe.dk.

Quick-Stop am **First Camp Lakolk,** inkl. Dusche und Wasser, 2 Pers./Nacht 20–10 Uhr 210 DKK. 2 Lakolk, 6792 Rømø, ✆ 74 75 52 28, www.firstcamp.de.

Übernachten

Hotel Kommandørgården **11**, das vor allem bei Familien beliebte Feriencenter bietet Hotelzimmer, Apartments und einen Campingplatz. Die Gebäude gruppieren sich um den Swimmingpool. Die komfortablen Hotelzimmer sind überwiegend zweckmäßig, zum Teil aber auch romantisch eingerichtet. Für die Hauptsaison unbedingt reservieren! Das Restaurant setzt auf heimische Zutaten wie Fisch und Rømø-Lamm, bietet Gourmetessen ebenso wie Gerichte zu günstigen Familienpreisen. Angegliedert ist der Rømø Play & Horse Park u. a. mit 30 Hüpf-Attraktionen und Wasserrutschen sowie das Isländercenter für Pferdefans. Darüber hinaus bietet das Hotel zahlreiche Aktivitäten von Kajaktouren bis zu geführten Wattwanderungen. Havnebyvej 201, 6792 Rømø, ✆ 74 75 51 22, kommandoergaarden.dk. **€€€**

Enjoy Resort **17**, die Architektur der hochpreisigen Ferienanlage hat etwas von einer Retortenstadt, innen ist sie jedoch mit hochwertigem dänischen Interieur eingerichtet. Hier findet man alles unter einem Dach: Badeland, Wellness, Golf, Bowling, Fitness und Restaurant. Ab 2 Tage buchbar. Vestergade 31, 6792 Rømø, ✆ 74 75 56 55, www.enjoyresorts.dk. **€€€€**

Havneby Kro **15**, der traditionsreiche Krug direkt am Hafen bietet einfache, aber nette Zimmer zum Teil mit Balkon und Meerblick. Am

Ferienhausidylle auf Rømø

Morgen wartet ein leckeres Frühstück. Vermietet werden auch zwei Ferienwohnungen. Skansen 3, 6792 Havneby Rømø, ✆ 74 75 75 35, www.havneby-kro.dk. €€€

Genz Appartments 9, die ebenerdigen und barrierefreien Apartments sind in Halbkreisform auf einem großen Wiesengelände und mit Blick auf einen See angelegt. Solch ein Ausblick aus raumhohen Fenstern macht das wett, was im schlichten Inneren der Räume an Schmuck fehlt. Zweckmäßige Sachlichkeit ist hier Trumpf. Die Anlage punktet aber mit variablen An- und Abreisetagen, der Möglichkeit zum Kurzaufenthalt sowie einem großen Schwimm- und Saunabereich. Småfolksvej 10, 6792 Kongsmark, Rømø, ✆ 74 75 54 01, www.genz-app.dk. €

Hos Else og Keld 10, ländliche Atmosphäre schnuppern können die Gäste in Elses gemütlichem Bed & Breakfast. Bereits in der fünften Generation wird der ruhig gelegene Resthof mit Blick aufs Wattenmeer bewohnt. Die vielen schönen alten Dinge, die sich angesammelt haben, tragen zum hyggeligen Wohngefühl bei. Einfache, ordentliche Zimmer und ein reichliches Frühstück. Die Zimmer mit Gemeinschaftsbad sind billiger. Havnebyvej 110, 6792 Rømø, ✆ 74 75 51 06, www.hoselseogkeld.dk. €

Poppelgaarden Rømø 12, günstig, hyggelig und nah am Wattenmeer: In einem alten Kapitänshof sowie in neuen Häusern unter Reet bietet dieses aus dem Danhostel hervorgegangene Bed & Breakfast (geöffnet Ostern bis Okt.) authentisches Römser Ambiente. 21 Zimmer, einige mit eigenem Bad, Gästeküche und Grillmöglichkeit. Das von den netten Gastgebern mit Liebe zubereitete Frühstück setzt auf lokale und nachhaltige Zutaten. Regelmäßig wird die Südjütländische Kaffeetafel kredenzt (Reservierung). Lyngvejen 7, 6792 Rømø, ✆ 31 21 87 00, www.poppelgaarden-romo.dk. €€

First Camp Lakolk 4, in der ersten Reihe hinter den Dünen, dafür eng und turbulent. Sehr gute, saubere Sanitäranlagen, Waschsalon, kleiner Supermarkt, Animation und Kinderclub. Direkt daneben findet man die Lakolk Butiken mit Shops und Cafés. April–Okt., Stellplatz inkl. 2 Pers. HS 320 DKK, NS 290 DKK, Dünenstellplatz teurer. 2 Lakolk, 6792 Rømø, ✆ 74 75 52 28, www.firstcamp.de.

Rømø Family Camping 1, schönes ebenes Wiesengelände mit Bäumen nahe dem Wattenmeer. Der ruhig gelegene Platz ist ganz auf Familien mit Kindern eingerichtet: u. a. 2 Spielplätze, Ballspielplatz, ein Areal zum Drachen steigen lassen, Verleih von Tretautos. Es gibt einen Feuerplatz und in der Campingküche sind Gas und warmes Wasser frei. Minimarkt und Fernsehraum vorhanden. Ostern bis Okt., Stellplatz inkl. 2 Pers. HS 225 DKK, NS 190 DKK. Vestervej 13, 6792 Rømø, ✆ 74 75 51 54, www.romocamping.dk.

Essen & Trinken

mein Tipp **Otto & Ani's Fisk 14**, inseltypische und natürlich fangfrische Fischspezialitäten werden hier direkt am Fischereihafen von Havenby zu günstigen Preisen serviert. Mächtige Fischplatten, aber auch kleine Imbisse werden in der Küche zubereitet, zum Tisch trägt man sie selbst. An der Fischtheke finden Selbstversorger alles vom Filet über Muscheln und Krabben bis zum ganzen Fisch. HS tägl. 11.30–17 Uhr, NS s. Webseite. Havnepladsen 4, 6792 Havenby, Rømø, ✆ 22 44 53 06, www.ottooganisfisk.dk.

Havneby Kro 15, Krabben und Fisch aus den Gewässern um Rømø kommen im Hafen-Krug lecker und preiswert auf den Tisch. Auf Fleischliebhaber wartet deftige Hausmannskost und auch Vegetarier finden Schmackhaftes zur Auswahl. Zu trinken gibt es ein Craft-Bier der hauseigenen Marke Rømøpigen („Rømømädchen"). HS Mi–So 17–20 Uhr, NS Do–Sa 17–20 Uhr. Skansen 3, 6792 Havneby Rømø, ✆ 74 75 75 35, www.havneby-kro.dk.

mein Tipp **Hattesgard Cafe-Antik 7**, der Duft von frisch gemahlenem Kaffee zieht durch das historische Anwesen. Köstliche dänische Torten mit raffinierten Blütendekos werden auch im schönen Garten mit Blick aufs Wattenmeer serviert. Nach dem Kaffeeklatsch macht es Spaß, in den hübschen Dekowaren aus alter Zeit zu stöbern. Echt hyggelig! Di–So 11–17 Uhr. Hattesvej 17, 6792 Rømø, ✆ 73 75 52 11, www.hattesgaard.dk.

Café Fru Dax **5**, der Stilmix ist Kult: Auf bunt zusammengewürfelten Stühlen und Sesseln sitzt man in diesem familiären Café der Ladenpassage Lakolk. Drinnen oder auf der Terrasse genießt man Halbmeter-Brettchen mit Frühstück nach Wahl, üppige Fischplatten, Salate, mit Liebe zubereitete Burger, Schnitzel oder Eis in selbstgebackener Waffel. So–Do 10–20.30, Fr/Sa 10–21 Uhr. Lakolk Butikcenter 7, 6792 Rømø, ✆ 92 92 22 21, www.frudax.dk.

Frankel 5 **16**, die Ausstattung des gemütlichen Lokals in Havenby ist afrikanisch inspiriert. Auf den Tisch kommen internationale Gerichte wie hausgemachte Burger, Nachos und frische Fischgerichte. Am Abend werden unter anderem Steaks, Vegetarisches und Wiener Schnitzel serviert. Das Preisgefüge passt. HS tägl. 12–20 Uhr, NS Mo–Fr ab 17, Sa/So ab 12 Uhr. Sønder Frankel 5, 6792 Rømø, ✆ 74 75 51 36, www.frankel5.dk.

GPS-Tour 1: Watt, Wald und Wal – die Insel Rømø mit dem Fahrrad entdecken → S. 377

Ausführliche, etwas anstrengende Inseltour, die die abwechslungsreiche Landschaft ebenso erschließt wie mehrere Sehenswürdigkeiten.

Die Wattküste → Karte S. 26

Insel Mandø

Zu einem kleinen Abenteuer voll ursprünglicher Naturschönheit lockt die nördlich von Rømø im Wattenmeer gelegene Insel Mandø. Nur bei Ebbe ist das 3,2 x 2,6 km große Eiland erreichbar, Massentourismus kennt man hier nicht. Den Gezeitenkalender und das Wetter immer im Blick haben – das ist nicht nur für Besucher, sondern vor allem für die rund 30 Insulaner ein Muss. Bei Flut hat die Handvoll Schulkinder frei. Seit Generationen haben die Einheimischen gelernt, im Einklang mit der Natur zu leben. Nach einem alten Volkslied soll die legendäre Königin Dagmar auf Mandø erstmals dänischen Boden betreten haben, bevor sie nach Ribe reiste. Erstmals schriftlich erwähnt wurde die Insel im Jahr 1231.

Der einzige Ort auf der Insel ist Mandø By. Alles, was ein Dorf ausmacht, ist da: Kirche, Gasthof, Dorfladen. Wahrzeichen der Insel ist die restaurierte Windmühle. Für Gäste wurde weitere Infrastruktur geschaffen: ein kleiner Campingplatz, ein paar Ferienhäuser und das **Mandøcenter,** wo die Geschichte Mandøs und ihre Prägung durch das Meer in einer Ausstellung erklärt wird. Größere Sandstrände sucht man vergebens, Mandø ist eine grüne Perle im Watt. Innerhalb des Deiches liegen die landwirtschaftlich genutzten Flächen. Zum Meer hin bilden Salzwiesen das Terrain für Deichschafe und Wattvögel. Mithilfe von Lahnungen (Uferschutzanlagen bestehend aus Holzpflockreihen) versucht man dem Meer Land abzutrotzen und die Meeresgewalt vor dem Deich abzupuffern. Angespülter Sand formt die westlich von Mandø gelegene, 30 Quadratkilometer große Sandbank **Koresand,** eine Miniwüste, zu der im Sommer Touren mit dem Pferdewagen führen.

Mandø lässt sich am besten zu Fuß oder mit dem Fahrrad erkunden. Der Spaziergang führt vom Restaurant Vadehavet durch die Dünen, vorbei an der alten Rettungsstation zur **Sturmflutsäule,** die die Vielzahl der schweren Fluten dokumentiert, die Mandø schon getroffen haben. Ihr Gottvertrauen haben die Mandøbøre nie verloren, was man in der südlich des Ortes gelegenen **Mandø Kirke** sehen kann. Die Kirche datiert auf das Jahr 1639, zwei Vorgängerbauten wurden bei Fluten zerstört. Vier Schiffsmodelle haben Seeleute gestiftet. Kurios sind die alten Rentiergeweihe, die früher als Hutablage benutzt wurden. Die Altartafel ist eine Kopie von Joakim Skovgaards „Kristus führt den Schächer ins Paradies", das Original befindet sich in Kopenhagen. Die Kanzel von 1826 stammt aus dem Kloster Ribe. Eine lokalgeschichtliche Ausstellung und die Wohnstuben der einstigen Besitzer sind in dem reetgedeckten Seemannshaus **Mandøhuset** von 1831 zu sehen. Geöffnet ist nur, wenn einer der Ehrenamtlichen gerade Zeit hat (25 DKK, Kontakt Lisbeth Bunde ✆ 61 31 95 02).

Die **Mandø Mølle** von 1832 im Norden des Dorfes ist für viele die ideale Kulisse fürs Urlaubsselfie. Bei Veranstaltungen wird die alte holländische Windmühle zum Kornmahlen in Funktion gesetzt.

Praktische Infos

Information Allgemeine Infos über Mandø sowie Gezeitentabellen gibt es in der Touristeninformation **Ribe.** Selbstbedienung ganzjährig tägl. 9–18 Uhr, bemannt Mo–Fr 10–14, Juli/Aug. auch Sa 10–14 Uhr. Sct. Nicolaj Gade 1, 6760 Ribe, www.vadehavskysten.de.

Abenteuerliche Anreise nach Mandø: Zweimal täglich wird die Schotterpiste geflutet

„Keine Überfahrt ohne Kenntnis der Gezeiten!" Wer von Vester Vedsted auf dem Låningsvejen Mandø ansteuert, sollte diese Warnung ernst nehmen. Das Dreiecksschild „Auto im Wasser" untermauert das. Zweimal täglich wird Mandøs 7 km lange Nabelschnur zum Festland, eine raue, nur mit Schotter befestigte Piste, vom Meer überflutet. Etwa 1,60 m hoch steigt hier das Wasser im Normalfall. Die Höhe der Flut ist nicht nur von der normalen Tide abhängig, sondern kann durch wechselnde Windverhältnisse oder bei Voll- und Neumond stark variieren. Immer wieder werden Autofahrer vom rasch auflaufenden Wasser überrascht und müssen die Kosten für Rettung und Bergung tragen. Wenn Sie mit dem Auto fahren wollen, informieren Sie sich über die Gezeiten und halten Sie sich an die Geschwindigkeitsbegrenzung: 25 km/h. Achten Sie bei Gegenverkehr auf Steinschlag. Und fahren Sie langsam durch größere Wasserflächen. Auskunft über sichere Fahrzeiten gibt es im Vadehavscentret Vester Vedsted und im Laden Mandø Brugsen (✆ 75 44 51 02, 9–21 Uhr).

Die sichere Alternative ist die Fahrt mit dem Traktorbus ab Vester Vedsted (→ Verbindungen). Die 40-minütige Fahrt, am besten auf dem Oberdeck des Doppeldeckers, macht Spaß und bringt Sie wohlbehalten ans Ziel. Die Traktorbusse kreuzen mehrmals täglich das Watt auf dem (für allen sonstigen Verkehr verbotenen) Ebbevej. Er führt direkt über den Meeresgrund und ist mit Weidenruten abgesteckt.

■ Gezeitentabelle pro Kalenderjahr: http://portesbjerg.dk, s. „Maritime Infos – Tidetable".

Über den Ebbevej dürfen nur die Traktorbusse fahren

Auf der Insel ist die **Mandø** „Touristeninspiration" (beim Mandø Brugs) zur Selbstbedienung ganzjährig tägl. geöffnet. Mandø Byvej 1, Mandø, 6760 Ribe, ✆ 75 44 51 02.

Verbindungen Ab Vester Vedsted verkehren Traktorbusse abhängig von den Gezeiten. Die Fahrt dauert ca. 40 Min.:

Die blau-roten Doppeldecker von **Mandøbussen** starten am Parkplatz des Vadehavscentrets; Rückfahrt ab Mandø Brugs. Fahrten Mai–Sept. tägl., in den Monaten Febr., März, April, Okt., Nov. unregelmäßig. Fahrplan s. Webseite und Aushang am Parkplatz. Juni–Aug. Reservierung erforderlich. Rückfahrkarte 75 DKK (Kreditkarten werden nicht akzeptiert). Angeboten werden auch Ausflüge nach Koresand (ab/bis Vester Vedsted). Okholmvej 5, Vester Vedsted, 6760 Ribe, ✆ 75 44 51 07, www.mandoebussen.dk.

Ausflüge Mit dem Ausflugsboot „Mandøpigen" kann man lehrreiche Austern- und Robbensafaris unternehmen (März–Juni, ab 385 DKK, Reservierung). Auch Insel-Hopping zwischen Rømø und Mandø ist möglich. Angelaufen werden die Orte Mandø, Juvre auf Rømø und Ribe Kammer Sluse. Infos im Café Mandøpigen und telefonisch ✆ 51 25 49 12, www.bb-mandoe.dk.

Einkaufen Lebensmittel, Getränke und andere Produkte des täglichen Bedarfs gibt es bei **Mandø Brugs,** Mandø Byvej 1, Mandø, 6760 Ribe, ✆ 75 44 51 02, www.mandoebrugs.dk.

Fahrradverleih **Mandøbussen** verleiht 30 m neben der Bushaltestelle Fahrräder, 40DKK/4 Std., April–Okt.

Ferienhausvermietung Auf der Insel werden 14 Ferienhäuser vermietet, Kontakt über **Mandø Brugs,** Mandø Byvej 1, Mandø, 6760 Ribe, ✆ 24 80 09 20, www.mandoebrugs.dk.

Gut zu wissen Auf Mandø gibt es **keinen Geldautomaten.** Hunde sollen an der Leine geführt werden. Öffentliche Toilette im Klithus Mandø.

Strand Auf Mandø kann man nur im Watt bei der Sturmflutsäule baden (vorausgesetzt, es ist Flut). Wer einen Ausflug zum Koresand macht, sollte Badezeug nicht vergessen, denn am Strand der Riesensandbank kann man baden. Unbedingt den Tidekalender beachten! Transport nach Koresand: Traktorbus, ab/bis Vester Vedsted 300 DKK, ✆ 75 44 51 07, www.mandoebussen.dk.

Wellness Am **Klithus Mandø** lädt eine urige Holzsauna in den Dünen mit Tauchbottich und Dusche zum Outdoor-Wellnesserlebnis.

Übernachten/Essen **Klithus Mandø,** 12 einfache Zimmer mit Bad/WC und TV. Im angeschlossenen Restaurant **Vadehavet Mandø** gibt es günstige dänische Hausmannskost sowie hausgemachten Kuchen. Anf. Juli–Mitte Aug. 11–20 Uhr, Apr.–Anf. Juli und Mitte Aug.–30. Okt. nach dem Fahrplan von Mandøbussen geöffnet. Vestervej 1, Mandø, 6760 Ribe, ✆ 75 44 53 54, www.restaurantvadehavetmandoe.dk. €

mein Tipp **Café Mandøpigen,** modernes Café in einer alten Scheune. Hier werden ausgewählte Produkte wie Räucherfisch aus Hvide-sande, Käse aus der Molkerei Jernved, Lamm aus Mandø und Brot aus der Bäckerei Pompei in Ribe zu leckeren Frokost-Smørrebrød oder

Die Wattküste → Karte S. 26

üppigen Brotzeit-Platten (149 DKK) verarbeitet. Frühstück und Abendmenüs gibt es auf Bestellung. Beim kurzen Stopp ist Zeit für einen feinen Barista-Kaffee mit hausgebackenem Kuchen. Mo–So 11–16 Uhr und nach Bedarf. Mandø Byvej 7, Mandø, 6760 Ribe, ☏ 75 44 64 34, www.bb-mandoe.dk.

Bed & Breakfast Mandø, in dem schön renovierten einstigen Hof in der Dorfmitte vermietet die Betreiberfamilie 6 in hellem dänischen Stil komfortabel eingerichtete Ferienwohnungen. Direkt an den Dünen lässt sich die Ruhe und Beschaulichkeit der Insel in vollen Zügen genießen. Mandø Byvej 7, Mandø, 6760 Ribe, ☏ 75 44 64 34, www.bb-mandoe.dk. **€€**

Mandø Camping, Wiesengelände mit Hecken, einfachen Sanitäranlagen, Gemeinschaftsküche mit Aufenthaltsraum, auch Hütten zur Vermietung. Stellplatz inkl. 2 Pers. 193 DKK. Rezeption im Mandø Brugs, Mandø Byvej 1, Mandø, 6760 Ribe, ☏ 24 80 09 20, www.mandoebrugs.dk.

Insel Fanø

Eine Insel mit Flair erwartet die Urlauber auf Fanø. Neben dem 12 km langen bis zu 1 km breiten Sandstrand ist es vor allem der spannende Mix aus Natur und Kultur, Moderne und Brauchtum, Action und Ruhe, der die nördlichste dänische Wattenmeerinsel so liebenswert macht.

Auf Fanø geht es etwas beschaulicher, vielleicht auch etwas exklusiver zu als auf Rømø. Wer die 55 km² kleine Insel besuchen möchte, muss übers Wasser: Die beiden Fähren „Menja" und „Fenja", benannt nach zwei sagenhaften Riesinnen, die an der Entstehung von Fanø und Mandø beteiligt gewesen sein sollen, sowie die neue Elektrofähre „Grotte" pendeln im 20-Minuten-Takt. Sie bringen Urlauber nach Fanø und täglich mehr als 600 Arbeits-Pendler von der Insel ins nahegelegene Esbjerg. Mit dem Auto und vor allem mit Gespannen ist die Fähre in der Hauptsaison ein teurer Spaß. Ein Tagesausflug mit dem Fahrrad ist eine wirklich schöne und zudem preiswerte Alternative.

Ihre Eigenständigkeit demonstrierten die Bewohner Fanøs 1741, als sie die Insel von König Christian VI. freikauften. Auch heute stehen die rund 3400 Einwohner zu ihrer Insel. Per Volksabstimmung befürworteten sie 2005 die Selbstständigkeit als Kommune; heute ist Fanø die zweitkleinste Gemeinde Dänemarks. Um 1700 begann auf Fanø der lukrative Schiffsbau. Anfang des 19. Jh. gab es in Sønderho fünf Schiffsbaumeister und drei in Nordby. Fanøskibene (Schiffe aus Fanø) waren auf allen sieben Weltmeeren unterwegs. Der Seehandel reichte bis Asien und Südamerika und sorgte für Wohlstand auf der Insel. Silber und Seide in der Kleidung zeigten dies nach außen. Identitätsstiftend ist bis heute die Bewahrung der Fanø-Tracht, die man bei den Fannikerdagen und beim Sønderhodag bewundern kann. Die Frauen managten das Inselleben von der Feld- bis zur Handarbeit. Ein typisches Hobby der Frauen auf Fanø ist immer noch das Stricken: Beim alljährlichen Strickfestival werden nicht nur Techniken und Muster ausgetauscht, sondern auch größere Objekte wie Fahrräder mit Gestricktem bekleidet.

Entstanden ist Fanø aus einer Sandbank, die auf 16 km Länge und maximal 5 km Breite anwuchs. Geprägt ist die Natur der Insel von der rauen, stürmischen Nordsee und dem Ökosystem des Wattenmeers. Im Frühjahr und Herbst, wenn hier Tausende Zugvögel rasten, ist Fanø ein Eldorado für Ornithologen. Mit imposanten Ferngläsern beobachten sie die Schwärme von Sta-

Schmuckes Reetdachhaus in Sønderho

ren oder die hier heimischen Austernfischer, Rotschenkel, Ziegenmelker und Seeregenpfeifer. Vor allem aber wollen sie den König der Insel, den Seeadler, vor die Linse bekommen. Auch Seehunde kann man auf Fanø beobachten. Nicht selten grüßen einige von ihnen die Ankommenden von einer Sandbank vor dem Fähranleger. Größere Populationen von Seehunden und auch Kegelrobben tummeln sich am Galgerev, wohin eine Robbensafari führt. Wie man in Fanø einst Wildenten fing, kann man in der Sønderho Gamle Fuglekoje von 1866 sehen.

Die Inselhauptstadt **Nordby** ist Geschäfts- und Verwaltungszentrum. Verwinkelte Gässchen mit Häusern aus dem 19. Jh. und eine schöne Fußgängerzone laden zum Flanieren ein. Fanøs Schifffahrts- und Trachtenmuseum ist ebenso einen Besuch wert wie das Fanø Museum und die stattliche Nordby Kirke.

Ein wahres Schmuckstück ist das an der Südspitze der Insel gelegene **Sønderho.** Nicht zu unrecht darf es sich „schönstes Dorf Dänemarks" nennen. Ein Pfadsystem führt durch die eng beieinanderstehenden Reetdachhäuser aus dem 18. und 19. Jh. Damals war Sønderho ein wichtiger Hafen an der jütländischen Westküste, der jedoch im Laufe der Zeit versandete. Heute erinnert dort eine Flutsäule an die andauernd wirkenden Kräfte des Meeres. Wie man sich das Leben der Seefahrerfamilien vorstellen muss, zeigt Hannes Hus, das mit Andenken an die Seereisen vollgestopft ist. Eine Auswahl typischer Fliesen, die die Seeleute aus Holland mitbrachten, werden im heutigen Restaurant Nanas Stue präsentiert. Bemerkenswert ist die Sammlung von Schiffsmodellen, die als Votivgaben in der Sønderho Kirke von der Decke hängen. Auch die restaurierte alte Mühle am Ortseingang ist einen Blick wert.

Die beliebten Badeorte der Insel sind Fanø Bad und Rindby Strand. Hier befinden sich die meisten Ferienhäuser und Campingplätze sowie Freizeitaktivitäten von Golf bis Tennis. Der breite Nordseestrand zwischen Fanø Bad und Sønderho ist mit dem Auto befahrbar und lädt zu Strandaktivitäten ein vom puren Faulenzen bis zum temporeichen Strandsegeln. In der Klitplantage kann man auf reizvollen Wander- und Rad-

Die Wattküste → Karte S. 26

wegen Natur erleben. Eine schöne Aussicht über Wald und Strand genießt man vom 21 m hohen Pælebjerg.

Sehenswertes

Skibsfarts- & Dragtsamling: Im ehemaligen Haus der Vereinigung der Schiffsreeder auf Fanø ist die Schifffahrts- und Trachtensammlung untergebracht. Außen auf der Hafenseite erinnert eine Galionsfigur an die Barke „Sixtus", das größte Transportschiff, das jemals unter der Flagge Fanøs segelte. Es war 1905 vor Falkland gesunken. Die stolze Schifffahrtstradition Fanøs wird im Museum anhand von Schiffsmodellen erläutert. Interessant sind nautische Exponate wie Seemannsknoten oder auch die Einrichtung einer Kajüte. Die Rolle der Frauen, die zu Hause die Feld- und Hauswirtschaft übernahmen, während die Männer auf See waren, wird in der Trachtensammlung deutlich. Die Seefahrerfamilien waren so wohlhabend, dass sie ihre Kleidung reich mit Silber oder mitgebrachten Seidenstoffen schmücken konnten. Typisch für die Tracht sind dunkle Stoffe mit bunten Stickereien, aber auch kupfer- oder lilafarbene Stoffe sowie eine kopftuchartige Haube. Gegen Wind und Sonne schützte eine dunkle Gesichtsmaske, sodass nur noch die Augen frei blieben. Heute wird die Tracht an Feiertagen oder zu Veranstaltungen wie den Fannikerdagen und dem Sønderhodag getragen.

Fayence-Hunde: Nippes mit Geschichte

Am Hafen von Nordby begrüßt die Hundesäule von Poul Isbak die Ankommenden. Das Denkmal erinnert an einen inseltypischen Brauch aus dem 19. Jh. Zu Zeiten, als die meisten Männer Fanøs zur See fuhren, stellten die Frauen Fayence-Hunde in den Fenstern auf, die ihre Männer als Souvenir aus England mitgebracht hatten. Die Nippesfiguren sollten Treue und Geborgenheit symbolisieren. Blickten die Hunde nach außen, warteten die Frauen sehnsüchtig auf die Heimkehr des Liebsten, war dieser zu Hause, wurden die – meist paarweise aufgestellten – Hunde nach innen gedreht. Wo die Ehemänner die Mitbringsel erworben hatten, war ein offenes Geheimnis. Viele der Fayencen wurden in englischen Hafenvierteln erstanden, wo Prostituierte ihrem Gewerbe nachgingen. Die Frauen durften für ihre Dienste kein Geld verlangen, aber es war ihnen erlaubt, Souvenirs zu verkaufen. So kam so mancher Matrose nach erlebten Freuden auf den Hund.

▪ Juli/Aug. Mo–Fr 10.30–17 Uhr, April–Juni und -Sept./Okt. Mo–Fr 10.30–15.30 Uhr, April–Okt. Sa 10–14 Uhr. 30 DKK. Hovedgaden 28, Nordby, 6720 Fanø, ✆ 21 14 00 43, www.fanoskibsdragt.dk.

Fanø Museum: Das lokalgeschichtliche Museum in einem 300 Jahre alten Reetdachhaus in Nordby zeigt Möbel, Inventar und Geräte eines typischen Fanøer Haushalts um 1800. Der Nachbau eines historischen Badewagens entpuppt sich als mobiler Umkleideraum der ersten Fanø-Touristen.

▪ Mitte Ostern sowie Mai–Mitte Okt. So–Fr 11–15 Uhr. 35 DKK. Skolevej 2, Nordby, 6720 Fanø, ✆ 40 29 54 71, www.fanoemuseum.dk.

Nordby Kirke: Die Nordby Kirke ist eine 1786 im klassizistischen Stil erbaute Hallenkirche mit rund 700 Sitzplätzen. Auffällig ist die Platzierung von Altar und Kanzel in einer Linie an der Südseite. Die Tafel auf dem Altar wurde 1622 von dem Maler Hans Poulsen aus Ribe gemalt, der wahrscheinlich auch die Kanzel schuf. Über den Sitzbänken hängen sieben Schiffsmodelle.

▪ Jederzeit zugänglich, Hovedgaden 105, Nordby, 6720 Fanø.

Sønderho Kirke: „Ich segle sicher und gut durch die wogende Weltenrunde/ denn mein Gott folgt mir als Sonne und Schild zu jeder Stunde.“ Dass es sich bei der Sønderho Kirke um eine Seefahrerkirche handelt, sagt nicht nur dieser Vers auf dem Altar. Mit 15 Schiffen hat die Kirche die größte Anzahl solcher Votivgaben in Dänemark. 1782 wurde das Gotteshaus nach dem Abriss eines marode gewordenen Vorgängerbaus als Saalkirche errichtet. Die barocke Altartafel von 1717 zeigt das letzte Abendmahl und die vier Evangelisten. Auf der Kanzel (um 1600) sind Reliefs des Gekreuzigten zu sehen. Anfang des 20. Jh. bekam die Kirche die neugotischen Kirchenbänke aus der Domkirche Ribe, die mit den traditionellen Fanøer Farben – Blau, Orange, Gelb – bemalt wurden. In der nordwestlichen

Votivschiffe in der Kirche von Nordby

Ecke der Kirche stehen Grabsteine aus Sandstein (um 1700), die die Geschichte der Gemeinde dokumentieren.

▪ Mo–Fr 8–16, Sa/So 12–16 Uhr. Sønderho Strandvej 1a, Sønderho, 7620 Fanø.

Sønderho Mølle: 1701 bekamen die Fanniker die Erlaubnis, ihr Mehl auf der Insel zu mahlen. Vorher mussten sie dazu nach Ribe fahren. Daraufhin klapperten mehrere Mühlen auf Fanø, heute steht in Sønderho die einzige noch Verbliebene. Die achteckige Galerieholländermühle aus dem Jahr 1895 war bis 1923 in Betrieb und wurde mit Unterstützung des Fonds Gamle Sønderho aufwendig restauriert. Man kann die drei Böden und die Galerie besichtigen. Am dritten Sonntag im Juni wird beim Mühlentag Korn gemahlen. Viele Einheimische sind in Tracht dabei, wenn rund um die Mühle mit Musik, Tanz, Gesang und Leckereien gefeiert wird.

▪ Die Mühle ist offen, 20 DKK als Spende in die Box werfen. Am Ortseingang rechts vom Landvejen. Vesterland 44, Sønderho, 6720 Fanø, www.fondengamlesonderho.dk.

Die Wattküste → Karte S. 26

Malerisches Sønderho

Hannes Hus: Ein altes Reetdachhaus von 1750 mitten in Sønderho gibt einen Eindruck davon, wie die Familien der Seefahrer lebten. Hanne Sørensen wurde mit 34 Jahren Witwe, als ihr Mann mit seinem Schiff auf einer Reise nach Island verschwand. Nun musste Hanne ihren Sohn und zwei Töchter alleine durchbringen. Das Haus wurde bis 1965 bewohnt. Zu sehen sind noch die originalen Möbel, Bilder, Mitbringsel von Seereisen, holländische Fliesen an der Wand, Schafstall und die alte Küche, als ob die Familie gerade mal eben ausgegangen wäre.

▪ Mai/Juni Mi, Sa 14–16 Uhr, Juli–Sept. Di–So 14–16 Uhr. 30 DKK, Kinder bis 14 J. frei. Øster Land 7, Sønderho, 6720 Fanø, www.hanneshus.dk.

Fanø Kunstmuseum: Sie kamen (und kommen) wegen des klaren Lichts, wegen der ursprünglichen Motive und der schönen Gegend: Seit über 100 Jahren zieht es Maler und andere Künstler nach Fanø, um hier zu arbeiten. Zeitweise gab es in Sønderho, ähnlich wie in Skagen, eine regelrechte Künstlerkolonie. Zur Sammlung des Kunstmuseums gehören vor allem Arbeiten von Julius Exner, Carl Johan Forsberg, Johan Rohde, August Wilckens, Reinhard Heinemann und August Dohm. Präsentiert werden Werke ab Mitte des 19. Jh. bis heute sowie Wechselausstellungen. Das Gebäude „Kromanns Hus" war sowohl Kaufmannshaus als auch Fabrik.

▪ April–Ende Okt. Di–So 13–17 Uhr. 60 DKK, Kinder bis 18 J. frei. Nord Land 5, Sønderho, 6720 Fanø, ✆ 75 16 40 44, www.fanoekunstmuseum.dk.

Praktische Infos

→ Karte S. 52/53

Information Das Fanø Touristenbüro ist gegenüber des Fähranlegers in Nordby zu finden. Hier gibt es Infos zu Übernachtungsmöglichkeiten, Sehenswürdigkeiten und Veranstaltungen. Ganzjährig tägl. 10–16 Uhr (Selbstbedienung). Bemannt: Juni–Aug. Mo 10–16, Di–Fr 10–14 Uhr, April/Mai und Sept./Okt. Mo und Fr 10–14 Uhr. Langelinie 5, Nordby, 6720 Fanø, ✆ 70 26 42 00, www.vadehavskysten.de, www.visitfanoe.dk/de.

Verbindungen **Zug:** Per Bahn erreicht man Esbjerg, von dort setzt man über mit der Fähre.

Busse: Vom Fähranleger in Nordby nach Fanø Bad, Rindby Strand, Sønderho und zurück. Sie verkehren regelmäßig, werktags 7.40–18.30, So ab 7.35 Uhr. Fahrplan unter www.visitfanoe.dk (Plan und Book).

Fähre: Mit **Fanølinjen** geht es vom Fähranleger in Esbjerg Hafen meist im 20-Min.-Takt auf die Insel Fanø. Mit dem Pkw in die Warteschlange einordnen, Ticket gibt's an der Schranke. Keine Vorbestellung! Tickets für Fußgänger und Radfahrer gibt es im Kassenhaus, von dort aus Zugang zur Fähre. Hinfahrten ab Esbjerg halbstündlich ab 5.10 Uhr, ab 6.50 Uhr 20-Min.-Takt; Rückfahrten ab Fanø bis 18.10 Uhr im 20-Min.-Takt, danach 40-Min.-Takt; letzte Fahrt 23.50 Uhr. Pkw (inkl. 9 Pers.) Hin- und Rückfahrt HS ab 479 DKK, NS ab 249 DKK. Hin- und Rückfahrt Fußgänger Erwachsene HS 65 DKK, NS 49 DKK, Kinder/Rentner 27–35 DKK, Fahrräder kostenlos. Dokvej 5, 6700 Esbjerg, ✆ 70 25 10 25, www.fanoelinjen.dk.

Angeln Im Meer kann man vom Hafen in Nordby und vom alten Hafen in Sønderho aus angeln. Angelscheine gibt's im Touristenbüro oder online beim Fischereidirektorat: www.fisketegn.dk.

Fanøs Lokale Fiskemand, frischen Fisch vom Fischmarkt in Esbjerg bringt der mobile Fischladen nach Sønderho Brugsen (Di, Do, Sa 10–12 Uhr) und Nordby SuperBrugsen (Di–Fr 13–16, Sa 13–15 Uhr, www.lsfisk.dk.

Fahrradfahren Die Hauptstraßen verfügen meist über Fahrradwege. Es gibt zahlreiche ausgeschilderte Radrouten, darunter die **Panoramaroute 404** (Luft unter den Flügeln, 26 km). Mountainbiker finden in der Klitplantage in der Nähe des Pælebjergs markierte Strecken.

Fahrradverleih **Fanø Cykler,** Radausleihe gut und günstig; tägl. 9–13 Uhr. Kirkevejen 67, Rindby Strand, 6720 Fanø, mobil ✆ 27 13 44 60, www.fanoecykler.dk.

Fri Bike Shop, 500 m vom Fähranleger entfernt, verleiht ebenfalls Räder, aber teuer. Mo–Fr 10–17.30, Sa 11–13 Uhr. Mellemgaden 12, Nordby, 6720 Fanø, ✆ 75 16 24 60, www.fribikeshop.dk.

Ferienhausvermietung **FanoHus,** vermietet private Ferienhäuser auf der ganzen Insel. Hovedgaden 12, Nordby, 6720 Fanø, ✆ 75 16 26 00, www.fanohus.de; **Danibo Fanø Sommerhusudlejning,** größter lokaler Ferienhausvermieter, Büro nahe dem Fähranleger, Langelinie 9b, Nordby 6720, Fanø, ✆ 75 16 36 99,

Die Wattküste → Karte S. 26

www.danibo.dk; **Novasol,** Büro Fanø, Vestertoft 2, 6720 Fanø, ✆ 70 42 44 24, www.novasol.dk; **Admiral Strand Feriehuse,** Hovedgaden 105, 6720 Fanø, ✆ 75 16 44 00, www.admiralstrand.dk.

Golf Schön in der Dünen- und Heidelandschaft liegt Dänemarks ältester Golfplatz, der seit 1901 bespielte **Fanø Golf Links** mit 18 Löchern. Der Fanø Vesterhavsbads Golfklub veranstaltet im Sommer zahlreiche Turniere, bei denen auch Gäste mitspielen können. Greenfee Juni–Sept. 350 DKK/Tag, April/Mai, Okt. 300 DKK/Tag. Golfvejen 5, 6720 Fanø Bad, ✆ 21 29 42 49, www.fanoe-golfklub.dk.

Heiraten Fanø mit seinen romantischen Ecken ist ein beliebter Ort zum Heiraten. Ob im Rathaus, in der Kirche oder am Strand, alles ist möglich. Ansprechpartner ist die Kommune. Sie informiert über alle Fragen zu Dokumenten und Durchführung und vermittelt auch Hochzeitsagenturen. Vielseskontoret, Skolevej 5–7, Nordby, 6720 Fanø, ✆ 76 66 06 40, www.fanoe.dk. Ausführliche Infos auch auf www.weddingisland.dk/de.

Hunde In der Stadt, in den Dünen und in der Plantage müssen Vierbeiner immer an der Leine sein. Am Strand gilt von 1. April–30. Sept. Leinenpflicht. Ein Hundewald für den Freilauf befindet sich beim Pælebjerg in der Klitplantage und am Kikkebjerg im Wald nördlich von Nordby.

Ankunft mit der Fähre

Minigolf Piraten-Minigolf beim **Feldberg Familien Camping** mit 18 Bahnen. HS tägl. 10.30–19 Uhr, NS nach Aushang. Erw. 70 DKK, Kinder bis 11 J. 40 DKK. Kirkevejen 5, 6720 Fanø, ✆ 75 16 36 80, www.feldbergfamiliecamping.dk.

Reiten Am Campingplatz **Ny Camping** in Sønderho kann man Pferde leihen, Reitunterricht auf dem Reitplatz nehmen und an geführten Ausritten in der Heide und am Strand teilnehmen. Ab 200 DKK/Std. Eigene Pferde können mitgebracht werden. Gammeltoftvej 3, Sønderho, 6720 Fanø, ✆ 75 16 41 44, www.nycamping.dk.

Robbensafari **Club Fanø** bietet zweistündige Wattwanderungen im Süden der Insel an. Sie führen zum Galgerev, wo man stets zahlreiche Seehunde und Robben auf der Sandbank sehen kann. 150 DKK, Kinder bis 14 J. 60 DKK, unter 4 J. frei. ✆ 42 41 25 65, www.clubfanoe.dk.

Spezialitäten Die Kliesche, ein Plattfisch aus der Familie der Schollen, kam früher auf Fanø gebraten, getrocknet und geräuchert ebenso häufig auf den Teller wie der „Arme-Leute-Spargel" Queller vom Strand. Heute findet man Bakskuld und Kveller in vielen Restaurants auf der Speisekarte.

Strand Zum Baden in der Nordsee ist der Abschnitt zwischen Rindby und Fanø Bad am besten geeignet. Lebensretterstation am Rindby Strand Mitte Juni–Mitte Aug. 10–18 Uhr.

Strandsegeln Am Strand 2 km südlich von Rindby treffen sich die Blokart- und Kitebuggy-Fahrer. Leih-Blokarts und Kurse kann man buchen (350 DKK/Std.) bei **Club Fanø,** Sønderklit 4a, Fanø Bad, 6720 Fanø, ✆ 42 41 25 65, www.clubfanoe.dk.

Veranstaltungen Im Juni findet das Kite Fliers Meeting (Drachentreffen) statt. Mitte Juli schlüpfen die Einheimischen bei den **Fannikerdagen** in ihre traditionelle Tracht, www.fannikerdagen.dk. Beim **Strikkefestival** geht es im September um Erfahrungsaustausch rund ums Stricken, www.wooldays.dk.

Waldspielplatz Herrliches Gelände im Wald mit vielen Spielstationen für kleine und große Kinder. Sanitärgebäude, Picknickplatz und Parkplatz vorhanden. Anfahrt: vom Postvejen auf Landvejen strandwärts abzweigen, Ausschildung „Skovlegeplads" folgen.

Wandern Es gibt mehrere gekennzeichnete Wanderrouten auf Fanø. Die **Vogelkojenrou-**

Natur pur: Einsame Strandabschnitte findet man in Fanø genügend

Die Wattküste → Karte S. 26

ten im Osten der Insel (P2 und P3) sind 2,5 bzw. 5,5 km lang und führen zu den Vogelkojen und zum Aussichtspunkt Annesdalbjerg. Schön und aussichtsreich sind die **Pælebjergrouten** (P4 und P5) mit 1,5 und 4 km. Faltblatt zum Download: https://de.naturstyrelsen.dk/naturerlebnisse/natur-guide/fanoe/aktivitaeten/.

Wohnmobile Auf Fanø gibt es 7 Campingplätze, wild Campen ist nicht gestattet. Am **Feldberg Familie Camping** Quick-Stop auf dem Parkplatz vor der Schranke, 2 Pers./Nacht von 20–10 Uhr 130 DKK zzgl. Strom, Wasser und Abwasser. Kirkevejen 5, 6720 Fanø, ✆ 75 16 36 80, www.feldbergfamiliecamping.dk.

Am **Ny Camping** in Sønderho Quick-Stop für Wohnmobile, 2 Pers./Nacht 20–10 Uhr 104 DKK. Gammeltoftvej 3, Sønderho, 6720 Fanø, ✆ 75 16 41 44, www.nycamping.dk.

Einkaufen

Uldsnedkeren 4, in dem Woll- und Strickmodeladen in einem alten Bauernhaus von 1741 werden sowohl die fein-seidige Wolle der eigenen Gotlandschafe als auch Pullover, Schals, Decken und anderes angeboten. Rund 100 Gotlandschafe hält die Textildesignerin Lis Jensen auf ihrem Weideland. Digevej 7, Sønderho, 6720 Fanø, ✆ 75 16 41 31, www.uldsnedkeren.dk.

Christel Seyfarth 18, fröhliche Farben, große Muster – die handgestrickten Stolas, Jacken, Pullover und Unika-Modelle sind Hingucker. Mo–Fr 11–17.30, Sa 10–14 Uhr. Hovedgaden 76, Nordby, 6720 Fanø, ✆ 70 20 28 22, www.christel-seyfarth.dk.

Gitta Foldberg, die Designerin arrangiert Fundstücke vom Strand zu Mosaiken, von denen sie sich für die Farbgebung ihrer Textilien inspirieren lässt. Traditionelle Schmuckstücke interpretiert sie neu mit zeitgemäßen Materialien. Ausgewählte Produkte von Gitta Foldberg gibt es in Fanø im Kunstladen in Rindby (Postvejen 29), im Nørbygaard Kro in Nordby (Strandvejen 12–14), bei Rikke Sandfort in Nordby (Hovedgaden 58B) und in Lorenzens Butik in Sønderho (Nord Land 2A). www.gittafoldberg.dk.

Ravsmeden 9, seit frühester Jugend ist Jens Peter Jensen vom Bernstein fasziniert. Er weiß genau, wann das richtige Wetter ist, nach dem „Gold des Meeres" zu suchen. In seiner Werkstatt verarbeitet er Bernstein zu kleinen Skulpturen oder fasst ihn in Silber. Tägl. 11–14 Uhr. Landvejen 40, Sønderho, 6720 Fanø, ✆ 21 65 48 70, www.ravsmeden.dk.

Fanø Glaspusteri 14, in der Glasgalerie von Charlotte La Cour-Hansen gibt es farbenfrohes gläsernes Kunsthandwerk und Glaskunst, die die Künstlerin am eigenen Studioofen herstellt.

Gefährliche Schönheiten: Natur und Wetter

Auf der Wattenmeerinsel Fanø ist die Natur vom Lauf der Gezeiten geprägt. Zweimal täglich im Rhythmus von 12 Stunden und 25 Minuten wird der Meeresboden freigelegt und Scharen von Vögeln nutzen den frisch gedeckten Tisch im Watt. Für Strandwanderer öffnen sich plötzlich große Weiten, die barfuß oder zum Schutz vor scharfkantigen Muscheln besser mit Gummistiefeln entdeckt werden wollen.

Wie immer bei Wattwanderungen auf eigene Faust gilt: Informieren Sie sich über die Zeiten von Hoch- und Niedrigwasser und planen Sie Wanderungen entsprechend der tagesaktuellen örtlichen Gezeitentabelle (www.dmi.dk). Gehen Sie nur bei ablaufendem Wasser los. Kehren Sie sofort um, wenn Seenebel aufkommt. Dieser entsteht besonders im Frühjahr, wenn die feuchtwarme Luft von Land auf die kalte Nordsee trifft. Der Nebel wird vom Wind rasant auf die Küste zugetrieben und raubt jegliche Orientierung.

Fanøs größte Sandwüste ist Søren Jessens Sand im Nordwesten. Von Fanø Bad bis zur Spitze (Grådybet) läuft man am Wasser entlang etwa 1,5–2 Stunden. Die Sandbank wird – außer bei Sturmflut – nicht überschwemmt. Man sollte aber nicht versuchen, östlich über das Hamburgerdyb zur Insel zu laufen. Die Strömungen bei Flut können hier lebensgefährlich sein.

Noch gefährlicher ist eine Wanderung zum Galgerev im Süden. Die Sandbank wird bei Flut bis zu 1,5 m überspült und zwar so, dass der Abschnitt direkt an der Küste zuerst mit Wasser bedeckt ist.

▪ Geführte Touren www.clubfanoe.dk.

Mo–Fr 10–17, Sa 10–13 Uhr. Hovedgaden 47, Nordby, 6720 Fanø, ✆ 75 16 48 00, Facebook.

Fanø Strandgalleri 8, Malerei, Keramik, Skulptur und Schmuck von wechselnden Künstlern. Ostern–Mitte Okt. Mi–So 14–17.30 Uhr. In der Bernsteinwerkstatt kann man die Schleifmaschinen benutzen, um eigene Fundstücke zu bearbeiten (250 DKK, Termine s. Webseite, Anmeldung in der Galerie). Kirkevejen 39, Rindby, 6720 Fanø, www.fanostrandgalleri.dk.

Rudbeck's Ost & Deli 19, Kveller-Salz, Fanø-Honig, selbst gemachte Marmelade aus heimischen Früchten, Inselkäse, feine Weine und Liköre findet man im Laden. Im Bistro gibt's leckere Frokost-Gerichte mit lokalen Zutaten aus dem Wattenmeer. Mo–Sa 10–16 Uhr. Hovedgaden 90, Nordby, 6720 Fanø, ✆ 30 44 66 11, www.rudbecks.dk.

Slagter Christiansen 13, schon mal Fenchelwurst probiert? Sie gehört zu den Spezialitäten. Die Schlachttiere bezieht der Metzger von Bauern auf Fanø und Jütland. Neben Fleisch und Wurst gibt es auch Feinkost, Schokolade, Lakritze, Öl, Wein und Saft zu kaufen. Mo–Do 8–17.30, Fr 8–18, Sa 8–13 Uhr. Hovedgaden 17, Nordby 6720 Fanø, ✆ 75 16 20 67, www.fanoeslagteren.dk.

Übernachten

Nørbygaard Kro Fanø 21, nahe der Sehenswürdigkeiten von Nordby gelegen. Der 300 Jahre alte Reetdach-Hof des Gemeindevorstehers ist heute ein romantisches Gästehaus. Hier stiegen schon internationale Stars wie Plácido Domingo und Jerry Lee Lewis ab. Die komfortabel ausgestatteten Zimmer und Suiten (teurer) stehen zur Renovierung an. Strandvejen 12–14, Nordby, 6720 Fanø, ✆ 75 16 35 89, www.noerbygaard.com. **€€**

Mein Tipp **Det blå Gæstehus 15**, mitten in Nordby findet man in diesem blauen Haus aus dem 19. Jh. drei rundum hyggelige, in modernem dänischen Stil eingerichtete Gästezimmer, die sich das frisch renovierte Bad/WC teilen. Gemeinschaftlich genutzt werden ein schönes Wohnzimmer mit TV, die voll ausgestattete Küche sowie der Vorgarten mit Grill. Es wird kein Frühstück angeboten. Parkplatz vorhanden. Hovegaden 56, Nordby, 6720 Fanø, ✆ 26 11 06 96, www.detblaagaestehus.dk. €

Kellers Badehotel 3, nur ein paar Schritte zum Strand von Fanø Bad. Das alte Badehotel im charmanten Stil der Jahrhundertwende verfügt über moderne, in dezenten Farben eingerichtete Komfortzimmer mit schönem Blick in die Dünen und Bad/WC. Strandvejen 48, 6720 Fanø Bad, ✆ 75 16 30 88, www.kellersbadehotel.dk. €€€€

Sønderho Kro 12, der alte Dorfkrug von 1722 inmitten eines authentischen Häuserensembles in Deichnähe ist ein Juwel. Wer die Atmosphäre in dem bestens erhaltenen Reetdachhaus mit weißen Sprossenfenstern und viel historischem Interieur erleben möchte, muss allerdings tief in die Tasche greifen. Die in ländlich-altmodischem Stil eingerichteten Zimmer unterschiedlicher Größe tragen Namen von Schiffen oder Gastwirten. Zimmer im niedrigen Dachfirst sind nichts für große Menschen. Rabatt ab 3 Nächten. Kropladsen 11, Sønderho, 6720 Fanø, ✆ 75 16 40 09, www.sonderhokro.dk. €€€€

Mein Tipp **Villa Quisiana 5**, in Traumlage direkt am Strand mit Meerblick in Fanø Bad. Privat vermietet werden 2 schöne Wohnungen mit Bad, Küche und Balkon in einer alten Strandvilla. Die Einzimmerwohnung passt für 2 Personen. Im Dachgeschoss gibt es ein geräumiges, nett eingerichtetes Penthouse, (günstiger nach der ersten Nacht). Strandvejen 62, 6720 Fanø, Anfragen an Hr. Holten, ✆ 75 16 27 00, www.feriefanoe.dk. €€

Danland Fanø 2, direkt am Meer in Fanø Bad gelegen. Praktische, voll eingerichtete Apartments mit Terrasse oder Balkon, viele davon mit Meerblick. Die bei Familien beliebte Anlage bietet Innen- und Außenpool und Sauna sowie diverse Freizeitaktivitäten. Strandvejen 59, 6720 Fanø, ✆ 70 13 16 16, www.danland.dk. €€€

Fanø Night & Stay 1, nördlich von Nordby nahe der Fähre. Die alte Seefahrerschule der

Uriger Dorfkrug: der Sønderho Kro

Insel beherbergt diese Unterkunft. Wen der Jugendherbergscharakter nicht stört, der findet hier helle, freundlich eingerichtete Zimmer mit eigenem Bad/WC; viele haben eine schöne Aussicht in die Natur. WLAN und Parkplätze sind kostenlos. Das Frühstück wird im großen Innenhof oder im Speisesaal serviert. Vangled 32, Nordby, 6720 Fanø, ✆ 55 77 77 00, www.fanoestay.dk. €€

Feldberg Familie Camping 6, zwischen Nordby und Rindby gelegen. Schön für Familien. Großzügig bemessene, mit Hecken abgeteilte Wiesen-Parzellen, saubere Sanitäranlagen, 2 Familienbäder, Waschsalon, Sauna, Sportplatz. In der Gemeinschaftsküche mit mehreren Koch- und Spülgelegenheiten gibt es Tische und Sitzplätze sowie einen Fernseher. Rabatt für Kinder auf Eintritt in die Piraten-Minigolfanlage. Ostern–Mitte Okt. geöffnet. HS (Anfang Juli–Ende Aug.) Stellplatz für 2 Pers. 258 DKK, NS 223 DKK, Duschen extra. Kirkevejen 5, 6720 Fanø, ✆ 75 16 36 80, www.feldbergfamiliecamping.dk.

Feldberg Strandcamping 7, aufgrund seiner Nähe zum Strand ist dieser Platz immer gut besucht und die Stellplätze sind nahe beieinander. Auch bei Trubel netter Service und saubere, moderne Sanitäranlagen. Stellplatz für 2 Pers. 243 DKK. Spielplatz, Gemeinschaftsküche, Waschmaschinen und Trockner vorhanden.

Die Wattküste → Karte S. 26

Übernachten (S. 50/51)
1 Fanø Night & Stay
2 Danland Fanø
3 Kellers Badehotel
5 Villa Quisiana
6 Feldberg Familie Camping
7 Feldberg Strandcamping
12 Sønderho Kro
15 Det blå Gæstehus
21 Nørbygaard Kro Fanø
Esbjerg
Grådybet
Hamburgerdyb
Grønningen
Søren Jessens Sand
Kikkebjerg
Nordby
Fanø Golf Links
Fanø Bugt
Fanø Bad
Rindby
Rindby Strand
Nordsee
Postvejen
Strandsegeln
Fanø Klitplantage
Pælebjerg
Skovlegeplads
Sønderho Kirke
Fanø Kunstmuseum
Hannes Hus
150 m
Sønderho
Kikkebjerg
Esbjerg
Hundesäule
Kikkebjergvej
Lodsvej
Vestervejen
Skibfarts- og Dragtsamling
Langelinie
Stadionvej
Fanø Museum
Niels Engersvej
Kallesbjergvej
Bavnebjerg
Hovedgaden
Postvejen
Vestervejen
Nordby Kirke
Strandvejen
Postvejen
170 m
Nordby

Vermietung von Hütten und Ferienhäusern. Ostern–Anf. Nov. Kirkevejen 39, Rindby Strand 6720 Fanø, ✆ 75 16 24 90, www.feldberg strandcamping.dk.

Essen & Trinken

Restaurant Ambassaden 16, abwechslungsreiche frisch gekochte Speisen nach Saison, die Fleisch- und Fischesser ebenso erfreuen wie Vegetarier. Menü 2 Gänge 396 DKK, 3 Gänge 446 DKK. Juli tägl. 17.30–22 Uhr, Aug. Mo–Sa 18–22 Uhr, NS Fr–So 18–22 Uhr. Reservierung empfehlenswert. Offen für Gruppen ab 8 Pers. auch an anderen Tagen, Reservierung und Termine s. Webseite. Hovedgaden 57, Nordby, 6720 Fanø, ✆ 75 16 22 11, www.ambassadenfanoe.dk.

Café Aroma 17, hinter diesem Namen versteckt sich ein ungezwungenes Lokal mit leckeren Pulled-Pork-Burgern, Pizza- und Pastagerichten sowie Vegetarischem. Sündhaft gute Nachspeisen, gute Weinauswahl. HS Di–So 11.30–14.30 und 17.30–21 Uhr. Grønnevej 2, Nordby, 6720 Fanø, ✆ 23 66 69 00, Facebook.

Nørbygaard Kro Fanø 21, unter neuer Leitung bietet das Restaurant Deftiges wie Wiener Schnitzel oder gebratene Scholle aus lokalen Zutaten. Außerdem werden feine hausgemachte Kuchen und Torten angeboten. Im Shop sind hübsche Kunstobjekte sowie lokal produzierte Waren wie Gin, Rum und Honig erhältlich. Strandvejen 12–14, Nordby, 6720 Fanø, ✆ 75 16 35 89, www.noerbygaard.com.

Kellers Badehotel 3, im gemütlichen Restaurant von Kellers Badehotel oder auf der Terrasse lässt man sich die feinen Fischspezialitäten und schmackhaften Gerichte mit Rind aus Fanø oder das hausgemachte Eis schmecken. Die Speisen werden als Menüs angeboten (3-Gänge-Menü 595 DKK). Auch für Frühstück und Frokost eine gute Adresse. Mitte Juni–Mitte Aug. tägl. 8–10, 12–14.30 und ab 18 Uhr, Öffnungszeiten außerhalb der HS s. Webseite. Strandvej 48, 6720 Fanø Bad, ✆ 75 16 30 88, www.kellersbadehotel.dk.

Cafe Nanas Stue 10, hier ist immer etwas los, nicht nur bei den Livemusik-Events! Mit Blick auf Sønderhos Fliesenausstellung genießt man heiße Schokolade, einen Happen vom Kuchenbüfett, Burger, Fischspezialitäten wie Bakskuld (185 DKK), Bier aus Fanø und ausgewählte Weine. HS tägl. 12–22 Uhr, NS 12–15.30, 17.20–21 Uhr (Aktuelles s. Facebook). Sønder Land 1, Sønderho, 6720 Fanø, ✆ 75 16 40 25, Facebook.

Im Brauhaus werden wohlschmeckende Craft-Biere gebraut

Sønderho Kro 12, das Restaurant des rustikalen Dorfkrugs in Sønderho ist Fanøs erste Adresse für Feinschmecker. Aus regionalen Zutaten wie z. B. Austern, Queller und Kräutern aus dem eigenen Garten werden feine Geschmackserlebnisse kreiert. Mittags serviert man u. a. die Fanø-Spezialität Bakskuld (getrocknete und geräucherte Kliesche, 189 DKK) und traditionelle Eierspeckkuchen. Dazu schmeckt das regionale Bier. Das Abendmenü wird passend zur Jahreszeit variiert (auch vegetarisch, nach Wunsch mit oder ohne Fisch, 2 Gänge 495 DKK, 3 Gänge 645 DKK). Reservierung empfehlenswert. April–Ende Okt. tägl. 12–14.30, 15–16.30 und 18–20.30 Uhr, NS s. Webseite. Kropladsen 11, Sønderho, 6720 Fanø, ✆ 75 16 40 09, www.sonderhokro.dk.

mein Tipp **Restaurant Café Fajancen 11**, in der Fußgängerzone von Sønderho. In dem familiären Restaurant kommen dänisch und französisch inspirierte Fisch- und Fleischgerichte sowie Vegetarisches immer schön angerichtet mit Salat und Kräutern auf den Tisch (Hauptgerichte abends ab 235 DKK). Es gibt auch eine große Auswahl an Kaffee, Kuchen und Eis. Regelmäßig Livemusik, schöne Außenterrasse. Di–So 12–22 Uhr. Sønderland 5, Sønderho, 6720 Fanø, ✆ 75 16 41 72, www.fajancen.dk.

Fanø Bryghus 20, „Letztes Brauhaus vor England" steht außen angeschrieben. Drinnen halten die Braumeister die Kunst des Craft Brewing ebenso hoch wie die britischen Kollegen. Gebraut werden unterschiedliche Biere vom frischen Pilsner bis zum dunklen Bock. Lynghvede schmeckt nach Heide, Kamille und Apfelsinenschale, Stormflod nach Schokolade. Auch zum Mitnehmen. Mo/Di 12–16, Mi/Do 12–22, Fr/Sa 11–22, So 11–16 Uhr. Strandvejen 5, Nordby, 6720 Fanø, ✆ 76 66 01 12, www.fanoebryghus.dk.

GPS-Tour 2: Inselrunde – Radtour zu den Highlights von Fanø → S. 380

Die große Inselrunde führt auf meist flacher Strecke zu den Sehenswürdigkeiten von Fanø und am Strand entlang.

Von Tønder nach Esbjerg

Wikinger, Mönche, Bauern und Kaufleute – von ihnen wurde die interessante Kulturlandschaft geprägt, die sich entlang der Wattküste entdecken lässt.

Das hyggelige Tønder, das royale Møgeltønder, die imposante Kirche in Løgumkloster und das mittelalterliche Ribe bilden die historischen Wegmarken, die man auf keinen Fall verpassen sollte. Die Hafenstadt Esbjerg bietet dagegen einen modernen Kontrapunkt und macht vor allem durch ihr Kulturangebot von sich reden. Fahrradfahrer finden im flachen Marschland hinterm Deich ein ideales Terrain. Hübsche Dörfer, nette Museen wie die Mühle in Højer oder versteckte Fotomotive wie der kleine Hafen an der Kammersluse Ribe liegen an gut ausgeschilderten Radwegen. Auch ein Freilichtmuseum ist – vor allem mit Kindern – einen Besuch wert: Im Ribe VikingeCenter bebildern Sommergäste mit Hörnerhelm und Handwerkszeug die Wikinger-Ära Dänemarks.

Tønder

Alles, was man mit Dänemark verbindet, findet man im 7500-Einwohner-Städtchen Tønder, das nur wenige Kilometer hinter der deutsch-dänischen Grenze liegt. Berühmt ist es für seine Klöppelspitze ebenso wie für modernes Möbeldesign. Doch besonders als Hochzeitsparadies (S. 58 → Kasten) macht Tønder heute von sich reden. Das romantische Stadtbild mit prächtigen Kaufmannshäusern und Kopfsteinpflasterstraßen bildet den Rahmen für jährlich über 2000 Eheschließungen insbesondere von ausländischen Paaren.

Heute liegt Tønder rund 10 km von der Nordsee entfernt. Etwa um das Jahr 1000 n. Chr. war es als Hafenort bekannt. Im Mittelalter war hier einer der wenigen Häfen der schleswigschen Westküste und erst mit der Landgewinnung verlor die Stadt ihren Meereszugang. Im 13. Jh. gründeten Dominikaner und Franziskaner hier ihre Klöster, 1243 wurde Tønder mit dem Lübischen Stadtrecht versehen. Sturmfluten und Brandkatastrophen suchten das Städtchen immer wieder heim.

Schifffahrt, Handel und Handwerk sorgten im 18. und 19. Jh. für eine wirtschaftliche Blüte. Seeleute aus Westschleswig fuhren auf holländischen Schiffen zum Walfang auf den Nordatlantik. Bauern und Kaufleute unterhielten vielfältige Handelsbeziehungen zu Norddeutschland und Holland. Ochsen und Getreide wurden exportiert, Kolonialwaren und Baumaterial, u. a. holländische Fliesen, wurden importiert. Noch vor 1600 wurden in Tønder die ersten Klöppelspitzen hergestellt. Seine Blütezeit jedoch erlangte das Handwerk im 18. und 19. Jh. Reich wurden dabei nur die Kaufleute – ihre prachtvollen Stadthäuser sprechen Bände. Die Klöpplerinnen hingegen lebten unter ärmlichsten Bedingungen.

Im 19. Jh. schloss sich das den Deutschen nahestehende Tønder im Schleswig-Holsteinischen Krieg der schleswig-holsteinischen Seite an. Nach dem Deutsch-Dänischen Krieg 1864 gehörte Tønder bis 1920 zu Preußen bzw. ab 1871 zum Deutschen Reich. Nach dem Ersten Weltkrieg fiel die Stadt an Dänemark, obwohl sich 77 Prozent der Stimmberechtigten für einen Verbleib im Deutschen Reich ausgesprochen hatten.

Stadtrundgang

Das Flüsschen Vidå und der Kongevej grenzen den historischen Stadtkern ein. Egal durch welche der malerischen Gassen (Gade) man ins Zentrum geht, man landet nach wenigen Schritten am Marktplatz (Torvet). Dieser ist mit seinen Cafés und Imbissständen Dreh- und Angelpunkt des Stadtlebens, ganz besonders am Freitagvormittag, wenn hier die Marktstände mit frischen Lebensmitteln und Blumen aufgebaut sind. Im nordwestlichen Teil des Platzes entdeckt man die Figur des **Kagmanden** (Kaakmann): So hieß hier der Büttel, der mit siebenschwänziger Katze für Zucht und Ordnung sorgte. Die Original-Figur wird im Museum aufbewahrt. Hinter dem zu einer Pause einladenden Klostercafé gelangt man zur 1591 erbauten **Kristkirke** (Christkirche, tägl. 10–16 Uhr). Ihr Turm, der die Stadt um 48 m überragt, stammt noch von der ursprünglich 1350 an gleicher Stelle erbauten Nicolaikirche. Obwohl für den evangelischen Gottesdienst erbaut, dominieren bei der Kristkirke gotische Stilelemente. Besonders ins Auge fällt die Chorempore, die Altar- und Kirchenraum trennt. Auf der Seite der Kirchengemeinde zeigen die Malereien biblische Motive, auf der Altarseite sind einfache Darstellungen der Tugenden zu sehen.

Steht für Zucht und Ordnung: der Kagmanden

An der Südostseite des Marktplatzes zur Østergade steht die **Gamle Apotek,** die alte Apotheke von 1668 mit einem der schönsten Sandsteinportale der Stadt. Heute befindet sich hier ein Mekka für Hygge-Fans auf Schnäppchensuche. Vom überbordenden Angebot an Geschenkartikeln, Weihnachtsschmuck und Dekoartikeln sollte man sich nicht zu sehr ablenken lassen, denn auch die alte Apothekeneinrichtung lohnt einen Blick.

Die Storegade säumen sehenswerte Barockhäuser aus Backstein mit schmucken Sandsteinportalen und weißen Fenstern. Eines davon ist **Drøhses Hus,** in dem das Museum für Klöppelspitze untergebracht ist. Lassen Sie den Stadtrundgang ausklingen bei einem Bummel durch den **Skulpturengarten** an der Vidå. Dort lädt auch der neue Rundsteg am Wasser zu einer beschaulichen Pause ein.

Sehenswertes

Museum Sønderjylland: Das mit drei Abteilungen abwechslungsreich gestaltete Museum bietet Einblicke in die Kulturgeschichte der Region und zeigt Arbeiten nordischer Künstler und Designer. Auf dem alten Schlosshügel am südlichen Stadtrand von Tønder stand bis 1750 Schloss Tønderhus. Nur das Torhaus ist davon übriggeblieben, durch das man das Museum betritt. 1923 wurde es als kulturhistorisches Museum für Westschleswig gegründet, 2006 wurde es Teil des fusionierten Museum Sønderjylland.

Einfach hygge: Straßenszene in Tønder

Die kulturhistorische Abteilung beschäftigt sich mit der Erforschung und Vermittlung von schleswigschem Kunsthandwerk und Kunst. Zu sehen sind reich verzierte Möbel von 1600 bis 1850 und eine Silberkammer, die einen wahren Schatz an Bestecken und anderen Silberarbeiten zeigt. Klöppelspitzen und feine Handarbeiten erzählen davon, wie Tønder zu seinem Reichtum kam. Ebenfalls präsentiert wird eine stattliche Sammlung von Fayencen und holländischen Fliesen. Im ersten Stock des Torhauses war das ehemalige Stadtgefängnis untergebracht, in dessen ehemaligen Arrestzellen noch originale Graffitis der Insassen zu sehen sind.

1995 wurde der ehemalige Wasserturm der Stadt ins Museum integriert. Per Aufzug oder über die Wendeltreppe erschließt sich eine Ausstellung mit Stühlen des in Tønder geborenen Möbeldesigners Hans J. Wegner (1914–2007). Mit seinem Runden Stuhl wurde er Anfang der 1950er-Jahre weltbekannt. Die Besucher dürfen alle ausgestellten Stühle und Sessel ausprobieren. Als Krönung des Besuchs bietet das achte Deck des Turms noch einen lohnenden Ausblick über Tønder und die umliegende Marschlandschaft.

Der Durchgang zum Kunstmuseet Tønder führt durch eine faszinierende blaue Rotunde. Der Architekt N. F. Truelsen orientierte sich am Pantheon in Rom und gab dem himmelwärts strebenden Raum mit einem Oberlicht eine ganz eigene Atmosphäre. In den folgenden Ausstellungsräumen werden Werke nordischer Künstler wie Per Kirkeby, Asger Jorn oder Sigurdur Gudmundsson und nordischer Designer vorgestellt. Regelmäßige Sonderausstellungen erweitern das Spektrum.

■ April–Okt. tägl. 10–17 Uhr, Nov.–März Di–So 10–17 Uhr. 105 DKK, Kinder bis 18 J. frei, Kombi-Ticket 112 DKK, das auch fürs Nolde-Haus Seebüll gilt. Wegner Plads 1, 6270 Tønder, ✆ 65 37 08 08, www.msj.dk.

Drøhses Hus: Aus dem Jahr 1672 stammt Drøhses Hus, eines der schönsten historischen Backsteinhäuser Tønders. Das Sandsteinportal mit Putten und gedrehten Säulen gewährt Einlass

Die Wattküste → Karte S. 26

Es lebe die Liebe: Heiraten in Dänemark

Den Bund fürs Leben können Liebende in Dänemark besonders schnell und unbürokratisch schließen. Weil dänische Standesämter meist nur den Nachweis des Familienstandes mittels einer Meldebescheinigung (z. B. aus Deutschland) fordern und keinen weiteren lästigen Papierkram, wählen vor allem multinationale und gleichgeschlechtliche Paare Dänemark als Hochzeitsort. Was man sonst nur aus Las Vegas oder dem schottischen Gretna Green kennt, ist in Dänemark möglich: eine Blitzhochzeit von einem Tag auf den anderen. Die in Dänemark geschlossenen Ehen werden europaweit anerkannt. Kirchlich heiraten dürfen Paare allerdings nur, wenn einer der Partner Mitglied der Landeskirche in Dänemark ist. Zuständig sind die jeweiligen Kommunen. Zahlreiche Hochzeitsagenturen bieten Arrangements an.

■ Infos in den jeweiligen Standesämtern der Gemeinden. In Tønder arrangiert das Standesamt den schönsten Tag im Leben. Infos: Tønder Kommune, Wegner Plads 2, 6270 Tønder, ✆ 74 92 92 92, www.toender.dk/de/heiraten/.

in eine umfangreiche, ebenfalls dem Museum Sønderjylland zugeordnete Klöppelspitzensammlung. Bei den regelmäßig stattfindenden Vorführungen im Sommer kann man zusehen, wie die filigrane Klöppelspitze aus vielen Einzelfäden zu vielfältigen Ornamenten gewoben wird.

■ Juni–Aug. Mo–Fr 11–17, Sa 10–14 Uhr, Sept.–Mai Di–Fr 11–17, Sa 10–14 Uhr. 50 DKK, Kinder unter 18 J. frei. Storegade 14, 6270 Tønder, ✆ 65 37 08 09, www.msj.dk.

Zeppelin- & Garnisonsmuseum: Im Ersten Weltkrieg war Tønder einer der größten Stützpunkte für Militärluftschiffe und Zeppeline im Deutschen Kaiserreich. Hier wurden nicht nur die vor allem für Seeaufklärung eingesetzten Luftschiffe stationiert, sondern in riesigen Hallen auch konstruiert. Die Doppelhalle TOSKA war 242 m lang, 73 m breit und 42 m hoch. Tragische Unglücksfälle beim Füllen der Zeppeline mit Traggas forderten Menschenleben und brachten der Halle einen schlechten Ruf ein. Über diesen Abschnitt der Technikgeschichte kann man sich auf dem Gelände des Wasserwerks der ehemaligen Zeppelin-Basis (außerhalb an der Straße von Tønder nach Ribe) informieren. Gezeigt werden Modelle, Bilder und Pläne, außerdem Werkzeuge und Werkstatteinrichtungen. Da Tønder auch Garnisonsstadt war, präsentiert das Museum zudem historische Uniformen und Ausrüstungsgegenstände, Waffen und Militärgeschirr. Im Außenbereich stehen Fahrzeuge und Panzer der Dänischen Armee.

■ Mai–Okt. Sa/So 10–15 Uhr. 75 DKK, Kinder 8–16 J. 35 DKK. Gasværkvej 1, 6270 Tønder, ✆ 74 72 72 54, www.zeppelin-museum.dk.

Praktische Infos

→ Karte S. 59

Information Die **Touristeninformation** in Tønder vermittelt Ferienhäuser und Unterkünfte, es gibt Tickets für Führungen in der Stadt und in Schloss Schackenborg, Angelscheine sowie Ausflugstipps und vielfältiges Infomaterial. Mo–Fr 10–17, Sa 10–14 Uhr. Storegade 2–4, 6270 Tønder, ✆ 73 70 96 50, www.romo-tonder.dk.

Verbindungen **Bahn:** Regelmäßig fahren Regionalzüge der dänischen Bahn nach Ribe und Esbjerg. Richtung Kolding oder Aabenraa reist man mit Umsteigen per Bus und Bahn. ✆ 70 12 14 15, www.rejseplanen.dk.

Direkte Verbindungen der **Norddeutschen Eisenbahngesellschaft** von Niebüll über Süderlügum nach Tønder, Ribe und Esbjerg, ✆ 04661-9808890, www.neg-niebüll.de. Niebüll ist mit Regionalexpress der DB ab Hamburg erreichbar, www.bahn.de.

Bus: Im Regionalverkehr regelmäßige Verbindungen z. B. nach Løgumkloster, Haderslev. Busstation neben dem Bahnhof in der Jernbanegade. www.sydtrafik.dk.

Einkaufen Mehrmals im Jahr bieten die Tønderaner Kaufleute Einkaufs-Events an. Unter dem Motto „Tønder Open By Night" haben die Geschäfte dann bis 21 Uhr geöffnet. Von Mitte November bis Heiligabend wird Tønder zur Juleby, der Weihnachtsstadt. Weihnachtsbeleuchtung, Umzug der Weihnachtsmänner und „Santa Run" gehören genauso dazu wie Lichterketten, der Duft von gebrannten Mandeln und Gløg (Glühwein). Termine: www.tonderhandel.dk.

MeinTipp **Det Gamle Apotek 2**, der Hit für Gemütlichmacher/-innen: In der historischen Apotheke am Marktplatz findet man vielfältige Wohnaccessoires, Souvenirs, Metallschilder, Maritimes, Schmuck, feine Seifen und vieles mehr. Im Winter ist das Haus übervoll von Weihnachtsartikeln. Doch auch im Sommer findet man Glaskugeln, Wichtel, Leuchtobjekte und Weihnachtsschmuck im Keller des Hauses. Tägl. 10–17.30 Uhr. Østergade 1, 6270 Tønder, ✆ 74 72 51 11, www.det-gamle-apotek.dk.

Glaskunsten 5, für kunstvolle Dekorationen und Objekte aus Glas ist die Galerie bekannt. Ob Deko-Artikel oder Schalen, alle diese farbenfrohen Fusing-Objekte werden in der eigenen Werkstatt hergestellt. Mo–Fr 10–17.30, Sa 10–14 Uhr. Storegade 18, 6270 Tønder, ✆ 74 72 76 56, www.glaskunsten.dk.

Ecco, ein riesiges rundes Konferenzcenter aus Holz und Glas, das man für Konferenzen und Schulungen mieten kann, hat die weltbekannte Schuhfirma Ecco am westlichen Stadtrand von Tønder etabliert. Ansässig ist die Firma seit den 1960er-Jahren im 16 km nördlich gelegenen Dorf Bredebro, wo die Firmengründer Karl und Birte Toosby aus einer kleinen Schuhfabrik einen Weltkonzern aufbauten. Ecco-Schuhe zu Schnäppchenpreisen gibt es im Ecco Outlet Bredebro. Mo–Fr 9.30–17.30, Sa 9.30–14 Uhr. Toosbys Torv 1–4, 6261 Bredebro, ✆ 74 71 00 28, www.ecco.com.

Fans von Hochprozentigem lernen bei einer Verkostung in der Mikrobrennerei **Norlyk Distillery 4** Gin- und Rumspezialitäten aus eigener Herstellung kennen. In dem Hinterhaus mit dem Schwanen-Symbol war einst eine Buchdruckerei ansässig. Søndergade 8, 6270 Tønder, ✆ 23 63 99 13, www.norlyk.com/de.

Die Wattküste → Karte S. 26

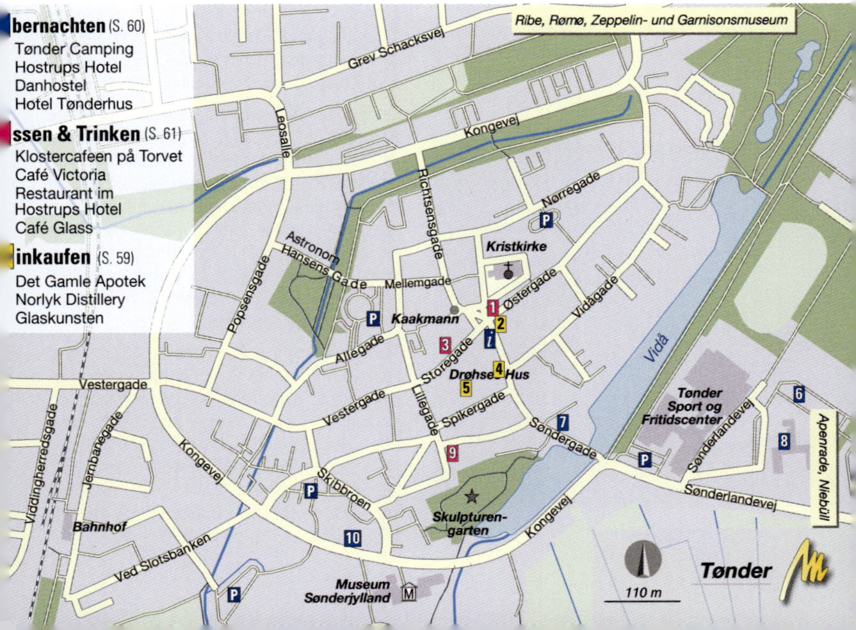

Fahrradfahren Das ebene Marschland rund um Tønder ist fürs Fahrradfahren wie geschaffen. Die **Panoramaroute 401** führt von Højer über Rudbøl nach Tønder (Die königliche Marschroute, 41 km). Sie ist ebenso ausgeschildert wie die regionale **Fahrradroute 8.** Die **Grænseruten** (130 km) führt auf deutscher und dänischer Seite von der Flensburger Förde bis zum Wattenmeer. Infos und Karten: www.visitsonderjylland.dk, www.vestkystruten.dk/de/.

Golf **Tønder Golfklub** bietet eine 18-Loch-Anlage in einem parkartigen Gelände. Greenfee 300 DKK. Tidsholmvej 6, 6270 Tønder, ✆ 74 73 43 13, www.toendergolfklub.dk.

Klöppelfestival In dreijährigem Turnus veranstaltet der Klöppelverein in Tønder das Klöppelfestival und präsentiert in Workshops, Ausstellungen und einem Markt die traditionsreiche Handarbeitskunst. www.kniplings-festival.dk.

Paddeln Für kleinere und größere Bootstouren auf der Vidå und weiteren Flüssen der Region kann man sich bei **Vidå Kanoudlejning** Kanus und Ausrüstung leihen. Angeboten werden auch mehrtägige Touren mit Übernachtung sowie Bootstransport. Webseite auf Dänisch, aber die Anbieter sprechen Deutsch. Ulriksallé 5 & Grænsevej 16, 6270 Tønder, ✆ 40 31 95 14, www.vidaa-kano.dk.

Schwimmbad und Sport Im **Sport- und Freizeitcenter Tønderhallerne** gibt es eine schöne Schwimmhalle mit 25-m-Becken, 3-m-Sprungbrett, Kinderbecken, Wasserrutsche und Kletterwand im Wasser, Sauna und Dampfbad. Mo–Fr 6–8, Mo–Do 14–16, Mo, Mi auch 18–20, Di auch 20–22 (nur Erwachsene), Do auch 18–21, Sa/So 10.30–16 Uhr. Das Sportcenter bietet Sporthallen, Tennis, Squash, Beach-Volleyball, Tischtennis, Fitnesscenter und Indoor-Kletterwand. Sønderlandvej 4, Tønder, ✆ 74 92 88 30, www.tonderhallerne.dk.

Café am Torvet

Tønder Festival Am letzten Wochenende im August findet das Tønder Festival statt, eines der bedeutendsten Folk- und Rootsmusik-Festivals Nordeuropas. Seit fünf Jahrzehnten erleben dort Tausende Fans „handmade music“, tief verwurzelt in Folk, Country, Blues, Cajun und World. www.tf.dk.

Wohnmobile An den **Tønderhallerne** gibt es einen Wohnmobilplatz mit 40 Stellplätzen, HS 160 DKK inkl. Strom, Entsorgung und Zugang zu den Einrichtungen des Campingplatzes sowie Ermäßigung für Eintritt ins Schwimmbad.

Übernachten Während des Tønder Festival am letzten Wochenende im August sind die verfügbaren Zimmer und Camping-Stellplätze in Tønder und Umgebung schnell ausgebucht. Auch sind dann die Preise höher als sonst.

Hostrups Hotel 7, nur ein paar Schritte vom Marktplatz entfernt liegt dieses gemütliche Altstadthotel. Helle, geschmackvoll eingerichtete Zimmer mit TV, Internet und Bad/WC. Üppiges Frühstücksbüfett. Søndergade 30, 6270 Tønder, ✆ 74 72 21 29, www.hostrups-hotel.dk. **€€€**

Hotel Tønderhus 10, das Hotel gegenüber dem Museum Sønderjylland bietet 58 gediegene Komfortzimmer mit modernen Bädern, TV und Internet. Eigener Parkplatz und Restaurant vorhanden. Jomfrustien 1, 6270 Tønder, ✆ 74 72 22 22, www.hoteltoenderhus.dk. **€€**

Danhostel 8, das zentrumsnah gelegene Hostel ist in das Sport- und Freizeitzentrum Tønderhallerne integriert. In den einfachen DZ mit Bad/WC und TV kann man gut und günstig übernachten. Neben Aufenthaltsräumen mit Spielgeräten steht eine Gemeinschaftsküche zur Benutzung bereit. Fürs Frühstück wird ein Büfett aufgedeckt. Rabatt für Eintritt ins Hallenbad. Sønderport 4, Tønder, ✆ 74 92 80 00, www.tonderhallerne.dk. **€€**

Tønder Camping 6, neben dem Sport- und Freizeitzentrum. Auf dem Ganzjahrescampingplatz gibt es parzellierte Wiesen-Stellplätze mit Hecken, aber kaum Bäume. Aufenthaltsräume und Gemeinschaftsküche vorhanden. Rabatt für Eintritt ins Hallenbad. Es werden auch Hütten und Glamping-Zelte vermietet. Stellplatz inkl. 2 Pers. 235 DKK. Sønderport 4, Tønder, ✆ 74 92 80 00, www.tonderhallerne.dk.

Essen & Trinken **Klostercafeen på Torvet 1**, sehen und gesehen werden: Hier auf dem Marktplatz lassen sich auch die Einheimischen gern zum Kaffee und einem Plausch nieder. Burger, Fisch oder frische Waffeln mit Eis munden nicht nur draußen. Drinnen im alten Gildehaus von 1520 empfangen einen bei kühlem Wetter ein hyggeliger Kachelofen, Delfter Kacheln und jede Menge Porzellan-Nippes. Mehrere dänische Biere vom Fass schmecken ebenso wie ein Erdinger. Mo–Sa 10–17 Uhr. Torvet 11, 6270 Tønder, ✆ 73 72 41 04, www.klostercafeen-toender.dk.

Café Glass 9, hyggeliges Café etwas abseits vom Trubel. Gemütlich sitzt man in dem stilvoll eingerichteten alten Stadthaus und lässt sich frisch gemahlenen Kaffee und hausgebackenen Kuchen schmecken. Auf der Tageskarte wechseln verschiedene schmackhafte Suppen und Aufläufe, aber Smørrebrød und knusprigen Flammkuchen (80 DKK) gibt es immer. Auch für Vegetarisches ist gesorgt. Do/Fr 18–23, Sa 11–23, So 11–21 Uhr. Frigrunden 3, 6270 Tønder, ✆ 29 33 77 56, www.cafeglass.dk.

meinTipp **Café Victoria 3**, vom Stil gleicht das Café mit der gediegen dunklen Einrichtung eher eine Kneipe. Kein Wunder, denn hier war zu Kaisers Zeiten die Victoria-Brauerei ansässig. Die Bar hält heute für Nachtschwärmer eine breite Auswahl an regionalem Øl (Bier), Spirituosen sowie internationalen Weinen bereit. Mit deftiger Wirtshausküche (Hauptgerichte ab 129 DKK), Steaks, Pasta, Vegetarischem und schönen Smørrebrød-Varianten wird man hier rundum satt. Die Burger werden auf hausgebackenen Walnussbrötchen serviert. Mo–Do 11–22, Fr/Sa 11–2, So 11–22 Uhr (Küche bis 21 Uhr). Storegade 9, Tønder, ✆ 74 72 00 89, www.victoriatoender.dk.

Restaurant in Hostrups Hotel 7, auf der Suche nach feinen Geschmackserlebnissen werden Sie hier fündig. Die ambitionierten Köche Rodrigues und Snitgaard zaubern in Hostrups Hotel aus regionalen, frischen Zutaten Genüsse für Auge und Gaumen. Gehobenes Preisniveau. Tägl. 12–15 und 18–21 Uhr. Søndergade 30, 6270 Tønder, ✆ 74 72 21 29, www.hostrups-hotel.dk.

Ein Fest für Dekofans: Det Gamle Apotek

GPS-Tour 3: Schloss, Marsch, Kunst – abwechslungsreiche Radrunde im Grenzland bei Tønder → S. 383

Leichte Radtour durch ebenes Acker- und Marschland mit malerischen Dörfern.

Møgeltønder

Die Dänen sind stolz auf ihr Königshaus. Sogar im 840-Seelen-Ort Møgeltønder, knapp 5 km westlich von Tønder, kann man ein wenig royale Luft schnuppern. Auf Schloss Schackenborg lebte Prinz Joachim mit Frau und Kindern von 1995 bis 2014. Auch heute noch erholt sich die Familie des Prinzen gerne hier vom Alltag in Kopenhagen. Sind die Royals nicht zugegen, dürfen Besucher durch Parks und Schloss wandeln. Auch wenn die Schlosstore geschlossen sind, lohnt es sich, Møgeltønder bei einem Spaziergang entlang der Slotsgade zu erkunden. Vom Schloss bis zur Kirche führt diese schnurgerade Kopfsteinpflasterallee. Sie ist gesäumt von kleinen historischen Häuschen mit Rosenbüschen. Würde hier nicht das eine oder andere Auto parken, könnte man meinen, die Zeit sei stehengeblieben. Ein perfekter Ort für einen schönen Nachmittagsausflug.

Aufgrund der Lage auf einem natürlichen Höhenrücken mit fruchtbarem Ackerboden ließen sich hier vermutlich schon Menschen in der Vorzeit nieder. Wenige Kilometer von Møgeltønder entfernt machte man Dänemarks aufsehenerregendsten Goldfund: zwei kunstfertige Goldhörner aus dem 5. Jh. Reproduktionen der 1802 gestohlenen und eingeschmolzenen Trinkhörner sind im Schloss ausgestellt.

Etwa um 1050 könnte hier eine Festungsanlage gestanden haben, doch die Geschichte des Ortes konkretisiert sich erst im 13. Jh. 1234 wird die Burg Møgeltønderhus, ein Lehen des Bischofs von Ribe, erstmals schriftlich erwähnt. 400 Jahre später übertrug König Frederik III. die Burg dem deutsch-dänischen Feldmarschall Hans von Schack, der hier später Schloss Schackenborg errichtete.

Sehenswertes

Schloss Schackenborg: Als Hans von Schack 1661 das Anwesen Møgeltønderhus übernahm, war die Burg baufällig. Er ließ sie abreißen und errichtete

Schloss Schackenborg in Møgeltønder

Die Wattküste → Karte S. 26

von 1662–1666 das Barockschloss Schackenborg als Dreiflügelanlage mit symmetrischem Garten, Osttor, Torhaus und Reitstall. Knapp 100 Jahre später statteten seine Nachfahren das Schloss im Rokokostil aus, ab 1790 kamen klassizistische Stilelemente dazu. Der elfte Graf von Schack, der ohne Nachkommen blieb, übertrug den Besitz Ende der 1970er-Jahre dem dänischen Königshaus. Ab 1993 kümmerte sich Prinz Joachim, der zweite Sohn von Königin Margrethe II., um Schloss und Gut. 2014 wurde Schloss Schackenborg einer Stiftung übertragen. Prinz Joachim und seine zweite Frau Prinzessin Marie zogen zurück nach Kopenhagen. Das Gut Schackenborg erzeugt weiterhin eine Reihe von Delikatessen, die unter dem Label „De 5 Gaarde" in vielen Supermärkten und Feinkostläden verkauft werden. Neben Brot, Marmelade, Honig und Spezialbieren ist besonders der Egesnaps (Eichenschnaps) berühmt, jeder Flasche Hochprozentigem ist ein Stückchen Eichenholz aus den Wäldern von Schackenborg beigegeben.

Bei geführten Besichtigungen durch das Schloss erhält man einen Einblick in die über Generationen prunkvoll ausgestalteten Wohnräume: Stuck vom Feinsten im Winterspeisezimmer und Roten Salon, Rokoko-Möbel im Goldenen Salon, eine gut bestückte Bibliothek, dazu Lüster, Porzellan und jede Menge Familienporträts. Der heute weitgehend bewaldete Schlosspark (Sønderhaven) ist frei zugänglich.

▪ Termine für Führungen und Veranstaltungen werden auf der Webseite veröffentlicht und können im Touristenbüro Tønder erfragt werden. Dauer ca. 60–70 Min., 140 DKK, Zugang durch das Torhaus. Schackenborg 2, Møgeltønder, 6270 Tønder, ☏ 79 30 69 00, www.schackenborg.dk/de.

Møgeltønder Kirke: Am Ende der Slotsgade steht die einstige Schlosskirche, deren älteste Teile aus der ersten Hälfte des 13. Jh. stammen. Das auffällig ge-

Møgeltønder Kirke

schwungene Sandsteinportal wurde 1853 gebaut. Das Chorgewölbe ist mit Fresken aus dem 16. Jh. ausgestaltet, die Ende des 19. Jh. von August Wilckens stark nachbearbeitet wurden. Der Restaurator hat sich in einem Porträt sogar selbst verewigt. Auch die farbigen Bemalungen der Holzbalkendecke sowie der Empore sind einer Schlosskirche würdig. In dem prachtvollen Ambiente fand 2008 die königliche Hochzeit von Prinz Joachim und seiner zweiten Frau Marie Cavallier statt wie auch die Taufen ihrer beiden gemeinsamen Kinder. Die Hochzeitsmusik spielte die historische Orgel von 1679, die älteste in Dänemark, die noch ihren Dienst versieht. Um den fünfflügeligen spätgotischen Schnitzaltar (um 1500) und den romanischen Taufstein versammeln sich auch Gläubige ohne Adelstitel bei Gottesdiensten und Feiern, denn seit 1970 ist die Møgeltønder Kirke eine reguläre Pfarrkirche.

▪ April–Sept. 8–16 Uhr, Okt.–März 9–16 Uhr, außer bei kirchlichen Handlungen. Sønderbyvej 2, Møgeltønder, 6270 Tønder.

Praktische Infos

Information Die **Touristeninformation** Tønder berät und bietet Infomaterial an. www.romo-tonder.dk.

Verbindungen Regelmäßige **Busverbindung** ab/bis Tønder. www.sydtrafik.dk.

Fahrradfahren Møgeltønder liegt an der **Panoramaroute 401** (Die königliche Marschroute, 41 km).

Parken/Wohnmobile Großer, kostenloser Parkplatz mit WC gegenüber Slotskro, auch für Wohnmobile.

Übernachten/Essen **Schackenborg Slotskro,** nicht nur auf Frischvermählte warten in dem seit 1687 privilegierten Gasthaus und den 3 umliegenden denkmalgeschützten Häusern stilvolle, romantische Zimmer, die alle nach dänischen Schlössern und Gütern benannt sind. Angeboten werden vielfältige Aufenthaltspakete – vielleicht fühlt man sich beim „Deluxe-Aufenthalt mit 5-Gänge-Menü" ein bisschen wie Prinz und Prinzessin. Auch für Normalbürger hat der Slotskro exquisite Gourmetküche zu bieten – bei gehobenen Preisen versteht sich. Mi–Sa 12–15, Di–Sa 18–21 Uhr. Hauptgerichte Frokost ab 129 DKK, 2-Gänge-Menü abends ab 335 DKK, 3-Gänge-Menü ab 435 DKK (Reservierung erbeten). Slotsgaden 42, Møgeltønder, ✆ 74 73 83 83, www.schackenborg.dk/de. **€€€**

Café & Antiquitätenladen Slotsgaden, nach dem Stöbern in Deko und Antiquitäten sitzt man hier gerne bei Torten, süßem oder pikantem Gebäck, Wraps, kleinen Gerichten, Kaffee und Erfrischungen. 10–18 Uhr. Im Sommer Livemusik mit Essen. Slotsgaden 14, Møgeltønder, ✆ 21 55 13 33, www.slotsgaden.dk.

meinTipp **Mormors Lille Café,** leckere Kuchen und Torten, Kaffee und verschiedene Teesorten, gemütliche Stube im Reetdachhaus, schön sitzt man auch im Garten. 12–17.30 Uhr. Slotsgaden 9, Møgeltønder, ✆ 73 72 14 18.

meinTipp **Møgeltønder Camping,** schön und ruhig am südwestlichen Ortsrand gelegen. Parzelliertes Wiesengelände, gepflegtes Sanitärgebäude, Küche, Pool mit Wasserrutsche, kleiner Laden, Minigolf und Spielplatz. 2 Pers. ab 169 DKK, Platzgebühr Juli/Aug. 45 DKK. Es gibt auch Hütten. Ganzjährig geöffnet. Sønderstrengvej 2, Møgeltønder, ✆ 74 73 84 60, www.mogeltondercamping.dk.

KulTour: Nolde-Haus Seebüll

Kunstinteressierten sei ein Abstecher nach Seebüll empfohlen. Kaum 20 Minuten Autofahrt südlich von Tønder bzw. Møgeltønder auf der deutschen Seite liegt in den weiten Auen der Marschlandschaft das ehemalige Atelier- und Wohnhaus des Malers Emil Nolde (1867–1956).

Nolde-Haus: Nahe dem Hülltofter Tief, einem kleinen See, schufen Ada und Emil Nolde ab 1927 ein kleines Gesamtkunstwerk. Auf einer Warft, einem künstlichen Hügel, der Mensch und Vieh einst bei Sturmfluten Schutz bot, bauten sie ein Wohn- und Atelierhaus mit Anklängen an die Bauhaus-Architektur. Sie nannten es „Seebüll". Im Winter lebten die dänische Schauspielerin und der im Schleswigschen geborene Maler meist in Berlin. Im Sommer aber genossen sie in Seebüll das Landleben. Unterhalb des Hauses legten sie aus den Buchstaben A und E einen üppigen Blumengarten an, dessen Blütenpracht der für seine ausdrucksstarke Farbwahl berühmte Expressionist in farbenprächtigen Bildern verewigte, ebenso wie die weite Küstenlandschaft, die er liebte, und die dramatischen Lichtstimmungen an der Nordsee.

Der Besuch startet an der Museumskasse im Foyer des modernen Verwaltungsgebäudes der Stiftung Seebüll. Hier macht eine biografische Ausstellung mit Stationen des bewegten Künstlerlebens vertraut. Außerdem gibt es Konzerte und Malkurse. Der Spaziergang führt durch die herrliche Gartenanlage und vorbei an der letzten Ruhestätte der Noldes. Im Botanicum werden Setzlinge und Samen von Noldes Pflanzen kultiviert, die man mit

Das Atelier und Wohnhaus des Malers Emil Nolde in Seebüll

Die Wattküste → Karte S. 26

nach Hause nehmen kann. Im Erdgeschoss des Nolde-Hauses gibt es Einblick in die original möblierten Wohnräume. Im Bildersaal (Obergeschoss) werden 140 Werke Noldes präsentiert: Gemälde, Aquarelle, „ungemalte Bilder" und Zeichnungen zeigen die Bandbreite seiner Motive von Landschaften und Meer über Porträts bis hin zu Groteskem. Nach umfangreicher Sanierung ist das Haus nun barrierefrei und das Atelier Noldes ist wieder wie zu Lebzeiten des Künstlers zu sehen. Neu im Obergeschoss eingerichtet wurde ein Aussichtssaal mit Blick auf den Garten.

▪ März–Okt. tägl. 10–18 Uhr. Eintritt 12 €, Kinder bis 6 J. frei, Kombi-Ticket mit Kunstmuseet Tønder 18 €. Seebüll 31, Neukirchen, ✆ 04664-983930, www.nolde-stiftung.de.

Verbindungen Zufahrt für **Pkw** ab Niebüll und Süderlügum ausgeschildert.

Bus: Ab Niebüll ZOB fährt die Linie R110 bis zur Haltstelle Neukirchen/Nolde Museum (s. Webseite des Museums).

Højer

Durch den alten Handelsort Højer in der Tønder-Marsch nahe der deutsch-dänischen Grenze pulsierten einst große Touristenströme. Im 19. Jh., als Hoyer zu Deutschland gehörte, verfügte der Ort über einen Hafen, von dem aus wohlhabende Reisende ins mondäne Sylt fuhren. Mit der Landgewinnung rückte der Marktflecken ins Landesinnere, und nach Eröffnung des Hindenburgdamms 1927 war Højer für den Sylt-Tourismus abgeschrieben. Heute hat das 1100-Einwohner-Städtchen mit seinen traditionellen Reetdachhäusern eher provinziellen Charme. In aller Munde ist es immer noch durch die Højer Pølser, schmackhafte Würste auf nordschleswigsche Art. Obwohl sich die Mehrheit der Einwohner bei der Volksabstimmung 1920 für einen Verbleib in Deutschland entschied, wurde Højer Dänemark zugeschlagen. Doch die deutsche Minderheit hält ihre Sprache und Traditionen aufrecht. So gibt

In der Marsch unverzichtbar: Schleusen wie Højer Sluse

es beispielsweise einen deutschsprachigen Gottesdienst in der trutzigen Højer Kirke. Sie wurde in der zweiten Hälfte des 13. Jh. erbaut. Später füllte man das Gelände um die Kirche herum auf, damit sie vor Sturmfluten geschützt war. Beliebt für Hochzeiten ist das reetgedeckte Rathaus von 1803. Das Kulturcentret Kiers Gaard in einem stattlichen Hof bietet verschiedene Kurse in Keramik, Malerei, Theater und Musik an (www.kiers-gaard.dk).

Einen Besuch wert ist die alte Windmühle (Højer Mølle). Ein schöner Ausflug, besonders mit dem Fahrrad, führt zur Højer Sluse und dem Tøndermarsken Naturcenter (→ Vidå-Sperrwerke).

Sehenswertes

Højer Mølle: Die zum Museum Sønderjylland gehörige holländische Windmühle aus dem Jahr 1857 ist stolzes Symbol eines historischen Gewerbes. Højer Mølle ist Nordeuropas höchste Holländermühle mit Magazinen, Müllerwohnung und dem Mühlengarten. Die Ausstellung berichtet nicht nur über die Herstellung von Mehl und Brot, ein wichtiges Augenmerk wird auch auf die Lebensbedingungen der Menschen in der stets von Sturmfluten bedrohten Marsch gerichtet.

▪ April–Okt. tägl. 10–17 Uhr. 95 DKK, Kinder unter 18 J. frei. Møllegade 13, 6280 Højer, ✆ 65 37 08 04, www.msj.dk.

Vidå-Sperrwerke: In einem großen Bogen fließt die Vidå (deutsch: Wiedau) von Tønder vorbei am Grenzort Rudbøl und dann auf der Höhe von Højer in die Nordsee. Zur Regulierung des Flusses und zur Abwehr von Sturmfluten wurden mehrere Sperrwerke errichtet. 1861 wurde die Højer Sluse gebaut (Zufahrt südlich des Ortes ausgeschildert). Am Schleusenhaus genießt man bei Sonne einen schönen Blick über das beschaulich wirkende Marschland und die im Wasser der Vidå schaukelnden Boote. Das Freilichtmuseum **Bådfolk ved Vidåen** (erreichbar zu Fuß vom Parkplatz an der Schleuse) dokumentiert Arbeit und Leben der einstmals 100 Fischer auf dem drittgrößten Fluss Dänemarks. Heute gibt es vielleicht noch 15 Binnenfischer, die unter anderem Jagd auf den nur in den Flüssen des Wattenmeeres vorkommenden Nordseeschnäpel machen. Wie entscheidend die hier seit dem 16. Jh. gebauten Deiche für Leben und Tod sind, macht die Flutsäule vor der 1981 gebauten Vidå Sluse bewusst. Bei der Sturmflut 1976 erreichte der Wasserstand gewaltige 4,98 m. Einen Besuch wert ist das jederzeit frei zugängliche **Tøndermarsken Naturcenter** hinterm Deich. Spektakuläre Fotos und informative Texte erklären die Bedeutung der Schleusen und stellen alles Wissenswerte über den Naturpark Wattenmeer dar.

Praktische Infos

Information Die **Touristeninformation** Tønder berät und bietet Infomaterial an. www.romo-tonder.dk.

Verbindungen Regelmäßige **Busverbindung** ab/bis Tønder. www.sydtrafik.dk.

Einkaufen **Højer Pølser,** seit 1897 wird hier Wurst gemacht. Im Fabrikverkauf gibt es preisgekrönte Wurstspezialitäten, die in ganz Dänemark beliebt sind. Mo–Fr 9–17, Sa 9–12 Uhr. Søndergade 1, 6280 Højer, ✆ 74 78 95 92, www.hoejerpoelser.dk.

Fahrradfahren Die **Panoramaroute 401** (Die königliche Marschroute, 41 km) führt von Tønder über Møgeltønder nach Højer und dann über Rudbøl zurück.

Veranstaltungen **Højer Art Jam,** bei dem Skulpturenfestival im Juni kann man den internationalen Bildhauern bei der Arbeit an ihren Kunstwerken zusehen, www.artjam.dk. **Højer Fåremarked,** der Schafsmarkt im September ist zugleich ein großes Volksfest.

Wandern Entlang dem **Marskstien-Wanderweg** (Der Marschpfad, insgesamt 54 km durch die Tøndermarsch) lässt sich eine Teiletappe von Højer zur Vida Sluse und nach Emmerslev absolvieren. www.visitsonderjylland.de.

Übernachten **Højer Marsk Hotellet,** im Ortszentrum gegenüber der Kirche. Die 17 in modernem Stil eingerichteten und komfortabel ausgestatteten Zimmer mit Bad/WC verfügen über eine kleine Kitchenette. Aufzug, Parkplätze und Gemeinschaftsraum vorhanden. Torvet 6–8, 6280 Højer, ✆ 50 40 60 10, www.marskhotellet.dk. **€€€**

Die Wattküste → Karte S. 26

Ballum Sogn

Das Kirchspiel Ballum (Ballum Sogn) mit knapp 500 Einwohnern gehört zur Tønder Kommune. Der Hauptteil des Kirchdorfs liegt auf einem kleinen Geestrücken mit gerade mal 12 m Höhe. Die tiefer liegende Marsch im Norden ist mit einem Deich zur Nordsee abgeschottet.

Zwischen der Hjerpstedt Kirke und Rejsby Ballum führt der Vestkystvej (Sekundärroute 419) nahe am Meer entlang. Der schmale Strandstreifen (Sand/Kies) ist durch Stichwege erreichbar und bietet sich für einen Spaziergang am Wasser an. Auch in Vesterende Ballum erreicht man hinter der **Ballum Kirke** das Meer, das hier von Salzwiesen gesäumt ist. In der romanischen Kirche mit ihrem spätgotischen Backsteinturm ist ein Apostelfresko aus dem 12. Jh. zu sehen. Weiter Richtung Skærbæk zweigt am Ballum Slusekro eine schmale Zufahrt zum Deich ab. Dort reguliert die **Ballum Sluse** (Schleuse) den Fluss Brede Å. Ein kleiner

Auf dem Nordseeküstenradweg zur Ballum Sluse

Stopp darf sein, denn vom idyllischen Backsteinhäuschen der Schleuse sieht man weit über das Wattenmeer bis hinüber nach Rømø und über die Viehweiden der Marsch.

Übernachten/Essen **Ballum Slusekro,** der historische Gasthof vermietet 5 nette Gästezimmer mit Bad/WC und einem schönen Ausblick über die Marsch. Zum Mittagessen gibt es wechselnde Tagesgerichte nach Hausmacherart. Abends werden in der gemütlichen Krostue (Gaststube) verschiedene Fisch- und Fleischgerichte sowie Vegetarisches serviert. Mi–So 11–21 Uhr. Ballum Sluse 1, 6261 Bredebro, ✆ 29 71 42 75, www.ballumslusekro.dk. **€€**

Løgumkloster

Der kleine Ort Løgumkloster etwa 16 km nördlich von Tønder ist einen Umweg wert. Ziel ist die mächtige Klosterkirche, die als eine der eindrucksvollsten nordischen Sakralbauten gilt. Der Ort mit heute 3200 Einwohnern entwickelte sich rund um das Zisterzienserkloster und erlangte Bedeutung als Marktort. Auch hier wurden wie in Tønder im 18. und 19. Jh. Klöppelspitzen hergestellt. Nahe der Klosterkirche befindet sich auf einem 25 m hohen Turm das Kong-Frederik-IX-Glockenspiel, dessen 49 Glocken mehrmals täglich erklingen. Die Musikschule Løgumkloster ist die einzige in Dänemark, in der Glöckner ausgebildet werden. Westlich der Klosterkirche ließ Herzog Adolf von Gottorp 1585 ein Jagdschloss im Renaissancestil erbauen. Hier ist heute ein Predigerseminar untergebracht.

Das **Museet Holmen** zeigt eine Sammlung zu sakraler Kunst sowie Wechselausstellungen mit zeitgenössischer Kunst (Do–So 13–17 Uhr, Østergade 13, ✆ 74 74 41 65, www.museetholmen.dk).

Klosterkirche Løgumkloster

Zisterzienser aus dem Kloster Herrevad im schwedischen Schonen gründeten 1173 das Kloster Løgumkloster. „Locus dei" – Gottes Ort nannten sie diesen Platz. Mit Unterstützung des Bistums Ribe begannen sie 1225 mit dem Kirchenbau, erst 100 Jahre später war die riesige Vierflügelanlage vollendet. Das Kloster diente als geistiges und karitatives Zentrum der Region. Es wurde nach der Reformation 1548 aufgelöst. Von dem Sakralbau sind nur der Ostflügel (Kapitelsaal und Dormitorium) und der Nordflügel erhalten geblieben. Wer durch die Kirche und Klostergänge spaziert, wird immer wieder Musik hören, denn hierher ziehen sich gewöhnlich die Musikschüler zum Üben zurück.

Die Klosterkirche trägt die Merkmale von Spätromanik und Frühgotik. Sie zeigt Parallelen zu den Kirchen in Fontenay und Jouy (Frankreich). Der heutige Hauptaltar stammt aus dem 15. Jh. und stand ursprünglich in der Kirche von Jerne bei Esbjerg. Das Chorkruzifix ist eine spätgotische Arbeit aus der ersten Hälfte des 14. Jh. Das barocke Taufbecken mit drei drallen Engeln und der darüber schwebende Himmel aus dem Jahr 1704 entstanden in der Werkstatt von Peter Petersen in Tønder. Einzigartig ist der in der Nordwand des Chores eingemauerte Lügumschrein (ca. 1325), ein Reliquienschrank mit 16 kleinen Fächern für Reliquien der Heiligen, die auf den Flügeln abgebildet sind. Die Kanzel mit Reliefs der christlichen Tugenden wurde um 1580 in Tønder hergestellt. An der Nordwand gegenüber der Kanzel kann man eine Kalkmalerei der französischen Lilie sehen, die als Mariensymbol gilt und auch auf dem Wappen des Mutterklosters Citeaux zu finden ist.

▪ Mo–Sa 10–17.30, So 12–17 Uhr. Deutscher Gottesdienst am ersten So im Monat um 14 Uhr. Slotsgade 11, 6240 Løgumkloster, www.kirche.dk.

Eindrucksvoller Backsteinbau: die Klosterkirche Løgumkloster

Praktische Infos

Information Die **Touristeninformation** Tønder berät und bietet Infomaterial. www.romo-tonder.dk.

Verbindungen Regelmäßige **Busverbindung** zwischen Tønder, Løgumkloster und Vojens/Haderslev. www.sydtrafik.dk.

Fahrradfahren Die **Radroute 9** führt von Tønder über Løgumkloster bis Gram. Im Sparkassenwald (Sparrekasseskoven) gibt es einen 5,4 km langen **Mountainbike-Track** (Parken an der Sporthalle, Idrætsvej).

Kanuverleih Die Pfadfinder von **Løgumkloster** verleihen ehrenamtlich Kanus, mit denen man auf der Brede Å von Lemmosevej bis Ballum Sluse paddeln kann. 225 DKK/Tag plus 100–250 DKK für Transport (Reservierung und Überweisung vorab). ✆ 70 25 22 12, www.tohytt.dk.

Veranstaltungen **Kloster Mærken,** großer Pferdemarkt mit einem beliebten Volksfest in der 2. Augustwoche.

Wandern Løgumkloster liegt am **Fernwanderweg Drivvejen** (Treibweg), den man von Holland bis Norwegen wandern kann. In Syd- und Vestjylland führt er von Tønder über Løgumkloster und Ribe bis Thyborøn. www.vandreruter.dk. Sehenswerte Klöster verbindet **Den Danske Klosterruten** (insgesamt 2300 km) mit einem Teilstück zwischen Løgumkloster und Ribe. www.klosterruten.dk.

Wohnmobile Übernachtungsplatz für 24 Std., mit Entsorgungseinrichtung. Møllegade 5, 6240 Løgumkloster.

Übernachten **Løgumkloster Refugium,** direkt neben dem Kloster finden Ruhe Suchende einen Ort der Stille und Besinnung. Das Refugium wird von der evangelisch-lutherischen Volkskirche Dänemarks geleitet, die Teilnahme an den Andachten ist möglich. Es gibt EZ und DZ mit Bad/WC, WLAN, Bibliothek und Gemeinschaftsräume. Pro Pers./Tag inkl. Vollpension 1095–1145 DKK. Refugievej 1, 6240 Løgumkloster, ✆ 74 74 33 01, www.loegumkloster-refugium.dk.

Essen & Trinken **Central Hotel,** im Restaurant des einstigen Hotels gibt es ab 12 Uhr leckere Frokostgerichte von Stjerneskud bis Zwiebelsteak, und ab 17 Uhr werden reichhaltige Steak-Teller und Fisch à la carte serviert (Hauptgerichte ab 125 DKK). Di–So 12–20 Uhr. Markedsgade 15, 6240 Løgumkloster, ✆ 74 74 50 52, www.centralhotel.dk.

Skærbæk

Auf dem Weg nach Rømø fahren die meisten Touristen durch Skærbæk. Der Ort entwickelte sich im Mittelalter am westjütischen Ochsenweg und wurde um 1900 berühmt für die gewebten Skærbækteppiche, die als Hauptwerke des Jugendstils angesehen werden. Skærbæk hat 3200 Einwohner, ist Bahnstation zwischen Tønder und Esbjerg. Das Städtchen bietet ein schönes Schwimm- und Freizeitcenter, in den Supermärkten und Geschäften findet man alles, was man für den Urlaub braucht. Auch für Übernachtungen bietet sich der günstig zwischen Rømø und Ribe gelegene Ort an. Zur kleinen Sehenswürdigkeit hat sich der **Marsch-Turm** (Marsk tårnet) entwickelt. Das charakteristische Bauwerk aus Cortenstahl schwingt sich in sieben Windungen auf 25 m Höhe. 146 Stufen sind aufwärts zu überwinden, 131 abwärts. Es gibt auch einen Lift.

▪ Tägl. von 9 Uhr bis Sonnenuntergang. 90 DKK, Kinder bis 6 J. frei. Hjemstedvej 60, 6780 Skærbæk. ✆ 72 18 67 80, www.marskcamp.de.

Praktische Infos

Information **Touristeninformation** Tønder, www.romo-tonder.dk.

Verbindungen **Bahn:** Regelmäßige Zugverbindungen nach Esbjerg und Tønder. www.rejseplanen.dk.

Bus: Ab Skærbæk Busstation verkehren regelmäßig Busse nach Rømø. Weitere Linien nach Ballum und Toftlund. www.sydtrafik.dk.

Schwimmbad Im **Skærbækcentret** gibt es eine schöne Schwimmhalle mit Kinderbereich, Rutsche, Sauna und Whirlpool. Mai/Juni Di–Fr 10–12, Mo–Fr 14–16, Sa/So 10–17, Mo–Sa 19–21 Uhr (Öffnungszeiten in Ferien und Winterhalbjahr abweichend). Eintritt inkl. Sauna 66 DKK. Støregade 46–48, 6780 Skærbæk, ✆ 74 75 19 70, www.skaerbaekcentret.dk.

Wohnmobile Quick-Stop für Wohnmobile am **Skærbæk Familien Camping,** 2 Pers. von 20–10 Uhr 50 DKK ohne Dusche/WC-Benutzung. Ullerupvej 76, 6780 Skærbæk, ✆ 74 75 22 22, www.skaerbaekfamiliecamping.dk-camp.dk.

Übernachten **Skærbækcentret,** das Feriencenter bietet geräumige, komfortabel eingerichtete Ferienhäuser in verschiedenen Größen sowie ein großes Programm an sportlichen Aktivitäten. Freier Eintritt ins Schwimmbad. Støregade 46–48, 6780 Skærbæk, ✆ 74 75 19 70, www.skaerbaekcentret.dk. **€€€**

Marsk Camp, auf einem schön angelegten Wiesengelände mit Wasserachsen gibt es 126 Wohnmobilstellplätze mit Betonfundament und Stromanschluss. Gepflegte Sanitäranlagen mit Duschen, WC und Waschmaschinen. Ein Restaurant und Eiscafé sorgen fürs leibliche Wohl. Schöner Minigolfplatz. Stellplatz inkl. 2 Pers./Nacht 140 DKK. Angesagt, aber nicht wirklich billig zu mieten sind die wohnlich eingerichteten Glamping-Zelte mit eigener Dusche/WC. Hjemstedvej 60, 6780 Skærbæk, ✆ 72 18 67 80, www.marskcamp.de.

Skærbæk Familie Camping, ganzjährig geöffnet. Stellplatz für 2 Pers. 140 DKK. Ullerupvej 76, 6780 Skærbæk, ✆ 74 75 22 22, www.dk-camp.dk/de/campingplatze/skaerbaek-familie-camping.

Vester Vedsted

Das Dorf Vester Vedsted mit einer stattlichen Dorfkirche von 1175 liegt abseits der Hauptroute nach Ribe. Trotzdem zieht es viele Reisende hierhin, denn es ist in zweierlei Hinsicht ein Tor zum Wattenmeer. Besucher beobachten am Deich gern das Schauspiel, wenn die beiden Wege zur Wattenmeerinsel Mandø, Låningsvejen und Ebbevej bei Ebbe trocken fallen oder bei Flut vom Wasser überspült werden (→ S. 39). Hauptanziehungspunkt ist jedoch das

Vadehavscentret (Wattenmeerzentrum). Vom Parkplatz des Museums aus starten die Traktorbusse nach Mandø.

Vadehavscentret: Am nordwestlichen Ortsrand, nur wenige hundert Meter vom Wattenmeer entfernt, macht das Gebäude des Vadehavscentret mit einer faszinierenden Silhouette auf sich aufmerksam. Nicht nur das Dach des Wattenmeerzentrums, sondern auch Fassade und Dachüberstände ließ die Architektin Dorte Mandrup mit Reet verkleiden. In diesem mehrfach ausgezeichneten Museumsbau wird eine hervorragende Ausstellung über das UNESCO-Weltnaturerbe Wattenmeer und speziell über die Zugvögel in diesem Lebensraum gezeigt. Durch ein Verschmelzen von Raum, Bild und Ton wird der Museumsbesuch zu einem eindrucksvollen Erlebnis für Groß und Klein. Wer weiß schon, dass z. B. eine einzige Pfuhlschnepfe am Tag bis zu 1500 kleine Muscheln fressen kann oder dass ein Säbelschnäbler bis zu 3000 Seeringelwürmer täglich vertilgt, um sich die Reserven für die Reise zu den Überwinterungsplätzen anzufuttern. Das Vadehavscentret vermittelt nicht nur Wissen, sondern bietet auch erlebnisreiche geführte Touren an wie Wattwanderungen zur Insel Mandø, Seehundexpeditionen, Austernsafaris oder Erkundungen des Sort Sol-Phänomens, des Tanzes der Stare bei Sonnenuntergang.

▪ Mai–Okt. tägl. 10–17 Uhr, Nov.–April tägl. 10–16 Uhr. 120 DKK. Im Museumscafé gibt es Kaffee, Kuchen und kleine Speisen. Okholmvej 5, Vester Vedsted, 6760 Ribe, ✆ 75 44 61 61, www.vadehavscentret.dk.

Praktische Infos

Information Touristeninformation Ribe, www.vadehavskysten.de.

Verbindungen **Bus 411** verkehrt regelmäßig ab/bis Ribe. www.sydtrafik.dk.

Fahrradfahren Vester Vedsted liegt an der **Panoramaroute 403,** 28 km, und an der **Vestkystruten 1.**

Essen & Trinken **Vester Vedsted Vingård,** ein 2 ha großes Weingut liegt versteckt hinter Feld und Wald am östlichen Rand des Dorfes. Die Winzer betreiben ein Hofcafé, das Frokost, Kaffee und Abendessen sowie Sonntagsbrunch anbietet. Juni–Aug. Do/So 12–16.30, Fr/Sa 12–16.30 und 17.30–23 Uhr, März–Mai und Sept.–Nov. Sa 12–15 und 17.30–23, So 12–16.30 Uhr. Reservierung empfehlenswert. Die Zutaten stammen aus ökologischem Anbau, dazu gibt es natürlich Wein aus eigener Herstellung. Diesen kann man im Hofladen kaufen, ebenso weitere regionale Produkte. Vest Vedsted Vej 64, Vester Vedsted, 6760 Ribe, Restaurant: ✆ 52 34 09 03, Laden: ✆ 31 24 65 87, www.vvingaard.dk.

Das Vadehavscentret ist komplett mit Reet verkleidet

Die Wattküste → Karte S. 26

Der Mythos lebt: die Wikinger

Kein Zweifel: Dänemark ist stolz auf seine Wikinger. Überall im Land fanden Archäologen ihre Spuren: Alte Häfen, Siedlungen, Runensteine, Artefakte oder Gräberfelder werfen Schlaglichter auf das Leben der Nordmänner als Entdecker, Krieger und Händler. Wikingerspektakel auf der einen Seite, kritische Auseinandersetzung auf der anderen Seite – es ist ein schwieriger Spagat rund um den Mythos Wikinger, aber die Dänen gehen dabei einen stimmigen Weg.

Mit dem Raubzug auf das Kloster Lindisfarne in Nordengland begann im Jahr 793 das Wikingerzeitalter, das bis zur Schlacht bei Stamford Bridge in England 1066 dauern sollte. Mit dem altnordischen Wort *víkingr* bezeichnete man zunächst einen „Seekrieger, der sich auf langer Fahrt von der Heimat entfernt". Und die *víking* war eine „weite Schiffsreise zu entfernten Küsten". Die Bezeichnung Wikinger als Synonym für Räuber oder Verbrecher kam erst nach 1100 im christlichen Mittelalter auf, als die großen Plünderungszüge der Nordmänner schon Geschichte waren. Zur endgültigen Verklärung trug die Heroisierung des Wikingertums im 19. Jh. bei.

Die Nordmannen waren im heutigen Norwegen, Schweden und Dänemark heimisch. Schon bei den Zeitgenossen in der skandinavischen Bevölkerung hatten die Wikinger keinen guten Stand. Es waren junge Männer, die aus ihren Heimatdörfern ausbrachen, um Ruhm und Abenteuer in der Ferne zu suchen. Durch Raubzüge an den Küsten häuften sie ein Vermögen an und hinterließen verbrannten Boden und eine wahre Blutspur.

Langhaus im Ribe VikingeCenter

Die Wikinger waren geschickte Seefahrer. Mit ihren seetüchtigen Langschiffen bereisten sie die Weltmeere, sie waren die ersten Europäer, die in Nordamerika landeten. Sie terrorisierten die nordatlantische Küstenlinie, erreichten Nordafrika und im Osten Russland, Konstantinopel und den Mittleren Osten. In den überfallenen Ländern verlangten sie das Danegeld, eine Art Schutzgeld als Gegenleistung für friedliches Verhalten. Mit ihrem eigenen Alphabet, das auf der germanischen Runenschrift basiert, überlieferten sie ihre Heldentaten auf Runensteinen. Die berühmtesten kann man in Jelling (bei Vejle) besichtigen, sie sind heute UNESCO-Weltkulturerbe. Sie gelten als „Taufschein Dänemarks", denn Wikingerführer Harald Blauzahn ließ sich im Jahr 965 christlich taufen und leitete damit die

Geschnitzter Wagen aus einem Königinnengrab

Christianisierung Skandinaviens ein. Mit seiner Kommunikationsfähigkeit einte Blauzahn die unterschiedlichen Stämme. Sein Monogramm H und B aus den altnordischen Runen kennen wir heute aus der modernen Medientechnik: Es bildet das Logo von „Bluetooth".

An der Nordseeküste gab es mit Ripa (Ribe) und Bork Havn zwei wichtige Wikingerhäfen, von denen aus wohl vorwiegend Handel getrieben wurde. Verkehrstechnisch günstig gelegen waren auch die kompakten Dörfer oder Burgen der Wikinger, die sie kunstvoll mit Motiven aus der Mythologie ausgestalteten. Sie legten Kultstätten für ihre nordischen Götter an, teils bauten sie die ersten christlichen Kirchen. Die größte Wikingerburg Dänemarks war die Aggersborg, direkt am Limfjord und zugleich am Ochsenweg gelegen, einer Handelsstraße von Nord nach Süd. Die kreisrunde Burg (um 980 n. Chr.) mit einem Innendurchmesser von 240 m war von einem Graben und einem 4 m hohen Wall umgeben. In den 48 Langhäusern lebten bis zu 5000 Mann. Man fand bei Ausgrabungen Schätze wie Bergkristallperlen, goldene Armreifen und Glaskannen. Ob die Wikinger von der Aggersborg aus den Handel kontrollierten oder hier geraubte Güter horteten, ist unklar. Eine weitere Ringburg in Nordjütland ist Fyrkat bei Hobro am Mariagerfjord. Die Bestattungskultur der Wikinger ist im riesigen Gräberfeld der Lindholm Høje (bei Aalborg) überliefert.

Über diesen Teil der dänischen Geschichte bekommt man bei Museumsbesuchen einen guten Einblick. Während man beispielsweise im **Museet Ribes Vikinger** Ausgrabungsstücke und Rekonstruktionen in wissenschaftlicher Aufbereitung kennenlernt, wird in den Freilichtmuseen **Ribe VikingeCenter** oder **Bork Vikingehavn** die Welt der Wikinger auf unterhaltsame Weise lebendig. Für Kinder ist es natürlich ein Erlebnis, einmal wie ein Wikinger mit Pfeil und Bogen zu schießen oder von einem leibhaftigen Wikingerkrieger in der Kunst des Schwertkampfs ausgebildet zu werden. Und welcher Papa wäre nicht insgeheim stolz, in seinen Sprösslingen kleine Helden zu entdecken.

Die mittelalterliche Altstadt Ribes ist hervorragend erhalten

Ribe

Ripa nannten die Wikinger diesen Ort, unter dem Namen Ribe macht die älteste Stadt Dänemarks seit dem frühen Mittelalter von sich reden. Heute ist das bestens erhaltene Altstadtensemble zu Recht ein beliebter Besuchermagnet.

Nur wenige Kilometer von der Nordsee entfernt schmiegt sich das 8200-Einwohner-Städtchen in einen Bogen des Flusses Ribe Å. In den von historischen Backsteinhäusern gesäumten Kopfsteinpflasterstraßen reihen sich Restaurants, Cafés und feine, kleine Läden. Man muss (zunächst) kein großes Besichtigungsprogramm absolvieren: Bei einem Kaffee am Torvet (Domplatz) mit Blick auf den respektablen Dom ist man schon mittendrin in der Geschichte der Stadt der Wikinger, Kleriker, Könige, Hexen und Händler.

Dank seines Hafens am schiffbaren Fluss und der Kreuzung von Handelsstraßen war Ribe schon zur Wikingerzeit ein bedeutender Handelsplatz mit Verbindungen nach Norddeutschland, den Niederlanden und England. Im Jahr 860 ließ der Missionar Ansgar von Bremen mit Erlaubnis des Wikingerkönigs Horik II. in Ribe die erste christliche Kirche in Skandinavien aus Holz bauen. Im 12. Jh. wurde dann der 100 Jahre dauernde Dombau aus Stein in Angriff genommen. Ab 1117 war Ribe Bischofssitz, vier Klöster siedelten sich hier an und der dänische Königshof residierte ab 1127 auf Schloss Riberhus. Im 13. Jh. erhielt Ribe das Stadtrecht. Die reich gewordene Handelsstadt zählte Ende des 15. Jh. wohl 5000 Menschen (im Vergleich: Hamburg hatte damals etwa 10.000 Einwohner). Doch Ribe musste viele Niederschläge verkraften: sieben Brandkatastrophen, vier Pestepidemien, die beiden „großen Manntränken" (die Sturmfluten von 1362 und 1512), das Aus für das Bistum nach der Reformation sowie mehrere Kriege. All das sorgte dafür, dass die Bevölkerung bis ins 17. Jh. auf etwa 2000 schrumpfte. Sandflug und Eindeichung ließen den Hafen versanden. Die Handelswege verlagerten sich, mit dem Aufschwung Kopenhagens und dem Wegzug des Königs war Ribes Stern endgültig gesunken. Durch die Grenzziehung nach dem Deutsch-Dänischen Krieg 1864 wurde Ribe Grenzstadt im Süden Dänemarks. Ab 1870 lief der neue Hafen in Esbjerg Ribe den Rang ab. Seit der Zentralisierung der Verwaltung 2007 wurde das Amt Ribe der Region Syddanmark zugeschlagen. Dass vom einstigen Geldsegen hier in der Provinz nicht mehr viel übrig ist, hat für die fast komplett unter Denkmalschutz stehende Altstadt auch sein Gutes: Moderne Protzbauten blieben ihr erspart. Wenn Geld da ist, wird sensibel saniert, so entstehen gelungene Neugestaltungen wie die Pflasterung des Domplatzes oder das Gemeindezentrum Kannikegården.

Stadtrundgang

Eine Stadtbesichtigung beginnt am besten am Dom. Von dessen Bürgerturm (Borgertårnet) aus hat man einen herrlichen Überblick über Altstadt, Marsch und bis hinüber nach Esbjerg. Danach geht es an der Ansgar-Statue am südlichen Eingang vorbei hinüber zu dem modern und doch archaisch anmutenden **Kannikegården.** Als der Rat der Domgemeinde anstelle einer abgebrannten Baumwollfabrik seine neue Dompropstei errichten wollte, entdeckten Archäologen „Ansgars Friedhof" mit den ältesten christlichen Gräbern Dänemarks sowie Mauerreste eines Refektoriums aus dem 12. Jh. Das älteste bisher in Dänemark gefundene Haus aus Ziegelsteinen diente den Dompriestern (Kannike) als Speisesaal. Die Ausgrabungsstätte wurde in das Gemeindezentrum integriert, Besichtigungen nur mit Führung (www.vadehavskysten.de).

Dunkles Kapitel: Hexenjagd in Ribe

Eine schlichte Gedenktafel am Haus in der Sønderportsgade 3, Ecke Bispegade, erinnert an ein dunkles Kapitel in Ribes Geschichte: In dem Haus lebte Maren Splids, die temperamentvolle Frau des Schneiders, die der Überlieferung nach mit ihrer Meinung nicht hinterm Berg hielt. Sie wurde von einem Nachbarn als Hexe denunziert, nach einem dramatischen Prozess der Folter unterworfen, infolge des so erzwungenen Geständnisses verurteilt und am 9. November 1641 auf dem Galgenhügel nördlich von Ribe verbrannt. Ribes Justiz war verschrien für ihre Härte. Die Folter – auch bei Schuldnerfällen – soll grausamer als anderswo gewesen sein. Von 1572 bis 1652 fanden in Ribe 22 Prozesse wegen Hexerei statt, darunter auch ein Mann, der auf dem Scheiterhaufen endete. Als letzte Hexe wurde Anna Bruds am 7. April 1652 verbrannt. Die Angst vor Hexen war in Ribe verbreitet. An vielen Häusern findet man eingeschnitzte Kreuze, die das Haus vor Hexenzauber schützen sollten.

Die Wattküste → Karte S. 26

Gleich daneben liegt Den Gamle Arrest (das alte Gefängnis ist heute ein Hotel) und schräg dahinter das im gotischen Stil gebaute **Det Gamle Radhus** (altes Rathaus), in dessen großem Saal heute geheiratet wird. Dass auf dem Rathausdach alljährlich die Störche nisten, halten Brautleute sicherlich für ein glückliches Omen. Im 18. Jh. saßen im Rathausgefängnis die Schuldner ein. Eine kleine Ausstellung zeigt das Inventar der Gerichtsbarkeit von Stadtsiegel und Normalmaß bis zu Folterwerkzeugen.

Im lateinischen Viertel südlich des Doms lebten und arbeiteten Ribes kluge Köpfe. An der Ecke Torvet/Skolegade steht ein rotes Fachwerkhaus, in dem der Reformator Hans Tausen lebte. Er hatte bei Martin Luther in Wittenberg studiert und wurde 1542 Bischof in Ribe. Die **Taarnborg** in der Puggardsgade, eine ansehnliche Backsteinresidenz mit Treppengiebel, war Wohnsitz des letzten Bischofs von Ribe und des Kirchenliederdichters Hans Adolph Brorson. Hier finden heute Vorträge, Konzerte und Ausstellungen statt. Denkmäler für die beiden Geistlichen stehen am Dom.

Am Flusshafen legten einst die Wattsegler an

Über die Sønderborgsgade erreicht man die Dagmarsgade. Dort stehen rechter Hand die **Sct. Catharinæ Kirke** und **Ribe Kloster** (St. Katharina-Kirche und das Ribe Kloster), die einzigen Bauten, die vom mittelalterlichen Kirchenreichtum der Stadt übrig blieben. Eine Besonderheit versteckt sich in der Klostergade: Haus Nr. 26 ist das um 1700 erbaute Ribes Mindeste Hus (kleinstes Haus), in dem bis 1930 eine neunköpfige Familie auf bescheidenen 26,5 m^2 lebte. Nach Überqueren des Flusses Ribe Å ist nach wenigen Schritten links das **Museet Ribes Vikinger** erreicht, das anhand archäologischer Funde aus der Umgebung zeigt, wie Ribe zur Wikingerzeit ausgesehen hat.

Spaziert man nach links weiter, trifft man in der Sct. Nicolaj Gade auf das **Ribe Kunstmuseum,** das eine wertvolle Gemäldesammlung präsentiert. Am Ende der Sct. Nicolaj Gade geht es links in den Nederdammen und am Mellendammen erreicht man die quirlige Fußgängerzone mit schönen Geschäften und Kneipen. Es lohnt sich, hier in die Hinterhöfe zu schauen. In dem Gebäudekomplex **Quedens Gaard** (Ecke Sortebrødregade/Overdammen), einem Renaissancehaus aus dem Jahr 1580, dokumentiert das Museum **HEX! Museum of Witch Hunt** die Geschichte der Hexenverfolgung in Ribe und Dänemark. Das **Jacob A. Riis Museum** im Quedens Gaard informiert über den aus Ribe stammenden Journalisten Jacob A. Riis (1849–1914).

In der krummen **Fiskergade** lebte Ribes einfache Bevölkerung; die kleinen Häuschen der Fischer mit Rosenbüschen davor sind beliebte Fotomotive. An den Kaimauern der Skibbroen an der Ribe Å legten einst Wattsegler an wie das historische Schiff Johanne Dan, heute liegen hier kleine Privatboote vertäut. Die Sturmflutsäule dokumentiert die Höhen der Fluten, die Ribe heimsuchten. Wer noch bis zum Roklub (Ruderverein) weitergeht, gelangt am nordwestlichen Ende der Altstadt zu **Riberhus Slotsbanke.** Vom einstigen Königsschloss sind nur noch der Wassergraben und das Fundament übrig. Ein Denkmal erinnert an die beliebte Königin Dagmar, deren Tod auf Riberhus in einem alten Volkslied besungen wird. Die Melodie dieses Liedes wird täglich vom Glockenspiel des Bürgerturms gespielt. Auf dem Rückweg geht es durch die Grønnegade. Hier lebten und handelten die Kaufleute aus dem holländischen Groningen. Die wichtigsten Exportgüter waren Ochsen, aber auch Hering und Pferde, die sowohl auf dem Land- als auch auf dem Seeweg transportiert wurden.

Der Dom mit seinen unterschiedlichen Türmen

Sehenswertes

Ribe Domkirke: Vor Frue Kirke (Marienkirche) wird Ribes Domkirche auch genannt. Sie ist in der flachen Marschlandschaft schon von Weitem zu sehen und markiert das Zentrum der mittelalterlichen Altstadt. Auffällig sind nicht nur die beiden unterschiedlichen Türme – der Mariaturm mit spitzer Haube und der rechteckige, 52 m hohe Bürgerturm (Borgertårnet), der ab 1333 einen eingestürzten Vorgänger ersetzte und als Wacht- und Sturmglockenturm diente. Unübersehbar ist auch, dass der gepflasterte Domplatz zur Kirche hin abfällt. Das liegt zum einen daran, dass im Laufe der Geschichte die umliegenden Häuser auf den inzwischen auf gut 2,5 m angewachsenen Schuttresten der Vorgängerbauten errichtet wurden. Zum anderen aber auch daran, dass die Kirche selbst im weichen Untergrund des Marschlandes einsinkt. Drei Denkmäler an der Süd- und Westseite zeigen Männer, die für die Kirche wirkten: Ansgar, Hans Tausen und Hans Adolph Brorson.

Die erste christliche Kirche ließ der Missionar Ansgar um 860 vermutlich an gleicher Stelle als einfachen Holzbau errichten, ab 1176 baute man an der Kirche aus Stein. Erst 1250 wurde der Dom als spätromanische, dreischiffige Basilika mit Querhaus und Westtürmen nach rheinischen Vorbildern fertiggestellt. Der helle Tuffstein stammt aus Köln und aus der Eifel. Für Zierelemente hat man auch rötlichen Sandstein und dunklen Granit verbaut. Das Südportal zeigt ein Relief der Kreuzabnahme. Die sogenannte Katzenkopftür ist geschmückt mit einem Löwenkopf, der einen Ring durch die Nase trägt. Einzigartig in Nordeuropa ist die fünfschiffige Form des Doms. Der Anbau von Seitenschiffen (14./15. Jh.) sollte den Druck des Gebäudes auf den weichen Untergrund besser verteilen.

Nach der Reformation und dem wirtschaftlichen Niedergang Ribes verfiel auch der Dom zunehmend. Erst in einer grundlegenden Restaurierung von

1882–1904 wurden verschiedene Bauteile wie der abgebrochene Marienturm wiederhergestellt.

Die schlichte Innengestaltung vereint harmonisch Stilelemente aus Romanik, Gotik und Moderne. Die farbenfrohe und bildgewaltige Ausgestaltung des Chorraums mit Malereien, Glasfenstern und Mosaiken des CoBrA-Künstlers Carl-Henning Pedersen, die in den 1980er-Jahren heftige Diskussionen auslöste, ist heute als künstlerische Arbeit anerkannt. Von 1597 stammt die reich verzierte Kanzel; das Taufbecken mit Reliefs der Dreifaltigkeit und der Krönung Mariens entstand im 14. Jh. Auf einer Säule hinter der Kanzel zeigt eine Markierung den Wasserstand der Sturmflut von 1634. Eine Besonderheit ist der (leere) Sandsteinsarkophag von König Christoffer I. und die dazugehörige Grabplatte – die älteste Königsgrabplatte Skandinaviens. In barockem Goldglanz erstrahlt das Orgelprospekt von 1634/35, die 50-Register-Orgel aus den 1970er-Jahren erklingt bei Gottesdiensten und Konzerten.

Reich verzierte Kanzel im Dom

Im Domkirchen-Museum in der südlichen Galerie informieren Bildtafeln über die Geschichte der Kirche und deren Bau. Thematisiert werden auch die Bedeutung und die Auswirkungen der Reformation auf Ribes Kirchenlandschaft. Zu sehen sind auch Artefakte, die bei Grabungsarbeiten gefunden wurden, wie ein Tonkrug aus Nordfrankreich und alte Schriften.

Das Glockenspiel des Bürgerturms spielt täglich um 8 und 18 Uhr die Melodie von Brorsons Psalm „Die anmutigste Rose ist gefunden", und um 12 und 15 Uhr das Volkslied „Königin Dagmar liegt krank in Ribe". Den schönsten Ausblick über Ribe bekommt, wer die 248 Stufen über die winkelige, teils schmale und an den Glocken vorbeiführende Treppenanlage des Bürgerturms hinaufsteigt.

▪ Dom und Museum Mai–Sept. 10–17 (Juli–15. Aug. bis 17.30), So/Fei erst ab 12 Uhr, April, Okt. 11–16 Uhr, Nov.–März 11–15 Uhr. Kirche Eintritt frei, Bürgerturm und Museum 25 DKK. Torvet, 6760 Ribe, ✆ 75 42 06 19, www.ribe-domkirke.dk.

Sct. Catharinæ og Kloster: Das Kloster und ihre Kirche sind nach der Heiligen Katharina von Alexandria benannt. Der Brunnen vor der Kirche zeigt die Märtyrerin mit Schwert und „Todesrad". Das Kloster wurde von dominikanischen Bettelmönchen der Bruderschaft der Schwarzen Brüder im Jahr 1228 gegründet. 1240 wurde mit dem Bau der Katharinen-Kirche außerhalb der mittelalterlichen Stadtgrenzen begonnen. Der Boden war sumpfig, und so mussten schon zwei Vorgängerkirchen abgerissen werden. Auch die heutige Kirche von 1433 sank stetig ein. Der Turm von 1617 musste sogar verkürzt werden. Die Kirche selbst wurde nach Anheben mit mehreren Hebewinden und Errichten eines neuen Fundaments (1918–32) stabilisiert. Eine solche Hebewinde ist noch zu sehen. Das Kircheninnere mit seinen hohen gotischen Fenstern ist relativ schmucklos. Umso prächti-

Die Wattküste → Karte S. 26

Die Katharinen-Kirche beherbergt einen prächtigen Altar

ger wirkt der Altar, auf dessen vergoldetem Altarbild von 1650 das Abendmahl, Christi Taufe und die Kreuzigung zu sehen sind. Die Kanzel von 1591 zeigt in einem der sieben Reliefs sehr drastisch die Beschneidung Christi.

Über das Kirchenschiff erreicht man den quadratischen Klosterhof, der mit einem beeindruckenden Kreuzgang umgeben ist. Nur der Hof ist für die Öffentlichkeit zugänglich, da im Klosterbau Wohnungen für Senioren untergebracht sind.

▪ Di–So 10–16 Uhr. Kirche Eintritt frei, Klosterrundgang 5 DKK. Klostergade 3, 6760 Ribe.

Museet Ribes Vikinger: Mit der Anlage eines Handelsplatzes um 700 begründeten die Wikinger Skandinaviens älteste Stadt Ribe. Das Museum zeigt anhand hier gefundener Ausgrabungsstücke und Rekonstruktionen, wie die Wikinger am Ufer der Ribe Å lebten, arbeiteten, Handel trieben und mit ihren Schiffen zur See fuhren. Schmuck, Kleidung, Handwerkszeug, Wagen und mehr vermitteln einen Eindruck aus jener Zeit. Zwischen 800 und 1100 wurde die Stadt mit großen Wällen befestigt. Im Museum wird die Geschichte des mittelalterlichen Ribe als Bischofssitz und bedeutende Handelsstadt erzählt. In der Erlebnishalle sind der Marktplatz der Wikinger, ein Wikingerschiff sowie Szenen vom Bau des Doms als Stimmungsbilder dargestellt. Im Erlebnisbereich „Dagmar og Valdemar" dürfen Groß und Klein in mittelalterliche Gewänder schlüpfen, Prinzessin spielen oder als Ritter ein Turnier bestreiten.

▪ Juli/Aug. tägl. 10–17 Uhr, Sept./Okt. tägl. 10–16 Uhr, Nov.–Juni Di–So 10–16 Uhr. 85 DKK, Kinder unter 18 J. frei. Odins Plads 1, 6760 Ribe, ✆ 76 16 39 60, www.ribesvikinger.dk.

Ribe Kunstmuseum: Die 1864 im Stil der holländischen Renaissance erbaute Villa des Baumwollfabrikanten Balthazar Giørtz bildet den prachtvollen Rahmen für eine Sammlung dänischer Malerei des 18. bis 20. Jh., des sogenannten Goldenen Zeitalters, Werke der

Skagenmaler und des Modernismus. Sonderausstellungen mit zeitgenössischer Kunst ergänzen das Spektrum. Im Garten mit einem romantischen Pavillon am Fluss werden Skulpturen gezeigt. Die Sammlung ist sehr gut aufbereitet und wird multimedial zugänglich gemacht. Mit einem Leih-iPad kann man während des Besuchs vertiefte Informationen zu jedem einzelnen Werk aufrufen.

■ Juli/Aug. tägl. 11–17 Uhr, Sept.–Juni Di–So 11–16 Uhr. 80 DKK, Kinder unter 18 J. frei. Sct. Nicolaj Gade 10, 6760 Ribe, ☏ 75 42 03 62, www.ribekunstmuseum.dk.

Ribe VikingeCenter: Als „authentisches Wikingererlebnis" wird der Besuch des Ribe VikingeCenters (2,6 km südlich der Stadt) beworben. Und in der Tat, je weiter man über das Gelände mit Pferdekoppeln und reetgedeckten Holzhäusern, Schiffsanlegestelle, Handwerkerhütten, Zeltlager und sogar einer Replik von Ansgars Kirche wandert, desto mehr taucht man ein in die urwüchsige Lebenswelt der Nordmänner und -frauen. Zwar klappern auf dem Kampfplatz Schwerter und Schilde, aber eigentlich waren die meisten Wikinger keine Krieger sondern Bauern, Handwerker und Händler. Hunderte Freiwillige verbringen hier den Sommer, schlüpfen in Wikingerklamotten, bewohnen die Holzhäuser, töpfern, schmieden, weben oder kochen nach Wikingerart. Gezeigt wird die Zeit in Ripa um 700, als hier die älteste nordische Stadt ihren Anfang nahm. Mit bunt bemalten Holzschilden ist das Langhaus geschmückt. Hier treffen sich die Wikinger nach getaner Arbeit, lagern auf Heumatratzen und Tierfellen, knabbern gesammelte Nüsse und Früchte, während die Frauen auf der zentralen Feuerstelle die Speisen bereiten. Das lebendige Museum macht besonders Kindern Spaß. Sie dürfen am Kriegertraining teilnehmen, Bogenschießen, dem Falkner assistieren, Brot backen oder Münzen prägen. Die Mitmach-Aktivitäten und Vorführungen variieren täglich.

■ Juli/Aug. tägl. 10–16.30 Uhr, April–Juni, Sept.–Mitte Okt. Mo–Fr 10–15.30 Uhr, am Wikinger-Markt Mo–Do 10–15.30, Fr–So 10–16.30 Uhr. 145 DKK, Kinder bis 13. J. 75 DKK. Sandwiches, Kuchen und kleine Speisen im Café des ehema-

Replik von Ansgars Holzkirche im Ribe VikingeCenter

ligen Herrensitzes Lustrupholm. Lustrupvej 4, 6760 Ribe, ✆ 75 41 16 11, www.ribevikingecenter.dk.

HEX! Museum of Witch Hunt: Das neue Museum erklärt die Geschichte der Hexenverfolgung in Ribe und Dänemark. Veranschaulicht werden die Angst vor Hexen und die daraus resultierenden Hexenprozesse im 16./17. Jh. anhand von historischen Grafiken, Originalexponaten wie den Prozess-Dokumenten gegen Maren Splids (→ Kasten S. 75), aber auch mithilfe von interaktiven Medienstationen.

▪ Juli/Aug. tägl. 10–17 Uhr, Sept./Okt. tägl. 10–16 Uhr, Nov.–Juni Di–So 10–16 Uhr. 100 DKK, Kombi-Ticket mit Jacob A. Riis Museum 145 DKK, Kinder bis 18 J. frei. Sortebrødregade 1, 6760 Ribe, ✆ 76 16 39 80, www.hexmuseum.dk.

Jacob A. Riis Museum: Die Ausstellung informiert über den aus Ribe stammenden Journalisten Jacob A. Riis (1849–1914). Mit seinen Fotografien machte er als erster auf die Lebensbedingungen der armen Bevölkerung New Yorks aufmerksam. US-Präsident Roosevelt würdigte ihn damals als „New Yorks nützlichsten Bürger".

▪ Juli/Aug. tägl. 10–17 Uhr, Sept./Okt. tägl. 10–16 Uhr, Nov.–Juni Di–So 10–16 Uhr. 85 DKK, Kinder bis 18 J. frei, Kombi-Ticket mit HEX! Museum of Witch Hunt 145 DKK. www.jacobariismuseum.dk/de/

Wikingerboote im Hafen von Ripa

Praktische Infos

→ Karte S. 83

Allgemeine Infos

Information Broschüren zu Stadt und Region gibt es in Selbstbedienung ganzjährig tägl. 9–18 Uhr in der **Touristeninformation Ribe.** Mitarbeiter geben Auskunft Mo–Fr 10–14, Juli/Aug. auch Sa 10–14 Uhr. Sct. Nicolaj Gade 1, 6760 Ribe, www.vadehavskysten.de. Außerdem gibt es Infoterminals z. B. im Museum Ribes Wikinger und im Danhostel Ribe.

Verbindungen **Bahn:** Regelmäßig mit Zügen der Danske Staatsbaner nach Esbjerg, Tønder, Kolding. www.rejseplanen.dk. Direkte Verbindungen der **Norddeutschen Eisenbahngesellschaft** von Niebüll über Tønder nach Ribe, ✆ 04661-9808890, www.neg-niebuell.de.

Bus: Der Stadtbus (Ribe Bybus) verkehrt jede halbe Stunde. Mit den Regionalbussen von Sydtrafik werden die Orte der Region erschlossen. Abfahrten am Busbahnhof neben dem Bahnhof (Dagmarsgade). Zum Ribe VikingeCenter verkehrt die Linie 417 (Richtung Roager). Mit verschiedenen Linien erreicht man Aabenraa, Haderslev, Esbjerg und Varde. www.sydtrafik.dk.

Angeln Forellen und Saibling fangen, soviel man will, das ist an den **Storkesøen** möglich. Ein schönes Naherholungsgebiet vor den Toren der Stadt, bei dem auch Kinder auf ihre Kosten kommen. 15. März–30. Sept. 6–21 Uhr, Okt.–14. März 7 Uhr bis Sonnenuntergang. Die erste Std. 115 DKK, danach Rabatt. Vermietung von Hütten und Stellplätzen für WoMo, Caravan und Zelte. Haulundvej 164, 6760 Ribe, ✆ 75 41 04 11, www.storkesoen.dk.

Bootsverleih Der Fluss Ribe Å kann ganzjährig auf 27 km befahren werden. Eine Karte findet man unter www.vadehavskysten.de. Leih-Kanus gibt es im **Kanocenter Syd,** 400 DKK/Tag, ✆ 29 64 73 56, www.vejen-fodboldgolf.dk/

de/flusse/ribe-aa/ und im **Resort Ribe Byferie,** Damvej 34, 6760 Ribe, ✆ 79 88 79 88, www.ribe-byferie.dk.

Ermäßigungen Mit der Benefits for you App erhält man bis zu 20 % Rabatt u. a. im Ribe VikingeCenter, im Kunstmuseum, im Schwimmbad, im Wattenmeerzentrum, bei Mandø Bussen und bei verschiedenen Anbietern in Esbjerg. Aktivierungscode erhältlich bei Gastgebern der Wattenmeerküste. www.benefitsforyou.dk/de/.

Fahrradfahren Im Umland von Ribe sind Radfahrer auf zahlreichen ruhigen Nebenstraßen stressfrei unterwegs. Ribe ist Etappenort auf der **Vestkystruten 1.** Die **Panoramaroute 403** führt auf 28 km ans Wattenmeer und zum Ribe VikingeCenter. Karten-Download www. vestkystruten.dk/de/. Bis fast nach Esbjerg führt die **Sturmflutrute** (56 km) von Ribe, Vester Vedsted, Tjæreborg, Gredstedbro, Ribe. Karte zum Download: www.vadehavskysten.de/ribe-esbjerg-fano/verschiedenes/fahrrad.

Fahrradreparatur **Pedalexperten,** Fahrradladen und Werkstatt, Stampemøllevej 4, 6760 Ribe, ✆ 75 42 03 03, www.pedaleksperten.dk.

Golf **Ribe Golf Klub,** 8 km südöstlich von Ribe, verfügt über einen 18-Loch-Golfplatz in windgeschützter Lage und einen 6-Loch-Pay& Play-Kurs. Golfausrüstung kann gemietet werden. Greenfee 400 DKK/Tag. Sneepsgaaredevej 14, 6760 Ribe, ✆ 75 44 14 54, www.ribegolfklub.dk.

Lecker: dänisches Gebäck

Heiraten In Ribe können Trauungen im Rathaussaal (Det Gamle Rådhus) sowie im Freien oder anderswo durchgeführt werden. Infos im Standesamt Esbjerg Kommune, ✆ 76 16 89 00, www.heiratenribe.de.

Markt Mai–Sept. Mi 8–15 Uhr findet an der Skibbroen ein **Bauern- und Flohmarkt** statt. Kinder verkaufen ihre Flohmarktwaren auf dem Domplatz.

Parken Kostenlos, aber mit Parkscheibe. Auf den Parkplätzen in der Altstadt ist das Zeitlimit 2 Std. Auf dem **Parkplatz Zentrum** (Sct. Peders Gade) darf man 4 Std. parken. Langzeitparken: 48 Std. auf dem **Parkplatz Süd** (Tøndervej) für Pkws, Wohnmobile und Wohnwagen. 48 Std. auf dem **Parkplatz Nord** (Saltgade) für Pkws; Wohnmobile und Wohnwagen nur erlaubt 9.30–21 Uhr.

Schwimmbad Das Schwimmbad im **Ribe Fritidscenter** bietet eine Sportbahn, eine 42-m-Rutsche, Kinder- und Sprungbecken sowie Sauna. Mo–Fr 6–8, 14.30–17, Mo, Mi 19–21, Sa/So 12–16 Uhr. 45 DKK. Sportsvej 8, 6760 Ribe, ✆ 75 16 85 35, www.ribefritidscenter.dk.

Spielplatz Nordöstlich der Stadt wurde unter dem Namen „Riplay" Dänemarks größter Spielplatz eröffnet. Auf dem schön angelegten Areal am Sportsvej können Kinder jeden Alters klettern, rutschen, spielen, aber auch lernen. Es wird auch Wissen vermittelt, wie man Energie selbst erzeut, um z. B. Handys aufzuladen. Ganzjährig geöffnet, Eintritt frei.

Stadtführung Die einstündigen geführten **Stadtrundgänge** (dänisch und englisch) beinhalten die wichtigen Sehenswürdigkeiten inkl. Dom. Juli/Aug. Mo–Fr 14.30–15.30 Uhr, 100 DKK, ab Touristeninformation. Beliebt sind auch die kostenlosen **Nachtwächterführungen** (dänisch und engl., 45 Min., keine Anmeldung), Mai–Okt. tägl. 20 Uhr, 15. Juni–Aug. auch 22 Uhr ab Torvet. www.vadehavskysten.de.

Veranstaltungen Rund um den 1. Mai findet der große **Ribe Wikinger-Markt** im Ribe VikingeCenter statt. April–Sept. kann man jeden Dienstagabend klassische Automobile beim **Oldtimertreffen** bewundern (auf dem Hovedengen vor dem Danhostel). Beim **Tulipanfest** (Tulpenfest) im Mai gibt es einen Festwagenumzug, Rummelplatz und Krämermarkt. Der **Mittelaltermarkt** findet am zwei-

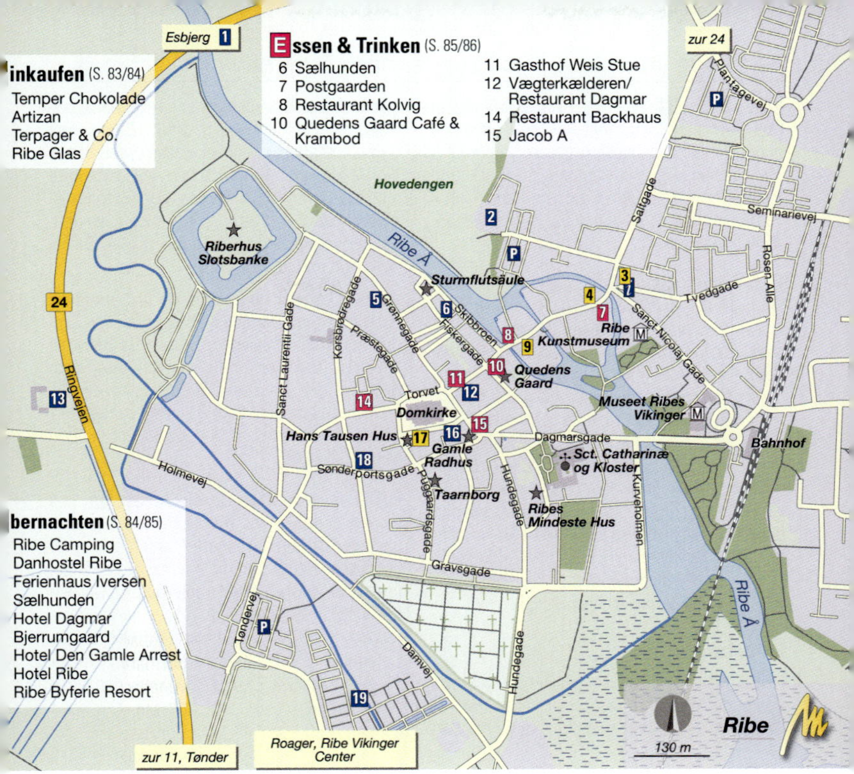

ten Wochenende im Juni statt. Am 23. Juni feiert Ribe das **St.-Hans-Fest,** ein Mittsommerfest mit Sonnwendfeuer und Musik (Skibbroen, Hovedengen). Am letzten Wochenende im Juli findet das **Ribe Jazz-Festival** auf den Straßen und in Kneipen statt. Ende Sept. gibt es einen **Kunst- und Handwerkermarkt** im Katharinenkloster, im Prozessionsgang des Doms und in der Halle des alten Rathauses. Am Freitag vor dem ersten Advent wird mit **Julemandsvækning** der Weihnachtsmann geweckt. Zu **Peters Jul i Ribe** gibt es am Torvet einen kleinen Weihnachtsmarkt (nur an Wochenenden geöffnet) und weitere weihnachtliche Veranstaltungen (bis 23.12.).

Wellness Im **Ribe Svømmebad** ist Entspannung angesagt mit Sauna, Solarium und diversen Anwendungen wie Schlammbehandlung, Peeling, indische Kopfmassage und Hot-Stone-Massage. Bei den „stillen Abenden" (Mo 19–21 Uhr) erklingt Musik im Wasser. Sportsvej 8, 6760 Ribe, ✆ 75 16 85 35, www.ribefritidscenter.dk.

Wohnmobile Auf dem **Parkplatz Süd** (Tøndervej) mit WC und Entsorgungsmöglichkeit dürfen Wohnmobile und Wohnwagen 48 Std. kostenlos parken. In der Saison ist hier viel los!

Auf dem **Ribe Camping** (Farupvej 2) gibt es Quick-Stop-Stellplätze, 2 Pers./Nacht von 20–10 Uhr ab 75 DKK, Ver- und Entsorgung kosten extra.

Einkaufen

MeinTipp **Temper Chokolade 3,** Rhabarber, Erdbeere, Holunderblüten – je nach Saison variiert der kanadische Chocolatier die Zutaten für seine handgemachten Pralinen und formt sie zu kleinen Kunstwerken aus. Zudem gibt es im Laden-Café feines Eis, das man zum handgebrühten Kaffee oder einfach so genießen kann. Für die heiße Schokolade kommen 40 g Valrhona-Schokolade in die heiße Biomilch, wer nicht probiert, ist selbst schuld. Mo–Fr 11–17.30, Sa 10–15 Uhr. Saltgade 2, 6760 Ribe, ✆ 42 30 56 58, www.temperchokolade.com.

Artizan 4, kleine Galerie für Kunsthandwerk von Keramik bis Schmuck, von Malerei bis Textil- und Flechtkunst. Mo–Fr 12–17, Sa/So 10–15 Uhr. Nederdammen 35, 6760 Ribe, ✆ 75 42 42 83, www.artizan.dk.

Ribe Glas 17, im Hans-Tausen-Haus am Domplatz staunt man bei Ribe Glas über die bunte Vielfalt an Objekten aus gefustem Glas wie Schalen, Figuren, Lampen, Schmuck und Bildern. April–Okt. Mo/Di, Do/Fr 11–16, Sa 10–15 Uhr. Torvet 17, 6760 Ribe, ✆ 51 34 28 55, www.ribeglas.dk.

Terpager & Co. 9, in diesem sehenswerten historischen Fachwerkhaus ist nun ein neues Familien-Team eingezogen. Frische, ökologische Zutaten aus eigenem Garten bilden die Basis für schmackhafte vegetarische Gerichte, die im Café serviert werden. Auf die selbst getöpferten Teller kommen Brot mit Hummus und Oliven sowie Käse aus der Ökomolkerei Thise oder hausgebackener Kuchen. Eingeschenkt werden Öko-Wein und -Kaffee. Im angegliederten, urigen Kaufmannsladen werden diese Produkte ebenso wie Kolonialwaren und Bio-Gewürze verkauft. Mi–Fr 11–17.30, Sa/So 10–15 Uhr. Mellemdammen 18, 6760 Ribe, ✆ 21 90 21 41, www.terpagerogco.dk.

Übernachten

Hotel Ribe 18, familiengeführtes Haus am Rande der Altstadt. Die Zimmer liegen unterm Dach, sind klein, aber gemütlich in einem Stilmix aus Alt und Neu eingerichtet. Teilweise verfügen sie über eigenes Bad/WC (Zimmer mit Gemeinschaftsbad sind günstiger), alle haben TV, WLAN und Wasserkocher. Im Restaurant mit begrüntem Hof werden dänische Hausmannskost und vegetarische Gerichte serviert. Sønderportsgade 22, 6760 Ribe, ✆ 75 42 04 66, www.hotelribe.dk. **€€**

Hotel Dagmar 12, altmodisch-charmantes Haus direkt am Domplatz. Die gediegenen Zimmer haben 3 verschiedene Standards, teilweise bekommt man für einen höheren Preis auch Blick auf den Dom. Alle Zimmer sind mit TV, WLAN und eigenem Bad/WC ausgestattet. Torvet 1, 6760 Ribe, ✆ 75 42 00 33, www.hoteldagmar.dk. **€€€**

mein Tipp **Hotel Den Gamle Arrest 16**, was für ein Erlebnis! Das historische Haus gegenüber der Domkirche diente 100 Jahre lang als Gefängnis. Heute sind die ehemaligen Zellen in praktische Gästezimmer umgewandelt worden (teilweise mit eigenem Bad/WC, diese etwas teurer). Schöner Altstadtblick. Im ehemaligen Gefängnishof blühen duftende Rosen. Torvet 11, 6760 Ribe, ✆ 75 42 37 00, www.dengamlearrest.dk. **€€**

Farbenfrohes gibt's bei Ribe Glas

Sælhunden 6, in dem historischen Haus am Flusshafen werden renovierte, gemütliche Zimmer mit eigenem Bad/WC und TV vermietet. Der Blick aus den Zimmern geht in die Fischergasse (günstiger) oder zum Fluss hin. Skibbroen 13, 6760 Ribe, ✆75 42 09 46, www.saelhunden.dk. €€

Ribe Byferie Resort 19, das Resort ist eine kleine Stadt in der Stadt: Nur ein paar Schritte von der historischen Altstadt entfernt, residiert man in hübschen, von Wasser umgebenen Reihenhäusern mit gut ausgestatteter Küche sowie Terrasse/Balkon und Parkplatz. Wer nur für ein paar Tage bleibt, ist in den schönen Hotel-Apartments mit Frühstück gut aufgehoben. Im Preis inbegriffen sind Internet, Strom, Wasser, Heizung und Endreinigung. Für den Eintritt ins Hallenbad Ribe und in den Sport- und Eventpark Esbjerg gibt es Ermäßigung. Das Resort selbst bietet eine kleine Sauna und Spa mit Anwendungen für Schönheits- und Fußpflege. Schöne Spielplätze sowie zahlreiche Aktivitäten für die ganze Familie. Ladestationen für E-Autos vorhanden. Damvej 34, 6760 Ribe, ✆79 88 79 88, www.ribe-byferie.dk. €€€

MeinTipp **Danhostel Ribe 2**, nahe der Altstadt gelegene Unterkunft mit schönen EZ, DZ und Familienzimmern mit Bad/WC und WLAN, aber ohne TV. Von einigen Zimmern im zweiten Stock hat man eine traumhafte Aussicht auf Stadt und Dom, sie kosten aber einiges mehr. Gemeinschaftsraum mit Sofas und TV, Snackautomaten, Kiosk, Gästeküche, Münzwaschmaschinen, kostenloser Parkplatz, Fahrradabstellraum. Sct. Peders Gade 16, 6760 Ribe, ✆75 42 06 20, www.danhostel-ribe.dk. Auf der Webseite findet man ausführliche Infos zu Sehenswürdigkeiten und Stadtgeschichte. €€

Ferienhaus Iversen 5, wunderschön renoviertes, historisches Stadthaus mitten in der Altstadt mit moderner Einrichtung, Küche, 2 DZ, Freisitz im Innenhof und komfortabler Ausstattung. Ab 2 Tagen buchbar, in der HS nur wochenweise. Grønnegade 27b, 6760 Ribe, ✆21 68 69 11. www.iversenribe.dk. €€€

Bjerrumgaard 13, gemütliches B&B in einem restaurierten Gutshof an der Primärroute 24 westlich der Stadt, 10 Min. Fußweg zum Domplatz. Die Zimmer sind modern und freundlich eingerichtet und verfügen über Bad/WC, TV, WLAN sowie Terrasse. Außerdem gibt es eine Gemeinschaftsküche und einen Grillplatz. Fahrräder können untergestellt werden, Parkplatz vorhanden. Greenfee-Rabatt im Ribe Golf Club. Bjerrumvej 2, 6760 Ribe, ✆22 41 38 18, www.bjerrumgaard.com. €€

Historische Tür am Hotel Dagmar

Ribe Camping 1, 2 km außerhalb und stets gut besucht. Ebenes Wiesengelände mit parzellierten Stellplätzen unterschiedlicher Kategorien. Das Highlight: ein Stellplatz auf der Drehscheibe, wo man sich per Fernbedienung den ganzen Tag die Sonne ins Vorzelt holen kann. Sehr gute Ausstattung, geräumige Sanitäranlage, Familienküche, Schwimmbad, Spiel- und Sportplätze. Vermietung von Hütten und „Glamping"-Zelten. Ganzjährig geöffnet, in der Saison und an Feiertagen unbedingt reservieren. Standard-Stellplatz mit 2 Pers. HS 275 DKK. Farupvej 2, 6760 Ribe, ✆70 89 88 81, www.ribecamping.dk.

Essen & Trinken

MeinTipp **Sælhunden 6**, in der urigen Gaststube wird nicht nur Seemannsgarn gesponnen, hier kann man richtig lecker essen. Neben Riesen-Steaks und Saisonalem gibt es traditionelle Gerichte aus Westjütland, wie „Gamle Ole" (Stinkekäse mit Zwiebeln, 89 DKK), oder Bakskuld (geräucherte Kliesche mit Roggenbrot und Butter, 199 DKK). 2 Pers. werden satt mit der „Seehund-Planke", einer Auswahl lokaler

Die Wattküste → Karte S. 26

Schmankerln aus Fleisch, Fisch und Käse. Hauptgerichte abends ab 260 DKK. Tägl. 11–22 Uhr. Skibbroen 13, 6760 Ribe, ✆ 75 42 09 46, www.saelhunden.dk.

Restaurant Backhaus 14, Deftiges wie Eierkuchen mit Speck (95 DKK) kommt hier in ordentlichen Portionen auf den Tisch. Groß ist die Auswahl an Fisch- und Fleischgerichten zu akzeptablen Preisen, es gibt auch Kinderteller. Mo–So 11–21 Uhr. Grydergade 12, 6760 Ribe, ✆ 75 42 11 01, www.backhaus-ribe.dk.

meinTipp **Gasthof Weis Stue 11**, rustikal ist das Ambiente in der Schankstube des historischen Krugs von etwa 1600. In einem der Tische steckt noch eine Bleikugel, die vor etwa 200 Jahren abgeschossen wurde. Wer weiß, welcher Streit unter den Honoratioren hier ausgetragen wurde, die sich hier regelmäßig zum Kartenspiel trafen. Auf der stets gut besuchten Außenterrasse hat man den Dom im Blick. Wer bodenständige dänische Küche mag, ist hier richtig: Natürlich gibt es Scholle und Hering, aber auch Kartoffelsuppe, gebratene Kalbsleber, Schnitzel und Rinderfilet in großen Portionen (Hauptgerichte abends ab 185 DKK). Mo–So 11.30–22 Uhr. Torvet 2, 6760 Ribe, ✆ 75 42 07 00, www.weis-stue.dk.

Vægterkælderen und Restaurant Dagmar 12, die beiden Restaurants des Hotels Dagmar setzen unterschiedliche Schwerpunkte. Der zünftige Wächterkeller bietet zum frisch gezapften Bier Deftiges wie Stjerneskud und Æggekage (Hauptgerichte ab 169 DKK). Mo–Sa 12–21 Uhr. Im gediegenen Restaurant Dagmar werden abends aus hochwertigen Zutaten gezauberte Gerichte serviert wie Ravioli mit Jomfruhummer (Kaisergranat) oder Rinderfilet mit Trüffelsoße (3 Gänge 695 DDK). Sehr gut sortierte Weinkarte. Mo–Sa 18–21 Uhr. Torvet 1, 6760 Ribe, ✆ 75 42 00 33, www.hoteldagmar.dk.

Restaurant Kolvig 8, elegante Inneneinrichtung, außen mit schönem Blick auf den Fluss Ribe Å. Hier kann man sterneverdächtig gut speisen (auch als Vegetarier). Den Schwerpunkt bilden Speisen aus der dänischen und nordischen Küche mit einem Hauch französischer Raffinesse. Die Köche beweisen, dass Kalbsbrustfilet mit Meeresfrüchten und eingelegtem Topinambur oder Creme Brûlée mit Lakritz geschmacklich kein Widerspruch sein müssen. Mittagsgerichte ab 175 DKK, Menü abends mit 3 Gängen 499 DKK. Di–Do 11.30–20.30, Fr/Sa 11.30–21 Uhr. Mellemdammen 13, 6760 Ribe, ✆ 41 82 37 27, www.kolvig.dk.

Einladender Innenhof im Postgaarden

Mein Tipp **Quedens Gaard Café & Krambod 10**, im gemütlichen Café des historischen Gebäudes von 1582 mit schönem Innenhof beginnt der Tag mit richtig sattem Brunch (159 DKK). Tagsüber holt man sich an der Theke Burger mit Grillkartoffeln (159 DKK), Nachos, Salate (99 DKK) und vegane Köstlichkeiten – alles hübsch angerichtet. Im Kramladen gibt's Süßes und allerlei Dekoratives. Tägl. 9.30–18 Uhr. Overdammen 10, 6760 Ribe, ✆ 75 41 10 50, www.quedensgaard.dk.

Postgaarden 7, im windgeschützten Innenhof verweilt man gern beim Fischteller mit Lachs und Hering (175 DKK) oder bei Smørrebrød (95 DKK) mit einem frischen Bier; eine schwierige Wahl bei den 10 Sorten vom Fass. Umso besser, wenn dazu noch Livemusik spielt. Im kleinen Laden findet man Spezialbiere, Wein, Tee, Kaffee, Marmeladen. Mo–Fr 10–17.30, Sa 10–16 Uhr. Nederdammen 36, 6760 Ribe, ✆ 75 41 01 12, www.postgaarden-ribe.dk.

Jacob A 15, in dem rustikalen Restaurant oder auf der Terrasse am Dom gibt es saftige Steaks, Burger (auch vegetarisch), Rippchen, Nachos und Fisch (Hauptgerichte ab 169 DKK). Dazu munden Bier vom Fass oder ein Fläschchen aus dem gut sortierten Weinkeller. Tägl. 11–21 Uhr. Torvet 7, 6760 Ribe, ✆ 75 42 03 33, www.jacob-a.com.

GPS-Tour 4: Watt und Wikinger – Radtour rund um Ribe → S. 386
Leichte Radtour auf ebenen, asphaltierten Wegen mit mehreren Sehenswürdigkeiten.

Die Wattküste → Karte S. 26

Gram

Wer über die Primärroute 24 von Aabenraa an die Nordseeküste reist, erreicht gut 20 km östlich von Ribe den 2500-Einwohner-Ort Gram. Es lohnt sich, beim **Schloss Gram** eine kleine Pause einzulegen und sich im jederzeit zugänglichen Schlosspark ein wenig die Füße zu vertreten. Ab 1470 bis ins 17. Jh. wurde an der herrschaftlichen Dreiflügelanlage gebaut. So vereint das Backsteinschloss Stilelemente aus Mittelalter, Renaissance und Barock. 1664 kaufte Feldmarschall Hans Schack, dem schon die Schackenborg in Møgeltønder gehörte, das Schloss Gram hinzu. Die Lage im Flusstal der Gram Å war prädestiniert dafür, den Warentransport von Haderslev nach Ribe zu kontrollieren und so wuchsen Schloss und Gut zu beachtlicher Größe. Heute werden die 60 Säle und Zimmer des Schlosses für Veranstaltungen, Hochzeiten und Tagungen vermietet. Aber die Legende von der „zornigen Gräfin" Anna Sophie Schack, die auf den knarrenden Dachböden und in den schaurigen Kellergängen herumspuken soll, weil sie wegen des Mordes an ihrem Dienstmädchen keine Ruhe findet, hat sich erhalten. Gäste können sich ihr beim „Ghostwalk" zumindest in der Erzählung nähern. Die Erhaltung von Schloss und Gut liegt seit 2007 in den Händen von Svend und Sanne Brodersen. Der Gutshof mit Feldern und Milchkühen wird in ökologischer Landwirtschaft geführt und vermarktet seine Produkte sowie schönes Kunsthandwerk im eigenen Café und Hofladen. Der restaurierte Weinkeller ist mit Bioweinen aus aller Welt gefüllt.

■ Hofladen Mo–Sa 8–16, So 8–12 Uhr. Eventkalender und Termine für die beliebten Sommer- und Weihnachtsmärkte auf der Webseite. Tageskarte für Angler 200 DKK. Slotsvej 54, 6510 Gram, ✆ 74 82 00 40, www.gramslot.dk.

Praktische Infos

Wohnmobile Am **Gutshof Gram** sind 50 Stellplätze für Wohnmobile ausgewiesen.

Stellplatz mit Wasser und Strom 165 DKK/Tag. Slotsvej 54, 6510 Gram, ✆ 74 82 00 40, www.gramslot.dk.

Übernachten **Gutshof Schloss Gram,** für Kurzaufenthalte empfehlen sich die geräumigen, modern eingerichteten Gästezimmer mit Bad/WC und Blick auf Park und Schloss. Für ganz besondere Anlässe werden im Gramgård großzügige, aber richtig teure Ferienapartments mit modernen und antiken Möbeln sowie eigenem Whirlpool vermietet. Slotsvej 54, 6510 Gram, ✆ 74 82 00 40, www.gramslot.dk. **€€€**

Essen & Trinken **Café-Restaurant im Gut Gram,** in einem Flügel des Gutshofs wurde neben dem Hofladen ein rustikales Café-Restaurant eingerichtet. Während der Öffnungszeiten des Hofladens gibt es jederzeit Kaffee und selbst gebackenen Kuchen. Das Restaurant serviert Exquisites aus eigenem ökologischen Anbau (Hauptgerichte 200 DKK). Hofcafé Mo–Sa 8–16 Uhr; Restaurant Mi–Fr 17–21, Sa 12–15 und 17–21, So 12–15 Uhr. Ein Erlebnis für Süßmäuler ist die große südjütländische Kaffeetafel (→ Kasten) jeden ersten So im Monat um 14 Uhr im Schloss, Juli–Mitte Aug. in der Holstein-Scheune (249 DKK, Anmeldung erforderlich). Slotsvej 54, 6510 Gram, ✆ 74 82 00 40, www.gramslot.dk.

Gram Slotskro, von der Terrasse des 300 Jahre alten Schlosskrugs genießt man neben dem herrlichen Blick auf Schloss und Schlossteich gute dänische Hausmannskost. Frokost Fr/Sa 13–15, Kaffee Di–Sa 15–16, abends tägl. 17.30–22 Uhr. Slotsvej 52, 6510 Gram, ✆ 74 82 16 14, www.gramslotskro.dk.

Kuchenschlacht als Freiheitskampf: Südjütländische Kaffeetafel

Sieben knusprige, sieben trockene, sieben sahnige – so lautet die Küchenorder für die traditionelle südjütländische Kaffeetafel (Sønderjysk Kaffeebord). Heute wird das Kuchenfest meist an Feiertagen zelebriert und es ist der Stolz jeder Hausfrau, die Kekse, Kuchen und Torten aufzubieten. Entstanden ist die Tradition während des dänischen Freiheitskampfes in Südjütland Ende des 19. Jh. Unter der neuen deutschen Herrschaft waren Versammlungen dänisch gesinnter Südjütländer mit Alkoholausschank und dem Singen von Freiheitsliedern verboten. Kurzerhand luden sich die Nachbarn gegenseitig zur Kaffeetafel ein, jeder brachte Selbstgebackenes mit und man schenkte Kaffee statt Alkohol aus. Gesungen wurde trotzdem.

Die Tradition der reichhaltigen Kaffeetafel hat sich bis heute erhalten. Der deutsche Schriftsteller Siegfried Lenz verewigte seine Erfahrungen mit den süßen Ungetümen, die in einem Meer von starkem Kaffee ertränkt werden wollten, in seiner Erzählung „Jütländische Kaffeetafeln" (Hoffmann und Campe, 2008). Seine Hoffnung, sich zumindest einen Gang ersparen zu können, blieb vergebens. Wie er sich nach gebutterten Boller (süße Brötchen) und Wienerbrød (Blätterteig-Teilchen) auch noch durch mehrlagige Sahnetorten essen musste, beschreibt er darin höchst amüsant und lesenswert.

■ Jütländische Kaffeetafeln werden zu bestimmten Terminen veranstaltet (Anmeldung nötig), u. a. in Gram Slot, Hotel Kommandørgården Rømø, auf dem Bauerhof Hohenwarte, Siltoftvej 2, 6280 Højer, www.hohenwarte.dk und im Café von Fjandt Gårdbutik & Café am Nissum Fjord, www.fjand-gaardbutik.dk.

Künstlerisches Wahrzeichen Esbjergs: „Mennesket ved Havet“

Die Wattküste → Karte S. 26

Esbjerg

Sie ist eine spröde Schöne, die Hafenstadt Esbjerg am nördlichsten Ende des Nationalparks Wattenmeer. Hochhausgroße Frachtschiffe und historische Dreimaster, Backsteingotik und Utzon-Architektur, Trödelmarkt und Shoppingmall, Schwanensee und Fischauktion – Esbjerg bietet dem Besucher spannende Kontraste.

Vor über 150 Jahren begann die junge Geschichte Esbjergs mit dem Bau eines Hafenbeckens für die Verschiffung von Rindern und Schweinen. Es gab drei Häuser und 23 Einwohner. Heute erstreckt sich Dänemarks erster und wichtigster Offshore-Hafen mit einem Gewirr von Straßen, Kaianlagen und Hafenbecken entlang der Küste – Tendenz wachsend. Dahinter hat sich großflächig eine Stadt mit 72.000 Einwohnern und besten Verkehrswegen entwickelt, die vor allem als Kultur- und Einkaufsstadt von sich reden macht. Weiche Standortvorteile nennt man diese Art von Infrastruktur, die man vorhalten muss, um den Bedürfnissen von Berufstätigen und ihren Familien gerecht zu werden. Im Vergleich zu manch anderer Hafenstadt sieht Esbjerg geordnet und aufgeräumt aus. Vom Milliardengeschäft der Offshore-Konzerne mit Öl, Gas und neuerdings Windenergie prosperiert auch die Stadt. Hinter der City breiten sich gepflegte Eigenheimsiedlungen mit viel Grün aus. Schulen, Kindergärten und vielfältige Freizeiteinrichtungen sorgen für ein angenehmes Umfeld.

Auch wenn die Merkmale der Hochtechnologie in der Hafenstadt zunächst den Blick auf das Meer verstellen, so ist die unbändige Natur nur einen Möwenflügelschlag entfernt. Zum offenen Meer hin wird Esbjerg durch die Insel Fanø und die Halbinsel Skallingen abgeschirmt. Dazwischen verläuft das Grådybet, eine tiefe natürliche Fahrrinne, die die Hochseeschifffahrt erst möglich macht. Nördlich der Stadt erstrecken sich in der Ho Bugt ein kilometerlanger Sandstrand und das Naturschutzgebiet Marbæk. Beide sind als Naherholungsgebiete bestens erschlossen. Sie gehören zum Wattenmeer und zeigen bei Ebbe weitläufige Schlickflächen. Südöstlich der Stadt ist die Küste durch Eindeichung, Salzwiesen und Marsch geprägt. Auch wenn die Eingriffe des Menschen in den Naturraum unleugbar sind, er ist noch intakt. Auf den Sandbänken sonnen sich Seehunde und Kegelrobben, als ob sie nur darauf warten, vor den Kameras der Touristen zu posieren. Ein paar „professionelle" Kollegen tummeln sich derweil in den Schaubecken des sehenswerten Fiskeri- og Søfartsmuseet. Unweit des Museums am Strand ragt Esbjergs künstlerisches Wahrzeichen 9 m hoch in den Himmel: die Monumentalskulptur „Mennesket ved Havet" („Der Mensch am Meer").

Stadtzentrum

1870 wurde die Stadt nach einem Netzplan zwischen Hafen und Bahnhof angelegt, dadurch ergab sich der schachbrettartige Grundriss Esbjergs mit geraden Straßen und rechteckigen Häuserblocks. Deshalb wird die Stadt auch Dänemarks Chicago genannt. Der heutige Mittelpunkt des Stadtzentrums, der Torvet (Marktplatz) mit dem Reiterstandbild von König Christian IX, lag damals noch am Stadtrand. Die Handschrift der Gründerarchitekten mit italienischer und dänischer Backsteingotik tragen hier viele Häuser, so das Bankgebäude (Torvet 18) von 1896 oder das einstige Postamt (Torvet 20). Im ehemaligen Rathaus und Arrestgebäude (1892) befindet sich heute das Trauzimmer des Standesamts. Ebenfalls ein wohl restauriertes Bauzeugnis der Jahrhundertwende ist das Haus Torvet 19 (heute: „Dronning Louise"), das schon zur Entstehungszeit 1890 Gastronomie beherbergte. Südlich des Torvet spannt sich die Kongensgade: Die lange Fußgängerzone lockt mit einer Vielfalt von Mode- und weiteren Fachgeschäften. Am östlichen Ende liegen der schmucke, mit zwei Türmen am Portal gestaltete Bahnhof und das neue Shoppingcenter Broen. Als erste Kirche der Stadt wurde 1887 die neoromanische **Vor Frelser Kirke** (Erlöserkirche, Kirkegade 24; Di–Fr 9–15, So 10–11.30 Uhr) erbaut. Innen sind Fresken von Ole Søndergaard zu sehen, in denen sich viele seiner Zeitgenossen wiederfanden. Hinter der Kirche schließt sich der kleine Møllerpark an. Wenn man die Kirkegade noch ein Stück nördlich weitergeht, trifft man links auf den weißen Kubus der katholischen Sankt Nikolaj-Kirke. Sie wurde von dem dänischen Architekten Johan Otto von Spreckelsen entworfen, der durch „La Grande Arche" in Paris weltberühmt wurde. Schräg gegenüber im alten E-Werk, einem schönen Backsteinbau von 1907, studieren junge Musikerinnen und Musiker des Süddänischen Musikkonservatoriums. In der ehemaligen Turbinenhalle, mit Jahrhundertwende-Stuck im Kontrast zur modernen Wandgestaltung finden regelmäßig Konzerte statt.

Die Kulturmeile Esbjergs ist zwischen Stadtzentrum und Hafen zu finden: In dem von Jørn Utzorn entworfenen Musikhuset Esbjerg und im Esbjerg Kunstmuseum kann man hochkarätige Musik- und Kunstveranstaltungen erleben.

Den besten Überblick über Stadt und Hafen ermöglicht der **Esbjerg Vandtårn** im Stadtpark. Baumeister des alten Wasserturms war C. H. Clausen, der für

Historischer Wasserturm und moderne Kunst

Die Wattküste → Karte S. 26

sein 1896/97 mit vier Ecktürmchen gestaltetes Bauwerk das mittelalterliche Nassauer Haus in Nürnberg zum Vorbild nahm (Mai/Juni Sa/So 10–16, Juli–Mitte Aug. Di–So 10–16, Mitte Aug.–Okt. Sa/So 10–16 Uhr, Aufstieg und Ausstellung 20 DKK, Kinder unter 18 J. frei). Ein paar Schritte die Havnegade entlang erreicht man den Landgang, eine geschwungene Fußgängerbrücke aus Beton und Cortenstahl. Sie führt hinunter zum alten dreieckigen Dockhafen, in den 1873 das erste Schiff einlief.

Esbjerg Hafen

Als zum 150. Hafenjubiläum im Jahr 2018 majestätische historische Segelschiffe im Hafen von Esbjerg festmachten, mag so manchen alten Seemann ein nostalgisches Gefühl überkommen haben. Vieles hat Esbjerg Havn seit seiner Eröffnung erlebt. Nach dem Verlust der Herzogtümer Schleswig und Holstein im Zuge des Deutsch-Dänischen Krieges brauchte das Königreich Dänemark dringend einen neuen Nordseehafen. Der dänische Reichstag beschloss 1868 den Bau eines Hafens in Esbjerg, einem damals unbedeutenden Dorf. 1878 war der Hafen mit einer Kailänge von 250 m fertiggestellt. Nun legten hier die Handelsschiffe ab, die lebende Rinder und Schweine verschifften. Ab 1890 legten auch Fischerboote in dem sicheren, dreieckigen Dockhafen an und begründeten ein bis 1970 boomendes Gewerbe. Ende des Zweiten Weltkriegs litt Esbjerg unter der deutschen Besatzung. Ab 1943 besetzten die NS-Truppen den strategisch wichtigen Nordseehafen und sicherten seine Zufahrt mit gewaltigen Bunkern und Geschützstellungen auf Fanø und Blåvand sowie mit Radarstellungen auf Rømø. Ende der 1960er-Jahre begann mit dem Energieboom der erneute Aufschwung für Esbjerg Havn. Als Dänemark Öl und Gas in der Nordsee fand, wurden hier Support-Stationen für die

Offshore-Plattformen eingerichtet. Inzwischen ist auch die Windkraft hinzugekommen. Die Hafenfläche misst inzwischen rund 450 ha, an den mehr als 14 km langen Kaianlagen liegen die Transportschiffe großer Reedereien wie Maersk und Blue Shipping. Sie transportieren Material zu den Bohrinseln, 4,5 Millionen Tonnen Frachtgut laufen jährlich durch den Hafen. Eine ganze Flotte an Servicebooten bringt Personal zu seinen Arbeitsplätzen auf See. An weiteren Kais ragen Gestelle in die Höhe. Hier lassen Konzerne wie Vesta die Komponenten der Offshore-Windkraftanlagen zusammenbauen. Was für ein Anblick, wenn diese hinaus auf das Meer verbracht werden! Der 250 m hohe Schornstein von Esbjergs einstigem Kohlekraftwerk südlich des Hafengeländes ist wohl Geschichte. Völlig klimaneutral wird seit Kurzem die Fernwärme von einer der weltweit größten Wärmepumpenanlagen erzeugt.

Wer Esbjergs Hafen in seiner ganzen Ausdehnung erfassen will, dem sei eine Fahrt mit Fanølinjen empfohlen. Die Fähren pendeln ca. alle 20 Minuten vom Fährterminal als einzige Verbindung zur Insel Fanø. Da die Überfahrt mit dem Auto sehr teuer ist, empfiehlt sich ein preisgünstiges Passagierticket (→ Fanø S. 47). Die Fischerei in Esbjerg ist nahezu zum Erliegen gekommen. Alle Freizeitskipper können den neuen, am nördlichen Ende des Hafens neu angelegten Jachthafen (Lystbådehavn) mit 198 Liegeplätzen ansteuern (Esbjerg Strand). Dort liegt auch **„Fyrskib Horns Rev"**, das 1912 gebaute, weltgrößte noch erhaltene Motorfeuerschiff aus Holz. Es tat bis 1980 seinen Dienst vor Blåvandshuk und kann – nach Anmeldung – besichtigt werden (Mai–Sept. Mo/Di, Do 9–12 Uhr, 25 DKK, ✆ 40 61 86 09). In den alten Fischhallen werden im Sommer Fischauktionen für Touristen abgehalten (Anfang Juli–Anfang Aug. Mi 11 Uhr, www.vadehavskysten.de). Lehrreich ist eine Fahrt mit dem Museumsfischkutter „E1 Claus Sørensen". Er nimmt Touristen mit hinaus ins Grådyb und in die Ho Bugt. Dabei erfährt man, wie und was man mit dem Baumwollschleppnetz fischt (Treffpunkt Esbjerg Strand, Onlinebuchung bei Fischereimuseum, www.fimus.dk).

▪ Infos: www.vadehavskysten.de, www.portesbjerg.dk (engl.).

Esbjergs Hafen wurde vor über 150 Jahren gegründet

Das Kolonnaden-Foyer trägt die Handschrift von Jørn Utzon

Die Wattküste → Karte S. 26

Sehenswertes

Musikhuset Esbjerg: Der dänische Architekt Jørn Utzon, berühmt durch das Opernhaus in Sydney, und sein Sohn Jan Utzon schufen das 1997 eingeweihte Musikhaus Esbjerg. Im Stadtpark gelegen und mit bestem Ausblick über Hafen und Meer sorgt das Musikhuset gemeinsam mit dem angrenzenden Kunstmuseum für den künstlerischen Rahmen in der Stadt. Das gemeinsame Entree beider Kulturhäuser bildet ein lichtes Kolonnaden-Foyer, für das die Utzons sich von Pilzen inspirieren ließen. Im Kontrast dazu steht der wuchtige Konzerthallenbau. Der Architekt verkleidete den Bau mit den gleichen Kacheln, die auch beim Opernhaus in Sydney verbaut wurden: 12 x 12 cm große, weiß glasierte Fliesen, die die Farben und Stimmungen des Himmels reflektieren. Im großen Konzertsaal mit absenkbarer Decke finden 1100 Besucher Platz, der angeschlossene Theatersaal fasst 460 Plätze. Im Musikhuset wird ganzjährig ein abwechslungsreiches Programm geboten – Konzerte, Opern, Theater, Ballett, Musical, Comedy, Shows sowie Kongresse und Vorträge. Das Haus ist auch Spielstätte von Den Ny Opera, einem von Mitgliedern des Musikkonservatoriums gegründeten Esbjerger Ensemble, das gemeinsam mit Sønderjyllands Symfonieorkester und anderen Musikern jährlich zwei bis drei Musiktheater-Produktionen erarbeitet.

▪ Tickets: ✆ 76 10 90 10, Mo, Mi/Do 10–16, Di, Fr 10–15 Uhr. Havnegade 18, 6700 Esbjerg, www.mhe.dk.

Esbjerg Kunstmuseum: Ganz neue Zugänge zur Modernen Kunst ermöglicht das Kunstmuseum Esbjerg. Kunst nicht nur sehen, sondern damit experimentieren oder auch mal erschnuppern – Anregungen für neue Zugangsweisen gibt es hier viele. Das Kunstmuseum beherbergt eine der bedeutendsten dänischen Sammlungen moderner Kunst mit Malerei, Grafik und Skulptur von ca. 1920 bis heute mit Werken der wichtigsten dänischen Künstler des 20. Jh. 1997 kam internationale Kunst hinzu. Zu den bekanntesten Künstlern gehören Olafur Eliasson, Robert Jacobsen und Joan Miró. Die nicht ausgestellten Gemälde der Sammlung sind in offenen Magazinen zum Herausziehen zugänglich.

▪ Di–So 10–16, Juli/Aug. tägl. 10–16 Uhr. 80 DKK, Kinder unter 18 J. frei. Havnegade 20, 6700 Esbjerg, ✆ 75 13 02 11, www.eskum.dk.

„Mennesket ved Havet": Ohne ein Familienfoto oder Selfie mit diesem Wahrzeichen sind Sie nicht in Esbjerg gewesen! Die 9 m hohe, blendend weiße Figurengruppe „Der Mensch am Meer" von Svend Wiig Hansen ist die Attraktion am nördlichen Ende des Hafenareals, der Grenze zwischen Bebauung und natürlicher, offener Weite. Die Monumentalskulptur besteht aus vier sitzenden Muskelprotzen, die relativ teilnahmslos aufs Wattenmeer hinausgucken. Ihre aufgepumpten Oberkörper erinnern an geschwellte Segel, heißt es. Der reine, unverdorbene Mensch in der Begegnung mit der Natur, bevor er sich die Hände schmutzig machte – das war des Künstlers Botschaft, der „Mennesket ved Havet" 1994 zum 100-jährigen Hafenjubiläum schuf. Egal, man muss gar nichts hineininterpretieren. Einfach nur toll finden reicht.

▪ Sædding Strandvej 1, 6710 Esbjerg, ca. 4 km außerhalb der Stadt, nahe dem Fischerei- und Seefahrtsmuseum. Parkplatz vorhanden.

Fiskeri- og Søfartsmuseet: Die Menschen im Wattenmeergebiet leben vom Meer und mit dem Meer. Die Fischerei war von etwa 1900 bis 1970 Esbjergs größter Wirtschaftszweig. Das Museum zeigt von Booten bis Bojen alles, was zur Seefahrt nötig ist, stellt mit der Seefahrt verbundenes Handwerk vor und erzählt vom Leben echter Esbjerger Nordseefischer. In der Ausstellung „Die Mysterien des Ozeans" erklärt das Museum, was hinter den Legenden von Meerjungfrauen, Heringskönigen und Seeschlangen steht. Die eigentlichen Stars im Fischerei- und Seefahrtsmuseum Esbjerg sind die Seehunde, die man bei der Fütterung und durch Glasscheiben im Salzwasserbecken beobachten kann. Im 100.000-Liter-Becken des Ozeanariums sind unter anderem Rochen, Katzenhaie, Heilbutt und Meeraale zu sehen. Einige Fische kann man im Streichelbecken sogar berühren. Skelette von Walen erinnern an die Walfangepoche. Im Wattenmeerpavillon leben Vögel wie Eiderenten, Brandgänse und Säbelschnäbler. Um die Besucher ganz nah an die schützenswerte Natur des Wattenmeers heranzuführen, veranstaltet das Museum Führungen zu unterschiedlichen Themen, Bootstouren und Vorträge. Für die nahe Zukunft sind ein neues Museumskonzept und ein neuer Name für das Museum in Planung, um der Rolle als gesamtdänisches Meeresmuseum gerecht zu werden.

▪ Juli/Aug. sowie in den Ferien tägl. 10–18 Uhr, sonst tägl. 10–17 Uhr. Robbenfütterung tägl. 11 und 14.30 Uhr. 175 DKK, Kinder bis 18 J. frei. Tarphagevej 2, 6710 Esbjerg, ✆ 76 12 20 00, www.fimus.dk.

Esbjerg Museum: Im Stadtmuseum wandelt man in einer originalgetreu aufgebauten Straßenzeile durchs Esbjerg der Jahre 1900 bis 1950. Den Arbeitern oder Handwerkern in ärmlichen Wohnungen und Werkstätten stehen die noble Wohnung eines Fabrikdirektors und der Luxus eines Juwelierladens gegenüber. Anhand originaler Ausstellungsstücke wird in diesen Inszenierungen das Leben von einst anschaulich. Eine weitere Präsentation befasst sich mit der Zeit der deutschen Besatzung und dem Widerstand.

▪ Mi–So 12–16 Uhr. 65 DKK, Kinder bis 18 J. frei. Torvegade 45, 6700 Esbjerg, ✆ 76 16 39 40, www.esbjergmuseum.dk.

Praktische Infos

→ Karte S. 97

Allgemeine Infos

Information In der **Besucherinformation** in der Stadbibliothek bekommt man an Infoterminals und in Prospekten, Karten und Flyern alle wichtigen Informationen. Selbstbedienung Mo–Do 8–22, Fr–So 10–18 Uhr. Nørregade 19,

6700 Esbjerg, Info-Telefon ✆ 75 42 15 00, www.vadehavskysten.de.

Verbindungen **Bahn:** Ab/bis Esbjerg Hauptbahnhof fahren regelmäßig IC und Regionalzüge z. B. nach Kolding, Ribe, Varde. www.rejseplanen.dk.

Bus: Mit dem Stadtbus (Esbjerg Bybus) erreicht man alle Stadtteile sowie Ziele in der Kommune wie Hjerting, Ribe, Vester Nebel, Varde. Zum Fiskeri- og Søfartsmuseum und zur Mennesket-Statue verkehren die Linien 1A und 2A. Busfahrpläne erhält man in der Touristeninformation. Regelmäßig fahren Regionalbusse von Sydtrafik z. B. nach Billund (Legoland und Flughafen). Busterminal am Hauptbahnhof. www.sydtrafik.dk.

Fähre: Mit Fanølinjen geht es vom Fähranleger in Esbjerg Hafen meist im 20-Min.-Takt auf die Insel Fanø (→ S. 47). Dokvej 5, 6700 Esbjerg, ✆ 70 25 10 25, www.fanoelinjen.de.

Flugzeug: Direktflüge vom Esbjerg Lufthavn nach Aberdeen (GB) und Stavanger (N). John-Tranums-Vej 20, 6705 Esbjerg, www. esbjergairport.dk.

Einkaufen **Havnens Fiskehus** 6, direkt am Fischereihafen. Hier kaufen auch die Einheimischen frischen Fisch und Schalentiere. Mo 9–17, Di-Sa 9–17 Uhr. Fiskerihavnsgade 13a, 6700 Esbjerg, ✆ 75 12 16 23.

Vesterhavsfisk Gårdbutik 7, im Laden des Fischhandels am Hafen werden fangfrische Fische und eine große Vielfalt geräucherter Fischspezialitäten angeboten. Mo–Fr 9–17, Sa 9–13 Uhr. Fiskerihavnsgade 11, 6700 Esbjerg, ✆ 40 10 90 63.

BROEN Shoppingcenter 21, direkt am Bahnhof und am Ende der Fußgängerzone. Schöne Einkaufspassage mit 60 Geschäften (u. a. Mode, Elektronik, Sport, Einrichtung), Restaurants und 700 Parkplätzen. Es finden regelmäßig Events statt. Mo–Fr 10–19, Sa/So 10–17 Uhr. Exnersgade 20, 6700 Esbjerg, www.broenshopping.dk.

Slik for Voksne 9, „Süßes für Erwachsene" könnte man den Namen dieses Spezialitätenladens übersetzen. Breite Auswahl an internationalen (auch dänischen) Weinen, allerlei Hochprozentiges von Gin bis Rum, Kaffee und Süßigkeiten wie Weingummis, handgemachte Bonbons und Lakritze. Mo–Do 10–17.30, Fr 10–18, Sa 10–15 Uhr. Kongensgade 100, 6700 Esbjerg, ✆ 75 45 10 99, www.slikforvoksne.dk.

Heißhunger auf Hotdogs

Fahrradfahren Esbjerg ist Radfahrerstadt, viele Straßen werden von Fahrradwegen begleitet. Die schöne **Ho-Bugt-Rute** (26 km) kann man von der Mennesket-Statue über Guldager, ins Marbæk und zurück über Hjerting fahren. In der Kommune Esbjerg gibt es mehrere **Mountainbikestrecken,** z. B. in Marbæk (3 km), Guldager (2,9 km), Tjæreborg (7 km) und Bramming (6,2 km). www.esbjergkommune.dk/påcykel.

Fahrradverleih Die Ferienhausvermietung **PJ Ferie** verleiht Fahrräder, Mo–Fr 12–17 Uhr, Juli/Aug. auch Sa 12–17 Uhr, 75 DKK/Tag. Hjertingvej 21, 6700 Esbjerg, ✆ 75 45 62 33, www.pjbolig.dk.

Sport- & Eventpark, verleiht Mountainbikes, 210 DKK/Tag. Gl. Vardevej 60, 6700 Esbjerg, ✆ 75 45 94 99, www.sepe.dk.

Ferienhausvermietung Ferienwohnungen und -häuser in Esbjerg und Umgebung (bis Henne und Vejers) vermittelt **PJ Boligudlejning** 4, Hjertingvej 21, 6700 Esbjerg, ✆ 75 45 62 33, www.pjbolig.dk.

Golf Der **Esbjerg Golfklub** liegt landschaftlich schön im Naturpark Marbæk. Bei internationalen Turnieren ist der 18-Loch-Marbæk-Platz im Einsatz, auch der Myrtue-Platz bietet 18 Löcher. Außerdem gibt es noch einen 6-Loch-Platz für Kinder. Sønderhedevej 11, 6710 Esbjerg V, ✆ 75 26 92 19, www.esbjerggolfklub.dk.

Markt Frische Lebensmittel, Gemüse, Früchte und Blumen jeden Mittwoch und Samstag vormittags am **Torvet** (Marktplatz). Von Mitte Juni–Mitte Sept. gibt es montags einen Flohmarkt am Torvet.

Parken In Esbjerg sind die ersten 2 Stunden Parken kostenlos, aber eine Parkscheibe ist vorgeschrieben. Danach muss man für weitere Zeit bezahlen. Auf den (meist vollen) Parkplätzen am Dokvej bei Fanølinjen darf man 24 Std. parken. Unbegrenzte Parkdauer gibt's auf dem **Parkplatz Adgangsvejen 17** (mein Tipp für Radfahrer, die die Fähre nach Fanø nutzen). Auf dem **Parkplatz Nørregade** in der Nähe des Bahnhofs darf man 7 Tage parken.

Schwimmbad Das **Svømmestadion Danmark** in Esbjerg ist Dänemarks größte Bade- und Schwimmanlage. Die tropische Badelandschaft u. a. mit Kinder-Planschbecken, 54-m-Rutsche, Wellenbad, Sprungturm, Whirlpools sowie 50-m-Schwimmbecken verspricht Badespaß für Groß und Klein. Mo–Do 6–21, Fr 6–18, Sa/So 9–18 Uhr. ✆ 75 45 94 99, Gl. Vardevej 60, 6700 Esbjerg, www.svdk.dk.

Strand Bademöglichkeiten ab der Mennesket-Statue nördlich bis in den Naturpark Marbæk. Das Meer ist hier ruhiger als an der offenen Küste, dafür gibt es wattenmeergeprägte Schlickbereiche. An der Strandpromenade von Hjerting wurde eine schöne Infrastruktur angelegt mit Liegeplattformen, Meerespool, Hängematten, Volleyball und es gibt einen Bereich zum Kitesurfen.

Tierpark Im **Tiergarten Nørreskoven** können Klein und Groß an Kronen-, Dam- und Sikahirsche ganz nah herankommen. Eintritt frei, Parken am Spangsbjerg Krankenhaus. Gl. Vardevej 101, 6715 Esbjerg.

Veranstaltungen Mitte Mai findet in Flughafennähe der **Korskro Hestemarked** (Pferdemarkt) mit Rummel und Krämermarkt statt. Am 23. Juni gibt es ein buntes Mittsommerfest beim **Havnens Sankt Hans Aften.** Juli–Anf. Aug. findet mittwochs um 19.30 Uhr auf der Freilichtbühne im Stadtpark ein kostenloses Konzert statt. In der zweiten Augustwoche gibt es bei der **Esbjerg Festwoche** kostenlose Freilichtkonzerte, Oper, Kammermusik, Kunstausstellungen und Flohmarkt (www.esbjergfestuge.dk). Ende Nov. bis 23. Dez. wird Esbjerg zur **Juleby** (Weihnachtsstadt). Auf dem Torvet bringt eine Eislaufbahn Spaß, im Hüttendorf werden Weihnachtliches und Glühwein verkauft und die Fußgängerzone erstrahlt im Lichterglanz.

Wellness Das **Spa und Wellnesscenter** im Sport- und Eventpark Esbjerg ist ansprechend gestaltet und bietet ein umfangreiches Programm wie finnische Sauna, Softsauna, Dampfbad, Fuß-Spa, Erlebnisduschen und verschiedene Beauty-Anwendungen. Mo–Mi, Sa 10–18, Do/Fr 10–21, So 10–16 Uhr. Eintritt Spa und Schwimmbad 220 DKK, Behandlungen extra. Gl. Vardevej 60, 6700 Esbjerg, ✆ 76 11 42 30, www.esbjergwellness.dk.

Übernachten

Aufgrund der zahlreichen Geschäftsreisenden sind Hotels in Esbjerg ganzjährig stark ausgelastet. Deshalb empfiehlt sich frühzeitiges Reservieren.

Hotel Britannia **11**, in der Nähe des Marktplatzes. Kühl-elegantes skandinavisches Design und komfortable Ausstattung erwarten den Gast in diesem Businesshotel mit 108 Zimmern. Von außen wirkt der Bau klotzig, aber von innen hat man schöne Ausblicke auf die umliegende Grünanlage oder die Stadt. Das Hotel hat auch interessante Paket-Angebote, z. B. mit Wellness oder Golf. Parkplatz gegen Gebühr. Torvegade 24, 6700 Esbjerg, ✆ 75 13 01 11, www.britannia.dk. **€€€€**

Hotel Cabinn Esbjerg **20**, zentral gelegenes Businesshotel mit freundlichem Personal. Die modern eingerichteten Komfortzimmer mit Bad/WC, TV und WLAN sind klein, aber als Stadthotel zweckmäßig. Parkplatz gegen Gebühr. Skolegade 14, 6700 Esbjerg, ✆ 75 18 16 00, www.cabinn.com. **€€€**

Hotel Ansgar **15**, zentral gelegenes Stadthotel mit modernen, nicht allzu geräumigen Komfortzimmern. Parkplatz vorhanden. Skolegade 36, 6700 Esbjerg, ✆ 75 12 82 44, www.hotelansgar.dk. **€€€**

Sweet Home Bed & Breakfast **10**, zwischen Bahnhof und Marktplatz. In diesem hübschen historischen Stadthaus mit hilfsbereiten Gastgebern fühlt man sich fast wie zu Hause. Die Zimmer sind gemütlich und individuell eingerichtet, haben TV und WLAN, eines der DZ

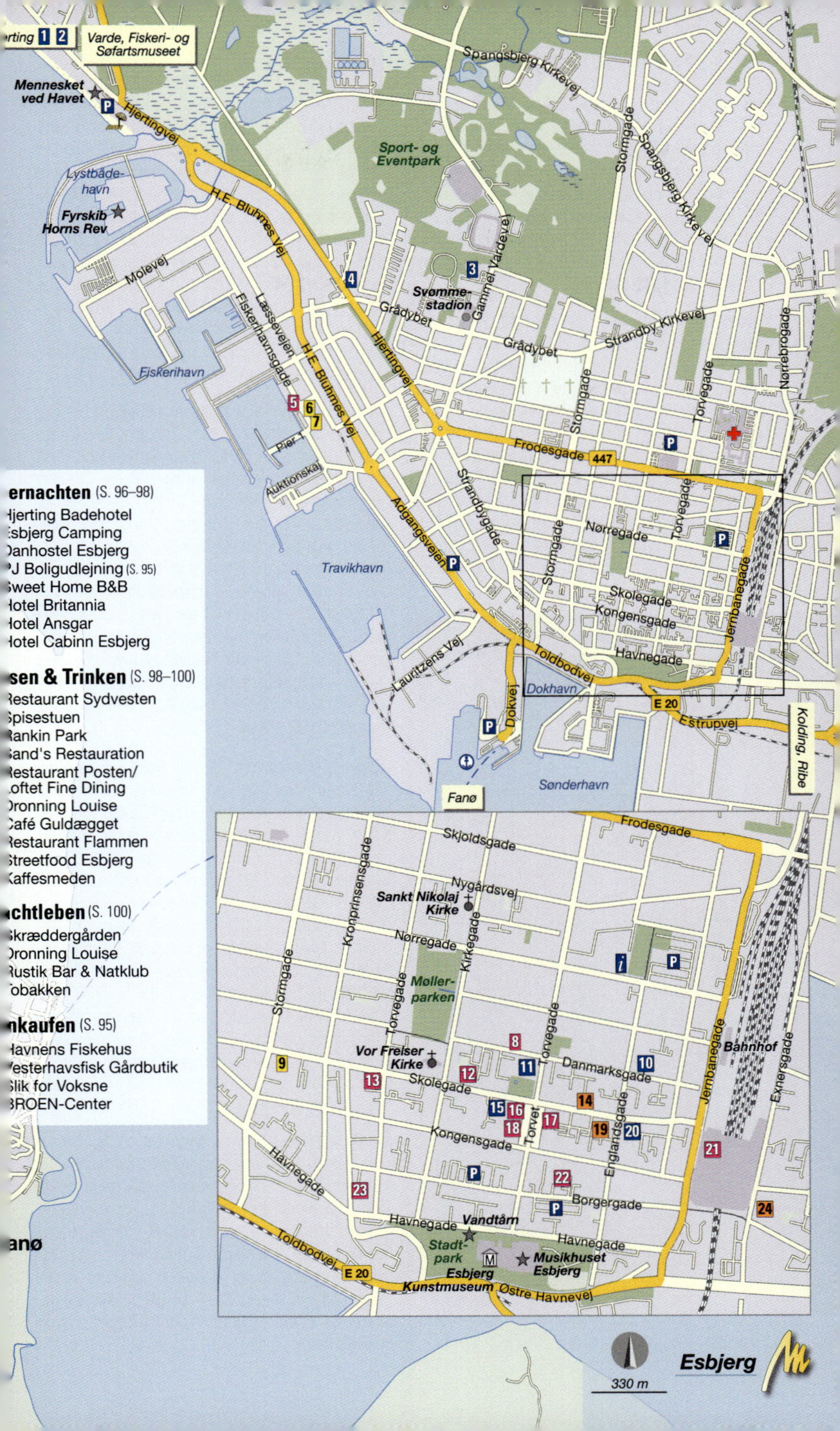

ırting 1 2
Varde, Fiskeri- og Søfartsmuseet
Mennesket ved Havet
Hjertingvej
Lystbådehavn
Fyrskib Horns Rev
Molevej
H.E. Bluhmes Vej
Fiskerihavnsgade
Læssevejen
Fiskerihavn
Spangsbjerg Kirkevej
Sport- og Eventpark
Stormgade
Gammel Vardevej
Svømmestadion
Grådybet
Strandby Kirkevej
Nørrebrogade
Torvegade
Frodesgade
447
Pier 1
Auktionskaj
Adgangsvejen
Strandbygade
Travikhavn
Nørregade
Skolegade
Kongensgade
Jernbanegade
Havnegade
Toldbodvej
Lauritzens Vej
Dokvej
Dokhavn
E 20
Estrupvej
Kolding, Ribe
Sønderhavn
Fanø
ernachten (S. 96–98)
ıjerting Badehotel
ɛsbjerg Camping
Danhostel Esbjerg
PJ Boligudlejning (S. 95)
Sweet Home B&B
Hotel Britannia
Hotel Ansgar
Hotel Cabinn Esbjerg
sen & Trinken (S. 98–100)
Restaurant Sydvesten
Spisestuen
Rankin Park
Sand's Restauration
Restaurant Posten/
Loftet Fine Dining
Dronning Louise
Café Guldægget
Restaurant Flammen
Streetfood Esbjerg
Kaffesmeden
ıchtleben (S. 100)
Skræddergården
Dronning Louise
Rustik Bar & Natklub
Tobakken
ınkaufen (S. 95)
Havnens Fiskehus
Vesterhavsfisk Gårdbutik
Slik for Voksne
BROEN-Center
anø
Skjoldsgade
Frodesgade
Nygårdsvej
Sankt Nikolaj Kirke
Kronprinsensgade
Kirkegade
Nørregade
Stormgade
Torvegade
Møllerparken
Vor Frelser Kirke
Danmarksgade
Bahnhof
Exnersgade
Skolegade
Torvet
Englandsgade
Kongensgade
Jernbanegade
Havnegade
Borgergade
Vandtårn
Stadtpark
Esbjerg Kunstmuseum
Musikhuset Esbjerg
Toldbodvej
Østre Havnevej
330 m
Esbjerg

hat sogar einen kleinen Balkon. Bad und WC teilt man mit den anderen Gästen. Praktisch sind die gut ausgestattete Gemeinschaftsküche mit gemütlichem Essplatz und die Nutzung von Waschmaschine und Trockner (gegen Gebühr). Ein Parkplatz wird vermietet, ansonsten Parken auf öffentlichen Parkplätzen. Danmarksgade 13, 6700 Esbjerg, ✆ 28 93 44 31, www.sweet homeguesthouse.dk. **€€**

Mein Tipp **Danhostel Esbjerg 3**, 2 km vom Marktplatz entfernt. Das historische Gebäude von 1916 wurde als erste Arbeitsschule Dänemarks gebaut, ab Mitte der 1950er-Jahre war hier die Norwegische Marine-Akademie untergebracht. Neben den schlichten Mehrbettzimmern gibt es 20 modern gestylte und geräumige Komfortzimmer mit eigenem Bad/WC, die eine gute Alternative zum Hotelzimmer sind (wer Bettwäsche und Handtücher selbst mitbringt, spart Geld). Tischtennis, ein TV-Zimmer, ein Kaminzimmer, eine Küche und andere Gemeinschaftsräume dienen der Freizeitgestaltung. Das Hostel liegt neben dem Svømmestadion Danmark und dem Sport & Event Park. Es wurde für sein Umweltengagement mit dem grünen Schlüssel ausgezeichnet. Als Bed & Bike-Herberge hält es Unterstellmöglichkeiten für Fahrräder bereit. Nicht nur Aktive freuen sich über das reichhaltige Frühstück mit hausgebackenem Brot, Müsli und selbst gemachten Marmeladen. Gratis-Parkplätze und WLAN vorhanden, Self-Check-in jederzeit via IPad. Gl. Vardevej 80, 6700 Esbjerg, ✆ 75 12 42 58, www.danhostelesbjerg.dk. **€€€**

Flohmarkt am Torvet

Mein Tipp **Hjerting Badehotel 1**, in Esbjerg West, 9 km zum Zentrum. Das schöne Strandhotel direkt an der Strandpromenade von Hjerting bietet komfortabel ausgestattete Zimmer in modernem dänischen Design mit Bad/WC und herrlicher Aussicht auf Strand und Meer (Standardzimmer nach hinten raus, aber günstiger). Sauna und Fitnessraum vorhanden. Im Gourmetrestaurant Strandpavillonen wird exquisite Küche serviert. In der gemütlichen Brasserie Ship Inn kommen hervorragende regionale Spezialitäten und Vegetarisches auf den Tisch. Strandpromenaden 1, Hjerting, 6710 Esbjerg V, ✆ 75 11 70 00, www.hjerting badehotel.dk. **€€€€**

Esbjerg Camping 2, im Stadtteil Sæding, 8 km zum Zentrum und fußläufig zum Strand. Parzelliertes, ebenes Wiesengelände mit Hecken und geräumigem Sanitärbereich. Freizeiteinrichtungen für die ganze Familie sind vorhanden: großes Schwimmbad, schöner Spielplatz, Tischtennis, Streichelzoo und vieles mehr. Küche, Waschmaschinen, Fernsehraum und ein kleiner Laden ergänzen die komfortable Ausstattung. Im Zeltbereich gibt es Tische und Bänke. Stellplatz und 2 Pers. HS 321 DKK, NS 261 DKK. Es werden auch Hütten vermietet. Ganzjährig geöffnet. Gudenåvej 20, 6710 Esbjerg V, ✆ 75 15 88 22, www.esbjergcamping.dk.

Essen & Trinken

Mein Tipp **Restaurant Sydvesten 5**, direkt am Hafen. Hier gibt's Fischeratmosphäre und hervorragende Fischgerichte zu günstigen Preisen, z. B. Fischfilet mit Pommes, umfangreiche Fischplatten sowie schmackhafte Tagesgerichte. Das Lokal macht von außen einen nüchternen Eindruck, innen dagegen wirkt es charmant. Mo–Fr 7–16, Sa 7–14 Uhr. Fiskerihavngade 6, 6700 Esbjerg, ✆ 75 12 82 88, www.sydvesten.dk.

Dronning Louise 17, mit üppigem Brunch beginnt hier der Tag. Die Karte ist international von Steak und Burger über Chili con carne und Moules-frites bis hin zum dänischen Klassiker Stjerneskud (Hauptgerichte ab 155 DKK). Große Bierauswahl. Restaurant tägl 10–21 Uhr. Torvet 19, 6700 Esbjerg, ✆ 75 13 13 44, www.dr-louise.dk.

Restaurant Flammen 21, der Name ist Programm: in der Küche lodern die Flammen des Grills und im hip gestylten Gastraum biegen sich die Tische des Büfetts unter den Köstlichkeiten: 15 Sorten Fleisch – Steaks, Spareribs, Pulled Pork, Lamm und Truthahn, auch Exotisches wie Känguru warten auf Hungrige. Wer kein Fleisch mag, muss nicht darben: es gibt ein riesiges Salatbüfett mit 50 verschiedenen Varianten sowie diverse Brotsorten, Kartoffeln, Gemüse und Vorspeisen (149 DKK). So–Do 17–22, Fr/Sa 17–22.30 Uhr. All-you-can-eat So–Do 229 DKK, Fr/Sa 249 DKK. Broen Shoppingcenter, Exnersgade 20, 6700 Esbjerg, ✆ 35 26 63 76, www.restaurant-flammen.dk.

Rankin Park 12, unter dem Motto „urbane Oase" bringt das Restaurant im Vintage-Look gesunde, vegane Küche mitten hinein ins Stadtleben. Frische Bioprodukte werden nach Saison zu leckeren Speisen verarbeitet. Neben vegan und glutenfrei gibt es auch Gerichte mit Fleisch oder Käse. Die Menge richtet sich nach Kundenwunsch: vom kleinen (160 DKK) bis zum großen Teller (185 DKK). Do–So gibt es einen Biobrunch. Di/Mi 11.30–22, Do 10–22, Fr/Sa 10–24, So 10–14 Uhr. Skolegade 43, 6700 Esbjerg, ✆ 75 10 10 70, www.rankinpark.dk.

Mein Tipp **Sand's Restauration 13**, in diesem gemütlichen Traditionswirtshaus gibt es gute dänische Hausmannskost: Hering, Bakskuld, Stjerneskud, Æggekage und gebratenes Schweinefleisch mit Petersiliensoße oder auch Gamle Ole, den beliebten Stinkekäse „mit Musik" (Hauptgerichte Frokost ab 139 DKK, abends ab 190 DKK). Eine beachtliche Auswahl an Akvavit und anderen Schnäpsen wärmt in kühlen Nächten für den Nachhauseweg. Mo–Sa 11.30–21 Uhr. Skolegade 60, 6700 Esbjerg, ✆ 75 12 02 07, www.sands.dk.

Restaurant Posten 16, im ehemaligen Postgebäude am Markt bietet das gemütliche Restaurant im Diner-Stil eine gelungene Mischung aus dänischen Klassikern und Lieblingsgerichten aus aller Welt. Räucherlachs aus Hvide Sande oder Serranoschinken, Bruschetta, Cäsarsalat, Fischfilet oder Burger – da hat man als Gast die Qual der Wahl. Für Veganer gibt's Veggieburger oder vegetarische Pasta. Lecker, aber leider nicht billig. Di–Sa 9–23.30 Uhr. Torvet 20, 6700 Esbjerg, ✆ 69 13 60 13, www.posthuset.dk.

Loftet Fine Dining 16, Farben, Formen, Geschmack – die Gourmetküche im Posthuset am Torvet ist eine der besten Adressen in Esbjerg. À la saison wird aufgetischt, was frisch vom Markt, Schlachter und aus dem Meer kommt. 4 Gänge 550 DKK, 8 Gänge 850 DKK. Reservierung empfehlenswert. Fr/Sa 11.30–15, Do–Sa 17–24 Uhr. Torvet 20, 6700 Esbjerg, ✆ 69 13 60 13, www.posthuset.dk.

Kaffesmeden 23, in relativ trister Hafenumgebung, aber nur 300 m vom Wasserturm entfernt. Die von einer leidenschaftlichen Barista geführte Kaffeeschmiede ist gemütlich eingerichtet, der Innenhof schön gestaltet. Kaffee, Tee, Saft, Smothies oder Eis – hier werden Bioprodukte serviert. Ein netter Ort, um gesund zu frühstücken, z. B. Haferbrei oder indische Linsengrütze mit Toppings aus Obst oder Nüssen. Aber es gibt natürlich auch krosse Croissants und frische Brötchen. Mo–Fr 8–17, Sa 8.30–17 Uhr. Smedegade 5, 6700 Esbjerg, ✆ 92 15 58 10, www.kaffesmeden.dk.

Spisestuen 8, sehenswertes Speiselokal in einem alten Logenhaus des Tempelritterordens. In gemütlicher Atmosphäre mit alten Bildern und kuriosen Sammlerstücken gibt es zum Frokost eine kleine Auswahl guter dänischer Hausmachergerichte, abends speist man leckere Schnitzel, Scholle oder feine Perlhuhnbrust zu akzeptablen Preisen. Di–Do 17–22, Fr/Sa 11–24 Uhr. Danmarksgade 49, 6700 Esbjerg, ✆ 26 17 12 80, www.spisestuen.com

Café Guldægget 18, das schöne Café mit Außenterrasse am Torvet ist der richtige Ort zum Frühstücken oder für einen Stop beim Einkaufsbummel. Gute Sandwiches im Focaccia-Brot, Salate und frische Smoothies. Knuspriges Roggenbrot und andere Backwaren zum Mitnehmen. Mo–Fr 7.30–18, Sa/So 9–17 Uhr. Torvet 16, 6700 Esbjerg, ✆ 79 30 67 00, www.cafeguldaegget.dk.

Streetfood Esbjerg 22, schnelles Essen auf die Hand und regelmäßige Events für Groß und Klein – das ist das Konzept der angesagten Essens-Markthalle. Aus den Küchen duftet es griechisch, mexikanisch, vietnamesisch, italienisch und marokkanisch. Aber auch mächtige Burger und prall gefüllte Pita-Taschen machen Appetit. In der bunt dekorierten Halle kann man es sich auf einem der 400 Sitzplätze

Die Wattküste → Karte S. 26

gemütlich machen. Nach Küchenschluss sorgen die Bars für die Gäste. Essen: So–Do 11.30–20, Fr/Sa 11.30–21 Uhr. Bars: So–Mi 11.30–21, Do–Sa 11.30–2 Uhr. Kongensgade 34, 6700 Esbjerg, ✆ 60 91 11 66, www.esbjergstreetfood.com.

Nachtleben **Dronning Louise** **17**, die richtige Location für Nachtschwärmer. In der Bar gibt's eine breite Auswahl an Cocktails und Musik der 80er- und 90er-Jahre, im Nachtklub tanzt man am Wochenende zu modernen Beats bis in die Morgenstunden. Bar Mo/Di 10–23, Mi/Do 10–24, Fr/Sa 10–2, So 10–22 Uhr. Torvet 19, 6700 Esbjerg, ✆ 75 13 13 44, www.dr-louise.dk.

Rustik Bar & Natklub **19**, im rustikalen Ambiente der Bar Det Rustne Søm kann man es sich mit Cocktails, Bier oder Hochprozentigem gemütlich machen oder eine kesse Sohle schwingen. Im Club feiert das junge Publikum zu den Klängen von DJ House-Tunes. Do–Sa 22–6.30 Uhr. Skolegade 20, 6700 Esbjerg, www.rustikbar.dk.

Skræddergården **14**, die Bar mit schöner Atmosphäre ist bekannt für ihre guten Cocktails, deswegen ist hier immer was los. Aus mehreren Zapfhähnen sprudelt frisches Fassbier. Live-Musik und Tanz-Mucke. Fr/Sa 22–6 Uhr. Skolegade 25, 6700 Esbjerg, ✆ 26 25 24 45.

Tobakken **24**, im Kulturhaus Tobakken, einer ehemaligen Tabakfabrik gleich hinter dem Broen Shoppingcenter, gibt's ein abwechslungsreiches Programm von Blues bis Rock, von Folk bis Dixie und von Dänisch bis International. Im Tobakscaféen kann man vor den Vorstellungen essen. Gasværksgade 2, 6700 Esbjerg, ✆ 75 18 00 00, www.tobakken.dk.

Ho Bugt und Marbæk

Nördlich von Esbjerg markiert die Ho Bugt das äußerste Ende des Wattenmeers. Die vorgelagerte Halbinsel Skallingen schirmt die Bucht und die kleine unbewohnte Marschinsel Langli von der offenen Nordsee ab. Zwischen Varde-Fluss und dem Ort Sjelborg liegt das Naturgebiet Marbæk. Wegen seiner vielfältigen Landschaft mit Wald, kleinen Seen, Strand und Heideflächen ist es ein beliebtes Naherholungsgebiet der Esbjerger. Das Marbæk wird erschlossen durch Rad-, Reit- und Wanderwege, Strandparkplätze, Spielplätze und einen internationalen Golfplatz (Kartendownload www.vadehavskysten.de).

In einem alten Bauernhof ist das **Naturcenter Myrtuegård** zu finden, das Kurse und Führungen anbietet. Eine jederzeit zugängliche Ausstellung in Myrtuegård stellt die Natur und die archäologischen Funde vor. Schon in der Steinzeit siedelten hier Menschen. In Myrthue und Sjelborg wurden Siedlungen aus der Eisenzeit freigelegt: Gepflasterte Wege zwischen den Hütten (Jernalderboplads) zeigen, dass man schon früh Sinn für Komfort hatte. Auch ein Acker aus der Eisenzeit ist dokumentiert.

■ Naturcenter Myrtuegård, Myrthuevej 39, 6710 Esbjerg V, ✆ 76 16 81 00, www.myrthue.esbjergkommune.dk.

GPS-Tour 5: Sand, Wald und Eisen – Wanderung im Marbæk → S. 388

Leichte Strand- und Waldwanderung für die ganze Familie mit der Möglichkeit zur Information über die archäologischen Funde aus der Eisenzeit.

Naturerlebnis Marbæk

Der Westen

Dänemarks Westen ist mit allen Wassern gewaschen: Nordsee, Fjorde und ein wildes Flussdelta bringen viel Blau ins Grün der Natur. Im Hinterland der endlosen Strände locken tolle Museen und das bunte Legoland.

- Am westlichsten Punkt stehen: Blåvandshuk markiert Dänemarks Land's End.
- Übers Wasser gehen: auf der geschwungenen Elipsebroen am Filsø
- In den Abgrund gucken: an der eindrucksvollen 40 m hohen Steilküste bei Ferring

Im Westen ist Dänemark so, wie man es sich vorstellt: Der Sandstrand reicht bis zum Horizont. Die Nordsee lädt zum Baden ein bei bester Wasserqualität. Die Ferienhaussiedlungen in den Dünen bieten viel Ruhe und Natur, man merkt kaum, dass Zehntausende das Gleiche suchen. In diesem Kapitel werden drei Regionen vorgestellt.

Von Skallingen bis Nymindegab reicht das Gebiet gepflegter Ferienorte wie Blåvand, Vejers und Henne Strand. Hier warten Ferienerlebnisse vom Freizeitbad bis zum Zoo. Ein dichtes Netz an Fahrradwegen durchzieht die Varde Kommune. Varde empfiehlt sich als Kunst- und Einkaufsstadt. Im Museum Flugt in Oksbøl erhalten Flüchtlingsschicksale ein Gesicht.

Rund um den Ringkøbing Fjord können Wassersportler, Vogelkundler, Radler und Kulturentdecker einen abwechslungsreichen Urlaub gestalten. Geformt wurde die Landschaft durch Wind und Wasser. Die Landzunge Holmsland Klit schirmt den Ringkøbing Fjord zur Nordsee ab. Eine Schleuse bei Hvide Sande reguliert den Wasserstand. Im Südosten liefert das Delta der Skjern Å ein faszinierendes Naturschauspiel.

Vom Ringkøbing Fjord bis Limfjord wird die Landschaft rauer. An der Steilküste bei Ferring weist der rote Leuchtturm Bovbjerg Fyr den Weg entlang der berüchtigten „Eisenküste“. In den Fischereihäfen Thorsminde am Nissum Fjord und Thyborøn am Limfjord zeigen die Fischauktionen für Touristen die heitere Seite eines harten Jobs. Mit Kultur glänzen die Orte Lemvig und Struer.

Was anschauen?

Blåvandshuk Fyr: Am „Teufelshorn“ blickt man vom weißen Leuchtturm

aus 57 m Höhe über das Riff Horns Rev aufs Meer. → S. 115

Tirpitz: Im nie fertiggestellten Tirpitz-Bunker der deutschen Wehrmacht wird im Tirpitz Museum in einer Multimediashow die Geschichte der Westküste erzählt. → S. 115

Ringkøbing Fjord Museer: Im regionalen Verbund präsentieren sich zehn Museen und historische Denkmäler vom Leuchtturm über den Hof eines Strandvogts bis zu Windmühlen. → S. 144

Strandingsmuseum: Der tragische Untergang der britischen Schiffe HMS St. George und HMS Defence 1811 ist in Thorsminde hervorragend in Szene gesetzt; ein Erlebnis, das unter die Haut geht. → S. 176

Skagerrakschlacht: An die knapp 9000 Toten der größten Seeschlacht der Geschichte, die am 31. Mai 1918 100 km vor der Küste tobte, erinnert die Gedenkstätte in den Dünen von Thyborøn. → S. 181

Bork Vikingehavn: Die Wikinger nutzten den geschützt im Ringkøbing Fjord gelegenen Hafen als Ausgangspunkt für Eroberungs- und Handelsreisen. Im Freilandmuseum machen Hobby-Wikinger die Epoche lebendig. → S. 165

Birk Centerpark: Kunst auf internationalem Niveau lohnt den Abstecher nach Herning. Das Herning Museum of Contemporary Art, das Pedersen-Alfelts-Museum und die 11 m hohe Stahlkuppel der Riesenskulptur „Elia“ bieten spannende Kontraste. → S. 167

Was unternehmen?

Bernstein-Festival: Das „Gold der Nordsee“ steht im Mittelpunkt der Veranstaltungsreihe, das die drei Orte Vejers Strand, Henne Strand und Blåvand gemeinsam ausrichten. Man kann Bernstein-Künstlern bei der Arbeit zusehen sowie Straßenmusik und Puppentheater erleben. → S. 122

Vogelbeobachtung: Die besten Aussichtsplätze für Hobby-Ornithologen am Ringkøbing Fjord finden sich im Naturschutzgebiet Tipperne bei Nymindegab und im Flussdelta der Skjern Enge. → S. 135 und 161

Wo ist was los?

Sandskulpturenfestival: Beim alljährlichen Treffen internationaler Künstler in Søndervig sind meterhohe Kunstwerke, z. B. Drachen oder andere bizarre Wesen aus Sand, zu bestaunen. → S. 151

Legoland Billund: Rasante Achterbahnen, 3-D-Kino, Geisterhaus, subtropisches Aquarium, Stuntshows – all diese Attraktionen machen das Legoland in Billund zum beliebten Ausflugsziel für Familien. → S. 137

Was sonst noch?

Kunst im öffentlichen Raum: Im Westen gibt es reichlich Kunst zu entdecken, von den Bunker-Mulis am Strand von Blåvand bis zum Skulpturenweg in der Stadt Holstebro. → S. 193

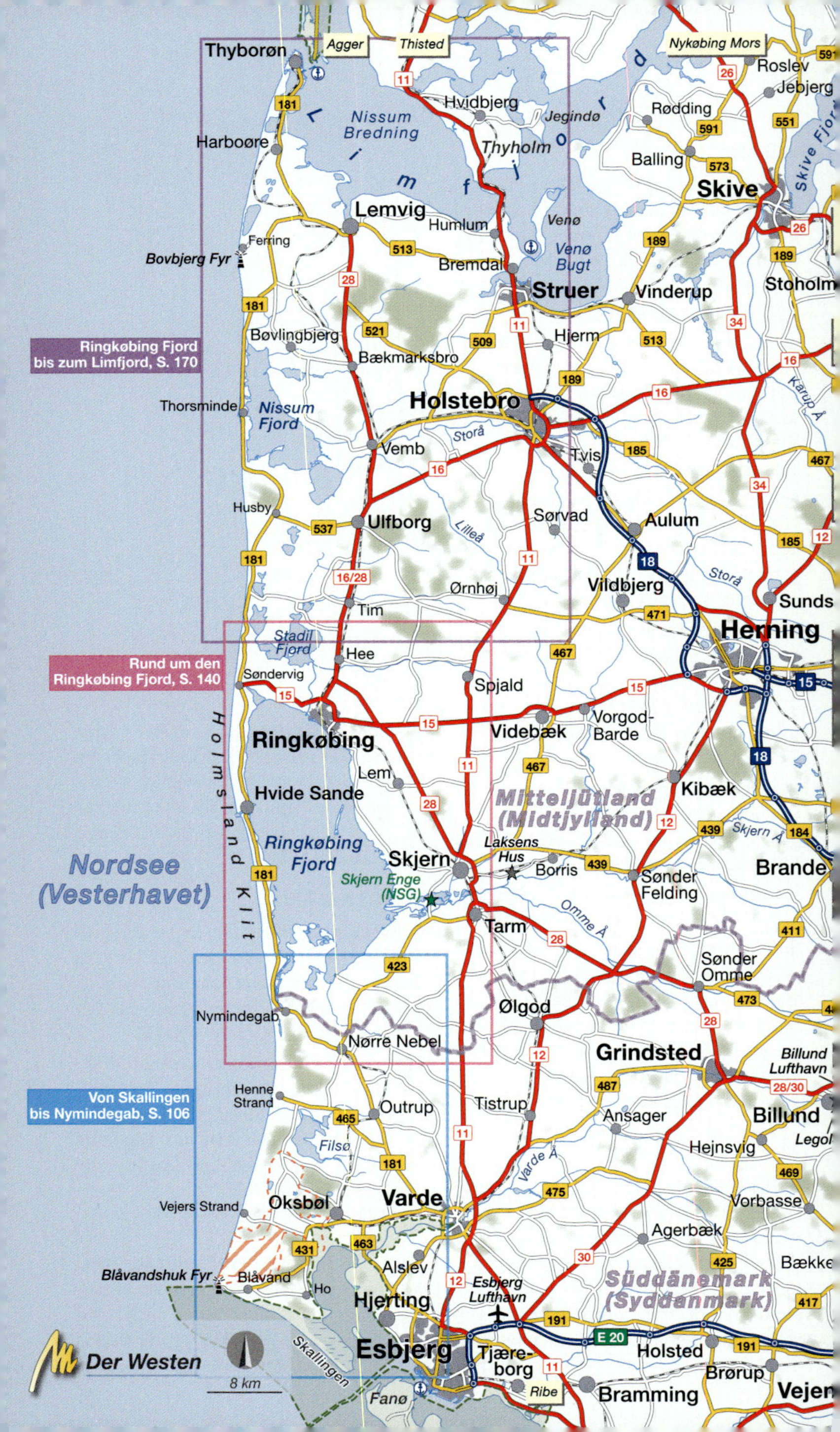
Thyborøn
Agger
Thisted
Nykøbing Mors
Roslev
Jebjerg
Rødding
Hvidbjerg
Jegindø
Nissum Bredning
Harboøre
Thyholm
Balling
Skive
Skive Fjord
Limfjord
Lemvig
Humlum
Venø
Ferring
Bovbjerg Fyr
Bremdal
Venø Bugt
Struer
Vinderup
Stoholm
Bøvlingbjerg
Hjerm
Ringkøbing Fjord bis zum Limfjord, S. 170
Bækmarksbro
Holstebro
Karup Å
Thorsminde
Nissum Fjord
Storå
Vemb
Tvis
Husby
Ulfborg
Lilleå
Sørvad
Aulum
Ørnhøj
Vildbjerg
Sunds
Tim
Stadil Fjord
Herning
Hee
Rund um den Ringkøbing Fjord, S. 140
Søndervig
Spjald
Vorgod-Barde
Videbæk
Ringkøbing
Holmsland Klit
Lem
Kibæk
Hvide Sande
Mitteljütland (Midtjylland)
Skjern Å
Laksens Hus
Ringkøbing Fjord
Nordsee (Vesterhavet)
Skjern
Borris
Brande
Sønder Felding
Skjern Enge (NSG)
Omme Å
Tarm
Sønder Omme
Nymindegab
Ølgod
Nørre Nebel
Grindsted
Billund Lufthavn
Von Skallingen bis Nymindegab, S. 106
Henne Strand
Outrup
Tistrup
Ansager
Billund
Filsø
Hejnsvig
Legol
Varde Å
Vejers Strand
Oksbøl
Varde
Vorbasse
Agerbæk
Alslev
Bække
Blåvandshuk Fyr
Blåvand
Ho
Esbjerg Lufthavn
Süddänemark (Syddanmark)
Hjerting
Skallingen
Esbjerg
Tjæreborg
Holsted
Brørup
Der Westen
8 km
Fanø
Ribe
Bramming
Vejen
E 20
11
181
26
591
551
573
189
513
28
521
509
34
16
185
467
537
12
16/28
471
18
15
467
439
184
423
411
473
487
28/30
465
469
475
463
431
30
425
417
191

Von Skallingen bis Nymindegab

Über 45 km langer, weißer Sandstrand und Ferienhäuser, die sich in die Dünen kuscheln – Dänemarks westlichster Zipfel ist der Inbegriff für Dänemark-Urlaub. Gleich neben den quirligen, bunten Touristenorten findet man im Naturpark Vesterhavet Ruhe beim Wandern und Fahrradfahren. Einen nachdenklich machenden Kontrapunkt liefern die Überreste des sogenannten Atlantikwalls.

Einsame Strandspaziergänge, Wassersport-Action, Familienausflüge in den Zoo oder ins Badeland, Rad- und Wandertouren, gute Restaurants – die Strandorte Blåvand, Vejers und Henne Strand bieten Urlaubsvergnügen für jeden Geschmack und gehören deshalb zu den beliebtesten Zielen Dänemarks. Im Juli und August schieben sich wahre Autokolonnen durch die Hauptstraßen der ansonsten verschlafenen Orte. Man wundert sich, dass die Läden noch keine „Drive-Thru-Services" anbieten, so nah kutschieren die Urlauber an den Auslagen vorbei. In den Dünen und an den weitläufigen Stränden verlaufen sich die Massen zum Glück.

Über den Dingen steht man am Blåvandshuk Fyr am westlichsten Punkt Dänemarks. Von der Aussichtsplattform des weißen Leuchtturms schweift der Blick weit über Meer und Küste. Das Leuchtfeuer weist den Schiffen den Weg um die Sandbank des teuflischen Horns Rev. Am Horizont deutet sich bei klarer Sicht einer der größten Offshore-Windparks der Welt, Horns Rev 1 und 2, an.

Von Blåvands Huk bis Nymindegab erstreckt sich der Naturpark Vesterhavet mit 22.500 ha Strand, Dünen, Heide, Plantagen und küstennahen Seen. Eine Besonderheit ist der im Sand versunkene Eichenwald zwischen Blåbjerg und Henne Strand. Die nach der Sturmflut von 1634 entstandene Halbinsel Skallingen südlich von Blåvand mit ihren unberührten Naturstränden gehört noch zum Nationalpark Wattenmeer und ist erst seit wenigen Jahren ein schreckliches Erbe los. Im Zuge der Befestigung des Atlantikwalls hinterließen Hitlers Truppen breite Minengürtel. Zuletzt wurden 2012 auf Skallingen Minen unschädlich gemacht. Der riesige Tirpitz-Bunker, der mit seinen Geschützstellungen die Einfahrt nach Esbjerg verteidigen sollte, blieb bei Kriegsende als unfertiger Koloss zurück. 2017 wurde hier das sehenswerte Tirpitz Museum eröffnet, in dem multimedial inszeniert die Geschichte der Westküste von den Mammuts bis zum heutigen Urlaubermekka dargestellt wird. Wenn es heute diesseits und jenseits der Ferienhaussiedlungen kracht und rumst, dann sind dafür die Dänischen Streitkräfte verantwortlich. Zwischen Blåvand und Vejers erstreckt sich ein großes Truppenübungsgelände, auf dem – meist außerhalb der Hauptferienzeiten – mit scharfer Munition trainiert wird. Am wenigsten scheinen sich die Rotwildrudel, die in der Kallesmærsk Hede ihr Schutzgebiet haben, an Panzern und Jagdflugzeugen zu stören. In Oksbøl und in der Kommune-Hauptstadt Varde sind die Militärs stationiert. Vor allem Varde mit seiner hübschen Innenstadt und einem Park lockt zum Einkaufsbummel und mit Events.

Der Westen → Karte S. 104

Essen & Trinken
7 Lønne Familie Restaurant (S. 131)
10 Farm Café (S. 131)
12 Restaurant Stausø (S. 130)
15 Henne Kirkeby Kro (S. 129)
16 Restaurant Hotel Outrup (S. 130)
23 Billum Kro (S. 114)
Einkaufen
3 Havfruens Butik (S. 135)
6 Thorsen Keramik (S. 135)
11 Ravhuset (S. 126)
18 Henne Keramik (S. 126)
19 Galerie V (S. 126)
Übernachten
1 Tipperne Camping (S. 136)
2 Nymindegab Kro (S. 136)
4 Nymindegab Familie Camping (S. 136)
5 Lindvig Ferie/Danhostel Nymindegab (S. 136)
8 Landal Seawest (S. 131)
9 Houstrup Camping (S. 131)
13 Lyngboparken (S. 128)
14 Henneby Camping (S. 128)
15 Henne Kirkeby Kro (S. 128)
16 Hotel Outrup (S. 129)
17 Henne Mølle Å Badehotel (S. 128)
20 Børsmose Strand Camping (S. 124)
21 Camp West (S. 114)
22 Koncepthotel Danhostel Blåvandshuk (S. 114)
23 Billum Kro (S. 114)
Hvide Sande
Nyminde Strømmen
Halbinsel Tipperne
Ringkøbing Fjord
Værn-sande
Bork Havn
Tarm, Skjern
Bork Vikingehavn
Nørre Bork
Nymindegab Museum
Nymindegab
Lønne
Lønnestak
Sønder Bork
Nørre Nebel
Houstrup Strand
Houstrup
Blåbjerg Klitplantage
Lyngbos Hede
Henne Strand
Henneby
Hennebjerg
Stausø
Nordsee (Vesterhavet)
Henne Kirke
Henne Kirkeby
Outrup
Süddänemark (Syddanmark)
Fidde Sø
Henne Stationsby
Filsø
Elipsebroen
Dyreby
Vittarp
Kærgård Klitplantage
Børsmose Strand
Jegum Ferieland
Truppenübungsbereich (mit Einschränkung begehbar)
Orten
Øster Vrøgum
Ting
Langsø
Kærup
Grærup Strand
Flugt – Refugee Museum of Denmark
Ål Plantage
Ål Kirke
Oksbøl
Janderup
Varde
Vejers Strand
Vejers
Billum
Panser- og Artillerie-museet
Varde Å
Militärisches Sperrgebiet (Zutritt verboten)
Kallesmærsk Hede
Alslev
Hostrup
Myrthuegård
Kokspang
Marbæk Plantage
Blåvands-huk Fyr
Blåvand Strand
Blåvand-Oksby
Tirpitz Museum
Ho
Ho Bugt
Sjelborg
Guldager
Ravns-bjerg
Esperance Bugt
Hjerting
Skallingen
Langli
Esbjerg
Mennesket ved Havet
Von Skallingen bis Nymindegab
2,5 km
Nationalpark Vadehavet
Grådyb
181
423
465
431
463
475

Am Torvet in Varde mit Rathaus (links) und Sct. Jacobi Kirke

Varde

Ein goldener Leopard mit roter Zunge auf dem Stadtwappen wies Varde schon Mitte des 15. Jh. als Handelsstadt aus. Der Geschäftssinn ist der Stadt am westlichen Ochsenweg geblieben, die um das Jahr 1100 an einer Furt am Fluss Varde entstand und zunächst unter dem Namen Warwick aktenkundig wurde.

Heute ist Varde mit zahlreichen Supermärkten und Fachgeschäften die Einkaufsstadt im Hinterland der Nordseestrandorte. In der 14.000-Einwohner-Stadt ist die Verwaltung der Kommune Varde angesiedelt, die bis Nymindegab reicht. Tourismus sowie ein großes Landwirtschafts- und Fischereigebiet sichern der Kommune Einnahmen.

In den letzten Jahren wurde die Altstadt umfassend saniert. Mittelpunkt ist der schöne Marktplatz (Torvet) mit dem Rathaus von 1872, der Sct. Jacobi Kirke, dem schmucken Haus Sillasen von 1797 und natürlich der obligatorischen Wurstbude. Die Gestaltung des Torvet erinnert an die schwarzen Perlen der Varde-Muscheln: Das Pflaster bildet ein Wellenmuster, ein markanter Brunnen mit einer großen, schwarzen Steinkugel und Bächlein belebt das Ensemble. Durch die Kraemmergade gelangt man nach wenigen Schritten zum Varde Garten. In diesem ansprechend gestalteten Altstadtviertel kann man nun zahlreiche Skulpturen bewundern, darunter „Himmel über der Nordsee“, das größte Glaskunstwerk Dänemarks, das nachts beleuchtet ist. Im Varde Garten (Fiskergade 3A) finden regelmäßig Events statt.

Sehenswertes

Sct. Jacobi Kirke: Schiff, Chor und Apsis der Kirche stammen aus romanischer Zeit, der Turm wurde im Spätmittelalter hinzugefügt. Von 1809–12 erhielt die Kirche ihre heutige Kreuzform

Fantastisches: von Otto Frello verschönerte Hauswände

durch den Anbau von zwei Seitenflügeln. Der Altar stammt aus der Renaissance, die Kanzel mit Alabaster-Reliefs und dem Psalm 113 ist aus dem Barock. Das Glockenspiel mit 42 Glocken erklingt stündlich zwischen 12 und 18 Uhr mit jahreszeitlich abgestimmten Melodien.

▪ Mo–Sa 9–15 Uhr, Juli/Aug. Sommerkonzertreihe. Kirkepladsen 2, 6800 Varde.

Museum Frello: Mitten in Varde kann man in die fantastische Bilderwelt von Otto Frello (1924–2015) eintauchen. Das Varde-Museum, zu dem u. a. das Artilleriemuseum und das Flüchtlingsmuseum in Oksbøl, das Tirpitz Museum in Blåvand und das Nymindegab Museum gehören, ehrt den ein paar Kilometer nördlich von Varde geborenen Maler und Comiczeichner mit der Ausstellung seiner wichtigsten Werke im Museum Frello. Zunächst erlernte Frello das Malerhandwerk, ab 1940 ließ er sich in Kopenhagen zum Kunstmaler ausbilden und studierte Kunstgeschichte. Er wurde Lehrer und schließlich Leiter der Kopenhagener Kunstschule. Später war er als freier Maler und Grafiker tätig. Seine Gemälde faszinieren durch ihren Detailreichtum und eine Mischung aus Alltäglichem und Fantastischem. In seinen Bildern versuchte er stets, Grenzen – auch der Dimensionen – zu überschreiten und mit dem Betrachter in einen Dialog zu treten. Für zwei benachbarte Gebäude am Otto Frellos Plads hat Frello Wandmalereien mit einem überbordenden Kosmos fantastischer Figuren entworfen. Das Museum zeigt außerdem in Wechselausstellungen zeitgenössische Kunst und eine Sammlung zur Regionalgeschichte.

▪ Juli/Aug. tägl. 10–17 Uhr, Sept.–Juni Mi–So 10–16 Uhr. 85 DKK, Kinder unter 18 J. frei. Wochenkarte für alle Varde-Museen 275 DKK. Kirkepladsen 1, 6800 Varde, ✆ 75 22 08 78, www.vardemuseerne.dk.

Varde Miniby: Kriege, Aufstände und unachtsamer Umgang mit Feuer haben die Stadt Varde mehrmals in Schutt und Asche gelegt. Wie die Stadt um 1860 ausgesehen hat, kann man sich im Varde Miniby anschauen. Ehrenamtliche Bastler haben im Arnbjergpark eine Miniaturstadt mit Häusern,

Höfen, Kirche und Straßen im Maßstab 1:10 aufgebaut, die ständig um neue Modelle erweitert wird.

▪ Mitte Mai–Aug. 10–17 Uhr, Sept./Okt. 10–16 Uhr. 50 DKK, Kinder 3–11 J. 20 DKK. Lundvej 4E, 6800 Varde, ✆ 30 43 90 11, www.varde miniby.dk.

Praktische Infos

→ Karte S. 110

Information Die nächstgelegene bemannte **Touristeninformation** befindet sich in Henne Strand. Broschüren liegen in Varde u. a. in den Hotels aus. Umfangreiche Infos, eine digitale Touristenzeitschrift und die Möglichkeit zum Download der Reise-App Vestkysten findet man unter: www.visitvesterhavet.de.

Verbindungen **Bahn:** Regelmäßige Verbindungen nach Esbjerg, Skjern, Nørre Nebel, Oksbøl sowie Niebüll (über Esbjerg, Tønder). Wer Bahn und Bus kombiniert, erreicht Blåvand und Henne Strand. www.rejseplanen.dk.

Bus: Der Stadtbus (Bybus) erschließt Varde mit 3 Linien. Die Regionalbusse von Sydtrafik und Midtrafik verkehren ab Rutebilstation beim Bahnhof regelmäßig u. a. nach Esbjerg, Oksbøl, Blåvand, Henne Strand (über Nørre Nebel) und Billund Lufthavn. www.sydtrafik.dk.

Angeln Der Fluss Varde Å schlängelt sich ohne Eindeichung durch die Marschwiesen und mündet in die Ho Bugt. Inzwischen ist der Lachs wieder heimisch und laicht im Oberlauf. Es ist eine Fangquote festgesetzt, von 1. Nov.–15. April darf nicht geangelt werden. Tageskarten und weitere Infos beim Verein **Varde Sportfiskerforening.** Engdraget 18, 6800 Varde, ✆ 75 21 20 54, www.varde-sportsfisker forening.dk.

Einkaufen Bei einem gemütlichen Einkaufsbummel in Vardes Fußgängerzonen **Vestergade** und **Kræmmergade** lässt es sich wunderbar in den Einzelhandelsgeschäften stöbern.

Im Hofladen von **Varde Ådal Lam,** 5 km südwestlich der Stadt, bekommt man ökologisches Lammfleisch aus eigener Zucht, Eier, Geflügel und andere Bioprodukte aus der Region. Hofladen: Do/Fr 14–17, Sa 10–12 Uhr, Stalltürenverkauf (Eier, Kartoffeln, Gemüse) jederzeit. Toftnæsvej 30, 6800 Varde, ✆ 23 45 40 28, www.vardeaadallam.dk.

Warwik Bryghus, die kleine Brauerei braut 16 verschiedene Craft-Biere und stellt diese bei Führungen mit Verkostung vor. Fr 15–21, Sa 13–15.30 Uhr. Außerdem Konzerte und andere Veranstaltungen. Reservierungen s. Webseite. Vestervold 18B, 6800 Varde, ✆ 60 29 70 36, www.warwik.dk.

Fahrradfahren Wegen ihres Engagements für den Fahrradverkehr wurde die Varde Kommune zur „Fahrradgemeinde 2014" gewählt. Es gibt rund 600 km bestens ausgebaute **Fahrradwege,** z. B. von Varde nach Nørre Nebel (20 km), nach Blåvand (25 km) oder Esbjerg (20 km). www.visitvesterhavet.de/nordsee/aktiv-sein/fahrradrouten

Fahrradreparatur **Vestergades Cyklers** **3**, Räder und Zubehör sowie Reparatur, Mo–Fr 8–17.30, Sa 9–13 Uhr. Vestergade 32, 6800 Varde, ✆ 75 22 06 42, www.vestergadescykler.dk.

Golf Schön am Fluss Varde und stadtnah gelegener 18-Loch-Platz des **Varde Golfklub.** April–Okt. muss die Startzeit reserviert werden, Greenfee 400 DKK. Gellerupvej 111B, 6800 Varde, ✆ 75 22 49 44, www.vardegolfklub.dk.

Kinder Auf dem Platz vor der örtlichen Musikschule fordern **Open-Air-Percussion-Instrumente** zum kreativen Musikmachen heraus (kostenlos und jederzeit). Ein **Kinderflohmarkt** findet jeden Dienstag im Juli statt.

Kunstausstellungen Die **Kunsthalle vARTe** ist offenes Atelier, Wohnstätte für Künstler, Kurs- und Veranstaltungsort. Monatlich wechselnde Kunstausstellungen. Mi–Fr 13–17, Sa/So 10–15 Uhr. Eintritt frei. Smedegade 35D, 6800 Varde, ✆ 21 59 27 08, www.varte.dk.

Militär Die Dünenheide und große Bereiche der Wälder in der Kommune Varde sind Übungsgelände des dänischen Militärs. Während der Sommermonate werden nur an wenigen

Für kreative Kids: Open Air Percussion

Tagen Trainings durchgeführt. Von Sept.–April übt das dänische Heer mit dem gesamten Arsenal. Die Schießgelände, z. B. auf der Kallesmærsk Hede zwischen Blåvand und Vejers, sind durch gelbe Warnschilder und Blinksignale gekennzeichnet. Zudem werden rote Ballons an Markierungspfosten hochgezogen, wenn das Betreten verboten ist. Die Trainingszeiten und entsprechende Sperrungen werden auf der Seite www.forsvaret.dk bekannt gegeben. Ein Infoblatt mit Karte liegt in den Touristenbüros aus.

Parken Das Parken in Varde Stadt ist kostenlos. Informationen zu den Parkzonen in der Varde Kommune gibt es nur an den Zufahrtsstraßen. Auf den Zonenschildern steht z. B. die zulässige Parkdauer und ggf. die Höhe der Parkgebühr. Auf jeden Fall die Parkscheibe mit Ankunftszeitpunkt ins Auto legen.

Schwimmbad/See In der **Varde Svømmehal** beim Fritidscenter gibt es ein großes 25-m-Schwimmbecken, Wellenbad, Kinderbecken, Wasserrutsche und Sauna. Mo–Fr 5.30–8, Di, Do 16–21, Fr 16–19, Sa 6.30–16, So 10–16 sowie 19–21 Uhr (ruhiges Baden mit Musik). 70 DKK, Kinder 55 DKK. Lerpøtvej, 6800 Varde, ✆ 75 21 22 66, www.vardefritidscenter.dk. Den schönen **Badesee Nysø** mit Sandstrand und Spielplatz erreicht man in der Søndre Plantage, also im Wald südlich von Varde (Parkplatz ausgeschildert am Roustvej).

Veranstaltungen Ende Juli steigt im Arnbjergpark das **Varde Open Air** mit etwa 20 Profi-Bands und Kinderkonzerten. Mitte Aug. gibt es beim **Varde Å Tag** viele Naturerlebnisse und Aktivitäten am und rund um den Fluss. Ende Nov. übernehmen die Nisse, die kleinen frechen Weihnachtstrolle, in Varde die Macht. Beim **Nissefestival** wecken sie den Weihnachtsmann und treiben ihre Späße rund um die Hütten des Weihnachtsmarktes.

Wandern Eine schöne **Rundwanderung** (6 km) führt um den Karlsgårde Sø, 14 km östlich von Varde. Gartenfans können dabei auch Tambours Have besichtigen, ein auf den Schneidermeister Gerhard Tambour zurückgehendes 2,5 ha großes Gartenparadies mit Japanischem Garten, Orangerie, Holzfiguren, Heilpflanzen und Spielplatz. Mai–Sept. tägl. 10–17 Uhr; 50 DKK. Bredmosevej 21, Karlsgårde Sø, 6800 Varde, www.vardekommune.dk, https://tambour.vardekommune.dk.

Auch der Fernwanderweg **Küste-zu-Küste-Pfad** führt hier vorbei, www.kyst-kyststien.dk. Mehrere **Wanderrouten** von 3–4 km Länge findet man in der Søndre Plantage, also im Wald südlich von Varde (Parkplätze am Roustvej).

Wohnmobile 10 schöne, in der Nähe des **Freizeitcenters Sportium** (am nördlichen Stadtrand) gelegene Stellplätze mit Strom, Wasser, Entsorgung. Schlüssel für das Sanitärhaus gibt es an der Rezeption des Sportium. 70 DKK. Mai–Nov. Egekrattet 25, 6800 Varde, ✆ 75 21 22 66.

> **Bloß nicht wild campen!** Die Übernachtung auf Parkplätzen und am Strand ist in der Varde Kommune generell nicht erlaubt. Für die Ordnungswidrigkeit „Wildcampen" kann ein Bußgeld in Höhe von 1500 DKK erhoben werden.

Übernachten **Arnbjerg Pavillonen 4**, östlich der Innenstadt am Park. Mit klarem dänischen Chic empfängt dieses Mittelklassehotel seine Gäste. Die schönen Zimmer sind modern und komfortabel ausgestattet und haben Parkblick. Leckeres Bio-Frühstück. Arnbjergallee 2, 6800 Varde, ✆ 75 21 11 00, www.arnbjergpavillonen.dk. **€€€**

Hotel Varde 8, 3 km südlich des Zentrums, in einem Gewerbegebiet gelegen. Ein günstiges Hotel im Stil eines Motels, umgeben von einer Gartenanlage. Man parkt direkt vor dem eigenen Zimmer und hat eine kleine Außenterrasse. Die Zimmer sind komfortabel und modern in dänischem Stil eingerichtet, je nach Kategorie verfügen sie über eine Kitchenette. Tømrervej 18, 6800 Varde, ✆ 75 22 15 00, www.hotel-varde.dk. **€€**

Sportel 1, bei Schwimmbad und Freizeitcenter Sportium. Das neu erbaute Sporthotel im Stil einer Jugendherberge bietet modern eingerichtete Zwei- und Mehrbettzimmer mit eigenem Bad/WC. WLAN im gesamten Haus, Parkplatz. Morgens steht ein gutes Frühstücksbüfett bereit. Lerpøtvej 55, 6800 Varde, ✆ 75 21 22 66, www.sportium.dk. **€€**

mein Tipp **Stilbjerg Sleep & Hygge 2**, 4,5 km nördlich von Varde. Wer Ruhe und idyllisches Landleben liebt, ist bei der netten Familie gut aufgehoben. Vermietet werden 5 gemütliche Ferienwohnungen für 2 bis 6 Pers. Sie sind komfortabel ausgestattet mit Küche, TV, z. T. auch Kaminofen und Außenterrasse. In der Hauptsaison ab 3 Übernachtungen buchbar. Im wunderschön angelegten Garten gibt es 4 Stellplätze für Camper, Wohnwagen oder Zelt, jeweils mit Stromanschluss. Eine echte Alternative für diejenigen, die die überlaufenen Strandcampingplätze meiden wollen! Duschen/

Unbedingt beachten: Warntafeln des Militärs

WC vorhanden, aber es gibt keine Möglichkeit zur Entsorgung von Chemie-Toiletten. Stellplatz für 2 Pers. 120 DKK, Strom 60 DKK. April–Okt. Ringkøbingvej 143, 6800 Varde, ✆ 30 25 08 33, www. stilbjerg.com. **€€**

Essen & Trinken **Restaurant Gl. Daws 6**, in der rustikalen Gaststube werden große Portionen Schnitzel oder Bratfisch mit Kartoffeln zu akzeptablen Preisen serviert. Typisch ist auch gebratenes Bauchfleisch mit Petersiliensoße. Di–Do 17–23, Fr/Sa 11–24 Uhr. Smedegade 4, 6800 Varde, ✆ 81 81 38 04, www.gldaws.dk.

mein Tipp **Spiseriget 5**, der Name des Lokals am Rande der Fußgängerzone bedeutet so viel wie „Speisereich". Im Vintage-Ambiente wird man schon zur Morgenstunde reich bewirtet mit Brunch (ab 139 DKK) bestehend aus Wurst- und Käsespezialitäten, Marmelade, Mandeln, Müsli, Hafergrütze, Schwarzbrot oder Brötchen sowie frisch gepressten Säften und Smoothies. Tagsüber gibt es dänische Tapas, sättigende Sandwiches und Burger-Variationen (149 DKK). Außerdem gibt es viele vegetarische und vegane Gerichte, Kaffeespezialitäten, vielfältiges

Teeangebot, Schokoladen- und Lakritzkuchen sowie Muffins. Mo–Fr 10–19, Sa 10–15 Uhr. Kræmmergade 13d, 6800 Varde, ✆ 75 22 22 75, www.spiseriget.dk.

Restaurant Gro 4, das gepflegte Restaurant im Hotel Arnbjerg Pavillonen mit schöner Außenterrasse am Park legt Wert auf Nachhaltigkeit und Bio-Zutaten. Zum Frokost gibt es Smørrebrød, Salate oder Steak. Abends werden verschiedene Fleisch- und Fischgerichte zu gehobenen Preisen kredenzt. Spezialitäten nach Saison werden auch als Menü angeboten. Tägl. 11–15 und 17–21 Uhr. Arnbjergallee 2, 6800 Varde, ✆ 75 21 11 00, www.arnbjergpavillonen.dk.

Von Lügenhals 7, gehobene Gastronomie in rustikaler Atmosphäre des ursprünglich kaiserlich privilegierten Gasthofs erlebt man in diesem Restaurant in der Altstadt. Aus frischen Biozutaten der Region zaubert die Küche dänische Klassiker und Smørrebrød ebenso wie kaiserliche Bouillabaisse (natürlich aus Nordseefang) oder Hirschterrine. Auch die Kuchenspezialitäten sind ein Gedicht! Di–Do 11–23, Fr/Sa 11–24, So 11–17 Uhr. Brogade 5b, 6800 Varde, ✆ 51 91 68 00, www.vardegarten.dk.

Oksbøl

Drei kraftstrotzende Bullen aus Eisen und Aluminium machen die vorbeihuschenden Touristen auf die kleine Stadt Oksbøl aufmerksam. Häufig wird diese Skulptur der seeländischen Künstlerin Marianne Seidenfaden fotografiert, aber in den 2800-Einwohner-Ort selbst verirrten sich bisher wenige. Das neue Museum **Flugt – Refugee Museum of Denmark** etabliert sich nun als Attraktion für historisch Interessierte.

Ende der 1920er-Jahre errichtete das dänische Heer an diesem Eisenbahnhaltepunkt 30 km nordwestlich von Esbjerg ein Schießgelände für die Artillerie. Bis zum Beginn des Zweiten Weltkriegs wurde daraus der größte Truppenübungsplatz Dänemarks. Mit der Besetzung des Königreichs durch deutsche Truppen 1940 wurde in dem Militärgebiet an der Nordsee ein Barackenlager für 15.000 deutsche Soldaten eingerichtet, die hier gedrillt wurden, den Ausbau des Atlantikwalls vorantreiben mussten und für den Feldzug gegen die Sowjetunion aufgestellt wurden. Nach Kriegsende nutzten die Dänen das Lager, um hier die unerwünschten deutschen Flüchtlinge unterzubringen. Von 1945–49 lebten im größten Flüchtlingslager Dänemarks zeitweise 35.000 Vertriebene u. a. aus den deutschen Ostgebieten. Der Schriftsteller Walter Scheffler verewigte diese Zeit in „Gesänge hinterm Stacheldraht". In der Ål-Plantage stehen noch Überreste des Lagers, des Friedhofs und Lazaretts. Im Gedenken pflegt der Volksbund Deutsche Kriegsgräberfürsorge die Gräber von 121 Soldaten und 1675 Flüchtlingen (Præstegårdsvej). Auch heute ist Oksbøl Garnisonsstadt, der Stützpunkt befindet sich außerhalb im Ortsteil Oksbøllejren. Im gepflegten Städtchen gibt es eine gute Infrastruktur, die auch Urlauber gerne nutzen. Die Lokalbahn Varde–Nørre Nebel hält hier und die Supermärkte bieten sich zum Auffüllen der Ferienhauskühlschränke an. Das Sportcenter mit einem attraktiven Freizeitbad ist allemal einen Besuch wert.

Sehenswertes

Flugt – Refugee Museum of Denmark: Im ehemaligen Krankenhausgebäude des Flüchtlingslagers Oksbøl wurde dieses interessante und aktuelle Museum zum Thema Flucht eingerichtet. Anhand von Einzelschicksalen wird dargestellt, was es für Menschen bedeutet, die Heimat verlassen und alles aufgeben zu müssen, was einem lieb ist. Die Ausstellung thematisiert den Krieg an der Ostfront am Ende des Zweiten Weltkriegs, die Geschichte des

Flüchtlingslagers Oksbøl und die Rückführung der Flüchtlinge nach Deutschland. Auch die aktuellen weltweiten Flüchtlingsströme werden thematisiert. Deutsche oder Vietnamesen, Syrer oder Ukrainer – was sie auf der Flucht erleben, ähnelt sich. In der musealen Präsentation erhalten die Menschen hinter den statistischen Zahlen ein Gesicht. Die Audio-Führung gibt es auch auf Deutsch.

▪ Di–So 10–17 Uhr. 160 DKK inkl. Audioguide, Kinder unter 18 J. frei, Wochenkarte für alle Varde-Museen 275 DKK. Præstegårdsvej 21, 6840 Oksbøl, ✆ 75 22 08 77, www.flugtmuseum.dk.

Ål Kirke: Der älteste Teil der Kirche wurde auf Granitquadern und Tuffstein aus Andernach bei Köln um 1100 erbaut. Der Turm stammt aus der Reformationszeit. Schutzpatron ist der heilige Nikolaus. Sehenswert sind die romanischen Freskogemälde mit Szenen der Nikolaus-Legende und einem Reiterfries. Im Altarraum hängen Holzfiguren eines Marienaltars aus dem Spätmittelalter. Die geschnitzte Kanzel trägt barocke Züge.

▪ Tägl. 8–16 Uhr. Kirkegade 42, 6840 Oksbøl.

Panser- og Artilleriemuseum: Unter Federführung der Varde-Museen wurden das Panzermuseum aus Oksbøl und die ursprünglich in Varde ausgestellte Artilleriesammlung zusammengelegt. Gezeigt werden Kanonen vom Mittelalter bis zur Gegenwart sowie Fahrzeuge und Waffen aus der Zeit des Kalten Krieges, zudem Uniformen, Kleinwaffen und Ausrüstungsgegenstände. Aus den Beständen des Panzermuseums sind u. a. Panzer und gepanzerte Fahrzeuge zu sehen, die seit 1945 in der dänischen Armee eingesetzt werden.

▪ Juli/Aug. tägl 10–17 Uhr, Febr.-Juni und Sept./Okt. Mi–So 10–16 Uhr, Nov. Do–So 10–16 Uhr. 85 DKK, Kinder bis 18 J. frei. Industrivej 18, 6840 Oksbøl, ✆ 75 22 15 94, www.vardemuseerne.dk/museum/panser-artillerimuseum, www.pansermuseet.dk.

Praktische Infos

Information Die nächstgelegenen Touristinformationen befinden sich im **Blåvandshuk Fyr,** Fyrvej 106, 6857 Blåvand, und in **Henne Strand,** Strandvejen 415A, 6854 Henne. www.visitvesterhavet.de.

Verbindungen Nach Varde, Esbjerg und Nørre Nebel fahren regelmäßig **Züge,** www.rejseplanen.dk. **Busse** fahren regelmäßig nach Blåvand, www.sydtrafik.dk.

Fahrradfahren Oksbøl ist über Fahrradwege sehr gut mit Varde, Blåvand und Vejers Strand verbunden. Ein Faltplan (Touristenbüro) gibt Auskunft über die zahlreichen Radtouren in der Varde Kommune. Die **Panoramaroute 405** führt als schöne 26-km-Rundtour durch den Naturpark Nordsee zwischen Oksbøl und Vejers Strand. www.nordseeradweg.dk.

Familien Abwechslung an Regentagen für Familien mit Kindern ab 8 J. bietet ein Besuch im neuen **Escape History House.** Dort kommt beim gemeinsamen Lösen von Aufgaben keine Langeweile auf. Die Themen orientieren sich an der Regionalgeschichte. Spiele auf Deutsch, ab 500 DKK. Baunhøjvej 38, 6840 Oksbøl, ✆ 22 99 61 99, www.escapehistory.dk/de.

Schwimmbad Im **SportsPark Blaavandshuk** in Oksbøl gibt es ein familienfreundliches Hallenbad mit 25-m-Becken, Kletterwand über dem Becken, Rutschen, Wasserfall, Whirlpool, Massagedüsen, Sauna und Infrarotkabine. Juli/Aug. Di, Do 6–8, Mo–Do 11–16, Fr 11–19, Sa/So 13–16 Uhr, Mi auch 18–20 Uhr, Nebensaison abweichend. 70 DKK. Strandvejen 2, 6840 Oksbøl, ✆ 70 22 16 53, www.sportspark.dk.

Ski Park Vesterhavet Kein Scherz: In der Varde Kommune gibt es mehrere Strecken für Skiroller (15–50 km), es sind offizielle Trainingsstrecken des Dänischen Skiverbandes, aber sie sind offen für alle, die mit den flotten Flitzern an den Füßen trainieren möchten. Start der Strecken am BaseCamp im Sports Park, Strandvejen 2, 6840 Oksbøl.

Veranstaltungen Am 24. Juni veranstaltet die Garnison Oksbøl den **Tag der offenen Heide** (Åben Hede) und präsentiert heutige und historische militärische Ausrüstung. Dabei wird auch scharf geschossen.

Wandern In der Ål Plantage sind **3 Wanderrouten** ausgeschildert. Auf der blauen Route (6,5 km, 3 Std.) informieren Tafeln über das frühere Flüchtlingslager.

Der Westen → Karte S. 104

Übernachten/Essen Koncepthotel Danhostel Blåvandshuk 22 (→ Karte S. 106), in dieser Herberge warten helle, schlichte Zimmer mit eigenem Bad/WC und Kühlschrank auf die Gäste. Großer Wert wird auf allergenfreie Reinigungsmittel und Pflegeprodukte gelegt. Die Komfortzimmer passen für Budgetorientierte, Deluxe-Zimmer sind kaum schicker, aber teurer. Strandvejen 1, 6840 Oksbøl, ✆ 75 27 11 10, www.koncepthotel.dk. **€€**

Camp West 21 (→ Karte S. 106), angenehmer Campingplatz mit Hecken und Bäumen am nördlichen Stadtrand (nur ca. 10 km zum Strand). Saubere und komfortable Servicegebäude mit geräumigen Duschen, Küche und Grillplatz. Familien freuen sich über das große Freizeitangebot mit Fischteich, Spielplatz, Hüpfburg, Aktivitätsraum sowie freiem Eintritt ins Schwimmbad und Sportresort Oksbøl. Stellplatz für 2 Pers. 260 DKK. Auch Vermietung von Hütten. Ganzjährig geöffnet. Baunhøjvej 34, 6840 Oksbøl, ✆ 75 27 11 30, www.campwest.dk.

Billum Kro 23 (→ Karte S. 106), 4 km außerhalb in Billum. Der nette Dorfgasthof (Small Danish Hotels) bietet frisch renovierte, komfortable Zimmer mit Bad/WC. TV, WLAN und Wasserkocher sind vorhanden. Das Restaurant serviert Deftiges von Fisch bis zum ordentlichen Steak. Mo–Sa 17–20 Uhr. Vesterhavsvej 25, 6852 Billum, ✆ 75 25 82 00, www.billum-kro.dk. **€€**

Blåvand

Weniger als 200 Einwohner, mehr als 2000 Ferienhäuser – so lässt sich Blåvand kurz umreißen. Am windzerzausten westlichsten Punkt Dänemarks, wo einst wenige Fischer ihr spärliches Auskommen suchten, hat sich seit den 1950er-Jahren nicht ohne Grund einer der beliebtesten Badeorte entwickelt, der mit dem kleinen Oksby inzwischen verwachsen ist. Kilometerlange Traumstrände und das blå vand (blaue Wasser) der Nordsee mit weißen Schaumkronen ziehen Feriengäste magisch an. Wie übrigens sämtliche Strandorte bis hinauf nach Nymindegab ist auch Blåvand mit der blauen Umweltflagge für hervorragende Wasserqualität ausgezeichnet. Die nach Westen ausgerichteten Strände am Blåvandshuk sowie die südlich an der Esperance Bugt gelegenen Strände von Blåvand und Hvidbjerg sind breit und weiß, an manchen Stellen durch Buhnen oder Lahnungen gegen Wind und Wellen gesichert. Hier kann man Muscheln, Bernstein und Gagat (Pechkohle bzw. fossiles Holz) finden. Das vorgelagerte Horns Rev (Horns Riff), das sich ca. 40 km weit ins Meer erstreckt, verhindert starke Strömungen und sorgt für flaches, seichtes Wasser – also ideal für Familien mit Kindern. Eine hohe Dünenreihe schirmt die Heide und die Ferienhäuser gegen die Nordsee ab. Strandaktivitäten und Wassersport vom Burgenbauen bis Surfen sind hier angesagt. Auch Radfahrer und Golfspieler finden beste Möglichkeiten vor. Familienspaß bei jedem Wetter bieten das Badeland und der Zoo. „Shopping-Queens“ zieht es in die zentrale Geschäftsstraße am Blåvandvej, wo es alles gibt, was man im Urlaub so braucht.

Sehenswertes

Kunst am Bunker: Am Strand fallen als erstes die Bunker-Reste des Atlantikwalls auf, die hier humorvolle Züge tragen und so manches Urlaubsfoto zieren. Der britische Künstler Bill Woodrow gestaltete sie anlässlich des 50. Jahrestags der Befreiung Dänemarks mit Köpfen und Schwänzen aus Stahl zu seinen Bunker-Mulis um. Die Skulpturen mit dem Titel „Riding to the sea“ versinnbildlichen die Hoffnung, dass die Ruinen irgendwann einmal im Meer verschwinden und sich (ebenso wie die nicht fortpflanzungsfähigen Mulis) niemals mehr vermehren mögen. Auch der deutsche Aktionskünstler Jörg Immendorf hat sich auf einem Bunker verewigt (westlich des Blåvandshuk Fyr am Strand). Das Graffito

Bill Woodrows Bunker-Mulis am Strand von Blåvand

„Affe mit Pinsel", das durch Wind und Wetter, aber auch durch Sprayer-Vandalismus beinahe zerstört war, wurde inzwischen restauriert. Die Werke Woodrows und Immendorfs waren Teil der Gedenkausstellung „Die Linie – das Licht, Friedensskulptur", für die auf einer Länge von 500 km entlang der dänischen Nordseeküste 22 internationale Künstler 57 Kunstwerke schufen.

Blåvandshuk Fyr: Als auffällige Landmarke ragt der weiße, viereckige Blåvandshuk Fyr an Dänemarks westlichstem Punkt in die Höhe. Der Leuchtturm steht auf der höchsten Erhebung, dem 18 m hohen Hjorns Bjerge, und misst selbst noch mal 39 m. 170 Stufen geht es hinauf, das viereckige Turmauge liefert dabei ein hübsches Fotomotiv. Der Ausstieg zur Aussichtsplattform ist eng und führt über mehrere schmale, steile Stufen. Belohnt wird die Kraxelei mit einer spektakulären Aussicht von Blåvand bis zu den Hafenanlagen von Esbjerg und hinaus aufs offene Meer zu den Offshore-Windkraftanlagen Horns Rev 1 und 2.

Im Jahr 1899 wurde Blåvandshuk Fyr erbaut, um die Einfahrt zum Hafen von Esbjerg zu sichern und vor dem Riff Horns Rev zu warnen. Seit dem Neujahrsabend 1900 leuchtet sein Ansteuerungsfeuer mit drei Blinkzeichen alle 20 Sekunden. Das Licht der 1000-Watt-Lampe wird durch spezielle Linsen so gebündelt, dass die Lichtstrahlen 42 km über das Meer leuchten. Die vier Tonnen schwere Linse wurde früher mithilfe eines Uhrwerks gedreht, heute wird sie elektrisch angetrieben. Der Leuchtturm steht unter Denkmalschutz. Im einstigen Leuchtturmwärterhaus ist eine Ausstellung über den Offshore-Windenergiepark zu sehen, und hier befindet sich auch die Touristeninformation Blåvandshuk.

▪ Juli–Mitte Aug. 9–19 Uhr, April–Juni, Mitte Aug.–Ende Okt. tägl. 10–17 Uhr, Nov.–Febr. Do–So 10–15 Uhr, Febr./März Di–So 10–16 Uhr. 70 DKK, Kinder unter 18 J. frei. Fyrvej 106, 6857 Blåvand, www.vardemuseerne.dk/museum/blaavandshuk-fyr/.

Tirpitz Museum: Eine faszinierende Zeitreise durch die Geschichte der dänischen Westküste ermöglicht das 2017 eröffnete Tirpitz Museum. Die Architekturfirma BIG hat auf dem Gelände der von Hitlers Truppen begonnenen,

Der Westen → Karte S. 104

aber bis Kriegsende nicht fertiggestellten Tirpitz-Stellungen einen unterirdischen Museumsbau realisiert. Versteckt unter dem Sand der Dünen zeigt das Museum drei großartige Ausstellungen. Die moderne Architektur aus Beton, Glas und Stahl wird zur Projektionsfläche für spannende multimediale Inszenierungen. Während die Besucher die dazugehörigen Geschichten mittels Audioguide anhören, traben in den Projektionen plötzlich Mammuts über den uralten Meeresgrund, „man fährt" mit einem 100 Jahre alten Rettungsboot mitten durch das Sturmgebraus der Nordseewellen und trifft auf Schmuggler und frühe Campinggäste in Blåvand. Das „Gold des Meeres", der Bernstein, wird in der Schatzkammer zum Leuchten gebracht und ein erfahrener Bernsteinsammler erklärt, wie man die versteinerten Harzbrocken am Strand finden kann. Wie die Menschen hier vor Ort den Zweiten Weltkrieg und die Besatzungszeit erlebt haben, wird in einer Bunkerlandschaft erzählt. Auch in den schmalen Gängen des alten Tirpitz-Bunkers werden Geschichte und Schicksale ergreifend spürbar.

▪ Juli–Mitte Aug. tägl. 9–18 Uhr, April–Juni, Mitte Aug.–Nov. tägl. 10–17 Uhr, Dez.–März Di–So 10–17 Uhr. 160 DKK. Kinder unter 18 J. frei. Wochenkarte für alle Varde-Museen 275 DKK. Tirpitzvej 1, 6857 Blåvand, ✆ 75 22 08 77, www.vardemuseerne.dk.

Praktische Infos

→ Karte S. 119

Information Die **Touristeninformation** befindet sich im Leuchtturmwärterhaus des Blåvandshuk Fyr. Hier gibt es in Selbstbedienung alle wichtigen Prospekte. Juli–Mitte Aug. tägl. 9–19 Uhr, April–Juni, Mitte Aug.–Ende Okt. tägl. 10–17 Uhr, NS Do–So 10–15 Uhr. Fyrvej 106, 6857 Blåvand, ✆ 75 27 54 11, www.visitvesterhavet.de. Nächste bemannte Touristeninformation in Henne Strand.

Verbindungen Regelmäßige Verbindung von/nach Oksbøl mit dem **Bus 140** von Sydtrafik. www.sydtrafik.dk.

Angeln Am **Ho Fiskesø** kann man Regenbogenforellen, aber auch Aale und Karpfen fangen. 60 DKK/Std., Tageskarte 280 DKK, Kinder die Hälfte. Almosetoften 12, Ho, 6857 Blåvand, ✆ 40 53 56 32, www.hofisk.dk.

Blåvand Naturcenter In dem Naturcenter beim Leuchtturm gibt es eine Ausstellung über

Treppenhaus des Blåvandshuk Fyr

Flora und Fauna an der Westküste, eine Naturschule und eine Vogelstation. April–Okt. Mo–So. Fyrvej 81, 6857 Blåvand, www.vardemuseerne.dk/naturkulturvarde/.

Einkaufen **Blåvand Fiskebutik 8**, Fisch und Meeresfrüchte in großer Auswahl kommen von den Fischauktionen in Esbjerg und Hvide Sande täglich frisch in den Laden im Herzen Blåvands. Außerdem gibt es diverse Fischsalate, geräucherte Fische und Spezialitäten wie Bakskuld und Kabeljaurogen. Tägl. 10–17, Aug. bis 18 Uhr. Kallesmærksvej 2, 6857 Blåvand, ✆ 75 27 85 10, www.blaavandfisk.dk.

Hr. Skov 7, Einkaufen oder Essen? Am liebsten beides: Herr Skov bietet in seiner ambitionierten Gourmetbutik mitten in Blåvand Spezialitäten aus Dänemarks Westen: Schafe, Rinder, Wild, Kräuter, Beeren, Pilze verarbeitet und veredelt der gelernte Gastronom in seiner eigenen Produktlinie – zu Schnäpsen, Grillmarinaden, Marmelade, Spezialbier, Salz; im Angebot auch frisches Fleisch, Käse und weitere delikate Produkte aus der Region. Die Weinregale sind gefüllt mit exzellenten Grand Crus. Auf der Außenterrasse kann man kleine feine Gerichte, z. B. Muscheln in Weißwein oder Bornholmer Pasta mit Fanølachs, genießen. Di–So 10–17, Fr/Sa 10–18 Uhr. Blåvandvej 37, 6857 Blåvand, ✆ 75 27 85 00, www.hrskov.dk.

Slagter Theilgaard 14, beim Schlachter Theilgaard bekommt man frisches Fleisch für Grill und Pfanne sowie Wurstspezialitäten und Feinkost. Tägl. 10–17 Uhr. Tane Hedevej 4, 6857 Blåvand, ✆ 76 12 10 15, www.slagtertheilgaard.dk.

Blåvand Lys 11, Hunderte Kerzen, Dekoartikel und Mode gibt es bei Blåvand Lys. Wer Lust hat, darf seine Kerzen in 11 verschiedenen Farben selbst ziehen. Tägl. 10–17 Uhr. Blåvand Vej 3, 6857 Blåvand, ✆ 75 27 94 94, www.blaavandlys.dk.

Blåvand Bolcher 10, die süßeste Verführung in Blåvand. Mit alten Rezepten von 1864 werden in der Dropskocherei Bonbons von Hand hergestellt. Kunden dürfen ihren eigenen Lolli kreieren. Im Café kann man Eis, Waffeln, Kaffee und Kuchen genießen. Tägl. 10–17 Uhr. Blåvandvej 17, 6857 Blåvand, ✆ 75 27 68 16, www.blaavand-bolcher.dk.

Ferienhausvermietung **DanCenter Blåvand 6**, Blåvandvej 57, 6857 Blåvand, ✆ 75 27 95 00, www.blaavand.dancenter.dk; **Feriecompagniet Blåvand 15**, ortsansässige Ferienhausvermietung, Horns Bjerge 4, 6857 Blåvand, ✆ 75 27 50 70, www.blavandstrand.de; **Feriepartner Blåvand 5**, überregionales Unternehmen mit Büro in Ortsmitte, Blåvandvej 53, 6857 Blåvand, ✆ 96 18 02 01, www.feriepartner.de; **Esmark Feriehusudlejning 12**, Ferienhausvermittlung in Südwestjylland mit Büro in Blåvand, Blåvandvej 1, 6857 Blåvand, ✆ 69 15 96 16, www.esmark.de.

Fahrradfahren Im Touristenbüro ist eine Fahrradkarte erhältlich, die alle Radwege und Touren zwischen Blåvand und Nymindegab zeigt. **Tour 12** (7 km) verbindet die Sehenswürdigkeiten von Blåvand und Hvidbjerg. Die **Tour 14** (24 km) führt landschaftlich reizvoll entlang der Ho Bugt auf die Landzunge Skallingen, wo man zwischen Dünen und Marsch auf dem (oft überschwemmten) Weg vorbei an Høje Knolde Strand zum Madpakkehuset fährt.

FKK Der Høje Knolde Strand auf Skallingen ist ein beliebtes Ziel von Nudisten.

Golf Zwischen Ho Bugt und Ho Plantage liegt das **Blåvandshuk Golfcenter** fast zu schön, um nur ein Auge auf die kleinen Bälle zu haben. Er bietet einen 18-Loch-Platz, eine Par 3-Bahn mit 9 Löchern, Putting Green und Driving Range. Pay&Play 175 DKK, 18-Loch-Platz 350 DKK. Ganzjährig geöffnet. Søndertoften 29, 6857 Blåvand, ✆ 75 27 88 11, www.blaagolf.dk.

Hunde Am Strand dürfen Hunde von Okt.–März frei laufen, ansonsten nur angeleint. Auslauf ohne Leinenpflicht gibt es im Oksby Hundewald am Ortseingang (Parkplatz Blåvandvej 87, ausgeschildert). Es ist verboten, Hunde nach Skallingen mitzunehmen.

Insel Langli In der Ho Bugt liegt die kleine Insel Langli im Wattenmeer. Nach Schiffbrüchen wurden dort unbekannte Seeleute auf dem „Berg der toten Männer" beerdigt. Heute ist die Insel ein wichtiges Brutgebiet für Vögel. Deshalb ist die Insel nur vom 16. Juli–15. Sept. für Besucher geöffnet. Es werden geführte Touren angeboten. Wer alleine auf dem Ebbevej zur Insel geht (1,5 Std.), muss sich vorher unbedingt über die Gezeiten und Wetterverhältnisse informieren. Hunde sind auf der Insel nicht erlaubt.

Militär Nördlich des Blåvandshuk Fyr beginnt das militärische Sperrgebiet der Kallesmærsk Hede. Der Zutritt ist verboten (→ Varde, Militär S. 109). Aufenthalt am Strand vor dem Übungsgelände mit Einschränkung möglich.

Minigolf Direkt an der Hauptstraße findet man mit **West Coast Minigolf** einen schön gestalteten Minigolfplatz mit 18 Löchern auf Kunstrasen. Juli 10–22 Uhr, Juni und Aug. 10–20 Uhr, 15. März–31. Mai, 1. Sept.–15. Nov.

Der Westen → Karte S. 104

10–18 Uhr. 80 DKK, Kinder 7–15 J. 40 DKK. Blåvandvej 85B, 6857 Blåvand, ✆ 75 29 99 29, www.westcoastminigolf.dk.

Reiten Auf Islandpferden des Gestüts **Stutteri Vestmose** in Ho starten Pferdefans zu gemütlichen Schritttouren, Tölttouren und flotten Strandritten. Hovej 29, 6857 Blåvand, ✆ 28 49 99 99, www.stutteri-vestmose.dk. Auch das **Ridecenter Blåvand** (beim Hvidbjerg Feriepark) bietet verschiedene Touren mit seinen Islandpferden an. Grønnevej 21, 6857 Blåvand, ✆ 29 60 93 80, www.hvidbjergstrand.de.

Schwimmbad Nicht nur bei Regenwetter ist das **Blavand Badeland** die Attraktion. Blackhole- und 3 weitere Rutschen, Wassergrotte mit Licht und Sounds, Planschbecken, Whirlpool, Sauna und tropische Temperaturen locken in das erdwärmebeheizte Erlebnisbad. Ganzjährig geöffnet, HS tägl. 9–21 Uhr, NS 10–18/20 Uhr. Für Gäste des Hvidbjerg Strand Ferienparks Eintritt frei, für externe Gäste 120 DKK. Hvidbjerg Strandvej 27, 6857 Blåvand, ✆ 75 27 90 40, www.hvidbjergstrand.dk.

Strand Am Hvidbjerg Strand gibt es einen Holzsteg mit Podest und Leiter, um ins Nordseewasser zu gelangen (in Verlängerung des Hvidbjerg Strandvej). Dort sind Livredder von Mitte Juni bis Mitte Aug. 10–18 Uhr auf ihrem Posten.

Surfen Am **Hvidbjerg Strand** ist ein Bereich für Surfer und Kitesurfer ausgeschildert. Am Hvidbjerg Camping gibt es eine Surfschule. **Drageshop Blåvand,** hat einen Stand mit Verleih und Unterricht für SUP am Parkplatz Hvidbjerg Strand. Laden für Verleih und Ausrüstung Blåvandvej 45, 6857 Blåvand, ✆ 75 27 52 52, www.drageshop-blavand.com.

Veranstaltungen Ende Aug. findet in Ho der beliebte **Ho Fåremarked** (Schafsmarkt) mit Jahrmarkt, Händlern, Essen und Trinken statt (Eingänge Tane Hedevej und Vesterballevej). Am letzten Septemberwochenende veranstalten Blåvand, Vejers und Henne Strand gemeinsam das **Bernsteinfestival** mit Verkaufsständen, handwerklichen Vorführungen und vielen Informationsveranstaltungen.

Wandern Vom Blåvands Huk bis nach Vejle an der Ostsee führt der Fernwanderweg **Küste-zu-Küste-Pfad** auf insgesamt 120 km durch die abwechslungsreiche Natur Südjütlands. Faltblatt mit Streckenführung und QR-Code unter www.kyst-kyststien.dk.

In der **Ho Plantage** kann man auf 3 Routen (2,3 km, 1,7 km und 5 km) zur Parabeldüne Jens Jessens Sand wandern. Parkplätze am Tane Hedevej und am Skallingenvej. Karte unter www.naturparkvesterhavet.dk.

Wellness Das ansprechend gestaltete und mit Erdwärme geheizte **Blåvand Kurbad & Wellness** des Hvidbjerg Strand Feriepark steht auch externen Gästen offen (außer Sa). In mehreren Saunen, Dampfbädern und Pools mit tollem Blick über Dünen und Meer kann man herrlich relaxen. Auf Bestellung gibt es

Blick über den beliebten Ferienort Blåvand

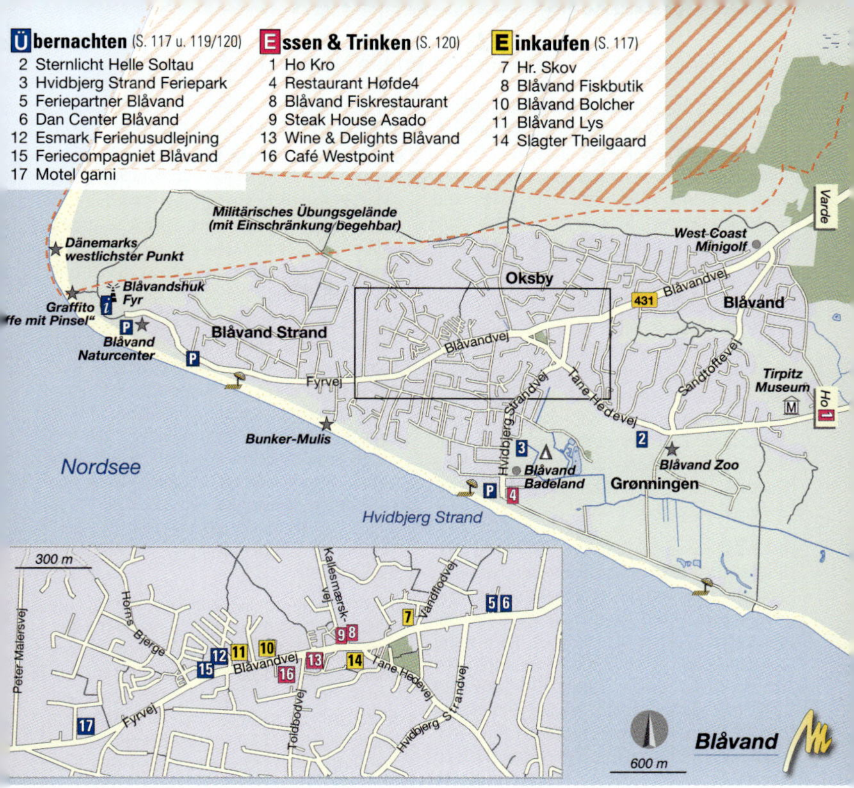

verschiedene Massage- und Schönheitsbehandlungen – auch für Paare. Badesandalen erforderlich. Eintritt 300 DKK für externe Gäste ab 16 J., kostenlos oder Rabatt für Gäste des Ferieparks je nach Saison und Unterkunft. Hvidbjerg Strandvej 27, 6857 Blåvand, ✆ 76 54 25 18, www.blaavandkurbad.dk.

Wohnmobile Schöne, ruhig gelegene Stellplätze für Wohnmobile auf einer Wiese bei einem alten Bauernhaus nahe dem Zoo. Wasser und Strom, keine Entsorgung. April–Okt. 130 DKK/Nacht. **Sternlicht – Helle Soltau,** Tane Hedevej 48, 6857 Blåvand, ✆ 40 33 84 41, www.sternlicht.dk.

Zoo Der kleine Tierpark mit 400 Tieren hat es besonders den Kindern angetan, denn sie dürfen die Tiere anfassen, beim Füttern helfen oder auf Ponys reiten (20 DKK). Unter anderem sind weiße Löwen, Kängurus, Lamas, Strauße, Affen und Papageien zu sehen. April–Aug. tägl. 10–18 Uhr, März, Sept./Okt. 10–17 Uhr, Nov.–Febr. 10–16 Uhr. 3–12 J. 75 DKK, ab 12 J. 150 DKK. Øster Hedevej 1, 6857 Blåvand, ✆ 75 27 91 77, www.blaavandzoo.dk.

Übernachten **Hvidbjerg Strand Feriepark 3,** Superior-Ferienpark am Strand mit Campingplatz, Ferienhütten und Hotel mit Apartments – mit allem, was das Herz begehrt. Das schön angelegte, ebene und parzellierte Wiesengelände hinter den Dünen verfügt sowohl über Standard- als auch über luxuriöse Stellplätze im XL-Format für 2 Wohnwagen mit eigenem Bad und Außenspa. Der Campingplatz bietet komfortable Sanitärgebäude und Gästeküchen, Supermarkt und Fischladen. Natur und Komfort vereinen die exklusiven Reetdachfischerhütten mit Veranda am Put-&-Take-See. Die Strandvillen und die neuen Apartments im Strandhotel liegen in der ersten Dünenreihe. Der Besuch im tropischen Erlebnisbad, im Wellnesscenter und in Playcity, dem Spielland für Kinder, sind inklusive. Standard-Stellplatz Camping für 2 Pers. 495 DKK. Apartment ab 1559 DKK; in der Hauptsaison nur ab 3 Übernachtungen buchbar. Hvidbjerg Strandvej 27, 6857 Blåvand, ✆ 75 27 90 40, www.hvidbjergstrand.dk. **€€€€**

Motel garni 17, an der Hauptstraße von Blåvand und in der Nähe der Einkaufsmöglichkeiten.

In dem günstigen Motel kommt man in ordentlichen, zweckmäßigen Ferienwohnungen mit Bad/WC, TV, WLAN, kleiner Küche und Freisitz unter. Das Richtige für Leute, die viel unterwegs sind und einen Platz zum Essen und Schlafen brauchen. Minimum 2 Übernachtungen. Fyrvej 22, 6857 Blåvand, ✆ 40 17 33 79, www.motelgarni.dk. **€€**

MeinTipp **Sternlicht – Helle Soltau 2**, in der Nähe des Zoos. In einem alten Bauernhof von 1850 in der Heide vermietet die Gastgeberin 2 mit Liebe zum Detail eingerichtete Ferienwohnungen mit Bad/WC, schöner, bestens ausgestatteteter Küche, TV und WLAN. Außerdem stehen eine Terrasse mit Grill, Liegestühle und ein Pool zur Verfügung. Ein schöner Ort zum Relaxen. Tane Hedevej 48, 6857 Blåvand, ✆ 40 33 84 41, www.sternlicht.dk. **€**

MeinTipp **Essen & Trinken** **Blåvand Fiskerestaurant 8**, in diesem netten Fischlokal sind die Wege von der Fischtheke in Topf und Pfanne kurz. Frisch aus dem Räucherofen landen Lachs, Makrele oder Heilbutt noch warm auf den Tellern neben Backkartoffel und Salat. Scholle, Wels, Forelle, Thunfisch, Schalentiere und mehr gibt's gebraten, gekocht und mit feinen Beilagen. Aber auch Schnitzel, Brathähnchen oder Wild warten auf Hungrige. Auch an Vegetarier wird gedacht. Hauptgerichte ab 220 DKK. Tägl. 11.30–20.30 Uhr. Kallesmærskvej 2, 6857 Blåvand, ✆ 75 27 85 10, www.blaavandfisk.dk.

Restaurant Høfde4 4, die schmucke Brasserie an der Buhne 4 bietet exquisit zubereitete dänische Speisen wie Bakskuld, Nordseegarnelen oder Rinderfilet mit Roter Bete; wechselnde kleine Speisekarte. Gehobenes Preisniveau, abends Menü. HS und Ferien tägl. ab 12 Uhr, NS s. Webseite. Hvidbjerg Strandvej, 6857 Blåvand, Tischreservierung ratsam, ✆ 75 27 90 89, www.hoefde4.dk.

Steak House Asado 9, mexikanisches und argentisches Essen steht hier Pate für lecker angerichtete Teller mit großen Fleischportionen. Steaks, Rippchen und Burger vom Grill treffen auf gegrillte Maiskolben, Salsa und Pommes. So–Mi 12–20.30, Do–Sa 12–21 Uhr. Blåvandvej 31, 6857 Blåvand, ✆ 75 25 95 61.

Wine & Delights Blåvand 13, nette Tapas- und Weinbar mit einer breiten Palette an biologisch erzeugten Weinen sowie anderen Kalt- und Heißgetränken. Als Sundowner kann man in hyggeliger Atmosphäre dänischen und britischen Gin genießen. Dazu munden süße und salzige Snacks, kleine Speisen sowie leckere Kuchen. Regelmäßig gibt es kulinarische und musikalische Events. Mo–Do 12–20.30, Fr/Sa 12–22, So 12–16 Uhr. Blåvandvej 24, 6857 Blåvand, ✆ 53 55 28 48, www.wineanddelights.com.

Ho Kro 1, in der authentischen Atmosphäre des Dorfkrugs darf man sich auf modern interpretierte dänische Küche auf Gourmetniveau freuen – bei entsprechenden Preisen. Der freundliche Service beginnt beim „Gruß aus der Küche" mit südjütländischen Spezialitäten. Frischer Fisch und Fleisch von heimischen Tieren werden nach Saison zu feinen Gerichten variiert. Stimmige Weinauswahl. Reservierung empfohlen. April–Juni Mi/Do ab 18, Fr/Sa ab 12, So 12–17 Uhr, Juli–Okt. Mi–Sa ab 12, So 12–17 Uhr, NS s. Webseite. Hovej 34, 6857 Blåvand, ✆ 75 27 90 44, www.hokro.dk.

Cafe Westpoint 16, in gemütlicher Wohnzimmeratmosphäre oder auf der Außenterrasse an Blåvands „Boulevard" genießt man Kaffee, Kuchen, frisch gebackene Waffeln, italienisches Eis und kleine Gerichte. Tägl. 10–17 Uhr. Blåvandvej 16, 6857 Blåvand, ✆ 75 27 10 20.

Vejers Strand

Naturnaher Familienurlaub, Auszeit für Ruhesuchende und Ferienhausidyll schlechthin – dafür steht Vejers Strand. Das Motto „die hyggelige Dänen" eines langjährigen Ferienhausvermieters hat sich die Strandgemeinde (Vejers und Vejers Strand), in der nur ein paar Handvoll Einheimische leben, zu eigen gemacht. Nichts ist mehr zu spüren vom windigen, ungastlichen Fischerkaff, das 1443 unter dem Namen Wedersøe erstmals auf einer Karte auftaucht. Um 1900 entdeckten die Fischer eine neue Einnahmequelle: Sie vermieteten Ferienhäuser an wohlhabende Familien aus Kopenhagen, für die es als chic galt, den Sommer an der Nordsee zu verbringen. Der damals einzige

Am Autostrand in Vejers findet jeder sein Plätzchen

Nordsee-Badeort Vejers hat sich bis heute das gemütliche Flair und seine Naturnähe erhalten. Es ist keine Seltenheit, dass am Ferienhaus in den Dünen ein zutraulicher Sechzehnender mit seinem Rudel vorbeischreitet, denn die Heide ist einer der wichtigsten Rückzugsorte für Rotwild in Dänemark. Eine Disco sucht man in Vejers vergebens. Hier setzt man sich bei Sonnenuntergang in die Dünen und lässt sich den Wind um die Nase streichen. Oder man hält die Angel in die Brandung und hofft, dass ein Steinbutt anbeißt. In der Nebensaison trifft man beim Strandspaziergang keine Menschenseele, voll wird es erst im Hochsommer und an Feiertagen. Bei Badewetter setzt sich kurz nach dem Frühstück eine Autokarawane in Bewegung mit Kurs auf den befahrbaren Südstrand. Auf weiß-roten Wachttürmen wachen dort die Livredder über Schwimmer, Surfer und Burgenbauer.

Praktische Infos

→ Karte S. 123

Information Flyer und Karten sind auf Campingplätzen und in Ferienhausvermietungen erhältlich. Nächste bemannte Touristeninformation in Henne Strand. www.visitvesterhavet.de.

Verbindungen Vejers Strand ist mit regelmäßigen öffentlichen Verkehrsmitteln nicht erreichbar. Ein **Minibus** (Flextrafik) kann telefonisch bestellt werden, ✆ 76 60 86 08, www.sydtrafik.dk. Nächster Bahnhof in Oksbøl. **Taxi:** Vrøgum Taxi Oksbøl, ✆ 75 27 12 21.

Angeln Der Strand von Vejers ist von Ende April–Anf. Okt. ein Hotspot für Steinbutt-Angler.

Einkaufen In Vejers Strand gibt es einen **Lebensmittelladen** beim Stjerne Camping (Vejers Havvej 7) und den kleinen Supermarkt Vejers Storkøb (Vejers Havvej 68B). Frischen Fisch gibt es in der HS vom **Fiskmobil** (am Parkplatz bei Vejers Supermarked).

Vejers Strand Drops Kogeri 3, hier werden lauter süße Sünden angeboten von Bonbons über Eis bis Apfelkuchen mit Sahne. Tägl. 11–17 Uhr. Vejers Havvej 69A, 6853 Vejers Strand, ✆ 75 27 76 77.

Flittiglise 5, gut sortiertes Wollgeschäft in der Ortsmitte. HS Mi–So 12–17 Uhr, NS s. Webseite. Vejers Havvej 60, 6853 Vejers Strand, ✆ 29 80 68 66, www.flittiglise.dk.

Strand-Galleriet 2, Malerei, Grafik, Skulpturen und Keramik von 40 Künstlern von modern bis naiv. Fr–So 11–16 Uhr sowie nach Absprache. Vejers Havvej 72, 6853 Vejers Strand, ✆ 20 48 82 20, www.strand-galleriet.dk.

Fahrradfahren Es gibt eine kostenlose Fahrradkarte, die alle Radwege und Touren zwischen Blåvand und Nymindegab zeigt (erhältlich u. a. im Touristenbüro Blåvand). Eine schöne Rundtour ist die **Panoramaroute 405** (26 km) von Vejers Strand durch die Dünenheide zum Grærup Langsø und über Oksbøl zurück. Vejers liegt außerdem am **Nordseeküsten-Radweg** (Vestkystruten, insgesamt 560 km von Rudbøl nach Skagen), www.nordseeradweg.dk.

Fahrradvermietung **Die „hyggelige" Dänen,** vermieten Räder ab 75 DKK/Tag. Vejers Havvej 12, 6853 Vejers Strand, ✆ 75 27 71 83, www.vejers.com.

Sorgen für Sicherheit: die Livredder

Ferienhausvermietung **Die „hyggelige" Dänen 8,** ortsansässiges Familienunternehmen, Vejers Havvej 12, 6853 Vejers Strand, ✆ 75 27 71 83, www.vejers.com. **Sol og Strand Feriehusudlejning 9,** Vejers Havvej 19a, 6853 Vejers Strand, ✆ 96 96 56 70, www.sologstrand.dk/kontakt-os/lokalbureau-vejers. **Schultz by Esmark 6,** Ferienhausvermietung in Vejers, Henne Strand und Blåvand, Vejers Havvej 81, 6853 Vejers Strand, ✆ 69 15 96 17, www.schultzferiehuse.de.

Militär Südlich des Vejers Havvej liegt das militärische **Sperrgebiet der Kallesmærsk Hede.** Hier finden an 200 Tagen des Jahres Schießübungen statt. Deshalb ist der Zutritt verboten. Nördlich zwischen Vejers Havvej und Filsøvej liegt das Truppenübungsgelände. Dort ist der Aufenthalt gestattet, wenn keine Übungen stattfinden. Beachten Sie die gelben Warnschilder bzw. bei Schießübungen die hochgezogenen roten Markierungsballone und Blinklichter. Die Zufahrtsstraßen nach Vejers, Grærup, Borsmose und Kærgård Strand sind meistens frei befahrbar, können aber bei Manövern auch gesperrt werden. Infos unter www.forsvaret.dk (→ Varde, Militär, S. 109).

Strand Livredder vom dänischen Schwimmverband bewachen den Badestrand in **Vejers Strand** von Mitte Juni–Mitte Aug. tägl. 10–18 Uhr.

Veranstaltungen Anf. Mai findet alljährlich das **Steinbutt-Festival** für Hobbyangler statt. Am 23. Juni wird zum **Sankt Hans Aften** (Mittsommerabend) ein großes Feuer am Strand entzündet und Livemusik gespielt. Mitte Juli sind bei der **Vejers Sportwoche** alle Aktivitäten kostenlos, z. B. Fitness, Mindfulness am Strand, Angelturnier, Stricken, Orientierungslauf oder Tennis. Bei der **Musikwoche** Ende Juli/Anf. Aug. steht täglich Livemusik von Folk, Pop, gemeinsames Singen bis zu Karaoke auf dem Programm. Am letzten Wochenende im Sept. feiert man in Vejers beim **Bernsteinfestival** das „Gold der Nordsee" mit Straßenmusik, Puppentheater, Vorträgen, handwerklichen Vorführungen und Bernsteinsammeln unter fachkundiger Anleitung.

Wandern Im Wald Sydstrand und rund um den Stribsø sind 4 **Wanderwege** von 2,1–7 km Länge ausgeschildert.

Wohnmobile Quick-Stop am **Stjerne Camping 11** mit Ver- und Entsorgung, 120 DKK/20–10 Uhr. Vejers Havvej 7, 6853 Vejers Strand, ✆ 75 27 70 54, www.stjernecamping.dk.

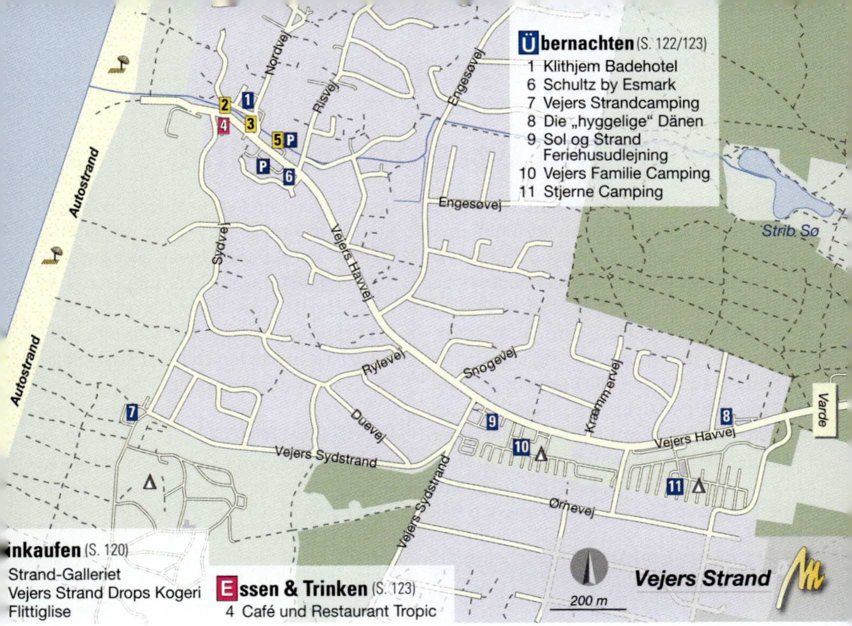

Übernachten **Klithjem Badehotel 1**, nur wenige Hundert Meter vom Meer entfernt. Stilvoll renoviertes und mit viel Liebe geführtes Hotel (1925) „aus Großmutters Zeit". Die Zimmer wirken mit ihrer hellen, individuellen Einrichtung sehr romantisch. Es gibt 6 DZ mit Bad/WC sowie 3 DZ mit Waschbecken und eigenem Bad/WC auf dem Gang. Auf Fernseher wurde verzichtet, dafür entschädigt der Blick in die Dünen bzw. aufs Meer. Nordvej 1, 6853 Vejers Strand, ✆ 40 18 17 26, www.klithjembadehotel.dk. **€€€**

Vejers Strandcamping 7, großes, weitgehend baumloses Gelände in den Dünen am Südstrand. Hier gibt es keine Parzellen, jeder darf sich seinen Lieblingsplatz aussuchen. Stellplatz für 2 Pers. 323 DKK. März–Okt. Tipp: Anfang Mai trifft sich unter dem Motto „Vanlife Barbecue" eine bunte Schar Vanlifer, also Menschen mit den unterschiedlichsten und kultigsten Vans, Bullis und sonstigen Ausbauten, auf dem Strandcamping. Fürs leibliche Wohl sorgen Foodtrucks und es gibt Live-Musik. Vejers Sydstrand 3, 6853 Vejers Strand, ✆ 75 27 70 50, www.vejersstrandcamping.dk.

Vejers Familie Camping 10, an der Hauptstraße gelegen, ca. 1,5 km zum Strand. Ebenes Gelände mit engen Parzellen, Fahrwege sind geschottert. In der Saison meist gut besucht, deshalb ist Reservierung sinnvoll. Highlights für Kinder sind der schöne Pool und der Spielplatz. Stellplatz für 2 Pers. 255 DKK, Duschen extra. Es werden auch Hütten vermietet. Mitte März–Mitte Okt. Vejers Havvej 15, 6853 Vejers Strand, ✆ 75 27 70 36, www.vejersfamiliecamping.dk.

Stjerne Camping 11, an der Hauptstraße, 2 km zum Strand. Schöner, ebener Platz, Parzellen durch Hecken unterteilt. Der beliebte Platz bietet saubere, familiengerechte Sanitäranlagen, Küche mit Aufenthaltsraum, einen kleinen Supermarkt, Fernsehraum, Kinderspielplatz und Streichelzoo. Es werden zahlreiche Aktivitäten, z. B. Stockbrotbacken und Schatzsuche, angeboten. Freier Eintritt ins Schwimmbad in Oksbøl. Reservierung empfehlenswert. Stellplatz für 2 Pers. 225 DKK, Duschen extra. Vermietung von Hütten. Ganzjährig geöffnet. Vejers Havvej 7, 6853 Vejers Strand, ✆ 75 27 70 54, www.stjernecamping.dk.

Essen & Trinken **Café und Restaurant Tropic 4**, innen modern eingerichtet, außen schöne Sonnenterrasse, in Strandnähe. Das stets gut besuchte Lokal serviert das, was viele Touristen mögen: hausgemachtes Eis mit Waffeln, Burger, Sandwiches, gebratene Scholle, Schnitzel und Steak mit Pommes sowie verschiedene Salate (Hauptgerichte ab 98 DKK). Mitte Febr.–Anf. Nov. tägl. 10–19 Uhr. Vejers Havvej 97, 6853 Vejers Strand, ✆ 75 27 76 79, www.cafetropic.dk.

Grærup und Børsmose Strand

Nördlich von Vejers Strand schließen sich viele wunderschöne Strandkilometer mit naturbelassener Dünenheide und weit verstreuten Ferienhäusern an. Naturnah und ruhig geht es in **Grærup Strand** zu, denn ab dem Strandparkplatz ist die Weiterfahrt in die Ferienhaussiedlung nur Bewohnern erlaubt. Zum Bilderbuchstrand sind es ca. 600 m durch die Dünen. Es gibt einen einfachen Campingplatz (Grærup Havvej 4, 6840 Oksbøl, ✆ 75 27 79 49) und den Grærup Fiskesø, einen kleinen See, den Angler ebenso schätzen wie das Steinbutt-Revier im Meer. **Børsmose Strand** besteht aus einem weitläufigen Strand und einem Campingplatz. Der nördliche Teil des Strandes ist für Autos befahrbar und gut besucht, am südlichen Teil verlieren sich die Strandläufer in der Naturschönheit.

Traumhafte Dünen

Praktische Infos

Angeln Im **Grærup Fiskesø** und **Præstesøen** fängt man Hecht, Barsch, Aal und Friedfische. Tageskarten zu 175 DKK im Grærup Camping oder beim Oksbøl Sportfiskerforening sowie in der Touristeninfo Blåvand und auf den Campingplätzen in Vejers.

Wohnmobile Quick-Stop vor der Schranke am **Børsmose Strand Camping** von 20–10 Uhr 170 DKK. Børsmosevej 3, 6840 Oksbøl, ✆ 75 27 70 70, www.børsmosecamping.dk.

Übernachten **Børsmose Strand Camping** **20** (→ Karte S. 106), landschaftlich schön gelegener, weitläufiger Familiencampingplatz ohne Parzellen in den Dünen. Das Gelände bietet, was man braucht: ordentliche, aber ältere Sanitäranlagen, Küche, kleinen Laden, Grillbar, Kinderspielplatz, Strandsauna. Stellplatz für 2 Pers. 297 DKK. Hyggelig sind die beheizbaren Glamping-Zelte (nicht ganz billig) sowie die Ferienhütten. Ostern–Okt. Børsmosevej 3, 6840 Oksbøl, ✆ 75 27 70 70, www.borsmosecamping.dk.

Kærgård Strand

Eigentlich könnte der schöne Einklang von Wasser, Sand und Dünen auch am Kærgård Strand so weitergehen. Leider hat ein Jahrzehnte zurückliegender Giftskandal seine Nachwirkungen bis heute: Ein 1400 m breiter Strandabschnitt auf Höhe der Kærgård Plantage ist aus Sicherheitsgründen gesperrt. Zwischen 1956 und 1973 entsorgte eine Pharmafirma in sechs Gruben im Dünengebiet giftigen Schlamm und Abwässer. 2008 wurde mit der Reinigung von Strand und Dünen begonnen. Seitdem wurden 7500 t giftiger Sand und der Schlamm aus den Gruben entfernt, aber Ausdünstungen gibt es noch immer. Das Gebiet ist durch gelbe Warnschilder und Pfähle abgesperrt. Man sollte sich dort nicht aufhalten, das Baden ist verboten. Der Kontakt mit Sand und Wasser innerhalb des gekennzeichneten Gebiets sollte vermieden werden, also auf keinen Fall barfuß laufen oder im Sand graben.

Außerhalb der Absperrung, so das dänische Umweltministerium, gebe es kein Risiko, mit Verunreinigungen in Kontakt zu kommen. Messungen werden in regelmäßigen Abständen vorgenommen, um zu prüfen, wann die Sperrung des Gebietes wieder aufgehoben werden kann. Die Strände nördlich und südlich des Sperrbereichs tragen die blaue Flagge für besondere Sauberkeit.

Die **Kærgård Klitplantage** ist für Wanderer zugänglich, dort gibt es mehrere Wanderwege durch Dünenheide und Wald. Sie führen zu den versandeten Eichen und auf die 30-m-Düne Gråmulebjerg. Ein neuer Premiumwanderweg startet an der Naturbasis Blochsgård und führt durch die Kærgård Plantage hinunter zum Børsmose Strand (8 km).

▪ Wanderkarten: www. naturparkvesterhavet.dk/vandring/.

Henne

Nördlich des renaturierten Sees Filsø (→ Kasten, S. 126) liegt Henne mit den Ortsteilen Henne Stationsby, Henne Kirkeby und Henne Strand. Ganz buchstäblich findet man in Stationsby (St. By) den Bahnhof und in Kirkeby die Kirche. Im lebhaften Touristenort Henne Strand kümmern sich rund 200 Einwohner um alljährlich Tausende Gäste. Vor allem bei Deutschen ist das Ferienzentrum mit hyggeligen Häuschen, Campingplätzen, Golfplatz, Schwimmbad, Reitstall und Sternerestaurant beliebt. Hænningh (Ort mit Hähnen) wurde schon 1145 erwähnt. Mit der weiblichen Form des Geflügels hat der Ortsname Henne also nichts zu tun, dafür mag aber das vom renommierten dänischen Architekten Poul Hennigsen ausstaffierte Henne Mølle Å Badehotel die eine oder andere feministische Debatte gehört haben. Im Haus der ersten Betreiberinnen Othilia und Thekla Thorup trafen sich dänische Feministinnen und liberale Kunstschaffende aus Kopenhagen zur Sommerfrische in der Natur. Die kann man hier auch heute noch in vollen Zügen genießen. Hinter dem feinweißen Sandstrand ragen bis zu 24 m hohe Dünen auf, die Strandhafer, Klitrosen und Heide kaum bändigen können. Sandtreiben ist der Fluch der Westküste, die Fischer und Kleinbauern versuchen seit Hunderten von Jahren den Sand einzudämmen. In den Aufforstungen im Streifen hinter dem Meer und am **Blåbjerg** trifft man als Wanderer auf im Sand versunkene Eichenwälder, deren oberste Äste heute nur wie ein Gebüsch aus dem Boden ragen.

Henne Kirke: Die typische weiße Dorfkirche in Henne Kirkeby wurde in der zweiten Hälfte des 12. Jh. wahrscheinlich unter Elias, dem Bischof von Ribe, erbaut. Anbauten um 1300 und im 15. Jh. vergrößerten das Gotteshaus. Innen sieht man eine frühgotische Kreuzigungsgruppe (um 1250). Den Altar von etwa 1500 schmückt ein geschnitzter, dreiflügeliger spätgotischer Schrein, um 1600 wurde ein Renaissanceaufbau mit vier Säulen hinzugefügt. Die Seitenaltäre zeigen Maria mit dem Kind bzw. den Schutzpatron der Kirche St. Nikolaus. Die herrschaftliche Empore aus dem Jahr 1776 trägt Bilder der Apostel.

▪ Di–Fr 9–16 Uhr. Strandvejen 238, 6854 Henne.

Praktische Infos

→ Karte S. 127

Allgemeine Infos

Information Bei den Mitarbeitern der **Touristeninformation Henne Strand** erhält man alle wichtigen Informationen, Vorschläge für Ausflüge und Veranstaltungen sowie Karten und Prospekte. Mo–Mi 10–14 Uhr. Strandvejen 415 A, 6854 Henne, ✆ 75 28 86 70, www.visitvesterhavet.de.

Der Westen → Karte S. 104

Verbindungen Nur an Schultagen mehrmals täglich **Bus 448** nach Nørre Nebel, dort Anschluss an die Bahn nach Oksbøl. Ein **Minibus** (Flextrafik) kann telefonisch bestellt werden (✆ 76 60 86 08), www.sydtrafik.dk.

Angeln In der **Henne Mølle Å** kann man Forellen angeln. Febr.–Okt. von der Brücke am Henne Mølle Å Badehotel bis zur Brücke am Porsmosevej. Tageskarten 35 DKK, im Touristenbüro und bei Købmand Hansen's Feriehusudlejning.

Einkaufen **Henne Late Nights,** die Läden in Henne Strand sind von Juli–Mitte Aug. mittwochs bis 21 Uhr geöffnet. Hier findet man Bäckereien, Lebensmittelgeschäfte sowie Modeboutiquen und Läden für Strandausrüstung.

Ravhuset **11** (→ S. 106), 9 km östlich von Henne Strand. In Alleinlage auf dem Land hat sich der Bernsteinschleifer und Goldschmied Bjarke Holtzmann niedergelassen. In seiner Werkstatt-Galerie Ravhuset verkauft er außergewöhnliche Schmuckunikate und Trauringe mit Bernstein und Silber. Vesterkærvej 10, Hennebjerg, 6830 Nørre Nebel, ✆ 31 14 84 25, www.ravhuset.com.

Henne Keramik **18** (→ S. 106), in Henne Stationsby hat die Keramikerin Kirsten Winther Johannsen ihre Werkstatt. Sie fertigt Schalen, Vasen, Teller als Einzelstücke aus Steinzeug und bemalt sie mit außergewöhnlichen, streng geometrischen Mustern vorwiegend in Schwarz-Weiß. Meist tägl. 11–16 Uhr. Frederiksberg 9, Henne St. By, 6854 Henne, ✆ 75 25 51 44, www.henne-keramik.dk.

Galerie V **19** (→ S. 106), Malerei, Glas und Skulptur, diesen Dreiklang stellt die Künstlerin Vinni Bakkensen in ihrer Galerie in Henne Dyreby vor. Die Wirkung der umliegenden Landschaft auf den Betrachter möchte die Künstlerin in ihrer abstrakten Malerei zum Ausdruck bringen. Die Luftblasen in den Meereswellen sind ihr Thema in den blau-weiß-grünen Glasarbeiten mit „Bobbles". In der Regel So/Mo, Mi 13–17 Uhr, Termine s. Webseite. Søndersøvej 21, Dyreby, 6854 Henne, ✆ 21 68 77 26, www.vinnibakkensen.dk.

Fahrradfahren Im Touristenbüro ist eine Fahrradkarte erhältlich, die alle Radwege und Touren zwischen Blåvand und Nymindegab zeigt. Eine empfehlenswerte Tour ist die **Panoramaroute 406** (20 km) von Henne Strand über den Filsø zum Blåbjerg. Die Blåbjerg Klitplantage ist ein gutes Revier für Mountainbikefahrer.

Ferienhausvermietung **Købmand Hansens Feriehusudlejning** **5**, ist ein lokaler Anbieter von 800 Ferienhäusern mit über 50 Jahren Erfahrung in Henne Strand, Houst-

Fjord, Acker, See: der Filsø

Wer keine Sehenswürdigkeiten hat, macht sich welche: Am Filsø in Henne kann man auf der neuen **Elipsebroen,** einer ellipsenförmigen Brücke (Kærgårdvej 20), sozusagen übers Wasser wandeln. Der See hat über die Jahrhunderte eine beinahe wundersame Verwandlung erfahren. In der Zeit der Wikinger war der See als Fjord zur Nordsee hin offen, im Mittelalter machte ihn eine Sandbarriere zum größten See Dänemarks. Ab dem 18. Jh. wurde das Gewässer gegen den Widerstand der Fischer und Jäger trockengelegt, um dort Landwirtschaft zu betreiben.

Erst 2010 besannen sich Naturschützer des einstigen Ökotops, renaturierten Filsø, Fidde Sø und Søndersø und holten so eine Wasserfläche von 1030 ha zurück. Vögel und andere Tiere haben das Reich erobert. Auf mehreren Vogelbeobachtungstürmen kann man sich nun als Hobbyvogelkundler und Rotwildbeobachter betätigen. Mit etwas Glück sieht man sogar Seeadler. Rund um den See wachsen seltene Pflanzenarten wie der Kriechende Igelschlauch. Der Filsø ist nun ein sehenswertes Naherholungsgebiet mit Wander- und Fahrradwegen.

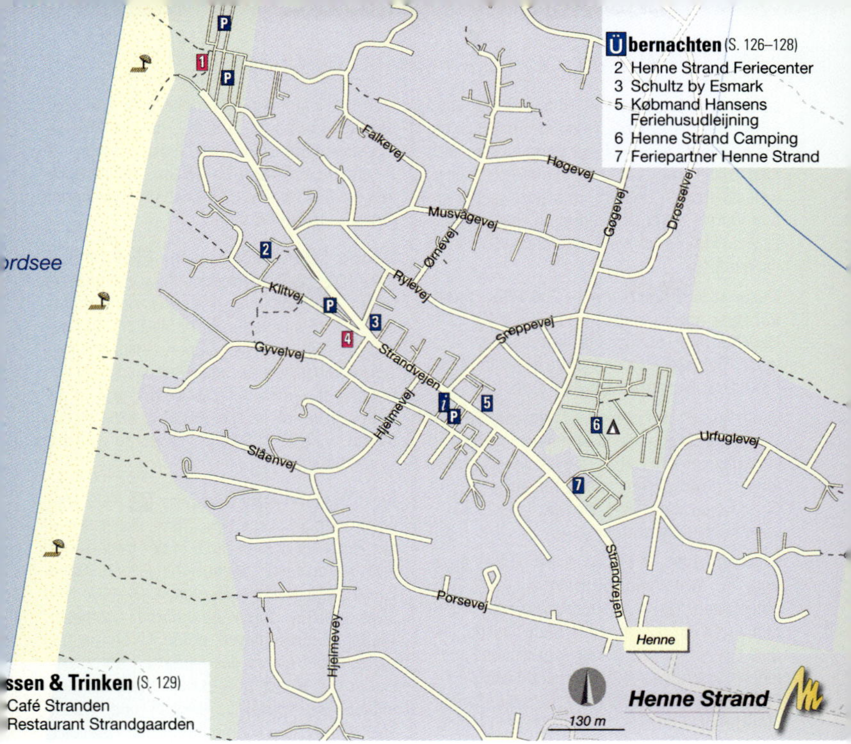

rup, Bork und Jegum. Strandvejen 430, 6854 Henne Strand, ✆ 76 52 43 11, www.hennestrand.de; **Schultz by Esmark** **3**, Ferienhausvermietung in Henne Strand, Vejers und Blåvand, Strandvejen 422, 6854 Henne Strand, ✆ 69 15 96 14, www.schultzferiehuse.de; **Feriepartner Henne Strand** **7**, überregionale Ferienhausvermietung mit Büro beim Henne Strand Camping, Strandvejen 418, 6854 Henne, www.feriepartner.dk.

Golf Auf dem landschaftlich schön gelegenen Platz des **Henne Golfklubs** findet man eine anspruchsvolle 18-Loch-Bahn sowie eine Par 3-Bahn mit 9 Löchern (100 DKK), die für Anfänger geeignet ist. Die Spielzeiten müssen ganzjährig vorbestellt werden. 1. April–30. Okt. Greenfee 350 DKK, 1. Nov.–31. März 250 DKK. Hennebysvej 30, 6854 Henne, ✆ 75 25 56 10, www.hennegolfklub.dk.

In der Pay&Play-Golfbahn des **Golfklubs Outrup** mit 9 Löchern kann jeder spielen. Es gibt eine Pitch&Putt-Anlage und eine Driving Range. 200 DKK. Rottarpvej 40, 6855 Outrup, ✆ 76 52 29 21, www.outrupgolfklub.dk.

Reiten Auf Islandpferden und Shettys kann man im Reitstall **Stutteri Vestkysten** unterschiedlich lange Reittouren für Anfänger und Fortgeschrittene durch Heide, Wald und an den Strand buchen. Hennebysvej 62, Henneby, 6854 Henne, ✆ 75 25 58 83, www.stutterivestkysten.dk.

Schwimmbad **Erlebnisbad Henne Strand Camping** **6**, das Hallenschwimmbad bietet ein Schwimmerbecken mit Rutsche, ein Kinderbecken, Whirlpool sowie mehrere Saunen. HS tägl. 10–19.30 Uhr, NS s. Webseite. Eintritt externe Besucher 80 DKK, Campinggäste günstiger, aber saisonabhängig. Strandvejen 418, 6854 Henne, ✆ 75 25 50 79, www.hennestrandcamping.de.

Strand Livredder vom dänischen Schwimmverband bewachen den Hauptstrand in Henne Strand Mitte Juni–Mitte Aug. tägl. 10–18 Uhr (direkt vor dem Strandparkplatz beim Café Stranden).

Wandern Ein längerer **Spaziergang** führt vom Strandparkplatz in Henne Strand südwärts bis zur Henne Mølle Å, im Tal des Flusses weiter bis zum Gejbjergvej und dann durch die Dünen am Rande des Ferienhausgebiets zurück.

In der **Blåbjerg Klitplantage** sind mehrere Wanderwege markiert. Der gelbe Weg (11 km) startet am Ortsrand von Henne Strand und führt über die Lyngbos Hede bis zum Blåbjerg (64 m). Der Blåbjerg (blauer Berg) ist eigentlich eine Düne, die früher als Seezeichen diente, weil sie weithin deutlich zu sehen ist. Bei gutem Wetter bietet sich von oben eine großartige Aussicht. Karte: www.naturparkvesterhavet.dk/vandring/.

Veranstaltungen Beim **Filsø Food Festival** Mitte Mai kann man traditionelle dänische Gerichte und Lebensmittel kennenlernen. Am letzten Septemberwochenende findet in Henne Strand das **Bernsteinfestival** statt.

Wellness Im Erlebnisbad **Henne Strand Camping** sorgen neben Whirlpool und Saunen verschiedene Massagen und Wellnessbehandlungen (Reservierung nötig) für Entspannung. Strandvejen 418, 6854 Henne, ✆ 75 25 50 79, www.hennestrandcamping.de.

Wohnmobile In Henne selbst gibt es Angebote für Wohnmobiltouristen auf den Campingplätzen. Einen **Autocamperplatz** finden Mobilisten im 12 km entfernten Outrup. Auf dem Gelände im Gewerbegebiet gibt es Parzellen mit geschotterter Einfahrt und Rasenfläche, Strom, Frischwasser, Entsorgung sowie Sanitäreinrichtung. 110 DKK. Ganzjährig geöffnet. Gartnervænget 18, 6855 Outrup, ✆ 40 15 16 84.

Übernachten

Henne Kirkeby Kro **15** (→ S. 106), auf dem Anwesen des hervorragend renovierten historischen Krugs kann man sehr gepflegt übernachten, 12 elegant-stylish eingerichtete Zimmer und Suiten mit moderner Kunst an den Wänden und Luxusbädern bieten ein exquisites Wohlfühlambiente, das naturgemäß seinen Preis hat, aber für einen besonderen Anlass perfekt ist. Gourmetfrühstück, Kaffee, Kuchen und Snacks sind inklusive. Strandvejen 234, 6854 Henne, ✆ 75 25 54 00, www.hennekirkebykro.dk. **€€€€**

meinTipp **Henne Mølle Å Badehotel** **17** (→ S. 106), in idyllischer Lage an der Mündung des „Mühlbachs“. Der Designer Poul Hennigsen (PH) baute 1936 dieses Erholungsrefugium für Stadtmenschen in der Abgeschiedenheit der Natur. Das Hotel wurde gründlich renoviert. Die Zimmer im schlichten, dänischen Stil haben Bad/WC, WLAN und eine kleine, möblierte Terrasse zu den Dünen hin. Hier genießt man absolute Ruhe bis auf entspannendes Meeresrauschen. Auch die Möbel und Lampen im Restaurant hat PH entworfen. Zu gehobenen Preisen wird dort dänische Bio-Frischeküche nach Saison serviert, natürlich stehen immer Meeresfrüchte auf der Speisekarte. Frokost Do–So 12–15 Uhr, Abendessen ab 18 Uhr. Hennemølleåvej 6, 6854 Henne, ✆ 76 52 40 00, www.hennemoelleaa.dk. **€€€€**

Henne Strand Feriecenter **2**, in Strandnähe. Die zweigeschossigen Apartmenthäuser bieten praktisch eingerichtete Ferienwohnungen (2–6 Pers.) mit Küche, TV, Bad/WC und Balkon mit Blick in die Dünen. Inklusive sind Schwimmbad, Sauna und Fitnessraum. In der Hauptsaison nur wochenweise buchbar, in der Nebensaison ab 3 Tage. Klitvej 2, 6854 Henne Strand, ✆ 75 25 50 04, www.hotel-hennestrand.dk. **€€**

meinTipp **Henneby Camping** **14** (→ S. 106), nahe Golfplatz, 4 km zum Strand. Ruhig gelegener Platz, auf dem es auch in der Hauptsaison nicht so turbulent zugeht wie in Henne Strand. Ebenes, mit Hecken abgeteiltes Gelände. Der Platz punktet durch freundliche Gastgeber, saubere Sanitäranlagen, große Küche mit Essbereich und einem gut sortierten Minimarkt. Kinder freuen sich über schöne Freizeiteinrichtungen wie Spielplatz, Minigolf und Indoor-Spielzimmer mit Computerspielen. Stellplatz für 2 Pers. 196 DKK. Ende März–Ende Okt. Hennebysvej 20, 6854 Henne, ✆ 75 25 51 63, www.hennebycamping.dk.

Lyngboparken **13** (→ S. 106), 2,8 km zum Strand. Schöner, durch Bäume und Dünen geschützter FKK-Campingplatz für die ganze Familie. Ordentliches Sanitärgebäude, Planschbecken, Spiel- und Sportplatz, Gästeküche, Tonnensauna, WLAN, Getränkeverkauf. Stellplatz für 2 Pers. 220 DKK. Es werden auch Hütten vermietet. INF-Ausweis erforderlich. Mai–Aug. Strandfogedvej 15, 6854 Henne, ✆ 75 25 50 92, www.lyngbo.dk.

Henne Strand Camping **6**, ca. 1 km zum Strand. Der beliebte Platz bietet ebene Grasparzellen verschiedener Größe und Ausstattung für Zelte bzw. Wohnwagen/-mobile von Standard bis Luxus. Das moderne Sanitärgebäude erfüllt jeden Campertraum, in der Küche und den Aufenthaltsräumen lassen sich auch Schlechtwettertage nett verbringen. Für Aktive und Familien bietet der Platz jede Menge Abwechslung: Schwimmbad, Fitnessraum, Wellness, Indoor-Spielhaus sowie Kreativ-Räume für Kids, Sportplatz und Spielplatz. Allerdings kostet das Aktivitätspaket extra. Vermietet werden auch Wohnwagen oder luxuriöse Hütten mit eigenem Whirlpool. Standard-Stellplatz für 2 Pers. 601 DKK, Stellplätze für Zelte billiger. Ganzjährig geöffnet. Strandvejen 418, 6854 Henne, ✆ 75 25 50 79, www.hennestrandcamping.de.

Hotel Outrup **16** (→ S. 106), im 12 km entfernten Outrup in Bahnhofsnähe. Das ehemalige Gymnasium wurde in den 1950er-Jahren in ein nettes Hotel umgewandelt. In dem sanierten Haus findet man gemütliche Komfortzimmer mit Bad/WC und TV. Jernbanegade 2, 6855 Outrup, ✆ 75 25 18 00, www.hoteloutrup.dk. €

Essen & Trinken

Henne Kirkeby Kro **15** (→ S. 106), unter dem Reetdach des historischen Krugs aus dem 18. Jh. ist eines der besten Restaurants Skandinaviens zu finden. 2 Michelin-Sterne zeichnen die exquisite Küche des Briten Paul Cunningham aus, der hier Tradition und Originalität vereint. In dem edlen Restaurant werden Menüs serviert, die aus saisonalen Erzeugnissen der umliegenden Bauern, Produkten aus dem eigenen Küchengarten und den frischen Fängen der Fischer zubereitet werden. Meer, Heide und Wälder greift der Chef mit Kräutern, Pilzen, Beeren, Blüten und Meersalz in seiner kräftigen Würzung auf. Immer eine Rolle spielen Fisch, Meeresfrüchte und Wild. Jeden Freitag wird ein Fish 'n' Chips-Gericht aufgetischt. Die Weinkarte bietet eine erlesene Auswahl u. a. aus dem fränkischen Sommerhausen, der Toskana und aus der Bourgogne. Lunchmenü ab 675 DKK, Dinner ab 1595 DKK. Mitte März–Mitte Dez. Lunch Do–Sa ab 12 Uhr und Dinner Do–Sa ab 18 Uhr, Mai–Nov. Mi–Sa ab 18 Uhr. Strandvejen 234, 6854 Henne, ✆ 75 25 54 00, www.hennekirkebykro.dk.

Restaurant Strandgaarden **4**, mitten in Henne Strand. Hippes Lokal mit schöner Außenterrasse. Hier ist immer etwas los. Dänische Klassiker wie gebratene Scholle und Stjerneskud, aber auch große Salatteller, Vegetarisches, Burger und Steaks zu gehobenen Preisen. Dazu munden mehrere Biere vom Fass. In der Hauptsaison regelmäßig Livemusik. Im dazugehörigen Café Step gibt es zu Kaffeespezialitäten Eis, Waffeln und Kuchen. Mai–Aug. tägl. 11.30–22 Uhr. Klitvej 3, 6854 Henne, ✆ 75 25 50 26, www.strandgaarden-henne.dk.

meinTipp **Café Stranden** **1**, am Strand in Henne Strand. Im gläsernen Rundbau mit gemütlichem Kaminofen sitzt man ebenso gern wie auf der Sonnenterrasse, denn die Aussicht auf Strand und Meer ist fantastisch. Mittags und abends werden frisch zubereitete Fisch- und Fleischgerichte mit reichlich Salat und Kräutern sowie vegetarische Gerichte serviert. Hauptgerichte ab 180 DKK. Sa/So gibt es Brunch. Am Eiskiosk stehen 20 Sorten hausgemachtes Eis aus ökologischen Rohstoffen zur Auswahl. Tägl. 10.30–22 Uhr, Küche 11.30–16 und 17.30–20.30 Uhr. Strandvejen 490, 6854 Henne, ✆ 75 25 41 00, www.cafestranden.dk.

Der Westen → Karte S. 104

Der Henne Kirkeby Kro bietet Spitzengastronomie

Restaurant Stausø **12** (→ S. 106), 6 km ab Henne Strand. Im romantisch-hyggeligen Look präsentiert sich die Landgaststätte, die gute dänische Hausmannskost wie Schnitzel mit Pommes und Schweinefilet mit geschmorten Zwiebeln zu günstigen Preisen in reichlichen Portionen auftischt. Mi–Sa 12–19, So 12–14.30 Uhr (gelegentlich ist das Restaurant für private Feiern geschlossen). Klintingvej 204, Stausø, 6854 Henne, ✆ 75 25 51 01, www.restaurant-stausoe.dk.

Restaurant Hotel Outrup **16** (→ S. 106), im 12 km entfernten Outrup. Dänische und internationale Küche gibt es in dem gepflegten Restaurant in frischer Qualität. Die gebratene Scholle mit Petersiliensoße schmeckt wie bei Muttern und das Rinderfilet mit Saisongemüse und Backkartoffel macht richtig satt. Auch für Vegetarier gibt es verschiedene Gerichte. Hauptgerichte ab 118 DKK. Di–So 11–14 und 17–20.30 Uhr. Jernbanegade 2, 6855 Outrup, ✆ 75 25 18 00, www.hoteloutrup.dk.

Nørre Nebel

Bei Ferienhausurlaubern zwischen Henne und Nymindegab ist die Kleinstadt Nørre Nebel (Nr. Nebel) zum Einkaufen sehr beliebt. Direkt an der Durchgangsstraße (181) reihen sich mehrere Discounter und Supermärkte sowie Einzelhandelsgeschäfte und Banken. Endstation ist in Nørre Nebel für die Eisenbahn. Auf dem stillgelegten Schienenweg nach Nymindegab haben heute Draisinen-Fahrräder Vorfahrt. Das Ferienhausgebiet **Houstrup** liegt geschützt im Wald. Von hier aus erreicht man nach wenigen Kilometern den ebenfalls feinsandigen, breiten Houstrup Strand.

Praktische Infos

Information Die **Touristeninformation Nr. Nebel** (Selbstbedienung, Mo–Fr 14–17 Uhr) hält Informationsmaterial über Attraktionen und Aktivitäten in der Varde Kommune bereit. Sønder Allee 21, 6830 Nørre Nebel, www.visitvesterhavet.de.

Verbindungen **Bahn:** Regelmäßig verkehrt die Lokalbahn Richtung Varde mit zahlreichen Haltestellen, z. B. in Outrup, Henne Stationsby und Oksbøl. www.rejseplanen.dk.

Bus: An Schultagen früh und nachmittags Bus 449 ab/bis Nymindegab. www.sydtrafik.dk

Fahrrad-Draisine Auf der alten Bahnstrecke können bis zu 3 Pers. auf einem Schienenfahr-

Ruhe und schöne Natur am Houstrup Strand

rad (Skinnecykler) fahren. Die Fahrt nach Nymindegab dauert etwa 1,5 Std. Miete 150 DKK/ 4,5 Std., um 9, 13.30 und 18 Uhr; ganztags 300 DKK ab 9 Uhr. Abfahrt: Blåbjergvej 11, 6830 Nørre Nebel, ✆ 44 16 39 00, www.skinnecykler.dk.

FKK Einen offiziellen FKK-Strand gibt es am **Houstrup Strand** (erreichbar über Houstrup Strandvej).

Schwimmbäder **Freizeitzentrum Form & Fritid,** Hallenbad mit 25-m-Becken, Kinderbecken sowie Sauna. Besucher ab 13 J. 60 DKK. Juli–Aug. Mo, Do 6.45–8.15, 10–13 und 17–20 Uhr, Di/Mi, So 10–15, Fr 10–17, Sa 10–14 Uhr; Öffnungszeiten NS s. Webseite Klintingvej 21, 6830 Nørre Nebel, ✆ 75 28 87 31, www.formogfritid.dk.

Landal Seawest Resort, ein Spaß für Wasserratten ist das subtropische Badeland mit mehreren Pools und 115-m-Rutsche. Es ist außerhalb der Schulferien auch für externe Besucher zugänglich. 110 DKK, Kinder unter 3 J. und Resortgäste frei. Vesterhavsvej 81, 6830 Nørre Nebel, ✆ 70 23 20 30, www.landal.dk.

Strand Den **Houstrup Strand** erreicht man mit dem Auto über den Houstrup Strandvej südlich von Houstrup. Schön ist auch der **Gammelgabstrand,** erreichbar über den Gammelgabvej beim Lønne Familierestaurant. An den Dünen gibt es jeweils Parkplätze. Beide Strände sind über geschotterte Waldwege auch mit dem Fahrrad erreichbar.

Wohnmobile Stellplätze für 20 Wohnmobile am **Put&Take-Angelsee Kløvergaardens** in ruhiger Lage, 2 km südlich von Nr. Nebel. Stellplatz inkl. Strom und Wasser 130 DKK, Entsorgung 40 DKK. Kollevej 50, 6830 Nørre Nebel, ✆ 20 20 00 26, www.kloevergaarden.com.

Übernachten **Landal Seawest 8,** ca. 2,5 km nach Nørre Nebel. Die „gläserne Düne" des Ferienparks Landal Seawest vereint alles unter einem Dach: Tolles Schwimmbad mit mehreren Becken und 115-m-Rutsche, Sauna- und Wellnessbereich, Sporthallen, Fahrradverleih, Gastronomie und mehr. Drumherum platziert sind 255 hübsche Ferienhäuser (von 4–8 Pers.) mit komplett ausgestatteten Küchen, Bad/WC und Terrasse im Grünen. Im Außenbereich findet man Sport- und Spielplätze und eine schöne Gartenanlage. In der Hauptsaison ist die Übernachtung in dem luxuriösen Resort leider kostspielig. Vesterhavsvej 81, 6830 Nørre Nebel, ✆ 88 32 68 71, www.landal.dk. **€€€€**

Houstrup Camping 9, in Houstrup am südlichen Rand des Ferienhausgebiets. Ruhig gelegener, ebener Campingplatz, durch Hecken parzelliert, mit sauberen Sanitäranlagen. Es gibt einen kleinen Pool, Tennis- und Spielplatz, Minimarkt und einen Minigolfplatz, der etwas in die Jahre gekommen ist. Günstigster Stellplatz für 2 Pers. 260 DKK. Houstrupvej 90, 6830 Nørre Nebel, ✆ 75 28 83 40, www.houstrupcamping.dk.

Essen & Trinken **Lønne Familie Restaurant 7** (→ S. 106), 3,5 km an der Route 181 Richtung Nymindegab. Nettes Restaurant, in dem bei zivilen Preisen die ganze Familie satt wird. Kleine, aber leckere Speisenauswahl wie Rindersteak, Kalbsschnitzel, Stjerneskud und Burger in reichlichen Portionen sowie Salat und Desserts. HS Di–So 12–20.30 Uhr, NS s. Webseite. Reservierung erbeten. Gammelgabvej 2, 6830 Nørre Nebel, ✆ 75 28 89 59, www.loennefamilierestaurant.dk.

meinTipp **Farm Café 10** (→ S. 106), ca. 1 km südlich von Houstrup. Nicht nur auf einer Radtour kann man in dem kleinen Hofcafé von Britta und Peter Thomas bei selbst gebackenem Kuchen und Kaffee seine Kräfte stärken. Im Angebot: Kirsch- und Blaubeerkuchen, frisch gebackene Waffeln und Eis aus eigener Herstellung. März–Okt. tägl. 14–18 Uhr. Houstrupvej 66, 6830 Nørre Nebel, ✆ 75 28 75 60, www.farm-cafe.de.

Nymindegab

Eine wilde Landschaft, über Jahrhunderte geformt durch Wind und Wasser, umgibt den 200-Einwohner-Ort Nymindegab, der kurz vor dem Übergang zum Ringkøbing Fjord auf dem Dünensaum thront. Am Stadtrand verläuft die Grenze zwischen den Regionen Syddanmark und Midtjylland. Die Landschaft prägt der Nyminde Strømmen (Nyminde-Strom), ein versandetes Überbleibsel der alten Mündung des Ringkøbing Fjords in die Nordsee. Um 1845 befand sich die Mündung in der Nähe von Houstrup Strand, der Name

Der Westen → Karte S. 104

Küstenlandschaft in Veränderung

Ebbe und Flut, Wind und Wellen, Sonne und Regen – die Kräfte der Natur nagen unaufhörlich an Dänemarks Nordseeküste. Die Küstenlandschaft ist seit ewigen Zeiten einer dynamischen Veränderung unterworfen – mit oft dramatischen Auswirkungen auf das Leben der Küstenbewohner. Sie bauten Deiche, Buhnen, Schleusen und wagten sogar den Durchstich durch die Nehrung Holmsland Klit. Ein oft aussichtsloses Stemmen gegen die Erosion.

Die Landschaft Dänemarks wurde von gewaltigen Eiszeitgletschern gebildet, deren Schmelzwasser die Rinnen für die später durch Meerwasser aufgefüllten Förden oder Haffs (im Dänischen spricht man ausschließlich von Fjord) schuf. Der Westen Jütlands zeigt sich als flaches, sandiges Terrain. Die Nordsee hat es zur gleichmäßigen Küstenlinie geformt. Jütlands Ostseeküste ist dagegen durch die von Gletschern zusammengeschobenen Endmoränen und lange Förden geprägt.

Das flache Auenland im Südwesten bot die richtige Voraussetzung für die Entstehung des Wattenmeeres. Das Meerwasser trägt Schlamm und Sand mit sich. Der schwerere Sand lagert sich weit draußen ab, während der Schlamm erst beim Stillstand des Wassers landeinwärts liegen bleibt. Durch das regelmäßige Pulsieren von Ebbe und Flut entstanden Sandbänke und daraus die Wattenmeerinseln mit ihren vom Wind aufgehäuften Dünen. Die Inseln wiederum bieten den Windschatten, der die Schlickablagerung in der Marsch ermöglicht.

Wie fragil diese Landschaft ist, zeigt sich immer wieder bei Sturmfluten. Eine der schlimmsten war die Burchardiflut 1634. Dabei wurde die Wattküste zwischen Ribe und Brunsbüttel überschwemmt und es gab bis zu 15.000 Menschenleben zu beklagen. Bei dem Orkan wurde der Fischerei-

Erosionsrinnen an der Steilküste bei Ferring

Hvide Sande Kanal – eine Öffnung zum Ringkøbing Fjord

hafen Sønderside (südlich des heutigen Ho bei Blåvand) von der Landkarte gefegt. In den darauffolgenden Jahrhunderten formten Wind und Meeresströmungen dort die Halbinsel Skallingen.

Auch im Norden Jütlands brachten Stürme einschneidende Veränderungen. Bis zur Sturmflut 1825 war der Limfjord durch die Landzunge zwischen Agger und Harboøre von der Nordsee abgeschnitten. Nach dem Bruch dieser Landzunge nördlich von Thyborøn reichte der Sund von der Nord- bis zu Ostsee. Es ergaben sich neue Handelsmöglichkeiten, aber die Fjordfischerei veränderte sich durch die zunehmende Versalzung.

Als gewaltige Kraft wirken auch die Meeresströmungen. Am Ringkøbing Fjord verschob sich bis Ende des 19. Jh. der Nordseezugang durch Verlagerung des Nymindestrømmen immer weiter nach Süden, bis durch Versandung eine Schifffahrt nicht mehr möglich war. Die tiefe Wasserrinne Grådybet zwischen Fanø und Skallingen lag günstig, sodass vor 150 Jahren der Hafen Esbjerg gebaut wurde. Er lief den Häfen Ringkøbing und Ribe rasch den Rang ab und ist Dänemarks wichtigster Offshore-Hafen.

Das Zusammenspiel von Wind, Wetter und Jahreszeiten wirkt sich auch auf die Flüsse, die in die Nordsee münden, und das dahinter liegende Land aus. An der Wattküste wird heute mit Sperrwerken der Wasserstand in der Vidå und der Ribe Å kontrolliert. Versandung machte den seit der Wikingerzeit schiffbaren Hafen Ribes irgendwann unbrauchbar. Das Flussbett der Henne Mølle Å wurde zuletzt 2015 bei einem Sturm durch Sand verstopft, sodass es erst wieder frei gegraben werden musste. Das Hochwasser im Rückstau führte zu großen Schäden.

Auch dort, wo sich Nord- und Ostsee treffen, ist die Landschaftsbildung nicht abgeschlossen. Grenen, die Landspitze nördlich von Skagen, wächst jedes Jahr etwa 10 m nach Nordosten.

Gammelgab (Alte Rinne) erinnert noch daran. Von dem alten Arm der Förde sind lange, schmale Wasserflächen zwischen den Dünen übrig, die man vom Aussichtsturm Hattebjerget in der Plantage südlich von Nymindegab bestens überblicken kann. Die Schönheit des Ortes inspirierte viele Künstler. Der Komponist Carl Nielsen schrieb hier an seiner Oper „Maskerade" und der später als Skagenmaler berühmte Laurits Tuxen verewigte Nymindegab in zahlreichen Bildern. Diese kann man im örtlichen Museum sehen. Fährt man die Route 181 Richtung Hvide Sande, sieht man auf der rechten Seite ein paar alte Fischerhütten, vor denen historische Kutter fotogen dümpeln. Einen kurzen Spaziergang zum Strand mit seinen mächtigen Dünen sollte man einplanen, noch besser, wenn man dort eine Weile im Sand und in der Sonne verbringen kann.

Sehenswertes

Nymindegab Museum: Eine schwarze Windmühle macht auf das Nymindegab Museum in der Ortsmitte aufmerksam. Die kulturgeschichtliche Ausstellung erklärt archäologische Funde aus dem Gebiet Blåbjerg und zeigt Exponate zum Leben am Meer und am Filsø. Mittelpunkt sind rund 200 Gemälde der Nymindegab-Maler, vor allem von Laurits Tuxen (Skagen) und Johannes Larsen (Fünen) mit Landschaftsansichten und Bildern vom Leben der Fischer und Bauern. Einblick in das Leben von anno dazumal gibt es im Haus des Zimmermanns Larsen samt Sägemühle und Gemüsegarten. Im gläsernen Walhaus kann man das Skelett eines 1990 gestrandeten Pottwals sehen. Der glücklose Meeressäuger mit 12 m Länge und 25 t Gewicht war damals eine Touristenattraktion. Das Museum gehört zu den Vardemuseen, im

Malerisch dümpeln Boote am Nyminde Strømmen

Sommer werden regelmäßig Vorträge und Aktivitäten für die ganze Familie angeboten.

■ Juli/Aug. tägl. 10–17 Uhr, April–Juni und Sept./Okt. Mi–So 10–16 Uhr. 100 DKK, unter 18 J. frei. Vesterhavsvej 294, 6830 Nørre Nebel, ✆ 75 25 55 44, www.vardemuseerne.dk.

Halbinsel Tipperne: Nördlich von Nymindegab ragt die Halbinsel Tipperne in den Ringkøbing Fjord hinein. Innerhalb von nur wenigen Hundert Jahren entstand diese Landschaft durch Sandfluchten und Lehmauflagerungen. Seit 1898 steht das Gebiet unter Naturschutz. Die weitläufigen, beweideten Marschen sind ein wichtiges Rast- und Brutgebiet für Wat- und Wasservögel. Strandläufer, Löffelreiher, Regenpfeifer, Säbelschnäbler, Kampfläufer, Schwäne, Schnepfenvögel und viele mehr finden in dem Reservat einen idealen Lebensraum. Der Bestand wird von Ornithologen systematisch erfasst. Jedes Jahr besuchen Tausende Zugvögel auf ihrem Weg nach Skandinavien und Sibirien dieses Gebiet. Der jährliche Vogelzug zwischen Winterquartier und Brutplätzen ist ein sehenswertes Schauspiel. Für Besucher ist der Zugang streng geregelt (s. u.). Als Zufahrt gibt es nur eine Schotterpiste, die zum Tipperhuset und Aussichtsturm am äußersten Ende der Halbinsel führt. Der Zugang zum Reservat führt durch Værnengerne, die in den 1940er-Jahren ein Jagdgebiet war. Die einfachen Holzhütten werden heute meist als Freizeithäuser genutzt.

■ Tipperne: Aug.–Okt. tägl. 9.30–15.30 Uhr, März–Juli Mi, Sa 9.30–15.30 Uhr. Kein Zutritt Nov.–Febr. Zufahrt nur mit dem Auto, Hunde verboten. Der Aufenthalt auf der Zufahrt ist nicht erlaubt. Naturlehrpfad (2 km) am Vogelturm, Ausstellung in der jederzeit frei zugänglichen Südscheune. Zufahrt ab Nymindegab über Vesterlundvej.

Praktische Infos

→ Karte S. 106

Verbindungen Nur an Schultagen fährt mehrmals tägl. **Bus 449** (Sydtrafik) nach Nørre Nebel, dort Anschluss an die Bahn nach Oksbøl. www.sydtrafik.dk.

Nymindegab Museum mit Mühle

Einkaufen **Havfruens Butik 3**, der kleinen Meerjungfrau und jeder Menge frecher Trolle haucht die Textilkünstlerin Karina Jakobsen mit farbenfrohem Filz Leben ein. Neben handgemachter Bekleidung und Hausschuhen gibt es in dem Laden Keramik, Glas und Werke weiterer Kunsthandwerker zu kaufen. Do–So 10–16 Uhr sowie nach telefonischer Absprache. Havfruens Butik Borndalvej 2, Nymindegab, 6830 Nørre Nebel, ✆ 26 39 64 09.

Thorsen Keramik 6, das Keramikerpaar Bente und Lars Thorsen liebt Islandpferde. Deshalb findet man die knuffigen Tiere nicht nur rund um ihr Werkstatthaus (ca. 2 km südlich von Nymindegab), sondern auch auf vielen Schalen. Die beiden Künstler sind sowohl in bedeutenden Museen in Dänemark als auch international vertreten. Neben Unikaten kann man auch Steinzeug-Geschirre in Natur- und Grautönen erwerben. Juli/Aug. Mo–Fr 10–17.30, Sa 10–13 Uhr, Rest des Jahres Mo–Fr 10–16, Sa 10–13 Uhr. Sdr. Klintvej 40, Lønneklint, 6830 Nørre Nebel, ✆ 75 28 91 09.

Fahrradfahren In den Touristenbüros Blåvand und Henne ist eine Fahrradkarte erhältlich, die alle Radwege und Touren zwischen Blåvand und Nymindegab zeigt. Eine abwechslungsreiche Tour mit vielen Sehenswürdigkeiten ist die **Panoramaroute 407** (42 km). Sie führt vom Meer bei Nymindegab nach Bork Havn am Ringkøbing Fjord und über Nørre Nebel zurück. Karte: www.nordseeradweg.dk.

Militär In Nymindegab befindet sich eine Garnison des zu den dänischen Streitkräften gehörenden Hjemmeværnet (Heimwehr). Nördlich des Strandparkplatzes Nymindegab beginnt ein **Schießgelände in den Dünen.** Es ist mit gelb-schwarzen Warnschildern (schießender Soldat) markiert und darf während Schießübungen nicht betreten werden. Auch Bootfahren und Angeln ist dann verboten. Eine Stunde vor Beginn der Schießübungen werden rote Warnballons an Masten hochgezogen. Termine: www.forsvaret.dk.

Reiten Das **Nymindegab Ridecenter** sattelt seine Islandpferde für Ausritte in den Wald und an den Strand. Anfänger reiten in der Reithalle. Sønder Klintvej 10, Nymindegab, 6830 Nørre Nebel, ✆ 53 29 27 28, www.nymindegab-ridecenter.dk.

Wandern Vom Strandparkplatz Nymindegab lässt sich eine schöne **Rundwanderung** unternehmen. Es geht am Nymindestrom (westliche Seite) entlang bis zum Gammelgab-Strand, dann auf der Ostseite wieder zurück: rote Tour 4,6 km, gelbe Tour 7,1 km.

Meerjungfrau aus Filz in Havfruens Butik

Übernachten/Essen **Lindvig Ferie/Danhostel Nymindegab 5**, in Lønne, 2,7 km östlich von Nymindegab. Das schöne Hostel an der Route 181 bietet 28 renovierte Zimmer mit eigenem Bad/WC und einer kleinen Terrasse. Es werden auch einfache Hütten vermietet. Im Haupthaus gibt es eine Gästeküche und Aufenthaltsräume. Toll ist der Minigolfplatz. März–Nov. geöffnet. Vesterhavsvej 150, Lønne, 6830 Nørre Nebel, ✆ 40 32 52 83, www.lindvigferie.dk, www.danhostelnymindegab.dk. **€**

mein Tipp **Nymindegab Kro 2**, am Rande des Kliffs mit einem atemberaubenden Blick auf Dünen und Meer bietet der historische Krug (Small Danish Hotels) mit angebautem modernen Bettenhaus gepflegte Gastlichkeit. In 32 modernen, stilvoll eingerichteten Komfortzimmern mit Bad/WC, TV und WLAN sowie 10 Apartments verwöhnt das Personal die Gäste, egal ob für eine Nacht oder mit einem der Golf- oder Gourmet-Arrangements. Für die Sommerferien ist rechtzeitige Reservierung ratsam. Die Küche kreiert feine, saisonal abgestimmte Gerichte aus regionalen Zutaten. Auf der Karte stehen delikate Rind- und Lammgerichte sowie Fisch und Schalentiere. Dänische Aromen von Petersiliensoße bis Lakritze gibt es in den Speisen zu probieren. Der ganze Stolz des Küchenchefs ist der gut sortierte Weinkeller. Hauptgerichte 275 DKK, 3-Gänge-Menü 445 DKK. Kaffee und Kuchen 14–16 Uhr, Restaurant tägl. ab 18 Uhr und schließt je nach Saison; Sept.–April So/Mo geschlossen. Vesterhavsvej 327, Nymindegab, 6830 Nørre Nebel, ✆ 75 28 92 11, www.nymindegabkro.dk. **€€€**

Nymindegab Familie Camping 4, am südlichen Ortsrand. Das Freibad mit breiter Riesenrutschanlage ist die Attraktion dieses Campingplatzes. Das mit Hecken und Bäumen unterteilte, ruhig gelegene Wiesengelände bietet Standard- und Komfortplätze. Der Platz ist sehr gut ausgestattet mit sauberen Sanitäranlagen, Familienküche mit Aufenthaltsraum, überdachtem Grillplatz, Sauna, kleinem Laden, vielseitigem Spielplatz und Minigolf. Standard-Stellplatz für 2 Pers. 300 DKK. Es werden auch Hütten vermietet. Ende März–Mitte Okt. Lyngtoften 12, Nymindegab, 6830 Nørre Nebel, ✆ 75 28 91 83, www.nymindegabcamping.dk.

Tipperne Camping 1, 2,5 km nördlich von Nymindegab. Kleiner, schön gelegener Naturcampingplatz mit Wiesenstellplätzen und Bäumen. Gute Sanitäranlage, kleiner Spielplatz, Grillplatz und hölzernem „Wildnispool". April–Ende Sept. 260 DKK. Vesterlundvej 101, Nymindegab, 6830 Nørre Nebel, ✆ 71 78 88 51, www.tippernecamping.dk.

Familien-Tour: Legoland Billund

Das Legoland Billund rangiert nach dem Tivoli in Kopenhagen auf Rang zwei der Beliebtheitsskala bei den Freizeitparks in Dänemark. Für Kinder zwischen zwei und zwölf ist Legoland unschlagbarer Favorit, schließlich geht es um eines ihrer Lieblingsspielzeuge. Sage und schreibe 65 Millionen Legosteine wurden im Legoland Billund verbaut und mehr als 50 Millionen Besucher haben den Park seit seiner Gründung vor über 50 Jahren besucht. Angesichts der vielen Attraktionen – vom gemütlichen Minizug über Wasserkarussells und Geisterhaus bis zur Achterbahn mit Spezialeffekten – ist der Tag dort gut ausgefüllt. Jeder darf Träume ausleben und seinen Mut testen, beispielsweise den Drachenzug reiten, sich auf Wikingerflößen einen Wasserfall hinunterstürzen, als Feuerwehrmann unterwegs sein oder als Zuschauer den Nervenkitzel der Stuntshows genießen. Für Familien ist der Besuch zwar ein teurer Spaß, aber einer, von dem man noch lange zehrt. Durch seine Lage mitten in Jütland ist Legoland von allen Ferienorten an der Nordsee in etwa ein bis dreieinhalb Stunden mit dem Auto erreichbar.

Der Park

Das Herz von Legoland Billund ist **Miniland,** das 1968 als Lilleby gegründet wurde und bis heute stetig wächst. Aus Legosteinen entstanden dänische Städte, internationale Sehenswürdigkeiten und Landschaften im Miniaturformat im Maßstab 1:20 bis 1:40. Im Miniland spaziert man vorbei an Schloss Amalienborg, dem Kennedy Space Center, dem historischen Ribe oder durch Tirol. Auch die weltgrößten Bauwerke (The World's Tallest) wie Dubais Burj Khalifa oder das neue New Yorker One World Trade Center (im Maßstab 1:150) liegen ganz nah beieinander. Auch Helden aus Stars Wars geben sich die Ehre. Kleine Züge, Flugzeuge und Schiffe legen in Miniland jährlich eine Strecke zurück, die etwa dreimal um den Äquator reichen würde.

Der Westen → Karte S. 104

LEGO – lehrreiche Steine

Jeder kennt sie: die bunten Plastik-Noppensteine von LEGO fehlen in keinem Kinderzimmer. Erfunden hat sie der dänische Tischlermeister Ole Kirk Christiansen 1949. Heute ist Lego weltgrößter Spielzeughersteller. Der Markenname leitet sich von *leg godt* (spiel gut) ab. Kreativität und Lernen beim Spielen – diese Ideen stehen immer noch im Mittelpunkt, auch wenn inzwischen ganz neue Produkte wie Lego-Konsolenspiele hinzugekommen sind. Der Konzern produziert weltweit, aber die Firmenzentrale steht nach wie vor am Ursprungsort Billund unweit von Legoland. Seit 2005 führt die Merlin Entertainment Group, ein global agierender Betreiber von Freizeitparks, die inzwischen zehn Legoland-Parks weltweit.

Im **Duploland** spielen die Jüngsten Kaufladen, Bauernhof oder Polizei, während die Eltern vielleicht denken, „Liebling, ich habe die Kinder geschrumpft!" Die Häuser sehen genauso aus wie das Spielzeug zu Hause – nur sind sie 15 Mal so groß.

Wildwest-Atmosphäre kann man in **Legoredo Town** schnuppern. Chief Longears ist eine der beliebtesten Figuren. Gebaut aus 1,4 Millionen Legosteinen errang der Häuptling 1986 den Guiness-Rekord als damals größte Lego-Figur. Als Indianer zum Anfassen begeistert Longears die Kids im Indianerdorf. Ganz nach Wildwest-Manier dürfen Besucher nach „Gold" schürfen und die eingeschmolzenen Nuggets zur Münze pressen lassen. Im Geisterhaus ist Gänsehaut garantiert, mit Laserpistolen wird den Spukgestalten jedoch der Garaus gemacht. Regelmäßig kommen neue Attraktionen hinzu wie der Flying Eagle für kleinere Kinder.

Das **Piratenland** wartet mit dem erfrischenden Wave Breaker, dem Piraten Splash Battle und einer Bootsfahrt in die Piratengrotte auf kleine Abenteurer. Im Wasser lauern derweil Lego-Krokodile. Billund liegt genau zwischen Nord- und Ostsee und so darf auch im Park das Meer nicht fehlen. In **Atlantis** spazieren die Besucher im Glastunnel durch ein subtropisches Aquarium mit Riffen, Haien, bunten Fischen und Seepferdchen.

Eine spannende Themenwelt ist in der **Ninjago World** entstanden. Rund um das Ninja-Kloster flitzt die Ninjago-Bahn und die Fahrgäste erleben mithilfe von 3-D-Brillen ein dreidimensionales Abenteuer. In den **Lego Studios** ermöglichen Filme in 3-D-Technik, z. B. „Lego The Movie" oder „Ninjago Movie", ergänzt durch Licht-, Rauch- und weitere skurrile Effekte sogar vierdimensionale Erlebnisse.

Mächtige Kräfte wirken auf die Mitreisenden des Polar X-plorers in **Polar Land,** der mit bis zu 65 km/h unterwegs ist. Höhepunkt der Fahrt im 16-sitzigen Schneemobil ist der freie Fall. Gemütlicher geht es da bei den Pinguinen in **Penguin Bay** zu, die man in ihrem Habitat über und unter Wasser beobachten kann.

Nicht verpassen sollte man die Stunt-Shows (z. B. das Ritterturnier „Battle Of The Brick") und Unterhaltungsprogramme auf der Eventbühne

Vielfältige Welten sind im Legoland Billund zu entdecken

(Angebote/Uhrzeiten auf der Webseite und auf Plakaten im Park).

▪ Tagesticket Erwachsene ab 399 DKK, Kinder 3–12 J. ab 359 DKK. Online gibt's Rabatte für Frühbucher, HS höhere Preise. Ende März–Okt., HS 10–20 Uhr, NS 10–18 Uhr. Nordmarksvej 9, 7190 Billund, ✆ 75 33 13 33, www.legoland.dk.

Praktische Infos

Information Im Billund Center gibt es alle wichtigen Broschüren, die Infos über Unterkünfte und Aktivitäten im Herzen Jütlands bieten. Mo–Fr 7–22, Sa/So 7–20 Uhr. Hans Jensensvej 6, 7190 Billund, ✆ 72 13 15 00, www.destinationtrekantomraadet.de.

Verbindungen **Busse:** Es gibt regelmäßige Busverbindungen ab Billund Airport zum Legoland, von Aarhus nach Billund Airport (www.midttrafik.dk), von den Bahnhöfen Veijle, Kolding und Fredericia, sowie im Regionalverkehr ab Esbjerg direkt zur Haltestelle am Park (www.sydtrafik.dk). www.rejseplanen.dk.

Gut zu wissen Die Webseite www.legoland.dk/de liefert alle wichtigen Informationen für die Planung des Besuchs (s. FAQ Legoland). Für die rasanten Achterbahnen gelten bestimmte **Voraussetzungen in Bezug auf** Alter, Größe und Gewicht (s. Sicherheitshinweise). Von Mitte Juni–Ende Aug. muss mit hohem Besucherandrang und langen **Wartezeiten** an den Attraktionen gerechnet werden. Am Eingang kann man ein **Gepäckschließfach** mieten (50 DKK), auch bei den Minibooten stehen Schließfächer bereit. Wer bei den Wasserattraktionen nass wird, kann sich von großen **Trocknern** trocken pusten lassen (Gebühr).

Parken Am Legoland gibt es 4 kostenpflichtige (Tagesticket 60 DKK) und 2 kostenfreie Parkplätze (P6 und P4). Der Behindertenparkplatz direkt am Eingang ist ebenfalls kostenlos. Parktickets erhält man beim Eintrittskartenverkauf, an Automaten (nur mit Kreditkarte) oder online.

Wohnmobile Am **Legoland Holiday Village** gibt es einen Transit-Platz mit Nutzung des Sanitärgebäudes. 387 DKK. Ellehammers Alle 2, 7190 Billund, ✆ 75 33 13 33, www.legoland.dk.

Billund Autocamper Plads, 4,5 km bis Legoland. Ebenes Wiesengelände mit Hecken in grüner Umgebung. Stellplatz 12 €, Strom 5 €. Gebühr wird auf Vertrauensbasis in eine Milchkanne gezahlt. Für die Duschen 2 1 €-Münzen bereithalten. Grenevej 5, 7190 Billund, ✆ 23 20 95 09, www.billund-autocamperplads.dk.

Extreme Racer

Übernachten **Hotel Legoland,** direkt am Park. Komfortable Businesszimmer mit Bad/WC und TV sowie Parkplatz. Familien mit Kindern werden sich eher für ein Themenzimmer (Prinzessin oder Ritter) entscheiden. Åstvej 10, 7190 Billund, ✆ 75 33 12 44, www.legoland.dk. **€€€€**

Legoland Holiday Village, zwischen Legoland und Wasserpark Lalandia gelegen. In dem weitläufigen Feriendorf gibt es ein Piraten-Motel, Ninjago-Hütten und einen Campingplatz. Man kann in Fässern übernachten oder ein Tipi mieten. Ellehammers Alle 2, 7190 Billund, ✆ 75 33 13 33, www.legoland.dk. **€€€€**

Danhostel Grindsted, 13,5 km zum Legoland. Das Hostel bietet einfache, saubere DZ mit Bad/WC und WLAN sowie Mehrbettzimmer für 4/6 Pers. Gemeinschaftsküche, Spiele und Tischtennis in den Aufenthaltsräumen. Banegardsvej 34, 7200 Grindsted, ✆ 75 21 19 19, www.danhostel-grindsted.dk. **€**

Essen & Trinken Für mitgebrachtes Essen stehen zahlreiche Picknickplätze im Legoland-Gelände zur Verfügung. Grillen ist nicht erlaubt. Wer Essen gehen will, muss sich auf hohe Preise einstellen. In jedem Themenbereich gibt es gastronomische Angebote, z. B. Steaks im **Blacksmith's Grill House,** Pulled Pork im **Saloon** (Legoredo) oder ein Mittelalter-Büfett im **Knight's Restaurant** (Knights Kingdom). Im **Family Büfett** (Miniland) kann man sich am gesunden, abwechslungreichen Erwachsenen- und Kinderbüfett stärken. Die Restaurants bieten auch vegetarisches und glutenfreies Essen an.

Der Westen → Karte S. 104

Sonstiges
1 WOW-Park (S. 162)
2 Westwind Nord/Kabelpark (S. 150)
3 Westwind Syd (S. 150)
Essen & Trinken
4 Restaurant Stauning Havn (S. 163)
Übernachten
5 Dancamp Nordsø (S. 144)
6 Skjern Å Camping (S. 162)
7 Birkelund Camping (S. 164)
8 Bjerregard Camping (S. 144)
9 Bork Havn Camping (S. 166)
Thorsminde
Vest Stadil Fjord
Stadil Fjord
Ulfborg
Grønbjerg
Bunkeranlage Kryle
Hindø
Hee
Hover Å
Internationales Sandskulpturen-festival
Kloster
Vonå
Heager
Søndervig
No
Spjald
Naturkraft
Ringkøbing
Ringkøbing Museum
Holmsland Klit
Lyngvig Fyr
Nørre Lyngvig
Velling
Højmark
Finderup
Lem
Rækker Mølle
Hanning
Hvide Sande
Fiskeriets Hus
Klægbanke
Dejbjerg
Danmarks Flymuseum
Ringkøbing Fjord
Stauning
Stauning Whisky
Skjern Vindmølle
Skjern
Abelines Gaard
Haurvig Kirke
Haurvig
Hestholm Sø
Skjern Enge (NSG)
Tarm
Naturcenter Skjern Enge
Lønborg
Tipperhuset
Skaven Strand
Vostrup
Skuldbøl
Halbinsel Tipperne
Bjerregård
Nyminde Strømmen
Mitteljütland (Midtjylland)
Værnsande
Bork Havn
Hemmet
Bork Vikingehavn
Nørre Bork
Sønder Vium
Nymindegab Museum
Nymindegab
Sønder Bork
Nordsee (Vesterhavet)
Lønne
Lyne
Lydum
Rund um den Ringkøbing Fjord
2,5 km
Nørre Nebel
Süddänemark (Syddanmark)
Varde
Varde

Landschaft am Ringkøbing Fjord

Rund um den Ringkøbing Fjord

Der Ringkøbing Fjord ist mit einer Fläche von fast 300 km² der größte Fjord Westjütlands. Das windreiche, aber wellenarme und zudem im Durchschnitt nur 1,5 m tiefe Gewässer ist ein Eldorado für Wind- und Kitesurfer. Gleichzeitig gibt es weitläufige Naturschutzgebiete für die Tier- und Pflanzenwelt.

Durch die 30 km lange und teilweise nur wenige Hundert Meter breite Nehrung Holmsland Klit ist der Ringkøbing Fjord von der offenen Nordsee getrennt. Die Verbindung des Brackwassersees zum Meer und den nötigen Wasseraustausch ermöglicht eine Schleuse bei Hvide Sande. Um 1845 befand sich die alte Mündung, der Nyminde Strømmen, in der Nähe von Houstrup Strand. Doch diese Verbindung zur Nordsee versandete mit der Zeit. Die Halbinsel Tipperne bei Nymindegab (→ S. 135), der Rest der ehemaligen südlichen Nehrung, ist heute ein Vogelschutzgebiet. Dänemarks wasserreichster Fluss, die Skjern Å, mündet am südöstlichen Ufer in den Fjord. Das Mündungsdelta mit vielfach mäandernden Flussarmen wurde 20 Jahre lang aufwendig renaturiert und ist ein lohnendes Ziel für Naturliebhaber und Vogelkundler.

Rund um den Ringkøbing Fjord siedelten die Menschen schon seit Tausenden Jahren. Als bedeutender Nordseehafen der Wikinger trat Bork Vikingehavn an der Südostspitze des Fjords in Erscheinung. Im Sommer wird die Wikingersiedlung im Freilichtmuseum von zahlreichen Freiwilligen belebt und bietet spannende Aktivitäten für die ganze Familie. Im Mittelalter entstand die namensgebende Stadt Ringkøbing am nordöstlichen Ufer. Einen Besuch wert sind auch die weiteren umliegenden Städte. Der bildenden Kunst verpflichtet sind Skjern und Tarm im Osten des Fjords. Viel mehr

Aufmerksamkeit genießt jedoch das internationale Sandskulpturenfestival in dem beliebten Küstenort Søndervig.

Man darf in Dänemark beim Stichwort Fjord keine spektakuläre Landschaft mit tiefen Einschnitten in Bergmassive wie in Norwegen erwarten. Flach ist das Terrain und die Zugänge zum Küstensee sind meist durch breite Schilfgürtel bewachsen. Vom Auto aus sieht man den Ringkøbing Fjord auf der Route 181 auf Holmsland Klit, in Hvide Sande an der Schleuse und auf der Nebenstrecke von Ringkøbing nach Stauning. Am eindrucksvollsten lässt sich der Fjord erleben, wenn man den Pkw stehen lässt. Auf bestens ausgebauten Fahrrad- und Wanderwegen wird man immer wieder ans Wasser geführt. So mancher Vogelbeobachtungsturm bietet eine willkommene Gelegenheit, den eigenen Blickwinkel zu verändern. Die schönste Aussicht über Meer, Fjord und Landschaft bietet der Leuchtturm Lyngvig Fyr. Er gehört zu den Ringkøbing Fjord Museer, die die Geschichte der Region in mehreren Museen und sehenswerten historischen Gebäuden rund um den Fjord vermitteln. Der folgende Abschnitt beschreibt eine Besichtigungstour um den Ringkøbing Fjord im Uhrzeigersinn.

Holmsland Klit

Zwischen Nymindegab und Søndervig verläuft die landschaftlich reizvolle Route 181 auf der 30 km langen Nehrung Holmsland Klit. Die sandige Landzunge, die den Ringkøbing Fjord vom offenen Meer trennt, ist höchstens 2 km breit und misst an manchen Stellen nur wenige Hundert Meter. Mitunter türmen sich die Dünen auf der Westseite meterhoch auf, gelegentlich bietet sich ostwärts der Blick auf den Fjord. Ende des 19. Jh. drohte der in der Eiszeit entstandene Fjord (im Deutschen würde man von einem Haff sprechen) zum Binnensee zu werden. Um die Schifffahrt aufrecht zu erhalten und den Salzgehalt des Sees zu stabilisieren, wurde Holmsland Klit 1909/10 auf Höhe des heutigen Hvide Sande durchstochen. Der 26 m breite Kanal riss nach einer Sturmflut auf 230 m auf und nur mühsam gelang es, diesen Bruch wieder zu schließen. 1931 wurde die Schleuse bei Hvide Sande eröffnet, die den Wasserstand reguliert. Holmsland Klit war früher ein trostloser Flecken, wo wenige Bauern mühsam Vieh züchteten oder Kartoffeln anbauten und ihr Auskommen durch Fischerei ergänzten. Heute boomt der Tourismus, die Ferienhaussiedlungen wie Bjerregård, Skodbjerge und Sønder Haurvig ziehen sich schier endlos entlang der markanten Dünenkette. Bis zu 35.000 Urlauber kommen im Sommer hierher. Abseits der Küstenstraße 181 führen meist geschotterte Wege durch die Fe-

Schöne Dünen am Holmsland Klit

Abelines Gaard erinnert an die gesunkene Elisabeth Rickmers

rienhausgebiete oder bis zu den ausgewiesenen Strandparkplätzen am kilometerlangen weißen Sandstrand. Immer wieder findet man malerische Orte. In kleinen Buchten am Fjord wie Vinterleje Havn haben Fischer ihre Boote vertäut. In der schlichten, weißen Haurvig Kirke von 1869 erinnert die Kanzel an ein Ruderhaus auf einem alten Fischkutter. Die beiden Votivgaben, zwei Modelle von Dreimastern, sind Ausdruck des gefahrvollen Lebens der Seeleute.

Abelines Gaard: Der 1854 erbaute vierseitige Strandvogthof Abelines Gaard (östlich der 181 bei Haurvig) ist heute ein preisgekröntes Museum. Auf dem Hof lebte man gut von gestrandeten Seeleuten und ihren gesunkenen Schiffen wie dem englischen Schiff Elisabeth Rickmers, das 1894 in der Nähe auf Grund lief. Abeline heiratete den Sohn des Strandvogts, wurde jedoch früh zur Witwe und musste ihre fünf Kinder mit dem durchbringen, was der Hof erwirtschaftete. Statt gestrandeter Seeleute übernachteten nun Touristen in den Alkoven-Betten. Auch wenn heutzutage der Putz an den Wänden mächtig blättert, wirkt das Haus, als hätte die Hausfrau gerade das Strickzeug aus der Hand gelegt und wäre nur kurz hinausgegangen. Man kann die historischen Gerätschaften in Küche, Werkstatt, Stall und Wohnräumen nicht nur bestaunen – bei vielfältigen Veranstaltungen wird demonstriert, wozu und wie sie benutzt wurden. In der Ausstellung „Gesichter der Vergangenheit" erzählen Abeline und Esepigen, eine Frau, die Fischernetze reparierte und mit Ködern versah, aus ihrem Leben. Kinder können alte Spielzeuge, z. B. Stelzen und Fingerbillard, ausprobieren. Aufregend anzusehen ist eine Rettungsübung in der zum Hof gehörigen Rettungsstation (Juli/August Mi 13 Uhr). Im Café des Hofs wird mittwochs im Juli und August (13–16.30 Uhr) ein großes Kuchenbüfett aufgebaut.

■ Juli/Aug. Mo–Fr und So 11–16.30 Uhr, April–Juni, Sept./Okt. Do–So 11–16 Uhr. 75 DKK, Kinder unter 18 J. frei. Im Café gibt es während der Öffnungszeiten Kaffee und Kuchen. Sdr. Klitvej 87, 6960 Hvide Sande, ✆ 97 31 51 27, www.ringkobingfjordmuseer.dk.

Der Westen → Karte S. 104

Praktische Infos

→ Karte S. 140

Verbindungen Auf Holmsland Klit verkehrt der **Regionalbus 580** von Midttrafik. Es gibt regelmäßige Verbindungen von Ringkøbing über Søndervig und Hvide Sande nach Bjerregard. www.midttrafik.dk.

Ferienhausvermietung **Esmark,** Büro Bjerregard, Sdr. Klitvej 195, Bjerregard, 6960 Hvide Sande, ✆ 69 15 96 12, www.esmark.de; **Novasol,** Büro Bjerregard, Arvidvej 190, 6860 Hvide Sande, ✆ 39 14 30 30, www.novasol.de.

Schwimmbad **Badeland auf dem Dancamp Nordsø 5** (→ S. 140), Spaßbad für die ganze Familie mit mehreren Becken und einer langen Rutsche, Sauna, türkischem Dampfbad und Whirlpool. Ende März–Ende Okt. tägl. geöffnet. 85 DKK. Tingodden 3, 6960 Hvide Sande, ✆ 96 59 17 22, www.dancamps.dk.

Wohnmobile Quick-Stop für Wohnmobile am **Bjerregaard Camping,** mit Ver- und Entsorgung, 2 Pers. 120 DKK. www.bjerregaard camping.dk.

Übernachten **Bjerregaard Camping 8** (→ S. 140), direkt am Ringkøbing Fjord, zum Meer 10 Min. Fußweg. Wiesengelände mit Hecken, modernen Sanitäranlagen, Spielplatz, Beachvolleyball und Minimarkt. Viele Stellplätze haben Blick aufs Wasser. Ein kleiner Sandstrand am Fjord dient als Zugang für Wind- und Kitesurfer, Paddler, und SUPs. Verleih von Kanus, SUPs und Fahrrädern. Stellplatz für 2 Pers. 243 DKK. Miethütten gibt es mit und ohne WC. April–Sept. Sønder Klitvej 185, Bjerregaard, 6960 Hvide Sande, ✆ 97 31 50 44, www.bjerregaardcamping.dk.

Dancamp Nordsø, flaches Wiesengelände zwischen Landstraße und Dünen, direkter Strandzugang. Sehr gute Ausstattung mit gepflegten Sanitäranlagen, Minimarkt, Spielplatz und Badeland (20 DKK für Campinggäste). Standardstellplatz für 2 Pers. 233 DKK, Stellplätze mit Aussicht teurer. Vermietet werden auch Hütten. Ende März–Ende Okt. Tingodden 3, 6960 Hvide Sande, ✆ 96 59 17 22, www.dan camps.dk.

Die Ringkøbing Fjord Museer

Der Verbund vereint zehn Museen und historische Sehenswürdigkeiten rings um den Fjord. Getreu dem Motto „Lebendige Geschichte" werden in allen Standorten die Besucher zum Mitmachen animiert oder sie können Mitarbeitern bei der Ausübung ihres Handwerks zuschauen. Am spektakulärsten ist sicherlich das Freilichtmuseum Bork Vikingehavn (→ S. 165), in dem als Wikinger verkleidete Freiwillige die Schiffe und das Wikingerdorf bevölkern.

In Kaj Munks Præstegård wird an den Pfarrer und Schriftsteller Kaj Munk erinnert. In Predigten und Schriften griff er die Nazi-Diktatur scharf an, rief aktiv zum Widerstand gegen die deutschen Besatzer auf und wurde dafür 1944 von der SS ermordet (das Pfarrhaus liegt östlich von Vedersø, Vesterhavsvej 7, 6990 Ulfborg; Juli/Aug. tägl. 11–16.30 Uhr, April–Juni, Sept./Okt. Do–So 11–16 Uhr; 75 DKK, Kinder bis 18 J. frei).

Außerdem gehören zum Museumsverbund das Ringkøbing Museum, die Bundsbæk Mølle, Abelines Gaard und Lyngvig Fyr auf Holmsland Klit, die Bunkeranlagen Houvigfæstningen bei Søndervig, Skjern Vindmølle und Provstgaards Hus in Skjern Enge. Zusätzlich zu den Museumsveranstaltungen werden Bunkertouren, Stadtwanderungen und Naturexkursionen angeboten (Termine s. Webseite). Neben Einzeltickets gibt es auch Vorteilskarten (z. B. die Silberkarte, Erw. 249 DKK, 14 Tage gültig, freier Eintritt für alle Ausstellungsorte der Ringkøbing Fjord Museer). www.ringkobingfjordmuseer.dk.

Kunstwerk „Cyklus" und Fiskeriets Hus in Hvide Sande

Hvide Sande

Ein Hafen voller Heringe – und Angler! Aussicht auf reichen Fang lockt Petrijünger in Scharen an die Schleuse in Hvide Sande. Am engen Durchlass zwischen Meer und Ringkøbing Fjord ist einer der besten Angelplätze der Nordsee. Nicht nur Hering, auch Makrele und Hornhecht tummeln sich hier in großer Zahl. Während der Angelkönig der Familie sich die Finger glitschig macht, können sich Kind und Kegel im **Fiskeriets Hus** nebenan eine Seefahrts-Ausstellung und die Fische der Region im Aquarium ansehen (Fiskeriets Hus, Museum und Aquarium, 98 DKK, tägl. 10–16/17 Uhr, Nørregade 2B, 6960 Hvide Sande, ✆ 97 31 26 10, www.fiskerietshus.dk).

Der Ort Hvide Sande (Weißer Sand) entstand nach der Fertigstellung des Hvide-Sande-Kanals 1931. Eine Entwässerungsschleuse reguliert den Wasserstand zwischen Ringkøbing Fjord und Meer, eine Kammerschleuse ermöglicht Schiffen die Passage. Während die Boote die Schleuse passieren, wird die Straßenbrücke, über die die Route 181 führt, hochgeklappt. Besonders in der Hauptsaison führt das zu langen Staus. Der 3000-Einwohner-Ort beheimatet eine Fischereiflotte von 60 Schiffen und ist der fünftgrößte Fischereihafen Dänemarks – eine interessante, betriebsame Atmosphäre. Täglich um sieben Uhr morgens wird der Fang bei der Fischauktion per Internet in der Auktionshalle an Kunden in ganz Europa versteigert. Im Sommer werden spezielle Versteigerungen für Touristen durchgeführt (→ Basis-Infos). Im Hafengebiet findet man alles rund um die Fischerei: Werften, Lagerhallen, Räuchereien, Fischrestaurants und Shops für Angelausrüstung. An

Die Wendeltreppe im Innern des Lyngvig Fyr

der Schleuse steht das Kunstwerk „Cyklus" von Leo Andersen; er hat es zum 75. Stadtgeburtstag geschaffen. Heute ist es das Wahrzeichen von Hvide Sande. Vom Bunker auf dem Troldbjerg (am Kreisverkehr) lassen sich Hafen und Schleuse überblicken. Bei günstigen Wetterbedingungen kann man einen Spaziergang auf die Südmole unternehmen und die Aussicht auf die Schleuse und den schier endlosen Badestrand genießen. Nahe dem Zentrum steht die Helligåndskirke (Heilig-Geist-Kirche, Søndergade 5), die 1954 mit den Einnahmen einer beharrlichen Sammelaktion im spätromanischen Stil aus gelben Steinen erbaut wurde.

Lyngvig Fyr: Etwa 6 km nördlich von Hvide Sande überragt der weiße Lyngvig Fyr die Küste. Der jüngste Leuchtturm Dänemarks wurde 1906 auf einer 17 m hohen Düne errichtet und misst 38 m. Ein tragisches Unglück des norwegischen Schiffes „Avona", bei dem 24 Seeleute starben, gab den Anlass für den Leuchtturmbau. Die „Avona" war nicht die einzige, die sank. Wegen der vielen Wracks, die hier an der aufgrund ihrer gefährlichen Strömungen und Stürme gefürchteten dänischen Nordseeküste liegen, trägt diese bis heute auch den Namen Eisenküste. Über die Wendeltreppe mit 149 Stufen erreicht man die Plattform am Leuchtfeuer. Die Aussicht über Holmsland Klit, die Nordsee und den spiegelglatten Ringkøbing Fjord ist fantastisch. Mutige können es wagen, sich unter Anleitung vom Leuchtturm abzuseilen. Im alten Hof des Leuchtturmwärters kann man sich eine kleine Ausstellung über Seerettung ansehen. Es gibt ein nostalgisches Café und einen Souvenirshop. Kinder freuen sich über den schönen Spielplatz.

▪ Juli/Aug. tägl. 10–18, Mi bis 22 Uhr, April–Juni, Sept./Okt. tägl. 10–17, Mi bis 20 Uhr, Nov.–März tägl. 11–16 Uhr. Eintritt 75 DKK, Kinder unter 18 J. frei. Abseilen nach Anmeldung April–Nov. mittwochs, 349 DKK. Holmsland Klitvej 109, 6960 Hvide Sande, ✆ 22 11 41 38, www.ringkobingfjordmuseer.dk.

Praktische Infos

→ Karte S. 149

Information Das **Hvide Sande Touristenbüro** in der Nähe der Kirche ist das Hauptbüro für die Region Ringkøbing Fjord. Hier erhält man alle Prospekte und Karten, freundliche Mitarbeiter geben Auskunft zu Übernachtungsmöglichkeiten, Surfen und Ausflügen. Auch Verkauf von Angelkarten und Briefmarken, Vermietung von Tennisplätzen und Geldumtausch. Ganzjährig Mo–Do 10–16, Fr 10–14 Uhr, in Selbstbedienung tägl. 8.30–20.30 Uhr. Kirkevej 4, 6960 Hvide Sande, ✆ 70 22 70 01, www.visitvesterhavet.de.

Verbindungen Von/bis Hvide Sande gibt es regelmäßige Verbindungen mit **Regionalbus 580** nach Bjerregard, Søndervig und Ringkøbing. www.midttrafik.dk.

Fahrradfahren Eine sportliche Herausforderung ist die 100 km lange **Fjorden Rundt** (Nr. 760) um den Ringkøbing Fjord. Unterwegs gibt es 11 Service-Stationen für Fahrräder mit Infos und Luftpumpen (z. B. am Troldbjerg, Parallelvej 2, Hvide Sande). Im Touristenbüro ist eine regionale Fahrradkarte erhältlich, die auch kürzere Strecken z. B. nach Søndervig aufzeigt. Hvide Sande ist außerdem eine Station auf der Vestkystruten.

Fahrradverleih **Hvide Sande Bike,** liefert die bestellten Fahrräder und E-Roller direkt ans Ferienhaus. Nur online buchbar, ab 400 DKK/Woche. Fyrvej 10, 6060 Hvide Sande, ✆ 97 31 36 40, www.hvidesandebike.de.

Ferienhausvermietung **DanWest,** Ferienhausvermittler am Ringkøbing Fjord, Büro in Årgab, Sønder Klitvej 20, 6960 Hvide Sande, ✆ 97 32 46 95, www.danwest.de; **Feriepartner Hvide Sande 4,** vermietet Häuser, aber auch Hausboote (ab 640 DKK) im Hafen Hvide Sande, Nørregade 2B, 6960 Hvide Sande, ✆ 96 59 35 93, www.feriepartner.dk.

Fischauktionen Mitte Juli–Ende Aug. finden So um 11 Uhr in der **Auktionshalle** Fischauktionen für Touristen statt. Dabei kommen haushaltsgerechte Mengen unter den Hammer. Pensionierte Fischer helfen für ein Trinkgeld beim Reinigen und Filetieren. Auktionsgade, 6960 Hvide Sande.

Schwimmbad **Hvide Sande Hallen,** Hallenbad mit Schwimmerbecken, 35-m-Rutsche, Kinderbecken und Whirlpool sowie verschiedene andere Sportangebote. HS tägl. 10–15 Uhr, NS. s. Webseite. 50 DKK. Parallelvej 2, 6960 Hvide Sande, ✆ 97 31 15 05, www.hvidesandehallen.dk.

Strand Der **Südstrand** von Hvide Sande wird vom Mitte Juni–Mitte Aug. tägl. 10–18 Uhr von Rettungsschwimmern bewacht.

Touristenradio Auf Deutsch: nördlich von Hvide Sande FM 104,5, südlich FM 91,3. Werktags Mitte Juni–Ende Aug. 11–13 Uhr.

Veranstaltungen Jedes Jahr findet Ende April das **Heringsfestival** in Hvide Sande statt. Es gibt Wettbewerbe im Angeln und Filetieren, Musik, Zeltbetrieb, jede Menge Heringsspezialitäten und die Wahl zum Mr. Hering (in

Hauptsache surfen

Der Westen → Karte S. 104

Wathosen und sonst nix). Im Juni findet der **North Sea Beach Run & Walk** am Strand statt, bei dem Laufenthusiasten und Profis Strecken zwischen 5 und 42,2 km laufen. Beim **Æ Haw Fest** im Juli gibt es mehrere Tage mit Livemusik im Zelt und Volksfeststimmung. Im Aug. bietet **Kunst i Slusen** Ausstellungen und Künstlerbegegnungen in den offenen Werkstätten. Anfang Sept. zeigen internationale World Champions und Laien beim **Waterz Festival** ihr Können in Wettbewerben von Windsurfen bis SUP. Außerdem kann man Ausrüstungen testen, Musik und Spezialitäten genießen (www.waterz.dk). Mitte Sept. studieren junge Musikerinnen und Musiker in der **Hvide Sande Masterclass** und sind bei bei klassischen Konzerten zu hören – empfehlenswert.

Wohnmobile Auf 3 Parkplätzen in Hvide Sande darf man im Wohnmobil übernachten: Surfer stehen bevorzugt auf dem **Parkplatz Tungevej 6.** Außerdem Stellplätze im Fabriksvej 31 – Autocamperplads an der Schleuse – sowie am Strandparkplatz Fabriksvej 42. An den Kassenautomaten für 140 DKK/Nacht ein Ticket lösen und gut sichtbar hinter der Scheibe platzieren. Am **Hvide Sande Camping** gibt es auch Quick-Stop für 150 DKK.

Übernachten **Hvide Sande Hotel garni 7**, in der Ortsmitte. Das Hotel in einem ehemaligen Seemannsheim bietet helle, schlichte Zimmer mit TV und WLAN und Bad/WC. Frühstücken kann man in mehreren Restaurants und Cafés im Umkreis. Automat zum Self Service Check-in. Bredegade 5, 6960 Hvide Sande, ✆ 97 31 10 33, www.hssh.dk. **€€€**

Am Fiskeriets Hus

Bed & Breakfast Drivethru Surfcamp 1, ca. 3 km nördlich der Schleuse. Tolle Surferlocation mit Fjordblick: In einem 200 Jahre alten, modern aufgepeppten dänischen Dünenhof auf riesigem Wiesengrundstück gibt es schöne, helle DZ, z. T. mit eigenem Bad oder mit Gemeinschaftsbad. Auch ein Whirlpool ist vorhanden. Surfen, SUP und Paddeln stehen im Vordergrund: Ausleihe von Equipment sowie Touren. Über das Erlebte tauschen sich die Gäste in der Sitzecke am Kamin oder beim gemeinsamen Kochen in der offenen Küche aus. Außenbereich zum Relaxen, eigener Zugang zum Fjord, gutes Frühstück, freier Eintritt ins Schwimmbad Hvide Sande. Auch Yoga wird angeboten. Holmsland Klitvej 10, 6960 Hvide Sande, ✆ 21 43 09 44, www.drivethru.de. **€€**

Hvide Sande Camping 9, 2 km südlich der Schleuse. Das einfache, parzellierte Wiesengelände zwischen Dünen und Ferienhäusern liegt 200 m vom Nordseestrand entfernt, zur Windsurfingstation am Fjord läuft man 300 m. Der Campingplatz bietet gepflegte Sanitäranlagen, schöne Familienküchen mit Aufenthaltsräumen, Fischreinigungsplatz, Waschraum sowie einen kleinen Laden. Die Kinder dürfen auf 2 Spielplätzen toben. Stellplatz für 2 Pers. 258 DKK, Duschen extra. Hütten kann man ab 1 Tag mieten. Ende März–Dez. Karen Brands Vej 70, Årgab, 6960 Hvide Sande, ✆ 97 31 12 18, www.hvidesandecamping.dk.

Essen & Trinken **Lille K 6**, das Restaurant mit tollem Blick auf die Schleuse ist Hvide Sandes Top-Adresse für Genussmenschen. Küchenchef Michael Grantland hat in Nobelrestaurants gelernt und zaubert nun in seinem Heimatort aus regionalen Zutaten Hochgenüsse für Auge und Gaumen. Empfehlenswert sind immer die frischen Fisch- und Meerefrüchte-Gerichte. Aber auch Bøf Bearnaise, üppige Burger und die wechselnden saisonalen Tagesgerichte sorgen für zufriedene Gäste (Hauptgerichte ab 185 DKK). Günstige Kindergerichte. Auch fürs Kaffetrinken mit Aussicht oder für Tapas und Sundowner eine gute Adresse. Di–Do 12–21, Fr–So 12–22 Uhr. Toldbodgade 8, 6960 Hvide Sande, ✆ 20 70 93 44, www.bygrantland.dk.

MeinTipp **Røgeriets Spisested 3**, frischer Fisch und Meeresfrüchte direkt aus dem eigenen Fischgeschäft mit Räucherei kommen in der stets gut besuchten Gaststätte auf den

Tisch. Gebratene Scholle mit Petersiliensoße, gekochter Dorsch mit Senfsoße, Lachs, Shrimps, Muscheln, Wels auch ein Rib-Eye-Steak sowie Vegetarisches werden schmackhaft zubereitet (Hauptgerichte ab 99 DKK). Beim Fischbüfett (269 DKK) werden vor allem Räucherfisch und Fischsalate in großer Vielfalt aufgetischt. Gute Auswahl an Brauhaus-Spezialitäten. Tägl. 11.30–21 Uhr. Troldbjergvej 4, 6960 Hvide Sande, ✆ 97 31 18 99, www.hvidesanderogeri.dk.

Familienrestaurant Europa 8, im Zentrum. Ungezwungenes Ambiente und günstige Preise. Lokaler Fisch, dänisches Fleisch und Pizza à la Italia, ideal für Familien. März–Okt. 12–15 und 17–21 Uhr. Søndergade 3, 9690 Hvide Sande, ✆ 61 36 00 99.

meinTipp **Café Marina 5**, gemütliches Café-Restaurant im Vintage-Look und mit schöner Außenterrasse am Hafen. Perfekt, um schnell etwas zu essen, WLAN zu nutzen und dabei die maritime Aussicht zu genießen. Hier schmecken frische Salate, tolle Burger (auch vegetarisch), Pfannkuchen oder die üppige Marinaplatte (195 DKK). Empfehlenswert ist auch die Brunchplatte (Sa/So 10.30–14 Uhr). In der Hauptsaison wird freitags Livemusik gespielt. Mo–Fr 11–21, Sa/So 10–21 Uhr. Toldbodgade 20, 6960 Hvide Sande, ✆ 97 31 10 06, www.cafemarina.dk.

Café Ejvinds 2, die Bäckereifiliale hat knuspriges Brot, Gebäck und Kuchen im Angebot, mehrmals täglich werden Brötchen und Baguettes frisch gebacken. Wer frühstücken möchte, kann es sich an einigen Tischen bequem machen. Zum mexikanischen Hochlandkaffee schmecken die Frühstücksplatte oder die reichlich belegten Sandwiches. Mo–Fr 7.30–17, Sa/So 7.30–16 Uhr. Nørregade 50, 6960 Hvide Sande, ✆ 26 82 65 69, www.ejvinds.dk.

Ein Paradies für Surfer

Hvide Sande ist ein Paradies für Windsurfer und Surfer. Ordentlich Wind im Segel oder im Kite, wenig Wellen und geringe Wassertiefen (ca. 1,5 m) lassen auf der Fjordseite auch Anfänger des Sports gut aussehen. Es gibt jeweils eine Westwind-Station mit Ausrüstung und Kursen in Hvide Sande Nord und Hvide Sande Syd auf der Fjordseite. Freestyler zieht es ins Flachwasserrevier bei Kloster. Fans des Brandungssurfens sind auf der Nordseeseite am Flynder Point südlich der Mole zu finden. Der Strand ist geeignet für Windsurfing, Kitesurfing, Surfing und SUP. Ausrüstung, Kurse und Tipps gibt's am Surf Café von Westwind. Die Wohnmobile der Surfer dürfen auf dem Parkplatz Tungevej über Nacht stehen (150 DKK).

■ Westwind Nord **2** (→ S. 140) Gytjevej 15, 6960 Hvide Sande, Westwind Syd **3** (→ S. 140), Sønder Klitvej 1, 6960 Hvide Sande, ✆ 97 31 25 99, www.westwind.dk.

Schutzzonen beachten

Beim Surfen auf dem Ringkøbing Fjord muss man nicht nur die übliche Rücksicht auf Badegäste und Bebauungen walten lassen. Man sollte sich vorher auch über die Naturschutzzonen informieren, denn bei Nichtbeachten werden saftige Strafen fällig. Im Fjord ist Windsurfen zwischen Pfingsten und 31. August nur in den markierten Bereichen erlaubt.

Fun für Wakeboarder

Auf der Wakeboard- und Wasserskianlage Kabelpark können bis zu zehn Sportler gleichzeitig über Wasser und Hindernisse flitzen.

■ Einführungskurse auch auf Deutsch, Kinder ab 8 Jahre. Gytjevej 15, 6960 Hvide Sande, ✆ 28 72 80 00, www.kabelpark.dk.

Bizarr, virtuos, vielgestaltig: Sandskulpturen in Søndervig

Søndervig

Das Tor zur Nordsee wird Søndervig auch genannt. Nachdem hier 1889 das erste Badehotel eröffnet wurde, entwickelte sich der Ort zwischen Fjord und Nordsee zur quirligen Strand-Destination. Das größte Plus des Ortes ist der herrliche, weiße Sandstrand. Etwa 3600 Ferienhäuser zählen Søndervig und sein Umland am nördlichsten Ende von Holmsland Klit. Besonders beliebt ist der Ferienort bei Gästen aus Norwegen und Schweden, umso ungezwungener dauert das Nachtleben hier bis in die frühen Morgenstunden. Millionenschwere Investitionen sorgen dafür, dass Ort und Infrastruktur auf dem neuesten Stand bleiben. Eine neue Attraktion ist der Lalandia Ferienpark mit Aquadome. Im Zentrum ist ein großer Platz mit Sitz- und Spielmöglichkeiten Treffpunkt für Jung und Alt. Und am Badevej lädt eine extralange Sitzbank zum Verweilen ein.

Internationales Sandskulpturenfestival: Überregionale Aufmerksamkeit erlangt Søndervig bei diesem alljährlich stattfindenden Festival. Zehntausende Tonnen gelber, besonders formbarer Sand werden eigens herbeigeschafft und von ausgewählten Künstlerinnen und Künstlern zu meterhohen spektakulären Sandskulpturen verarbeitet. Mythische Gestalten, Feen und Elfen, gute und böse Drachen, Geisterwelt und reales Leben, Flugobjekte und Erdverbundenes – je nach Jahresmotto erzählen die Reliefs und dreidimensionalen Sandfiguren Geschichten und regen die Fantasie der staunenden Besucher an. Mit Spannung verfolgt werden bereits die Vorbereitungen Mitte Mai. Dann wird der Sand in hölzerne Formen gepresst und erhält mithilfe von Wasser und Druck eine feste, formbare Konsistenz. Anschließend arbeiten sich die Bildhauer von oben nach unten voran, nehmen dabei immer eine weitere Lage der Stützform weg bis zum Fuß der fertigen Skulptur. Die Skulpturenausstellung ist dann bis Ende Oktober geöffnet. Sehenswert!

■ Anfang Mai–Ende Aug. 10–18 Uhr, Sept./Okt. 10–17 Uhr. 80 DKK, Kinder 5–12 J. 40 DKK. Lodsbjergvej 44, Søndervig, 6950 Ringkøbing, www.sandskulptur.dk.

Gut verankert in die Nordsee

Aus der Zeit, als die Städter aus Kopenhagen noch mit der Eisenbahn zur Sommerfrische nach Søndervig fuhren, hat sich so manche Schmonzette erhalten. Die Gäste in der Nordsee baden zu lassen, war damals undenkbar. Um ihnen trotzdem ein Bad im Meerwasser zu ermöglichen, wurde beim Badehotel ein riesengroßes Loch gegraben, das über eine Rohrleitung mit Meerwasser befüllt wurde. Die Leitung versandete rasch und man schickte eine Delegation nach Kopenhagen, um dort Experten zu befragen. Deren sinnige Antwort: „Man nimmt ein Nordseebad in der Nordsee." Die Verwunderung war wohl ebenso groß wie die Angst, die Gäste in ihrer gestrickten Badekleidung einfach so ins Meer zu entlassen. Ein Seil um den Leib mit einem schweren Anker, der im Sand eingegraben wurde, war bis in die 1930er-Jahre Pflicht.

Eine Lehrerin bemerkte eines Tages, dass Damen und Herren gemeinsam im Wasser gesichtet wurden (was für eine Unschicklichkeit!). „Was soll das am Ende werden?", soll sie ausgerufen haben. Frau Gravesen, die langjährige Wirtin des Badehotels und freigeistigen Gemüts, antwortete nur: „Nass, denke ich."

Ein anderer Zwischenfall betraf einen Rettungsschwimmer. Eine junge Dame aus Kopenhagen berichtete ihm aufgeregt, sie habe Meerwasser geschluckt, ob das etwas mache? „Nein, kleines Fräulein, es ist sicher noch genügend für die anderen übrig", war die Antwort des Bademeisters.

Praktische Infos

→ Karte S. 153

Information Im **Supermarkt MENY** stehen Infoterminals der Touristeninformation, an denen man sich über Attraktionen, Gastronomie und Übernachtungsmöglichkeiten schlau machen kann. Badevej 1, Søndervig. Alles Wichtige auch auf der Webseite www.sondervig.dk, oder telefonisch und persönliche Information in der Touristeninformation Hvide Sande, ✆ 70 22 70 01, www.visitvesterhavet.de.

Verbindungen Der **Bus 580** verkehrt Mo–Sa regelmäßig von/nach Ringkøbing und Hvide Sande. www.midttrafik.dk.

Fahrradfahren Neben der 100 km langen **Fjorden Rundt** (Nr. 760) gibt es zahlreiche kürzere Radstrecken rund um Søndervig. Einen schönen Blick über den Fjord hat man zwischen Søndervig und Ringkøbing auf dem Radweg über den neuen **Baggers Dæmning** (Damm). Fahrradkarte in der Touristeninformation Hvide Sande.

Ferienhausvermietung **DanWest 8**, Badevej 1, Søndervig, 6950 Ringkøbing, ✆ 97 33 59 55, www.danwest.de. **Esmark 1**, Lodbjergsvej 18, Søndervig, 6950 Ringkøbing, ✆ 69 15 96 11, www.esmark.dk. **Novasol 5**, Badevej 6, Søndervig, 6950 Ringkøbing, ✆ 97 33 95 33,

www.novasol.dk. **Sonne und Strand 4**, Lodbjergsvej 2, Søndervig, 6950 Ringkøbing, ✆ 97 33 82 33, www.sonneundstrand.de. **Westerland 7**, Badevej 13, Søndervig, 6950 Ringkøbing, ✆ 97 33 98 00, www.westerland.dk. **Lalandia Søndervig 3**, Ferienpark, Vestkystvej 2, Søndervig, 6950 Ringkøbing, ✆ 54 61 05 00, www.lalandia.dk.

Flohmarkt Ein beliebter Flohmarkt findet im Sommer jeden Dienstag im Lodbjergsvej in Søndervig statt.

Golf Auf dem naturschönen **Holmsland-Klit-Golfplatz** östlich der Ferienhausgebiete in Søndervig ist der Schwierigkeitsgrad abhängig vom Westwind. Erfahrene Spieler können 9 (200 DKK) oder 18 Löcher (350 DKK) spielen. Für Familien steht ein Par 3-Platz (125 DKK) zur Verfügung. Klevevej 19, Søndervig, 6950 Ringkøbing, ✆ 97 33 88 00, www.holmslandklitgolf.dk.

Kinder Das **Monky-Tonky-Land** im Ferienpark Lalandia bietet auf 800 m² Rutschen, Ballspielfelder, Klettermöglichkeiten, Mini-Gokartbahn und Trampoline. Extra kosten die Angebote der Kreativwerkstatt und ein Flug mit dem Sky Rider, einer 77 m langen Zipline. Tägl. 9–21 Uhr. Externe Gäste: Erw. 50 DKK, Kinder 3–12 J. 75 DKK. Vestkystvej 2, Søndervig, 6950 Ringkøbing, ✆ 88 30 65 10, www.lalandia.dk/de-de/søndervig.

Schwimmbad Der **Aquadome** des Ferienparks Lalandia ist die neue Attraktion in Søndervig. Im tropischen Spaßbad sorgen verschiedene Rutschen, darunter „Tornado“ mit einem Gefälle bis zu 90 Prozent, für Spaß und Nervenkitzel. Außerdem gibt es ein Wellenbecken, Wavesurf, Wasserspielplatz, einen ruhigen Bereich für kleine Kinder sowie Sauna und Hotpool für Wellnessfans. Tägl. 10–19.30 Uhr.

Gäste des Lalandia Ferienparks frei, externe Gäste 299 DKK, Kinder bis 12 J. 249 DKK; in der HS an besonders belebten Tagen kein Eintritt für externe Gäste. Vestkystvej 2, Søndervig, 6950 Ringkøbing, ✆ 88 30 65 10, www.lalandia.dk/de-de/søndervig.

Im **Søndervig Badeland** des Dancenters findet man ein Schwimmerbecken, ein Spaßbecken, eine Grotte mit Wasserfall, eine 50-m-Wasserrutsche, Whirlpool, Dampfbad und Sauna. Tägl. 10–17/19 Uhr. Lodbjergsvej 245, Søndervig, 6950 Ringkøbing, ✆ 91 33 91 63, www.danland.dk.

Strand Rettungsschwimmer sind von Mitte Juni–Mitte Aug. tägl. 10–18 Uhr am Strandaufgang Badevej im Dienst. Ein Holzbohlenweg ermöglicht den barrierefreien Zugang zum Hauptstrand.

Veranstaltungen Mehr als tausend Eisenharte springen beim traditionellen **Winterbadefestival** an Silvester in die Fluten der Nordsee. Danach gibt es Champagner, Austern und traditionellen Kransekage (Marzipangebäck). Im Juli und Aug. finden mittwochs um 21 Uhr am Strand **Gottesdienste zum Sonnenuntergang** statt. Zum **Sankt-HansAbend** am 23. Juni wird ein großes Sonnwendfeuer entzündet. Juli–Mitte Aug. gibt es jeden Sonntag um 12.30 Uhr ein **Jazzkonzert.**

Wohnmobile Stellplätze für Wohnmobile am **Søndervig Camping,** Check-In 8–22.30 Uhr. Stellplatz inkl. Ver- und Entsorgung sowie Benutzung der Sanitäranlagen 160 DKK, Strom extra. Ganzjährig nutzbar, im Winter kein Zugang zu Sanitär. Solvej 2, Søndervig, 6950 Ringkøbing, ✆ 97 33 90 34, www.soendervigcamping.dk.

Übernachten/Essen **Restaurant Sandgaarden 6**, Café-Restaurant mit windgeschützter Außenterrasse direkt im Zentrum. Erlesene dänische und französische Küche zu gehobenen Preisen. Austern, Kaviar, Fisch, Confit de Canard, vegetarisches Risotto oder Tournedos – hier dürfen Feinschmecker schlemmen. HS tägl. 12–21 Uhr, NS Do–So 12–17 Uhr. Badevej 12, Søndervig, 6950 Ringkøbing, ✆ 97 33 83 99, www.sandgaarden.dk.

Biergarten Søndervig 2, sozusagen der Bierkönig an der Nordsee: In der rustikalen Kneipe gibt's Bayerisches Weißbier sowie mehrere Sorten dänisches Bier vom Fass, Currywurst und Schnitzel. Stimmung bis in die Morgenstunden garantiert! HS So–Mi 11–22, Do 11–2, Fr/Sa 11–3 Uhr; NS Mo–Mi 11–22, Do 11–23, Fr/Sa 11–2, So 12–21 Uhr. Lodbjergsvej 73–77, Søndervig, 6950 Ringkøbing, ✆ 81 44 54 44, Facebook.

Søndervig Camping 9, etwa 1 km südlich des Zentrums. Angenehmer Platz mit ebenen Wiesenstellplätzen. Mehrere sehr gut ausgestattete Sanitärgebäude, einige Stellplätze haben sogar eigenes Bad/WC. Der Campingplatz verfügt über eine Familienküche mit Aufenthaltsraum und Spielecke, Spielplatz und Kiosk. Mitte April–Anf. Okt. Stellplatz für 2 Pers. 290 DKK. Vermietet werden auch Hütten, voll eingerichtete Zelte und eine Ferienwohnung. Beliebt, Reservierung daher empfehlenswert. Solvej 2, Søndervig, 6950 Ringkøbing, ✆ 97 33 90 34, www.soendervigcamping.dk.

Ringkøbing

„Westjütlands kleine Hauptstadt" wird Ringkøbing auch genannt. Dabei ist der im Nordosten des gleichnamigen Fjords gelegene Ort nicht einmal der größte im Umkreis, aber er ist Verwaltungssitz der Ringkøbing-Skjern-Kommune. Einst kamen Händler von weit her, um Vieh auf dem Marktplatz zu handeln, heute ist das 9900-Einwohner-Städtchen beliebt für einen Einkaufsbummel.

Die geschützte Lage am Haff bot beste Voraussetzungen, dass sich hier etwa im 13. Jh. eine Siedlung bildete. Der Limfjord im Norden war zu dieser Zeit noch nicht mit dem Meer verbunden und so war Ringkøbing damals der einzige Hafen an der dänischen Nordseeküste nördlich von Horns Rev. Um 1350 wurde Ringkøbing erstmals erwähnt, das älteste offizielle Dokument von 1443 dokumentiert alte Privilegien von Christoph von Bayern. Der Seefahrerort war abhängig von der schiffbaren Passage bei Nymindegab. Diese versandete jedoch um 1700 zunehmend und wurde schließlich unpassierbar. Die Eröffnung des Hafens in Esbjerg 1874 bedeutete das Aus für den Hafen Ringkøbing. Der Durchstich durch Holmsland Klit 1909/10 bei Hvide Sande erhielt den Seezugang nur für Fischer und kleinere Schiffe. Heute liegen im Hafen von Ringkøbing daher neben Fischkuttern vor allem Segeljachten am Kai, malerisch ist das allemal. Und Fisch und Fischgerichte gibt es wohl nirgendwo frischer und leckerer als am Hafen. Die Spezialität aus dem Fjord sind Felchen, die man hier geräuchert auf dem Butterbrot bekommt und als Skulptur von Henrik Voldmester sehen kann. Am Havneplads wird man auch mit kritischer Kunst konfrontiert. Die 3,5 m hohe Bronzeskulptur „Survival of the Fattest" (2007) von Jens Galschiøt zeigt eine fette, selbstgefällige Justitia auf dem Rücken eines ausgemergelten afrikanischen Jungen und gemahnt an Themen dieser Zeit wie Globalisierung und Ausbeutung ärmerer Länder. Anlässlich der Weltklimakonferenz 2009 stand eine weitere Ausgabe dieser Skulptur in Kopenhagen direkt neben der „Kleinen Meerjungfrau" und erhielt so viel Aufmerksamkeit.

Eher gemütlich-dänisch als weltläufig empfiehlt sich die alte Kaufmannsstadt Ringkøbing für einen netten Bummel. Das heutige Stadtbild aus schmucken Backsteinhäusern mit roten Dächern und weißen Sprossenfenstern verdankt das Städtchen dem 1861 im nahen Vedersø geborenen Architekten Ulrik Plesner. Er wurde später auch bekannt für seine Häuser in Skagen und Kopenhagen und beeinflusste ganze Generationen von Architekten. Das meiste Leben spielt sich um den Torvet ab: In der Sommerzeit kann man auf den Außenterrassen der Restaurants und Cafés herrlich sitzen. Immer in

„Survival of the Fattest" von Jens Galschiøt

Blickweite: die Ringkøbing Kirke. Lauschig geht es in den schönen Innenhöfen zu. An Sommerabenden patrouillieren Nachtwächter (Vægterne) durch die Straßen und singen ihr Wächterlied wie in alten Zeiten.

Sehenswertes

Naturerlebniszentrum Naturkraft: Nicht nur Traditionen werden bewahrt: Die Ringkøbing-Skjern-Kommune blickt in die Zukunft und hat sich zum Ziel gesetzt, durch Nutzung selbst erzeugter Wind- und Solarenergie klimaneutral zu sein. Im nördlich der Stadt gelegenen Naturerlebniszentrum Naturkraft können Groß und Klein in spielerischen Experimenten die Naturkräfte der Westküste – Sonne, Wind und Wasser – erleben. Dabei kann man auch lernen, wie physikalische Gesetze im Alltag genutzt werden.

▪ 130 DKK, Kinder 3–17 J. 96 DKK, unter 3 J. frei; Vorteilskarte der Ringkøbing Fjord Museer 249 DKK. Mitte Juni–Aug. und Okt. tägl. 10–

Der Westen → Karte S. 104

17 Uhr, Anfang bis Mitte Juni tägl 10–16 Uhr, Mitte Febr.–Mai, Sept. und Nov/Dez. Di–So 10–16 Uhr, Naturparken 10, 6950 Ringkøbing, ☎ 69 16 11 62, www.naturkraft.dk/de.

Ringkøbing Kirke: Wer genau hinsieht bemerkt sofort, dass der Turm der Backsteinkirche oben breiter ist als am Fundament. Im Stil der Gotik wurde die Kirche in der ersten Hälfte des 15. Jh. erbaut und später mehrfach erweitert. Die Kanzel von 1593 ist im Renaissancestil geschnitzt. Bei einer großen Restaurierung wurde 1934–35 das südliche Querschiff angebaut. Der alte Orgelprospekt von 1633 wurde erhalten, ebenso das Altarbild von Sophus Schack, das sich nun im Südflügel nahe der neuen Orgel befindet. Das moderne Altarbild von Arne Haugen Sørensen und der Taufstein aus Glas setzen auf gelungene Weise einen modernen Kontrast.

■ Tägl. 9–18 Uhr.

Ringkøbing Museum: Das zum Verbund Ringkøbing Fjord Museer gehörende Museum zeigt eine stadtgeschichtliche Ausstellung vom Kaufmannsstadtrecht 1443 über die Blütezeit im 19. Jh. bis zum Zweiten Weltkrieg. Im Gamle Dommerkontor (alte Gerichtskanzlei) werden Gemälde aus der Zeit um 1800 präsentiert, auf denen man viele Häuser sieht, die heute noch stehen. Anhand von 19 am Ringkøbing Fjord abgestürzten Bombern, z. B. des Typs Avro Lancester, thematisiert das Museum die Bombenangriffe der Alliierten auf Städte wie Berlin und Stettin. Dieser Aspekt des Zweiten Weltkriegs spielte sich über den Köpfen der dänischen Bevölkerung ab: Sie nahmen nur das Brummen der Motoren am nächtlichen Himmel wahr oder das Geschützfeuer aus den deutschen Stellungen am Atlantikwall. Anhand eines Nachbaues werden die Bunkeranlage Kryle und die Luftwaffen-Radarstation Ringelnatter erklärt. Das Ringkøbing Museum organisiert auch Bunkertouren zur Houvig-Festung nördlich von Søndervig. Eine Statue vor dem Museum erinnert an den dänischen Grönlandforscher Mylius Erichsen, der in Ringkøbing geboren wurde.

■ Mitte Febr.–Dez. Mo–Fr 11–16, Sa 10–14 Uhr. 75 DKK, Kinder bis 18 J. frei, Vorteilskarte 249 DKK. Herningvej 4, 6950 Ringkøbing, ☎ 97 32 16 15, www.ringkobingfjordmuseer.dk.

Praktische Infos

→ Karte S. 157

Allgemeine Infos

Information Die **Touristeninformation** befindet sich im Ringkøbing Museum, Herningvej 4, 6950 Ringkøbing. Die Öffnungszeiten richten sich nach denen des Museums: Mitte Febr.–Dez. Mo–Fr 11–16, Sa 10–14 Uhr. ☎ 97 32 16 15. Info im Internet: www.visitringkoebing.dk; www.visitvesterhavet.de.

Verbindungen **Bahn:** Regelmäßig verkehren Züge u. a. nach Skjern, Holstebro–Struer und ins norddeutsche Niebüll. www.rejseplanen.dk.

Bus: Busverbindung nach Søndervig, Hvide Sande, Herning, Aarhus. www.midttrafik.dk.

Einkaufen **Gallerie Skomagerhuset 5**, im einstigen Haus eines Schuhmachers präsentiert die exklusive Galerie Malerei, Keramik und Skulpturen, u. a. des Bildhauers Jens Galschiøt. Mo–Fr 13–17, Sa 11–14 Uhr. Nørregade 22, 6950 Ringkøbing, ☎ 29 61 77 98, www.galleri-skomagerhuset.dk.

Ringkøbing Bolcher 7, hier staunen nicht nur Kinder, wie aus der heißen, mehrfarbigen Zuckermasse in alter Handwerkstradition Bonbons gezogen werden. Witziges Mitbringsel: Bonbonschlange in der Glasflasche. Mo–Do 10–17.30, Fr 10–18, Sa 10–14 Uhr, HS auch So 11–14 Uhr. Torvet 14, 6950 Ringkøbing, ☎ 61 55 12 55, www.ringkoebingbolcher.dk.

Fahrradfahren Neben der 100 km langen **Fjorden Rundt** (Nr. 760) gibt es weitere interessante Radtouren rund um Ringkøbing. Eine **Waldrunde** (90 km) startet am Hafen und führt durch die Kronhede und die Hoverdal Plantage. Eine regionale Fahrradkarte gibt es im Touristenbüro.

Auf der Nebenstrecke über Velling nach Skjern hat man einen schönen Blick über das Ostufer des Ringkøbing Fjords. Ein zweispuriger **Fahr-**

radweg begleitet die Autostraße (Kongevejen ab Ringkøbing Museum, dann Vellingvej).

Fahrradreparatur **Fribikeshop** **4**, gegenüber dem Bahnhof, verkauft Räder und Ersatzteile, außerdem Reparaturservice. Mo–Fr 9–17.30, Sa 9–13 Uhr. Nørredige 10, 6950 Ringkøbing, ✆ 97 32 36 01, www.fribikeshop.dk.

Schwimmbad In der **Ringkøbing Svømmehal** gibt es ein Schwimmer-, ein Kinder- und ein Planschbecken. Ganz Mutige hangeln sich an der Kletterwand über dem Wasser hoch. Di, Do 10–11.30 und 15–17, 18.30–20.30 Uhr, Mi 15–17, Fr 16–18, Sa 7–12 und 14–17, So 9–15 Uhr, Ferienöffnung s. Webseite. 50 DKK. Kongevejen 52, 6950 Ringkøbing, ✆ 97 32 26 76, www.ringkobingsvommehal.dk.

Stadtführungen Eine Reise in Ringkøbings Vergangenheit kann man bei den Stadtwanderungen mit den Nachtwächtern unternehmen. (Juli/Aug. tägl. 20 Uhr ab Torvet, kostenlos). Das Ringkøbing Museum veranstaltet regelmäßig „Ghostwalks" (1,5 Std., auch auf Deutsch) nach Einbruch der Dunkelheit. Die Geschichten erzählen von tragischen Schicksalen, schrecklichen Krankheiten und anderen dunklen Ereignissen in der Stadt (Okt./Febr. Mi 20 Uhr, Treffpunkt Museum, 99 DKK.) www.ringkobingfjordmuseer.dk.

Veranstaltungen An 7 Montagen im Juli und Aug. (10–17.30 Uhr) sowie an 3 Samstagen im Frühling (10–14 Uhr) findet in der Vester Strandgade in Ringkøbing ein **Kunsthandwerker- und Designermarkt** statt. Von Juni bis Aug. gibt es jeden Samstag sowie an den Montagen im Juli 11–14 Uhr kostenlos **Livemusik** auf dem Torvet. Im Juli werden beim **Internationalen Straßenmarkt** auf dem Havnepladsen Leckereien aus ganz Europa angeboten.

Ringkøbing ist berühmt für seine Backsteinarchitektur

Wohnmobile Quick-Stop und Entsorgungsmöglichkeit am **Ringkøbing Camping,** 160 DKK. Ende März–Ende Sept. Herningvej 105, 6950 Ringkøbing, ✆ 97 32 04 20, www.ringkobingcamping.dk.

Übernachten

Hotel Ringkøbing 6, zentral am lebhaften Markt gelegen. In Ringkøbings ältestem Haus von 1600 waren jahrhundertlang die Händler zu Hause, seit 1833 ist es Gasthof und Hotel. Das historische Ambiente wurde bewahrt, die individuell eingerichteten Zimmer von schlicht bis gediegen haben Bad/WC, TV und WLAN. Zimmer im Nebengebäude günstiger. Torvet 18, 6950 Ringkøbing, ✆ 97 32 00 11, www.hotelringkobing.dk. **€€€**

Hotel Fjordgaarden 1, knapp 1 km zum Zentrum. Das Hotel verfügt über schöne Komfortzimmer mit Bad/WC, TV und WLAN. Die Standardzimmer sind relativ klein, mehr Platz gibt es in den Businesszimmern. Es werden auch Zimmer für Gäste mit Hund angeboten. Das Plus dieses Hauses ist der für Hotelgäste kostenlose Wellnessbereich mit Pool, Sauna, Jacuzzi und Wasserrutsche. Schönheitsanwendungen können gegen Bezahlung gebucht werden. Das Restaurant serviert exquisite Küche aus frischen, regionalen Zutaten. Mo–Sa 17.30–22 Uhr. Vester Kær 28, 6950 Ringkøbing, ✆ 97 32 14 00, www.hotelfjordgaarden.dk. **€€€**

Danhostel Ringkøbing 2, 2 km zum Marktplatz. Das Hostel wurde als Bestandteil des ROFI-Sportzentrums gebaut und so finden hier viele Trainingslager statt. Hostelgäste dürfen alle Anlagen von Fitness bis Squash kostenlos benutzen. Die Zimmer mit Bad/WC und TV sind einfach, aber sauber. Es gibt Aufenthaltsräume, eine Gemeinschaftsküche und Bed & Bike-Arrangements. Kirkevej 28, 6950 Ringkøbing, ✆ 97 32 24 55, www.danhostelringkobing.dk. **€€**

Ringkøbing Camping 11, 6 km östlich vom Ort. Von Wald umgebener Campingplatz mit ebenen Parzellen zwischen Hecken. Sauberes Sanitärgebäude mit Familienbad, Aufenthaltsraum mit TV, Münzwäscherei, Kinderspielplatz und Minigolf. Entsorgungsmöglichkeit für Wohnmobile. Ende März–Ende Sept. Stellplatz für 2 Pers. 225 DKK, Duschen extra. Es werden auch schöne Hütten vermietet. Herningvej 105, 6950 Ringkøbing, ✆ 97 32 04 20, www.ringkobingcamping.dk.

Camping & Familiepark West 3, im Ortsteil Hee, 10 km nördlich. Der Familienpark bietet Spiel und Spaß für die ganze Familie. Das Badeland hat eine tolle Doppelrutsche, außerdem gibt es einen Angelsee, Minigolf, Fitnesscenter und viele Animationsangebote. Direkt angegliedert ist ein lebhafter Campingplatz mit guten Sanitäranlagen, Gemeinschaftsküche, Spielplatz und Miniladen. Anf. April–Ende Sept. Stellplatz für 2 Pers. 263 DKK. Eintritt Familiepark ermäßigt für Campinggäste 25 DKK, regulärer Eintritt 50 DKK. Park Anf. April–Ende Sept. Hovervej 56–58, 6950 Ringkøbing, ✆ 97 33 54 11, www.campingfamiliepark.dk.

Essen & Trinken

Watchman's Pub 6, britisch angehaucht, dänisch traditionell, Blick in französische Kochtöpfe – so lautet das Konzept des Restaurants im Hotel Ringkøbing. Im eleganten Ambiente gibt es mittags eine kleine, feine Auswahl an Fisch- und Fleischgerichten. Abends wird Seezunge mit Limfjord-Muscheln, Kalbsfilet mit Gorgonzola oder Hirsch mit einer Sauté aus Wald und Heide, mit den jeweils passenden Weinen aufgetafelt. Hauptgerichte abends ab 249 DKK. Auch Vegetarisches wird nach Saison variiert. Schön sitzt man auch außen am Marktplatz. Tägl. 11.30–16.30 und 18–21.30 Uhr. Torvet 18, 6950 Ringkøbing, ✆ 97 32 00 11, www.hotelringkobing.dk.

meinTipp **Café Victoria 8**, der begrünte Innenhof ist ein herrlicher Ort, um in Ringkøbing zu frühstücken. Die richtige Grundlage liefert die Brunchplatte mit Rühreі, Wurst, Speck, Joghurt, Müsli, Käse, Obst und Brot. Tagsüber gibt's zu akzeptablen Preisen Salate, Burger sowie die Spezialität Brændenældepølser, eine würzige, mit Brennesseln abgeschmeckte Wurst. Wechselnde Tagesgerichte und sündhaft gute Kuchen. Tägl. 11–18 Uhr. Torvet 10, 6950 Ringkøbing, ✆ 51 51 72 81.

Eiscafé Vaffelboden 9, frisch gebackene Waffel, Eis, Sahne und Soße – köstlich! Unter den Bäumen der kleinen Außenterrasse lässt man sich die süßen Verführungen des Waffelbäckers, aber auch Fast-Food-Gerichte schmecken. HS Mo–Fr 10–20.30, Sa/So 11–20.30 Uhr, NS Mo–Fr 10–16/17, Sa 10–14 Uhr. Torvet 8, 6950 Ringkøbing, ✆ 97 32 33 21.

Café Kræs 12, ein Café mit angeschlossener Weinhandlung – oder umgekehrt? Im schicken Ambiente mit Fjordblick gibt es Kaffee und hausgemachte Kuchen oder liebevoll angerichtete Frokostgerichte von Smørrebrød über Scholle und Vegetarisches bis zum beliebten Kræs-Burger (Hauptgerichte ab 120 DKK). Der Laden führt gute Weine, Spirituosen, Kaffee, Tee, Schokoladen, Käse und andere Feinkost. Laden: Mo–Fr 10–17, Sa 10–13 Uhr; Café: Mo 11–15, Di–Fr 11–16, Sa 11–15 Uhr. Ved Fjorden 2B, 6950 Ringkøbing, ✆ 97 32 42 88, www.cafekraes.dk.

Fisk by Strøm 10, im typisch rot-weißen Fischerhaus am Hafen gibt es nicht nur frischen und geräucherten Fisch sowie Meeresfrüchte in bester Qualität zu kaufen. Gut und günstig isst man hier auch Fischgerichte wie Stjernesskud, Schollenfilets mit Kartoffelsalat oder Pommes sowie Fish 'n' Chips. Mo–Fr 11–18, Sa 11–15 Uhr. Havnepladsen 4, 6950 Ringkøbing, ✆ 97 32 30 60.

Der Westen → Karte S. 104

Skjern

Mit knapp 8000 Einwohnern ist Skjern die zweitgrößte Stadt der Ringkøbing-Skjern-Kommune. Der Ort 6 km östlich des Ringkøbing-Fjords wurde nach der Skjern Å benannt, die in den Fjord mündet (→ Kasten Skjern Enge, S. 161). Skjern erhielt erst 1958 das Marktrecht, seitdem floriert der Handel. Ein geschäftstüchtiger Unternehmer holte 2013 ein dänisches Nationalsymbol nach Skjern: eine **Bronzestatue von Holger Danske,** die 1907 vom Hotel Marienlyst in Helsingør bei dem Bildhauer Hans Pedersen-Dan in Auftrag gegeben worden war. Die Legende von Holger Danske besagt, dass der mit Schwert, Schild und grimmigem Blick ausgestattete Held auf seinem Thron wartet, bis das Königreich von Feinden bedroht wird und er es retten muss. Sie hat ihre Ursprünge in der französischen Mittelalterliteratur, dem Rolandslied, und wurde in Skandinavien erstmals um 1510 erzählt. Die Statue wacht nun über Skjern am Holger Danskes Plads und ist Teil der **Skjern Kunstroute,** die 20 Kunstwerke und Gedenksteine verbindet. Wer mit dem Auto auf der Primärroute 28 unterwegs ist, erblickt an den beiden Verkehrskreiseln die Skulpturen „Der Kuss“ und „Das Superei“ von Piet Hein (1905–1996), einem berühmten und wegweisenden Mathematiker und Künstler Dänemarks. Der 5 km lange „Grüne Korridor“ durchzieht Skjern von Ost nach West, beim Spaziergang entlang der Kirkeå kann man Gestaltungen wie die Wassergärten entdecken.

Skjern Vindmølle: Schön anzusehen ist die alte Holländermühle, die bei Albæk errichtet und 1882 nach Skjern gebracht wurde. Erst später wurde sie außerhalb der Stadt im Marupvej aufgestellt, die nun – bestens renoviert – zu den Ringkøbing Fjord Museer gehört und regelmäßig zum Mahlen in Aktion tritt. Im ehemaligen Getreidelager der Mühle gibt es Ausstellungen lokaler Künstler.

■ So 13–17 Uhr und nach Vereinbarung. 50 DKK. Marupvej 25A, 6900 Skjern, ✆ 97 36 23 43, www.ringkobingfjordmuseer.dk.

Sehenswertes in der Umgebung

Danmarks Flymuseum: Über 60 Flugzeuge, darunter Gleiter, Oldtimer, Düsenjets und Helikopter, sind im Flymuseum zu sehen. 16 Flugzeuge sind flugtauglich restauriert worden und starten an diversen Terminen zu Schauflügen. Das Museum besitzt eine beachtliche Sammlung von Flugzeugen und Ausrüstung der Königlich Dänischen Luftwaffe, vom ersten Dänischen Militärflugzeug von 1911 bis zum F-16-Kampfjet. Dokumentiert wird auch Dänemarks Pionierrolle im Flugzeugbau mit elf Typen der Firma Kramme und K. G. Zeuthen (Markenname KZ), die zwischen 1937 und 1954 hergestellt wurden. Darüber hinaus werden rund 1000 Modellflugzeuge präsentiert.

■ Juni–Aug. 10–17 Uhr, Mai und Sept./Okt. 10–16 Uhr, März/April 10–15 Uhr. 80 DKK. Lufthavensvej 1, 6900 Skjern, ✆ 97 36 93 33, www.flymuseum.dk.

Stauning Whisky: Im Dörfchen Stauning hat sich aus dem Hobby von neun Freunden eine professionelle Destille entwickelt. In ihrer modernen, in dänischer Architektur gestalteten Brennerei verarbeiten sie Gerste und Weizen von der dänischen Westküste, maischen, malzen und destillieren in kleinen Kupferkesseln nach althergebrachter Handwerksart. In alten Bourbon- oder Weinfässern reift der Stauning Whisky

Natur pur erleben an der Skjern Å

Abenteuer Flussdelta: Skjern Enge

Eine einzigartige Naturlandschaft lässt sich in Skjern Enge entdecken. Die Skjern Å, der wasserreichste Fluss Dänemarks, schlängelt sich südöstlich von Skjern in großen Bögen durch eine liebliche Auenlandschaft, bevor die vielfach verzweigten Flussarme in den Ringkøbing Fjord münden. Dass der Fluss heute wieder so aussieht wie vor Jahrhunderten, ist das Ergebnis einer einzigartigen, mit immensem Aufwand betriebenen Renaturierung.

Um mehr Ackerland zu gewinnen, hatte man in den 1950er- und 1960er-Jahren die Wiesengebiete entlang der Skjern Å systematisch entwässert und den Fluss auf einer Länge von 26 km in ein schnurgerades Korsett gezwängt. Es war Dänemarks größtes und zugleich letztes Entwässerungsprojekt. Erst in den 1980er-Jahren erkannte man, dass man einen vitalen Lebensraum in eine öde Agrarmonotonie verwandelt hatte. 1983 wurde der Beschluss gefasst, diesen kapitalen Fehler rückgängig zu machen. Es war der Startschuss für ein Renaturierungsprojekt, das seinesgleichen sucht. Die Pumpen wurden abgeschaltet und die Skjern Å konnte in ein kurviges Bett zurückkehren.

Nach über 20 Jahren war die grüne Auenlandschaft mit mäandernden Flussläufen, Seen, Feuchtwiesen und Schilfgürteln wiederhergestellt. Löffelreiher und Seeadler und viele weitere Vögel eroberten ihren Lebensraum zurück. Während des Vogelzugs im Frühjahr und Herbst legen Tausende Enten, Gänse und Schwäne hier Station ein, um sich Winterspeck anzufressen. Inzwischen ist auch der beinahe ausgestorbene Skjern Å-Lachs wieder heimisch und darf gefischt werden (Infos für Angler: www.skjernaasam.dk/fiskeriet/angelregeln-auf-deutsch/).

Zwei Naturzentren in Skjern Enge (April–Oktober) informieren in kleinen Ausstellungen über das artenreiche Vogelleben bzw. die heimischen Lachse (Infozentrum für Angler: Laksens Hus, tägl. 10–13.30 Uhr, Aanumvej 161B, Skjern). Im ganzen Gebiet verstreut finden sich Vogelbeobachtungstürme mit Schautafeln.

Die Pumpenstation Nord und einige Reste von Kanälen und Deichen erinnern an die Entwässerung. Im nahe gelegenen Pavillon gibt es Infos über die extremen Eingriffe durch Menschenhand.

Am schönsten aber ist es, den herrlichen Naturraum einfach nur zu genießen. Zu Fuß oder mit dem Fahrrad kann man die Flusslandschaft erkunden. Zwei Zugfähren (Trækfærge) mit Handbetrieb helfen beim Überqueren der Wasserarme. Am Shelterplatz in der Nähe kann man grillen und übernachten. Und an der Stelle, wo der Überlieferung nach einst König Hans mit dem Pferd ins Wasser stürzte, geht man heute bequem über die Brücke Kong Hans' Bro.

mindestens drei Jahre. Bei Führungen und Verkostungen stellt das Unternehmen die Produktion und die mehrfach preisgekrönten Produkte vor.

▪ Ladenverkauf: Mo–Sa 10–15 Uhr. Stauning Whisky Experience (Führungen 13–15 Uhr, an best. Terminen auch auf Deutsch), ohne Verkostung 110 DKK, mit Verkostung von 3 Sorten 185 DKK, Anmeldung über die Webseite. Stauningvej 38, 6900 Skjern, ✆ 88 44 21 22, www.stauningwhisky.com.

Praktische Infos

Information Informationen über Skjern und Skjern Enge sowie Übernachtung und Sehenswertes s. Webseite (Menüpunkt: Unsere Städte), www.visitvesterhavet.de.

Verbindungen **Bahn:** Regelmäßige Verbindungen nach Ringkøbing, Tarm, Herning, Esbjerg und Struer. www.rejseplanen.dk.

Bus: Busse verkehren regelmäßig nach Holstebro, Tarm, Nr. Nebel, Videbæk. An Schultagen fahren Busse nach Stauning und Lem. www.midttrafik.dk.

Fahrrad-Draisine Auf der stillgelegten Bahntrasse zwischen Herborg und Skjern (13 km) sind Urlauber auf Schienenfahrrädern unterwegs. April–Okt. 150 DKK/4 Std., Vorbestellung ratsam. Mietstation: **Astrup Købmandshandel,** Højevej 25, Astrup, 6900 Skjern, ✆ 97 36 40 10, www.vsvmj.dk.

Fahrradfahren Von Skjern aus kann man die **Skjern Enge** auf zahlreichen Wegen gut mit dem Fahrrad erkunden. Eine weitere schöne Radtour führt durch die **Dejbjerg Hede.**

Golf Der Golfplatz des **Dejbjerg Golf Klub** ist ein abwechslungsreicher 18-Loch-Platz (350 DKK) im Waldgebiet der Dejbjerg Plantage. Außerdem gibt es einen 6-Loch-Pay&Play-Platz (100 DKK). Letagervej 1, 6900 Skjern, ✆ 97 35 00 09, www.dejbjerggk.dk.

Kinder Einen Spielplatz in den Baumwipfeln bietet der **WOW-Park** **1** (→ S. 140) 15 km nördlich von Skjern. In großen Netzen klettert man zu den Baumhäusern in den Wipfeln, das erfordert ein wenig Mut und Gleichgewichtssinn. Mit Tempo geht es über Rutschen und Seilbahnen, außerdem gibt es Spielgeräte, Trollhöhlen und einen kleinen Tierpark. An Outdoor-Essplätzen mit Feuerstellen kann man Stockbrot backen, zudem gibt es ein gemütliches Café, in dem frisches Obst und Gemüse, Sandwiches, ökologische Säfte und andere Frischkost angeboten werden. 219 DKK, Rabatt bei Online-Buchung. April–Okt., HS tägl. 10–17 Uhr. Løvstrupvej 1, 6900 Skjern, ✆ 33 32 20 00, www.wowpark.dk.

Kunst Die Künstlerin und Designerin **Linda Stampe** bietet in ihrer Galerie moderne, farbenfrohe Malerei, Schmuck, Keramik und schöne Geschenkideen. Do/Fr 13–17 Uhr und nach Vereinbarung. Bredgade 51a, 6900 Skjern, ✆ 22 82 87 05, www.lindastampe.dk.

Veranstaltungen Anf. Aug. findet in Stauning Havn ein mehrtägiges **Jazzfestival** statt.

Wasserwandern Die Skjern Å kann zwischen Rørbæk Sø bis zum Ringkøbing Fjord mit Kanus, Kajaks und Ruderbooten befahren werden. Infos über Strecke, Beschränkungen sowie Kanuverleihs bei Kibæk und Give.

Übernachten **Hotel Skjern,** am Bahnhof. Modernes, zentral gelegenes Hotel mit Komfortzimmern in sachlichem Grau-Weiß-Look. Die Zimmer haben Bad/WC, TV und WLAN, Business-Zimmer größer und teurer. Parktickets für kostenlose Parkplätze beim Check-in. Bredegade 58, 6900 Skjern, ✆ 70 44 41 83, www.hotelskjern.dk. **€€€**

Skjern Vandrehjem, die moderne Herberge im Ringkøbing-Skjern Kulturcenter ist eine günstige Alternative zum Hotel. Es stehen moderne, mit 4 Stockbetten eingerichtetete Zimmer zur Verfügung. Sie haben eigenes Bad/WC und TV. Schön sind auch die neuen Gästehütten. Für Sportliche gibt es Fitness, Bowling und Indoor-Golf. Ranunkelvej 1, 6900 Skjern, ✆ 97 35 45 00, www.rskulturcenter.dk. **€**

Skjern Å Camping **6** (→ S. 140), südlicher Stadtrand, 2,5 km zum Zentrum. Schöner Platz im Grünen, der zur Entdeckung der nahe gelegenen Skjern Å einlädt. Modernes Sanitärgebäude mit Kinderbad, Küche, Waschmaschinen, Kinderspielplatz. Ganzjährig geöffnet. Stellplatz für 2 Pers. 140 DKK. Es werden auch günstig Hütten vermietet. Verkauf von Angelkarten. Ganzjährig geöffnet. Birkvej 37, 6900 Skjern, ✆ 97 35 08 61, www.skjernaacamping.dk.

Essen & Trinken **Restaurant Pakhuset,** neben dem Bahnhof. Mit Ausblick auf die Allee der Bredegade isst man hier gut und günstig. Rindersteak mit Whiskysoße und Bratkartoffeln und andere Fleischgerichte gibt es in verschiedenen Größen, je nach Appetit (Hauptgerichte ab 119 DKK). Regelmäßig Livemusik, Sa Brunch. Mo–Do 11.30–21.30, Fr/Sa 11.30–22, So 17–21 Uhr. Bredegade 51, 6900 Skjern, ✆ 97 35 08 55, www.pakhuset-skjern.dk.

Restaurant Stuen, das Restaurant des Hotels Skjern bietet ambitionierte Küche aus ökologischen Zutaten der Region. Mittags werden hausgemachte Pasta, Burger und Fischgerichte serviert. Die Abendkarte variiert nach Saison und bietet auch Vegetarisches (Hauptgericht ab 220 DKK). Mo–Sa 17–21 Uhr. Bredegade 58, 6900 Skjern, ✆ 70 44 41 83, www.hotelskjern.dk.

Mein Tipp **Restaurant Stauning Havn** **4** (→ S. 140), 10 km westlich von Skjern. Das idyllisch am kleinen Hafen gelegene Restaurant mit gemütlicher Atmosphäre ist auf jeden Fall einen Besuch wert. Am Donnerstagabend gibt's hier ad libitum (soviel man möchte) gebratenes Schweinefleisch mit Kartoffeln und Petersiliensoße (175 DKK). Dänisches ist auch am Mittag Trumpf – von Æggekage bis Stjerneskud. Für den Abend werden fangfrischer Fisch, Rindersteaks oder Vegetarisches aus regionalen Zutaten frisch und fein zubereitet (Gerichte ab 199 DKK). Di–So 11–21 Uhr, Reservierung empfehlenswert. Strandvejen 31, Stauning, 6900 Skjern, ✆ 97 36 92 60, www.stauninghavn.com.

GPS-Tour 6: Vogelbeobachtung und Pionierfeeling – Wandern im Flussdelta der Skjern Enge → S. 391
Leichte Naturwanderung durch das vogelreiche Feuchtgebiet von Skjern Enge.

Tarm

Skjerns gemütlicher Nachbarort Tarm ist eine gute Ausgangsbasis für Ausflüge in die Skjern Enge. Auch Tarm macht durch eine **Kunstroute** mit acht Kunstwerken von sich reden. Die Skulptur „Genius" von Peter Heinze am Kreisverkehr (Primärrouten 11/28) ist genauso einen Blick wert wie „Engelfrau reitet auf dem Rücken eines Wassergeistes" von Hans Krull (Ecke Svinget/Storegade). Für erhitzte Debatten sorgte die Aufstellung der „Tauchenden Dame" (Den Dykkende Dame) von Jens Galschiøt. Das entblößte, bronzene Hinterteil, das noch aus dem Brunnen am Vejlevej herausschaut, war manchen Betrachtern einfach zu anstößig.

▪ Infos zur Kunstroute www.visitvesterhavet.de/hvide-sande/unsere-staedte/kunstroute-tarm.

Praktische Infos

Information Im **Sportzentrum** (Idrætscenter) befindet sich ein Infoterminal, an dem man alle wichtigen Informationen abrufen kann. Skovvej 25, 6880 Tarm, www.visitvesterhavet.de.

Verbindungen **Bahn:** Regelmäßige Züge nach Skjern und Esbjerg. www.rejseplanen.dk.

Busse: Verbindungen nach Skjern, Sdr. Omme, an Schultagen nach Lønborg und Vostrup. www.midttrafik.dk.

Angeln **Outdoornu,** große Auswahl an Angelzubehör, Köder und Outdoorbekleidung. Verkauf von Angelscheinen und Angelkarten für Skjern Å. Beratung auch auf Deutsch. Mo–Fr 10–17.30, Sa 9.30–13 Uhr. Storegade 12, 6880 Tarm, ✆ 96 81 20 40, www.outdoornu.dk.

Schwimmbad Im **Sportzentrum Tarm** gibt es ein schönes Hallenbad mit Schwimmerbecken, 60-m-Blackhole-Rutsche, Sprudelbänken, Kinderbecken und Sauna. Mo, Mi, Fr 6–8, Mo und Mi 18–20, Di 14–16 und 19–20.30, Fr 14–16, Sa 8–12, So 12–15 Uhr. 50 DKK. Skovvej 25, 6880 Tarm, ✆ 97 37 15 01, www.icit.dk.

Veranstaltungen Von Mitte Juni–Mitte Okt. findet jeden Mittwoch von 9–14 Uhr in der idyllischen Bachau (Bybæk Engvej) ein beliebter **Markt** mit Hunderten Händlern statt. www.tarm-handel.dk.

Wohnmobile Auf dem Autocamperplads des Birkelund **Camping** kostet ein Stellplatz für Wohnmobile 150 DKK, Strom 49 DKK. Ver- und Entsorgung. Die Stellplätze sind auch im Winter zugänglich.

Übernachten/Essen **Bechs Hotel,** im Zentrum. In dem historischen Haus findet man

Die „Tauchende Dame" in Tarm sorgte für hitzige Debatten

40 moderne und komfortabel ausgestattete DZ. Das Hotel bietet Rabatte auf die Greenfees der Golfplätze Dejbjerg und Skærbæk Mølle. Im Restaurant erhält man Smørrebrød, dänische Spezialitäten, Fisch. Vegetarisches und feine Abendgerichte wie Lammkrone (Hauptgerichte ab 160 DKK). 12–21 Uhr. Storegade 4, 6880 Tarm, ✆ 97 37 29 22, www.bechshotel.dk. **€€**

Pizzeria La Toscana, nettes Lokal im Zentrum mit einer riesigen Auswahl an Pizzen (auch vegetarisch und glutenfrei) sowie Fleischgerichte und Pasta. Günstige Mittagsangebote wie Schnitzel mit Pommes und Salat. Tägl. 11.30–21 Uhr. Storegade 36, 6880 Tarm, ✆ 97 37 32 77, www.la-toscana.dk.

Birkelund Camping **7** (→ S. 140), 1 km bis Zentrum. Kleiner, familiärer Platz am südlichen Stadtrand im Grünen. Gute Ausstattung mit kleinem Pool, Spielplatz und Grill-Pavillon. Angler finden einen Fischreinigungsplatz und erhalten vielfältige Tipps für das Angeln an der Skjern Å. Stellplatz für 2 Pers. 239 DKK. Es gibt auch Hütten und eine Yurte zu mieten. Mitte März–Mitte Okt. Vardevej 79, 6880 Tarm, ✆ 30 12 66 35, www.camping-outdoor.dk.

Bork Havn

An der Südspitze des Ringkøbing Fjords liegt der idyllische Hafenort Bork Havn. Auch hier finden Surfer beste Bedingungen, um übers Wasser zu flitzen. Schon vor 1000 Jahren haben die Wikinger diesen Hafen begründet. Wie die Nordmänner siedelten und handelten, kann man im Freilichtmuseum Bork Vikingehavn auf unterhaltsame Weise nachvollziehen. In dem gemütlichen Fischerdorf, wo die Fjordfischer nach getaner Arbeit am Hafen noch mit Kollegen ein bisschen schnacken, können Gäste in Hausbooten das maritime Flair genießen. Bekannt ist Bork Havn in ganz Dänemark für sein internationales Musikfestival.

Bork Vikingehavn: Zur Wikingerzeit vor 1000 Jahren war der Ringkøbing Fjord eine offene Bucht an der Nordsee. Geschützt hinter einer Landzunge hatten die Wikinger einen Hafen und eine Siedlung angelegt. Von hier aus segelten sie auf die Weltmeere und trieben Handel. Wie die großartigen Schiffe der Nordmänner ausgesehen haben, kann man im Freilichtmuseum nachvollziehen. Beim Spaziergang durch das Wikingerdorf mit Häusern, Stallungen, Tieren und Gärten wird die Geschichte durch Laiendarsteller in zeittypischer Tracht lebendig. Es wird gebaut, Kleidung hergestellt und Werkzeuge repariert. Auch der Wandel der Religion der Wikinger – vom Kult für ihre nordischen Götter auf dem Opferhain bis zur frühen christlichen Kirche – wird thematisiert.

Für Kinder stehen interessante Mitmach-Angebote wie Bogenschießen oder Runenjagd auf dem Programm. Im Juli und August gibt es eine Kriegerschule (für 5- bis 8-Jährige). Hauptattraktion im August ist der große Wikingermarkt mit Händlern und Kampfshows.

▪ Juli/Aug. tägl. 10–17 Uhr, April–Juni und Sept./Okt. tägl. 11–16 Uhr, Mitte Febr.–März Mi/Do 13–16 Uhr. Führungen auf Deutsch 11.30 Uhr. 130 DKK, Kinder unter 18 J. frei, freier Eintritt mit Vorteilskarte (249 DKK) der Ringkøbing Fjord Museer. Wikingermarkt am zweiten Wochenende im Aug., 150 DKK, Termine für Veranstaltungen auf der Webseite. Vikingevej 7, Bork Havn, 6893 Hemmet, www.ringkobingfjordmuseer.dk.

Praktische Infos

Information Die nächstgelegenen Touristinformationen sind in Henne Strand und Hvide Sande. Infos über Bork Havn: www.visitvesterhavet.de.

Verbindungen **Busse:** Bork Havn ist nicht direkt mit dem Bus erreichbar. Regelmäßig fahren Busse ab Tarm nach Sdr. und Nr. Bork. Unter ✆ 87 40 83 00 kann man sich eine Flextur bestellen und wird per Taxi oder Minibus zur gewünschten Zeit von A nach B gebracht. www.midttrafik.dk.

Im Wikingerdorf Bork Vikingehavn

Der Westen → Karte S. 104

Ferienhausvermietung Ferienhäuser und Hausboote: **Feriepartner,** Kirkehøjvej 11A, Bork Havn, 6893 Hemmet, ✆ 75 28 03 44, www.feriepartner.dk. **Dancenter,** Kirkehøjvej, Bork Havn, 6893 Hemmet, ✆ 75 28 04 44, www.dancenter.dk.

Kinder **Bork Legeland** ist ein Indoor-Spieleparadies u. a. mit Rutschen, Trampolins, Kletterwand, Hüpfburg Mitte Febr.–Mitte Nov. (Termine s. Webseite), Juli/Aug. tägl. 10–18 Uhr. 2–100 J. 99 DKK. Enggardsvej 9, Bork Havn, 6893 Hemmet, ✆ 22 26 62 15, www.borklegeland.dk.

Kerzengießen In der **Lysstøberi** neben dem Star Café kann sich jeder seine eigene Wachskerze gießen; 50 Formen und sehr viele Farben sind verfügbar. Tägl. 10–17 Uhr. Bork Havn, Kirkehøjvej 19, Bork Havn, 6893 Hemmet, ✆ 51 28 98 75, www.borkhavnlys.dk.

Strand Am **Nordende des Hafens** befindet sich ein kinderfreundlicher Strand. Am südlichen Ende haben die Surfer ihr Terrain.

Surfen/Kajak Die Surfschule **Westwind** hat eine Station in Bork Havn am Ringkøbing Fjord. Es gibt Surf-, Kitesurf- und SUP-Kurse sowie Ausrüstungsverleih. Zudem werden Kajaks, Kanus und Katamarane verliehen. Mai–Okt. tägl 10–17 Uhr. Bryggen 10–12, Bork Havn, 6893 Hemmet, ✆ 75 28 01 80, www.westwind.dk.

Veranstaltungen Anfang Aug. gibt es beim **Bork Musikfestival** über mehrere Tage Livemusik und Festzeltbetrieb, www.borkfestival.dk. In der zweiten Augustwoche findet in Bork Vikingehavn der **Wikingermarkt** mit Kampf- und Pferdeshows, Tanz, Musik und Marktständen statt.

Wohnmobile Schön gelegene Stellplätze an der **Marina** von Bork Havn mit Ver- und Entsorgung, 150 DKK. Stellplätze auch am **Bork Havn Camping** vor der Schranke auf dem Autocamperplads. 2 Pers. von 14–12 Uhr am nächsten Tag 120 DKK inkl. Benutzung aller Anlagen. Duschen und Strom extra. www.borkhavncamping.dk.

Übernachten **Bork Havn Camping** **9** (→ S. 140), das ebene Wiesengelände mit Parzellen zwischen Hecken und Bäumen liegt nahe zum Hafen und Fjordstrand. Der Campingplatz verfügt über gepflegte Sanitäranlagen, Küche mit Aufenthaltsraum, Kinderspielplatz, Waschmaschinen, Sauna und einen kleinen Laden. Stellplatz für 2 Pers. 220 DKK, Duschen extra. Hütten ab 375 DKK. April–Ende Okt. Kirkehøjvej 9A, Bork Havn, 6893 Hemmet, ✆ 75 28 00 37, www.borkhavncamping.dk.

MeinTipp **Essen & Trinken** **Star Café,** kleines gemütliches Lokal in der Nähe des Hafens. Die deutschen Gastgeber bereiten aus frischen Öko-Zutaten schmackhafte und preiswerte Hausmannskost vom Eintopf bis zum Schnitzel mit leckeren Bratkartoffeln. Außerdem gibt es Fischgerichte, Pasta, Salat, Crêpes sowie vegetarische und glutenfreie Speisen. Reservierung empfehlenswert! Tägl. ab 12 Uhr. Kirhehøjvej 19, Bork Havn, 6893 Hemmet, ✆ 51 28 98 75, www.borkhavnlys.dk.

In Bork Haven werden Hausboote vermietet

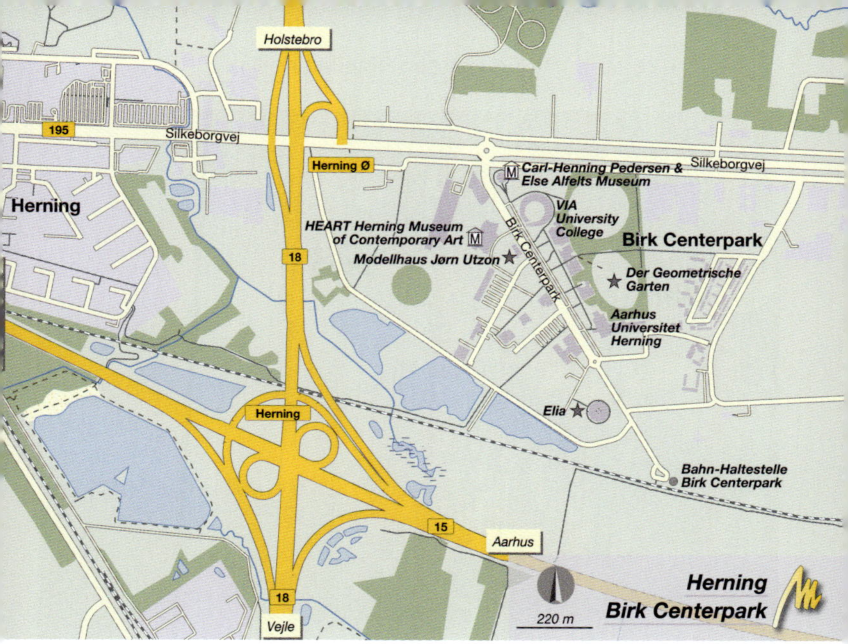

KulTour: Herning

Ein kultureller Abstecher führt in die Textilstadt Herning etwa 50 km östlich von Ringkøbing im mittleren Jütland. Auf dem Weg über die Autobahn (Primärroute 18) von Vejle zur Nordwestküste passiert man Herning. Der **Birk Centerpark** im Osten der 50.000-Einwohner-Stadt ist mit seinem Gesamtpaket aus Architektur, Kunst und Museen von Weltformat unbedingt einen Stopp wert. Neben einer Hemdenfabrik entstand seit den 1960er-Jahren ein einzigartiges Bildungs- und Kunstzentrum. Junge Kreative studieren und arbeiten hier, beispielsweise in einem Campus der Aarhus Universität, in Textilunternehmen, aber auch in Start-ups.

Pedersen-Alfelts-Museum: Die weiße Stadt, wie Birk Centerpark auch genannt wird, kommt erst einmal bunt daher. Farbenfrohe Keramik ziert die Außenhaut des Pedersen-Alfelts-Museums. Es zeigt Gemälde, Mosaiken und Keramik des dänischen Künstlerpaars Carl-Henning Pedersen und Else Alfelt, die zur Gruppe CoBrA gehörten. Mit den Stilmitteln des Informel strebte die Gruppe aus mehreren internationalen Künstlern eine Abkehr vom Surrealismus und eine Erneuerung des Expressionismus an. Carl-Henning Pedersen (1913–2007) schöpfte aus dem Unterbewusstsein und gab dem Fantastischen Ausdruck, seine Bildwelten sind von magischen und mythischen Wesen bevölkert. Schwebende Figuren und eine breite Palette von Blautönen sind das Markenzeichen des Künstlers, der auch die Apsis des Doms in Ribe ausgestaltete. Seine Frau Else Alfelt (1910–1974) interpretierte Themen aus der Natur und dem Universum in präzisen Farbverläufen und Kontrasten von weichen, spiralartigen und harten Linien. In wechselnden Ausstellungen werden die mehr als 6000 Objekte umfassende Sammlung des

Farbenfrohe Keramik ziert das Pedersen-Alfelts-Museum

Museums sowie Werke anderer CoBrA-Künstler gezeigt.

▪ Di–So 10–16 Uhr. 75 DKK, Kinder bis 18 J. frei. Birk Centerpark 1, 7400 Herning, ✆ 96 28 86 50, www.chpeamuseum.dk.

HEART – Herning Museum of Contemporary Art: Dänische und internationale Konzept- und Experimentalkunst seit 1930 sammelt und zeigt das Herning Museum of Contemporary Art. Zu den Künstlern gehören Paul Gadegaard, Per Kirkeby, Ingvar Cronhammar, Joseph Beuys, Mario Merz und andere. Das Museum präsentiert wechselnde Ausstellungen aus der breiten Palette von Malerei über Skulptur bis zu modernen Medien. Das weiße Museumsgebäude von Architekt Steven Holl ist ein Kunstwerk für sich. Von oben gesehen erinnert es an übereinandergelegte Hemdsärmel – ein Tribut an den Textilunternehmer Aage Damgaard, in dessen benachbarter Fabrik eine Reihe internationaler Künstler wirkte. Damgaard sammelte deren Werke und legte damit das Fundament für die HEART-Sammlung. Im Kunsthaus hat auch das Ensemble MidtVest seinen Sitz, dessen junge Musikerinnen und Musiker im hauseigenen Konzertsaal, aber auch landesweit und bei internationalen Festivals Kammermusik von Klassik bis Moderne spielen.

▪ Di–So 10–16 Uhr. 75 DKK, Kinder unter 18 J. frei. Bitten og Aage Damgaards Plads 2, 7400 Herning, ✆ 97 12 10 33, www.heartmus.dk. Ensemble MidtVest: www.emv.dk.

Riesenkunstwerk „Elia“: Den südlichen Abschluss der Kunstmeile bildet Ingvar Cronhammars Skulptur „Elia“ (2001). Man sieht die 11 m hohe Stahlkuppel mit ihren vier 32 m hohen Türmen bereits von der Autobahn aus und hält sie womöglich für eine Industrieanlage. Modernität, Mut und Willenskraft, neue Wege zu gehen – das Kunstwerk verkörpert das, was nach Ansicht des 1947 in Schweden geborenen und 2021 in Herning gestorbenen Künstlers auch die Stadt ausmacht. Die halbkugelförmige Stahlkuppel von „Elia" misst am Boden 60 m im Durchmesser und ist über vier Treppenaufgänge frei begehbar. Oben blickt man in das hohle Innere, wo sich ein Gasbrenner versteckt, der nach dem Zufallsprinzip einmal in 19 Tagen für 25 Sekunden eine über 8 m hohe Gasflamme erzeugt. Doch das Kunstwerk ist auch für Energie aus der Atmosphäre empfänglich: Die Türme sind so angelegt, dass bei Gewittern hier Blitze einschlagen dürfen und dass deren Grollen von der Donnerkuppel reflektiert wird. Das Museum HEART besitzt mit seinen 21 in strengem Schwarz gehaltenen, oft sehr technisch wirkenden Kunstwerken die größte Cronhammar-Sammlung Dänemarks.

▪ www.elia.dk.

Umgeben sind die Museen von jederzeit zugänglichen, künstlerisch gestalteten Grünflächen. Den **Geometrischen Garten** plante Gartenarchitekt Prof. C. Th. Sørensen nach dem Prinzip der Komplexität der Einfachheit. Auf einer Grünfläche ordnete er ein Ensemble aus acht unterschiedlich großen geometrischen Figuren von Kreis bis Achteck an, deren Kanten durch hohe Hainbuchenhecken markiert werden, sodass man sich wie in einem alten Garten-Labyrinth fühlt. Zu sehen ist auch der kreisrunde **Skulpturenpark** mit 36 Skulpturen von Damgaard-Werkskünstlern. Zudem interessant ist das (heute privat genutzte) Gebäude an der Hauptachse des Centerparks direkt neben dem HEART; an den runden Dachformen und glasierten Oberflächen erkennt man die Handschrift des Star-Architekten Jørn Utzon.

Riesenkunstwerk „Elia" von Ingvar Cronhammar

Der Westen → Karte S. 104

Einkaufen (S. 174)
4 Gammelgård Glas
5 Hornvarefabrikken
9 Fjand Gårdbutik
Essen & Trinken (S. 1
10 Hedekaffee
Übernachten
1 Bovbjerg Camping (S. 179)
2 Fjaltring Gæstehus (S. 175)
3 Herregaarden Rysensteen (S.
6 Thorsminde Camping (S. 175)
7 Nissum Fjord Camping (S. 175)
8 Hotel Nørre Vosborg (S. 175)
11 Ulfborg Gæstgivergård (S. 175)
12 Vedersø Klit Camping (S. 173)
13 Strandhotellet Vedersø (S. 173)
Ringkøbing Fjord bis zum Limfjord
3,5 km
Nordsee (Vesterhavet)
Gedenkstätte Skagerrakschlacht
Agger
Thyborøn
Harboøre Tange
Gettrup
Thisted
Doverodde
Ydby
Bodum
Skibsted Fjord
Draget
Lyngs
Hvidbjerg
Jegind
Thyholm
Uglev
Limfjord
Nissum Bredning
Harboøre
Vrist
Vejlby
Klinkby
Tørring-huse
Museet for Religiøs Kunst
Lemvig
Nørre Nissum
Humlum
Venø
Venø Sund
Venø By
Ferring Sø
Jens Søndergaards Museum
Ferring
Vandborg
Bonnet
Fabjerg
Gudum
Resenstad
Bremdal
Struer Museum
Struer
Bovbjerg Fyr
Dybe Kirke
Lomborg
Ramme
Fjaltring
Fåre
Flynder Å
Bøvlingbjerg
Bøvling Klit
Indfjorden
Bækmarksbro
Asp
Vejrumstad
Linde
Krunderup
Holstebro
Strandings-museum St. George
Thorsminde
Nissum Fjord
Bur
Storå
Vemb
Idom
Helm Klink Havn
Fjand Badeby
Nørre Vosborg
Sønder Nissum
Nørre Felding
Husby Plantage
Ulfborg Kirkeby
Græm Strand
Husby Kirke
Husby
Ulfborg
Lilleå
Vedersø Klit
Vedersø Klit Båke
Husby Sø
Staby
Kaj Munks Præstegård
Nørresø
Mitteljütland (Midtjylland)
Vedersø Kirke
Vedersø
Stadil
Tim Å
Torsted
Ørnhøj
Skjern
Tim
Vest Stadil Fjord
Stadil Fjord
Søndervig
Ringkøbing

Ringkøbing Fjord bis zum Limfjord

Wer sich gerne draußen in der Natur bewegt, ist zwischen Ringkøbing Fjord und der Limfjordmündung bei Thyborøn in seinem Element. Spektakulär schwingt sich am Bovbjerg Fyr eine Steilküste auf. Neben landschaftlichen Reizen kann man schöne, alte Herrenhäuser und nette Künstlergalerien entdecken.

Fährt man von Søndervig auf der Sekundärroute 181 weiter, verändert sich das Landschaftsbild zunächst nicht. Die Küstenstraße hinter der Dünenreihe führt zu weiteren Ferienhausgebieten bei Vedersø und Husby, nach Osten schließt sich flaches Weide- und Ackerland an, gesprenkelt mit einigen Seen. Sie heißen Vest Stadil Fjord und Stadil Fjord und wurden durch Entwässerungsmaßnahmen vom Ringkøbing Fjord abgeschnürt. Die heutigen Süßwasserseen sind ein Rastgebiet für Kurzschnabelgänse und andere Zugvögel. Mit etwas Glück kann man sogar Schneegänse sehen. Nördlich von Husby fährt man erneut über eine Nehrung. Das 14 km lange und nur wenige Hundert Meter breite Band aus Sand und Dünen trennt Nordsee und Nissum Fjord; nördlich von Thorsminde wird es Bøvling Klit genannt. Der Nordseestrand ist hier häufig mit Kies und Steinen durchsetzt und so können Strandwanderer die Weite oft alleine genießen. Mehrere Strandparkplätze bieten Zugänge. Etwa in der Mitte der Landzunge liegt der Fischereihafen Thorsminde mit einer Schleuse zum Nissum Fjord. Sehenswert ist das Strandingsmuseum, das

An der Steilküste bei Ferring

Der Westen → Karte S. 104

auf äußerst spannende und dramatische Weise die Geschichte der zahlreichen Schiffsunglücke an der Küste multmedial präsentiert. Nördlich des Nissum Fjords ragt die 6 km lange und bis zu 40 m über Seeniveau liegende Steilküste zwischen Ferring und Fjaltring auf. Sie ist das Ergebnis jahrtausendelangen Wirkens von Eis, Wind und Wasser. Am pittoresken roten Leuchtturm Bovbjerg Fyr führen Holztreppen die schroffen Abhänge zum Strand hinunter und man kann die sich deutlich abzeichnenden Schichten mehrerer Eiszeiten in Augenschein nehmen. Nach weiteren rund 30 km Küstenstrecke erreicht man Thyborøn. Der an der Spitze einer Landzunge gelegene Ort bietet Sehenswürdigkeiten wie die Gedenkstätte für die Skagerrakschlacht. Vor allem aber fasziniert hier an der Mündung des Limfjords die meerumtoste Landschaft. Die weiter nördlich liegenden Küstenorte erreicht man von hier aus nur mit der Fähre (→ Kapitel Der Nordwesten, S. 200). Am Südufer des Limfjords trifft man in einer malerischen Bucht auf die Kleinstadt Lemvig mit dem Skulpturenweg „Planetstien“ und interessanten Museen. In Struer schließlich gibt es im städtischen Museum einen Zweiklang für Auge und Ohren: Es präsentiert die Geschichte der renommierten Marke Bang & Olufsen. Die Kommune-Hauptstadt Holstebro hat hochkarätige Kultur zu bieten und man sollte dort unbedingt ein wenig verweilen.

Vedersø Klit und Husby

Reetgedeckte Ferienhäuser prägen den kleinen Ferienort Vedersø Klit. Am Traumstrand liegen Ferienhäuser, ein nettes Badehotel und ein schöner Campingplatz. Auf den Dünen bietet die Vedersø Klit Båke von 1884 Orientierung für Schiffe an der gefährlichen „Eisenküste“. Der einstige Seerettungsweg Raketvej wird heute als Radweg genutzt. Die Nordsee verschluckt hier jährlich etwa einen Meter Land, weshalb die Vedersø Klit Båke schon mehrfach umgesetzt werden musste. Das Meer nagt auch unentwegt an den Atlantikwall-Bunkern. Etwa 6 km landeinwärts erzählt die romanische Kirche im **Dorf Vedersø** eine traurige Geschichte. Durch das romanische Tympanon mit zwei Löwen ist der Ortspfarrer und Dramatiker Kaj Munk ein- und ausgegangen. Er bot den Nazis engagiert die Stirn und wurde schließlich von der SS ermordet. (→ Kaj Munk Præstegård, S. 144). Im Chor der Vedersø Kirke befindet sich eine Gedenkplatte.

Mit dem stürmischen Nordseewind haben nicht nur Seeleute, sondern auch die Bauern zu kämpfen. Das Dorf Husby und die umliegenden Felder wurden schon im 16. Jh. vom Flugsand überschüttet. Als um 1856 der Sand bis zur Schule reichte und drohte, die romanische Husby Kirke (13. Jh.) zu zerstören, begann man mit konsequenter Aufforstung. Wegen seiner Lage nah am Meer war der Kirchturm eine wichtige Peilmarke für die Seeleute. Die Husby Plantage ist heute ein herrliches Erholungsgebiet. Doch Heidekraut und Bäume bieten nur so lange Schutz, bis der Wind Löcher in den Bewuchs reißt. Im Gebiet Gryden ist eine hufeisenförmige Parabeldüne entstanden, die etwa 1 km breit und 1,4 km lang ist. Auf der Innenseite der Düne hat der Wind den Sand bis zum Grundwasserspiegel weggeweht. Auf Wanderungen oder geführten Naturtouren kann man diese fragile Landschaft am besten erleben.

Praktische Infos

→ Karte S. 170

Fahrradfahren Die **Panoramaroute 408** (27 km) ist eine schöne Runde zwischen Vedersø Klit und Stadil Fjord. Beschreibung: www.vestkystruten.dk/de/panoramaruter/.

FKK Der **Græm Strand** bei Husby ist als offizieller FKK-Strand ausgewiesen. Zufahrt über Græmvej ab Husby Kirke.

Wandern Die Wanderroute **Husby Klitplantage** (15 km, Start am Helm Klink Hafen am Nissum Fjord) führt durch den Küstenforst. Von der Düne „Marens Maw" (Marens Bauch) hat man einen guten Überblick. Karte der Husby Klitplantage: https://de.naturstyrelsen.dk/naturerlebnisse/natur-guide/husby-klitplantage/sehenswuerdigkeiten/.

Übernachten/Essen **Strandhotellet Vedersø 13**, in dem 1927 eröffneten Hotel findet man in hellen Naturtönen gehaltene, komfortable Zimmer mit Bad/Dusche, Terrasse oder Balkon, TV, WLAN und schöner Aussicht in die Dünen. Im Restaurant wird Köstliches aus regionalen, ökologischen Zutaten kredenzt (Hauptgerichte ab 229 DKK). Auch zu Kaffee und Kuchen kehrt man hier gerne ein. Vedersø Klitvej 59, 6990 Ulfborg, ✆ 69 13 61 66, www.strandhotelletvederso.dk. **€€€**

Vedersø Klit Camping 12, nah am Strand gelegenes Wiesengelände mit Hecken. Der Camping bietet komfortable Ausstattung: gepflegtes Sanitärgebäude, Swimmingpool, Sauna und Dampfbad, Waschmaschinen, Küche, Aufenthalts- und Spielräume, Spielplatz, Tennis und Minigolf, Restaurant und Miniladen. Stellplatz für 2 Pers. 250 DKK, Duschen extra. Rabatt für Gäste über 55 J. Es werden Hütten und Mobilheime vermietet. Ganzjährig geöffnet. Øhusevej 23, 6990 Ulfborg, ✆ 97 49 52 00, www.klitcamping.dk.

Der Westen → Karte S. 104

Nissum Fjord

Noch ein Fjord, der keiner ist: 20 km westlich von Holstebro und ebensoweit nördlich von Ringkøbing liegt der Nissum Fjord. Das Haff wird durch eine nur wenige Hundert Meter breite und rund 14 km lange Nehrung von der Nordsee abgeschirmt. Für Aktivitäten in der Natur wie Angeln, Radfahren und Wassersport sind auch der seichte Nissum Fjord und seine Umgebung wie geschaffen. Allerdings wird er wegen seiner Bedeutung als Brut- und Rastgebiet für Nist- und Zugvögel aller Art durch das Ramsar-Abkommen besonders geschützt. Urlauber müssen deshalb zeitliche Beschränkungen für alle Outdoor-Aktivitäten respektieren. Am Südufer bei Fjand liegt der kleine Helm Klink Havn, in dem vor allem Motorboote von Einheimischen dümpeln – ein zauberhafter Platz für ein Picknick. Sehenswürdigkeiten sind hier rar, aber im Herrensitz Nørre Vosborg kann man einen wunderbaren kulturell-kulinarischen Tag erleben.

Nørre Vosborg: Die Ende des 13. Jh. an der Mündung der Storå in den Nissum Fjord errichtete Vosborg wurde 1593 bei einer schweren Sturmflut zerstört. Vorausschauend bzw. einer düsteren Weissagung trotzend hatten die Besitzer schon in den 1570er-Jahren ihre Nørre Vosborg auf sicheres Gelände in der Nähe von Vemb verlegt und zu einem prachtvollen Herrensitz ausgebaut. 1859 verbrachte der Dichter Hans Christian Andersen den Sommer auf dem Schloss, um zu schreiben. Die weiße Frau, die hier spuken sollte, hat er nicht gesehen, wie er seinen Briefen anvertraute. Heute ist das Anwesen topp renoviert und wird als Hotel und kulturelle Begegnungsstätte genutzt. Das ganze Jahr über wird ein abwechslungsreiches Programm aus Konzerten, Ballett, Ausstellungen und Vorträgen geboten, so spielt z. B. im Juni das Ensemble MidtVest gemeinsam mit internationalen Solisten beim alljährlichen Kammermusikfestival, im September findet ein Erzählerfestival statt.

▪ Das Schloss kann man ganzjährig 9–22 Uhr auf eigene Faust anschauen (Ticket 100 DKK, Kinder bis 17 J. frei, Onlinebuchung), außerdem gibt es Führungen. Vembvej 35, 7570 Vemb, ✆ 97 48 48 97 (→ Übernachten/Essen S. 175), www.nrvosborg.dk.

Praktische Infos

→ Karte S. 170

Information Das **Touristencenter Vedersø Klit** findet man im selben Haus wie den Ferienhausvermieter Feriepartner. Hier erhält man Infos über das Gebiet Nissum Fjord sowie Infobroschüren und Karten. Juli/Aug. Mo–Do 9–16, Fr 9–17, Sa 8–18, So 10–16 Uhr, Jan.–Juni und Sept.–Dez. Mo–Fr 9–16, Sa 8–16, So 10–14 Uhr. Havvej 6–10, Vedersø Klit, 6990 Ulfborg, ✆ 96 11 91 00, www.ulfborg-turist.dk.

Infos über den Naturpark und Aktivitäten, Karte zum Download: www.naturparknissum fjord.de.

Verbindungen **Bahn:** Regelmäßige Bahnverbindung Holstebro–Vemb–Ringkøbing. www.rejseplanen.dk.

Bus: Die Regionalbuslinie 270 verkehrt regelmäßig zwischen Holstebro, Ulfborg, Vedersø Klit und Thorsminde. www.midttrafik.dk.

Angeln Der Nissum Fjord weist viele breite Schilfgürtel auf, deshalb kommt man am besten mit einem Boot an gute Angelplätze. Einer der Zuflüsse ist die Storå mit einem ordentlichen Bestand an Lachsen und Meerforellen. Am einfachsten kann man in Thorsminde **an Hafen und Schleuse** angeln. Hier gibt es eimerweise Heringe, aber auch Hornhechte, Makrelen, Meeräschen und Wolfsbarsch. Am Nissum Fjord unbedingt die Naturschutzgebiete und Schutzzeiten beachten! Angelkarten und weitere Infos gibt es im Touristenbüro Vedersø Klit. Angelkarten und Ausrüstung bekommt man bei **Thorsminde Outdoor** am Hafen. Tägl. 9–17 Uhr. Havnevej 2, Thorsminde, 6990 Ulfborg, ✆ 97 49 70 06, www.thorsminde outdoor.dk.

Einkaufen **Fjand Gårdbutik & Café 9**, der kleine Hofladen in Fjand verkauft Wohnaccessoires und feine Kost, z. B. Tees, aromatisierte Öle und Essig, handgemachte Seifen. Im Hofcafé gibt es selbst gebackenen Kuchen, belegte Brötchen und kleine Mittagsgerichte. Sonn- und feiertags wird eine westjütländische Kaffeetafel aufgetragen. Im Sommer auch Büfetts mit Musik (nach Anmeldung). Juli–Mitte Aug. tägl. 10–18 Uhr, März–Juni, Mitte Aug.–Okt. Di–So 10–17 Uhr, Nov.–Mitte Dez. Do/Fr 10–17, Sa/So 10–16 Uhr. Klitvej 49, Fjand, 6990 Ulfborg, ✆ 97 49 64 60, www.fjand-gaardbutik.dk.

Hedekaffe 10, Rösterei und Café in Ulfborg. Frisch gerösteter ökologischer Kaffee – das erwartet man hier mitten auf dem Land eigentlich nicht. Ein ehemaliger Küchenverkäufer ist auf den Geschmack gekommen und hat sich inzwischen zum Röstmeister entwickelt. In der Scheune des alten Hofs darf man beim Rösten zuschauen und schnuppern. Im Hofladen gibt es die Röstungen zu kaufen, beispielsweise Gourmetkaffee, Espresso oder die mit Stauning Whisky aromatisierten Kaffeebohnen. Im Hofcafé bekommt man natürlich frisch aufgebrühten Kaffee. Mittags schmecken leichte Frokostgerichte wie Stjerneskud und Pariserbøf. Am Wochenende wird ein großes Kuchenbüfett aufgefahren (14–16 Uhr, 135 DKK). Café und Laden Di–Fr 11–16, Sa/So 10–16 Uhr. Kirkebyvej 1, 6990 Ulfborg, ✆ 96 93 00 00, www.hede kaffe.dk.

Hornvarefabrikken 5, ein 200 Jahre altes Handwerk wird in der Hornwarenfabrik in Bøvlingbjerg bewahrt. Aus Kuhhörnern entstehen handgefertigte Unikate: Löffel, Becher, Serviettenringe, Schmuck und Trinkhörner für Met oder Bier. In der Werkstatt kann man bei der Produktion zusehen. Mo–Fr 11–17, Sa/So 11–15 Uhr. Storbjergvej 2, 7650 Bøvlingbjerg, ✆ 97 88 50 79, www.hornvarefabrikken.dk.

Gammelgård Glas 4, 2 km nördlich von Bøvlingbjerg. Im Laden der Glaswerkstatt findet man hübsche Glasfiguren (Unikate und Serien) in Fusingtechnik, Schmuck und viele dekorative Schalen und Vasen. April–Nov. Mo–Fr 11–12.30 und 13.30–16, Dez.–März Mo–Mi 11–12.30 und 13.30–16 Uhr. Im Juni und Aug. werden Workshops angeboten. Gammelgårdvej 12, 7650 Bøvlingbjerg, ✆ 50 34 37 60, www.gammel gaardglas.dk.

Fahrradfahren Der Nissum Fjord kann auf einer 70 km langen Fahrradroute umrundet werden. Außerdem führt der Fahrradfernweg **Vestkystruten** (Nr. 1) über Vedersø, Thorsminde bis Thyborøn.

Ferienhausvermietung **Klitferie,** regionaler Familienbetrieb mit über 200 Ferienhäusern. Havvej 4, Vedersø Klit, 6990 Ulfborg, ✆ 97 49 51 95, www.klitferie.com. **Feriepartner,**

überregional mit Büro in Vedersø Klit, Havvej 6–10, 6990 Ulfborg, ✆ 96 11 91 00, www.feriepartner.dk.

Strand Die Livredder-Station am Strand in Thorsminde ist von Mitte Juni–Mitte Aug. tägl. 10–18 Uhr besetzt.

Surfen Bestes Windsurfingrevier am Nissum Fjord findet man bei Thorsminde. Kurse, Verleih von Ausrüstung und guter Einstieg bei Thorsminde Camping.

Wandern Eine Wanderung rund um den Indfjorden (13 km) startet bei Bøvlingbjerg. Die 70 km lange **Fjordrunde** führt einmal um den Nissum Fjord. Infos über Gepäcktransport, geführte Touren und Shelter im Touristenbüro Holstebro. Kartendownload: www.naturparknissumfjord.de In Vemb beginnt die **Pilgerroute** Nissum Fjord. Sie führt über Skærum, Nørre Vosborg, Ulfborg Kirkeby, Vedersø, Husby, Thorsminde, Fjaltring, Trans, Bøvling, Nees und zurück nach Vemb.

Veranstaltungen Ende April findet am Alten Hafen (Gammel Havn) in Thorsminde der **Heringstag** mit Wettangeln statt. Der **Nissum Fjord Tag** findet am letzten Sonntag im Aug. statt mit Vorträgen, Gastronomie und Aktivitäten rund um den Fjord, www.naturparknissumfjord.dk.

Wohnmobile Quick-Stop am **Thorsminde Camping**, 150 DKK. Klitrosevej 4, Thorsminde, 6990 Ulfborg, ✆ 20 45 19 76, www.thorsmindecamping.dk.

Auch am **Nissum Fjord Camping** gibt es einen Quick-Stop mit Nutzung aller Einrichtungen, HS 170 DKK, NS 120 DKK. Nissum Fjord Camping, Klitvej 16, Fjand, 6990 Ulfborg, www.nissumfjordcamping.dk.

Übernachten/Essen **Herregaarden Rysensteen 3**, 3 km nördlich von Bøvlingbjerg. Romantischer geht es kaum: In den wohnlich eingerichteten Apartments mit kleiner Kochnische und Bad kann man das Landleben genießen. Die Doppelzimmer werden mit Frühstück angeboten. Wer sich ganz aus dem Alltag zurückziehen möchte, wohnt im Refugium (mind. 3 Tage). Bøvlingvej 40, 7650 Bøvlingbjerg, ✆ 40 18 18 54 www.rysensteen.com. €€€

Hotel Nørre Vosborg 8, 3 km südlich von Vemb. In dem stilvoll renovierten Herrensitz werden individuell eingerichtete Zimmer mit Bad/WC und TV vermietet. Morgens gibt es ein umfangreiches Bio-Frühstück. Feine französisch inspirierte Küche zu gehobenen Preisen aus regionalen, ökologischen Zutaten bietet das Restaurant Classique. Sonntags wird ein hervorragendes Mittagsmenü aufgetischt (399 DKK, 12.30–15 Uhr, Reservierung). Vembvej 35, 7570 Vemb, ✆ 97 48 48 97, www.nrvosborg.dk. €€€

Ulfborg Gæstgivergård 11, im Zentrum von Ulfborg. Der gediegene Gasthof vermietet 8 Gästezimmer mit Bad/WC, TV und WLAN. Im Restaurant kann man sich zu akzeptablen Preisen an großen Portionen Schnitzel oder Steak satt essen (Di–Sa 17–19.30 Uhr). Bredgade 1, 6990 Ulfborg, ✆ 97 49 17 77, www.ulfborggaestgivergaard.dk. €€

Fjaltring Gæstehus 2, in Fjaltring, 1 km vom Meer entfernt. In dem ruhig gelegenen Hostel gibt es zweckmäßig eingerichtete Zimmer mit Bad und Terrasse sowie (kleine) Familienzimmer mit Kochnische, Bad und eigenem Eingang. Freundlich gestaltete Aufenthaltsräume mit TV und Meerblick, Gästeküche und Speisesaal. Kleiner Kaufmannsladen in der Nähe. Vestermøllevej 7, Fjaltring, 7620 Lemvig, ✆ 97 88 77 00, www.fjaltringgaestehus.dk. €

Nissum Fjord Camping 7, am Südufer des Nissum Fjords direkt an der Sekundärroute 181. Wiesengelände mit komfortabler Ausstattung, saubere Sanitäranlagen, Familienküche und Aufenthaltsräume, Spielplatz, Grillplatz, Schwimmbad. Stellplatz für 2 Pers. 144 DKK. Es werden auch Hütten und schöne Zimmer vermietet. Klitvej 16, Fjand, 6990 Ulfborg, ✆ 97 49 60 11, www.nissumfjordcamping.dk.

Thorsminde Camping 6, nördlich der Kanalbrücke. Nur ein paar Schritte zur Nordsee und ein eigener Zugang zum Nissum Fjord – alles, was ein Surferherz glücklich macht. Der in der Hauptsaison stets gut besuchte Platz ist bestens ausgestattet: u. a. sauberes Sanitärgebäude, Küche mit Aufenthaltsraum, Spielplatz, Schwimmbad, Fitnessraum, Vermietung von Wassersportausrüstung. Ende März–Mitte Okt. Stellplatz für 2 Pers. 246 DKK. Es gibt Campinghütten in verschiedenen Kategorien. Klitrosevej 4, Thorsminde, 6990 Ulfborg, ✆ 20 45 19 76, www.thorsmindecamping.dk.

Der Westen → Karte S. 104

Thorsminde

Ziemlich genau in der Mitte der Nehrung erreicht man den Fischereihafen Thorsminde. Über die Thorsmynnæ (Dorschmündung) vom Nissum Fjord in die Nordsee liest man schon in Aufzeichnungen von 1466. Eine Siedlung entstand hier vor etwa 150 Jahren, in der die Menschen bis heute von Fjord- und Hochseefischerei leben. 1972 wurde der Seehafen eröffnet, in dem vor allem kleine Küstenfischerboote liegen. Der Ort wirkt authentisch, es macht Spaß, den Fischern beim Entladen des Fangs zuzuschauen oder bei der Fischauktion für Touristen in der Auktionshalle mitzusteigern (Ende Juni–Mitte Aug. Sa 10–12 Uhr, Havnevej, rote Fischerhäuser). Eine Brücke führt über die Schleuse, die den 350-Einwohner-Ort in eine Nord- und eine Südhälfte teilt. Wenn Heringe oder Makrelen vorbeiströmen, sind die Molen von Anglern belagert. Nördlich der Brücke ist das sehenswerte Strandingsmuseum St. George zu finden. Etwa 22 km weit draußen auf der Nordsee entsteht derzeit der Offshore-Windpark Thor. Ab 2027 soll er Ökostrom für über eine Million Haushalte liefern. Der Hafen von Thorsminde wird als Betriebs- und Wartungsbasis (Offshore-Hub) genutzt.

Strandingsmuseum: Blauer Himmel, grün das Meer, sanfte Wellen, die träge am hellen Sandstrand ausrollen – wenn man Thorsminde an einem ruhigen Sommertag besucht, ist es schwer, sich vorzustellen, was für ein Unglück sich am stürmischen Weihnachtsmorgen 1811 hier vor der Küste abspielte. Über eine Videoprojektion im Museum ist man plötzlich mittendrin im dramatischen Geschehen, als die beiden britischen Linien-/Kriegsschiffe „HMS St. George" und „HMS Defence" während eines Orkans auf Grund liefen und in den haushohen Wellen untergingen. Fast 1400 Seeleute verloren dabei ihr Leben. Die im Museum ausgestellten Fundstücke der Havarie, darunter Anker, Schiffsglocke, Geschirr, Ausrüstung und Kleidung, machen die Tragödie fassbar. Das Museum vermittelt – auch für Kinder spannend aufbereitet – auf eindrucksvolle Weise, wie gefährlich die dänische Westküste aufgrund von Stürmen, Untiefen, Strömungen und nicht vorhandenen Navigationsinstrumenten für Schiffe und Seeleute war. Außerordentlich viele Schiffe sind hier an der Westküste Jütlands gestrandet und gesunken. An den Infoterminals des Museums kann man jede Menge Fakten, Informationen (auch auf Deutsch) und Dokumente zu den Schiffen, die an der „Eisenküste" gesunken sind, abrufen. Vom Turm des Museums aus hat man eine fantastische Aussicht auf Hafen, Meer und Fjord. Das Museum ist barrierefrei.

▪ Febr.–Nov. tägl. 10–17 Uhr. 95 DKK, Kinder bis 18 J. frei. Vesterhavsgade 1E, Thorsminde, 6990 Ulfborg, ✆ 96 11 50 20, www.strandingsmuseet.dk.

Das riesige Ruder der HMS St. George

Auffällig: der rote Leuchtturm Bovbjerg Fyr

Der Westen → Karte S. 104

Ferring

Nördlich des Nissum Fjords trifft man bei Ferring auf eine schroffe Steilküste. In der Eiszeit wurden hier viele Lagen Lehm, Sand und Kies geschichtet, zusammengepresst und verschoben. Die Brandung macht an dieser Randmoräne die Erdschichten sichtbar. Oben auf der Klippe thront die kleine Siedlung Ferring mit einer hübschen romanischen Dorfkirche (12. Jh.) und dem Jens Søndergaards Museum. Besonders spektakulär ist der Ausblick auf die Nordsee beim 1,5 km südlich des Ortes gelegenen, sehenswerten Bovbjerg Fyr. Paraglider nutzen gern die Aufwinde am Steilhang. Nördlich, zwischen Ferring und Vejlby, liegt der 5 km lange Ferring Sø, ein nicht zum Baden geeigneter Brackwassersee, der nur durch eine schmale Landzunge vom Meer getrennt ist. Bis Ende des 19. Jh. waren der Hafen in Thyborøn und der Bovbjerg durch eine Kipplorenbahn verbunden, die das Material für den Guss der Buhnenblöcke transportierte. Heute ist auf der Strecke ein Fahrradweg angelegt.

Nur 4 km landeinwärts von Ferring liegt die **Dybe Kirke,** an der man einen kurzen Stopp einlegen sollte. Die Kirche wurde um 1100 erbaut und zeigt im Chorgewölbe sehenswerte Fresken aus der Reformationszeit (Stampehøjvej 68, Kirche von der Küstenroute 181 ausgeschildert, im Sommer gibt es Konzerte).

Sehenswertes

Bovbjerg Fyr: Der 1877 erbaute Bovbjerg Fyr ist eine Touristenattraktion. Er blinkt zweimal alle 15 Sekunden und weist so den Schiffen auf der Nordsee heute noch den Weg. Bei klarem Wetter strahlt sein Licht 16 Seemeilen weit. Damit man ihn von den Kirchtürmen von Ferring und Trans unterscheiden konnte, wurde er knallrot gestrichen. Der Bovbjerg Fyr steht auf einer 41 m hohen Klippe der schroffen Steilküste bei Ferring. Der Turm selbst ist 26 m hoch. Zu Zeiten, als noch ein richtiges Leuchtfeuer unterhalten werden musste, lebten drei Leuchtturmwärter-Familien hier am Turm. Seit 1978 wird das Licht

Fresken aus der Reformationszeit in der Dybe Kirke

automatisch betrieben, 2003 verließ der letzte Leuchtturmwärter seinen Arbeitsplatz. Seitdem gehört nur noch der obere Teil des Turms mit Licht und Maschinen der Seefahrtsbehörde. Alle übrigen Gebäudeteile werden heute von 150 ehrenamtlichen Mitarbeitern mit Führungen, Ausstellungen, Konzerten und Vorträgen bespielt. 93 Stufen geht es hinauf auf die Plattform; oben angekommen, entschädigt eine wunderschöne Aussicht für die Anstrengung. Mutige dürfen sich außen abseilen (Rapelling Juli/August, 750 DKK, Team Nord, Anmeldung ✆ 70 60 59 50, www.team-nord.dk). Stärken kann man sich im Leuchtturmcafé, in dem Kaffee und hausgebackener Kuchen sowie Frokostteller aus heimischer, ökologischer Landwirtschaft gereicht werden. Probieren sollte man die hiesige Spezialität: den kräftigen Vesterhavsost (Nordseekäse). Nur wenige Schritte hinter dem Leuchtturm lagert die Thise Mejeri bis zu 16.500 Käselaibe. Sie reifen ein halbes Jahr in der salzhaltigen Luft und bekommen so ihr besonderes Aroma. Am besten selbst probieren!

▪ Leuchtturm geöffnet von Sonnenaufgang bis Sonnenuntergang. Café und Ausstellungen: Juli/Aug. tägl. 11–17 Uhr, Juni und Sept. Di–So 12–17 Uhr, April/Mai Di–So 13–17 Uhr, Febr./März und Nov. bis 10. Dez. Di–So 13–16 Uhr, Okt. Di–So 12–16 Uhr. 25 DKK. Zufahrt über eine geschotterte Piste. Fyrvej 27, Ferring, 7620 Lemvig, ✆ 97 89 10 12, www.bovbjergfyr.dk.

Jens Søndergaards Museum: Direkt auf der Klippe in Ferring baute der dänische Maler Jens Søndergaard sein Atelier und Sommerhaus. Inspiriert wurde er einerseits von den großen Expressionisten Edvard Munch und Emil Nolde, andererseits von der ihn umgebenden Natur. 1959 erhielt er als erster Däne den amerikanischen Guggenheim-Preis. Die im Museum ausgestellten rund 50 Bilder sind überwiegend vor Ort entstanden und thematisieren Natur und Mensch an der Westküste in Grün-, Blau- und Erdtönen.

▪ April–Okt. Di–So 11–17 Uhr, Herbst- und Winterferien/Pfingsten tägl. 11–17 Uhr. 75 DKK, Kinder bis 18 J. frei, Ticket gilt auch für Lemvig Museum. Transvej 4, Ferring, 7620 Lemvig, ✆ 97 82 00 25, www.lemvigmuseum.dk/jens-soendergaard-museet/.

Praktische Infos

→ Karte S. 170

Information **Touristenbüros** sind in **Thyborøn** und **Lemvig** zu finden. www.visitnordvestkysten.de. Ausführliche Informationen über Landschaft und Geologie: www.geoparkvestjylland.com.

Verbindungen Ferring ist nur nach vorheriger Bestellung mit **Flextur-Rufbussen** von Midttrafik erreichbar, z. B. ab Ramme, wo die Lokalbahn 93 hält. www.midttrafik.dk.

Fahrradfahren Zwischen Bovbjerg Fyr und Lemvig spannt sich die schöne **Panoramaroute 409** (44 km). Die **Vestkystruten** (Nr. 1) führt auf der geteerten ehemaligen Kipplorenstrecke direkt am Bovbjerg Fyr entlang. www.vestkystruten.dk.

Strand Der Strand an der Steilküste ist mit Buhnen gesichert. Vom Bovbjerg Fyr führt eine Holztreppe hinunter. Der breite **Sandstrand** bietet Bademöglichkeiten, doch sollte man stets aufmerksam sein, da es einen gefährlichen Unterstrom in der Nordsee gibt. Und auch den Buhnen sollte man nicht zu nahe kommen!

Wandern Ein **Rundwanderweg** (9 km) führt um den 320 ha großen Ferring Sø (See). Von Mai–Sept. legt hier die Strand-Grasnelke einen rosafarbenen Teppich auf. Nach längerem Regen ist wasserdichtes Schuhwerk nötig. An der Südspitze des Sees gibt es einen Shelterplatz. Karte: http://ferringstrand.dk/media/1483/ferring_s__vandretur..pdf.

Vom **Bovbjerg Fyr** aus kann man Wanderungen zur südlich gelegenen Trans Kirke oder nach Ferring unternehmen.

Wohnmobile Quick-Stop für Autocamper am **Bovbjerg Camping**, 160 DKK. www.bovbjergcamping.dk.

Übernachten **Bovbjerg Camping 1**, umgeben von Feldern und Wiesen ist dieser schöne, ruhige Campingplatz mit durch Hecken parzellierten Stellplätzen. Zum Strand sind es etwa 300 m. Der Platz ist ausgestattet mit sauberen Sanitäranlagen, neuer Gästeküche, Pool, Minigolf und Kinderspielplatz. Fahrrad-Camper finden Tische und Bänke vor. Stellplatz für 2 Pers. 281 DKK. Mitte März–Mitte Okt. Es werden Hütten vermietet. Juelsgårdvej 13, Ferring, 7620 Lemvig, ✆ 29 88 22 31, www.bovbjergcamping.dk.

Harboøre Tange

Auf dem Weg von Harboøre nach Thyborøn führt die Küstenstraße 181 über die Landzunge Harboøre Tange. Ein großer Teil davon wurde zum Naturschutzgebiet erklärt. Die durch Beweidung gepflegten Salzwiesen, Schilfzonen und Lagunenseen am Nissum Bredning (Nissum Breitung des Limfjords) sind ein wichtiges Futter- und Brutgebiet für Wasservögel und unterliegen zeitlichen Beschränkungen für Besucher. Der direkte Strandstreifen, auf dem der Fernwanderweg Vestkyststien entlangführt, ist zugänglich. Seit 1899 ist die Harboøre Tange mit einer Eisenbahnlinie erschlossen. Auf der Lokalbahn (Vemb–Lemvig–Thyborøn–Jernbane) werden auch heute noch Personen und Güter transportiert. In der Mitte von Harboøre Tange ist die Chemiefabrik Cheminova angesiedelt (→ Kasten, S. 180).

▪ Informationen und Karte für Aktivitäten: https://naturstyrelsen.dk/naturoplevelser/naturguider/harbooere-tange/aktiviteter/.

Windpark auf der Harboøre Tange

Der Westen → Karte S. 104

Cheminova und der Giftskandal von Harboøre

Ein Schandfleck auf der Harboøre Tange ist die Chemiefabrik von FMC, an der man auf der Fahrt von Harboøre nach Thyborøn auf der Route 181 vorbeifährt. Auf dem entlegenen Stück Land zwischen Nordsee und Limfjord werden seit 1953 Pflanzenschutzmittel produziert. Damals hieß das Werk noch Cheminova. Es bescherte Dänemark einen der größten Umweltskandale des Landes. Die Firma ließ mit staatlicher Genehmigung die bei der Produktion entstandenen giftigen, quecksilberhaltigen Abfallprodukte in den Dünen vergraben. Ein massives Fisch- und Vogelsterben war die Folge. 1981 wurden 5600 t verseuchtes Erdreich abgetragen. Reste blieben jedoch in der Deponie bei Buhne 42 liegen. Sie wurden zwar mit Beton und Lehmboden gesichert, doch noch immer gelangt Sickerwasser in die Umwelt. Aus diesem Grund gilt 200 m im Umkreis der Buhne 42 (Høfde 42) ein Bade- und Angelverbot. 2021 hat die dänische Regierung beschlossen, den Giftmüll endgültig zu entsorgen. Da im Zuge der Energiekrise und Inflation 2022 die Kosten explodierten, ist ungewiss, wann die Arbeiten tatsächlich beginnen können.

Thyborøn

Die Limfjordmündung und der große Fischereihafen prägen den Ort Thyborøn. Am windzerzausten Land's End der Harboøre Tange bieten das verspielte Sneglehuset und die Gedenkstätte für die Skagerrakschlacht ein touristisches Kontrastprogramm.

Bevor der Fischerort Thyborøn zu seiner heutigen Größe anwuchs, wurde die Landschaft bei einer gewaltigen Naturkatastrophe völlig neu geformt. Ursprünglich verlief die Küstenlinie auf der Harboøre Tange durchgängig nach Norden Richtung Agger weiter. Die Landzunge schloss den Limfjord zur Nordsee hin ab. Im Jahr 1825 traf die schwere Februarflut die Küste und riss ein riesiges Stück Land einfach weg. Die Menschen lernten mit den neuen Gegebenheiten umzugehen. Von Thyborøn fuhr man statt mit der Kutsche mit dem Boot zum Kirchgang nach Agger. Und die Fischer stellten sich von Fjordfischerei auf Küstenfischerei um. Immer wieder versandete der Nordseezugang und wurde wieder aufgerissen. 1862 brach die Landzunge nördlich von Thyborøn erneut und man entschloss sich, sie ein für allemal zu sichern: Ab 1875 baute man seeseitig Buhnen, Deiche sowie Befestigungen am Thyborøn-Kanal selbst, um den ca. 1 km breiten Zugang zum Fjord dauerhaft freizuhalten. Auch heute noch müssen Bagger die Fahrrinne stetig vom Sand befreien.

1914 wurde die Baugenehmigung für den Hafen Thyborøn erteilt, inzwischen wurde er 14-mal erweitert. Mit der Zunahme der Fischerei wuchs die Einwohnerzahl, heute leben knapp 2000

Menschen in Thyborøn. Dänemarks drittgrößter Fischereihafen mit weiteren Firmen wie Schmieden, Schleppnetzherstellern und einer Fabrik für Fischmehl und Fischöl bietet 2200 Arbeitsplätze. Zum Hafen gehören auch ein riesiges Schwimmdock für Wartungsarbeiten an größeren Schiffen und ein chinesisches Testgelände für eine Zweiflügel-Windkraftanlage, die für den Einsatz in Taifungebieten geeignet ist.

Im Thyborøn Fiskeauktions Center werden die angelandeten Fische, vor allem Schollen, Kabeljau und Seeteufel, via Internet verkauft. Im Juli und August gibt es mittwochs in der Auktionshalle Fischauktionen für Touristen.

Thyborøn hat den spröden Charme einer Hafen- und Industriestadt. Trotzdem ist die sogenannte Schollenstadt touristisch nicht uninteressant. In Jyllands Akvariet zum Beispiel können Kinder spielerisch Wissenswertes über die Tierwelt der Nordsee erfahren.

Sehenswertes

Gedenkstätte Skagerrakschlacht: Die größte Seeschlacht der Geschichte fand während des Ersten Weltkriegs am 31. Mai/1. Juni 1916 weit draußen vor der dänischen Küste statt. Bei dem als Skagerrakschlacht oder Battle of Jütland in die Geschichtsbücher eingegangenen Gefecht kämpften die deutsche Hochseeflotte und die britische Grand Fleet um die Vormachtstellung in der Nordsee und die Kontrolle der Handelswege nach Skandinavien. Insgesamt prallten bei den Kämpfen 240 Kriegsschiffe beider Länder aufeinander, die mit rund 104.000 Seeleuten und 25 Admiralen bemannt waren. Der Kanonendonner war so heftig, dass er noch an der 100 km entfernten dänischen Nordseeküste zu hören war. Bei der zwölf Stunden andauernden Schlacht wurden 25 Kriegsschiffe versenkt und 8645 deutsche und britische Marinesoldaten verloren ihr Leben.

Um an die Tragödie zu erinnern, wurde in den Dünen an der Landspitze in Thyborøn ein beeindruckender Gedenkpark angelegt. Der dänische Künstler Paul M. Cederdorff schuf im Stil der Land-Art für jedes gesunkene Schiff einen Granitstein mit der Inschrift des Schiffsnamens und der Anzahl der Toten. Die Steine sind so angeordnet, wie die Wracks auf dem berüchtigten „Schiffsfriedhof" in der Nordsee liegen. Umgeben sind die Granitsteine jeweils von einer Gruppe stilisierter menschlicher Figuren, die an die Opfer erinnern. Ein Spaziergang durch den jederzeit frei zugänglichen Gedenkpark mit der brausenden Nordsee im Hintergrund stimmt nachdenklich. Auch wenn beide beteiligten Länder den Sieg für sich reklamierten, hatte die Schlacht an der strategischen Gesamtsituation nichts verändert und die britische Seeblockade wurde beibehalten.

- www.jutlandbattlememorial.com.

Für die Opfer der Skagerrakschlacht

Sea War Museum: Schwerpunkt des Sea War Museums ist die Skagerrakschlacht des Ersten Weltkriegs. Auch der Krieg auf See während des vier Jahre andauernden Weltkriegs sowie der Minen- und Handelskrieg werden thematisiert. Das Museum hat es sich zur Aufgabe gemacht, die verheerende Schlacht aufzuarbeiten, die Erkenntnisse neutral zu vermitteln und an die Opfer zu erinnern. In der Ausstellung werden Fundstücke wie Granaten, Geschütze, nautisches Gerät und Bootsmotoren gezeigt, außerdem sind erläuternde Exponate, z. B. Fahnen, Schiffsmodelle, Bekleidung oder Tauchausrüstung, zu sehen. Zur Erklärung gibt es Infotafeln, auch auf Deutsch. Das marinearchäologische Zentrum hat bei der Spurensuche die Schiffswracks auf dem Meeresgrund erforscht und dokumentiert. Treibende Kraft und Museumsgründer ist der dänische Taucher und Geschäftsmann Gert Normann Andersen aus Holstebro. Als junger Taucher erforschte er das Wrack des U-20, das 1915 das Passagierschiff „Lusitania" versenkt hatte und später südlich von Thyborøn gestrandet war. Seitdem beschäftigt er sich mit dem Thema, da selbst heute noch Neues auf dem Meeresgrund vor der Küste entdeckt wird.

■ Juni–Aug. tägl. 10–17 Uhr, Mitte Febr.–Mai, Sept.–Nov. tägl. 10–16 Uhr. 95 DKK, Kinder bis 7 J. frei. Tickets müssen mit Kreditkarte am Automaten am Museumseingang gelöst werden. Kystecentervej 11, 7680 Thyborøn, ✆ 54 55 55 60, www.seawarmuseum.dk.

Maritimhistorisk Museumscentrum: Im Gebäude des ehemaligen Kystcentret beschäftigt sich das neu eingerichtete Maritime Historische Museum ab Sommer 2024 anhand von Fundstücken und Dokumenten mit verschiedensten historischen Ereignissen wie Explosionen und Schiffsunglücken. Die Ausstellung erzählt von Walfang, Schatzschiffen und lokaler Fischerei. Die Geschichte des Tauchens und die Darstellung von Schiffen in der Kunst werden weitere Ausstellungsthemen sein. Initiator ist auch hier Gert Normann Andersen. Die erläuternden Texte im Museum sind auch auf Deutsch.

■ Kystcentervej 3, 7680 Thyborøn.

Jyllands Akvariet: Einen Blick unter die Wasseroberfläche werfen, das kann man im Aquarium von Thyborøn. Hinter Glas fletscht der Seewolf seine spitzen Zähne, Knurrhähne knurren und Krabben klappern mit ihren Scheren. Hier lernen Groß und Klein die Bewohner der Nordsee und des Limfjords wie Schollen, Seelachse, Steinpicker, Limfjordaustern und Hummer kennen. Während der Schaufütterungen geht es in den Becken besonders lebhaft zu. Wer sich traut, darf im Streichelbecken einem Hai über den Kopf streicheln oder einem Rochen den Rücken kraulen. Es werden Touren zu den Robbenbänken, Bernsteinsafaris und Ausflüge mit dem Traktorbus am Limfjord (Anmeldung) angeboten.

■ Juli/Aug. tägl. 10–18 Uhr, Juni und Sept./Okt. tägl. 10–17 Uhr, Jan.–Mai und Nov./Dez. tägl. 10–16 Uhr; Fütterungen Mo, Mi, Sa jeweils 13 Uhr, Termine s. Webseite. 119 DKK, Kinder 3–12 J. 99 DKK, Eintrittsarmbänder 7 Tage gültig. Vesterhavsgade 16, 7680 Thyborøn, ✆ 97 83 28 08, www.jyllandsakvariet.dk.

Iskunsten: Eine eiskalte Attraktion lockt ins alte Gefrierhaus, das die Fischer früher mit Eis versorgte. Hier wurde die Galerie Iskunsten eingerichtet. In wechselnden Ausstellungen zeigen Künstler ihre aus Eisblöcken gehauenen Skulpturen, die das maritime Leben zum Thema haben. Eingewickelt in dicke Decken können die Besucher großformatige Quallen, zauberhafte Seepferdchen oder tanzende Fische aus Eis bewundern. Außerdem sind historische Dokumente zur Geschichte des Kühlhauses zu sehen.

■ Tägl. 11–17 Uhr (zwischen den Ausstellungen kurzzeitig geschlossen). 79 DKK, Kombikarte Iskunsten und Akvariet 159 DKK (7 Tage gültig). Jernebanegade 1A, 7680 Thyborøn, ✆ 97 83 28 08, www.jyllandsakvariet.dk/de/.

Ein Traum vom maritimen Wohnen: das Sneglehuset

Sneglehuset: Ein Foto vom Schneckenhaus darf in keinem Urlaubsalbum fehlen. Mit 25-jähriger Ausdauer hat der Fischer Alfred Pedersen in Thyborøn für seine Frau und sich ein fantastisches Heim geschaffen: Das Sneglehuset mit Türmchen ist außen und innen mit Millionen Schneckenhäusern und Muscheln besetzt. Der Schöpfer des Hauses ließ seiner Fantasie freien Lauf, arrangierte Muscheln und Schneckenhäuser zu Ornamenten und setzte mit Glaskugeln und Bemalungen farbige Akzente. In den Wohnräumen ist die Einrichtung aus den 50er-Jahren erhalten und man kann in Vitrinen weitere prächtige Südseemuscheln, Schiffsmodelle, Buddelschiffe, Fische, Korallen, Meeresschildkrötenpanzer und andere Fundstücke bewundern. Der kleine Shop bietet Muscheln, Bernstein und maritime Deko zum Verkauf.

▪ Osterferien und Mitte Juni–Anfang Sept. 10–17 Uhr, Mitte Mai–Mitte Juni und Sept./Okt. 11–16 Uhr, Winterferien 11–17 Uhr, Änderungen möglich, aktuelle Öffnungszeiten s. Webseite. 20 DKK. Klitvej 9, 7680 Thyborøn, ✆ 97 83 11 67, www.sneglehuset.dk.

Praktische Infos

→ Karte S. 185

Information Die **Touristeninformation von Thyborøn** ist im Museum Iskunsten zu finden. Es gibt Broschüren mit Infos zu Übernachtung, Sehenswürdigkeiten und Aktivitäten, außerdem Anleitung zum Online-Kauf von Angelscheinen. Jernebanegade 1a, 7680 Thyborøn, ✆ 97 83 28 08, www.visitnordvestkysten.de.

Verbindungen **Bahn:** Zwischen Lemvig und Thyboron fährt regelmäßig die historische Lemvig-Bahn. www.mjba.dk, www.rejseplanen.dk.

Fähre: Die kleine Autofähre von Thyborøn nach Agger verkehrt morgens und abends alle 40 Min., sonst stündlich. Jan.–Mai und Sept.–Dez. Mo–Fr 6–18, Sa 7–18, So 9–18 Uhr; Rückfahrten ab Agger Mo–Fr 6.20–18.20, Sa 7.20–18.20, So 9.20–18.20 Uhr. Juni–Aug. ab Thyborøn Mo–Fr 6–21, Sa 7–21, So 9–21 Uhr; ab Agger 6.20–21.20, Sa 7.20–21.20, So 9.20–21.20 Uhr. Übersteigt das Verkehrsaufkommen die Kapazität der Fähre, wird der Fahrplan außer Kraft gesetzt und die Fähre pendelt stetig. Der Fähranleger befindet sich am südlichen Ortsrand (Ausschilderung Hanstholm/Agger/181). Erwachsene 25 DKK, Fahrrad inkl. Fahrer 35 DKK, Pkw ab 110 DKK. Sydhavensvej 1, 7680 Thyborøn, ✆ 20 23 03 36, www.thyboronagger.de.

Angeln Hochseeangeltouren bietet **Emma-Line Grej** an, auch mehrtägig. Havengade 22,

Der Westen → Karte S. 104

7680 Thyborøn, ✆ 29 44 95 70, www.emma-line.dk.

Schwimm- und Sportzentrum Das **Vandwærket** ist ein Hallenbad mit kleinem Schwimmerbecken, Kinderbecken, Wasserrutsche und Warmwasserbecken. Für Entspannung sorgen Sauna und Dampfbad. HS tägl. 9.30–19.30 Uhr, NS s. Webseite. Außerdem findet man in der Sportanlage **Wærket** ein Fitnessstudio, Sporthalle, Turnhalle und einen Fußballplatz. Kirkegaardsvej 15, 7680 Thyborøn, ✆ 97 83 13 90, www.waerket.dk.

Strand Neben vielen schönen wellenreichen Strandkilometern auf der Westseite hat Thyborøn einen kinderfreundlichen Strand (am Thyborøn-Kanal), der von beiden Seiten von Buhnen geschützt ist. Von Mitte Juni–Mitte Aug. tägl. 10–18 Uhr sind Livredder vor Ort. Der gesamte Strand ist mit der blauen Flagge ausgezeichnet.

Surfen Das **Thyborøn Surfcenter** gibt Surfkurse für Anfänger und Fortgeschritte sowie SUP-Kurse. Außerdem kann man hier Ausrüstung leihen. Klitvej 9, 7680 Thyborøn, ✆ 71 79 73 73, www.thyboroensurfcenter.dk.

Veranstaltungen Das große Musikfestival **Haze Over Haarum** steigt Anf. Juni auf einem Open-Air-Gelände bei Harboøre (www.haze.dk). Am ersten Samstag im Aug. feiert Thyborøn das **Fischfest** mit Musik, Hafenrundfahrt, Kinderprogramm und Fischauktion.

Wandern Am **„Naturrum“** (Parkplatz Digevej 15 im Süden von Thyborøn) findet man einen Spielplatz und Picknickmöglichkeiten. Von hier aus sind 2 Wanderungen (4 und 11 km) ausgeschildert und mit Infotafeln ausgestattet.

Wohnmobile Quick-Stop von 20–10 Uhr am **Camping Thyborøn,** außerhalb der Schranke 85 DKK (kein Strom), Entsorgung und Wasser extra, innerhalb des Geländes und inkl. Wasser/Entsorgung 175 DKK. www.thyboroncamping.dk.

Limfjordmündung bei Thyborøn

Übernachten **Seaside Hotel Thyborøn** **3**, aus dem ehemaligen Seemannsheim ist nach der Renovierung ein hübsches Hotel in exponierter Lage geworden. Die schönen Komfortzimmer mit poppig-bunten Details im dänischen Design haben Bad/WC, TV und WLAN und vor allem einen traumhaften Ausblick über den Hafen. Es werden auch schicke Ferienwohnungen vermietet. Havnegade 20, 7680 Thyborøn, ✆ 97 83 12 44, www.seasidehotel.dk. **€€€**

Danhostel Thyborøn **4**, im Zentrum. Das Hostel bietet in sachlichem dänischem Stil eingerichtete EZ, DZ und Dreibettzimmer sowie Familienzimmer jeweils mit Bad/WC und TV. Zimmer mit Gemeinschaftsbad billiger. Gemeinschaftsküche, schöne Aufenthaltsräume, Grillmöglichkeit, Billard, Kicker vorhanden. Freier Eintritt ins Hallenbad Vandwærket. Harboørevej 10, 7680 Thyborøn, ✆ 22 39 41 83, www.danhostelthyboron.dk. **€€**

Thyborøn Camping Hotel & Hytteby **6**, strandnah und 2 km zum Hafen. Ebenes Wiesengelände, durch Hecken und Sichtschutzwände unterteilt. Gute Sanitäranlagen, Familienküche, schöner Spielplatz, Minigolf und Fahrradverleih. Freier Eintritt ins Hallenbad Vandwærket und in die Sporthallen. Stellplatz für 2 Pers. 230 DKK. Vermietet werden auch Komfort-Hütten mit Bad/WC, Küche und TV. Ganzjährig geöffnet. Idrætsvej 3, 7680 Thyborøn, ✆ 97 83 12 77, www.thyboroncamping.dk.

Essen & Trinken **Fiskehallen Thyborøn** **1**, wie überall an der Nordseeküste stehen die roten Häuschen am Hafen für frischen Fisch in allen Variationen. Seezunge, Seelachs, Tintenfischringe, Garnelen, Hering und vieles mehr gibt es hier günstig und reichlich, gebraten, mariniert, auf Brötchen, als Salat oder als Tapas. Fischverächter dürfen sich auf Burger oder Vegetarisches freuen. In der Havneknejpen wird samstags im Juli/Aug. ein Fischbüfett bei Livemusik offeriert. Im Fischladen erhält man frischen Fisch und Räucherware. Restaurant: Mo–Do 11.30–15, Fr–So 11.30–19 Uhr. Havnegade 5A, 7680 Thyborøn, ✆ 97 83 28 82, www.fiskehallen-thyboron.dk.

Restaurant La Mar **5**, in dem gepflegten Restaurant wird Fisch erfreulich anders zubereitet, z. B. Jomfruhummer mit Porree, Fisch auf thailändische Art, mit Zitronengras und Chili, Seehecht im Ofen gebacken. Auch Fleischliebhaber kommen auf ihre Kosten, das Angebot reicht von Pfeffersteak bis Châteaubriand.

Hauptgerichte ab 210 DKK. Juli/Aug. tägl. 17.30–22 Uhr, März–Dez. Do–So 17.30–22 Uhr. Havnegade 64, 7680 Thyborøn, ✆ 40 73 82 18, www.restaurantlamar.dk.

MeinTipp **Mallemukken 2**, zwei kieloben liegende Fischerboote sind das Wahrzeichen des Restaurants hinter den Dünen. Unter den historischen Schiffsrümpfen sitzt man in modernem Interieur und lässt sich leckere Fischgerichte, dänische Klassiker und Steaks, aber auch Kuchen, Nachos und Vegetarisches schmecken. Gehobene Preise, Reservierung empfehlenswert. Juli–Anf. Aug. Mo–Do 11.30–21, Fr/Sa 11.30–22, So 11.30–21 Uhr, April–Juni und Anf. Aug.-Sept. Di–Do 11.30–15, Fr/Sa 11.30–21 Uhr, NS s. Webseite. Kystcentervej 1, 7680 Thyborøn, ✆ 42 80 05 27, www.mallemukken.dk.

Lemvig

Der 6800-Einwohner-Ort Lemvig schmiegt sich an die umgebenden Hügel am Ende der namensgebenden Lem Vig (kleinen Bucht) am Limfjord. Die breite Ausbuchtung zwischen Thyborøn und der Oddesundbrücke heißt Nissum Bredning. Frühe Siedlungen stammen aus der Stein- und Bronzezeit. Erstmals erwähnt im Jahre 1234, entwickelte sich Lemvig zu einer Fischer-

und Købstadt. Heute ist sie der Hauptort der Kommune Lemvig. Lebendiges Treiben herrscht am Hafen, wo immer noch Fischer ihrer Arbeit nachgehen und Freizeitkapitäne gerne anlegen, um in den umliegenden Restaurants den Tag ausklingen zu lassen. Den Schwung der Bucht nehmen neonfarbene Bänke auf, die überall am Hafen stehen. Gegen Sturmfluten wappnete sich die Stadt mit einer effektiven, aber unschönen Hochwasserschutzanlage. Gemütlich geht es am Torvet und rund um die Lemvig Kirke zu. Nicht jeder mag es so hyggelig: Das provinzielle Kleinstadtmilieu seines Heimatorts karikierte der Cartoonist Henning Gantriis in seinen 1953 erstmals erschienen Comics „Livets gang i Lidenlund". Anhand von 17 Comic-Stationen kann man auf seinen Spuren durchs Städtchen spazieren.

Sehenswertes

Lemvig Kirke: Die Lemvig Kirke mit ihrem für Dänemark untypischen Zwiebelturm und reich geschnitztem Rokokoinventar wurde um 1200 als romanische Kirche aus Granitsteinen gebaut und zwischen 1300 und 1500 in eine Kirche im gotischen Stil mit Turm und Gewölbe umgebaut. Inschriften auf den Kirchenglocken erinnern an Zerstörungen durch Blitzschläge (1683) und den Großbrand in der Stadt von 1684. Von 1933–35 wurde die Kirche umgebaut, 1977 gestaltete Bodil Kaalund moderne Bilder für Altar und Kanzel. Das Glockenspiel lässt täglich mehrere Melodien über den Torvet schallen.

▪ Tägl. 9–17 Uhr. Torvet 15, 7620 Lemvig.

Lemvig Museum: Das stadtgeschichtliche Museum zeigt Malerei, Möbel, Gebrauchsgegenstände der Bauern, Fischer und Hornlöffelmacher sowie Fundstücke, die an dramatische Schiffbrüche erinnern. Die Ausstellung „Ein Dichter unter Sternen" informiert über den Dichter und Astronomen Thøger Larsen (1875–1928). Außerdem werden Originalzeichnungen von Henning Gantriis gezeigt, dem Schöpfer der Comics „Livets gang i Lidenlund" (Das Leben in Kleinkleckersdorf). Im Garten des Museums ist ein Skulpturenpfad mit 54 Werken des Bildhauers Torvald Westergaard angelegt.

▪ Juni–Sept. Di–So 11–17 Uhr, Herbstferien tägl. 11–16 Uhr, Ostern Do–Mo 11–16 Uhr,

Das kleine Lemvig liegt geschützt in einer Bucht

April/Mai und Okt. Sa/So 11–16 Uhr. Außerdem wird während der Bürozeiten geöffnet, wenn Gäste an der Türe klingeln. 75 DKK, Kinder bis 18 J. frei, Ticket gilt auch für Jens Søndergaards Museum Ferring. Vestergade 44, 7620 Lemvig, ✆ 97 82 00 25, www.lemvigmuseum.dk.

Planetstien: Auf dem Planetenpfad sind die Planeten unseres Sonnensystems in Größe und Abstand im Maßstab 1:1 Milliarde wiedergegeben. Der Spaziergang beginnt in der Kurve am Vesterbjerg nahe dem Lemvig Museum mit einem Bronzemodell der Sonne (von immer noch stattlichen 1,39 m Durchmesser statt in Realität 1,391 Milliarden). Auf dem Weg durch die Grünanlage trifft man als nächstes auf den sonnennächsten Planeten Merkur (im Weltall hätte man dafür 57,9 Millionen km zurückgelegt). Weiter im Maßstab gelangt man zur Skulptur der Venus, zum Halleyschen Kometen in Form einer Buchsbaumhecke, zur Erde, zum Mars, Ceres und Jupiter, bis man bei Vinkelhage das Modell von Saturn erreicht. Der Abstand (Weg) zu den im Sonnensystem ganz außen stehenden Planeten wird entsprechend ihrer Entfernung zur Sonne nun immer weiter, bis er schließlich bei Neptun und Pluto auf der Landzunge Gjeller Odde endet. Es ist ein Spaziergang mit wunderbarer Aussicht auf die Lemviger Förde und erkenntnisreich dazu, was die Dimensionen unseres Sonnensystems betrifft. Wer bis zum äußersten Punkt wandern möchte, ist knapp 6 km unterwegs.

▪ Jederzeit zugänglich, Eintritt frei. Karte: www.lemvigmuseum.dk/planetstien/ .

Museet for Religiøs Kunst: Das Spezialmuseum für religiöse Kunst entstand vor über 25 Jahren mit dem Ziel, die großen existenziellen Fragen des Lebens und des Todes aus Künstlersicht darzustellen. So kommen auch geistige und spirituelle Dimensionen in der zeitgenössischen Kunst zum Ausdruck. Neben den eigenen Beständen zeigt das Museum wechselnde Ausstellungen von Künstlern aller Stilrichtungen von postmodern bis klassisch.

▪ Di–So 12–16/17 Uhr, bei Aufbau neuer Ausstellungen geschlossen. 85 DKK, Kinder bis 18 J. frei. Strandvejen 13, 7620 Lemvig, ✆ 97 81 03 71, www.mfrk.dk.

Praktische Infos

→ Karte S. 188

Information In der Bibliothek findet man die **Lemvig Turisteninformation.** Mitarbeiter informieren über alles Wichtige von Übernachten bis Aktivitäten. Mo–Fr 10–18, Sa 10–13 Uhr. An Infoterminals kann man zudem von 7–22 Uhr recherchieren. In der Bibliothek stehen auch Computer und WLAN zur Verfügung. Skolegade 3, 7620 Lemvig, ✆ 96 63 15 00, www.visitnordvestkysten.de.

Verbindungen **Zug:** Regelmäßige Verbindungen der Lemvigbanen nach Vemb und Thyborøn. www.rejseplanen.dk, www.mjba.dk.

Busse: Regionalbusse verkehren regelmäßig nach Holstebro und Struer. www.midttrafik.dk.

Angeln Angelscheine gibt es bei **Buus El-Salg,** Mo–Do 9.30–17, Fr 9.30–17.30, Sa 9.30–12.30 Uhr. Vestergade 30, 7620 Lemvig, ✆ 97 82 02 42, www.elsalg.dk.

Fahrradfahren Auf dem Gebiet der Lemvig-Kommune zwischen Lemvig, Humlum, Vemb, Ferring und Harboøre sind **6 Fahrradrouten** (23–44 km) und eine **Mountainbikeroute** (50 km) ausgeschildert. Karten in der Touristeninformation. Direkt durch Lemvig führt die **Limfjordroute** (Nr. 12, insgesamt 610 km rund um den Fjord).

Fahrradverleih Bei **Cykel-Mads** gibt es Räder, Zubehör sowie Leihfahrräder ab 75 DKK. Und die Werkstatt hilft bei Problemen mit dem eigenen Rad. Mo–Do 9–17, Fr 9–17.30, Sa 9.30–13 Uhr. Storegade 27, 7620 Lemvig, ✆ 97 82 10 95, www.cykel-mads.dk.

Ferienhausvermietung **Danland Lemvig,** vermietet schöne Ferienhäuser mit Badeland auf der westlichen Fjordseite nahe der Marina. Vinkelhagevej 8, 7620 Lemvig, ✆ 97 82 27 22, www.danland.dk.

Golf Für Anfänger und Geübte geeignet ist die 6-Loch-Pay&Play-Anlage des **Lemvig Golfklub.** Greenfee 100 DKK/5 Std. Außerdem gibt es eine 18-Loch-Anlage (350 DKK) Strandvejen 15, 7620 Lemvig, ✆ 97 81 09 20, www.lemviggolfklub.dk.

Veranstaltungen Mitte Sept. findet im Hafen von Lemvig das **Krabbenfestival** statt mit

kulinarischen Angeboten, Musik und Spaß für Groß und Klein, www.krabbefestival.dk.

Wohnmobile Außerhalb des **Lemvig Strand Camping** findet man Quick-Stop-Stellplätze mit Zugang zum Sanitärgebäude. April–Okt. Stellplatz 12–12 Uhr 248 DKK. Außerhalb der Campingöffnungszeiten Okt.–März 50 DKK (Bezahlung in eine Box an den Stellplätzen oder Mobilepay, keine Nutzung der Einrichtungen), www.lemvigcamping.dk. Außerdem Stellplätze mit Strom, Dusche, WC, am östl. Hafen (Havnen 8) in der Nähe vom Klimatorium, 150 DKK/Nacht.

Übernachten **Hotel Nørre Vinkel 1**, ca. 2 km zum Zentrum. Das komfortable Hotel (Small Danish Hotels) befindet sich in schöner Lage am westlichen Fördeufer in der Nähe vom Golfklub und der Lemvig Marina. Schöne, individuell eingerichtete Komfortzimmer mit Bad/WC und TV, schönes Frühstücksbüfett. Es werden verschiedene Arrangements angeboten. Das Restaurant serviert Steaks, Spareribs, Fisch und abwechslungsreiche Menüs aus der dänischen Küche (3 Gänge 358 DKK). Restaurant: März–Okt. tägl. 17.30–22 Uhr, Nov.–Febr. Mo–Sa 17.30–22 Uhr. Søgårdevejen 6, 7620 Lemvig, ✆ 97 82 22 11, www.norrevinkel.dk. **€€€**

Hotel Tante Lemvig 7, nettes Altstadthotel mit modernen, renovierten Zimmern, die mit Bad/WC, TV und WLAN ausgestattet sind. Es gibt auch schöne Suiten.Torvet 8, 7620 Lemvig, ✆ 23 44 80 88, www.hotel-tante.dk. **€€€**

MeinTipp **Lemvig Strand Camping 2**, 2,5 km zum Zentrum. Fantastisch gelegener Campingplatz auf der Westseite der Lemvig Bucht mit kinderfreundlichem Strand, Badesteg und Surfschule mit Verleih. Der Platz hat alles, was einen Familienurlaub angenehm macht: u. a. schöne Stellplätze mit Hecken, saubere Sanitäranlagen, große Familienküche, Münzwäscherei, Spielplatz. Hallenbad, Sauna und Dampfbad gegen Gebühr. Stellplatz für 2 Pers. 240 DKK, Duschen extra. Stellplätze mit Aussicht teurer. Die Miethütten sind geräumig und gut ausgestattet. April–Ende Okt. Vinkelhagevej 6, 7620 Lemvig, ✆ 23 82 00 45, www.lemvigcamping.dk.

Essen & Trinken **Bjarnes Fisk og Fisketeria 5**, Fischfrühstück, -tapas, -büfett

(148 DKK) – und all das gut, reichlich, günstig und vor allem fangfrisch. Mo–Do 9–17.30, Fr 9–18, Sa 9–14 Uhr. Havnen 54, 7620 Lemvig, ✆ 97 81 18 40, www.bjarnesfisk.dk.

meinTipp **Restaurant Café Luna 3**, cooles Styling, spektakuläre Aussicht innen wie außen auf Hafen und Fjord: Im Restaurant Luna würde man am liebsten nur schauen, wäre da nicht das köstliche Essen, das volle Aufmerksamkeit verdient. Natürlich gibt es wunderbaren Fisch, aber auch Burger oder Steaks sowie Vegetarisches werden appetitlich dekoriert serviert (Hauptgerichte ab 160 DKK). Auch für Kaffee und Kuchen lohnt sich ein Stopp. März Fr–So 11.30–21 Uhr, April–Mitte Mai Mi–So 11.30–21 Uhr, Mitte Mai–Juni und Okt.–Dez. Di–So 11.30–21 Uhr, Juli–Sept. tägl 11.30–21 Uhr. Havnen 36, 7620 Lemvig, ✆ 96 40 60 00, www.restaurantluna.dk.

Café Claudis Have 6, im Zentrum. Gemütliches, kleines Café, dessen Betreiber bei den Mitarbeitern auf Inklusion und bei der Zutatenauswahl auf Ökologie und Regionalität setzen. Luftgetrockneter Schinken aus Gjellerodde oder Wild aus Klosterheden wird zu leckeren Sandwiches verarbeitet oder auf großen Tellern zusammen mit Nordseekäse gereicht. Wraps mit frisch geräuchertem Lachs und Suppen sind ebenfalls zu empfehlen. Außerdem gibt es feine vegane Gerichte wie Spinatfalafel mit frischem Fladenbrot sowie Süßes wie Pfannkuchen mit Eis. Mo/Di, Do/Fr 10.30–17, Sa 10.30–14 Uhr. Østergade 14, 7620 Lemvig, ✆ 97 88 83 70, www.claudishave.dk.

Restaurant Columbus 4, das Restaurant im Zentrum empfängt die Gäste auf der schönen Außenterrasse und im rustikalen Lokal. Hier genießt man mehrere Sorten Fassbier am urigen Tresen, den Nachmittagskaffee auf dem Kirchplatz und günstige Speisen von Fish 'N Chips über Nudeln mit Wild bis Dry Aged Burger. Mo–Sa 11–22 Uhr. Torvet 2, 7620 Lemvig, ✆ 97 82 00 70, www.restaurantcolumbus.dk.

Struer

Bis Mitte des 19. Jh. war Struer ein abgelegener Ort, der nur aus einzelnen Bauernhöfen und ein paar Fischerhütten bestand. Mit dem Durchbruch der Harboøre Tange 1825 und den neuen Möglichkeiten für die Seefahrt entstand in Struer der zweitgrößte Hafen des Limfjords. Allerdings war der Hafen damals noch Eigentum von Holstebro. 1865 wurde mit der Einweihung der Eisenbahn die Stadtentwicklung vorangetrieben. Vom kleinen Fischerort mit 150 Einwohnern wuchs Struer innerhalb von 30 Jahren auf 3500 Einwohner an. Die Struer Kirke liegt auf einem kleinen Hügel am höchsten Punkt der Stadt. Sie wurde 1891 eingeweiht und musste aufgrund des Bevölkerungswachstums bereits gut 30 Jahre später erweitert werden. In der 1985 umfassend sanierten Kirche ist neben der historischen Einrichtung und modernen Glasfenstern ein Modell des Schoners Elona zu sehen.

Die Stadt prosperierte im 20. Jh., dazu trug vor allem der Erfolg der HiFi-Firma Bang & Olufsen bei, die als kleines Radiounternehmen in Struer gegründet wurde und inzwischen mit ihren hochwertigen Produkten in außergewöhnlichem Design zur Weltmarke avancierte. Eine Ausstellung zur Firmengeschichte ist der Schwerpunkt des Struer Museums.

Auch wenn die Industrie schwächelt, so profitiert die Stadt noch heute vom Eisenbahnknotenpunkt in Westjütland. Alte Lokomotiven und Wagen sind im Midt- og Vestjyllands Jernbanemuseum (Eisenbahnmuseum) zu sehen. Das große Bahnhofsareal wirkt als Trennlinie zwischen Stadt und Hafen. Das Entwicklungsprojekt Stadthafen soll die Bereiche nach und nach verbinden. Mit modernem Kurbad und Jachthafen hübscht sich der Stadthafen immer mehr auf, das wissen auch die heute rund 10.000 Einwohner zu schätzen. Die grüne Lunge des Städtchens ist der Park Lystanlægget, der im englischen Stil mit Wiesen, alten Bäumen, Teich, Rhododendren und Freilicht-

Der Westen → Karte S. 104

theater gehalten ist. Große Gartenkunst im kleinen Format bietet der **Japanske Have** (japanischer Garten), den ein privater Gärtner zu einer fernöstlichen Oase aus Wasser, Steinen, Pflanzen und Bonsaibäumen angelegt hat (Mitte Mai–1. Sept. Di–Do 11–16 Uhr, 40 DKK, Kinder frei, Park Allee 91, www.japansk-have.dk).

Nordwestlich der Stadt liegt der Limfjordarm Kilen, der seit 1952 unter Naturschutz steht. Nordöstlich der Stadt findet man die kleine Limfjordinsel **Venø**, die in wenigen Minuten mit der Autofähre erreichbar ist. Auch die **Toftum Bjerge** bei Humlum mit ihren 50 m über den Limfjord aufragenden Steilhängen sind ein beliebtes Ausflugsziel. Wer nordwärts weiterreist, überquert den Limfjord über die Oddesundbroen und erreicht auf der Primärrute 11 die Halbinsel Thyholm und Thy (→ S. 202).

Sehenswertes

Struer Museum: Das Stadtmuseum wurde 1930 im Torngård, dem ältesten Gebäude der Stadt, begründet. Die Ausstellung informiert über die Bedeutung des Limfjords für die Entwicklung der Region und die Geschichte Struers als Eisenbahnknotenpunkt, außerdem zeigt es Landschaftsgemälde aus dem westlichen Teil des Limfjords. Sein Hauptaugenmerk richtet das Museum auf die Erfolgsgeschichte der örtlichen Radiofabrik Bang & Olufsen, die sich von Struer aus zur internationalen Topmarke stylisher Unterhaltungselektronik entwickelt hat. Präsentiert wird die Firmengeschichte mit Objekten, Bildern, Film und Ton, das „Klanguniversum" bietet überraschende Hörerfahrungen. Die Firma wurde 1925 gegründet und bald durch wegweisende Erfindungen wie das Radio Beolit bekannt. Seit Mitte der 1950er-Jahre setzt Bang & Olufsen auf modernes, aufs Wesentliche reduziertes Design. Die Fabrik prägte die Stadt: in den 1960er-Jahren entstand B & O City, ein ganzer Stadtteil mit kleinen Einfamilienhäusern rund um die Fabrik. Auch die Mahagoni-Rennkayaks der Firma Struer Kayak waren in Sachen Form und Funktion eine Klasse für sich, wie man im Museum sehen kann.

Eine Dependance des Museums ist das Buchholtz' Hus, das der Romancier Johannes Buchholtz 1911 als Heim für sich und seine Frau Olga schuf. Im Dichterhaus direkt hinter dem Museum sieht man eine gut erhaltene Einrichtung der 1920er- und 30er-Jahre sowie viele teils kuriose Erinnerungsstücke. Der Besuch ist im Eintritt inbegriffen.

▪ Juli/Aug. Di–So 11–17 Uhr, April–Juni, Sept. sowie Herbst- und Winterferien Di–So 11–16 Uhr, Ende Okt.–März Di, Do, Sa/So 11–16 Uhr. 75 DKK, Kinder bis 18 J. frei. Søndergade 23, 7600 Struer, ☏ 97 85 13 11, www.struermuseum.dk.

Midt- og Vestjyllands Jernbanemuseum: Das zum Stadtmuseum gehörende und von ehrenamtlichen Eisenbahnfans gepflegte Eisenbahnmuseum Mittel- und Westjütland präsentiert eine interessante Sammlung alter Lokomotiven, Waggons und anderer Fahrzeuge. Im alten Güterbahnhof erzählt eine Ausstellung die Eisenbahngeschichte Struers.

▪ Mo, Mi 9–12 Uhr, Juli–Anfang Aug. auch Do/So 13–16 Uhr. Führungen auch auf Deutsch. 60 DKK, Kinder unter 18 J. frei, Kombi-Ticket mit Struer Museum 75 DKK. Godthåbsvej 10, 7600 Struer, www.struermuseum.dk.

Praktische Infos

→ Karte S. 191

Information Das **Touristenbüro** ist dem Infocenter Struer angegliedert. Hier bekommt man Infos zu Übernachtung und Aktivitäten sowie Broschüren. Mo–Fr 10–17, Sa 10–13 Uhr. Smedegade 7, 7600 Struer, ☏ 96 84 85 01, www.cityofsound.dk.

Verbindungen Bahn: Von Struer aus gibt es Verbindungen im Fernverkehr nach Kopenhagen, Aarhus und Fredericia. Im Regionalverkehr erreicht man Thisted, Holstebro, Herning und Skjern. www.rejseplanen.dk.

Busse: In Struer verkehren 3 Stadtbuslinien. Regionalbusse fahren regelmäßig nach Holstebro und Lemvig. www.midttrafik.dk.

Fahrradfahren Mit dem Fahrrad lässt sich die kleine **Insel Venø** erkunden. Von Struer aus geht es über Bremdal bis Kleppen (5,5 km), von wo aus Venø Færgefart (Fähre) alle 20 Min. pendelt (25 DKK p. P., Fahrrad frei, www.venoefaergefart.dk). Die Strecke rund um Venø ist ca. 20 km lang. Zur Einkehr empfiehlt sich der Venø Kro mit deftiger dänischer Küche und feinen Meeresfrüchten (www.venoekro.dk). Struer liegt außerdem auf der **Limfjordroute** (Nr. 12, insgesamt 610 km rund um den Fjord).

Golf In herrlicher Aussichtslage über dem Limfjord bietet der **Struer Golfklub** (bei Humlum) eine 9-Loch-Pay&Play-Anlage (125 DKK) sowie einen 18-Loch-Platz (Greenfee 350 DKK). Thagårdvej 16, Humlum, 7600 Struer, ✆ 97 86 17 20, www.struer-golfklub.dk.

Schwimmbad Im Sportzentrum **Energi Park** ist eine Schwimmhalle integriert mit einem 25-m-Schwimmerbecken und einem Kinderbecken. Mo 18–20, Di 20–22, Do/Fr 15–17, Do 18.30–20, Sa/So 14–16 Uhr sowie Frühschwimmen. 40 DKK. Park Allee 6, 7600 Struer, ✆ 97 85 19 67, www.struerenergipark.dk.

Strand Stadtnah präsentiert sich der **Bremdal Strand** kinderfreundlich mit Sand und Badesteg. Der **Handbjerg Strand** zwischen Vinderup und Struer (10 km östlich von Struer) ist ebenfalls kinderfreundlich. Ein Teil des Strandes ist als offizieller FKK-Strand ausgewiesen. In der Nähe der Handbjerg Marina finden Windsurfer ihr Terrain. Es gibt einen Parkplatz, Verleih von Kajaks und SUP sowie Toiletten.

Veranstaltungen Am zweiten Samstag im Aug. findet in Struer das **Sansefestival** statt, ein großer Lebensmittelmarkt, den Tausende besuchen. Angeboten werden Produkte aus der Limfjordregion und Mitteljütland wie Krebse, Limfjordmuscheln, Würste, Gemüse, Honig oder Wein.

Wandern Rund um den **Kilen** führt eine 14 km lange Wanderroute. Im Waldgebiet **Hornet** sind 2 weitere Wege ausgeschildert. Wanderkarte unter: https://naturstyrelsen.dk/media/176062/117_kilen-resenborg-og-hornet_101215.pdf.

Wellness Im modernen **Kurbad Limfjorden** kann man vom Schwimmbecken auf den Jachthafen und den Limfjord blicken. Das Kurbad bietet verschiedenen Saunen, Dampfhöhlen, Massageduschen, Schwimmbecken und Outdoor-Whirlpool. Behandlungen wie Türkisches Bad, Massagen und Peelings müssen vorbestellt werden und kosten extra. Tageskarte Kurbad inkl. Wasser, Tee, Obst Di–Do 299 DKK, Fr/So 349 DKK, Sa 399 DKK. Di/Mi 17–21, Do/Fr 14–21, Sa 10–18, So 10–16 Uhr. Ved Fjorden 6, 7600 Struer, ✆ 71 99 25 65, www.kurbadlimfjorden.dk.

Wohnmobile Tolle Stellplätze gibt es im maritimen Ambiente an der **Struer Marina.** Im Servicegebäude gibt es Duschen/WCs, Waschmaschine etc. 158 DKK inkl. Strom, Ver-/Entsorgung. Bezahlung online oder am Automaten im Servicegebäude. Zufahrt: Ved Fjorden. Hafenbüro: Kulgade 6, 7600 Struer, ✆ 97 85 02 28, www.struerhavn.dk.

Übernachten **Struer Vandrerhjem 1,** 2,5 km zum Zentrum. Das Hostel an der Primärroute 11 verfügt über einfache Zimmer mit eigenem Bad/WC, hat Gemeinschaftsräume, Gästeküche, Waschraum sowie einen Spielplatz. Nur 100 m entfernt liegt der Bremdal Strand mit Sand und Badesteg. DZ 350 DKK, Frühstück 50 DKK. Fjordvejen 12, 7600 Struer, ✆ 20 27 34 07, www.struer-vandrerhjem.dk.

MeinTipp **Grandhotel Struer 5,** im Zentrum. Moderne Eleganz prägt die Komfortzimmer in dem sanierten 100 Jahre alten Hotel (Small Danish Hotels). Die Zimmer haben Bad/WC, WLAN und einen Fernseher – natürlich von Bang & Olufsen. Kostenfreie Parkplätze am Hotel. Günstige Wochenendtarife und Aktivitätspakete (z. B. Wellness, Golf). Østergade 24, 7600 Struer, ✆ 97 85 04 00, www.struergrandhotel.dk. **€€**

Bremdal Camping 2, 2,5 km zum Zentrum. Strandnah gelegenes Gelände an der Primärroute 11 mit Wiesenstellplätzen und Bäumen. Spielplatz, Hüpfkissen, Minigolf, Tretboote und Veranstaltungen sorgen für Abwechslung. Stellplatz für 2 Pers. 180 DKK, Dusche extra. Ende März–Ende Okt. Fjordvejen 12, 7600 Struer, ✆ 20 32 34 07, www.bremdal-camping.dk.

Essen & Trinken **Café & Restaurant Værftet 4,** ob drinnen oder auf der herrlichen Dachterrasse: Der Blick auf Hafen und Fjord ist an sich schon ein Genuss. In Töpfe und Pfannen kommen nur regionale, frische Zutaten. Muscheln und Fisch werden in verschiedenen Variationen aufgetischt, Alternativen sind geschmortes Schwein mit Shiitake-Pilzen, Rinderfilet, Burger oder vegetarische Speisen. Unbedingt versuchen sollte man eine der köstlichen Nachspeisen (Hauptgerichte ab 158 DKK). Di–Do und So 11–20, Fr/Sa 11–21 Uhr. Ved Fjorden 4, 7600 Struer, ✆ 29 60 03 60, www.vaerftet-struer.dk.

MeinTipp **Restaurant Ved Fjorden 3,** mit Top-Aussicht auf Jachthafen und Fjord genießt man hier exquisite saisonale Frischeküche aus heimischen Zutaten. Frische Limfjordaustern oder Moules-frites, Schweinefleisch in Bier geschmort oder vegetarisches „Grünzeug vom Fjord" – die Wahl der Speisen fällt genauso schwer wie die bei den exzellenten Tropfen auf der Weinkarte. Hauptgerichte ab 188 DKK. HS Di–Sa 11.30–22, So 11.30–21 Uhr, NS Mi–Sa 11.30–22 Uhr. Ved Fjorden 8, 7600 Struer, ✆ 97 85 46 66, www.restaurant-vedfjorden.dk.

Den Glade Pingvin 6, beliebte Kneipe im Zentrum. Hier treffen sich Jung und Alt aus Struer, um im gemütlichen Ambiente mit Bier oder Cocktail zu feiern oder einen schmackhaften Happen zu essen. Omelette mit Schinken zum Frokost, saftige Steaks oder Burger sowie süße Sünden wie französische Apfeltorte oder Gateau Marcel – da fällt die Wahl schwer. Mo–Mi 11–23, Do 11–24, Fr/Sa 11–2, So 15–22 Uhr. Regelmäßig Livemusik. Søndergade 14, 7600 Struer, ✆ 97 85 21 59.

Holstebro

Die Kommune-Hauptstadt Holstebro ist ein hübscher Ort zum Bummeln, Shoppen und Genießen. Vor allem aber macht die Stadt durch ein reiches Kulturleben auf sich aufmerksam. Seit den 1960er-Jahren ist Holstebro als Kultur-Modellstadt ein Vorbild für andere Städte.

In wirklich wegweisender Breite ist in der 36.000-Einwohner-Stadt Kunst im öffentlichen Raum präsent und das Konzept, Kunst der Bevölkerung auf diese Weise nahezubringen, aufgegangen. Im Holstebro Kunstmuseum ist eine beachtliche Sammlung moderner Kunst zu sehen.

Der Fluss Storå prägte die Stadt Holstebro und ihre Umgebung von Anfang an. Schon in der Frühzeit siedelten sich am Fluss Menschen an. An einer Brücke begann ihre Entwicklung als spätere Handelsstadt. Eng mit dem Fluss ist die Sage vom Lindwurm verbunden, einem Drachen, der sich dort

Zum Skulpturenweg der Stadt gehören die „Bürger von Holstebro"

verbarg und die Jungfrauen der Stadt entführte. Erst als Sct. Jørgen den Drachen tötete, war holdested ved broen (die Siedlung an der Brücke), also Holstebro, von der Gefahr befreit. Der Sage begegnet man in Holstebro häufiger – beim Brunnen von Lykke Madsen am Støre Torv und ebenso im Stadtwappen. Heute ist die Storå ein beliebtes Revier für Kanuten und Angler. Sie liefert Wasserkraft, und reflektiert auf illustre Art die Lichtinstallation von Åsa Frankenberg am Theater. Wahrzeichen der Stadt ist eine schmale Frauengestalt vor dem alten Rathaus: Die Skulptur „Frau auf dem Karren" des Schweizer Bildhauers Alberto Giacometti wird hier liebevoll Maren genannt.

Sehenswertes

Skulpturenweg: Beim Spaziergang durch Holstebro begegnet man auf Schritt und Tritt der Kunst. Die ersten Skulpturen, die 1966 enthüllt wurden, waren Giacomettis „Frau auf dem Karren" und „Kniender Junge" von Astrid Noack. Giacomettis Frauenfigur ist inzwischen so wertvoll, dass sie aus Sicherheitsgründen jeden Abend um 21 Uhr im Boden vor dem Alten Rathaus versenkt und morgens um 9 Uhr wieder hochgefahren wird. Zwölf Männer und Frauen aus Holstebro standen Modell für die Großskulptur „Die Bürger von Holstebro", die Bjørn Nørgaard in Anlehnung an Auguste Rodins „Die Bürger von Calais" schuf. Dick, dünn, gebeugt oder mit zwei Köpfen – die Bürger am Nørreport sind für den Künstler keine Heroen, sondern „Jünger unserer Zeit". Ihre Nacktheit provozierte genauso kritische Reaktionen wie die „Wasserkunst" von Helge Bertram in der Nørregade (der Volksmund nennt sie bissig „Klagemauer") oder die drei Werke in der Fußgängerzone von Bjørn Nørgaard, darunter „Der Lebensborn". Vor allem dieser, eine stilisierte Vulva als Symbol für Fruchtbarkeit, erregte viel Anstoß. Auch das neue Rathaus und die Bibliothek sind mit Kunst geschmückt. Der amerikanische Konzeptkünstler Lawrence Weiner schuf die Wandbeschriftung „Inskription" an der Außenseite des Rathauses, er betrachtet die geschwungene Fassade als Schiffsbug und gibt den „Kapitänen"

Der Westen → Karte S. 104

der Ratsversammlung einen Nordstern für richtungsweisende Entscheidungen mit auf den politischen Weg.

Auf dem neu gestalteten Kirchplatz wurde Hans Pauli Olsens Skulptur „Kirche“ aufgestellt, in der man sich eine göttliche Hand vorstellen kann. Die Stadtkirche aus rotem Backstein von 1907 ersetzte die zu klein gewordene Marienkirche aus dem Jahr 1440. In der Kirche findet man den niederländischen Marien-Altaraufsatz (Anfang des 16. Jh.) sowie weiteres historisches Inventar und zeitgenössische moderne Kunstwerke.

Das mit 36 Bronzeskulpturen größte Gesamtwerk des Skulpturenwegs ist „Der Traum des Tabakarbeiters“ von Hans Krull (Dänemark), Dimitri Kaminker (Russland) und Leonid Kolibaba (Ukraine). Auf den Dächern des Hotel Royal und des Theaters bieten Figuren aus nordischen und ägyptischen Mythen, griechischen Sagen und indianischen Erzählungen eine spektakuläre Szenerie. Der Titel des Kunstwerks erinnert an die einstige Tabakfabrik, die das Leben in der Stadt geprägt hat.

▪ Der Skulpturenweg umfasst rund 50 Kunstwerke. Eine Broschüre gibt's in der Touristeninformation, www.visitnordvestkysten.de. Zum digitalen Kunstguide (Deutsch): www.holstebro.dk/turist.

„Traum des Tabakarbeiters“

Holstebro Kunstmuseum und Holstebro Museum: Die 1906 erbaute herrschaftliche Villa eines Tabakproduzenten beherbergt das Holstebro Kunstmuseum und das Stadtmuseum. In den 1980er-Jahren und 2009 wurde das Gebäude durch Anbauten erweitert, um Platz zu schaffen. Zu sehen ist eine herausragende Sammlung der Klassischen Moderne – Goya, Picasso, Matisse, Chagall und Giacometti –, zudem Werke der dänischen Moderne und Zeitgenossen wie Astrid Noack, Albert Mertz und John Olsen. Außerdem gibt es eine Sammlung afrikanischer, balinesischer und asiatischer Volkskunst. Es werden regelmäßig wechselnde Sonderausstellungen gezeigt.

Die 2019 neu gestaltete Präsentation der stadtgeschichtlichen Sammlung im Holstebro Museum erzählt die Geschichte von der Steinzeit über die Wikingerzeit bis zum Aufstieg als Handels- und Stadt der Tabakindustrie. Zu sehen sind Exponate der Eisengießerei, Silberwaren sowie Blechspielzeug und Waffen.

▪ Juli/Aug. Di–So 11–17 Uhr, Sept.–Juni Di–Fr 12–16, Sa/So 11–17 Uhr. 110 DKK für beide Museen, bis 26 J. frei. Museumsvej 2, 7500 Holstebro, Kunstmuseum ✆ 97 42 45 18, Stadtmuseum ✆ 96 11 50 10, www.holstebrokunstmuseum.dk, www.holstebromuseum.dk.

Musikteatret Holstebro und Black Box: Der moderne Bau des Musiktheaters ist das Zentrum für darstellende Kunst in Holstebro. Das Gebäude wurde 1966 als Holstebro-Halle erbaut und seither mehrfach renoviert. Der dänische Künstler Per Arnoldi sorgte 2010 für die Innengestaltung des Foyers. Auf die Bühne kommen über 100 Gastspiele im Jahr, Oper, Ballett, Konzert, Musical, Sprechtheater, Kinderveranstaltungen, Kabarett und Rock/Pop-Musik. Der große Theatersaal hat 1200 Sitzplätze, außerdem gibt es verschiedene Veranstaltungs- und Konferenzräume. Im Sommer findet ein großes Open Air mit internationalen Stars auf dem Theaterplatz statt.

Die Balletskolen, rechts neben dem Theater am Den Røde Plads, ist eine Dependance der Ballettschule des Königlichen Theaters Kopenhagen. Um Talente zu fördern, werden hier die Eleven nach demselben Konzept wie in Kopenhagen trainiert. So haben sie die Möglichkeit, irgendwann in die Hauptakademie in Kopenhagen zu wechseln. Ihr Können zeigen die jungen Tänzerinnen und Tänzer regelmäßig im Holstebro Theater und bei Produktionen der Black Box, dem großen schwarzen Kasten neben dem Musiktheater. Das 2009 eröffnete Produktionstheater verfügt über 800 Plätze. Die hier präsentierten Eigeninszenierungen werden vom örtlichen Odin Theatret, der Opera i Midten und der Black Box Dance Company erarbeitet.

■ Ticketverkauf Mo–Fr 10–14 Uhr. Den Røde Plads 16, 7500 Holstebro, ✆ 70 20 20 96, www.musikteatret.dk.

Praktische Infos

→ Karte S. 199

Allgemeine Infos

Information In dem eindrucksvollen Atriumgebäude der **Bibliothek** (Kirkestræde 13, Mo–Do 8.30–22, Fr 8.30–18, Sa 10–14, So 13–16 Uhr) gleich neben dem neuen Rathaus findet man ein Infoterminal sowie viele Informationsbroschüren und Karten für die Region. Das Alte Rathaus ist saisonale **Touristeninformation.** In den Monaten Juli und Aug. geben dort Mitarbeiter Auskunft zu den Themen Übernachtung, Ausflüge, Veranstaltungen usw. KW 27–34 Mo–Fr 11–15, Sa 11–14 Uhr. Nørregade 25, 7500 Holstebro, ✆ 96 11 70 80, https://www.visitnordvestkysten.de/nordvestkysten/planen/holstebro-touristinfo-gdk607024.

Verbindungen **Bahn:** Ab Holstebro fahren regelmäßig Intercitys nach Kopenhagen (über Herning, Vejle, Kolding) und Thisted. Im Regionalverkehr regelmäßige Verbindungen nach Struer, Ringkøbing, Skjern, Fredericia. www.rejseplanen.dk.

Bus: Innerhalb Holstebros verkehren Stadtbusse auf mehreren Linien. Mit Regionalbussen erreicht man Herning, Struer, Lemvig, Skjern, Skive (Expressbus nach Aalborg) und Viborg. www.midttrafik.dk.

Einkaufen Die Fußgängerzone umfasst die Nørregade, Radhustræde, Østergade, Vestergade, Grønsgade, Storebro und Sønderlandsgade. Hier findet man zahlreiche Boutiquen, Fachgeschäfte und Restaurants.

Nørreportcentret **2** (Nørregade 58), großes Shoppingcenter am nördlichen Ende der Fußgängerzone mit Boutiquen, Fachgeschäften, Cafés und Supermarkt sowie 500 kostenlosen Parkplätzen, www.norreportcentret.dk.

Estate Wine **4**, eine riesige Auswahl dänischer und anderer nordischer Craft-Biere bietet der kleine Laden in der alten Apotheke ebenso an wie feine Kaffees, Tees, Weine, Spirituosen, Lakritze und Schokolade. Zu kosten gibt es verschiedene Whisky-Sorten. Mo–Fr 10–17.30 (HS bis 18 Uhr), Sa 10–15 Uhr. Nørregade 47, 7500 Holstebro, ✆ 97 40 54 54, www.estatewine.dk.

Frellsen Chokolade **10**, feinste Konfiserie-Schokoladen, Süßgkeiten und handgemachte Pralinen, die eine Sünde wert sind! Auf der Zunge zergehen die mächtigen Flødeboller (Schokoküsse). Mo–Fr 10–17.30, Sa 10–15 Uhr. Nørregade 7, 7500 Holstebro, ✆ 50 60 33 34. www.frellsen.dk/chokolade.

Vestjysk Jagt & Fritid **1**, in dem Outdoorgeschäft bekommt man alles für die Jagd und zum Angeln. Mo–Fr 10–17.30, Sa 10–13 Uhr. Struervej 69, 7500 Holstebro, ✆ 97 42 54 11, www.vestjyskjagt.dk.

Fahrradfahren Die Stadt und Umgebung sind fahrradfreundlich. Sogar die Profis des Giro d'Italia haben hier schon eine Etappe bestritten. In der Kommune Holstebro sind mehrere regionale Fahrradrouten ausgeschildert. **Route Nr. 18** führt von Ringkøbing über Holstebro nach Skive. **Route 24** startet in Holstebro und endet in Thisted. Der Nissum Fjord kann auf der **Route 17** umrundet werden. Fahrradkarte in der Touristeninformation erhältlich.

Fahrradverleih Bei **Olympia Cykler** in der Fußgängerzone gibt es Fahrradzubehör, Reparaturservice und Leihfahrräder. Laden: Mo–Fr 10–17.30/17, Sa 10–13 Uhr. Werkstatt: Mo–Fr 9–17 Uhr. Nørregade 42, 7500 Holstebro, ✆ 97 42 03 63, www.bikeandco.dk/holstebro/.

Giacometti-Statue

Golf Die Golfplätze in Holstebro bieten sowohl Erfahrenen als auch Anfängern viele Herausforderungen. Der **Holstebro Golf Club** in Råsted (Brandsbjergvej 4, 7570 Vemb, ✆ 96 12 62 00, www.holstebrogolfklub.dk) wird von Kennern als einer der besten in Nordeuropa bezeichnet. Es gibt Pay&Play-Angebote (150 DKK). Einen weiteren Pay&Play-Platz des Klubs findet man im Storådalen, Frøjkvej 83 (100 DKK).

Der **Borbjerg Mølle Golf** ist ein 9-Loch-Platz (Pay&Play 100 DKK) östlich von Holstebro, Borbjerg Møllevej 3, ✆ 97 46 10 10, www.borbjergmill.dk.

Kanutouren Von Juni–Okt. darf man von 9–20 Uhr auf der Storå Kanu fahren. Kanus, Ausrüstung und Anlieferung (600 DKK/Tag) bietet **Kajak Freak,** Brian Justensen, Strandvejen 12A, Handbjerg (am Limfjord), 7830 Vinderup, ✆ 29 16 50 50, www.kajakfreak.dk. Vermittlung über die Touristeninformation Holstebro. Kanuverleih auch am DCU-Camping Mejdal.

Kultur Im alten Schlachthof (Slagteriet) organisiert der Verein **Kulturdivisionen** Musikveranstaltungen, Modenschauen, Ausstellungen und andere Events. Struervej 32, 7500 Holstebro, ✆ 97 40 54 40, www.slagteriet.dk.

Schwimmbad Das kürzlich umgebaute **Holstebro Svømmecenter** bietet ein 50-m-Schwimmerbecken, eine 25-m-Multihalle, Kinderbecken Warmwasserbecken und Sauna. Tägl. geöffnet, Mi und Sa/So besondere Kinderangebote, Öffnungszeiten s. Webseite. 40 DKK. Jeppe Schous Gade 14, 7500 Holstebro, ✆ 96 11 69 65, www.holstebrosvoemmecenter.dk.

Stadtführungen Im Juli und Aug. finden mittwochs kostenlose Stadtführungen statt. Führung auf Deutsch 12–13.30 Uhr, Treffpunkt Giacometti-Statue am alten Rathaus, Nørregade. Anmeldung nicht erforderlich.

Veranstaltungen Einen aktuellen **Veranstaltungskalender** gibt es unter www.holstebro.dk/kalender. April, Juni und Aug. findet jeweils am letzten Sonntag des Monats ein **Kofferraummarkt** (Flohmarkt) auf dem Parkplatz an der Bisgårdgade statt. Der „rote Platz" vor dem Theater ist im August Schauplatz eines großen **Open-Air-Konzerts.**

Wohnmobile In Holstebro darf man im Wohnmobil auf dem **Parkplatz Kirkegåden** (Viborgvej) und auf dem **Parkplatz Enghaven** kostenlos übernachten, WC vorhanden (von 8–20 Uhr ist das Parken auf 3 Std. begrenzt).

Übernachten

meinTipp **Hotel Royal** **17**, im Zentrum neben dem Theater. Das zur Best-Western-Kette gehörende Hotel beeindruckt mit moderner Architektur und dem Kunstwerk „Traum eines Tabakarbeiters". Die geräumigen Zimmer im modernen dänischen Stil bieten allen Komfort und man blickt auf die Storå und die Innenstadt. Kostenloses Training im Fitnesscenter Motion. Parken ohne Gebühr. Den Røde Plads 10, 7500 Holstebro, ✆ 97 40 23 33, www.hotel-royal.dk. **€€€**

Hotel Schaumburg **6**, in der Fußgängerzone. Im Herzen Holstebros liegt eines der ältesten staatlichen Hotels Dänemarks. Hinter der stilvoll renovierten Fassade des Marktstadthotels von 1852 findet sich modernes dänisches Interieur. Die geräumigen, individuell eingerichteten Zimmer haben allen Komfort. Am Morgen wird man mit einem großen Frühstücksbüfett verwöhnt. Kostenloses Parken auf dem Parkplatz Enghaven (Hotelrückseite). Nørregade 26, 7500 Holstebro, ✆ 97 42 31 11, www.hotel-schaumburg.dk. **€€€**

Bed & Breakfast Holstebro **5**, zentral gelegen, nur 300 m zum Bahnhof. Die nette Frühstückspension verfügt über 3 schöne (etwas enge) DZ mit eigenem Bad/WC und TV sowie 2 geräumige DZ, die sich ein Bad teilen und somit für Familien gut geeignet sind (Aufbettung möglich). Frühstück bekommt man auf Bestellung, aber man kann sich in der Küche auch sein eigenes Frühstück herrichten. Das B&B bietet freies WLAN und Parken. Bisgaardgade 9, 7500 Holstebro, ✆ 30 24 03 99, www.bb-holstebro.dk. **€**

Hotel City **3**, 400 m zum Zentrum. In das ehemalige Altenheim, das von Architekt Ulrik Plesner 1912 erbaut wurde, ist nach Rundumsanierung kürzlich dieses schöne Stadthotel eingezogen. Die 33 modern-eleganten Zimmer tragen Namen großer Städte aus aller Welt. Ob Komfortzimmer mit Bad/WC, TV und WLAN oder Deluxe-Ausstattung mit Whirlpool und kleiner Küche – alles eine Frage des Preises. Garten, Terrasse sowie kostenlose Parkplätze. Sysselting 2B, 7500 Holstebro, ✆ 97 40 30 43, www.hotel-city.dk. **€€€**

DCU-Camping Holstebro Sø **19**, 3,5 km zum Zentrum. Wiesengelände mit Bäumen, schön und ruhig gelegen am Storå-Stausee. Es gibt viele Dauercamper, aber auch 14 Übernachtungsplätze. In der Hauptsaison kann es voll werden. Neues, komfortables Sanitärgebäude,

Der Westen → Karte S. 104

Kinderspielplatz, Pool, Kanuverleih, kleiner Laden. Stellplatz für 2 Pers. 309 DKK, Rabatt mit DCU-Mitgliedschaft. Mitte März–Mitte Okt. Birkevej 25, 7500 Holstebro, ✆ 97 42 20 68, www.dcu.dk.

Essen & Trinken

Restaurant Under Klippen 15, im Zentrum. Vorbei am Kunstwerk „Zauberklippe" führt der Weg ins gediegen-elegante Gourmetlokal. Die Küche zaubert aus regionalen und ökologischen Zutaten der Saison Speisen auf höchstem Niveau und kreiert daraus kleine Kunstwerke. Fisch und Schalentiere spielen immer eine Rolle, aber auch Rindfleisch oder Lamm. Mi und Do isst man am günstigsten: z. B. Menü mit 7 Gängen 600 DKK. Mi–Sa 12–24 Uhr. Lille Østergade 3, 7500 Holstebro, ✆ 97 40 66 55, www.underklippen.dk.

MeinTipp **Raadhuskælderen 8**, am neuen Rathaus. Wie aus Omas Kochbuch: Deftige dänische Gerichte in reichlichen Portionen werden im gemütlichen Rathauskeller serviert. Die Spezialität ist gerollter Aal (Rulleål) auf Smørrebrød. Auch für Vegetarier hat die Köchin immer Gutes zu bieten. Hauptgerichte mittags ab 98 DKK, abends 228 DKK. Di–Sa 12–15, Di–Do 17.30–21, Fr/Sa 17.30–22 Uhr. Kirkestræde 12, 7500 Holstebro, ✆ 97 41 43 40, www.raadhuskælderen-holstebro.dk.

Restaurant Sprød 9, im Zentrum. In dem modernen Lokal mit rustikalem Touch hat man die Wahl zwischen Pizza aus dem Steinofen (ab 94 DKK), Steaks vom Grill (ab 244 DKK) oder anderen Fleischspezialitäten wie Lammkrone, außerdem Burger und Pasta. Aber man findet auch sein fleischloses Glück. Mo–Do 11–22, Fr/Sa 11–2, So 12–21 Uhr. Enghaven 35, 7500 Holstebro, ✆ 97 40 20 20, www.restaurant-sproed.dk.

Restaurant JA 18, in der alten Eisengießerei im Zentrum pflegen die Gastronomen Jensbye und Andreasen hohe Küchenkunst. Sorgfältig ausgewählte Zutaten kann man in feinen Gerichten à la carte oder als 3- oder 5-Gänge-Menü genießen. Gehobenes Preisniveau. Di–Fr 17–22, Sa 12–22 Uhr. Toftegade 1, 7500 Holstebro, ✆ 50 90 75 00, www.restaurant-ja.dk.

Bone's 11, das (Ketten)-Restaurant im Zentrum kommt ganz amerikanisch daher: Am Eingang wartet man, wie in den USA üblich, auf Tischzuweisung. Im Retro-Ambiente kann man die Augen über Blechspielzeug, Baseball-Devotionalien und witzige Blechschilder wandern lassen, während man auf knusprige Spareribs (189 DKK), Steaks, Burger und Baked Potatoes wartet oder sich am „all you can eat"-Salat- und Softeis-Büfett bedient. Mo–Fr 16.30–22, Sa/So 11.30–22 Uhr. Østergade 17, 7500 Holstebro, ✆ 88 33 01 03, www.bones.dk.

Ristorante Pizzeria Italia 16, in Theaternähe. Ein gemütliches italienisches Restaurant mit ruhiger Terrasse am Fluss Storå. Die Küche bietet eine ansprechende Auswahl an Pizza und Pasta, sorgt mit Neuheiten für Abwechslung und kredenzt auch feine Fleischgerichte von Steak mit Whiskysoße bis Saltimbocca. Di–So 17–22, Fr/Sa auch 12–15 Uhr. Brotorvet 3, 7500 Holstebro, ✆ 97 40 10 05, www.italia-holstebro.dk.

Skål! – nordische Biere

Kaffeladen 12, gemütliches Café am Store Torv. Mit Blick auf den Sct.-Jørgen-Springbrunnen kann man bei einem Cappuccino die Seele baumeln lassen. Dänische Spezialitäten wie Apfelkuchen oder Schnecken schmecken ebenso wie Smørrebrød, Frikadellen oder warme Veggie-Sandwiches. Zum Mitnehmen gibt's Kuchen, selbst gemachte Schokoladen und Bonbons. Mo–Fr 10–17, Sa 9–15 Uhr. Store Torv/ Østergade 2, 7500 Holstebro, ✆ 97 42 32 22.

Nachtleben **Fox and Hounds 7**, echte schottische Pub-Gemütlichkeit verspricht der Pub im Zentrum. 50 Biersorten, davon 16 vom Fass, 30 Whiskysorten sowie Longdrinks und verschiedene Kaffeespezialitäten genießt man entweder drinnen oder auf der Straßenterrasse. Sportfernsehen läuft ständig, gelegentlich auch Livemusik. Mo–Do 12–24 Uhr, Fr/Sa 11 Uhr–open end. Nørregade 26, 7500 Holstebro, ✆ 96 10 09 73, www.foxandhounds holstebro.com.

Zwei Große Bier Bar 14, in der Fußgängerzone. Wer Après-Ski-Stimmung und -Musik mag, ist hier richtig. Die beliebte Kneipe im Hütten-Look und mit feschen Kellnerinnen im Dirndl ist immer gut besucht; knallvoll ist es, wenn Livemusik gespielt wird. Do 21–4, Fr/Sa 21–5 Uhr. Østergade 16, 7500 Holstebro, ✆ 25 33 33 25, www.zweigrosse.dk.

Diskothek East End 13, cooles Tanzlokal mit einem jungen Publikum. Die DJs legen Musik ab den 1970ern und alles was angesagt ist auf. Ab 18 J., Einlasskontrolle. Do–Sa 22–6 Uhr. Østergade 18, 7500 Holstebro, ✆ 71 99 30 33, www.eastend.nu.

Der Nordwesten

Der landschaftlich reizvolle Nordwesten bietet auf dem schmalen Landstreifen zwischen wilder Nordsee und lieblichem Limfjord Naturgenuss pur. Für Farbkleckse an den Stränden sorgen die bunten Boote der letzten Strandfischer. Tolle Reviere warten auf Surfer und Segler.

- Die kleinste und die größte Dorfkirche des Landes sind in Sydthy zu besichtigen.
- Dänemarks erstes Meeresbad in Vorupør bändigt die Nordsee in einem „Schwimmbecken".

In den dünn besiedelten Nordwesten verschlägt es nur wenige Touristen. Der Nationalpark Thy zwischen Agger und Hanstholm liefert mit weißem Sandstrand, Kiefernwäldern, Heide, Dünen und mehr als 200 Seen den pittoresken Rahmen für entschleunigten Urlaub. Vom 47 m hohen Bulbjerg aus hat man den schönsten Überblick.

Junge und jung gebliebene Surfer zieht es in den einstigen Fischerort Klitmøller. An dem auch „Cold Hawaii" genannten Spot findet man beste Bedingungen zum Wellenreiten.

Der Limfjord mit seinen lieblichen Buchten und lebendigen Häfen reicht von der Agger Tange im Westen bis weit hinter Aalborg im Osten. Die Reste der Wikingerfestung Aggersborg belegen, dass die Nordmänner vom Limfjord aus zu ihren Eroberungs- und Handelszügen aufbrachen. Heute nutzen Segler und Surfer das windreiche, aber wellenarme Gewässer für ihren Sport. Auf der Insel Mors überragt das 61 m hohe Hanklit den Fjord. An den Flanken dieses Kliffs kann man die Erdgeschichte wie in einem Lehrbuch lesen. Das Fossil- og Molermuseet veranschaulicht die Geologie der Region. Effiziente Fischereihäfen wie Hanstholm haben die ursprüngliche Strandfischerei verdrängt. Die bunten Fischkutter auf dem Strand von Vorupør oder am Stenbjerg Landingsplads dienen heute als Fotomotive.

Was anschauen?

Bunkermuseum Hanstholm: Als Teil des sogenannten Atlantikwalls baute die deutsche Wehrmacht Hanstholm als Festung aus. Im Bunkermuseum kann man die riesige Küstenbatterie besichtigen. → S. 222

Vestervig Kirke: Die im 12. Jh. erbaute Kirche in Thy zeigt viele interessante Ausstattungsdetails. Legendär wurde sie durch die tragische Liebesgeschichte von Liden Kirsten und Prinz Buris, auf deren Grab noch heute Brautpaare Blumen niederlegen. → S. 208

Frilandsmuseet Hjerl Hede: Im Sommer erwecken historisch gewandete Handwerker, Lehrer, Bauern und Gesinde das liebenswerte Freilichtmuseum zum Leben. Über 50 Gebäude aus verschiedenen Landesteilen Dänemarks wurden hier originalgetreu wieder aufgebaut. → S. 243

Lodbjerg Fyr: Vom 35 m hohen Leuchtturm hat man einen weiten Ausblick über Heide, Wald und Meer. → S. 208

Spøttrup Borg: Die beeindruckende Wasserburg am Limfjord erhält bei Mittelalterveranstaltungen ihr ganz besonderes Flair. → S. 244

Limfjordsmuseet Løgstør: Das Leben am Limfjord zwischen Schifffahrt, Strandjagd und Sturmfluten wird im Haus des einstigen Kanalvogts vorgestellt. → S. 249

Was unternehmen?

Nachhaltige Forschung: Ein Selbstversorgerhaus aus Stroh oder ein kugelrundes Gewächshaus – diese und weitere Projekte machen im Nordisk Folkecenter for Vedvarende Energi bei Idby Studien zu ökologischen Themen anschaulich. → S. 210

Wandern auf „Jütlands Schulter“: Auf den Wanderwegen rund um den Bulbjerg erfährt man viel über sagenhafte Trolle und die hoch auf dem Felsen brütenden Dreizehenmöwen. → S. 226

Blumen und Action: Erlebnisse für die ganze Familie bietet der Jesperhus Blomsterpark bei Nykøbing Mors. Der abwechslungsreich angelegte Blumenpark lädt zu Spaziergängen ein, während die Attraktionen des Wasser- und Freizeitparks Spiel- und Actionfreunde anlocken. → S. 239

Wo ist was los?

Festival Heavy Agger: Alljährlich dröhnen Heavy-Metal-Klänge durch das ansonsten beschauliche und ruhige Fischerdorf Agger. → S. 206

Kammermusikfestival Thy: Konzerte mit klassischer Musik, die Studenten in Meisterklassen erarbeiten, werden an verschiedenen Orten der Region Thy aufgeführt. → S. 234

Weltcup der Windsurfer: Im September zeigen internationale Sportler beim PWA World Cup spektakuläre Sprünge über die wilden Wellen des Ortes Klitmøller. → S. 220

Limfjorden Rundt: Ebenfalls im September starten historische Traditionssegler in Løgstør zu dieser pittoresken Regatta, die in den westlichen Teil des Limfjords führt. → S. 251

Die Region Thy

Eine Landschaft zwischen den Wassern erwartet die Besucher von Thy. In diesem rauen und oft vom Wind gepeitschten, einsamen und einfach nur schönen Landstrich zwischen Nordsee und Limfjord verspricht der Nationalpark Thy Naturgenuss pur.

Die heutige Region Thy nördlich des Limfjords bestand ursprünglich aus vielen kleineren und größeren Inseln. Durch einen geologischen Hebeprozess nach der Eiszeit wuchsen sie mit der Insel Vendsyssel (→ Kapitel Der Norden, S. 252) zusammen. Die Nordsee schliff die Nordwestseite glatt, und um 1100 war Thy bei Thyborøn mit dem Festland verbunden. Erst mit dem Bruch der Agger Tange 1825 und der Öffnung des Limfjords zum Meer wurde Vendyssel-Thy wieder zur Insel. Die Dänen empfinden jedoch ganz Jütland als Einheit und dank der guten Verkehrsanbindung über den Limfjord hinweg fällt auch den Reisenden nichts Trennendes auf. Von Struer aus passiert man auf der Primärroute 11 einfach die Oddesundbrücke (Oddesundbroen). Von der Insel Mors (→ S. 236) aus führt die Primärroute 26 über die Vilsundbrücke (Vilsundbroen).

Ein tolles Erlebnis ist die (kurze) Überfahrt mit der emsig pendelnden Autofähre Thyborøn–Agger, denn auf dem Thyborøn Kanal bietet sich ein grandioser Ausblick bis tief in den Fjord hinein. Auf der Küstenstraße 181 empfängt der Nationalpark Thy die Besucher zunächst mit einer aussichtsreichen Passage über die Landzunge Agger Tange. Rechts und links der Straße sieht man das Wasser glitzern und vielfältige Wasservögel auf Nahrungssuche. Es lohnt sich, auf einem der Parkplätze unterwegs anzuhalten, um den weiten Himmel zu bewundern.

Der Nationalpark Thy ist Dänemarks ältester Nationalpark, 2008 wurde er eingeweiht. Er erstreckt sich von Agger Tange bis Hanstholm und reicht vom Meer aus maximal 12 km ins Binnenland. Das abwechslungsreiche Landschaftsbild aus Kiefernwäldern, Heide, Dünen und mehr als 200 kleinen und größeren Seen wie Flade Sø und Vandet Sø entstand durch planvolle Landschaftspflege. Jahrhundertelang hat dem Westen Thys Sandflug zugesetzt, sodass Bauern ihre Scholle verlassen und Kirchen umgesetzt werden mussten. Heute lebt in den geschützten Bereichen wie im Wildreservat Hanstholm eine stattliche Population an Rotwild. An den Seen brüten seltene oder vom Aussterben bedrohte Vogelarten, z. B. Goldregenpfeifer, Bruchwasserläufer, Sumpfohreulen und Kraniche. Zudem ist die Agger Tange ein wichtiger Rastplatz für Wasservögel. Naturliebhaber finden im Nationalpark ein Netz an ausgeschilderten und gepflegten Wander- und Radwegen sowie Möglichkeiten zum Angeln und Reiten.

Ein echtes Highlight ist eine Wanderung am markanten Felsen Bulbjerg (zwischen Hanstholm und Blokhus), von dessen „Gipfel“ aus man die Küste herrlich überblicken kann.

Gaumenfreuden gibt es in der Region reichlich. Beeren, Pilze und Honig kann man in Hofläden und an Straßenständen kaufen. Schnäpse mit Rauschbeeren oder ein Bier mit Zusatz des Dünenkrauts Gagel bekommt man nur

Der Nationalpark Thy lädt zum Wandern ein

hier. Typisch für die Region ist die Strandfischerei. Die malerischen bunten Fischkutter, die mangels geeigneter Häfen unter viel Getöse mit Seilwinden auf den Strand gezogen werden, sieht man zum Beispiel in Vorupør. Echtes West-Coast-Feeling kommt in der Surferhochburg Klitmøller auf. Nach „Cold Hawaii" zieht es viele junge und jung gebliebene Surfer mit ihren Brettern, um die hohen, konstanten Wellen zu reiten. Fast schon überflüssig zu erwähnen, dass man auch in Thy viele unberührte Strandkilometer zum Spazierengehen und Baden findet.

Sehenswert in Thy sind der Leuchtturm Lodbjerg Fyr bei Agger, das Nordsø Akvariet in Vorupør und das Bunkermuseum Hanstholm. In der gemütlichen Kleinstadt Thisted mit ihrem schönen Limfjordhafen und gut sortierten Supermärkten sowie Einzelhandelsgeschäften versorgt sich die ganze Region.

Information Die Nationalpark-Infohäuser verfügen über Broschüren und Infoterminals. **Agger Tange:** Svaneholmhus, am Fährhafen, tägl. ab 6 Uhr bis zur letzten Fähre geöffnet. **Stenbjerg Landingsplads:** Im Informationscenter in einem ehemaligen Gerätehaus der Fischer geben Mitarbeiter des Vereins zur Erhaltung von Stenbjerg Landingsplads Auskunft über die ehemalige Berufsfischerei sowie den Nationalpark, April–Okt. tägl. 12–17 Uhr. Infos gibt es auch im **Lodbjerg Fyr** bei Agger. Im **Nationalparkzentrum** am Strand von Nr. Vorupør gibt es eine kleine Ausstellung. Außerdem erhält man Infos zum Nationalpark und kann regionale Produkte kaufen. Mai–Sept. tägl. 10–17 Uhr, Febr.–April und Okt.–Dez. tägl. 11–15 Uhr. Vesterhavsgade 168, Nr. Vorupør, 7700 Thisted, ✆ 72 54 15 00.

Ausführliche Informationen über Nationalpark Thy, Aktivitäten sowie Download der hilfreichen **Nationalpark Thy App:** www.nationalpark thy.dk.

Verbindungen **Bahn:** Mit dem Zug sind u. a. Hvidbjerg, Hurup und Thisted im Fern- und Regionalverkehr regelmäßig erreichbar. www.rejseplanen.dk.

Bus: Im Regionalverkehr des Busunternehmens **Nordjyllands Trafikselskab** gibt es regelmäßige Busverbindungen von Thisted u. a. nach Hurup-Agger, Hanstholm, Vorupør, Klitmøller. Außerdem Expressbusse nach Aalborg und Nykøbing Mors. www.nordjyllands trafikselskab.dk.

Landmarke im Nationalpark Thy: der Lodbjerg Fyr

Beschaulich: der Fischerort Agger

Agger

Am Ende der Agger Tange liegt der kleine Fischerort Agger, in dem etwa 350 Einwohner zwischen Nordsee und Limfjord leben. Der Ort bildet das Tor zum Nationalpark Thy. Massentourismus gibt es hier nicht und so suchen Gäste, die sich hier in einem der Ferienhäuser einmieten, vor allem eines, nämlich Ruhe. Das finden sie auch, nur einmal im Jahr überdröhnen beim Festival Heavy Agger die Bässe von Heavy-Metal-Bands sogar die Brandung. Danach kehrt Agger wieder zur Beschaulichkeit zurück mit Bade- und Surfvergnügen am langen, durch Buhnen verstärkten Sandstrand. Strand, Dünen und der dahinter gelegene Flade Sø (flache See) sind auf Dänemarks längstem Behindertenpfad auch für Rollstuhlfahrer zugänglich. Wenn der Wind auffrischt und urplötzlich Wolken heranpeitscht, dann machen solche (nicht seltenen) Launen des Wetters die Schwierigkeiten bewusst, mit denen die hiesigen Bewohner schon immer zu kämpfen hatten. Im Wind steht die Skulptur „Mary" von Jens Erik Kjeldsen, eine sehnsüchtig auf die Heimkehr des Liebsten wartende (Fischers-)Frau mit Kind, bei der ein Skulpturenweg am Strand beginnt. Gegenüber dem Friedhof findet man eine Skulptur aus Granit von Erik Heide, der mit aufgetürmten Granitkeilen an die schweren Flutwellen erinnert, die hier schon viele Menschenleben gekostet haben. Selbst die alte **Agger Kirke** wurde 1832 vom Meer verschlungen, das heutige Kirchenhaus stammt von 1939. Die Altartafel zeigt Christus und Petrus am aufgewühlten See Genezareth. Sehenswert sind außerdem zwei hübsche Votivschiffe.

Gleich hinter den Dünen gibt es in den schwarz angemalten ehemaligen Bauarbeiterhütten, heute bekannt als **De sorte Huse** (Aalumvej), eine Ausstellung zur Geschichte von Agger und zum Küstenschutz. Zudem werden hier Ausstellungen regionaler Künstler gezeigt. Zum Museum Thy gehört das gelbe **Fiskerhuset Agger,** das wahrscheinlich 1749 erbaut wurde. Die Ausstellung informiert über die Bauweise an der Westküste und das Leben der Fischer (Toftevej 9, Agger, Juli–Mitte Aug. tägl. 13–16 Uhr). Die Fischer von heute haben ihre Boote im kleinen Hafen in der Krik Vig Bucht vertäut. Hier auf der Limfjordseite von Agger jagen auch die Wind- und Kitesurfer übers Wasser.

Praktische Infos

→ Karte S. 207

Information In der unbemannten **Infohütte** direkt am Strandparkplatz Vesterhavsvej gibt es Broschüren und Flyer. Außerdem helfen die Mitarbeiter in den Rezeptionen der Übernachtungsbetriebe weiter. www.visitagger.dk (dänisch), www.visitthy.de.

Verbindungen Regelmäßig fahren **Regionalbusse** nach Vestervig, Hurup Thy (nächstgelegener Bahnhof) und Thisted. www.nordjyllandstrafikselskab.dk.

Angeln Angelplätze gibt es hier fast wie Sand am Meer: Nordsee, Limfjord sowie die Süßwasserreviere Flade Sø und Kastet. Angelscheine werden in der Rezeption des Krig Vig Camping verkauft.

Einkaufen Lebensmittel für den täglichen Bedarf gibt es im **Agger Købmandshandel** (tägl. 7.30–18 Uhr). Frischer Fisch wird am **Agger Fiskebil** am Hafen (tägl. 9–12 Uhr) sowie direkt vom Fischkutter verkauft. Mode, Dekorationsartikel und andere selbst entworfene Dinge als Unikat oder in kleinen Auflagen gibt es bei **Design Agger.** HS tägl. 10–17 Uhr, sonst Mi, Fr 14–17, Sa 10–16, So 13–16 Uhr. Lodbjergvej 20, Agger, 7770 Vestervig, www.designagger.dk.

Skulptur Mary am Strand

Fahrradfahren Der Radfernweg **Vestkystruten** (560 km) führt von der Agger Tange über Agger und den Lodbjerg Fyr nach Stenbjerg. Die **Panoramaroute 410** beginnt in Agger und führt auf 43 km über Vestervig, Hurup Thy, Bedstedt und Lodbjerg Fyr zurück nach Agger. www.vestkystruten.dk/de/.

Ferienhausvermietung **Agger Feriehuse,** Vesterhavsvej 27a, Agger, 7770 Vestervig, ✆ 30 59 58 50, www.aggerferiehuse.dk.

Veranstaltungen Im Sommer organisiert der rührige Fremdenverkehrsverein Veranstaltungen wie Agger Athlon, Ladywalk oder Madmarked (regionaler Lebensmittelmarkt). Einmal im Jahr findet das Festival **Heavy Agger** statt, www.heavyagger.dk.

Wandern Eine schöne Wander- und Fahrradroute führt von Agger aus rund um den **Flade Sø.** Mehrere Wanderwege sind in der Lodbjerg Plantage angelegt.

Wohnmobile Ganzjährig 20 Stellplätze mit Strom und Wasser auf dem Quick-Stop am **Krik Vig Camping.** 125 DKK, Strom extra. Bezahlt wird am Ticketautomaten, eine Schranke gewährt Einlass unabhängig von Öffnungszeiten.

Übernachten/Essen **Agger Badehotel** **3**, das gemütliche alte Badehotel mit für die Region typischem gelb-weißen Anstrich bietet 10 modernisierte, individuell eingerichtete DZ mit Bad/WC. Bei den Zimmern im Altbau muss man mit Bad auf dem Gang vorlieb nehmen, dafür sind diese günstiger. Im Restaurant wird schmackhaftes dänisches Kro-Essen mit vielen Fischgerichten wie gefüllter Scholle mit Hummersoße serviert. Zudem günstige, wechselnde Tagesgerichte wie Hakkebøf, Gulasch oder Kotelett. An der rustikalen Bar treffen sich auch die Einheimischen. Juli/Aug. tägl. 17–20 Uhr, Febr.–Juni, Sept.–Dez. Mi–So 17–20 Uhr. Vesterhavsvej 10, Agger, 7770 Vestervig, ✆ 97 94 16 88, www.agger-hotel.dk. **€€**

Agger Vandrerhjem **5**, an der Straße 181 in Krik, 3,5 km vom Meer entfernt. In dem Hostel übernachtet man in einfachen, gemütlichen DZ in nordischem Design mit eigenem Bad/WC oder in DZ und Mehrbettzimmern mit Gemeinschaftsbad (günstiger). Das „Wohnzimmer" mit Kaminofen und TV ist richtig hyggelig, in der Gemeinschaftsküche hält man sich gern auf und im Garten hinterm Haus findet man eine schöne Terrasse. Unterstellmöglichkeit für Fahrräder sowie Ladestation.Aggervej 13, 7770 Vestervig, ✆ 96 10 49 99, www.aggerhostel.dk. **€**

Krig Vig Camping 4, nahe am Agger Havn, 2,5 km zum Meer. Schönes, ebenes Wiesengelände mit Bäumen und einem eigenen Holzsteg zum Einsetzen von Paddelbooten (auch Verleih von Kanus) und als Bootsliegeplatz. Gut ausgestattete, saubere Sanitäranlagen, Küche, Fernseh-Zimmer, Internetcafé, Spielzimmer, Café, Miniladen, Spielplatz und Beachvolleyball. Stellplatz für 2 Pers. 225 DKK. Modern und schick ausgestattet mit Bad/WC und Küche sind die Luxus-Hütten. April–Okt., Luxushütten und Quickstop ganzjährig. Krik Strandvej 112, 7770 Vestervig, ✆ 97 94 14 96, www.krikvigcamping.dk.

Vesterhavshytten 2, die schnelle und günstige Art, um in Agger satt zu werden. Die Imbissbude am Strand mit Außenterrasse ist stets gut besucht. Neben Hotdogs, Fish and Chips und diversen leckeren Burgern gibt es auch schmackhafte Schnitzel mit Pommes und Salat oder Stjerneskud. Tägl. ab 11 Uhr. Vesterhavsvej 2, Agger, 7770 Vestervig, ✆ 97 94 28 29, www.vesterhavshytten-agger.dk.

Signalmasten Agger 1, das neue Restaurant am Strand serviert drinnen und auf der Außenterrasse leckere dänische Küche wie Fischteller und Schweinebauch mit Petersiliensoße zu akzeptablen Preisen. Wer Steaks bestellt, darf sich am Salatbüfett kostenlos bedienen. Spezialität sind die Spareribs. Zum Kaffee schmecken hausgemachte Kuchen und feines Eis. Regelmäßige Veranstaltungen, s. Facebook. Reservierung ratsam. Tägl. 12–20 Uhr. Vesterhavsvej 1, Agger, 7770 Vestervig, ✆ 97 94 17 17, Facebook.

Sydthy

Landwirtschaft und kleine Dörfer prägen das dünn besiedelte südliche Thy (Sydthy). In der sanften Landschaft zwischen Agger und Hurup Thy gibt es einige interessante Sehenswürdigkeiten zu entdecken.

Sehenswertes

Lodbjerg Fyr: Etwa 3,5 km nördlich von Agger ragt der graue Lodbjerg Fyr aus dem schönen Heide- und Waldgebiet 35 m in die Höhe. Der Leuchtturm wurde 1884 in Betrieb genommen. Sein Ansteuerungsfeuer sendet alle 20 Sekunden zwei weiße Blinksignale aus. 133 Stufen müssen die Besucher steigen, dann öffnet sich auf der Leuchtturm-Plattform der Ausblick über Land und Meer. Die beiden Gebäude am Fuße des Turms, in denen einst die Leuchtturmwärter lebten, wurden behutsam saniert und zu einem gemütlichen Café umgestaltet (April–Sept. 11–16 Uhr). Schautafeln gewähren Einblick in die Geschichte des Turms. In dem Areal rund um den Leuchtturm sind mehrere schöne Wanderwege ausgeschildert. Einer führt zur Wanderdüne Lodbjerg Mile, die vom Sandtreiben in der Region zeugt. Geht man vom Lodbjerg Fyr zum Strand, kann man im Schichtenprofil des Küstensteilhangs „Sorte Næse" (Schwarze Nase) erkennen, wie hier Moränenlehm mit Flugsand überlagert wurde.

▪ Tägl. 7–21 Uhr. 30 DKK. Anfahrt von der 181, bei Agger ausgeschildert, dann Abzweigung auf einen Schotterweg. Lodbjergvej 33, 7770 Vestervig, www.nationalparkthy.dk.

GPS-Tour 7: Wasser und Wind – aussichtsreiche Tour zu Fuß oder per Fahrrad zum Lodbjerg Fyr → S. 393

Die weitgehend ebene, landschaftlich reizvolle Tour von Agger aus rund um den Flade Sø steigt leicht an zum Lodbjerg Fyr (Leuchtturm) und führt am Meer entlang zurück.

Lodbjerg Kirke: Die gotische Lodbjerg Kirke stammt aus dem 15. Jh. und wurde wegen des Sandflugs schon zweimal versetzt. Sie ist eine der kleinsten Kirchen des Landes und mit zwei schönen mittelalterlichen Fresken, Maria mit Kind als Himmelskönigin und Jesus am Kreuz, ausgeschmückt. Der Altar zeigt eine lutherische Mitteltafel von 1580 mit einer Abendmahlszene, die modernen Seitentafeln schuf die Künstlerin Maja Lisa Engelhardt 2008.

▪ Mo–Fr 8–16, Sa 8.30–15.30 Uhr. Lodbjerg Kirkevej 1, Lodbjerg, 7770 Vestervig. Ausschilderung von der 181 bei Morup Mølle Richtung Lodbjerg, ca. 4 km.

Vestervig Kirke: Gut einen Kilometer nördlich des Dorfes Vestervig steht die größte Dorfkirche Dänemarks. Die Ursprünge der Vestervig Kirke liegen in einer Kapelle, die der Heilige St. Thøger hier bauen ließ. Thøger (Dieter von Vestervig) kam als Missionar von Thüringen nach Norwegen an den Hof von Olav II. Haraldsson. Er missionierte auch Jütland, starb am 24. Juni 1065 und wird seitdem als Heiliger verehrt. Seine sterblichen Überreste wurden am 30. Oktober 1117 in Vestervig beigesetzt. Um 1100 gründeten Augustinermönche hier ein Kloster und bauten es zur Vierflügelanlage aus. Nur die Kirche ist übrig geblieben. Das Tympanon über der Sakristeitür an der südlichen Wand des Chores zeigt ein Sandstein-Relief mit dem Symbol für St. Tøger: das Lamm mit dem Kreuz. Es stammt vermutlich von der ursprünglichen Kirche. Die kanonische Sonnenuhr an der Außenfassade ist eine der ältesten in Nordeuropa. Im Inneren zeigt die Vestervig Kirke eine interessante Ausstattung: Die Altartafel mit dem gekreuzigten Christus stammt von 1730, auf den geschnitzten Säulen sind die vier Evangelisten dargestellt. Die Kanzel aus dem Jahr 1608 ist eine Nachahmung der Kanzel aus der Frauenkirche von Aalborg. Auf den Fresken (1510) in den beiden westlichen Arkadenbögen ist ein Dudelsack spielendes Schwein zu erkennen, ein Symbol für Unzucht und Wollust. Im südlichen Seitenschiff prangt das Wappen von Christian I. mit den drei Löwen Dänemarks und den drei Kronen Schwedens sowie den Wappen von Schleswig und Holstein; denn der aus dem Haus Oldenburg stammende Dänenkönig war ab 1460 auch Herzog von Schleswig und Holstein. Darunter sieht man ein Sinnbild für das Veronikatuch mit dem Antlitz Jesu Christi, dem der Legende nach Veronika auf dem Weg zur Kreuzigung das Gesicht abwischte.

Zwischen den kreisrunden Kirchenparkplätzen und der Kirche sind in den 1960er-Jahren Überreste einer Eisenzeit-Siedlung ausgegraben worden. Das Dorf existierte von etwa 150 v. Chr. bis 5. Jh. n. Chr. Da es damals kaum Wald auf Thy gab, türmten die Bewohner die einen Meter dicken Hauswände aus Grassoden auf. Der Zugang zu den dargestellten Umrissen der Bebauung und den verbindenden Kopfsteinplasterwegen ist frei.

■ Tägl. 7–21 Uhr. Klostergade 1, 7770 Vestervig, www.vestervig-kirke.dk.

Heltborg Museum: Die Dependance des Museums Thy präsentiert Werke des Malers Jens Søndergaard, dessen Museum sich in Ferring (→ S. 178) befindet. Søndergaard (1895–1957) verbrachte seine Kindheit in Hurup und kehrte später immer wieder zurück. Daher sind hier seine frühesten und sehr späten Gemälde ausgestellt. Außerdem werden im Heltborg Museum Arbeiten weiterer Künstler mit Verbindungen nach Thy gezeigt, darunter Leo Estvad, Ellen Raadal, Freddy Eriksen, Birthe Ohsten und Erland Knudssøn Madsen. Dem Dichter Hans Bakgaard aus Ydby ist ein Gedenkraum gewidmet. Im Freigelände ist die Rekonstruktion eines

Größte Dorfkirche Dänemarks: Vestervig Kirke

Hauses aus der Eisenzeit zu sehen, errichtet nach Abmessungen aus Grabungsfunden in der Region. Es ist im Sommer mit Leben erfüllt.

▪ Juli–Mitte Aug. tägl. 11–16 Uhr, April–Juni, Mitte Aug.–Okt. Di–So 13–16 Uhr. 60 DKK, Kinder bis 18 J. frei. Skårhøjvej 15, Heltborg, 7760 Hurup Thy, ✆ 97 95 20 77, www.museumthy.dk.

Ganggrab Lundehøj: Rund um den Limfjord wurden zahlreiche prähistorische Grabanlagen und andere Zeugnisse früher Kulturen gefunden. Besonders gut erhalten ist das 1837 entdeckte Ganggrab Lundehøj etwa 5 km nördlich von Hurup Thy. Unter einem grasbewachsenen Hügel befinden sich die 7,6 m lange und 2 m breite Hauptkammer sowie eine Nebenkammer. In dem Grab wurden Menschenknochen, Tonscherben, eine Steinaxt und eine Tonurne gefunden. In derartigen Grabanlagen der sogenannten Trichterbecherkultur des mittleren Neolithikums (3200–2800 v. Chr.) wurden hochrangige Mitglieder der Gesellschaft bestattet.

▪ 15 DKK. Oddesundvej 211, Ullerup, 7760 Hurup Thy. Von der Primärroute 11 der Ausschilderung Jættestuen folgen. Im Bauernhof bekommt man den Schlüssel und Kerzen.

Traurige Love-Story: Kirsten und Buris

Der romanische Grabstein (um 1200) mit zwei Prozessionskreuzen vor der Nordtür der Vestervig Kirke erinnert an die traurige Sage von Liden Kirsten und Prinz Buris. Kirsten, die Halbschwester König Waldemars des Großen, war die Geliebte von Prinz Buris, dem Bruder der Königin Sofie. Den Volksliedern zufolge entdeckte Waldemar das unstattliche Liebesverhältnis, er ließ Kirsten zu Tode peitschen (andere sprechen von tanzen). Prinz Buris wurde geblendet, entmannt und an die Kirche gekettet, sodass er gerade das Grab seiner Geliebten erreichen konnte. Als er 11 Jahre später starb, wurde er im gleichen Grab wie Kirsten beerdigt.

Auch heute noch legen Brautpaare den Brautstrauß auf das Grab. Das soll ihrer Ehe Glück bringen. In mehreren dramatischen Werken wurde das Schicksal der unglücklich Liebenden aufgegriffen, so in der Oper „Liden Kristen" (1849) von Johann Peter Emilius Hartmann nach dem Libretto von Hans Christian Andersen.

Nordisk Folkecenter for Vedvarende Energi: Damit die Energiewende gelingt, braucht es viel Forschung und ein Umdenken in den Köpfen. Für beides steht das Nordische Volkszentrum für erneuerbare Energien in der Nähe von Idby. In dem Testzentrum betreiben Wissenschaftler seit 40 Jahren Forschung u. a. zu den Themen Solar- und Windenergie, Biogas, Biomasse, E-Mobilität, nachhaltige Architektur und Wellenenergie. Die Forscher arbeiten mit Jungunternehmern zusammen, um Innovationen zu entwickeln und neue Unternehmensideen zu schaffen. Zu den Aufgaben des Zentrums gehört auch Öffentlichkeitsarbeit. Besucher können das Zentrum jederzeit zu Tageslichtzeiten auf eigene Faust besichtigen. Start des Rundgangs ist im Café Solaire. Von hier geht es u. a. in ein sich selbst mit Energie versorgendes Haus aus Stroh, in eine Wasseraufbereitungsanlage, in der Pflanzen die Abwässer klären, oder in den Biodome, ein fast kugelrundes Gewächshaus.

▪ 30 DKK. Kammergårdsvej 16, Sdr. Ydby, 7760 Hurup Thy, ✆ 97 95 66 00, www.folkecenter.eu.

Praktische Infos

Information Flyer und Infos über Sydthy und den Nationalpark Thy sind im Lodbjerg Fyr (Lodbjergvej 33, 7770 Vestervig, tägl. 7–21 Uhr) und im Nationalparkzentrum in Nr. Vorupør (Vesterhavsgade 168, Nr. Vorupør, HS tägl. 10–17 Uhr, NS tägl. 11–15 Uhr) erhältlich. www.nationalparkthy.dk. Infos zu Sehenswürdigkeiten und Übernachten: www.visitnordvestkysten.de.

Verbindungen **Bahn:** Zwischen Struer und Thisted fahren regelmäßig Regionalzüge, die an mehreren Bahnstationen halten, u. a. in Ydby, Hurup Thy, Bestedt und Snedsted. www.rejseplanen.dk.

Bus: Regelmäßig fahren **Regionalbusse** von Thisted über Hurup Thy und Vestervig nach Agger sowie weitere regionale Verbindungen (meist an Schultagen). Auf wenig befahrenen Strecken wird der sogenannte **Telebus** eingesetzt: Bei Bedarf muss man den Fahrer anrufen, um mitgenommen zu werden (Telefonnummer und Abfahrtzeit an der jeweiligen Haltestelle bzw. auf der Webseite). www.nordjyllandstrafikselskab.dk.

Fahrradverleih **Fri Bikeshop Thisted** und **Agger Feriehuse** verleihen Räder.

Golf Der **Sydthy Golfklub** bei Hurup Thy verfügt über einen 18-Loch-Platz mit sanft hügeliger Bahn und kleinen Seen (Greenfee 300 DKK). Ulstedvej 8A, 7760 Hurup Thy, ✆ 97 97 19 44, www.sydthygolfklub.dk.

Kunst **Atelier-Galerie Thorsten Mosumgaard,** der Keramiker öffnet seine Atelier-Galerie gern für Besucher. Neben Geschirr in erdigen Tönen erarbeitet der Künstler auch architektonisch anmutende Skulpturen. Tägl. 10–17 Uhr. Dalstræde 2, Heltborg, 7760 Hurup Thy, ✆ 97 95 19 50, https://torstenmosumgaard.dk.

Schwimmbad Das **Sydthy Svømmebad** bietet ein 25-m-Becken, Kinderbecken, Wasserrutsche, Warmwasserpool mit Massagedüsen, Höhlenpool, Römisches Bad und Sauna. Mo 12–18, Di–Do 14–20, Fr 12–20, Sa/So 10–17 Uhr, in den Ferien tägl. 10–17 Uhr (z. T. abweichende Öffnungszeiten für Warmwasserpool und Höhlenpool). 55 DKK. Idrætsvej 5, 7760 Hurup Thy, ✆ 97 95 11 60, www.sydthysvbad.dk.

MeinTipp **Wellness** In der Sauna durch den Glasboden Goldfische beobachten, das kann man im **Sydthy Kurbad.** Der Wellnesstempel mit modern gestaltetem Innen- und Außenbereich bietet 3 Saunen, Dampfbad, Erlebnisdusche, Infrarotkabinen und Massagepool mit Sternenhimmel, Wildnisbad und Schwedentipi. Weitere Behandlungen wie Hotstone, Türkisches Bad oder Massagen nach Vereinbarung. Ab 18 J., 195 DKK. Dienstags ist Teenagertag für Kinder ab 12 J. in Begleitung eines Erwachsenen. Di/Mi, Fr 14–19, Do 14–22, Sa 9.30–13.45 und 14.30–18.30, So 10–17 Uhr. Idrætsvej 5, 7760 Hurup Thy, ✆ 99 17 31 60, www.sydthy-kurbad.dk.

Wohnmobile In Hurup Thy östlich des Zentrums am Gewerbegebiet gibt es 6 Stellplätze auf einem gekiesten Parkplatz, der von Bäumen umgeben ist. Ganzjährig, 2 Pers. 50 DKK. Kløvermarken 15, 7760 Hurup Thy, ✆ 97 9522 82, www.amtoft.biz/auto-camperplads/. Wohnmobile können auch am Folkecenter for Vedvarende Energi stehen (75 DKK pro Nacht inkl. Eintritt) Kammergårdsvej 16, Sdr. Ydby, 7760 Hurup Thy.

Übernachten/Essen **Thinghuskroen** **6** (→ S. 207) in Vestervig. Der Gasthof vermietet 6 schlichte DZ, einige auch mit TV. Das saubere Gemeinschaftbad und WC befinden sich für alle auf dem Gang. Die Gäste können sich in der Gemeinschaftsküche Essen zubereiten und die Waschmaschine benutzen. Im gemütlichen Restaurant und auf der schönen Außenterrasse werden schmackhafte dänische Hausmannskost und einige vegetarische Alternativen aufgetischt. Der „größte Stjerneskud Dänemarks" ist üppig mit Krabben, Muscheln, Lachs und reichlich Salat garniert. Di–So ab 12 Uhr, NS s. Webseite. Klostergade 41, 7770 Vestervig, ✆ 97 94 19 16, www.thinghuskroen.dk. **€€**

MeinTipp **Hotel Thinggaard,** das Hotel im Zentrum von Hurup Thy gehört zum Verbund „Small Danish Hotels" und bietet komfortable, geschmackvoll eingerichtete Zimmer mit Bad/WC, TV, WLAN sowie leckeres Frühstücksbüfett. An Wochenenden sind die Preise deutlich höher. Angeboten werden auch Pakete, z. B. Wellness- oder Golfaufenthalt. Ladestation für E-Autos. Im Gourmetrestaurant wird eine stimmige Kombination aus der klassischen und neuen nordischen Küche serviert. Frische, regionale Zutaten werden für Gerichte à la carte und für wechselnde Gourmetmenüs (auch vegetarisch) komponiert. Dabei darf man sich auf Überraschungen freuen wie Seehecht mit Möhren und einem Hauch Lakritze. Gehobenes Preisniveau. Juni–Sept. tägl. 10–22 Uhr, Okt.–Mai So nach Vereinbarung. Jernebanegade 5, 7760 Hurup Thy, ✆ 97 95 12 00, www.hotelthinggaard.dk. **€€**

Der Nordwesten → Karte S. 202

Am Landingsplads wird Küstenfischerkultur vermittelt

Stenbjerg

Weiß gekalkte ehemalige Fischerhütten am **Stenbjerg Landingsplads** dienen als Motiv für manches Urlaubsfoto. Um 1900 wurden die Häuschen von Fischern hier am langen, hellen Nordseestrand gebaut, um ihre Bojen, Netze, Seile und andere Ausrüstung lagern und warten zu können. Die 300 Jahre lange Geschichte der hiesigen Strandfischerei wird heute nur in den Erzählungen ehemaliger Fischer lebendig, denn 1972 wurde die kommerzielle Fischerei eingestellt und das Revier den Freizeitanglern überlassen. Seit dem Jahr 2000 kümmert sich der Verein zur Erhaltung von Stenbjerg Landingsplads um die Hütten. Die Ehrenamtlichen haben ein kleines Museum eingerichtet und erklären im Sommer Besuchern, wie und was hier einst gefischt wurde. Wichtigstes Gerät für die Küstenfischer war die Winde (zu sehen im Spilhus), mit der die Kutter auf den Strand gezogen wurden. In der **alten Rettungsstation** werden ein auf Hochglanz gewienertes historisches Rettungsboot und Schwimmwesten sowie Schautafeln über das Rettungswesen ausgestellt. Dem alten Rettungsweg in den Dünen folgen heute die Fernwanderer auf dem Nordsee-Wanderweg. Mit großem impressionistischen Duktus verewigte der Maler Peter Severin Krøyer 1889 den Landungsplatz und Strand von Stenbjerg in seinen Bildern. Der später als Skagenmaler berühmt gewordene Künstler verbrachte hier die Flitterwochen mit seiner Frau Marie und überlieferte seine Faszination für das helle Licht an der Nordsee in stimmungsvollen Gemälden.

Der Ort Stenbjerg (200 Einwohner) selbst liegt, geschützt vor dem Westwind, einige Kilometer weit landeinwärts. Die 1895 in Kreuzform erbaute **Stenbjerg Kirke** strahlt innen in Blau und Gold. Die historische Ausstattung wurde mit abstrakten Gemälden von Johannes Bech neu gestaltet. Zu sehen ist auch das Modell eines prächtigen Dreimasters. Südwestlich des kleinen Ortes steht die historische **Stenbjerg Seemarke** in den Dünen. Insgesamt wurden um 1884 23 solcher Baken an der Westküste Jütlands gebaut, die in alten Seekarten verzeichnet waren und deren unterschiedliche Gestaltung den Seeleuten Orientierung gab. Heute stehen nur noch elf Seemarken.

Praktische Infos

Information Im **Nationalpark Thy Infocenter** am Stenbjerg Landingsplads, das in einem ehemaligen Gerätehaus der Fischer untergebracht ist, gibt es April–Okt. 12–16 Uhr Auskunft über die ehemalige Berufsfischerei sowie den Nationalpark. Außerdem gibt es Broschüren und Flyer. www.nationalparkthy.dk.

Verbindungen Ganzjährig (nicht während der Ferien) fährt **Regionalbus 313** zwischen Thisted, Vorupør und Stenbjerg Landingsplads. www.nordjyllandstrafikselskab.dk.

Angeln Strandangler gehen auf Flunder, Kliesche und Makrele. Angelzubehör und Köder gibt es bei Stenbjerg Netmontering. Mo–Fr 10–17, Sa 10–14 Uhr. Ebenezervej 6, Stenbjerg, 7752 Snedsted, ✆ 97 93 81 33, www.stenbjergnet.dk.

Brennerei Biobauer Nicolajsen und Anders Bilgram haben sich auf dem Bauernhof in Gyrup (7 km östlich von Stenbjerg) einen Traum erfüllt: eine eigene Whisky-Destillerie. Für den **Thy Whisky** wird das ökologisch auf den umliegenden Feldern erzeugte Getreide in der eigenen Mälzerei geröstet, dann gemaischt und schließlich destilliert. Nach Reifung in verschiedenen alten Holzfässern bekommen die Whisky-Sorten ihren besonderen Geschmack. Im Hofladen werden neben Whisky auch Wurst, Fleisch und Käse aus eigener Herstellung angeboten (Mo–Fr 11–15 Uhr). Führungen mit Whiskyverkostung (200 DKK), Termine und Anmeldung s. Webseite. Thy Whisky, Gyrupvej 14, 7752 Snedsted, ✆ 69 89 90 01, www.thy-whisky.dk.

Strand Am kilometerlangen Sandstrand bei **Stenbjerg** ist kaum etwas los. Der Strand ist unbewacht, deshalb Baderegeln beachten und Vorsicht walten lassen. Großer Strandparkplatz mit Toilette beim Landingsplads. Einen schönen, einsamen Strandabschnitt hat auch das südlich gelegene **Lyngby** zu bieten, Strandparkplatz erreichbar über Lyngbyvej ab Route 181.

Veranstaltungen Am 2. Sonntag im Juli wird am Landingsplads der **Stenbjerg-Tag** mit einem großen Fest mit Musik und Fischbüfett gefeiert.

Mein Tipp **Übernachten/Essen Stenbjerg Kro,** der seit 1790 königlich privilegierte Krug wurde durch ein Feuer zerstört und später als Badehotel wieder aufgebaut. In dem gepflegten Haus finden Gäste geräumige, helle Komfortzimmer mit Bad/WC, TV, WLAN und Terrasse. Wasserkocher, Kühlschrank, Bügelbrett, Fußbadeset u. a. werden im Gemeinschaftsbereich bereitgestellt. Vermietet werden auch komfortable Hütten mit Bad/WC. Das Restaurant zaubert Kreatives aus frischen Zutaten. Die Seniorchefin und ihr Sohn, der neue Chef seit 2020, ernten dafür Kräuter und Blüten aus dem eigenen Garten oder gehen in Wald und Heide zum Sammeln. Probieren sollte man das Galloway Stew, das in Bier aus Thy und Apfelmost mit Kartoffeln und Gemüse geschmort wird (228 DKK). Eine weitere Spezialität ist die Nationalparkplatte mit Hering, Würstchen, geräuchertem Wild, ökologischem Thybo-Käse sowie hausgemachter Kräuterbutter und Brot (248 DKK). Dazu schmecken regionale Biere und Kräuterschnäpse. Auch vegane Speisen im Angebot. HS Di–Sa 12–15 und 17.30–20, So 12–15 Uhr, NS s. Webseite. Stenbjerg Kirke Vej 21, am Ortseingang, 7752 Snedstedt, ✆ 97 93 80 65, www.stenbjerg-kro.dk. **€€€**

Abendstimmung am Strand

Küstenfischerboote in Vorupør

Vorupør

In Dänemarks erstem Meeresbad (Havbad) ermöglicht der kleine Ort Vorupør ein von wilden Wellen abgeschirmtes Baden in der Nordsee. Entlang der 310 m langen Mole wurde das beruhigte Becken mit Betonmauern, Liegestufen und behindertengerechtem Zugang angelegt: Freibad mit Meerblick sozusagen.

Am weitläufigen Strand, der teilweise mit Kies und Steinen versetzt ist, finden Surfer brauchbare Wellen. Die Stars der Vorupør-Bucht sind jedoch nach wie vor die auf den Strand gezogenen bunten Fischkutter vor der Kulisse weiß getünchter, moderner Fischerhäuser. Wer hier Urlaubsfotos mit nostalgischem Charme knipst, sollte sich vergegenwärtigen, dass die Küstenfischerei, die in dem 1801 gegründeten Ort betrieben wurde, zunächst kaum die Existenz sicherte. Aus purer Not mussten die Fischerfamilien ihre Kinder zum Arbeiten auf die Bauernhöfe der Umgebung schicken. In einem Milieu aus Armut, vielen Todesfällen auf See und Trunksucht versuchte ab dem Jahr 1887 die Fiskercompagniet mit ihrem Solidaritätsgedanken einen sozialen Ausgleich zu schaffen. Von 1900 bis 1930 konnte einigermaßen einträglich gefischt werden, ab 1940 wurden größere Kutter benutzt und mit Motorwinden aufs Land gezogen. Mit dem Bau des Hafens von Hanstholm 1967 begann der Niedergang der Küstenfischerei, viele Erwerbsfischer pendelten dorthin. Was nun im Nebenerwerb angelandet wird, kommt im Ort frisch in die Töpfe oder wird in der Räucherei verarbeitet. Heute ist ein sanfter, auf Natur und Genuss zielender Tourismus die Haupteinnahmequelle in Nørre Vorupør und dem kleineren Ortsteil Sønder Vorupør. Sehenswert sind die Kirche, das Meeresaquarium und das Heimatmuseum.

Sehenswertes

Vorupør Kirke: Die Backsteinkirche in Kreuzform, geplant von Architekt Claudius August Wiinholdt, wurde von 1900–1902 mit einer Großspende aus Roskilde und Geldspenden der Einwohner erbaut. Auch die Steine der ursprünglichen, zu klein gewordenen Kirche wurden wiederverwendet. Von 2004–2011 wurde die Kirche umfassend saniert, da es durch die salzhaltige Luft zu Schäden gekommen war. Gewölbe, Decken und Wände wurden unter Verwendung des Originaldekors restauriert. Der Künstler Bjørn Søndergård schuf die Bemalung von Altar und Kanzel. Schöne Votivschiffe und goldene Leuchter ergänzen den Schmuck. Im Sommer finden regelmäßig Konzerte statt, Gottesdienste werden auch auf Deutsch abgehalten.

▪ Tägl. 8–16 Uhr. Bredkærvej 1, Nr. Vorupør, 7700 Thisted.

Vorupør Museum: Bootsbau war ein wichtiges Handwerk in Vorupør. Als Abteilung des Museums Thy zeigt das Vorupør Museum eine historische Bootsbauwerkstatt mit Modellen, Werkzeugen und Geräten, die man im Sommer sogar in Aktion bewundern kann. 1919 hat Jens Kr. Andersen hier das große Küstenboot entwickelt, das von den Küstenfischern der Westküste benutzt wurde. Später schrieb Andersen gottesfürchtige Romane wie „Der Strandwächter". Anhand der Exponate und Dokumente berichtet die Ausstellung vom harten Leben der Küstenbevölkerung und der Vorupør Fiskercompagniet, einer spirituellen Gemeinschaft ohne Gesetze und Gremien, aber mit einer besonders starken Solidarität untereinander.

▪ Mitte Juni–Anfang Aug. tägl. 11–16 Uhr, April–Ende Juni und Anfang Aug.–Okt. Di–So 13–16 Uhr. 40 DKK, Kinder bis 18 J. frei. Vesterhavsgade 21, Nr. Vorupør, 7700 Thisted, ✆ 97 93 88 50, www.museumthy.dk.

Nordsø Akvariet: Das Nordsø Akvariet gewährt interessante Einblicke in den Lebensraum Nordsee. An die 80 Fischarten aus unterschiedlichen Meerestiefen kann man in den Aquarien beobachten. Zu sehen sind seltene und

Der Nordwesten → Karte S. 202

Maritimer Kirchenraum: die restaurierte Vorupør Kirke

häufig vorkommende Meeresbewohner wie Kabeljau, Jakobsmuschel, Scholle, Krebs, Aal und Steinbutt. Die kleinsten Besucher dürfen Fische im Streichelbassin sogar berühren. Auch Haie bis zu 2,2 m Größe sind von einem Glastunnel aus zu beobachten, besonders spannend ist die Haifütterung (in den Schulferien Mo, Do 13 Uhr). Unter Mikroskopen lassen sich auch die allerkleinsten Lebewesen der Nordsee entdecken.

▪ Juli/Aug. 10–18 Uhr, Ostern–Juni und Sept./Okt. 10–16 Uhr. 60 DKK, Kinder 50 DKK. Vesterhavsgade 131, Nr. Vorupør, 7700 Thisted, ✆ 23 26 62 60, www.north-sea.dk.

Praktische Infos

Information Im **Nationalpark-Zentrum Nr. Vorupør** bieten Mitarbeiter alle wichtigen Infos über den Nationalpark, außerdem sind Broschüren und Flyer erhältlich. Es gibt eine kleine Ausstellung und man kann regionale Produkte kaufen. Mai–Sept. tägl. 10–17 Uhr, Febr.–April und Okt.–Dez. tägl. 11–15 Uhr. Vesterhavsgade 168, Nr. Vorupør, 7700 Thisted, ✆ 72 54 15 00, www.nationalparkthy.dk.

Verbindungen Regelmäßig verkehrt die **Buslinie 313** (nicht in den Schulferien) nach Thisted. www.nordjyllandstrafikselskab.dk.

Angeln Der beste Platz zum Brandungsangeln ist an der Mole in Vorupør. Würmer gibt es aus dem Automaten. **Hochseefischen** kann man auf dem Fischkutter „T 248" von Ole Jensen. Direkt vom Strand in Vorupør geht es auf 10-stündige Touren u. a. zum Gelben Riff. Ab 850 DKK p. P., Anmeldung: ✆ 97 92 07 41, mobil ✆ 20 85 07 41, www.skagerak-t248.dk. Früh raus geht es auch mit Thøge Munk Jensen und dem **Kutter „Maagen"**, Dauer 10 Std., ab 850 DKK p. P. ✆ 97 93 80 07, mobil ✆ 23 98 35 78, www.maagen.com. Die Saison dauert von Mitte März–Okt. Angelschein ist obligatorisch.

Panzer einer Krabbe

Einkaufen **Den Gamle Butik,** hier findet man das ganze Jahr Weihnachtsschmuck und typisch dänische Deko wie Trolle. Vesterhavsgade 97, Nr. Vorupør, 7700 Thisted, ✆ 20 62 11 64, https://shop.den-gamlebutik.dk.

Fahrradfahren Die **Panoramaroute 411** (44 km) führt von Nørre Vorupør über Stenbjerg zum Ove Sø und über Faddersbøl zurück. www.vestkystruten.dk/de/.

Ferienhausvermietung **Vorupør Feriehusudlejning,** regionaler Anbieter, Vesterhavsgade 148A, Nr. Vorupør, 7700 Thisted, ✆ 97 93 81 93, www.vorupor-feriehuse.dk; **Feriepartner Thy,** überregionaler Anbieter mit Büro in Vorupør, Vesterhavsgade 44, Nr. Vorupør, 7700 Thisted, ✆ 97 93 80 22, www.feriepartner.dk; **Dancenter,** überregionaler Anbieter mit Büro in Vorupør, Vesterhavsgade 20, Nr. Vorupør, 7700 Thisted, ✆ 97 98 58 71, www.dancenter.dk; **Novasol,** überregionaler Anbieter mit Büro in Vorupør, Vesterhavsgade 132, Nr. Vorupør, 7700 Thisted, ✆ 70 42 44 24, www.novasol.dk.

Strand Der Landingsplatz ist kein geeigneter Ort zum Baden. Aber südlich und nördlich der Mole ist viel Platz für alle am breiten Nordseestrand. Der Sand ist mit Steinen durchsetzt, das Wasser hat beste Qualität (blaue Flagge). Es gibt jedoch keine Rettungsschwimmer. Das **Havbad** an der Mole ermöglicht leichten, barrierefreien Zugang zu einem wellenfreien Bad im Meerwasser. Besonders schön ist der Strand am Bækvej, den Strandparkplatz erreicht man bei Sdr. Vorupør.

Surfen Windsurfer und Wellenreiter gehen am liebsten südlich der Mole ihrem Sport nach.

Veranstaltungen Am 28.12. feiert Vorupør sein **Winterbadefestival** mit Musik und Leckereien. Nach dem Sprung in die eiskalte Nordsee kann man sich im heißen Pool aufwärmen und außerdem erhält man ein Wikinger-Diplom.

Übernachten/Essen **Hotel Havbadet,** in dem zentral und direkt am Strand gelegenen Hotel gibt es moderne Deluxe-Zimmer und Suiten mit Balkon und Meerblick. Die Klassik-

Aussterbendes Gewerbe: die Strandfischerei

Die Strandfischerei war über Jahrhunderte eine wichtige Existenzgrundlage der Bewohner an der Nordwestküste. Seit dem Bau großer Fischereihäfen wie Hanstholm befindet sich diese Sparte des Fischereigewerbes auf dem Rückzug. Der Landungsplatz in Stenbjerg ist seit den 1970er-Jahren Geschichte, nur die Erinnerung daran wird museal bewahrt. In Vorupør, Lild Strand und Thorup Strand (→ S. 258) kann man noch hautnah erleben, wie die schweren, rumpfverstärkten Kutter mithilfe von Bulldozern und Winden unter mächtigem Getöse aus dem Wasser gezogen werden. Traditionell wurden in Vorupør Langleinen zum Fangen von Kabeljau verwendet. Dazu werden die an den langen Schnüren befestigen Haken mit Muschelfleisch bestückt und die Leinen auf Brettern geordnet, um sie auf dem Meer ins Wasser lassen zu können. Zwar wird mit dieser nachhaltigen Fangmethode weniger Beifang eingeholt, aber wegen des hohen Arbeitsaufwands geben die Fischer heute oft dem Schleppnetz den Vorzug. Es ist spannend zuzuschauen, wie in Klitmøller die Fischer kleinere Boote mit viel Geschick und Muskelkraft über den oft steil aufgetürmten Steinstrand im richtigen Moment auf die ablaufende Welle gleiten lassen. Mit dem Generationenwechsel geben auch alteingesessene Fischerfamilien die Fischerei als Haupterwerb auf und verdienen sich ein Zubrot mit Angelfahrten für Touristen u. a. zum Gelben Riff. Wie lange die typischen blauen Kutter mit den verstärkten roten Böden hier an der Küste noch auf Fahrt gehen, weiß keiner.

Zimmer sind günstiger. In der HS schnell ausgebucht. Havstokken 6, Vorupør, 7700 Thisted, ✆ 49 40 20 50, www.hotelhavbadet.dk. **€€€**

Strandgaardens Camping, der Campingplatz reicht vom Häuserrand bis in die Dünen, Stellplätze z. T. mit Meerblick. Allerdings gibt es wenig Windschutz. Im modernen Sanitärgebäude gibt es auch große Familienwaschräume mit WC und Dusche. Außerdem findet man eine großzügige Gemeinschaftsküche und Waschmaschinen. Benutzung von Fitnesscenter und Tennis gratis. Stellplatz für 2 Pers. 280 DKK, Aussichtsplätze teurer, Duschen nach Verbrauch. Es werden auch sehr schöne Hütten angeboten, z. T. mit Whirlpool. Ostern–Ende Okt. Anmeldung im Supermarkt MENY. Vesterhavsgade 85, Nr. Vorupør, 7700 Thisted, ✆ 97 93 80 22, www.strandgaardenscamping.dk.

Vesterhavscafeen, mit toller Aussicht aufs Meer und die bunten Boote von Vorupør kann man in diesem netten Lokal Pommes auf die Hand genauso genießen wie ein üppiges Stjerneskud oder ein saftiges Rindersteak mit Salat und Farmerkartoffeln. Lecker sind die Waffeln mit Eis. Hauptgerichte ab 89 DKK. In der Saison tägl. ab 11 Uhr. Vesterhavsgade 137, Vorupør, 7700 Thisted, ✆ 97 93 84 84, www.vesterhavscafeen.dk.

Pandekagehjørnet, hübsches Lokal am Strand. Knusprig gebackene Pfannkuchen belegt mit Bio-Rind, Hühnchen, Lachs, Salat, Gemüse und Soßen oder süß mit Erdbeeren, Bananen und Schokocreme. Probieren lohnt sich. Ab 49 DKK. Mi–Mo 12–17 Uhr. Vesterhavsgade 129 A, Nr. Vorupør, 7700 Thisted, ✆ 60 82 33 73, www.pandekagehjoernet.dk.

Café Restaurant Amalie, 500 m zum Strand. Rindersteaks, Spareribs, Hähnchenfilets, Koteletts und Fisch – wer Gegrilltes liebt, kommt bei Amalie auf seine Kosten. Dazu bedient man sich mit Kartoffeln, Soßen, Kräuterbutter, hausgemachtem Brot und Salat am Büfett. März–Dez. tägl. 18–22 Uhr. Nordsøvej 7, Nr. Vorupør, 7700 Thisted, ✆ 97 92 46 00, www.cafeamalie.dk.

Klitmøller

„Cold Hawaii" – wer mit solch viel versprechendem Label vermarktet wird, muss etwas zu bieten haben. Viel Westwind und surftaugliche Brandungswellen machten die Bucht von „Klitte" bei Surfern zu einem beliebten Hotspot der europäischen Surfszene.

Noch verweisen der Museumskutter „Bellis T97" und einige bunte Boote am Strand auf die Geschichte des kleinen Fischerdorfs Klitmøller. Hauptberuflich ist hier niemand mehr Fischer, doch zum nebenerwerblichen Fischzug lassen die Einheimischen immer noch ihre Nussschalen über den aufgetürmten Kiessaum in die Wellen gleiten. Der Tourismus ist für die rund 800 Einwohner ein Saisongeschäft, ansonsten pendeln sie zu Jobs in Hanstholm oder Thisted. Von 1560 bis 1810 wurden von Klitmøller aus Handelsfahrten mit Getreide und Nahrungsmitteln an die nur 110 km entfernte norwegische Küste unternommen. Die Getreidemühlen an den Dünen (klit møller) gaben dem Ort seinen Namen. Nach dem Bruch der Agger Tange 1825 und der Öffnung des Limfjords zur Nordsee büßte Klitmøller seine bevorzugte Lage ein. Die Fischerei florierte bis 1967, danach wurde vom Hafen Hanstholm aus gefischt.

Große Sprünge in Klitmøller

Ein Muschelriff vor Klitmøller lässt die Wellen auf bis zu 6 m ansteigen und brechen. Passt die Windrichtung, paddeln die ersten Surfer in ihrem schwarzen Neoprenanzug in der Morgendämmerung hinaus, später wird es dann voll auf dem Wasser. Auf den Strandparkplätzen stehen die Bullis der coolen Surferboys und -girls dicht an dicht. Über Mangel an Publikum mit oder ohne Kamera muss sich hier keiner beklagen.

Wer sich gern in der Natur bewegt, findet im Hinterland eine herrliche Gegend zum Wandern und Radfahren. Landschaftlich reizvoll gelegen ist der **Vandet Sø** südöstlich von Klitmøller. Der Karstsee hat am Ostufer eine respektable Steilküste zu bieten, im Süden findet man einen Bootsanleger und am Westufer eine Badestelle mit Picknickplatz. Windsurfer, Angler und Vogelbeobachter gehen hier ihren Aktivitäten nach.

Praktische Infos

→ Karte S. 219

Allgemeine Infos

Information In Klitmøller kann man sich an einer **Infohütte** mit aktuellen Broschüren und Flyern versorgen. www.visitnordvestkysten.de.

Verbindungen Regelmäßig fährt die **Buslinie 322** von Thisted über Klitmøller nach Hanstholm. www.nordjyllandstrafikselskab.dk.

Angeln Am Vandet Sø und am Nors Sø gibt es gute Angelmöglichkeiten u. a. für Hechte, Bar-

sche, Rotaugen und Maränen. Wathosen empfehlenswert. Angelscheine in den Touristenbüros Thisted und Hanstholm (im Sommer).

Fahrradfahren Die **Nordthyruten** (Nr. 17) führt von Klitmøller über Thisted zum Bulbjerg.

Fahrradverleih Bei **Cold Hawaii Mountainbikes** (Ørhagevej 146) sowie im **Nystrup Camping Klitmøller.**

Golf **Nordvestjysk Golfplatz,** 5 km südöstlich zwischen Klitmøller und Vang, die 18-Loch-Bahn liegt in einem hügeligen Gelände eingebettet in Wald und gilt als schwierig. Greenfee 400 DKK. Außerdem gibt es einen Pay&Play-Platz mit 6 Bahnen, 100 DKK. Nystrupvej 19, 7700 Thisted, ✆ 97 97 41 41, www.nvgolf.dk.

Kunst **Galerie Salshus,** in einem alten Bauernhof bei Nors verkaufen anerkannte Künstler und Kunsthandwerker ihre Werke: Malerei, Keramik und Skulpturen. Sa/So 11–17 Uhr, in den Sommerferien auch an Wochentagen. Døjholtvej 15, Hinding, 7700 Thisted, ✆ 97 98 15 65, www.salshus.dk.

Galleri Kronens Hede, die Familiengalerie in der Plantage Kronens Hede zeigt Holzarbeiten des Drechslers Ernst Kempf. Er bearbeitet mit Motorsäge und Drechselbank Holz zu formschönen Schalen, Tellern, Vasen und Objekten. Außerdem sind Malereien von Suzette Hugo Kempf und Papierschnitte von Katinka Olrik zu sehen. Atelier nach Absprache geöffnet. Kronens Hede Vej 12, 7700 Thisted, ✆ 60 62 42 42, www.kronens-hede.dk.

Strand Westlich und östlich der Surferspots gibt es in Klitmøller vor hohen Dünen viele badetaugliche Strandkilometer mit Sand, der teilweise mit Kies und Steinen durchsetzt ist. Auf Höhe des Nystrup Campings stehen vor dem Strandparkplatz einige Bunker, die als Windschutz genutzt werden. Einen großen Strandparkplatz mit WC findet man am Ostrand der Ferienhausbebauung (Splittergab).

Surfen Am Strand von Klitmøller gibt es mehrere Spots für Anfänger und Könner. Möglich ist Wellenreiten, Wind- und Kitesurfen sowie SUP. Tipps und Infos finden sich auf der Webseite und in der örtlichen Station von **Westwind.** Außerdem Kurse sowie Verleih und Verkauf von Ausrüstung und Zubehör. Ørhagevej 150, Klitmøller, 7700 Thisted, ✆ 97 97 56 56, www.westwind.dk.

Veranstaltungen Anf. Sept. findet der alljährliche **Nationalpark Thy Marathon & Duathlon** mit Start am Vandet Sø statt (www.nptmarathon.dk). Im Sept. wird in Klitmøller der **PWA World Cup** in der Windsurf-Disziplin Wave Performance ausgetragen.

Wandern In den Waldgebieten rund um Vandet und Nors Sø sind 16 miteinander kombinierbare **Wanderwege** von einem bis 8 km Länge ausgeschildert. Karte und Infos unter: https://naturstyrelsen.dk/media/nst/67373/34T_VandetTYSK.pdf.

Wohnmobile In Klitmøller wird das wilde Campen rigoros unterbunden, deshalb das Nachtparkverbot für Wohnmobile auf öffentlichen Parkplätzen beachten. Quick-Stop für Autocamper auf dem **Nystrup Camping Klitmøller,** Stellplatz 250 DKK.

Übernachten/Essen

Guest House Klitmøller 5, ca. 350 m zum Strand. Das neue Gästehaus in gemütlichem nordischen Stil bietet 3 DZ mit eigenem Bad/WC, sowie 8 Zimmer mit Gemeinschaftsbad. Es gibt eine Außensauna, eine Küche und einen gemeinsamen Essbereich. Frühstück wird von Ostern bis Sept. angeboten. Zur Entspannung gibt es Yoga-Training. Ørhagevej 84, Klitmøller, 7700 Thisted, ✆ 41 66 04 77, www.guesthouse-klitmoller.dk. **€€**

meinTipp **Klitmøller Hotel & Fiskerestaurant Niels Juel 2,** am Surferstrand. Die Lage und Ausstattung dieses Hotels sind einen Oscar wert: Starke Nerven braucht, wer in der Themensuite „Jaws" unter dem aufgerissenen Maul des Weißen Hais ruhigen Schlaf findet. In den Suiten „Hemingway" oder „Thy" hat man es kuscheliger. Von der Terrasse des Restaurants kann man den Surfern zuschauen. Die Wirtsstube mit Meerblick ist urig eingerichtet, mit vielen maritimen Erinnerungen und Modellschiffen. Diese tolle Atmosphäre bildet den Rahmen für ein umfangreiches Fischbüfett (265 DKK), das von Juni bis August aufgetafelt wird. À la carte gibt es zu gehobenen Preisen Fisch, Fleisch sowie Vegetarisches. Juli Di–So 17.30–22 Uhr, Juni und Aug. Di–Sa 17.30–22 Uhr. Ørhagevej 150, Klitmøller, 7700 Thisted, Hotel ✆ 60 70 68 06, Restaurant ✆ 71 99 63 63, klitmollerhotel.com und www.nielsjuel.com. **€€€**

Gaarden Klitmøller B&B 6, 500 m vom Strand entfernt werden in einem alten Reetdachhof gemütliche, einfache Zimmer mit Gemeinschaftsbad vermietet. Für die Gäste stehen hübsch eingerichtete Gemeinschaftsräume, eine Küche und eine möblierte Terrasse an den Dünen bereit. Abstellmöglichkeiten für Fahrräder und Surf-Ausrüstung sowie Außendusche. Kalles Mark 2, Klitmøller, 7700 Thisted, ✆ 40 12 66 83, www.gaardenklitmoller.dk. **€**

Nystrup Camping Klitmøller 7, der strandnah gelegene Platz bietet schöne Stellplätze mit Hecken und Bäumen, saubere Sanitäranlagen, Aufenthaltsräume, Gemeinschaftsküche und tolle Angebote für Kinder wie Spielplatz, Minigolf und Mooncars, ferner diverse Aktivitäten. Auf dem „Surfercamp" kann man coole Tonnenhütten mieten und es gibt Luxus-Glamping-Zelte. Stellplatz für 2 Pers. 300 DKK. April–Okt. Trøjborgvej 22, Klitmøller, 7700 Thisted, ✆ 97 97 52 49, www.nystrupcampingklitmoller.dk.

Klitmøller Røgeri 1, am Surferstrand. Die Außenterrasse direkt am Strandparkplatz ist immer gut besucht, denn die günstigen Hausspezialitäten von Fischfrikadellen mit Kartoffelsalat über Fischfilet mit Pommes bis Räucherfisch auf Schwarzbrot schmecken nicht nur, wenn man den ganzen Tag im Wasser war. Ørhagevej 152, Klitmøller, 7700 Thisted, ✆ 61 10 06 21, www.klitmoeller-roegeri.dk.

meinTipp **Kesses Hus 3,** nettes Pfannkuchen-Café in einer Seitenstraße, 250 m zum Surferstrand. Hier werden Pfannkuchen belegt mit Würzigem wie Ziegenkäse und Pesto, Pilztartar und Rote Bete oder vegan mit Paprika und Artischocke. Süße Varianten kommen u. a. mit Vanilleeis oder Walnuss mit Kahlúa (Kaffeelikör) daher. Dazu trinkt man Bio: von Kaffee und Tee über Bier bis Apfelwein. Juli/Aug. 10–21 Uhr, April–Juni und Sept./Okt. So–Do 12–18, Fr/Sa 12–20 Uhr. Bavnbak 4, Klitmøller, 7700 Thisted, ✆ 61 69 38 16, www.kesseshus.dk.

Haandpluk Kaffeebar 4, ca. 1 km zum Surferstrand. Das selbstgebraute Bier aus seiner Mikrobrauerei und andere Craft-Biere serviert Lars in seiner Kaffeebar genauso gern wie Kaffeespezialitäten und Wein von Kleinwinzern. Dazu kann man Tapas, z. B. Tintenfisch in eigener Tinte, Entenrillette, Käse und Oliven bestellen. Mo–Do und Sa 10–15, Fr 10–17.30 Uhr. Vestermøllevej 18, Klitmøller, 7700 Thisted, ✆ 31 22 80 88, www.haandpluk.dk.

Teil des Atlantikwalls: Geschütze des Bunkers Hanstholm

Hanstholm

Hanstholm riecht nach Fisch! Kein Wunder, denn der 1967 eingeweihte Fischereihafen ist, gemessen an der angelandeten Menge Speisefisch, einer der größten Dänemarks. Hanstholm steht aber auch wie keine andere Stadt der dänischen Nordseeküste für den Wahnsinn der Besatzungszeit.

Die Festungsanlage Hanstholm war ein Kernstück des Atlantikwalls. Für deren Bau und Betrieb zogen etwa 4000 Soldaten und Zivilpersonal nach Hanstholm, die Bevölkerung dagegen wurde ab 1942 zwangsumgesiedelt. Nur 500 kehrten nach 1946 in ihr heruntergewirtschaftetes, damals noch Hanstedt genanntes Städtchen zurück und machten sich an den Wiederaufbau. Die Geschichte wird im sehenswerten Bunkermuseum Hanstholm umfassend dargestellt.

Nähert man sich dem 2000-Einwohner-Städtchen Hanstholm über die Küstenstraße 181 fällt als erstes der auf einem Höhenrücken gelegene Hanstholm Fyr ins Auge. Nahe des Leuchtturms steht die schlichte romanische Hansted Kirke aus dem 12. Jh. (Mo–Sa 8–16 Uhr). Auf dem Plateau siedelten sich die Bewohner Hanstholms an. Der Ort macht nicht viel her, bietet aber einige Übernachtungs- und Einkaufsmöglichkeiten.

Zwischen Klitmøller und dem 12 km entfernten Hanstholm liegt das 4000 ha große **Hanstholm Vildtreservat.** In den Heide- und Waldgebieten lebt eine stattliche Population an Rotwild, hier findet auch eine Vielfalt an Vögeln passenden Brut- und Lebensraum.

Sehenswertes

Hanstholm Hafen: Unterhalb der Klippe ziehen sich Fischfabriken, Lagerhallen, Werft und andere Industriebauten die gesamte Landspitze entlang. Im Gegensatz zu anderen Häfen wird der in Hanstholm ausschließlich gewerblich genutzt. Die meisten Bewohner leben hier in irgendeiner Weise vom Fisch. Begründet wurde der Hafen schon 1917, doch erst nach einem Parlamentsbeschluss 1960 wurde der Ausbau zum Fischerei- und Verkehrshafen in Angriff genommen. Nach der Einweihung 1967 verlagerte sich fast der gesamte Fischfang der Region hierher, der Konkurrenzdruck brachte die Strandfischerei nahezu zum Erliegen. Zunächst verkehrten von hier auch Fähren nach Norwegen, Island und zu den Faröer-Inseln, doch der Fährverkehr wurde inzwischen nach Hirtshals verlegt. Im Fischereihafen ist zu jeder Tages- und Nachtzeit etwas los. Bei den Fischauktionen (Mo–Fr ab 6.45 Uhr, Auktionsgade 11) kann man miterleben, wie der Fisch seine Abnehmer findet. Vom Hafen aus starten Fischkutter zu Angeltouren auf das Gelbe Riff (→ Angeln, S. 223).

Im **Wellenenergiezentrum Hanstholm** wird an einer interessanten Perspektive der Energiegewinnung aus Wellenkraft geforscht (das Touristenbüro vermittelt Führungen, Infos: www.danwec.com).

Bunkermuseum Hanstholm: Am 9. April 1940 besetzten die deutschen Truppen Dänemark. Schon am 10. April erreichten sie Hanstholm. Nach provisorischer Einrichtung einer Batterie wurde mit dem Bau der Festung Hanstholm als einer der ersten Befestigungen des sogenannten Atlantikwalls (→ S. 228) begonnen. Vier große 38-cm-Kanonen, die von einer Kesselbettung aus abgeschossen werden konnten, bildeten den Mittelpunkt der deutschen Küstenbatterie Hanstholm II, die den Schiffsverkehr im Skagerrak unterbinden und den Weg in die Ostsee versperren sollte. Mit ihr konnten Granaten bis zu einer Entfernung von 55 km geschossen werden. Im Zusammenwirken mit der Batterie „Vara" im norwegischen Kristiansand und ausgedehnten Minenfeldern wollten die Nazis die 120 km breite Meeresstraße abriegeln. Auch die 17-cm-Kanone in Hanstholm I war für Ziele auf dem Meer ausgelegt. Die Festung wurde 1943 fertig gestellt und blieb bis 1945 in der Hand der Wehrmacht. Als die Alliierten die Festung einnahmen, lagerten hier noch 1900 Schuss im Kaliber 38 cm sowie mehrere tausend Schuss kleinerer Kaliber für Flugabwehrgeschütze.

Mannschaftsraum der deutschen Truppen

Eine Reihe gespenstisch aussehender Geschütze empfängt die Besucher des Bunkermuseums direkt am Parkplatz. Die ausgestellte 38-cm-Kanone wurde für die Ausstellung aus nicht benutzten Teilen montiert. Hergestellt wurden sie jedoch ursprünglich für die Stellung Tirpitz bei Esbjerg. Der Zugang zur Bunkeranlage führt über das moderne Dokumentationszentrum, in dem man zahlreiche Fundstücke und Waffen sehen kann und Hintergrundinformationen über die Festung Hanstholm, den Atlantikwall und die Besetzung Dänemarks bekommt. Auch über die wohl prominentesten Besucher des Bunkers, die Olsenbande, und die Dreharbeiten zum dritten Film („Die Olsenbande fährt nach Jütland") der Erfolgsserie informiert das Museum.

Der Rundgang im Museumsbunker führt in die Munitionslager und entlang des Munitionsgangs, in dem Soldaten mit kleinen Loren die Granaten und Pulverladungen zum Geschütz transportierten. Zu sehen sind die Unterkünfte der Soldaten und eine Gasschleuse, die die Mannschaft vor Giftgasangriffen schützen sollte. Die Kanone mitsamt Turm ist nicht erhalten. Aber die gewaltigen Ausmaße der Kesselbettung mit 30 m Durchmesser und einem 2 m hohen Sockel veranschaulichen die Dimensionen dieser Waffe. Sie wurde zwar regelmäßig getestet, sogar mit einem Schuss über Land Richtung Thisted, aber zum scharfen Einsatz kam es zum Glück nie. Einzig und allein einem Fischkutter, der bei Sturm vor der Küste von Hanstholm ankerte und sich dadurch verdächtig machte, ballerten die Deutschen vor den Bug.

Weitere zugänglich gemachte Bunker auf dem weitläufigen Museumsgelände kann man bei einem Spaziergang oder mit der Museumsbahn besichtigen. Überall in Hanstholm gibt es noch Spuren der Besatzungszeit, auch wenn die meisten der 450 Bunker mehr oder weniger verborgen sind. Manche Einrichtungen wurden nach dem Krieg weiter genutzt, das ehemalige Lazarett zum Beispiel dient heute dem dänischen Zivilschutz als Lager und in der einstigen Kantine steckt die Fernwärmezentrale von Hanstholm (ausführliche Infos auf der Webseite, eine detaillierte Karte gibt es im Dokumentationszentrum).

▪ Juni–Aug. 10–17, Do bis 21 Uhr, Febr.–Mai und Sept.–Nov. 10–16 Uhr. 100 DKK, Kinder bis 18 J. frei. Museumszug Mai–Aug. tägl., Zugfahrt 20 DKK. Molevej 29, 7730 Hanstholm, ✆ 97 96 17 36, www.bunkermuseumhanstholm.dk.

Hanstholm Fyr: Der Leuchtturm wurde 1843 erbaut und bietet von der Plattform aus, 65 m über dem Meer, eine fantastische Aussicht. Der Vorgängerbau erwies sich als nicht tragfähig genug, um das Gewicht der Linsen und Lampen zu tragen. Er wurde abgerissen und durch den jetzigen Turm ersetzt. Ab 1889 wies eine elektrisch betriebene Kohlenstofflampe den Schiffen den Weg. Heute findet man hier das Touristenbüro sowie Ateliers, Wohn- und Ausstellungsräume, die von Künstlern, Musikern und Wissenschaftlern für Projektarbeiten genutzt werden. An bestimmten Terminen wird als besonderes Erlebnis das Abseilen (Rapelling) außen vom Leuchtturm angeboten.

▪ Besichtigung Leuchtturm tägl. 10 Uhr bis Sonnenuntergang. 30 DKK. Tårnvej 7–23, 7730 Hanstholm, www.hanstholmfyr.dk (auch Termine zu Ausstellungen und Veranstaltungen).

Praktische Infos

Information Das saisonale **Thy Touristenbüro** im Leuchtturm Hanstholm versorgt die Gäste mit allen wichtigen Infos, man findet hier auch Broschüren und Flyer. Juli/Aug. Mo–Fr 10–16, Sa/So 11–14 Uhr. Tårnvej 21, 7730 Hanstholm, ✆ 97 92 19 00, www.visitnordvestkysten.de.

Verbindungen Regelmäßige **Busverbindung** mit Linie 322 von Hanstholm nach Thisted. www.nordjyllandstrafikselskab.dk.

Angeln Im Hafen ist das Angeln von den Molen aus erlaubt. **Rederiet Gule Rev** bietet Hochseeangeltouren zum Gelben Riff (Gule Rev) und anderen Fischgründen an. März–Okt. 6–17 Uhr, 1050 DKK p. P., Angelschein obligatorisch. Pier 5, Hanstholm Havn, 7730 Thisted, ✆ 40 75 53 94, www.gule-rev.dk.

Fahrradfahren Die **Vestkystruten** (Nr. 1) führt von Klitmøller über Hanstholm entlang der Vigsø-Bucht. In Hanstholm startet der nationale Fernradweg (Nr. 2): **Hanstholm–Kopenhagen** (420 km). Eine schöne Runde führt von Hanstholm über Ræhr durch die Tved Klitplantage nach Nors, dann am Nors Sø entlang bis Klitmøller und an der Nordsee zurück.

Strand Das Strandleben beginnt erst mit einigem Abstand vom Hafen östlich in der Vigsø Bucht (etwa ab Hanstholm Camping) und westlich Richtung Klitmøller. Landschaftlich schön, aber man muss an den unbewachten Stränden mit Steinen und Kies rechnen.

Wandern Auf dem Höhenrücken Hanstholmen gibt es einen markierten **Wanderweg** vom Steilhang westlich des Leuchtturms von Hanstholm durch die Byplantage und oben auf dem alten Küstenabhang entlang nach Vigsø. (www.naturstyrelsen.dk). Die zentrale Zone des

Der Nordwesten → Karte S. 202

Hanstholm Vildtreservats ist für Besucher ganzjährig nicht zugänglich. Im übrigen Bereich gibt es während der Brutzeiten vom 1. April–15. Juli Beschränkungen. 3 markierte Wanderwege gibt es ab Tved Kirke (6 km), ab Nors Sø (3 km) und ab Sårup (4 km).

Wohnmobile Der **Hanstholm Camping** bietet neben Stellplätzen für Wohnmobile auch das „Surfcamp Middles" mit Zugang zu Sanitäranlagen und Einrichtungen des Campingplatzes, Stellplatz für 2 Pers. HS 220 DKK. www.hanstholm-camping.dk.

Ræhr Fiskepark, geschützt hinterm Wald am kleinen Angelsee liegende Stellplätze, mit WC/Dusche, Ver- und Entsorgung. April–Nov. Stellplatz 140 DKK. Bybakken 1a, Ræhr, 7730 Hanstholm, ✆ 0179-6137329, www.thy-minicamping.dk.

Übernachten/Essen **Montra Hotel Hanstholm,** zentrumsnah in ruhiger Lage. Die komfortablen Zimmer und Suiten in behaglichen Farben haben eigenes Bad/WC, TV, WLAN und einen kleinen Balkon oder eine Terrasse. Frühstück gibt es am reichhaltigen Büfett. Es werden günstige Arrangements, z. B. Golfaufenthalt oder eine Kombination von Konzert und Übernachtung, angeboten. Das Hotel verfügt über ein kleines Hallenbad und Sauna sowie kostenlose Parkplätze. Das Hotelrestaurant serviert gehobene dänische Küche aus regionalen Zutaten und natürlich immer fangfrischen Fisch aus Hanstholm. Mo–Sa 17–21, So 17–20 Uhr. Chr. Hansensvej 2, 7730 Hanstholm, ✆ 97 96 10 44, www.montrahotels.dk/hotel-hanstholm. **€€€**

Hanstholm Camping – Thy Feriepark, ca. 4 km östlich von Hanstholm mit eigenem Strandzugang. Der gepflegte Platz mit Wiesen und Bäumen liegt auf einer 40 m hohen Düne, einige Stellplätze haben Meerblick. Für Kinder gibt es neben Spielplatz, Kinderhaus, Minizoo und einem Badeland mit 35-m-Rutsche auch Islandponys zum Reiten. Beliebte Freizeitbeschäftigungen für die Großen sind Modellfliegen, Angelausflüge zum Gelben Riff und natürlich Surfen. Das Camping-Restaurant (Juli–Anf. Aug.) bietet abwechslungsreiche Küche für Fleischesser, Pizzaliebhaber und Vegetarier. Stellplatz für 2 Pers. 316 DKK, Aussichtsplätze und Komfortplätze teurer. Es werden Zelte, Wohnwagen und Hütten vermietet. Ganzjährig geöffnet. Hamborgvej 95, 7730 Hanstholm, ✆ 97 96 51 98, www.hanstholm-camping.dk.

Hanstholm Madbar, in der Nähe des Leuchtturms. Das gemütliche Restaurant oben auf dem Plateau besticht mit einer großartigen Aussicht auf Hafen und Meer. Die Küche tischt ordentliche Steaks und frisch zubereitete Burger, Fish and Chips, Moules-frites sowie ständig wechselnde Tagesgerichte auf (ab 149 DKK). Einfach nur etwas Trinken und rausgucken ist auch toll. Mo–Sa 12–23, So 12–17 Uhr. Helshagevej 98, 7730 Hanstholm, ✆ 81 71 19 12, www.hanstholmmadbar.dk.

MeinTipp **Færgegrillen,** bodenständiges, günstiges Essen für Einheimische und Gäste gibt es ganzjährig in diesem beliebten Hafenrestaurant mit Blick auf Hafen und Meer. Der Fisch kommt frisch von der Auktion, das Fleisch und die anderen Zutaten von regionalen Erzeugern. Schnell verdrückt sind Käsebrötchen, Hotdogs oder Burger. Lecker schmecken die Tagesgerichte wie gebratener Schweinebauch mit Petersiliensoße, Fischfilet mit Pommes und Salat, Stjerneskud oder hausgemachte Biksemad. Mo–Fr 11.30–19, Sa/So 12–19 Uhr. Kai Lindbergsgade 77, 7730 Hanstholm, ✆ 97 96 07 07, www.faergegrillen.dk.

Det Gamle Røgeri, natürlich spielt Fisch in der alten Räucherei am Hafen die Hauptrolle. Im zünftigen Lokal werden preiswerte warme und kalte Gerichte serviert, u. a. Fischfrikadellen mit Kartoffelsalat, Stjerneskud oder Aal mit Rührei auf Schwarzbrot. Fischverächter müssen mit Roastbeefsandwich oder Grillhähnchen vorlieb nehmen. Im Laden können natürlich auch alle geräucherten Fischspezialitäten oder Krabben (in Eimern) erworben werden. Tägl. 10–18 Uhr. Kuttergade 7, 7730 Hanstholm, ✆ 23 46 13 53, www.roegeriet.dk.

GPS-Tour 8: Wo die Möwen kreischen – Wanderung zum Aussichtsfelsen Bulbjerg → S. 395
Abwechslungsreiche Wanderung durch Wald und Dünen. Ziel ist der 47 m hohe Aussichtsfelsen Bulbjerg.

Einzigartig und sehenswert: der Bulbjerg in Nordthy

Nordthy

Nordthy ist irgendwie der Welt entrückt. Von Hanstholm aus orientiert sich die Primärroute 29 über Østerild Richtung Limfjord. An den Strand der Vigsø Bugt zwischen Vigsø und Lild Strand verirren sich nur wenige. Einige schmale Strandvejen oder Schotterwege führen durch die unter Naturschutz stehenden Dünen und Dünenwälder (Klitplantage) bis zum Meer.

In **Lild Strand** gehen noch eine Handvoll Fischer der Strandfischerei im Nebenerwerb nach. Die kleine Lild Kirke, untergebracht im ehemaligen Rettungshaus aus dem Jahre 1883, gibt der kleinen Gemeinde geistlichen Rückhalt. Die Lild Røgeri versorgt Einheimische und Ferienhausgäste mit günstigen Fischgerichten und Fangfrischem zum Mitnehmen. Wer es mit eigenem Fangglück versuchen möchte, geht in der Brandung auf Plattfisch und Dorsch. Am Landingsplads kann man in der kleinen Galerie „Lille Viol" handgemachte Dekowaren zur Verschönerung des eigenen Heims finden. Im Jahr 1901 verbrachte der deutsch-dänische Maler Emil Nolde hier den Sommer. Es entstanden fantastische Zeichnungen mit Strandläufern, Nachtwandlern und seltsamen Naturwesen, die im Nolde-Museum Seebüll (→ S. 64) aufbewahrt werden. Beeinflusst von Naturerleben und mythischen Sagen arbeitete er in Lild wohl wie im Rausch: „Wohin ich schaute, die Natur war belebt, der Himmel, die Wolken, auf jedem Stein und zwischen den Zweigen der Bäume, überall regten und lebten in stillem oder wildem lebendigen Leben meine Gestalten, die mich in Begeisterung versetzten und auch plagend nach Verbildlichung riefen."

Sehenswertes

Kirsten Kjærs Museum: Malerei, Zeichnungen und persönliche Erinnerungsstücke aus dem Leben der Künstlerin

Kirsten Kjær zeigt das von einer Stiftung unterhaltene Museum in einem Landhaus bei Frøstrup. 1893 in Vester Torup geboren und mit 14 Jahren aus der Enge des Landlebens nach Aalborg und Kopenhagen geflüchtet, lebte Kirsten Kjær ein „wildes Leben", das sie nach Kalifornien und Mallorca führte und im Roman „Heart Vagabond" von Karin Michaelis seinen Niederschlag fand. Sie versuchte sich als Schauspielerin, fand aber mit 32 Jahren in der Malerei ihr Ausdrucksmittel. Besonders als Porträtistin bekannter Zeitgenossen wurde sie berühmt. Sie malte bis kurz vor ihrem Tod mit 91 Jahren. Das Museum zeigt Wechselausstellungen dänischer und internationaler Künstler und es finden Konzerte und Kurse statt. In den Werkstätten für Grafik und Bronzeguss arbeiten Künstler als Artist in Residence.

■ April–Okt. Di–So 13–17 Uhr. Eintritt frei, Spenden willkommen. Langadvej 64, 7741 Frøstrup, www.kkmuseum.dk.

Bulbjerg: Östlich von Lild Strand findet man den einzigen Vogelfelsen der dänischen Nordseeküste. Eindrucksvolle 47 m erhebt sich der Bulbjerg, eine Klippe aus Kreide und Sandstein, über dem Meer. Die Aussicht von „Jütlands Schulter" ist eine der schönsten an der Nordseeküste. Über Holztreppen gelangt man hinunter zum Strand und zum Fuß des Felsens. Je nach Wasserstand und Wellengang kann man bis weit unter den Felsen spazieren oder ihn sogar umrunden. Das Vogelgeschrei ist ohrenbetäubend. Auf dem Bulbjerg nisten Hunderte Dreizehenmöwen auf schmalsten Vorsprüngen. Aber auch Basstölpel, Raubmöwen, Papageitaucher und Eissturmvögel kann man hier beobachten.

Möwen am Bulbjerg

Ursprünglich war der Bulbjerg eine Insel, der markante Felsen diente den Wikingern als Peilmarke, um die damals noch geöffnete Zufahrt in den Limfjord zu finden. Von der Wikingerburg Aggersborg aus fuhren sie mit ihren Schiffen zu Handels- und Kriegsfahrten auf die Nordsee. Im 12. Jh. versandete die Route. 1907 wurde am Bulbjerg ein Badehotel errichtet, das die deutsche Wehrmacht 1940 beschlagnahmte und in eine Funkpeil- und Radarstation umfunktionierte. Auf dem Bulbjerg bauten die Soldaten eine Festung mit Bunker und Kanonenstellungen. Das Hotel wurde am Ende der Besatzungszeit gesprengt, um gegnerischen Schiffen nicht als Peilmarke zu dienen. Im umfunktionierten Bunker informieren Schautafeln über die Besatzungszeit, außerdem auch über die Geologie und Vogelwelt. Im lieblichen Dünen- und Waldgebiet hinter dem Bulbjerg sind am Tinghøj Reste eines Grabhügels aus der Bronzezeit zu finden. Die großen Steine, die man in diesem Gebiet sieht, haben die Gletscher der Eiszeit vor ca. 18.000 Jahren hinterlassen. Sie liefern Stoff für die Sagen von großen Trollen, die hier im Wald „Troldsting" ihr Thing (Gerichtsversammlung) abgehalten haben sollen.

■ Es gibt 2 Parkplätze, WC im Bulbjerg-Bunker. Zufahrt über Bulbjergvej, von der Sekundärroute 569 (Østerild–Fjerritslev) ausgeschildert. Der Bulbjerg steht unter Naturschutz, deshalb sind Klettern und Paragliding verboten.

Vejlerne: An der Grenze zwischen Thy und Han Herred liegt das 6000 ha große Vogelschutzgebiet Vejlerne, ein Tiefland aus Wiesen, Röhricht und Brackwasserseen. Ursprünglich war es ein Seitenarm des Limfjords, den man zur Gewinnung von Ackerland ab 1860 vergeblich trocken zu legen versuchte. Seit 1960 sind die Vejlerne als größtes naturwissenschaftliches Reservat geschützt und stehen unter der RAMSAR-Konvention der UNESCO. Der Zugang ist nicht erlaubt, aber es gibt mehrere Beobachtungstürme, von denen aus man die Vielfalt der Vogelwelt beobachten kann (Karte in den Touristenbüros). Hier brüten u. a. Graugänse, Rohrdommeln, Löffler und Säbelschnäbler, im Herbst machen Kraniche Station. Das **Vejlerne Naturzentrum,** etwa 3 km östlich von Øsløs an der Primärroute 11/29, bietet Informationen zu Geschichte und Tierwelt des Reservats (tägl. von Sonnenaufgang bis -untergang, Eintritt frei). Auch wer sich nicht für Vögel interessiert, sollte auf einem der Parkplätze auf dem Byholm Deich kurz anhalten und den schönen Blick auf den Limfjord genießen.

Praktische Infos

Information www.visitnordvestkysten.de.

Verbindungen **Busse:** Regelmäßig verkehrt **Bus 70** ab Aalborg über Fjerritslev, Vester Thorup, Frøstrup, Vesløs und Østerild nach Thisted (und retour). An Werktagen fährt auf Bestellung der **Telebus 325** ab Vesløs, über Frøstrup nach Lild Strand (Bestellung beim Fahrer bis spätestens eine Stunde vor Abfahrt, ✆ 92 72 53 68). www.nordjyllandstrafikselskab.dk.

Fahrradfahren Die **Nordthyruten** (Nr. 17) startet am Bulbjerg und führt nach Klitmøller. Schöne Ausblicke auf den Limfjord gibt es zwischen Vesløs und Thisted. Die **Limfjordsruten** (Nr. 12) führt von Vester Torup über Thisted nach Thyholm in Sydthy.

Windsurfen Am Limfjordstrand bei Øsløs finden Windsurfer gute Bedingungen.

Wandern Rund um den Bulbjerg gibt es eine Vielzahl markierter Wanderrouten und der **Nordsøstien** (Nordseewanderweg) führt direkt über den Felsen.

Übernachten/Essen **Vigsø Feriecenter,** in Vigsø, 500 m vom Strand entfernt. Der Danland-Feriencenter bietet komfortable Einrichtungen für Familienferien: u. a. Schwimmbad mit Rutsche, Sauna, Fahrradverleih, Motocross, Minigolf, Tennis und Spielplatz. Vermietet werden in modernem Stil eingerichtete und mit TV und WLAN ausgestattete Hotelzimmer mit Bad/WC und Ferienhäuser mit Bad/WC, Küche, Wohn- und Schlafzimmern (bis 12 Pers.). Min. 2 Tage. Vigsø Bugt Vej 1, 7730 Hanstholm, ✆ 96 55 66 66, www.vigsoe-ferie.dk, www.danland.dk. Hotelzimmer **€€€,** Ferienwohnung **€€€€**

Der Nordwesten → Karte S. 202

Reste von deutschen Bunkern in den Dünen bei Skagen

Steinerne Zeugen: Bunker des Atlantikwalls

Vom französischen Biarritz am Atlantik bis ins dänische Skagen an der Nordsee baden Urlauber an herrlichen Stränden und haben nicht nur das blaue Meer im Blickfeld, sondern auch monströse Klötze aus Beton. Die Bunker aus dem Zweiten Weltkrieg, erschaffen zur Abschottung des „tausendjährigen Reiches", sind geblieben als langsam in Wellen und Wind verwitternde Zeugen der Geschichte. „Zimmer frei" hat ein unbekannter Graffiti-Sprayer auf einen Bunker in Skagen gesprüht. Woanders malen Monsterquallen oder Herzchen mit Initialen das Betongrau bunt. Spontanes, Ironisches und sogar anerkannte Kunst drücken den brachialen Bollwerken etwas Menschliches auf. Die „Bunker-Mulis" des Künstlers Bill Woodrow und der „Affe mit Pinsel" von Jörg Immendorf in Blåvand sind Teil einer Friedensskulptur an der Küste.

1941 befahl Adolf Hitler den Bau des Atlantikwalls als Verteidigungslinie gegen eine befürchtete alliierte Invasion. Bis Kriegsende befestigten die deutschen Besatzer auf mehr als 2600 km von Frankreich über Belgien, Niederlande, Deutsches Reich, Dänemark und Norwegen die westliche Küstenlinie mit unzähligen Bunkern, Radarstationen und schwer bewaffneten Festungen. Zehntausende Zwangsarbeiter und Kriegsgefangene wurden hierfür eingesetzt. Minenfelder, Stacheldraht und Panzersperren sicherten die Anlagen zusätzlich ab. Anfang Dezember 1943 inspizierte Feldmarschall Rommel die Befestigungen zwischen Esbjerg und Hanstholm. Sehr wahrscheinlich wusste er längst, wie wenig effektiv die „Festung Europa" im Angriffsfall wirklich war. Als Propagandaerfolg war der Atlantikwall unbestritten, auch wenn er nie fertig wurde.

Gebaut wurde bis zuletzt. Selbst nach der Landung der Alliierten am 6. Juni 1944 in Frankreich und ihrem erfolgreichen Vorrücken wurden noch bis zum Jahreswechsel 1944/45 in Thy weitere Bunker betoniert. Bei der Kapitulation am 5. Mai 1945 hinterließen die abrückenden Soldaten viele Holzverschalungen unverfüllt.

Nach dem Krieg wurden viele Bauten gesprengt, doch die meisten der steinernen Monumente erwiesen sich als unkaputtbar. Mit viel Aufwand gebaut wurde die strategisch wichtige Festung Hanstholm mit ihren vier 38-cm-Kanonen zur Kontrolle des Skagerrak. Die Kanonen wurden jedoch nie in Kampfhandlungen abgefeuert. Die Stellung Tirpitz in Blåvand, die den Hafen Esbjerg sichern sollte, wurde niemals fertig gestellt. Die Einrichtung des modernen Tirpitz Museums in den Bunkermauern ist ein ermutigendes Beispiel dafür, wie man mit einem solch schweren Erbe umgehen kann. Die Beseitigung tödlicher Altlasten wie die Minenfelder auf Skallingen beschäftigte mehrere Generationen. Auf der Halbinsel haben die deutschen Soldaten mehr als 72.000 Minen in den Dünen verstreut ausgelegt, ohne sie zu kartieren. Bei Kriegsende verfügte das britische Oberkommando, dass deutsche Kriegsgefangene unter Aufsicht dänischer Offiziere die Minen räumen mussten. Ungefähr die Hälfte der Soldaten wurden dabei verletzt oder getötet. Zuletzt wurden noch im Jahr 2012 Minen auf Skallingen gefunden.

Dänemark setzt auf Aufklärung und Geschichtsvermittlung, damit dieses dunkle Kapitel nicht vergessen wird. Vielerorts werden Bunker-Touren unter fachkundiger Leitung angeboten. Das Ringkøbing Skjern Museum veranstaltet regelmäßig Führungen zu den Houvig Fæstningen 3,8 km nördlich von Søndervig. Die 1943–44 errichtete Anlage bestand aus 50 Bunkern und 50 anderen Betonanlagen, die zur Tarnung mit Sand und Grassoden bedeckt wurden. Die Kryle-Stellung war mit Küstenartillerie bewaffnet, die Radarstation Ringelnatter diente der Aufklärung.

Zur Sicherung der Einfahrt in den Limfjord wurde die Thyborøn Festung errichtet, eine Anlage mit mehr als 100 Bunkern. Das Perfide: Sie wurden als Höfe, Bauernhäuser, Fabrikgebäude oder Sommerhäuser getarnt. Im Naturrum Thyborøn fand ein Bunker als Unterschlupf für Wanderer eine neue Verwendung.

Ganz gleich, ob sie nun zu zeitgeschichtlicher Auseinandersetzung genutzt werden oder ihr Schrott aus Sicherheitsgründen beseitigt wird – die Bunker-Ruinen an der dänischen Nordseeküste werden noch auf lange Zeit Thema sein.

Bunker-Mulis in Blåvand

Der Limfjord reicht von der Nordsee bis zur Ostsee

Um den Limfjord

In Malerei und Literatur ist der Limfjord ein gern verwendetes Motiv. Liebliche Buchten, schroffe Kliffs, lebendige Häfen und verträumte Gutshäuser mit Ausblick aufs Wasser – da kommen auch Reisende aus dem Schwärmen nicht heraus.

Seit der Februarflut 1825, die die Landzunge zwischen Agger und Harboøre brechen ließ, verbindet der Limfjord Nord- und Ostsee. Der Brackwassersee wurde zum Meeresarm. Er ist etwa 180 km lang und reicht von Thyborøn im Westen bis Hals im Osten. Mit 1500 km² ist die Fläche des Limfjords etwa doppelt so groß wie die der Stadt Hamburg. Im westlichen Teil weist der Sund mehrere große, seenartige Breitungen auf, z. B. Nissum Bredning zwischen Thyborøn und Struer, die Venø Bugt östlich von Struer oder Thisted Bredning zwischen Thisted und der Insel Mors. Zwischen Aalborg (→ S. 295), der größten Stadt am Fjord, und Hals hat das Gewässer eher Flusscharakter und wird Langerak genannt. Die größeren Inseln im Limfjord sind Mors, Fur, Venø und Jegindø. Mehrere ebenso funktionale wie sehenswerte Brücken sowie Fährverbindungen halten den Verkehr in der Limfjordregion am Laufen. An den Ufern finden sich uralte Siedlungsspuren. Der cimbrische Stier als Symboltier von Himmerland knüpft an den Mythos an, hier seien einst die Krieger dieses Germanenstammes zu Hause gewesen. Ausgrabungsstätten von Burgen und Gräberfelder der Wikinger belegen indes, dass diese vom Limfjord aus zu Eroberungs- und Handelszügen aufbrachen.

Für Geologen ist die Landschaft wie ein offenes Buch. In der letzten Eiszeit war Nordjütland größtenteils von Eis bedeckt. Nach dem Rückzug der Gletscher blieben hier die Endmoränen zurück, das vom Eispanzer befreite Land wurde angehoben. Gleichzeitig formte das Schmelzwasser tiefe Rinnen, die sich nach dem Steigen des Meerwasserspiegels füllten. Als Zeugnisse der

erdgeschichtlichen Bewegungen findet man am Limfjord nicht nur Kreide, sondern auch Moler. Die versteinerten Ablagerungen von Kieselalgen treten besonders am 61 m hohen Hanklit auf der Insel Mors zutage, die man wie in einem geologischen Freilandmuseum beim Wandern besichtigen kann.

Auch andere Freiluft-Aktivitäten sind angesagt. Die anspruchsvolle Limfjordsroute (Nationaler Fahrradweg 12) führt Radler auf 610 km rund um den Fjord. Fleißig bläst der Wind und so findet man zahlreiche Surfspots mit ausgezeichneten Bedingungen für Wind- und Kitesurfing und SUP (z. B. Insel Venø, Glyngøre, Ejsing Strand). Hübsche Häfen wie Thisted und Nykøbing Mors oder neue Marinas (u. a. in Struer und Handbjerg) locken Segler. Alljährlich im September findet die „Limfjorden Rundt", eine sechstägige Regatta für historische Holzsegler statt. Die stattlichen Segelschiffe fahren mehrere Limfjordhäfen an und bieten den Schaulustigen einen echten Augenschmaus. Über die Geschichte des Limfjords informiert das Limfjordsmuseet in Løgstør.

Die Fischerei ist neben Schiffbau und Landwirtschaft ein wichtiges Gewerbe. Kulinarisch ist der Limfjord besonders für seine Austern und Miesmuscheln bekannt, die man in jedem Fiskehus kaufen kann und die auf keiner Speisekarte fehlen.

Information Rat und Auskunft gibt es in den Touristenbüros der größeren Orte. Einen guten Überblick bietet www.urlaubamlimfjord.de.

Thisted

Der Name der Stadt erinnert an den germanischen Gott Tyr, das Stadtwappen zeigt Maria mit dem Kind im Strahlenkranz. Himmlische Aussichten beschert die vortreffliche Lage des 13.000-Einwohner-Städtchens Thisted am Limfjord.

Die Kommune mit Verwaltungssitz in Thisted ist dagegen erdverbundenländlich, in der Stadt wird schon seit alters her mit landwirtschaftlichen Produkten gehandelt. Unweit des Zentrums endet die Bahnstrecke, von wo aus Güter und Gäste über Struer ins südliche Jütland reisen.

Bis zur Reformation 1534 war Thisted katholisch, doch die Thisted Kirke strahlt reformierte Schlichtheit aus. Daneben liegt das alte Rathaus, erbaut 1853 im ornamentreichen Gründerstil, das von der Blütezeit der Stadt nach dem Hafenbau im 19. Jh. erzählt. Der Marktplatz (Store Torv) wird im Sommer zur lebhaften Bühne für Veranstaltungen. Jeden Montag im Juli und Anfang August handeln hier Kunsthandwerker und Händler, freitags und samstags ist Bauernmarkt. Die Stufenanlage vor der Kirchenwiese lädt zur Pause nach einem Einkaufsbummel ein, für den der Einzelhandel ein breites Sortiment bereithält. Über die Torvegade und Bisgårdsgade gelangt man nach wenigen Hundert Metern zur **Thisted Lilleby,** der Altstadt von 1950 im detailgetreu nachgebauten Miniformat. Bisher sind an die 100 Häuser im Maßstab 1:10 zu sehen, doch die Macher, einige pensionierte Handwerker, bauen immer weiter (Mo, Do 10–12, Juli/Aug. Mo–Fr 13–16 Uhr; 25 DKK; Plantagevej 20, 7700 Thisted, ✆ 40 47 26 50, www.thisted-lilleby.dk).

Die Stadtgeschichte wird in der Ausstellung des Thisted Museums erzählt. Der Stadtrundgang sollte allein schon wegen der guten Gastronomie am Hafen vorbeiführen. Auch der pittoreske Seglerhafen lohnt einen Blick. Wer eine Abkühlung braucht, kann nach einem Fußweg von zehn Minuten vom Hafen über den Kystvej am Søbad mit Badesteg und Liegewiese in die Fluten steigen. So hat es wohl auch das Thistedpigen (Thisted-Mädchen) getan, das in der Grünanlage beim Finanzamt als Bronzestatue aufs Wasser hinausschaut. Mit einem himmlischen Lächeln.

Sehenswertes

Thisted Kirke: Die erste Kirche von Thisted wurde um 1200 gebaut. Im 15. Jh. wurde sie abgerissen und die neue Kirche im spätgotischen Stil errichtet. Aus der ursprünglichen romanischen Kirche stammen noch das Kreuz von 1475 und Kirchenfiguren, die in der Mauer eingelassen sind. Sehenswert sind die Renaissancekanzel von 1594 und der Altar von 1520. Er stammt aus der katholischen Zeit der Kirche und

Altar mit Mariendarstellung in der Kirche von Thisted

zeigt im Zentrum die Madonna mit Kind sowie die zwölf Apostel auf den Seitenflügeln. Die Mariendarstellung findet sich auch im Stadtwappen von Thisted wieder. Das Glockenspiel mit 48 Glocken spielt täglich mehrmals zur vollen Stunde jahreszeitlich angepasste Melodien aus dem Kirchenjahr.

▪ Mo–Fr 8–16/17 Uhr. Vestergade 3, 7700 Thisted, www.thisted-kirke.dk.

Thisted Museum: Das 2023 eingeweihte neue Thisted Museum ist das zentrale Ausstellungszentrum des Museums Thy, welches auch die Dependancen Bunkermuseum Hanstholm, Heltborg Museum, Vorupør Museum, Skjoldborgs Hus und Fiskerhuset Agger betreut. Die Dauerausstellung in Thisted wurde zeitgemäß aufbereitet und erzählt anhand von Prachtstücken aus der Stein-, Bronze- und Eisenzeit die Geschichte der Region Thy, darunter Kopien der einzigartigen Goldboote, die in einem Grabhügel bei Nors gefunden wurden. Uniformen, Porzellan, eine alte Kaufmannsstube und andere Exponate zeichnen die Stadtgeschichte um 1850 nach. Außerdem wird an den dänischen Pädagogen und Volkshochschulpionier Christen Kold und den in Thisted geborenen Dichter Jens Peter Jacobsen („Gurre-Lieder") erinnert. Auch ein Bereich für Kinder wurde geschaffen.

▪ Juli–Mitte Aug. tägl. 11–16 Uhr, Jan.–Juni und Mitte Aug.–Dez. Di–So 11–16 Uhr. 75 DKK, Kinder bis 18 J. frei. Jernbanegade 11, 7700 Thisted, ✆ 97 92 05 77, www.museumthy.dk.

Praktische Infos

→ Kasten S. 235

Information Infobroschüren gibt es am Bahnhof, Jernebanegade 29, 7700 Thisted. Informationen über die Stadt: www.visitnordvestkysten.de/nordvestkysten/planen/thisted-gdk1111145.

Verbindungen **Bahn:** Vom Bahnhof Thisted gibt es regelmäßige Verbindungen im Fernverkehr nach Kopenhagen und im Regionalverkehr nach Struer. www.rejseplanen.dk.

Bus: Expressbus von/nach Aalborg, regelmäßige Busverbindung nach Nykøbing Mors sowie im Nationalpark u. a. nach Hanstholm, Klitmøller, Hurup-Agger. Außerdem 3 Stadtbuslinien. www.nordjyllandstrafikselskab.dk.

Altes Rathaus

Bimmelbahn **Tilde Tut,** eine Bimmelbahn, lädt an ausgewählten Tagen und Feiertagen zu einer Stadtrundfahrt durch die Innenstadt. Dauer ca. 20 Min., 10 DKK.

Fahrradfahren Thisted liegt an der **Nordthyruten** (Nr. 17), die von Klitmøller über Thisted zum Bulbjerg führt.

Fahrradverleih **Fri Bikeshop Thisted,** verleiht und repariert Räder, auch Verkauf von Ersatzteilen. Mo–Fr 9–17, Sa 9–13 Uhr. Lille Torv 3, 7700 Thisted, ✆ 97 92 03 23, www.fribikeshop.dk.

Kunst Der **Kunstverein Det Ny Kastet** veranstaltet im Jahr bis zu 8 Ausstellungen mit zeitgenössischer Kunst und Kunsthandwerk im Gamle Radhus. Do/Fr 14–17, Sa 11–13.30 Uhr. 40 DKK, Kinder bis 18 J. frei. Store Torv, 7700 Thisted, www.detnykastet.dk.

Galerie Ø, die Textilkünstlerin Karin Østergaard präsentiert in ihrer Galerie zwischen Vilsund Vest und Thisted fantasievolle textile Wandbilder, die auf die Natur in Thy Bezug nehmen. Im angeschlossenen Handarbeitsgeschäft findet man u. a. Stoffe, Wolle, Garne. Mi 13–18, Do 13–16 Uhr. Åsvej 43, 7700 Thisted, ✆ 23 30 21 39, www.karinoestergaard.dk.

Schwimmbad Das **Thyhallens Svømmecenter** bietet ein Schwimmerbecken, Kinderbecken mit Wasserrutsche und eine Kletterwand, Sprungbretter und Sauna. Mo 8–13.30, Di 6.30–7.30 und 9.30–13.30, Mi 7–12 und 15–20.30, Do 6.30–7.30 und 15–20.30, Fr 15–20.30, Sa/So 9–16 Uhr, in den Ferienzeiten

Der Nordwesten → Karte S. 202

länger. 55 DKK. Thyhallen, Lerpyttervej 50, 7700 Thisted, ✆ 99 17 37 70, www.thyhallen.dk.

Skulpturenweg Ein Kunstweg mit 24 Skulpturen führt durch Thisted. Dazu gehören das „Thistedpigen" (Thisted-Mädchen) von Henning Wienberg Jensen und die „Sitzende Frau" von Svend Wiig Hansen.

Spezialität Das **Thisted Bryghus** versorgt Stadt und Region mit einer breiten Palette von Craft- und Draft-Bieren. Das Lager-Bier Cold Hawaii wird nicht nur Surfern schmecken. Eine Besonderheit ist das Porse Guld, ein Bier, das mit den Blättern des in Thy wild wachsenden Gagelstrauchs (Porse) versetzt wird. Ob nordische Kräuter, Öko, Kaffee, Lakritz oder frisches Pils – Bierfans können verschiedene Geschmacksrichtungen kennenlernen. Brauereibesichtigungen an bestimmten Terminen sowie beim Bierfest am ersten Samstag im Sept. Die Biere sind im Supermarkt und in Gaststätten erhältlich. www.thisted-bryghus.dk.

Theater Im **Thisted Musikteater** finden ca. 100 Veranstaltungen pro Jahr statt mit Rock, Jazz, Blues, Klassik, Shows und Ausstellungen. Håndværker Torv 1, 770 Thisted, ✆ 29 49 02 60, www.thistedmusikteater.dk.

Veranstaltungen Bei der **Sommer By Night** Anf. Juni haben die Geschäfte bis 22 Uhr offen, auf dem Markt gibt es regionale Spezialitäten und in der ganzen Innenstadt erklingt Livemusik. Am Havnetorvet wird in Bierzelten die Hafenparty mit Musik gefeiert. Am zweiten Sa im Aug. findet am Havnetorvet der **Fiskens Dag** statt mit Verkauf von frischem Fisch, Verkostungen, Livemusik und Kinderprogramm. Mitte Aug. ist der Park Christiansgave hinter der Kirche Schauplatz des **Alive Musik-Festivals** (www.alivefestival.dk). Im Aug. wird auch das **Kammermusikfestival Thy** abgehalten, bei dem Musikstudenten ein abwechslungsreiches Kammermusikprogramm in Thisted sowie in anderen Orten der Region aufführen (www.thychambermusicfestival.dk).

Wakeboard Im **Thy Cablepark** am Synopal Havn südöstlich der Stadt wird man mit Wakeboard oder Wasserskiern mittels Seilzuganlage über ein Areal gezogen, das für Geübte auch Hindernisse bereithält. 350 DDK/Tag inkl. Ausrüstung. Vibedalsvej 2, 7700 Thisted, ✆ 31 31 09 02, www.thycablepark.dk.

Wohnmobile Quick-Stop für Autocamper am **Thisted Camping 1**, April–Okt., 2 Pers./Nacht 19–10 Uhr 160 DKK, Strom extra.

Übernachten/Essen **Thisted Camping 1**, ca. 1,5 km östlich des Zentrums. Der stadtnahe Campingplatz mit großartiger Aussicht auf den Limfjord bietet ebene Wiesenstellplätze, sehr gute Sanitäranlagen, Familienküche und Fernsehraum, Spielplatz, Swimmingpool, Kanuverleih und Aktivitäten. Ganzjährig geöffnet. Stellplatz für 2 Pers. HS 235 DKK, Duschen extra. Es werden auch schöne Hütten vermietet. Iversensvej 3, 7700 Thisted, ✆ 97 92 16 35, www.thisted-camping.dk.

Mein Tipp **Hotel Thisted 4**, modern eingerichtetes Stadthotel (Small Danish Hotels) mit komfortablen Zimmern mit Bad/WC und TV. Ein Teil der Zimmer liegt zur Straße hin, die anderen mit Blick auf den begrünten Innenhof. Im

Am Hafen von Thisted

gediegenen Restaurant wird dänisch-italienische Gourmetküche serviert. Mo–Sa 17.30–23 Uhr. Frederiksgade 16, 7700 Thisted, ✆ 97 92 52 00, www.hotelthisted.dk. **€€€**

Restaurant Bryggen 2019 6, am Hafen. Hier spannt sich ein aromenreicher Bogen von der klassischen nordischen Küche über Mediterranes bis hin zu Weltküche mit einer herrlichen Auswahl an frischem Fisch, Bio-Fleisch und Vegetarischem für Feinschmecker. Di–Do 17–24, Fr/Sa 17–24 Uhr. Sydhavnsvej 9, 7700 Thisted, ✆ 97 92 30 90, www.bryggen.dk.

meinTipp **Fiskehuset Thisted 5**, mit bester Aussicht auf den Jachthafen speist man hier zu günstigen Preisen natürlich frischen Fisch, es gibt aber auch Fleischgerichte als Alternative. Der Stjerneskud zum Mittagessen ist in kleinen oder großen Portionen erhältlich, der Kartoffelsalat ist hausgemacht und die Luxus-Fischsymphonie ist ein Traum. Im Sommer gibt es an bestimmten Terminen abends ein Fisch- und Krustentierbüfett (rechtzeitig reservieren). Das Fischgeschäft bietet neben Fangfrischem von der Morgenauktion in Hanstholm auch Fischsalate und Räucherware sowie Wurst, Gemüse und andere lokale Erzeugnisse zum Mitnehmen an. Mo–Fr 9.30–17, Sa 9.30–14 Uhr. Havnen 31, 7700 Thisted, ✆ 97 92 09 86, www.fiskehuset.dk.

Café Bryggen 3, im stylishen Café-Restaurant mit Hafenblick und schöner Außenterrasse beginnt der Tag mit Frühstück oder umfangreichem Brunch (10–13 Uhr). Mittags gibt es eine große Auswahl an Salaten, Burgern und Smørrebrød und abends wird man zu angemessenen Preisen mit Suppen, Steak, Fisch und Pasta verwöhnt. Mo–So 10–22, Fr/Sa bis 24 Uhr. Havnetorv 3, 7700 Thisted, ✆ 39 39 16 26, www.bryggencafe.dk.

Nachtleben Heidi's Bier Bar 2, östlich des Zentrums. In Skandinavien hat man einen Narren an Après-Ski-Partys gefressen und so hat auch in Thisted die in Norwegen und Schweden beliebte Heidi's Bier Bar eine Location. Damen in feschen Dirndln servieren reichlich Bier und die Gäste grooven zu Party-Hits. Ab 18 J. Fr/Sa 21–5 Uhr. Im OG darf in der Diskothek **Dampmøllen** auf verschiedenen Dancefloors getanzt werden. Sa ab 23 Uhr, ab 18 J. Østerbakken 11, 7700 Thisted, ✆ 31 73 73 25, www.heidisbierbar.dk. www.dampmollen.dk.

Das Hanklit auf Mors überragt den Limfjord um 61 Meter

Insel Mors

Sie gilt als die Perle des Limfjords: Morsø ist mit 151 km Küstenlinie die größte Insel des Fjords. Abwechslungsreiche Kulturerlebnisse, viele Freizeitangebote und einen hübschen Hafen hat die Inselhauptstadt Nykøbing Mors zu bieten.

Im Südosten ist Mors mit der Sallingsundbrücke an die Halbinsel Salling angebunden, nach Thy im Nordwesten führt die Vilsundbrücke. Landwirtschaft ist der wichtigste Erwerbszweig auf Mors. Neben kleinen Dörfern gibt es in der hügeligen Landschaft viele malerische Gehöfte. Die Fischer der Region sind auf den Fang von Austern und Schalentieren spezialisiert.

Mächtige Naturgewalten haben die Landschaft der Insel geprägt. Vor allem im Norden türmen sich hohe Kliffs wie das Hanklit auf, an deren schroffen Abhängen man 55 Millionen Jahre Erdgeschichte ablesen kann. Von hier soll auch der echte Prinz Hamlet stammen, der am Feggeklit seinen Stiefvater aus Rache für den Mord an seinem eigenen Vater getötet haben soll.

Nykøbing Mors

Rund um den geschützten Naturhafen am Sallingsund des Limfjords entwickelte sich Nykøbing Ende des 13. Jh. als „neue Kaufstadt“. Fruchtbare Böden und Fischreichtum ließen die Stadt im Mittelalter erblühen. Das Johanniterkloster Dueholm zog Handwerker und Händler in den Ort. Ende des 16. Jh. wurde durch Krieg und Brände das mittelalterliche Stadtbild zerstört, nur wenig ist aus dieser Zeit erhalten. Im 19. Jh. etablierte sich die Eisenindustrie. Heute ist Nykøbing Mors eine adrette Verwaltungsstadt mit einer schönen Fußgängerzone und einem lebendigen Jachthafen. Den Mangel an Sehenswürdigkeiten macht das maritime Lebensgefühl auf jeden Fall wett.

Beim Spaziergang durchs Zentrum lohnt es sich, einen Blick in die Kirche zu werfen. Das Historische Museum im Dueholm Kloster vermittelt ebenso wie das Dansk Støberimuseum Lokalgeschichte. Familien und Blumenliebhaber zieht es in den Jesperhus Blomsterpark vor den Toren der Stadt.

Moler: eine Reise in die Erdgeschichte

Aus einer Zeit, als Dänemark subtropisches Klima hatte, als Vulkane Feuer spieen und Tiere lebten, die längst ausgestorben sind, stammt das Sediment Moler, das auf den Inseln Mors und Fur sowie im ganzen Limfjordgebiet vorkommt. 55 Millionen Jahre ist das her. Auf den Grund des Urmeeres abgesunkene Überreste von Tieren und Pflanzen wurden mit der Zeit von einer bis zu 60 m dicken lehmigen Schicht bedeckt. Über die Jahrmillionen bildeten sich Versteinerungen. Etwa zu der Zeit, als die Alpen entstanden, wölbten sich an der Nordküste der Insel Mors durch Hebungen der Erdschichten hohe Steilklippen hervor. Besonders eindrucksvoll sind die Molerablagerungen, die immer wieder von schwarzer Vulkanasche durchzogen sind, am 61 m hohen Hanklit zu sehen. Die Erosion an diesem Steilabhang am Limfjord hat schon eine Vielzahl Fossilien von Fischen, Vögeln, Schildkröten und Insekten sowie versteinerte Pflanzen freigegeben. An der Lagune von Ejerslev bilden die Moler-Kliffs eine besonders fotogene Kulisse.

Es gibt aber auch einen wirtschaftlichen Nutzen für das Kieselerdegemisch: Moler wird tagebaumäßig abgebaut und zu brandsicherem Isolationsmaterial beispielsweise für die Stahlindustrie, zu Öl-Bindemitteln, als Filterungsmaterial für Wasser oder zu Katzenstreu verarbeitet.

Schichten von Moler und Vulkanasche am Hanklit

Der Nordwesten → Karte S. 202

Nykøbing Kirke: Der 1891 im neugotischen Stil errichtete Backsteinbau am Kirchplatz ersetzte die wegen Baufälligkeit abgerissene St. Clemenskirche. Das holzverkleidete Tonnengewölbe im Kirchenschiff erinnert an den Rumpf eines Schiffes. Auf dem Altarbild von 1892 ist Jesus als Trostspender zu sehen, umgeben ist der Gottessohn von Menschen, für die reale Einwohner aus der Entstehungszeit porträtiert wurden. Die Renaissancekanzel von 1605 weist reiche Schnitzarbeiten auf. Vermutlich aus dem Dueholm Kloster stammt ein Mönchsstuhl im östlichen Kreuzarm.

▪ Mo–Fr 8–17, Sa 8–15 Uhr. Regelmäßig Konzerte. Kirketorvet 3, 7900 Nykøbing Mors, www.nykoebingmorskirke.dk.

Dueholm Kloster: Nykøbings ältestes Gebäude ist das Dueholm Kloster. Es wurde im Jahr 1370 vom Johanniterorden gegründet, der hier ein Krankenhaus einrichtete. Nach der Reformation um 1536 ging das Anwesen in königlichen Besitz von Christian III über. Im 16. und 17. Jh. wurde Dueholm zu einem Gutshof umgebaut, der von zahlreichen Generationen bis 1897 bewirtschaftet wurde. Im Jahr 1909 zog das wenige Jahre zuvor gegründete Historische Museum Mors in den alten Gebäudekomplex ein, der bis in die 1990er-Jahre stetig renoviert wurde. Die Geschichte von Kloster und Gutshof wird in der Ausstellung dargestellt. Außerdem zeigt das regionalgeschichtliche Museum Fayencen aus Gammel Lund, historische Waffen, Spielzeug, maritime Sammlungsstücke und eine Ausstellung zur Schulgeschichte.

▪ Juni–Mitte Aug. tägl. 10–16 Uhr, Mitte Aug.–Mai Di–Sa 11–15 Uhr. 80 DKK, Kombi-Ticket für alle Abteilungen des Museums Mors 120 DKK, Kinder unter 18 J. frei. Dueholmgade 9, 7900 Nykøbing, ✆ 97 7234 21, www.museummors.dk.

Dansk Støberimuseum: Die Eisenindustrie prägte Nykøbing im 19. Jh. in puncto Architektur und sozialpolitischer Belange. Weithin bekannt wurde die Stadt durch gusseiserne Öfen, die von Dansk Jernstøberi hergestellt wurden. Das Gießereimuseum zeigt eine Vielfalt alter gusseiserner Öfen und Herde, die seinerzeit einfache und wohl-

Nykøbing Kirke

habende Haushalte wärmten. Die Ausstellung erläutert anschaulich die Sozialgeschichte der Eisenindustrie.

▪ Juli-Mitte Aug. tägl. 10–16 Uhr, April–Juni und Mitte Aug.–Ende Okt. Di–Fr 11–15 Uhr. 80 DKK, Kombi-Ticket für alle Abteilungen des Museums Mors 120 DKK, Kinder unter 18 J. frei. Nørregade 13, 7900 Nykøbing, ✆ 97 72 34 21, www.museummors.dk.

Jesperhus Blomsterpark: Für Familien ist der Park die Hauptattraktion auf Mors. Aus dem Blumenpark in den Legind Bjergen vor den Toren Nykøbings hat sich mit den Jahren ein bunter Ferienpark entwickelt. In die Anlage mit Campingplatz und Hütten ist der In- und Outdoor-Wasserpark mit verschiedenen Rutschen und Pools integriert. Bei schlechtem Wetter können sich die Kids in der Aktivitäten- und Sporthalle auf der Hüpfburg, den Rutschen, beim Badminton oder Fußball austoben. Außerdem gibt es ein Bowlingcenter mit zehn Bahnen, Laserspiel mit Licht- und Soundeffekten, einen Par 3-Golfplatz und Minigolfanlage, ferner Tennis, mehrere Spielplätze und einen Put&Take-Angelsee für die ganze Familie. Wechselnde Shows bieten Unterhaltung mit Musik, Stunts und Tanz. Pflanzenfans haben Freude am herrlich angelegten Blumenpark mit orientalischem Garten, Rosengarten, Kakteen und dem Palmenhaus. Auch für Kinder gibt es mit Karussells, Kinder-Motorradbahn, Ponyreiten, Eisenbahn und Dschungelcafé ein vielfältiges Angebot. Im Dschungelzoo darf man Affen, Schildkröten und Papageien ganz nahe kommen. Wer auf dem Feriengelände wohnt, hat freien Eintritt z. B. in den Wasserpark, Spielplatz, Dschungel, Zoo, 4D-Kino, Shows und in die Sportanlagen.

▪ Wasserpark Juli/Aug. tägl. 8–21/22 Uhr, April–Juni und Mitte Aug.–Sept. tägl. 8–20/21 Uhr, Öffnungszeiten NS s. Webseite; Blumenpark Ende Juni–Mitte Aug. tägl. 10–19 Uhr, Mitte Mai–Ende Juni und ab Mitte Okt. und in der NS 10–17/18 Uhr. Tagesbesuch (je nach Saison) Wasserpark Erw. 70–120 DKK, Kinder 50–90 DKK; Blumenpark Erw. 228–238 DKK, Familie 802–842 DKK. Camping: Stellplatz HS für 2 Nächte bis 4 Pers. 3298 DKK (Park inkl.), Schulferien, Wochenende und Feiertage teurer, Rabatte für Senioren. Legindvej 30, 7900 Nykøbing Mors, ✆ 96 70 14 00, www.jesperhus.dk.

Kirchengewölbe wie ein Schiffsrumpf

Sehenswertes auf der Insel Mors

Hanklit: Die bekannteste und von der UNESCO zur Aufnahme in die Welterbeliste nominierte Moler-Formation ist das 61 m hohe Hanklit. Die beeindruckende Klippe am Limfjord kann man auf einem Spaziergang oder einer Wanderung erkunden. An dem Steilhang sind dunkle Streifen aus vulkanischer Asche zu sehen, die von der frühzeitlichen Erdaktivität zeugen (→ S. 237).

▪ Anfahrt mit dem Pkw über Bjergby und Gullerup. Am Parkplatz beginnt ein Rundwanderweg. Es ist verboten, nach Versteinerungen in der Klippe zu graben!

Fossil- og Molermuseet: Eine Zeitreise in die Erdgeschichte unternimmt der Besucher des Fossilien- und Moler-Museums nahe dem Feggesund. Die Ausstellung informiert über die Geologie der Insel und zeigt faszinierende Fossilien von Fischen, Vögeln, Schildkröten, Insekten sowie versteinertes Holz. Spannend für große und kleine Besucher sind Führungen zu Fossilienfundstätten, wo man mit spitzem Hammer bewaffnet selbst nach fossilen Schätzen suchen darf.

■ Juni–Mitte Aug. tägl. 10–16 Uhr, Mitte April–Mai und Mitte Aug.–Nov. Di–Sa 11–15 Uhr. 80 DKK, Kombi-Ticket für alle Abteilungen des Museums Mors 120 DKK, Kinder bis 18 J. frei. Skarrehagevej 8, 7900 Nykøbing Mors, ✆ 97 72 34 21, www.museummors.dk.

Morsø Traktormuseet: Eine einzigartige Parade von mehr als 100 historischen Traktoren wird im Morsø Traktormuseum in Ovtrup präsentiert. Das älteste Modell ist ein amerikanischer Heider von 1917. In sieben Hallen werden Traktoren von mehr als 70 Marken u. a. aus den USA, Kanada, Norwegen, Schweden, Tschechien, Frankreich, Holland und Deutschland sowie die Gerätschaften zur Feldbearbeitung gezeigt. Dekoriert ist das Ganze mit historischen Öldosen, wie sie Andy Warhol nicht schöner hätte malen können.

■ 24. Juni–Anf. Sept. tägl. 10–17 Uhr, auch nach Vereinbarung oder „auf gut Glück". 75 DKK. Kjeldgårdsvej 49, 7900 Nykøbing Mors, ✆ 60 71 89 82, www.traktormuseum.net.

In der Fußgängerzone

Praktische Infos

→ Karte S. 241

Allgemeine Infos

Information Das **Morsø Touristenbüro** in Nykøbing am Hafen ist ganzjährig geöffnet. Vermietung von Ferienhäusern, Unterkünften, Fahrrädern und Kanus. Juli Mo–Fr 9–17, Sa 9.30–15 Uhr, Juni und Aug. Mo–Fr 9–16, Sa 9.30–14 Uhr, Jan.–Mai und Sept.–Dez. Mo–Fr 9–16, Sa 9.30–12 Uhr. Havnen 4, 7900 Nykøbing Mors, ✆ 97 72 04 88, www.visitmors.de.

Verbindungen **Busse:** Mit dem Bus 40 geht es von Skive nach Nykøbing. Bus 970 X fährt regelmäßig Thisted und Aalborg an. Ab Nykøbing verkehren mehrere Regionalbuslinien ab dem Busterminal gegenüber dem Rathaus (Jernebanevej) – und zwar zum Nulltarif. www.nordjyllandstrafikselskab.dk.

Fähren: Zwischen Feggesund und Thy (Sekundärroute 581) verkehren die **Fähren** alle 20 Min., ab Mors 6.10–18.10 Uhr, Juni–Aug. bis 20.10 Uhr. Ab Thy 6.15–18.15 Uhr, Juni–Aug. bis 20.15 Uhr. Pkw ab 84 DKK, Fußgänger 12 DKK. www.mors.dk.

Über den Næssund (Sekundärroute 545 Richtung Hurup Thy) pendelt **Næssund Færgen** („Nessie") nach Thy alle 20 Min. Mo–Fr 6.30–18.10, Sa/So 9.10–18.10 Uhr, Pkw inkl. Passagiere 90 DKK, Fußgänger 20 DKK. ✆ 30 33 31 51, www.næssundfærgensvenner.dk.

Bootsausflüge Ab Nykøbing werden verschiedene Limfjords-Bootstouren angeboten, z. B. als Abendtour mit Essen (19–21.30 Uhr, ab 275 DKK). Anmeldung im Touristenbüro, Havnen 4, 7900 Nykøbing Mors, ✆ 97 72 04 88, www.visitmors.de.

Fahrradfahren Auf der markierten und mit Rastplätzen ausgestatteten **Sonnenroute** (125 km) kann man ganz Mors mit dem Fahr-

rad umrunden. Das Tourismusbüro bietet auch Touren mit Übernachtung und Gepäcktransport. **Mountainbike**-Strecken gibt es in den Waldgebieten Legind und Sindbjerg. Informationen im Touristenbüro.

Golf Wegen seiner Lage am Limfjord gehört der 18-Loch-Platz (Greenfee 300 DKK) des **Morsø Golfklub** am Stadtrand von Nykøbing zu den schönsten Plätzen Dänemarks. Zusätzlich gibt es eine Par 3 Pay&Play-Bahn (100 DKK). Teglgårdsvej 24, 7900 Nykøbing, ✆ 97 72 20 44, www.morsoe-golfklub.dk.

Skaldyrcenter Das **Dänische Schalentierzentrum** dient der Erforschung und Vermittlung aller Fragen rund um Muscheln, Austern, Hummer & Co. Allgemeine Führungen in der KW 27–31, auch auf Englisch, 130 DKK. Nach Anmeldung im Touristenbüro können Führungen mit Verkostung oder Veranstaltungen vom Muschel-Kochkurs bis zur Austern-Safari gebucht werden. Anmeldung im Touristenbüro, ✆ 97 72 04 88. Dansk Scaldyrcenter, Øroddevej 80, 7900 Nykøbing Mors, www.skaldyrcenter.dk.

Strände Die Strände von Mors sind meist schmal, oft bestehen sie aus Kies und Steinen. Schöne Strandspaziergänge sind rund um Mors fast überall möglich. Bei Südwestwind, besonders im Herbst und Winter, wird Wasser aus der Nordsee in den Limfjord gedrückt. Durch den erhöhten Wasserstand kann es vorkommen, dass einigen Küstenabschnitte unpassierbar sind. Die schönsten Strände zum Baden findet man bei Ejerslev und in Sillerslev neben der neuen Marina. Am Østerstrand in Nykøbing gibt es begrünte Liegewiesen, der schmale sandige Saum ist mit Buhnen befestigt. Wellen und Strömungen sind an den Limfjordstränden deutlich geringer als in der Nordsee.

Veranstaltungen Im Juni wird das **Schalentierfestival** gefeiert. Im Aug. bietet das **Morsø Festival** Musik, Theater, Film und Kunst. Nykøbing Mors wird im Sept. im Rahmen der Regatta **Limfjorden Rundt** von historischen Segelschiffen angelaufen. Im Okt. werden bei der **Austernpremiere** die ersten Limfjordaustern der Saison verkostet.

Wandern Ausgehend vom Hafen in Nykøbing kann man auf den **Klee-Wegen** (2,5–11,4 km) die Umgebung der Inselhauptstadt erkunden. Kostenlose Faltblätter im Touristenbüro. Die Küstenroute ist 151 km lang und kann in mehreren Etappen erwandert werden. Wanderführer 48 DKK im Touristenbüro. Am Hanklit findet man den markierten **Rundwanderweg Gullerup Strand** (3 km), der mit schöner Aussicht am Strand entlang und oben am Rand des Kliffs zurück führt (Start Parkplatz Hanklit).

Wohnmobile Zentral gelegener Platz für Wohnmobile an der **Marina** in Nykøbing. Stellplatz für 2 Pers. 140 DKK, Strom extra, Duschen/WC und Entsorgung im Hafenmeisterhaus.

Übernachten

Steenbergs Hotel 3, das am Hafen gelegene Stadthotel in einem stimmig renovierten historischen Lagerhaus bietet schöne, im dänischen Stil eingerichtete Komfortzimmer mit Blick in den Hof oder mit Hafenblick (etwas teurer). Außerdem werden Suiten und Ferienwohnungen vermietet. Toldbodgade 10, 7900 Nykøbing, ✆ 72 40 70 00, www.steenbergs.dk. **€€**

Danhostel Nykøbing 4, schöne Lage am Østerstrand. Ordentliche EZ, DZ und Mehrbettzimmer jeweils mit eigenem Bad, TV und mit bezaubernder Aussicht auf den Limfjord. Hier findet man alles, was man zum Urlaub braucht: von der Gästeküche bis hin zum Sandstrand und Spielplatz. 15. Febr.–30. Nov. Øroddevej 15, 7900 Nykøbing, ✆ 97 72 06 17, www.danhostelmors.dk. **€€**

MeinTipp **Helltoften Galleri Bed & Breakfast,** nahe zum Hanklit in ländlicher Lage. Sehr nette Frühstückspension im Grünen mit hübschen Zimmern in freundlichen Farben. Einige haben eigenes Bad/WC, die günstigeren Zimmer sind mit Gemeinschaftsbad. Außerdem stehen gemütliche Hütten zur Verfügung. Gemeinschaftsküche und Waschmaschine vorhanden. In der kleinen Galerie werden wechselnde Ausstellungen gezeigt. Heltoften 24, 7900 Nykøbing Mors, ✆ 21 20 14 02, www.heltoften.dk. **€€**

Morsø Camping 1, nahe dem Zentrum und zugleich schön am Limfjordstrand gelegenes ebenes Wiesengelände. Komfortabel ausgestattete Sanitäranlagen mit Familienbädern, Gemeinschaftsküche, Kiosk und Spielplatz. Stellplatz für 2 Pers. 228 DKK. Es werden auch Hütten vermietet. April–Sept. Pavillonvej 1–7, 7900 Nykøbing Mors, ✆ 97 71 01 99, www.mors-camping.dk.

Dragstrup Camping, im Westen von Mors. Ruhig im Grünen und nahe zum Limfjordstrand gelegener Familienplatz. Für Abwechslung sorgen der beheizte Salzwasser-Swimmingpool, ein Put&Take-Angelsee, Spielplatz, Minigolf und TV-Zimmer. Ganzjährig geöffnet. Stellplatz für 2 Pers. 275 DKK. Es gibt auch Hütten und Mietwohnwagen. Dragstrupvej 87, Dragstrup, 7950 Erslev, ✆ 97 74 42 49, www.dragstrupcamping.dk.

Gemütliches Café Holmen

Essen & Trinken

Steenbergs Hotel 3, die Brasserie des Hotels setzt auf ökologische Zutaten. In den abwechslungsreichen Gerichten spielen natürlich Austern und Muscheln aus dem Limfjord sowie fangfrischer Fisch eine wichtige Rolle. Aber auch Rind aus regionaler Erzeugung oder Spezialitäten wie Nordseekäse schmeicheln dem Gaumen. Gehobenes Preisniveau. Mo–Do 17–22, Fr/Sa 12–22 Uhr. Toldbodgade 10, 7900 Nykøbing, ✆ 72 40 70 00, www.steenbergs.dk.

MeinTipp **Café Holmen 5,** mit alten Möbeln, Bildern und Spiegeln, hübschen Kissen, einer Parade von Kaffeekannen und ein paar Blumensträußen zaubern die Betreiber in diesem gemütlichen Café mit Blick auf den Jachthafen hyggelige Atmosphäre. Ein wunderbarer Platz, um bei umfangreichem Brunch (170 DKK) den Tag zu beginnen. Im Sommer lässt man sich selbst gemachtes Vanille-Parfait auf der Terrasse schmecken oder genießt frische Fischgerichte, Schnitzel, Vegetarisches oder Burger. Unschlagbar sind die hausgemachten Kuchen und Torten. Regelmäßig finden Vorträge und Livemusik-Abende statt. Di–Do 10.30–16.30, Fr/Sa 10.30–20.30 Uhr. Holmen 3, 7900 Nykøbing Mors, ✆ 97 72 31 00, www.cafe-holmen.dk.

Café Christian IX 2, hier gibt es ein richtig großes Frühstück (159 DKK). Auch nach einem ordentlichen Steak vom Grill, den Meeresfrüchte-Fettuccine oder Burger steht keiner hungrig auf. Vegetarier finden verschiedene Alternativen. Mo–Sa 10.30–21 Uhr. Algade 1, 7900 Nykøbing Mors, ✆ 97 97 17 17, www.cafe-cix.dk.

Sallingsund Færgekro, 6 km außerhalb an der Primärroute 26. Stilvolles, gemütliches Gasthaus mit Terrasse und schönem Ausblick auf den Sallingsund. Fisch und Meeresfrüchte, aber auch feine Steaks und Bratengerichte werden hier aus Zutaten der Region frisch zubereitet und hübsch angerichtet serviert. Gehobene Preise. Vegetarisches gibt es auf Nachfrage. Mo–Fr 17.30–23, Sa/So 12–15 und 17.30–22 Uhr. Sallingsundvej 104, 7900 Nykøbing Mors, ✆ 97 72 00 88, www.sfkro.dk.

Blick auf Glyngøre am Sallingsund

Halbinsel Salling

Im Norden der Region Midtjylland ragt die Halbinsel Salling in den Limfjord hinein. Die sanfte Landschaft – geologisch betrachtet eine Moränenhochebene – ist ländlich geprägt durch kleine Dörfer, viele weit verstreute Bauernhöfe und Mühlen.

Im Osten Sallings liegt die Kleinstadt **Skive** (20.000 Einwohner), die Einkaufsmöglichkeiten und einen Seesporthafen bietet. Von touristischem Interesse ist allenfalls die Vor Frue Kirke (Marienkirche; Frederiksdal Alle 1b, 7800 Skive) aus dem Jahr 1200, die ein schönes Freskogemälde von 1522 mit Maria und den Aposteln aufweist.

Wer von Süden her zur Insel Mors unterwegs ist, fährt auf der Primärroute 26 über die Halbinsel Salling. Ein grandioser Blick quer hinein in den Limfjord bietet sich am Sallingsund, der von der 1717 m langen, zweispurigen und viel befahrenen Sallingsundbrücke überspannt wird. Um die Aussicht in den Limfjord Richtung Glyngøre genießen zu können, kann man das Auto auf dem Parkplatz vor der Brücke abstellen und ein paar Schritte zu Fuß gehen. Vom Pkw aus sieht man auf der Überfahrt wegen der Brückenverkleidung leider nur wenig. Auf der Halbinsel Salling lohnen folgende drei touristische Attraktionen einen kleinen Umweg bei der Anreise in den Nordwesten.

Sehenswertes

Frilandsmuseet Hjerl Hede: Eine Reverenz an das Landleben vom 16. bis 19. Jh. in all seinen Facetten bietet das Freilichtmuseum Hjerl Hede, das von Sevel aus erreichbar ist. Über 50 historische Gebäude aus verschiedenen Landesteilen Dänemarks wurden Stein für Stein nach Hjerl Hede transferiert und hier wieder originalgetreu aufgebaut. So findet man u. a. einen Pfarrhof aus Ostjütland, einen Landgasthof aus Fünen, eine Molkereigenossenschaft aus Mandø und eine Bockmühle aus Südseeland. Auch eine Steinzeitsiedlung ist rekonstruiert worden. Auf dem weitläufigen Ausstellungsgelände spazieren die Besucher durch ein Landidyll mit Kühen, Schafen, Gänsen, Bauerngärten und Weiden. Wie die Landbevölkerung ihren Alltag meisterte und arbeitsteilig ein Gemeinwesen aufbaute, wird in den

Werkstätten deutlich: Handwerker, z. B. Schuster, Fassmacher und Schmiede waren ebenso wichtig wie der Kaufmann, der in seinem Laden Waren von Seife bis Bonbons feilbot. Dass Bildung in alten Zeiten mehr Zucht als Pädagogik bedeutete, lässt sich beim Blick in die Dorfschule aus dem mitteljütischen Hinge erahnen.

Auf Salling gibt es viele Moore. Die Moorwirtschaft von Hjerl Hede zeigt, wie einst Torf gewonnen und zu Brennmaterial verarbeitet wurde. Auf der Reeperbahn, dem Arbeitsort des Seilschlägers, wurden früher Seile und Taue hergestellt.

In der Hochsaison und an Weihnachten wird das Museum an verschiedenen Terminen mit Leben erfüllt. Dann arbeiten Ehrenamtliche als Handwerker, Bauern, Hausfrauen und Gesinde in den Werkstätten und Häusern und erläutern die alten Handwerke, die bäuerlichen Tätigkeiten und das soziale Miteinander. Ihre historischen Kostüme veranschaulichen die gesellschaftliche Stellung. Kutschen knarren über Kopfsteinpflasterwege und manch einer versucht sich auf dem Einrad. Ein Besuch ist lohnenswert.

Kaufmannsladen wie in alten Zeiten

■ Ende Juni–Mitte Aug. tägl. 10–17.30 Uhr (mit Kostümierten belebte Szenerie 12–16.30 Uhr), April–Juni und Mitte Aug.–Mitte Okt. Di–So 10–16 Uhr, Termine im Advent s. Webseite. NS 95 DKK, HS 155 DKK, Kinder bis 18. J. frei. Hjerlhedevej 14, 7830 Vinderup, ✆ 96 11 50 30, www.hjerlhede.dk.

■ Das **Restaurant Skyttegaarden** neben dem Museum bietet kalte und warme Speisen, Eis, Kaffee und Kuchen. HS tägl. 10–17.30 Uhr, NS Mi–So 11–15 Uhr.

Sahl Kirke: Die Quadersteinkirche mit ihrem weiß gestrichenen Turm im Dorf Sahl (nahe dem Frilandsmuseet Hjerl Hede) wurde 1150 im romanischen Stil erbaut. Im schlichten Kirchenraum zieht der goldene Altar den Blick auf sich. Er wurde wohl um 1200 von einem Meister aus Ribe gefertigt und besteht aus einem vergoldeten, getriebenen Kupferstich mit Motiven aus dem Leben Jesu. Dargestellt sind neben der Christusfigur auch die zwölf Apostel, die vier Evangelisten sowie die Opferung Isaaks und der Kampf des Erzengels Michael mit dem Drachen. Ursprünglich war der Altar mit roten, weißen, blauen und grünen Kristallen geschmückt, heute sind weiße Bergkristalle eingelassen. Die Kirchenbänke aus Eichenholz aus der Zeit um 1600 vermitteln eine Besonderheit des Gemeindelebens: Die Männerbänke auf der Südseite sind deutlich höher und kräftiger als die Frauenbänke auf der Nordseite.

■ Di–Fr 8–16, Sa 9–16, Mai–Sept. auch So 9–16 Uhr. Stokholmvej 2, Sahl, 7830 Vinderup.

Spøttrup Borg: Eine Mittelalterburg wie aus dem Bilderbuch gibt es in Spøttrup zu bestaunen. Die beeindruckende Wasserburg gilt als eine der besterhal-

Beeindruckende Wasserburg: Spøttrup Borg

tenen Burgen dieser Zeit in Dänemark. Schon im 14. Jh. gab es hier eine Burg, die dem reichsten dänischen Fürsten Niels Buggesen Bugge til Hald gehörte. Um 1400 kam die Burg in den Besitz des Bischofs von Viborg. Etwa um 1500 wurde die heute erhaltene Burg aus rotem Backstein erbaut. Da sie der Verteidigung diente, wurde sie mit doppeltem Wassergraben und Zugbrücken versehen und ist von einem 9 m hohen Wall umgeben. Der Edelmann Henrik Below, der die Burg 1579 kaufte, baute den Südflügel in eine standesgemäße Wohnung um und ließ den prunkvollen Festsaal im ersten Stock mit einem rippenlosen Renaissancegewölbe ausstatten. Im 19. Jh. wurden Teile der Burg abgerissen. Erst nach ihrer Übernahme durch den dänischen Staat in den 1930er-Jahren kam es zu einer umfassenden Restaurierung. Dabei wurde der Renaissancecharakter der Burg in den Fokus gerückt, die noch älteren Details wie z. B. die „Heimlichkeiten" (Toilettenschächte an den Burgmauern) oder die Löcher für die Kanonen wieder sichtbar gemacht. In den Räumen der Burg sind Möbel und anderes Inventar aus der Renaissance zu sehen. Beliebt beim Publikum sind die Mittelalterveranstaltungen, bei denen historisch Gewandete, Gaukler und Ritter dem Bauwerk ein besonderes Flair geben.

Umgeben ist Burg Spøttrop von einem weitläufigen Park mit Rosen- und Heilpflanzengarten sowie einem Reitplatz, in dem alljährlich Ritterturniere durchgeführt werden. Auf dem begrünten Burgwall kann man die Burg umrunden und über den Spøttrup See bis hinüber zum Limfjord blicken.

▪ Juli tägl. 10–18 Uhr, Juni und Aug. tägl. 10–17 Uhr, April/Mai und Sept./Okt. Di–So 10–16 Uhr. 80 DKK, Kinder bis 18 J. frei. Borgen 6a, 7860 Spøttrup, ✆ 99 15 35 64, www.museumsalling.dk.

Praktische Infos

Verbindungen **Bahn:** Skive ist von Struer und Viborg aus mit der Bahn zu erreichen. www.rejseplanen.dk.

Busse: Auf Salling verkehren mehrere Buslinien. Burg Spøttrup ist ab Skive mit der Linie 443 erreichbar. Nach Hjerl Hede und Sahl fahren leider keine Busse. www.midttrafik.dk.

Fahrradfahren Zwischen Skive und Glyngøre verläuft der **Salling Natursti,** und zwischen

Skive und Spøttrup kann man auf dem **Vestsallingstien** fahren. Beide Radwege verlaufen auf stillgelegten Eisenbahnstrecken und sind ca. 30 km lang. www.destinationlimfjorden.de.

Wassersport In Glyngøre kann man sich in den Sommermonaten (bis Ende Aug.) bei freiem Eintritt im **Glyngøre Vandpark** austoben. Der Wasserspielplatz im 2 m tiefen Wasser bietet Rutsche, mehrere Hüpfkissen, Trampolin, Kletterwand und Balanciergeräte. Wer friert, freut sich über die neue Sauna.

Gegen eine Kaution von 300 DKK kann man bei **Super Brugsen** Schwimmwesten und Neoprenanzüge kostenlos ausleihen. Gegenüber Segelclub, Færgevej 7, Glyngøre, 7870 Roslev, www.destinationlimfjorden.de.

Wohnmobile Am **Hafen-Parkplatz** von Glyngøre findet man 7 Stellplätze mit Limfjord-Blick. Im Klubhaus des Sallingsund Sejlklub gibt es Strom, Dusche/WC sowie Ver- und Entsorgung, 2 Pers. 120 DKK.

Vergoldeter Altar in der Sahl Kirke

Übernachten/Essen **Hotel Pinenhus,** bietet eine spektakuläre Aussicht auf den Limfjord und die Sallingsundbrücke. Die modernen Komfortzimmer (teilweise mit Fjordblick) sind mit Bad/WC, TV und WLAN ausgestattet. Kinder freuen sich über Spielplatz und Minigolfanlage. Im feinen Restaurant gibt es Fisch und Meeresfrüchte herrlich frisch und lecker. Auch Fleisch- und vegetarische Gerichte munden. Gehobene Preise. Breite Auswahl an Fassbieren. Küche 12–21 Uhr. Pinen 3, 7870 Roslev, ✆ 97 73 18 99, www.pinenhus.dk. **€€€**

Limfjordenshus, Feines frisch vom Fjord sowie von regionalen Bauern bereitet die Küche im Limfjordenshus direkt am Hafen von Glyngøre zu Gaumenschmeichlern: Limfjordmuscheln, Austern, Hummer oder geschmortes Schwein mit Pflaumen – hier findet jeder sein Lieblingsgericht (4-Gänge-Menü 495 DKK). Beliebt ist auch das sonntägliche Waterkantbüfett (Anmeldung nötig). Do–Sa 12–15/17.30–24, So 12–15 Uhr. Odden 17, Glyngøre, 7870 Roslev, ✆ 97 73 10 01, www.limfjordenshus.dk.

Sevel Kro, gemütlicher seit 1802 königlich privilegierter Landgasthof mit schönen Zimmern mit Bad/WC und TV. Es gibt auch günstige DZ mit Gemeinschaftsbad sowie 4 Ferienwohnungen. Das Restaurant bietet leckere Frischeküche mit Fisch und Fleisch aus der Region (Hauptgerichte ab 168 DKK) und abwechslungsreiche Menüfolgen. Gut sortierte Weinkarte. Di–Sa 12–22, So 12–17 Uhr. Søgårdvej 2, Sevel, 7830 Vinderup, ✆ 97 44 80 11, www.sevelkro.dk. **€€€**

Hedelandets Camping, ebenes, parzelliertes Wiesengelände mit kleinem Schwimmbecken und Kinderspielplatz. Gut geeignet als Ausgangspunkt für einen Besuch in Hjerl Hede. Stellplatz für 2 Pers. HS 225 DKK. Auch Vermietung von Zimmern und Hütten. März–Okt. Halalle 6, Sevel, 7830 Vinderup, ✆ 97 44 85 50, www.hedelandetscamping.dk/.

Limfjords Camping og Vandland, nahe Spøttrup. Hervorragend ausgestatteter Campingplatz in schöner Lage am Limfjord und zentral gelegen für einen Besuch der Burg Spøttrup. Das Highlight besonders für Kids ist das Indoor-Spaßbad mit mehreren Becken und 37-m-Rutsche sowie Sauna und Dampfbad (Mitte Juni–Mitte Aug. tägl. 10–20 Uhr, NS Fr–So 10–18 Uhr, 50 DKK p. P.). Stellplatz für 2 Pers. HS 273 DKK, Duschen extra. Es gibt auch Hütten. In der Hauptsaison Reservierung empfehlenswert. Ganzjährig geöffnet. Ålbæk Strandvej 5, 7860 Spøttrup, ✆ 97 56 02 50, www.limfjords.dk.

Blendend weiße Muschelschalen säumen den Fjord bei Løgstør

Am Aggersund

An der starken Einschnürung des Limfjords am Aggersund rücken die Halbinsel Himmerland im Süden und das nordjütische Vendsyssel-Thy ganz eng zusammen.

Der Sund wird von der knapp 300 m breiten Aggersundbroen überspannt, einer Bogen- und Klappbrücke, über die die Primärroute 29 (Hobro–Hanstholm) verläuft. In der Nähe des Ortes Aggersund sind die Überreste der größten Wikingerburg Dänemarks, der Aggersborg, zu sehen.

Die Himmerländer glauben aufgrund der Namensanalogie fest daran, dass sie von den kriegerischen Cimbern abstammen. Belege dafür gibt es nicht, doch der Mythos hat sich in dem im 19. Jh. erschaffenen Wappentier, dem Kimbern-Stier, überliefert. Historisch Fundiertes über den Limfjord kann man im Limfjordsmuseet Løgstør erfahren. Der Abstecher lohnt sich natürlich auch wegen der schönen Lage am Fjord und um einen Bootsausflug auf dem Frederik VII. Kanal zu unternehmen, der von Løgstør aus parallel zum Limfjord bis Lendrup Strand führt.

Løgstør

In der Heringsfischerei machten die Bewohner des 1514 gegründeten Løgstør im 16. Jh. einträgliche Geschäfte. König Friedrich II. verfügte, dass am Limfjord nur an zwei Stellen Hering gesalzen werden durfte: in Aalborg und in Løgstør. Nach dem Durchbruch der Agger Tange 1825 verschwand der Hering aus dem Limfjord und in Løgstør schwenkte man um auf den (wegen des Fehlens der Marktrechte) illegalen Seehandel mit anderen nordeuropäischen Städten. Auch das Herausziehen gestrandeter Schiffe an der Untiefe Løgstør Grunde wurde als Einnahmequelle genutzt.

Limfjordsmuseet Løgstør

Auf dem 4,4 km langen Frederik VII. Kanal konnte die Gefahrenstelle zwischen 1861 und 1913 umfahren werden, danach wurde eine Fahrrinne im Sund freigebaggert. Der kastenartige Leuchtturmbau am Hafen hilft Schiffen bei der Navigation. In der zweiten Hälfte des 19. Jh. nahm die Industrialisierung mit Eisengießerei und Kleiderfabrik ihren Aufschwung. Ab 1900 erhielt Løgstør Handelsrechte und durfte sich „Købstad" nennen. Die Abseitslage der Kleinstadt änderte sich mit dem Bau der Aggersundbrücke 1942. Heute vermarktet sich die 4000-Einwohner-Stadt als „Muschelstadt" und die Muschelfischer feiern gemeinsam mit der zunehmenden Touristenschar im Frühjahr das Muschelerntefest. Am Limfjordstrand mit strahlend weißen Muschelschalen lassen sich kalendertaugliche Fotos schießen. Insbesondere dann, wenn sich beim Start der Regatta „Limfjorden Rundt" historische Traditionssegler ins Bild schieben. Mehr alte Kähne und Kutter gibt es im Kanal am Limfjordmuseum zu bewundern.

Limfjordsmuseet: Das Limfjordmuseum im historischen Haus des Kanalvogts (1863) und im Maritimen Erlebniszentrum auf der Stadtseite vermittelt Informationen über die Fischerei im Limfjord, die Schifffahrt, Strandjagd, Sturmfluten und den Bootsbau. In verschiedenen Aquarien kann man betrachten, wie vor 1825 das Leben im Brackwasser-Fjord aussah und was passierte, als der Durchbruch zur Nordsee bei Agger stattgefunden hatte. Kinder dürfen Krabben und Plattfische streicheln. Im historischen Bootsgebäude des Museums werden Museumsschiffe aus dem Limfjord restauriert und altes maritimes Handwerk gepflegt. Das Museum verfügt über eine stattliche Sammlung an historischen Schiffen vom kleinen offenen Angelboot über Kutter mit Glühkopfmotor bis hin zum stolzen Segelschiff.

Im Juli und August bietet das Museum Bootsfahrten mit Führer auf dem **Frederik VII. Kanal** an. Die Wasserstraße wurde von 1856–1861 von über 400 deutschen Arbeitern von Hand gegraben. Der 4,4 km lange und 3 m tiefe Kanal diente dazu, die Sandbänke von Løgstør Grunde umfahren zu können. Er war nur bis 1913 in Betrieb, wurde aber 2007 zu einem der sieben Wunder Nordjütlands gewählt. Bei den Bootstouren wird ein Stopp an den Kanalhäusern in Lendrup eingelegt, wo einst die Kanallotsen mit ihren Familien lebten. Wer mag, kann auch selbst in der Kopie eines historischen Limfjord-Ruderboots auf dem Kanal fahren (kostenlos mit Museums-Ticket).

■ Museum 15. Juni–31. Aug. sowie Oster- und Herbstferien tägl. 10–17 Uhr, Ostern–Mitte Okt. Sa/So 10–17 Uhr. HS 80 DKK, NS 60 DKK, Kinder bis 18 J. frei. Fahrt mit dem Motorboot im Kanal im Ende Juni–Anf. Aug. Mo–Fr 11 und 14 Uhr, bis Ende Aug Mo–Fr 14 Uhr; 120 DKK (Ticket gilt auch fürs Museum), Reservierung empfehlenswert. Kanalvejen 40, 9670 Løgstør, ☏ 98 67 18 05, www.limfjordsmuseet.dk.

Aggersborg: Ein kreisrunder Wall mit 288 m Außendurchmesser auf einer grünen Wiese mit bester Aussicht auf den Aggersund markiert die Ausdehnung der mächtigen Wikingerburg Aggersborg. Sie wurde nach Erkenntnissen der Archäologen um 970 unter der Regentschaft von König Harald Blauzahn erbaut. Es wird vermutet, dass die Aggersborg gleichzeitig mit den drei anderen Wikingerburgen Fyrkat, Nonnebakken und Trelleborg entstand. Die Lage am Aggersund war günstig, somit konnte das kriegerische Volk sowohl den Seeweg von Osten nach Westen als auch den Ochsenweg, die alte Handelsstraße von Norden nach Süden, kontrollieren. Der Limfjord war bis ins Jahr 1100 zur Nordsee offen und so ist vorstellbar, dass die Wikinger ihre Handels- und Heerfahrten von der Aggersborg aus starteten. Schautafeln und eine kleine Ausstellung am Parkplatz erklären vor Ort die Bedeutung der Stätte (Ausstellung ab

Der Nordwesten → Karte S. 202

April tägl. 8–21 Uhr, Eintritt frei). Eine plastische Darstellung der Aggersborg vermittelt eine App des Vesthimmerlands Museum, die die Burg in einer animierten Visualisierung zeigt (kostenlos im App Store und bei Google Play, auf Dänisch).

Die Königsburg war mit einem 1,30 m tiefen Graben, einem 4 m hohen Erdwall und einer Holzbrüstung befestigt. Von der Mitte des Kreises führten vier Hauptwege in alle vier Himmelrichtungen zu vier Toren im Wall. In den Vierteln lagen je zwölf Langhäuser und man schätzt, dass hier bis zu 5000 Wikinger lebten. Bei den Ausgrabungen wurden viele Luxusgüter gefunden, wie Bergkristalle, Teile von Glaskannen und ein goldener Armreif. Eine Kopie davon ist in der Aggersborg Kirke ausgestellt. Die romanische Kirche wurde um 1100 erbaut und diente wegen ihrer Lage auf einer Anhöhe als Navigationshilfe. Nach der Aufgabe der Wikingerburg wurde in der Nachbarschaft ein königliches Gut errichtet, das im 16. Jh. in den Besitz des Adels überging. Das südlich des Ringwalls gelegene Herrenhaus Aggersborggaard stammt von 1758.

- www.vesthimmerlandsmuseum.dk.

Snapseruten – hochprozentig um den Fjord

Nicht nur in Aalborg sondern in der gesamten Limfjordregion gehört Schnaps nach einem deftigen Essen dazu. Seit dem Mittelalter wird hier Akvavit – Lebenswasser – gebrannt. Damals versammelten sich die Bauern um eine Schale mit dem fertigen Branntwein und probierten mit Löffeln. Zunächst stellten sie den Hochprozentigen aus Kartoffeln her, später aus Korn. Mönche nutzten schließlich die in den Klostergärten angebauten Kräuter und Beeren zur Verfeinerung des Destillats. Heute wird in kleinen Brennereien mit den überlieferten Rezepten experimentiert. So entstehen immer neue aromatische Kräuterschnäpse u. a. mit Kümmel, Schafgarbe, Dill, Schlehen, Wacholder, Sanddorn und Lakritzwurzeln.

Auf der „Schnapsroute“ fährt man per Fahrrad oder Auto (bitte nüchtern!) durch abwechslungsreiche Landschaften und Orte am Limfjord und an der Nordsee, so u. a. durch Løgstør, Bulbjerg, Hanstholm, Thisted, den Nationalpark Thy und Nykøbing Mors.

Unter dem Label Snapseruten vermarkten sich ausgewählte Hotels, Restaurants, Brennereien und Museen (www.snapseruten.dk).

Praktische Infos

Information Im **Kulturladen** am Hafen von Løgstør können sich die Gäste in Selbstbedienung mit Informationen über die Region sowie Broschüren und Flyern versorgen. Außerdem ist Touristeninformation Destination Himmerland telefonisch erreichbar Mo 12–15, Di–Do 10–15 Uhr. ✆ 70 27 13 77, www.destinationhimmerland.de.

Verbindungen Regelmäßige **Busverbindungen** u. a. nach Aalborg, Hobro und Fjerritslev. www.nordjyllandstrafikselskab.dk.

Angeln Beiderseits des Aggersunds ist westlich und östlich der Brücke Angeln möglich. Hier fängt man Meerforellen und Heringe, aber auch Aale, Flundern und Hornhechte.

Golf Mit Blick auf den Limfjord spielt man im **Løgstør Golfklub** auf einer 12-Loch-Bahn oder der 18-Loch-Bahn (450 DKK). Außerdem gibt es einen 9-Loch-Pay&Play-Platz (125 DKK). Viborgvej 130, Ravnstrup, 9670 Løgstør, ✆ 98 67 92 00, www.logstorgolfklub.dk.

Strand Ein erfrischendes Bad im Limfjord ist vom Badesteg nahe des Jachthafens in Løgstør und am Kiesstrand möglich.

Veranstaltungen Am ersten Samstag im April wird das **Muschelerntefest** (Muslingehøstfest) mit Gratiskostproben gefeiert. Im Juli wird auch beim **Muschelfestival** die heimische Spezialität serviert. Ende Juli findet das **Jazzfestival** statt. Alljährlich im Sept. (37. Woche) startet in Løgstør die Regatta **Limfjorden Rundt,** bei der Traditionssegler den westlichen Teil des Limfjords über Struer, Nykøbing Mors bis Skive segeln.

Wohnmobile Am **Hafen von Løgstør** gibt es einen Autocamper-Platz mit Ver- und Entsorgung, Dusche/WC. Die 15 Stellplätze, von denen man einen herrlichen Blick auf den Limfjord genießt, sind in der Saison immer gut besucht. Stellplatz 175 DKK – zu bezahlen beim Hafenmeister 8–9 oder nach 17 Uhr. Kanalvejen 19, 9670 Løgstør, ✆ 23 42 38 10.

Übernachten/Essen **Hotel du Nord,** das 150 Jahre alte Badehotel ist renoviert und hat die schönste Lage am Hafen in Løgstør. Die hellen, individuell eingerichteten Zimmer verfügen über Bad/WC, TV und WLAN, für Zimmer mit Limfjordblick zahlt man etwas mehr. Vermietet wird auch eine Ferienwohnung (bis 6 Pers.). Havnevej 38, 9670 Løgstør, ✆ 98 67 21 00, www.hotel-dunord.dk. **€€**

Løgstør Camping, stadtnah, ca. 1 km zum Hafen. Der ruhig gelegene Campingplatz bietet schöne Wiesen-Parzellen und Windschutz durch Bäume und Hecken. Er ist komfortabel ausgestattet mit sauberen Sanitäranlagen und Familienbad, Gemeinschaftsküche, Kinderspielplatz, im Sommer ist ein Kiosk geöffnet. Es werden Fahrräder und Mooncars verliehen. Stellplatz für 2 Pers. HS 320 DKK. Es gibt auch Hütten. Ganzjährig geöffnet. Skovbrynet 1, 9670 Løgstør, ✆ 71 74 11 19, www.logstor-camping.dk.

Kulgaarden, auf der Terrasse am Hafen lassen sich die leichten, deftigen oder süßen Speisen des Café-Restaurants mit Aussicht genießen. Die Palette reicht von Smørrebrød über Schweinefilet oder Scholle bis zu hausgemachtem Softeis. Akzeptable Preise. Di–Sa 12–21, So 12–16 Uhr. Kanalvejen 17, 9670 Løgstør, ✆ 22 65 66 66, www.kulgaarden.dk.

Mein Tipp **Kanalfogedens Køkken,** im Maritimen Erlebniszentrum des Limfjordmuseums. In der „Küche des Kanalvogts" kommen natürlich Muscheln auf den Tisch, gewürzt wird mit Ingwer und Kräutern oder Safran und Fenchel. Auch andere frische Zutaten aus der Region wie Entenbrust, Kalb oder Rindersteak mit Gemüse und Salat nach Saison landen auf den hübsch angerichteten Tellern. Gehobene Preise. Mi–So 12–20 Uhr. Übrigens: Das Restaurant führt auch Muschel-Kochkurse durch. Fischersgade 89, 9670 Løgstør, ✆ 98 67 11 39, www.kanalfogeden.dk.

Der Nordwesten → Karte S. 202

Die Aggersborg war eine der größten Wikingerfestungen

Der Norden

Am nördlichsten Zipfel Dänemarks bieten die Wanderdüne Råbjerg Mile und der Rubjerg Knude Fyr faszinierende Naturschauspiele. Das sagenhafte blaue Licht des Nordens verewigten die Skagenmaler in weltberühmten Bildern.

- Am Skallerup Klit wurde ein Flüchtlingslager zum noblen Ferienresort umgewandelt.
- Die versandete Kirke bei Skagen bietet die Kulisse für Weltklasse-Ballett.
- Das Aalborger U-Boot „Springeren" konnte 29 Tage unter Wasser bleiben.

Wer im Norden Jütlands Urlaub macht, hat die Wahl: Strand oder Kunst, Shoppen oder Sport, sich den Naturgewalten stellen oder Gourmetküche genießen. Im besten Fall wird aus dem „oder" ein „und".

Jammerbugt: An der Jammerbugt kann man in zahlreichen kleinen Strandorten zur Ruhe kommen. Quirlig und international geht es hingegen im beliebten Ferienort Blokhus zu. Charmante alte Badehotels und die aus 500 kleinen Badehäuschen bestehende „weiße Stadt" prägen den Strandort Løkken. Ein paar Kilometer landeinwärts findet man den einst mächtigsten Bischofssitz der Region: Kloster Børglum, wo der berüchtigte Bischof Stygge Krumpen ein ausschweifendes Leben führte.

An der Steilküste des Lønstrup Klint mit der 90 m hohen Düne Rubjerg Knude nagt die Nordsee so stark, dass die Kirche und manches Haus aufgegeben wurden. Gemütlich geht es im Künstlerort Lønstrup zu, der mit Galerien und Ateliers Besucher lockt.

Im schmucken Hjørring, dem Zentrum der Region Vendsyssel, begegnet man beim Einkaufsbummel auf Schritt und Tritt der Kunst im öffentlichen Raum. Authentisch ist die lebhafte Hafenatmosphäre in Hirtshals. Die Stadt hat einen der größten Fischereihäfen Dänemarks und ist mit ihrem Fährhafen Tor nach Norwegen, Island und zu den Färöer-Inseln.

Tannis Bugt: Ruhesuchende finden in der Tannis-Bucht schöne Strände, viel Natur und Kleinode wie Herregården Odden mit seinem Kunstmuseum. Tverstedt lieben nicht nur Sonnenhungrige: Im Oktober swingt das „kleine Paradies am Meer" bei den beliebten Jazzy Days.

Halbinsel Skagen: Die 30 km lange und kaum 5 km breite Halbinsel Skagen wurde von Nord- und Ostsee aus Sand geformt. Wald und Dünenheide breiten ihr grünes Mäntelchen darüber, aber die naturgeschützte Wanderdüne Råbjerg Mile zeigt, wie die Natur hier ohne menschliches Einwirken aussähe. Einen ausgedehnten „Wüstenspaziergang" über die 40 m hohe Düne lässt sich kein Skagen-Besucher entgehen. Vom Fischer- und Seeräubernest vergangener Tage und der Künstlerkolonie des 19. Jh. wandelte sich Skagen zum Treffpunkt des dänischen und internationalen Jetsets. An der Landspitze Grenen kann man gleichzeitig mit einem Bein in der Nordsee und mit dem anderen in der Ostsee stehen.

Was anschauen?

Rubjerg Knude Fyr: Der 1899 erbaute Leuchtturm oberhalb der Steilküste versank in einer Wanderdüne und wurde landeinwärts versetzt. Ein sehenswertes Wahrzeichen. → S. 277

Nordsøen Oceanarium Hirtshals: Die Meeresbewohner der Nordsee kann man in vielen kleinen und in einem 22 x 33 m großen Riesenaquarium beobachten. → S. 290

Skagens Museum: Rund 9000 Werke der Skagenmaler hat das Museum gesammelt. Sie zeigen stimmungsvolle Landschaften und Momente aus dem harten Leben der Fischer und Bauern im 19. Jh. → S. 315

Was unternehmen?

Thorup Strand: Bunte Kutter und viel Motorengetöse – wer die Arbeit der Strandfischer am Anlandungsplatz in Thorup Strand erleben will, muss früh aufstehen. → S. 258

Svinkløv Plantage: Mountainbiker finden im Wald von Svinkløv Jütlands schönste Mountainbikestrecke mit immerhin 385 Höhenmetern. → S. 262

Fårup Sommerland: Ein Besuch des Freizeit- und Aquaparks bei Blokhus ist das Highlight für Familien. → S. 266

Hochsee-Angeln: Vom Hafen Hirtshals aus bieten mehrere gelernte Fischer mit ihren Kuttern Touristen-Törns auf die Hochsee an. → S. 292

Adlerwelt: Das historische Falknerhandwerk wird im Adlerreservat in Tuen bei spektakulären Flugshows mit Seeadlern, Steinadlern und Jagdfalken vorgestellt. → S. 310

Wo ist was los?

Aalborg: Die lebenslustige Kulturstadt ist bekannt für ihre Kneipenmeile, die Jomfru Ane Gade. Im Mai kommen Hunderttausende zum bunten, lauten Aalborg Karneval. → S. 295

Böller bei Sonnenuntergang: Allabendlich in den Sommerferien feuert die Kanonengilde in Blokhus eine englische Kanone aus dem 17. Jh. ab. → S. 264

Südliche Jammerbugt

Vom Bulbjerg aus in nordöstlicher Richtung blickt man auf den nächsten bis zum Horizont reichenden Mega-Strand: die Jammerbugt. Urlauber können sich auf 55 km Küste mit Sand, Dünen und Meer freuen. Ruhige und quirlige Orte stehen zur Wahl.

Der Name Jammerbugt nimmt Bezug auf die vielen tragischen Schiffsunglücke auf der rauen Nordsee. Noch gehen einige Fischerfamilien in Thorup Strand dem harten Gewerbe der Küstenfischerei nach. Fotos von den bunten Kuttern, die nach dem Fischzug auf den Strand gezogen werden, fehlen jedenfalls in keinem Fotoalbum oder Social-Media-Account. Das Handwerk der Bootsbauer ist immerhin noch museal zu erleben: Im Schifffahrtsmuseum Han Herred Havbåde in Slettestrand werden historische Schiffe restauriert.

Die meisten Touristen aber zieht es an die Badestrände und so findet man im Sommer ein fröhlich-quirliges Treiben in den beliebten Strandorten Klim, Svinkløv, Slettestrand, Tranum und Blokhus vor. Hinter den heidebewachsenen Dünen und Klitplantagen wechselt die Landschaft zwischen weiten Ebenen, Hügeln (Reste der einstigen Inseln im Meer) und Taleinschnitten.

Der Wanderweg Nordsøstien (Nordseepfad) führt über den Nordbjerg, den mit 83 m über dem Meeresspiegel höchsten Punkt an der südlichen Jammerbugt. Die abgeschiedene Gegend ist geprägt von einzeln liegenden Bauernhöfen, großflächigen Weiden und kleinen Dörfern. Han Herred nennt sich der einsame Landstrich zwischen der Küste und dem sich zum Flaschenhals verengenden Limfjord, zwischen Thy und Vendsyssel. Die Verkehrswege laufen in Fjerritslev zusammen, dem zentralen Einkaufsort der Region.

Skagerrak
Norwegen
Nordsee (Vesterhavet)
Norwegen, Island Färöer-Inseln
Tannis Bugt
Grenen
Gammel Skagen
Skagens Odde
Skagen Museum
Skagen
Den Tilsandede Kirke
Kandestederne
Råbjerg Mile
Hulsig
Skiveren
Adlerwelt
Nordsøen Oceanarium
Hirtshals
Kjul Strand
Tversted
Tuen
Ålbæk
Ålbæk Bugt
Kattegat
Tornby Strand
Horne
Åbyen
Uggerby
Mygdal
Bindslev
Tornby
Herregården Odden
Jerup
Skallerup Klit
Vidstrup
Bjergby
Mosbjerg
Strandby
Oslo
Rubjerg Knude Fyr
Astrup
Sindal
Tolne
Elling
Kvissel
Ravnshøj
Frederikshavn
Hjørring
Uggerby Å
Skærum
Kilden
Göteborg
Hundelev
Lørslev
Lendum
Elling Å
Rakkeby
Gærum
Harken
Tårs
Læsø
Børglum
Vrå
Poul-strup
Østervrå
Thorshøj
Sæby
Stenum
Vendsyssel
Hørby
Syvsten
Serritslev
Brønderslev
Brønden
Dybvad
Jerslev
Hellum
Øster Jermitslev
Øster Brønderslev
Flauenskjold
Voer Å
Lyngså
Læsø Rende
Præstbro
Hallund
Ry Å
Klokkerholm
Voerså
Agersted
Tylstrup
Lindholm Å
Hjallerup
Dronninglund
Sulsted
Grindsted
Asaa
Vestbjerg
Ostsee (Østersøen)
Rørholt
Vodskov
Uggerhalne
Nordjütland (Nordjylland)
Lindholm Høje
Langholt
Stae
Vester Hassing
Ulsted
Nørresundby
Hou
Aalborg Bugt
Gandrup
Aalborg
Limfjord
Langerak
Koldkær
Klarup
Gistrup
Storvorde
Hals
Randers, Aarhus
Himmerland
5 km
Der Norden
E 39
E 45

Von der Nordsee zum Limfjord sind es gerade mal 20 km, deshalb kann man sich auch mit dem Fahrrad von Wasser zu Wasser bewegen. Auf der Limfjordseite bieten kleine Häfen wie Haverslev Havn, Attrup Havn oder größere Marinas wie Gjøl Havn Picknicktische mit Fjordblick, Stellplätze für Wohnmobile, Anlaufstellen für Segler, Startplätze für Windsurfer, und Petris Jünger dürfen die Angel auswerfen.

Information Die Touristeninformation **Visit Jammerbugten** befindet sich in Blokhus (→ S. 264). Hier kann man sich in Selbstbedienung über sämtliche Angebote in der Region informieren und Broschüren mitnehmen. Tägl. 9–18 Uhr. Torvet 3, 9492 Blokhus. Infos gibt es auch in den Bibliotheken Brovst und Fjerritslev. (Näheres s. Webseite unter: Das Touristbüro) www.visitjammerbugten.de.

Verbindungen Die nächstgelegenen Bahnhöfe befinden sich in Aalborg und Brønderslev. Von dort aus gibt es Regionalbusse u. a. nach Fjerritslev sowie in die Strandorte Thorup Strand, Slettestrand, Klim und Blokhus. www.nordjyllandstrafikselskab.dk.

Fjerritslev

Das 3300-Einwohner-Städtchen Fjerritslev wird „Han Herreds Hauptstadt" genannt. Es trägt noch den Hahn aus dem Siegel des alten Han Herred im Wappen. Schon Mitte des 16. Jh. wurde hier ein Bauerndorf erwähnt. Die unruhigen Zeiten des Bauernkriegs gingen an dem Ort nicht spurlos vorüber. An den blutig niedergeschlagenen Aufstand erinnert der Gedenkstein Husby Hole (5 km südlich bei Husby). Mit dem Ausbau der Verkehrswege entstand im 19. Jh. ein Marktflecken. Heute ist Fjerritslev der zentrale Schul- und Einkaufsort der Region mit einer guten Auswahl von Discountern und Einzelhandel direkt an der Durchgangsstraße. Im Zentrum findet man in der alten Dorfbrauerei das Bryggeri- og Egnsmuseum, ein sehenswertes Kleinod. Unweit davon, am Kirchplatz bei der 1907 erbauten Fjerritslev Kirke, beginnt an der markanten Sonnenskulptur der **Planetenpfad** (5,9 km), der zunächst in nördlicher Richtung am Brøndumsvej entlang und dann bis nach Kollerup Strand führt, wo er mit dem Planeten Pluto endet. Die Planeten unseres Sonnensystems sind in Größe und Abstand im Maßstab 1:1 Milliarde wiedergegeben. Auf der etwa zweistündigen Wanderung bekommt man einen Eindruck von den Dimensionen unseres Sonnensystems (Faltblatt in den Touristenbüros erhältlich).

Bryggeri- og Egnsmuseum: Fässer, blankpolierte Messinghähne, Krüge, ein buntes Sammelsurium an Bierflaschen – kein Zweifel, in diesem Museum fühlen sich Bierliebhaber wohl. Von 1897 bis 1968 wurde in der Dorfbrauerei in Fjerritslev süffiges Bier gebraut. Im besten Jahr produzierte die Brauerei Kjeldgaard 143.000 Liter Bier. Auf dem Rundgang durch das Museum erhält man Einblick in die Firmen- und Familiengeschichte und lernt vieles über die traditionelle Braumethode. Im Obergeschoss erfährt man Weiteres über den damaligen Alltag: Allerlei Werkzeuge, Küchenutensilien, Seifenpackungen usw. sind hier zu sehen.

▪ Mitte Juni–Mitte Aug. Mo–Fr 10–15, Sa 10–12 Uhr, Mitte Febr.–Mitte Juni Mo, Do 11–14 Uhr, weitere Termine und Aktivitäten s. Webseite. 50 DKK, Kinder unter 12 J. frei. Østergade 1, 9690 Fjerritslev, ☏ 98 21 31 92, www.fjerritslevmuseum.dk.

Praktische Infos

Information Infomaterial von Visit Jammerbugten ist in der **Fjerritslev Bibliotek** erhältlich. Außerdem gibt es gratis WLAN sowie Computer. Selbstbedienung tägl. 7–22 Uhr, allg. Öffnungszeiten Mo 10–17, Di und Fr 10–16, Mi 10–13, Do 13–17 Uhr. Danmarksgade 1, 9690

In weitem Schwung zieht sich die Jammerbugt nach Norden

Fjerritslev, ✆ 72 57 85 03, www.visitjammerbugten.de.

Verbindungen **Busse:** Tägl. mehrmals verkehrt die Linie 70 von Aalborg nach Fjerritslev und über Klim, Vester Thorup nach Thisted. Regelmäßige Verbindungen nach Klim Strand, Thorup Strand, Aggersund und Slettestrand sowie Hobro und Nykøbing Mors. www.nordjyllandstrafikselskab.dk.

Einkaufen **Renés Vin og Grøntorv,** wenn einer etwas mit Leidenschaft tut, dann merkt man das am guten Ergebnis – René hat in seinem Laden nicht nur frisches Obst und Gemüse nach Saison im Angebot. Es gibt auch Biowaren, Kaffee, Tee, Tabak und Spezialitäten. Überwältigend ist die Auswahl an lokalen Bieren und internationalem Wein. Da wird jeder nach seinem Geschmack fündig. Mo–Do 7–17.30, Fr 7–18, Sa 7–16, So 8–14 Uhr. Østergade 2b, 9690 Fjerritslev, ✆ 98 21 33 38, www.vinoggrønt.dk.

Fahrradfahren Auf der **Handherredruten** (regionale Fahrradroute 55) fährt man von Fjerritslev über Bonderup nach Skovsgard. Mit einer Schleife über Attrup, Haverslev und Husby kommt man wieder zurück. Abstecher zu den Limfjordhäfen Attrup oder Haverslev bieten sich fürs Picknick an. www.visitjammerbugten.de/de/jammerbugten/aktivitaten/fahrradrouten-und-karten.

Golf Zwischen Wald und heidebewachsenen Hügeln findet man auf dem **Jammerbugt Golfklub** nördlich von Fjerritslev einen 18-Loch-Platz (Greenfee 400 DKK) und eine Par 3-Bahn (100 DKK). Jeden Di im Juli gibt es ein Sommergolf-Turnier, an dem auch Touristen teilnehmen können. Starkærvej 20, 9690 Fjerritslev, ✆ 98 21 26 66, www.jbgolf.dk.

Schwimmbad Hallenbad mit 25-m-Becken und Sauna im **Freizeitzentrum Fjerritslev.** Di/Mi 18–21, Sa 13–15 Uhr. 30 DKK. Brøndumvej 14–16, 9690 Fjerritslev, ✆ 98 21 11 90, https://idrætscenterjammerbugt.dk.

Wohnmobile Schöne Stellplätze mit Aussicht auf den Limfjord gibt es am **Haverslev Havn** (15 km südlich von Fjerritslev). Strom und WC vorhanden. 100 DKK im Umschlag im Klubhaus hinterlegen. Havnegade 85, Fjerritslev, www.haverslevhavn.dk.

Übernachten **Hostel Fjerritslev,** zentral gelegen. Das ordentliche Hostel im Freizeitzentrum bietet kürzlich renovierte DZ mit eigenem Bad/WC und TV sowie Mehrbettzimmer. Es gibt eine Gemeinschaftsküche und Aufenthaltsräume mit Billard, Darts und Tischtennis. Gäste haben auch Zugang zum Hallenbad und Sportzentrum. Brøndumvej 14–16, 9690 Fjerritslev, ✆ 98 21 11 90, https://idrætscenterjammerbugt.dk. **€**

Lyngbjerggaard Ferienwohnungen B&B, 2 km nördlich von Fjerritslev. In dem ruhig gelegenen und von hilfsbereiten Gastgebern betreuten Ferienhof findet man helle DZ mit Dusche/WC sowie saubere, einfache Ferienwohnungen mit kleinen Kochnischen, Bad/WC, TV, WLAN sowie einer Terrasse im Grünen. Es gibt Pferde, Feuerstelle, Ballspielplatz und die Spazierwege im Wald beginnen am Haus. Kollerup Strandvej 14, 9690 Fjerritslev, mobil ✆ 26 57 27 28, www.lyngbjerggaard.dk. **€**

 → Karte S. 254/255

Brovst

Der kleine Ort an der Primärroute 11 bietet sich ebenfalls an, um in den örtlichen Supermärkten Vorräte einzukaufen. Sehenswert ist der **Herregården Bratskov,** der 1307 aktenkundig wurde. Das Herrenhaus besteht aus einem Hauptgebäude und zwei später angebauten Seitenflügeln sowie einem hübschen Park. Im Rittersaal von Bratskov wird heute geheiratet. Bei einem Rundgang kann man die herrschaftlichen Räume, die alte Küche, eine alte Schule, Werkstätten und regionale Ausgrabungen aus der Steinzeit besichtigen. In der Sommersaison schlüpfen Freiwillige in historische Kostüme und füllen donnerstags (10–13 Uhr) die Gebäude mit Leben: In der Schuhmacherwerkstatt und in der Schmiede werden dann traditionelle Handwerkstechniken gezeigt. Im Haus finden Ausstellungen und Konzerte statt.

▪ Mo–Fr 8–15 Uhr. Fredensdal 8, 9460 Brovst, ✆ 72 57 89 75, www.visitjammerbugten.de.

Praktische Infos

Information Infobroschüren in der **Brovst Bibliotek,** Mo 10–17, Di 10–16, Mi 10–13, Do 13–17, Fr 10–16 Uhr. Rotfeldsvej 11, 9460 Brovst, ✆ 72 57 85 00, www.visitjammerbugten.de.

Essen & Trinken **Gjøl Kro,** in schöner Aussichtslage an der Marina Gjøl Havn am Limfjord (16 km südlich von Brovst). Unter neuer Leitung bietet das gemütliche, historische Wirtshaus von 1901 dänische Klassiker wie Smørrebrød (ab 69 DKK), Aal in Dillsoße oder Stjerneskud. Lecker sind auch die fein abgestimmten Menüs (3 Gänge 349 DKK) mit Fisch, Fleisch und feinen Nachspeisen. Der tolle Fjordblick lohnt den kleinen Abstecher allemal. Di–Sa 12–21, So 12–16 Uhr. Fjordgade 18, Gjøl, 9440 Aabybro, ✆ 28 40 62 62, Facebook.

Carnhed's Corner, gemütliches neues Lokal im Zentrum. Exquisite Genüsse zaubert Frederik Carnhed aus frischen regionalen Zutaten à la Saison. Geräuchertes Perlhuhn, Kalbfleisch mit Trüffel und Blaubeer oder frischer Fisch mit Teriyaki und Hummer – der norwegische Koch kreiert immer neue Geschmackserlebnisse – und das zu akzeptablen Preisen. Di–Sa 16–22 Uhr. Jernebanegade 1–3, 9460 Brovst, ✆ 20 95 33 03, www.carnhedscorner.dk.

Thorup Strand

Wer den letzten dänischen Landingsplads (Anlandungsplatz) der Strandfischer in Aktion sehen will, muss nach Thorup Strand fahren. Das Spektakel der lärmenden Motoren der Bulldozer und das Knirschen der Bootsrümpfe, die über Sand und Kies aufs Trockene gezogen werden, sind beeindruckend. Begleitet vom Geschrei der Möwen laden die Fischer aus, was ins Netz gegangen ist. Vom Kutter gibt's den frischesten Fisch zu kaufen, alles Weitere kommt auf Eis und ist in der Fiskebutik am Lagerhaus und in ausgewählten Läden erhältlich. Sogar in einem ausrangierten Thorup-Kutter in Kopenhagen wird „Thorup Fisk" vermarktet. Erst wenn die Arbeit getan ist und keine Gefahr mehr durch Stahlseile und Bagger droht, dürfen Landratten zu den bunten Fischkuttern gehen und Fotos schießen. Die bunten Fischerboote liegen im Halbkreis auf dem Strand bis zur nächsten Fahrt, die mitten in der Nacht beginnt. Um die Kutter ins Wasser zu ziehen, wird mit der Kraft einer Winde das am Schiffsheck befestigte Stahlseil bewegt, das über eine Umlenkwelle im Wasser geführt ist. Ein Übersichtsplan am Parkplatz informiert über das Gelände: das Windenhaus (Spilhus), das Lagerhaus, die alte und neue Rettungsstation. Weitere Erklärungen zur Strandfischerei erhält man im Info-Haus. Das Skagerrak ist sehr fischreich, da das Meer verschiedene Lebensräume wie Sandböden, Steinriffe und Kalkklippen bietet. Die Fischer aus Thorup Strand arbeiten im Sommer mit der Snurrewade (schonende Fangnetze, mit denen ein Fischplatz eingekreist und weniger Beifang gefischt wird), im Winter mit Schleppnetzen. So fangen sie überwiegend Plattfische, Dorsch, Knurrhahn, Kalmar und Schalentiere.

Ansonsten geht es in dem kleinen Küstenort Thorup Strand ruhig und beschaulich zu. Hier leben nur wenige Einheimische, im Sommer mieten sich ein paar Gäste in die Ferienhäuser ein. Touristische Infrastruktur fehlt, somit sind der Ort und die Umgebung das Richtige für Ruhesuchende und Naturliebhaber.

Praktische Infos

Information Nächstgelegene Touristeninformation in Fjerritslev. www.visitjammerbugten.de.

Verbindungen **Busse:** Der Schulbus 607 verkehrt an Schultagen zwischen Fjerritslev und Thorup Strand. Vester Thorup ist mit der Linie 70 Fjerritslev–Thisted erreichbar. Wer individuell unterwegs ist, kann einen Rufbus als Flextur buchen, ✆ +45 99 34 11 34, 7–23 Uhr. www.nordjyllandstrafikselskab.dk.

Fahrradfahren Thorup Strand liegt an der **Vestkystruten** (Nr. 1), nach Westen erreicht man den Bulbjerg, nach Osten fährt man nach Klim Strand. www. vestkystruten.dk/de/.

Kunsthandwerk **Havekunst Unik,** hochwertiges Kunsthandwerk aus Glas, Metall und Keramik für Haus und Garten. Juli–Anf. Sept. Di–So 11–17 Uhr. Havvejen 49, Thorup Strand, 9690 Fjerritslev, ✆ 25 78 54 01, www.kunstunik.dk.

Rikke Kristensen, die Keramikerin stellt handgedrehtes, spülmaschinenfestes Geschirr in Natur- und Meeresfarben in ihrer Werkstatt her. Sa 10–13 Uhr und nach Vereinbarung. Fiskerstien 9, Thorup Strand, 9690 Fjerritslev, ✆ 22 66 39 31, www.rikkekristensen.com.

Strand Östlich und westlich des Anlandungsplatzes erstreckt sich der kilometerlange, unbewachte Badestrand von Thorup Strand. Er ist nach Norden ausgerichtet, besteht aus grobem Sand, Kies und Steinen und hat einen schönen Dünensaum, der Windschutz bietet.

Wandern Thorup Strand liegt am **Nordsøstien** (Nordseepfad). Direkt am Strand entlang gelangt man zum Bulbjerg, zurück geht es durch die Vester Thorup Klitplantage (ca. 20 km gesamt).

In Thorup Strand wird noch die Küstenfischerei betrieben

Frisch vom Kutter ins Fiskehus

Übernachten/Essen **B & B Havekunst Unik,** von grüner Natur umgeben und nur ein paar Schritte vom Strand entfernt liegt der Hof von Thomas und Liselotte Jepsen. In einem Nebengebäude mit eigenem Eingang vermietet das Paar zwei hübsch eingerichtete Gästezimmer (für 2 bzw. 3 Pers.) mit eigenem Bad. Außerdem kann man sich im Frühstückszimmer und im Kunst-Garten aufhalten. Ein privater Zugang führt direkt an den Nordseestrand. Zum Frühstück gibt es hausgemachtes Roggenbrot und Eier von eigenen Hühnern. Havvejen 49, Thorup Strand, 9690 Fjerritslev, ✆ 25 78 54 01, www.kunstunik.dk. **€**

Fiskehus, am Anlandungsplatz Thorup Strand. Hier wird frischer Fisch, der gerade vom Kutter geladen wurde, ebenso verkauft wie Räucherwaren. Man bekommt auch für kleines Geld warme Gerichte, u. a. gebratenes Fischfilet, Fischfrikadellen und Stjerneskud, die dann auf den Picknickbänken gleich verzehrt werden können. März–Okt. So–Do 11–16, Fr/Sa 11–19 Uhr (Änderungen je nach Saison und Wetter möglich). Regelmäßig Livemusik und Veranstaltungen. Thorup Strandvej 329, Thorup Strand, 9690 Fjerritslev, ✆ 50 46 90 81, Facebook.

Klim Strand und Grønnestrand

Etwa 3 km östlich von Thorup Strand schließt sich Klim Strand an, der im Sommer aufgrund eines schönen Familiencampingplatzes belebt ist. Landeinwärts liegt das Dorf Klim. Am Strandweg kann man den historischen **Klim Kalkovn** sehen und erfahren, wie aus den hiesigen Vorkommen Kalk für die Bereitung von Mörtel gebrannt wurde. Viel Handarbeit war nötig, denn der Ofen musste, um die Temperatur zu halten, rund um die Uhr befeuert werden. Der Ertrag lag bei fünf Tonnen Kalk pro Tag (Ostern- Ende September tägl. 11–16 Uhr, 20 DKK, Klim Strandvej 68, Klim, 9690 Fjerritslev).

Naturbelassen mit Heide, Wald, Dünen und einem teilweise steinigen Strand ist auch Grønnestrand. Die wichtigste Begebenheit seiner Geschichte war der Besuch von König Frederik VI. im Juni 1824. Er soll so begeistert von seinem Besuch in Han Herred gewesen sein, dass er in Grønnestrand ausgerufen haben soll: „Dieser verlassene Ort ist der schönste in meinem Königreich!". So zumindest die Überlieferung. Damals hatte er den Blickfang in der einsamen Naturlandschaft noch nicht sehen können: Die **Lyngmøllen** wurde erst 1876 erbaut. Sie ist die einzige noch existierende Windmühle in Dänemark, die mit Heidekraut bedeckt ist. Sie war als Mühle des Hofes Grønnestrand in Betrieb und steht seit 1986 unter Denkmalschutz.

Praktische Infos

Information Nächstgelegene Touristeninformation in Fjerritslev. www.visitjammerbugten.de.

Verbindungen **Busse:** Das Dorf Klim ist mit der Linie 70 Fjerritslev–Thisted erreichbar. Wer individuell unterwegs ist, kann einen Rufbus als Flextur buchen, ✆ +45 99 34 11 34, 7–23 Uhr. www.nordjyllandstrafikselskab.dk. Grønnestrand ist mit öffentlichen Verkehrsmitteln nicht erreichbar.

Fahrradfahren Klim Strand liegt an der **Vestkystruten** (Nr. 1). Ab Klim Strand führt eine 16-km-Runde über Havvejen und Kollerup Plantage nach Fjerritslev und zurück über Udklitvej und Klim Strandvej. Kostenlose Karte in den Touristenbüros oder unter www.visitjammerbugten.de.

Schwimmbad Der **Camping Klim Strand** verfügt über ein Hallenbad mit Kinder- und 20-m-Schwimmerbecken. Das „Bulbjerg-Bassin" bietet eine Kletterwand und eine Wasserrutsche. 50 DKK für Tagesgäste, für Campinggäste frei. Havvejen 167, Klim Strand, 9690 Fjerritslev, ✆ 82 10 70 10, www.firstcamp.dk/destinationer/klim-strand-nordvestkysten.

Strand Sand, Steine und schöne Dünen – auf diesen Nenner sind auch die breiten, unbewachten Strände von Klim Strand und Grønnestrand zu bringen.

Wellness Auf dem **Campingplatz Klim Strand** gibt es im Badeland einen Wellnessbereich mit Sauna, Dampfbad und Spa mit Massagedüsen. Havvejen 167, Klim Strand, 9690 Fjerritslev, ✆ 82 10 70 10, www.firstcamp.dk/destinationer/klim-strand-nordvestkysten.

Übernachten/Essen **First Camp Klim Strand,** Familiencampingplatz hinter den Dünen mit direktem Strandzugang. Ebene, parzellierte Stellplätze mit Hecken. Der Platz ist komfortabel eingerichtet, verfügt über gepflegte Sanitäranlagen, Gemeinschaftsküche mit Aufenthaltsraum, Grillplatz, Waschmaschinen, Restaurant und Mini-Markt. Für viel Abwechslung ist gesorgt, neben Spiel- und Sportplätzen, Minigolf, Tennis und Reitstall ist v. a. das Badeland (Eintritt für Camper inklusive) mit dem Wellnessbereich beliebt. Standardplatz für 2 Pers. HS 580 DKK, größere Stellplätze und Aussichtsplätze teurer. Es werden schöne Hütten vermietet. Mitte März–Mitte Okt. Havvejen 167, Klim Strand, 9690 Fjerritslev, ✆ 82 10 70 10, www.firstcamp.dk/destinationer/klim-strand-nordvestkysten.

Mein Tipp **Hotel Restaurant Klim Bjerg,** das familiengeführte Hotel liegt in ruhiger Alleinlage am Waldrand auf halber Höhe zwischen Klim Dorf und Strand. Gediegene Komfortzimmer mit Bad/WC, TV und WLAN sowie Terrasse. Im Restaurant werden aus regionalen Produkten (Fisch aus Thorup Strand oder Hanstholm, Fleisch aus regionaler Erzeugung) schmackhafte dänische Gerichte gezaubert, Hauptgerichte ab 160 DKK. Ostern–Mitte Okt. 18–19.30 bzw. 20 Uhr. Klim Strandvej 156, Klim, 9690 Fjerritslev, ✆ 98 22 52 42, www.klimbjerg.dk. **€€**

Svinkløv Strand

Am Svinkløv Strand steigt die Küste auf bis zu 50 m über den Meerespiegel an, und der Blick kann weit über die Jammerbugt schweifen. Wo der hundert Jahre alte Dünenwald endet, bricht das Land in eine wellige, mit grünem Strandhafer bewachsene Formation ab, die aufgrund ihrer an Schweineklauen erinnernden Form Svinkløvene genannt wird. Im Steinzeitmeer war der Höhenzug eine Insel, bis zum 13. Jh. gab es an deren Fuß einen offenen Sund, über den die Schiffe von Händlern und Wikingern in den Limfjord navigierten.

Der Boden an der Lien-Böschung besteht aus Schreibkreide, die an manchen Stellen durchschimmert. Der Svinkløv Wald lässt sich entspannt zu

Der Norden → Karte S. 254/255

Fuß oder temporeich auf dem Mountainbike erleben. Dort leben Rotwild und Raubvögel wie Eulen und Falken. In dieser schönen Landschaft hat das Svinkløv Badehotel eine exponierte wie exquisite Lage. So fiel die Entscheidung nicht schwer, das 2016 bei einem Feuer bis auf die Grundmauern abgebrannte Holzgebäude wieder aufzubauen. 500 m östlich des Hotels führt ein Weg den Abhang zu Skt. Olavs Kilde hinauf, einer heiligen Quelle, die dem norwegischen Schutzheiligen Olaf gewidmet ist und bis in die 1890er-Jahre als Heilquelle diente.

Praktische Infos

Information Nächstgelegene Touristeninformation in Fjerritslev. Hauptbüro Jammerbugt in Blokhus. www.visitjammerbugten.de.

Verbindungen **Busse:** Die Lokalrute 617 ab Fjerritslev fährt auf Kundennachfrage bis Svinkløv Camping. www.nordjyllandstrafikselskab.dk.

Fahrradfahren In der **Svinkløv Dünenplantage** können sich Mountainbike-Fans auf einer 20 km langen und 385 Höhenmeter umfassenden Mountainbikeroute austoben. https://naturstyrelsen.dk/media/nst/67859/mtb10spir_svinkloev_a4.pdf. Es gibt aber auch befestigte Wege, die sich gut mit dem normalen Fahrrad befahren lassen.

Wandern In der Svinkløv Plantage gibt es 3 gekennzeichnete **Wanderrouten** (3,2–4,5 km). Infos: https://naturstyrelsen.dk/media/nst/Attachments/40T_Svinkloevtxtside.pdf.

Übernachten/Essen **Svinkløv Badehotel,** nach dem Brand 2016 wurde das traditionsreiche Badehotel aus den 1920er-Jahren originalgetreu wiederaufgebaut und strahlt nun in neuem Glanz in den Dünen. Zur Ruhe kommen, lautet die Devise. Auf moderne Medien wird bewusst verzichtet, dafür werden kostenlos Spiele zur Verfügung gestellt, um ein hyggeliges Miteinander zu ermöglichen. Im Preis der schönen DZ mit Bad/WC sind Frühstück und Abendkaffee inbegriffen, Zimmer mit Meerblick sind teurer. Es gibt auch günstigere Zimmer mit Gemeinschaftsbad. Saison: Mitte April–Anfang Okt. Das Restaurant bietet Frokost (12–14 Uhr), Kaffee und Kuchen (15–16.30 Uhr) sowie feines Abendessen (18–21 Uhr) aus regionalen, ökologischen Zutaten der Saison. Tischreservierung empfehlenswert. Mai–Anf. Okt. Svinkløvvej 593, Svinkløv Strand, 9690 Fjerritslev, ✆ 98 21 70 02, www.svinkloev-badehotel.dk. **€€€€**

Mein Tipp **Svinkløv Camping,** der Campingplatz liegt zauberhaft eingebettet in bewaldete Dünen. Zum 500 m entfernten Strand führt ein Treppenweg am Steilhang. Der Platz bietet saubere Sanitäranlagen, Spiel- und Sportplätze, eine Grillhütte sowie einen kleinen Laden. Standard-Stellplatz für 2 Pers. 310 DKK. Die gemütlichen Hütten haben Bad/WC und Küche. April–Ende Sept. Svinkløvvej 541, 9690 Fjerritslev, ✆ 50 20 25 30, www.svinkloevcamping.dk.

Slettestrand

Auch Slettestrand ist einer der ruhigen Orte an der Jammerbugt. Einige Ferienhäuser warten auf Gäste, die ihren Urlaub gerne abseits vom Rummel der Touristenhochburgen verbringen. Auf dem Strand liegen ein paar Boote der Strandfischer; eine 2,5 m hohe Krabbenskulptur macht auf einen der skurrilsten hier heimischen Nordseebewohner aufmerksam. Das Bootsbauhandwerk wird mit viel Enthusiasmus im Bootshaus von Han Herred Havbåde aufrecht erhalten.

Sehenswertes

Han Herred Havbåde: Damit die Küstenfischer-Kultur nicht vollends verschwindet, widmet sich in Slettestrand ein Verein der Vermittlung des Bootsbauwesens, der Ausbildung von Nachwuchs und der Förderung nachhaltiger Fischerei. In der Bootswerft am Strand werden historische Fischerboote restauriert und seetüchtig gemacht, sodass sie wieder für Ausflugsfahrten und Sportanglertouren genutzt werden können. Auch neue Boote werden mit den alten Handwerkstechniken gebaut. Außerdem warten die Bootsbauer die Fischerboote aus Thorup Strand. Interessierte Zuschauer sind willkommen.

▪ **Havbådehuset** (Bootshaus), werktags während der Arbeitszeiten, Havbådehuset und Werft am ersten Sa im Monat 11–15 Uhr. Slettestrandvej 160–162, 9690 Fjerritslev, www.havbaade.dk.

Galleri Lien: Einen solch hochkarätigen Kunstgenuss hätte man hier eigentlich nicht erwartet. Das Kunstcenter präsentiert Werke der CoBrA-Gruppe wie von Asger Jorn, Carl Henning Pedersen und Pierre Alechinsky, es bietet aber auch Raum für Arbeiten anderer dänischer und internationaler Künstler wie Frodo Mikkelsen (Graffiti), Gabriella Kauffmann oder Javier Tapia. Die Galerie Lien ist unbedingt einen Besuch wert.

▪ Ostern–Okt. Do–So 11–17 Uhr. Slettestrandvej 82, 9690 Fjerritslev, ✆ 40 28 63 03, www.gallerilien.dk.

Praktische Infos

Information Nächstgelegene Touristeninformation in Fjerritslev. www.visitjammerbugten.de.

Verbindungen An Schultagen verkehrt der **Bus 617** von Fjerritslev nach Slettestrand. www.nordjyllandstrafikselskab.dk.

Fahrradfahren Eine **26-km-Tour** führt von Slettestrand über Svinkløv und Grønnestrand nach Fjerritslev (Hedevej, Klitvej), zurück über Aldrupvej nach Slettestrand. Karte in den Touristenbüros. **Mountainbikefahrer** finden in der Svinkløv Plantage eine anspruchsvolle 20-km-Route.

Ferienhausvermietung **Jammerbugt-Ferie,** örtlicher Anbieter für Häuser zwischen Thorup und Blokhus. Slettestrandvej 3, Hjortdal, 9690 Fjerritslev, ✆ 70 26 70 33, www.jammerbugt-ferie.dk.

Strand Der unbewachte, autofreie Sandstrand von Slettestrand, teilweise mit Kies und Steinen, hat beste Badequalität (blaue Flagge) und einen schönen Dünensaum. Der Strand ist mit dem Rollstuhl erreichbar.

Veranstaltungen Mitte Juli findet in Slettestrand ein großes Sommerfest mit Nordjyllands größtem **Ringreiterwettbewerb** statt. Bei dem temporeichen Wettkampf müssen die Reiter versuchen, im Galopp mit einer Lanze genau in einen kleinen Ring zu treffen.

Im Juli finden zum Sonnenuntergang bei der Bootswerft die **„Lieder am Meer"** statt (Di 20–20.45 Uhr).

Mitte Aug. treffen sich Sportler unter dem Motto **Explore Slettestrand** zu einem Lauf-Mountainbike-Duathlon, der in der Svinkløv Plantage in verschiedenen Längen ausgetragen wird.

Übernachten/Essen **Hotel Højgaarden,** bei Hjortdal, 2 km zum Meer. In dem familiengeführten Hotel in ländlicher Lage wird man herzlich empfangen. Es gibt einfache, aber gemütliche Zimmer mit Bad/WC, TV und WLAN. Sportliche können sich im Fitnessraum betätigen. Zum Frühstück wird ein leckeres Büfett aufgetafelt, für das Abendessen kocht der Hausherr aus saisonalen und regionalen Produkten traditionelle dänische Gerichte (für Hausgäste und externe Gäste nach Bestellung, 200–400 DKK p. P.). Slettestrandvej 50, 9690 Fjerritslev, ✆ 98 21 70 36, www.hojgaarden.dk. **€€**

Mein Tipp **Rønnes Hotel,** Ortsmitte, ca. 1 km zum Strand. In dem freundlichen Hotel schlafen die Gäste in nett eingerichteten, geräumigen Komfortzimmern mit Bad/WC, TV und WLAN. Sonnenstunden kann man auf der Terrasse genießen. Spiel- und Fußballplatz vorhanden, im Sommer werden Fahrräder und Mountainbikes verliehen. Ganzjährig geöffnet. Suiten und Zimmer mit Terrasse teurer. Maritimes Flair strahlt das Restaurant aus, in dem dänische Küche aus regionalen, ökologischen Zutaten und natürlich frischer Fisch auf den Tisch kommen. Auch zu Kaffee und Kuchen trifft man sich hier gerne (14–17 Uhr). Tägl. 12–17, 18–20 Uhr, Ausnahmen in der Nebensaison und bei Veranstaltungen. Kystvejen 25, Slettestrand, 9690 Fjerritslev, ✆ 98 21 71 50, www.roenneshotel.dk. **€€**

Feriecenter Slettestrand, 200 m zum Strand. Die praktisch eingerichteten Ferienwohnungen haben zum Teil Meerblick und verfügen über Küche, Bad/WC und Balkon bzw. Terrasse. Es gibt auch mehrere Wohnungen für Familien, die behinderte Angehörige versorgen. Diese Wohnungen liegen im Erdgeschoss und haben eine komfortable, behindertengerechte Ausstattung wie Pflegebett, Lifter, barrierefreies Bad. Das Ferienzentrum verfügt über ein schönes Hallenbad, Sauna, Fitnessraum, Tennis, Billard und Spielplatz. Es werden Aktivitäten wie Yoga, Mountainbikekurse oder Wasser-

Der Norden → Karte S. 254/255

gymnastik angeboten. Im Restaurant werden Gerichte aus ökologischen und auf das Tierwohl bedachten Frischeprodukten nach Saison serviert (Tages-Menü vom Bufett 185 DKK). Regelmäßig Musik- und Tanzabende. Slettestrandvej 140, 9690 Fjerritslev, ✆ 98 21 70 44, www.slettestrand.dk. **€€€**

Hotel Nor, direkt am Meer. Nach umfangreicher Sanierung hat sich das umgetaufte Hotel Nor in ein exklusives, stylishes Badehotel in bester Lage an der Lien-Kante mit grandioser Aussicht verwandelt. Edles dänisches Design prägt die komfortablen Zimmer (Zimmer mit Meerblick teurer). Für Hotelgäste ist der Eintritt in die Galleri Lien gratis. Das Gourmetrestaurant serviert feine Küche. Juni–Mitte Sept. tägl. 12–14 und 18–22 Uhr, NS s. Webseite. Slettestrandvej 88, 9690 Fjerritslev, ✆ 98 21 71 33, www.hotelnor.dk. **€€€€**

Tranum Strand

Einfach nur schön: Breiter, weißer Sandstrand empfängt die Besucher, die die 5 km vom kleinen Ort Tranum nach Tranum Strand gefahren sind. Nur ein paar Ferienhäuser und ein Ferienhotel liegen verstreut in den Dünen. Ein Ort der Kreativität ist das **Tranum Strandgård Kunstcenter,** das ab Ostern wechselnde Ausstellungen zeigt (Sa 14–17, So 11–17, Juli auch Do/Fr 14–17 Uhr) und Konzerte veranstaltet. Außerdem werden Malkurse angeboten. An professionelle Künstler werden zwei Künstlerhäuser vermietet.

▪ Strandvejen 143a, Tranum Strand, 9460 Brovst, ✆ 23 86 75 02, www.tranumstrandgaard.dk.

Praktische Infos

Verbindungen **Busse:** An Schultagen verkehren Bus 615 von Brovst nach Tranum Ort und Bus 270 von Fjerritslev nach Tranum Ort. www.nordjyllandstrafikselskab.dk.

Fahrradfahren Durch Dünenheide, Wald und Feld führt die Radroute **Tranum Klit** (17,9 km).

Strand Tranum Strand und der sich anschließende Ejstrup Strand sind weitläufige, unbewachte Sandstrände mit Kiesbereichen. Am Parkplatz Tranum Strand liegen Kunststoffmatten zur besseren Begehbarkeit.

Übernachten/Essen **Tranum Klit Camping,** ca. 1,7 km zum Ejstrup Strand. Ruhiger, hinter den Dünen gelegener Campingplatz mit hübschen, sichtgeschützten Stellplätzen zwischen Hecken. Saubere Sanitäranlagen, Spielplätze, Minigolf sowie ein kleiner Laden sind vorhanden. Stellplatz für 2 Pers. HS 229 DKK. Außerdem gibt es Hütten. Ende März–Ende Sept. Sandmosevej 535, Tranum Strand, 9460 Brovst, ✆ 22 83 95 06, www.tranumklitcamping.dk.

Blokhus Strand

Ehrensalut für den Sonnenuntergang – das gibt's nur in Blokhus Strand. In den Sommerferien feuert die Kanonlaug (Kanonengilde) allabendlich ihren Böller aufs Meer hinaus. Die englische Kanone wurde Ende des 18. Jh. hergestellt und Anfang des 19. Jh. während des Dänisch-Britischen Krieges bei Blokhus als Wrackgut gefunden. Eine Zeit lang diente sie dazu, Schiffen mit einem Willkommenssalut das Anlaufen von Blokhus zu erleichtern. Bis 1910 nutzte man sie als Silvesterböller. Nur rund 500 Einwohner leben ganzjährig in Blokhus, dafür kommen im Sommer Zehntausende Touristen. Der beliebte Ferienort an der Jammerbugt mit seinem breiten Autostrand bietet vielfältige Angebote für einen abwechslungsreichen Strandurlaub. Ab Aalborg ist Blokhus über die Primärroute 55 schnell erreicht.

Das Fårup Sommerland bei Blokhus lockt mit rasanten Achterbahnen

Seit Anfang des 17. Jh. wurde an diesem Ort Handel getrieben. Die namensgebenden Blockhäuser (Blokhuse) dienten als Lager. Die Frachtschiffe, flache Strandschuten, fuhren mit landwirtschaftlichen Erzeugnissen nach Norwegen und brachten Holz zurück. Das Reisetagebuch, das der Dichter Meïr Aron Goldschmidt 1865 veröffentlichte, leitete die Entwicklung des Ortes zur Touristenhochburg ein. Er propagierte das wohltuende Bad in der Nordsee, was die einheimischen Fischer, die mit den Tücken der Nordsee vertraut waren, zunächst mit Argwohn betrachteten. Als die Städter aus Kopenhagen und Aalborg anreisten, vermieteten die Einheimischen gern Unterkünfte an die Touristen, um ihr Einkommen aufzubessern. Zunächst badeten die Gäste züchtig von Badekarren aus, die bis ins Wasser gezogen wurden. Diese wurden später von Holzhütten abgelöst. Heute sind exakt 47 weiße Strandhäuschen zwischen Mai und September am Dünensaum unterhalb der roten Seebake aufgereiht. Wer keines sein Eigen nennt, nutzt seine „Badekarre" aus Blech: Autos dürfen auf dem breiten, festen Strand fahren, bis nach Løkken, wenn man mag. Auf dem Blokhus By Camping-Platz (→ S. 269) stehen jetzt außerdem zwei weiße Strandhäuschen als besondere Übernachtungsmöglichkeit für Gäste bereit.

Eng verbandelt mit Blokhus ist der Nachbarort **Hune,** der neben Geschäften auch einige touristische Sehenswürdigkeiten und Sportaktivitäten zu bieten hat. Im Sommer findet sonntags ein netter Flohmarkt statt. Für Ausflüge mit Kindern bietet sich das nur 6 km entfernte Fårup Sommerland an.

Sehenswertes

Skulpturenpark Blokhus: Wilde Wikinger, Fabelwesen oder andere Skulpturen aus Sand, Stein, Metall oder Faserbeton sind in dem mit viel Grün und Blumen parkartig angelegten Skulpturenpark in Hune zu sehen. Alljährlich im April kann man den Künstlern beim Modellieren neuer Sandskulpturen zusehen. Bis in den Spätherbst halten die Kunstwerke auf Zeit. Im Advent leuchtet der Park im Lichterglanz eines hyggeligen Weihnachtsdorfes.

■ Juli tägl 10–19 Uhr, Mitte April–Juni und Aug.–Okt. Di–So 10–17 Uhr, Nov./Dez. Di–So 15–21 Uhr. 125 DKK, Kinder 3–12 J. 65 DKK. Vesterhavsvej 6, Hune, 9492 Blokhus, ✆ 88 44 33 88, www.kulturhusetblokhus.dk.

Center for Papirkunst Blokhus: Nordeuropas einziges Museum für Papierkunst präsentiert Kunstvolles aus Papier – vom filigranen Scherenschnitt in riesigen Formaten bis zu modernen Kunstwerken, für die Papier geformt, gefaltet oder gerissen wird. Im Mittelpunkt der Dauerausstellung in Hune stehen Arbeiten der international anerkannten Scherenschnittkünstlerin Bit Vejle. Licht und Schatten setzen die Werke faszinierend in Szene. Wechselausstellungen komplettieren das Spektrum der Papierkunst. Im Papier-Atelier können die Besucher selbst ihre kreativen Fähigkeiten ausprobieren.

■ Juli/Aug. tägl. 10–17 Uhr, Oster- und Herbstferien tägl. 10–16 Uhr, sonst Di–So 10–16 Uhr. 85 DKK, Kinder 45 DKK. Isligvej 2, Hune, 9492 Blokhus, ✆ 60 12 94 92, www.centerforpapirkunst.dk.

Anne Justs Have: Ein wahres Gartenparadies haben die Malerin Anne Just und ihr Mann, der Architekt Claus Bronderup, auf einem 7500 m² großen Grundstück rund um ihr Wohnhaus (→Übernachten) in Hune erschaffen. Beete, Wege, Hecken, Gartenarchitektur und Wasserbecken bilden verschiedene Räume und ermöglichen wechselnde Einsichten. Wie in einem Farbkasten hat die Malerin den Garten in Farbthemen eingeteilt. Je nach Saison werden die Farben der Obstbäume, Rosen, Klatschmohn, Clematis oder Lilien durch hellgrüne, dunkelgrüne oder herbstbunte Gräser und Blätter kontrastiert.

■ Juni–Sept. Di, Do, Sa/So 13–16 Uhr, Juli–Mitte Aug. auch Mi. 90 DKK, Kinder bis 12 J. 30 DKK. Postbakken 4, Hune, 9492 Blokhus, ✆ 98 24 98 99, www.annejust.dk.

Fårup Sommerland: Der Erlebnispark 6 km nördlich von Blokhus ist eine Kombination aus Aquapark und Achterbahnen. Im Wasserland gibt es verschiedene Rutschen mit bis zu 120 m Länge sowie Speed-Rutschen mit freiem Fall, die für den Adrenalinkick sorgen.

Kunstvolles aus Papier im Center for Papirkunst Blokhus

Ruhiger geht es im Kinderwasserland zu. Im Vergnügungspark kann man auf der Holzachterbahn bis zu 74 km/h schnell über Buckel und Täler sausen. In den Sitzen der Achterbahn „Orkanen" baumeln die Füße frei und es geht im 75-km-Tempo sogar „unter Wasser". Auf Baumstamm-Kutschen rast man den Wasserfall hinunter und der Bergwerkexpress kurvt rasant durch den Wald. Für Abwechslung ist mit Ruder- und Speedbooten, Spielplätzen und Islandpferden gesorgt.

▪ Geöffnet Ostern bis Herbstferien, Juli–Mitte Aug. tägl. 9.30/10–19/20 Uhr, NS ausgewählte Tage und Wochenenden 10–17/19 Uhr. Der Aquapark ist Juni–Aug. geöffnet. NS 275 DKK, HS 350 DKK ab 3 J., Rabatt ab dem zweiten Tag und online. Für die Attraktionen gelten Alters- und Größenbeschränkungen. Es können Garderobenschränke und Bollerwagen gemietet werden. Neben mehreren Restaurants gibt es auch einen Picknick- und Grillbereich für mitgebrachtes Essen. Pirupvejen 147, 9294 Blokhus, ✆ 98 88 16 00, www.faarupsommerland.dk.

Praktische Infos

→ Karte S. 269

Allgemeine Infos

Information Im **Tourist Info Center** findet man Karten, Broschüren und Prospekte in Selbstbedienung tägl. 10–18 Uhr. Torvet 3, 9492 Blokhus, ✆ 72 57 89 70, www.visitjammerbugten.de.

Verbindungen **Busse:** Regelmäßige Verbindungen mit Linie 200 ab/bis Aalborg. In Pandrup Umsteigemöglichkeit nach Løkken und Hjørring. In Aabybro Umsteigemöglichkeiten nach Fjerritslev und Thisted. Die Linie hält auch am Fårup Sommerland www.nordjyllandstrafikselskab.dk.

Angeln Sieben schöne Seen mit Forellen und Saiblingen warten im **Blokhus Fiskepark** bei Pandrup auf Freizeitangler. 120 DKK/Std. Kvorupvej 89, 9490 Pandrup, ✆ 42 96 50 50, www.blokhus-fiskepark.dk.

Einkaufen Im Umkreis des zentralen Torvet in Blokhus gibt es zahlreiche Geschäfte und Boutiquen in hübschen weißen Häusern mit rotem Dach. Supermärkte und Bäckereien findet man sowohl in Blokhus als auch in Hune. Jeden Dienstag in den dänischen Sommerferien halten regionale Erzeuger im Hof von Strandskroen und Futten einen **Rohwarenmarkt** (Råvaremarked), auf dem man u. a. frisches Obst, Gemüse, Fleisch, Wurst, Fisch, Bier, Wein, Honig und Marmelade bekommt.

Fahrradfahren Eine **Mountainbikeroute** (11 km) führt durch die Blokhus Klitplantage (Start am Besuchszentrum Gateway, Ålborgvej). Die Fahrradroute **Blokhus–Rødhus** (33 km) führt landschaftlich reizvoll durch Wald und Dünenheide.

Die **Panoramaroute 412** erschließt auf 49 km die „Schatzkammer der Natur" zwischen Blokhus und Tranum. www.vestkystruten.dk.

Ferienhausvermietung **Simosol 8**, regionaler Anbieter mit Hauptsitz in Blokhus, Schwerpunkt Nordjütland und Limfjord, Aalborgvej 31, 9492 Blokhus, ✆ 98 24 89 99, www.simosol.dk; **Feriepartner 7**, Aalborgvej 17, 9492 Blokhus, ✆ 96 18 02 00, www.feriepartner.dk; **Novasol 15**, Isligvej 6, Hune, 9492 Blokhus, ✆ 70 42 44 24, www.novasol.dk; **Dancenter 14**, Isligvej 10, Hune, 9492 Blokhus, ✆ 98 24 83 55, www.blokhus.dancenter.dk; **Admiralstrand 12**, Vesterhavsvej 26B, Hune, 9492 Blokhus, ✆ 70 77 02 01, www.admiralstrand.com; **Sonne und Strand 13**, Isligvej 21, Hune, 9492 Blokhus, ✆ 98 24 87 88, www.sologstrand.dk.

Golf **Blokhus Golf Center,** die weitläufige Anlage bietet einen 18-Loch-Platz (ab 425 DKK), einen 9-Loch-Pay&Play-Platz (ab 180 DKK) sowie einen 9-Loch-Par 3-Kurzplatz (ab 120 DKK). Hunetorpvej 115, 9490 Pandrup, ✆ 98 20 95 00, www.blokhusgolfcenter.dk.

Spillestedet Blokhus Der Verein organisiert Live-Konzerte aller Art. Diese finden im Kulturhuset (Vesterhavsvej 6, Hune) oder in örtlichen Gaststätten statt. Buchung von Konzertkarten online: www.spillestedetblokhus.dk.

Schwimmbad Das Hallenbad im **Blokhus Feriecenter** bietet ein Schwimmbecken mit Gegenstromanlage, eine 40-m-Rutsche und einen Kinderpool. 75 DKK, Kinder unter 3 J. gratis. Mo–Do 8–16.30, Fr/Sa 8–19.30, So 8–15.30 Uhr. Høkervej 5, 9492 Blokhus, ✆ 98 24 93 33, www.blokhusferiecenter.dk.

Strand Von Blokhus Strand über Saltum, Grønhoj bis Løkken zieht sich der **Autostrand.** Es gilt angepasste Fahrweise bei höchstens 30 km/h. Es ist verboten, näher als 20 m ans Wasser zu fahren. Normalerweise ist der Sand

Der Norden → Karte S. 254/255

hart und gut befahrbar, bei längerer Trockenheit wird er jedoch weich. Man sollte immer aufmerksam fahren, um sich nicht festzufahren und um andere Strandbesucher nicht zu gefährden. Von Mitte Juni bis Mitte Aug. tägl. 10–18 Uhr wird der Strand in Blokhus von Rettungsschwimmern (Livredder) bewacht. Der Sand ist fein und weiß, die Dünen bieten geschützte Rückzugsmöglichkeiten. Die Wasserqualität ist mit der blauen Flagge ausgezeichnet.

Surfen Der weitläufige Strand ist bei Wind- und Kitesurfern beliebt, zumal man die Ausrüstung mit dem Auto an die Stellen fahren kann, wo sich keine Badegäste aufhalten.

Veranstaltungen Beim **Uldfestival** (Wollfestival) in Saltum treffen sich am zweiten Wochenende im Mai Strickbegeisterte aus dem In- und Ausland, um neue Stricktechniken zu erlernen und an den zahlreichen Verkaufsständen Wolle, Garn, Filz, Gewebtes und Kleidung aus Wolle zu kaufen. An Pfingsten findet am Strand zwischen Blokhus und Løkken das große **Blokhus-Løkken Wind Festival** mit Tausenden bunten Drachen und einem ebenso bunten Rahmenprogramm statt. Ab Juli steht jeden Donnerstag auf dem Torvet in Blokhus **Livemusik** auf dem Programm (Eintritt frei). Beim **Outdoor-Festival** Ende Juli/Anf. Aug. finden der Saltum Strand Triathlon, ein Beach-Volleyball-Turnier und der Blokhus Marathon statt. Ende Aug. landen auf dem Strand beim **Blokhus Fly-In** Dutzende Propellerflugzeuge.

Spiel mit dem Wind

Wandern In der **Blokhus Plantage** sind Wander- und Fitnessrouten (1,7–5,7 km Länge) ausgeschildert. Karte: www.visitjammerbugten.de/de/jammerbugten/gateway-blokhus.

Wellness Der Wellnessbereich des **Blokhus Feriecenter** bietet Sauna, türkische Dampfsauna und verschiedene Entspannungsbecken. Massage, Hot Stone, Packungen und andere Anwendungen auf Bestellung. Tägl. 7–20.45 Uhr. 75 DKK, Zugang ab 15 J. Høkervej 5, 9492 Blokhus, ✆ 98 24 93 33, www.blokhusferiecenter.dk.

Wohnmobile **Blokhus Natur Camping** bietet Autocamper-Plätze außerhalb des Schlagbaums: Stellplatz für 2 Pers. 140 DKK. Kystvejen 52, 9490 Pandrup, ✆ 20 77 42 44, www.blokhusnaturcamping.dk/de. Quickstop (18–10 Uhr) am **Grønhøj Strand Camping,** Ver- und Entsorgung, Strom (kostet extra), außerhalb der Schranke 115 DKK, innerhalb der Schranke 135 DKK. Kettrupvej 125, Ingstrup, 9480 Løkken, ✆ 98 88 44 33, www.gronhoj-strand-camping.dk.

Übernachten

Mein Tipp **Anne Justs Have Hotel 17,** Hune. Im ehemaligen Wohnhaus der Malerin Anne Just und im wunderschönen von ihr selbst angelegten Garten werden bildschöne, mit Annes Gemälden und exquisiten Möbeln ausgestattete Zimmer und Apartments vermietet. Wer in den Zimmern übernachtet, hat Zugang zu Gemeinschaftsbad und -küche sowie zum gemütlichen Wohnzimmer mit TV. Die Apartments verfügen über Bad/WC und eine kleine Küche. Die Hotelgäste haben freien Zugang zum Garten mit seinen lauschigen Sitzecken. Es wird kein Frühstück angeboten. Postbakken 4, Hune, 9492 Blokhus, ✆ 98 24 98 99, www.annejust.dk. **€€**

Blokhus-Hune Vandrerhjem 11, zentral in Hune. Das gepflegte Hostel bietet einfache, saubere DZ mit Bad/WC und teilweise TV sowie Familienzimmer. Gemeinschaftsküche, Gemeinschaftsraum mit TV, Waschmaschinen, abschließbarer Fahrradabstellplatz, Spielfeld, Terrassen und Grillmöglichkeiten vorhanden. In der Hochsaison ist das Hostel schnell ausge-

bucht. Es wird ein gutes Frühstück angeboten. Kirkevej 26, Hune, 9492 Blokhus, ✆ 23 61 31 93, www.blokhushostel.dk. €€

Strandhotellet Blokhus 9, im Zentrum, 300 m zum Meer. Das luxuriöse Hotel wurde 2017 eröffnet. Die Zimmer sind geschmackvoll in elegant-modernem Stil eingerichtet und bieten allen Komfort wie Bad/WC, TV, WLAN, Minibar, Kaffeemaschine und Balkon. Frühstücken kann man im Restaurant, auf Wunsch auch auf dem Zimmer. Entspannung findet man im schönen Wellnessbereich mit Pool und Sauna, außerdem gibt es einen Fitnessraum. Sønder i By 2, 9492 Blokhus, ✆ 70 26 00 15, www.strandhotellet-blokhus.dk. €€€€

Blokhus Feriecenter 2, der Betonklotz direkt am Strand sieht von außen nicht einladend aus, doch von den modern ausgestatteten Ferienwohnungen im vordersten Block hat man eine großartige Aussicht auf Dünen und Meer. Die Anlage beinhaltet ein Hallenbad (für Gäste kostenlos) sowie Außenpool, Wellness und Fitnesscenter. Die individuell eingerichteten Ferienwohnungen haben Bad/WC, Küche, Balkon, TV und können ab 2 Tagen gemietet werden. Høkervej 5, 9492 Blokhus, ✆ 98 24 93 33, www.blokhusferiecenter.dk. €€€€

Blokhus By Camping 10, 1,3 km zum Meer und direkt neben dem Gateway Blokhus (Mountainbike, Waldspielplatz). Der familiär geführte Campingplatz verfügt über terrassierte Wiesenstellplätze mit Strauchreihen. Er ist sehr gut ausgestattet mit sauberen Sanitäranlagen, Kinderspielplatz, Pool, Fahrradverleih etc. Für Gäste gibt es Ermäßigung beim Eintritt ins Hallenbad des Feriencenters. Stellplatz für 2 Pers. 280 DKK. Es werden auch zwei legendäre Blokhus-Strandhäuser sowie großzügige Hütten vermietet. April–Okt. Aalborgvej 62, 9492 Blokhus, ✆ 40 44 90 96, www.blokhusbycamping.dk.

Essen & Trinken

Restaurant Futten 6, im Zentrum. Rustikal-maritimes Ambiente erwartet die Gäste in dem urigen Reetdachhaus, das im 18. Jh. als Kolonialhandelshaus diente. Das beliebte Restaurant bietet, was gut ist und satt macht: Wiener Schnitzel, Burger, Steak Bearnaise und Fischgerichte. Fleischlos genießt man vegetarische Burger und Salat. Fr–So Frokostbüfett 208 DKK, Hauptgerichte abends ab 175 DKK. Tägl. 11–21 Uhr. Høkervej 2, 9492 Blokhus, ☎ 98 24 82 03, www.futten.dk.

Blokhus Fiskerestaurant 4, Seafood & Steak – das ist hier die Devise. Was in Hirtshals frisch und saisonal aus der Nordsee angelandet wird, ist am selben Tag auf den Tellern. Sushi-Platte, Tagesfisch oder Steak Bearnaise gefällig? Wer sich à la carte nicht entscheiden kann, geht gleich zum Büfett (Frokost 259 DKK, abends 349 DKK) und schwelgt in reicher Auswahl an geräuchertem und gebratenem Fisch und Schalentieren, Suppe und Sushi, verschiedenen Fleischgerichten sowie Salaten und Desserts. Ausgezeichnete Wein- und Bierauswahl. Juni–Aug. tägl. 12–15 und 18–21 Uhr, NS Do–So 12–21 Uhr. Strandvejen 2, 9492 Blokhus, ☎ 70 23 17 55, www.blokhusfiskerestaurant.dk.

Kitesurfer in seinem Element

Sottovento 3, beliebtes italienisches Restaurant mit umfangreichem Angebot an Pasta und Pizza, auch vegetarisch. Nudeln ab 125 DKK, Pizza ab 115 DKK. Fisch- und Fleischgerichte nach italienischen Rezepten sind eine leckere Alternative. Reservierung empfehlenswert. Juli tägl. ab 12.30 Uhr, Juni–Aug. sowie Oster- und Herbstferien tägl. ab 17 Uhr, NS Fr–So ab 17 Uhr, Nov.–Jan. geschl. Støvesvej 3, 9492 Blokhus, ☎ 98 20 88 11, www.sottovento.dk.

Restaurant Salino & Bar 5, nettes italienisches Restaurant im Zentrum. In Ferienzeiten werden morgens ein üppiger Brunch (195 DKK) und abends ein italienisches Büfett (225 DKK) geboten. Ansonsten gibt es eine reiche Auswahl an Pizza, Pasta (je ab 135 DKK) sowie Fleischgerichten und Salaten zum Sattessen. In der angegliederten Bar kann man den Tag bei einem Drink ausklingen lassen. Regelmäßig Livemusik. Tägl. ab 17 Uhr. Høkervej 2, 9492 Blokhus, ☎ 40 40 11 80, www.salino.dk.

MeinTipp **Kunstcafeen 1**, in dem netten Restaurant werden hübsch arrangierte und frisch zubereitete Speisen vom reichlichen Frühstück bis zum schmackhaften Abendessen serviert. Neben dänischen Klassikern gibt es leckere Burger, Pasta, Steaks und verschiedene vegetarische Gerichte (Hauptgerichte ab 150 DKK). Auf der schönen Terrasse trifft man sich gerne zum abendlichen Cocktail. Sa/So Brunchbüfett (10–13 Uhr, 219 DKK). Mo–Fr 11–21, Sa/So 10–21 Uhr. Strandvejen 12, 9492 Blokhus, ☎ 70 23 17 51, www.kunstcafeen-blokhus.dk.

Restaurant Blå 9, im Strandhotellet Blokhus. Das Gourmetrestaurant zelebriert im hübschen Wintergartenambiente feinste Leckerbissen der dänisch-französischen Küche: Fisch räkelt sich auf Cassoulet, Schwein in Pfeffersoße harmoniert mit Polenta und die Creme Brulé rundet das Mahl ab (Hauptgerichte abends ab 239 DKK). Reservierung empfehlenswert. Tägl. 12–20 Uhr. Sønder I By 2, 9492 Blokhus, ☎ 70 26 00 15, www.restaurant-blaa.dk.

Klausens Fisk og Skaldyr 16, in Hune. Die Kombination von Fischgeschäft und (Selbstbedienungs-)Restaurant sorgt dafür, dass hier Fischfilet, Stjerneskud, in Butter gebratene Scholle oder Muscheln in Weißwein zum frischen Genuss werden. Hauptgerichte ab 99 DKK. Restaurant tägl. 12–20 Uhr, Laden So–Do 10–17, Fr/Sa 10–19 Uhr. Ilsigvej 7, Hune, 9492 Blokhus, ☎ 98 24 88 72.

Windgeschützter Sonnenplatz in den Dünen

Nördliche Jammerbugt

Weiße Badehäuschen am feinsandigen Strand, ein Leuchtturm auf der Wanderdüne, farbenfrohe Kunst und ein riesiges Ozeanarium sorgen entlang der nördlichen Jammerbugt für Kontraste.

Das Ferienland an der nördlichen Jammerbugt zwischen Løkken und Hirtshals gehört zum nordjütländischen Vendsyssel. Während das flache bis leicht hügelige Binnenland rund um den zentralen Einkaufsort Hjørring von der Landwirtschaft geprägt ist, regiert am Küstenstreifen mit teilweise stattlich hohen Dünen der Sand. Natürlich profitiert der Tourismus von den kilometerlangen, breiten und feinsandigen Stränden. Doch der Wind trägt den feinen gelben Sand Richtung Land: Nicht nur in Løkkens winkeligen Gassen sammelt sich der Sand zu kleinen Haufen und streicht den Caféhausbesuchern um die Füße. Es ist das Leid dieser der Sandflucht ausgesetzten Landschaft. Die größte Attraktion der Region ist der Rubjerg Knude Fyr. Der Leuchtturm wurde kürzlich von der Abbruchkante ins Landesinnere versetzt und damit vor dem drohenden Absturz gerettet. Für Urlauber ist der Spaziergang auf die sandige Steilküste ein kleines Abenteuer – besonders bei Wind. Farbenfrohe Kunst aus Glas und anderes Kunsthandwerk kann man in den Galerien in Lønstrup bewundern. Ein Tipp für Wellnessfans ist das Romulus-Spa in Skallerup, wo man sich in römischem Ambiente verwöhnen lassen kann. Am nördlichen Ende der Jammerbugt liegt Hirtshals, das Tor zu Norwegen, mit seinem geschäftigen Fährhafen. Für Familien und Freunde der Unterwasserwelt lohnt ein Besuch im Nordsøen Oceanarium, dem größten Aquarium Nordeuropas.

Information Allgemeine Informationen sowie Tipps zu Übernachtung und Gastronomie über Dänemarks Norden findet man unter: www.enjoynordjylland.de, www.toppenafdanmark.de, www.visitnordvestkysten.de. Für Infos bis nördlich von Blokhus: www.visitjammerbugten.de.

Veranstaltungen Mitte Juni findet unter dem Motto **Coast2Coast** ein Wettbewerb statt, bei dem Vendsyssel auf Laufschuhen, Rollschuhen oder mit dem Fahrrad von Skallerup Klit bis Frederikshavn durchquert wird. www.coast2coast.nu.

 → Karte S. 254/255

Am Landingsplads von Løkken

Løkken

„Die weiße Stadt" am breiten Nordseestrand ist das Markenzeichen von Løkken. Bezeichnet werden so die 500 kleinen weißen Badehäuschen, die im Sommer ordentlich aufgereiht am Dünensaum stehen. Sie bieten Schutz vor dem Wind und werden auch an schlechten Tagen genutzt, um bei Kaffee oder einem Schnäpschen den Meerblick zu genießen. Die Häuschen sind so begehrt, dass sie innerhalb der Besitzerfamilien immer weiter „vererbt" werden. In der Hauptsaison geht es in dem 1600-Einwohner-Städtchen lebhaft zu. Man trifft sich in den Cafés und Restaurants im hübschen Ortszentrum mit seinen gelb-weißen Häusern oder strebt an den 10 km langen, feinen weißen Sandstrand, der zu jeder Art von Strandvergnügen einlädt. Man kann ihn auch mit dem Auto befahren. Von der 200 m langen Mole am Hauptstrand hat man einen fantastischen Blick bis zur Steilküste beim Rubjerg Knude. Bei moderater See ist die Mole bei Anglern und Flaneuren beliebt, wenn jedoch die Wellen darüber peitschen, sollte man sie tunlichst nicht betreten. Am Strand kann man die farbenfrohen Boote der Küstenfischer sehen. Wer bei ihrem Anlanden vor Ort ist (für das richtige Timing sorgt ein SMS-Service), kann den frischen Fang direkt vom Kutter kaufen. Während der deutschen Besatzung wurde Løkken mit Infanteriestellungen und einer Küstenbatterie ausgebaut, die zur Verteidigung der Jammerbugt angelegt war. Die steinernen Bunkerreste der Küstenbatterie Furreby am nördlichen Ortsrand liegen verstreut am Strand.

Sehenswertes in der Umgebung

Kloster Børglum: Etwa 6 km östlich von Løkken steht auf einer Anhöhe das Kloster Børglum, ein respektabler Vierseitbau, der einen Innenhof umschließt. Auch eine Holländerwindmühle und ein Kräutergarten gehören dazu. An der Stelle eines Königsguts aus der Wikingerzeit wurde 1060 ein Bischofssitz gegründet. Von Mitte des 12. Jh. bis zur Reformation 1536 war das Kloster Hauptsitz des Prämonstratenserordens. Letzter katholischer Bischof war der berüchtigte Stygge Krumpen, der hier ein ausschweifendes Leben führte. Seit

Mitte des 19. Jh. ist das Kloster in Besitz der aus Thy stammenden Familie Rottbøll. Die Ausstattung der Klosterkirche mit dem auffälligen Altaraufbau stammt aus der Mitte des 18. Jh. Auch die Klostergebäude selbst wurden damals in barockem Stil umgebaut.

Besucher können im Museum historische Kleidung, mittelalterliche Geräte und Interieurs aus dem 19. Jh. (Küche, Wohnzimmer, Badezimmer) sehen, ebenso einen Raum, in dem Hans Christian Andersen übernachtet hat. Die Dauerausstellung informiert über den Freiheitskämpfer Christian Michael Rottbøll. Auf die Gründungszeit des Klosters und das Ende der Wikingerzeit verweist die ca. 70 m lange, vollständige Kopie des berühmten gestickten Teppichs von Bayeux, der u. a. eine Darstellung der Schlacht um Hastings von 1066 zeigt. Von Ostern bis Herbst werden wechselnde Kunstausstellungen präsentiert. Im Juni findet ein Mittelaltermarkt statt und in der Adventszeit ein beliebter Weihnachtsmarkt. Dann stehen die weihnachtlich geschmückten Privaträume der Eigentümer für Besucher offen.

■ Ostern–Ende Okt. 10–16/17 Uhr, Winteröffnung s. Webseite. 95 DKK, Kinder 7–14 J. 45 DKK. Børglum Klostervej 255, 9760 Vrå, ✆ 98 99 40 11, www.boerglumkloster.dk.

Praktische Infos

Information Das **Løkken Touristenbüro** vermittelt Ferienhäuser und andere Übernachtungsmöglichkeiten, es gibt Angelscheine, Briefmarken, Fahrradkarten, Konzerttickets sowie Broschüren und Bücher über die Region, man kann hier auch Fähren nach Norwegen und Schweden buchen. Mo–Fr 10–16 Uhr, in den Oster-, Sommer- und Herbstferien auch Sa 10–16 Uhr. Jyllandsgade 15, 9480 Løkken, ✆ 98 99 10 09, www.visitnordvestkysten.de.

Verbindungen **Busse:** Regelmäßige Busverbindung mit Linie 71 nach Hjørring und Aalborg. Telebus 820 verkehrt auf Bestellung werktags von Løkken über Kloster Børglum und Nr. Rubjerg zurück nach Løkken (✆ 92 72 03 50). www.nordjyllandstrafikselskab.dk.

Fahrradfahren Die **Vestkystruten** führt nördlich von Blokhus bei Hvorup Klit direkt an der Nordsee entlang, erreicht das Zentrum von Løkken und führt nach Lønstrup weiter. www.vestkystruten.dk/de/.

Golf Der **Løkken Golf Klub** 2 km östlich von Løkken bietet eine 18-Loch-Bahn (Greenfee 350 DKK) sowie eine 9-Loch-Pay&Play-Bahn (150 DKK). Vrenstedvej 226, 9480 Løkken, ✆ 98 99 26 57, www.loekken-golfklub.dk.

Schwimmbad In der Schwimmhalle im **Løkken Idrætscenter** finden sportliche Schwimmer ein 25-m-Becken mit Sprungbrett und Kids können sich im Kinderbecken und auf der Wasserrutsche austoben. Außerdem gibt es eine Sauna. Mo, Mi, Fr 19–21, Di, Do 10–12,

Der Norden → Karte S. 254/255

„Die weiße Stadt" werden Løkkens Strandhäuschen genannt

Sa/So 14–16 Uhr. 50 DKK. Søndergade 42, 9480 Løkken, ✆ 98 99 14 24, www.lic.dk.

Strand Vom Zentrum aus gelangt man zur Mole und zum feinen Sandstrand, der zwischen Søndre Strandvej und der nächsten Zufahrt weiter nördlich am Redningshus autofrei ist. Die Zufahrt zum Autostrand ist über den Ny Strandvej. Von Mitte Juni bis Mitte Aug. tägl. 10–18 Uhr wird der Strand von Livreddern bewacht. Der Strand ist mit der blauen Flagge ausgezeichnet.

Surfen An der Mole können sich Surfanfänger auf idealen Wellen ausprobieren. Zum Surfen, Windsurfen und SUP finden sich am 10-km-Strand von Løkken beste Bedingungen.

North Shore Surf, coole Location direkt am Hauptstrand. Ausrüstung, Kurse, Strandsauna und Surf-Café. Sdr. Strandvej 18, 9480 Løkken, ✆ 20 70 86 43, www.northshoresurf.dk.

Wohnmobile Quick-Stop-Stellplätze von 20–10 Uhr bei: **Løkken Strand Camping,** Furreby Kirkevej 97; **Løkken Familiecamping,** Løkkensvej 910 und **Elite Camp Løkken Klit,** Jørgen Jensensvej 2. Für 2 Pers. 100 DKK inkl. Nutzung der Campingplatz-Einrichtungen sowie Ver- und Entsorgung. Schöne Rasenstellplätze, gesäumt von zwei Baumreihen, gibt es am Wohnmobilstellplatz bei der **Galleri Munken,** 4 km südlich an der Primärroute 55; 2 Pers. 150 DKK, Strom 40 DKK, WC und Dusche vorhanden; Galleri Munken, Munkensvej 11, 9480 Løkken, ✆ 70 26 90 50.

Veranstaltungen Am Pfingstsamstag werden traditionell Tische und Stühle auf den Torvet gestellt und jeder ist zum kostenlosen **Pfingstfrühstück** eingeladen. Außerdem gibt es einen Kinderflohmarkt. An Pfingsten findet am Strand das große **Blokhus-Løkken Wind Festival** mit Tausenden bunten Drachen und einem ebenso bunten Rahmenprogramm statt. Ende Juli/Anf. Aug. lädt die 4-tägige **Løkken Antiquitäten-Messe,** bei der an die 40 Händler aus dem ganzen Land liebenswerten Krempel und wertvolle Antiquitäten anbieten, zum Schnäppchenbummel (Eintritt 50 DKK). Beim **Løkken Mole Festival** Mitte Sept. kann man Krebsscheren und Bier genießen und Livemusik hören, der Bürgermeister leitet höchstselbst die Fischauktion.

Übernachten/Essen **Løkken Badehotel,** im Zentrum, 300 m zum Strand. Das renovierte historische Badehotel vermietet in dänischem Stil eingerichtete Ferienwohnungen mit Bad/WC, Küche und Parkplatz. Im Haus gibt es Schwimmbad und Fitnessraum. Wer nichts dagegen hat, sein Bett selbst zu beziehen und gern nahe der belebten Fußgängerzone wohnt, ist hier richtig. Ab 2 Tage buchbar. Die Superior-Wohnungen sind teurer. Torvet 8, 9480 Løkken, ✆ 98 99 14 11, www.loekken-badehotel.dk. **€€€**

Seemarke auf den Dünen

Mein Tipp **Hotel Løkken Strand,** zentrumsnah, 350 m zum Strand. Stilvoll modernisiertes altes Hotel mit individuell gestalteten Zimmern. Die meisten Zimmer verfügen über eigenes Bad/WC, TV, WLAN und es gibt ein leckeres Frühstücksbüfett. Kleine DZ mit Gemeinschaftsbad billiger. Im Hotelrestaurant liegt der Schwerpunkt auf frischen Fisch- und regionalen Fleischgerichten. Nørregade 28, 9480 Løkken, ✆ 20 63 37 29, www.hotelloekkenstrand.dk. **€€**

Villa Vendel, am östlichen Ortsrand, 700 m zum Strand. Nette Pension mit Garten und Terrasse in einem renovierten Kaufmannshof nahe an der (hörbaren) Primärroute 55. Die Zimmer (1. OG) bzw. Ferienwohnungen (EG) sind behaglich eingerichtet, sie verfügen über eigenes Bad/WC. Es steht eine Gästeküche zur Verfügung, Fahrräder und Sportausrüstungen finden Platz in einem ehemaligen Pferdestall. Parkplätze vorhanden. Mindestaufenthalt 2 Nächte, Juli–Mitte Aug. 3 Nächte. Harald Fichersvej 12, 9480 Løkken, ✆ 98 99 14 56, www.villavendel.dk. **€€€**

Løkken Hostel, nah am Meer und 500 m vom Zentrum entfernt. Das bei Sportgruppen beliebte Hostel beim Sportzentrum verfügt über einfache, hübsche DZ und Familienzimmer mit eigenem Bad/WC. Es gibt eine Gemeinschaftsküche sowie Parkplätze. Søndergade 42, 9480 Løkken, ✆ 98 99 14 24, www.lic.dk. **€€**

Løkken Strand Camping, 2,5 km nördlich des Zentrums. Familiär geführter Platz in traumhafter, aber windiger Lage direkt auf den Dünen am Strand. Ausstattung mit in die Jahre gekommenen, aber sauberen Sanitäranlagen, Familienküche, Aufenthaltsraum mit TV, Waschmaschinen, Spielplatz, Strandzugang mit Treppe. Stellplatz für 2 Pers. HS 250 DKK. April–Mitte Sept. Furreby Kirkevej 97, 9480 Løkken, ✆ 98 99 18 04, www.loekkencamping.dk.

Løkken Klit Camping, 3,3 km südlich vom Zentrum, nur wenige Hundert Meter zum Strand. Großer Familiencampingplatz an der Primärroute 55 mit parzellierten Wiesenstellplätzen zwischen Hecken. Komfortabel ausgestattet mit sauberen, kindgerechten Sanitäranlagen, Familienküche etc. Der Platz ist in der Hauptsaison stets gut besucht, er bietet viel Abwechslung für Kinder mit Schwimmbad (25 DKK), Spiel- und Sportplatz sowie Animation. Stellplatz für 2 Pers. HS 449–549 DKK, großer Luxusplatz teurer. Duschen kosten extra. Ganzjährig. Jørgen Jensensvej 2, 9480 Løkken, ✆ 98 99 14 34, www.loekkenklit.dk.

Huset Havs, nahe Hauptstrand. Maritimes Ambiente mit Boot und Surfbrettern weist das Restaurant als Wassersportlertreff aus. Gute dänische Küche mit viel Fisch, aber auch traditionelle Gerichte mit Fleisch wie Kalbstartar oder Burger. Hauptgerichte ab 165 DKK. Do/Fr 17–22, Sa 10–20, So 10–15 Uhr. Sdr. Strandvej 16, 9480 Løkken, ✆ 27 60 50 98, www.husethavs.dk.

mein Tipp **Café Frandsen,** eines der beliebtesten Lokale am Torvet. Hier startet der Tag mit einem umfangreichen Brunch (159 DKK) oder anderen Frühstücksgedecken. Tagsüber kann man hier bestens „Leute schauen" und sich an Burgern, Fischtapas, großen Salaten, Smoothies oder leckeren Kuchen laben (Hauptgerichte ab 119 DKK). Zum abendlichen Bier oder Cocktail schmecken selbst gemachte Mandeln mit Salz und Lakritz. Tolle Auswahl an Kaffee, Tee und alkoholischen Getränken für jeden Geschmack. Juni–Aug. tägl. 10–22 Uhr, NS Do–So 11–18 Uhr. Torvet 8, 9480 Løkken, ✆ 98 99 21 11, www.cafefrandsen.dk.

Restaurant Løkken Badehotel, am Torvet. Schlicht und chic der Speisesaal, locker und

Der Torvet in Løkken ist ein beliebter Treffpunkt

Der Norden → Karte S. 254/255

beliebt die Außenterrasse: Hier kredenzt das Restaurant dänische Klassiker wie Biksemad und Stjerneskud, Fisch- und Muschelgerichte, beliebte internationale Gerichte wie Wiener Schnitzel sowie Vegetarisches (Hauptgerichte Frokost ab 149 DKK, abends ab 199 DKK). Sept.–Mai wird sonntagnachmittags (14.30–17 Uhr) eine üppige dänische Kaffeetafel angerichtet (119 DKK inkl. Kaffee/Tee). Sa ab 10 Uhr Brunchbüfett. Torvet 8, 9480 Løkken, ✆ 98 99 22 00, www.restaurantlb.dk.

Mellma Café & Bar, im Zentrum. Wer auf der Außenterrasse sitzt, kann das bunte Treiben auf dem Torvet bei einem Kaffee oder Drink genießen. Im maritimen Look gestaltet, wird der Innenraum der Gastrobar oft selbst zur Bühne bei Livemusik-Events. Die Speisekarte ist auf ein internationales Publikum abgestimmt: Eggs Benedict, Fish 'n Chips, Burger, Croque Madame oder dänisches Laksesteak – hier hat man eine breite Auswahl. Do 17–21, Fr/Sa 12–24, So 12–16 Uhr. Torvet 7, 9480 Løkken, ✆ 50 80 50 90, www.mellma.dk.

Søborg, im Zentrum. Steakhaus, Pizzeria, Büfettrestaurant – das Søborg hat mit diesem Konzept Erfolg. Spezialität des Hauses ist das Hereford-Steak, das auf finnischem Speckstein kross gebraten wird. Auch wer Pizza und Pasta liebt, findet hier sein Lieblingsgericht. An Vegetarier wird gedacht. Beliebt ist das amerikanisch-mexikanische BBQ-Büfett mit Leckereien von Spareribs über Pulled Pork bis Chili con Pollo, das in der Hauptsaison jeden Abend ab 18 Uhr serviert wird (298 DKK, inklusive Salatbar und Eis). Reservierung empfehlenswert. So–Di 12–17, Mi–Fr 12–22, Sa 11–22 Uhr. Nørregade 1, 9480 Løkken, ✆ 98 99 10 49, www.restaurantsoeborg.dk.

Lønstrup

Die hübschen gelb-weißen Häuser des 570-Seelen-Ortes Lønstrup schmiegen sich an die Dünenlandschaft hinter der Steilküste, an der die Nordsee unaufhaltsam nagt. Inmitten der rauen Natur schlägt ein künstlerisches Herz: Lønstrup empfiehlt sich mit einer Reihe sehenswerter Galerien und Ateliers als Ausflugsziel.

Als im frühen 20. Jh. mit der Eisenbahn auch der Badetourismus nach Lønstrup kam, besaß der Ort einen relativ breiten Sandstrand. Doch nachdem das Meer immer mehr von der Küste abgetragen und auch mehrere Ferienhäuser verschlungen hatte, wurden ab 1981 massive Buhnen zum Schutz des Ortes gebaut. Die steilen, mehrere Stockwerke hohen Dünen dahinter sind inzwischen von einem grünen Pflanzenteppich überzogen. Schaut man vom pittoresken Badehotel Villa Vest hinunter zu den Küstenfischerbooten, könnte man meinen, dass die Zeit stehen geblieben ist. Nur ein schmaler Sandsaum eignet sich zum Baden. Der Strandweg (Strandstien) bietet sich zum Erkunden der hier so völlig anderen Küste an. Erst ab Skallerup Klit und am weiter nördlich gelegenen Nørlev Strand gibt es wieder einen breiten Sandstrand und das übliche Badeleben.

In der 1926 erbauten **Lønstrup Kirke** sind das romanische Taufbecken und ein holzgeschnitztes Altarbild mit Maria, Jesus und Anna Selbdritt von 1520 zu sehen. Sie stammen aus der 1989 aufgegebenen Mårup Kirke, einem spätgotischen Gotteshaus aus der Mitte des 13. Jh., das südlich des Ortes stand und der Küstenerosion zum Opfer fiel. Zur Zeit ihres Baues war die Küste etwa einen Kilometer entfernt, im Jahr 2008 lag die Kirche nur noch 9 m vom Meer entfernt. Die Mårup Kirke wurde aus Sicherheitsgründen abgerissen, nur die Umrisse der Grundmauern erinnern noch an sie. Dann und wann landen beim Abrutschen der Hänge menschliche Knochen vom Friedhof am Strand. Die Gebeine, vermutlich auch von Seeleuten, die 1808 beim Untergang der englischen Fregatte „The Crescent“ ums Leben kamen, werden geborgen und auf dem Friedhof der neuen Kirche in Lønstrup beerdigt.

Buhnen zum Schutz des Strandes in Lønstrup

Nordöstlich von Lønstrup am **Skallerup Klit** wurde 1946 ein Lager für deutsche Flüchtlinge errichtet. Welche menschlichen Dramen sich innerhalb des Stacheldrahtzauns in den 150 schwedischen Blockhäusern abgespielt haben, kann man bei der Besichtigung eines im Original erhaltenen Holzhauses und in einer kleinen Ausstellung im heutigen Ferienzentrum erahnen. Bereits 1949 hatte man die Holzhütten renoviert und nutzte sie als Feriendorf. Seit 2013 heißt es Skallerup Seaside Resort und bietet ein breites Programm für Familien und sportlich Aktive.

Zwischen Løkken und Lønstrup ragt das Lønstrup Klint, eine etwa 2 km lange und bis zu 50 m hohe Steilküste, auf. Den höchsten Punkt bildet die Wanderdüne **Rubjerg Knude,** die mit bis zu 100 m Höhe zu den größten Wanderdünen Europas zählt und sich bis zu 20 m pro Jahr bewegt. Von weither grüßt der alte Leuchtturm Rubjerg Knude Fyr.

Rubjerg Knude Fyr: Er ist ein Markstein für den Kampf gegen die Sandflucht und ein Besuchermagnet. Der 1899 errichtete, 23 m hohe, viereckige Leuchtturm auf der Düne Rubjerg Knude wies einst mit seinem 42 km weit sichtbaren Licht den Schiffen zwischen Hanstholm und Hirtshals den Weg. Schon zehn Jahre nach dem Bau begann der Kampf gegen die extremen Sandverwehungen oben auf dem Steilhang. Selbst Anpflanzungen waren machtlos gegen die sich aufhäufende Wanderdüne, die schließlich das Licht des Leuchtturms blockierte. Am 1. August 1968 musste der Rubjerg Knude Fyr abgeschaltet werden. Etwa zwei Meter pro Jahr frisst sich die Nordsee hier ins Land. Zuletzt stand der Leuchtturm direkt an der Abbruchkante und war vom Absturz bedroht. Um das beliebte Denkmal zu erhalten, wurde eine gewaltige Rettungsmaßnahme in Gang gesetzt. Im Herbst 2019 wurde das 700 Tonnen schwere Gebäude mithilfe eines Schienensystems rund 70 m weit ins Landesinnere versetzt. Wohl erst in 40 Jahren, so die Schätzungen, werden die Nordseewellen sich erneut bis zum neuen Standort des Leuchtturms vorangefressen haben.

In den 1980er-Jahren wurde im alten Leuchtturmwärterhaus ein Museum über das Thema Sandtreiben eingerichtet. 2002 hatte die Wanderdüne das Museum unter sich begraben, es musste abgerissen werden.

Der Norden → Karte S. 254/255

Rubjerg Knude Fyr

Die Wanderung auf die Düne und am Steilhang entlang ist ein Erlebnis, der Blick auf Nordsee und Steilküste ist grandios. Wer auf die Düne wandert, muss sich schon beim geringsten Wind auf ein sandiges Erlebnis einstellen. Selbst Brillen und raffiniert drapierte Tücher vor dem Mund halten den feinen Sandstaub nicht davon ab, in die kleinsten Ritzen zu kriechen. Schützen Sie nicht nur sich vor dem Sand, sondern auch Kameras und Handys!

▪ Leuchtturm ganztägig geöffnet, Eintritt frei. Parkplatz am Rubjergvej. www.rubjergknude.dk.

Praktische Infos

Information Das **Lønstrup Touristenbüro** vermittelt ganzjährig Unterkünfte. Die Mitarbeiter informieren über Attraktionen und Ausflüge. Außerdem sind Broschüren und Karten erhältlich und es gibt einen kostenlosen Hotspot. Mi–Mo 10–17, Di 10–16 Uhr. Strandvejen 90, Lønstrup, 9800 Hjøring, ✆ 96 25 22 20, www.toppenafdanmark.de. Aktuelles auf Facebook

Verbindungen **Buslinie 80** fährt regelmäßig von Lønstrup nach Hjørring. www.nordjyllandstrafikselskab.dk.

Ferienhausvermietung **Sonne und Strand,** Tannisbugtvej 2, Lønstrup, 9800 Hjørring, ✆ 98 96 09 90, www.sologstrand.dk; **Feriepartner Lønstrup,** Strandvejen 66, Lønstrup, 9800 Hjørring, ✆ 96 18 02 04, www.feriepartner.dk.

Golf Der schön gelegene **Vennebjerg Golfplatz** ist eine 12-Loch-Pay&Play-Bahn für jedermann. Verleih von Schlägern und Wagen, Juni–Aug. Unterricht möglich. Eine Runde Golf 160 DKK, Tageskarte 230 DKK. Grønne Klitvej 56a, Lønstrup, 9800 Hjørring, ✆ 20 13 20 79, www.golfbane.dk.

Kunst **Galleri Uggerby,** die Galerie zeigt wechselnde Ausstellungen, u. a. Malerei, Glas, Keramik, Skulptur. HS Fr–So 13–16 Uhr, NS s. Webseite. Strandvejen 89, Lønstrup, 9800 Hjørring, ✆ 40 52 51 42, www.galleriuggerby.dk.

Galleri A, präsentiert dänische und zeitgenössische internationale Kunst (Malerei, Grafik, Skulptur, Keramik) von etablierten und aufstrebenden Künstlern. HS tägl. 11–17 Uhr, NS s. Webseite. Rubjergvej 40, Lønstrup, 9800 Hjørring, ✆ 26 28 93 87, www.galleri-a.nu.

Keramoda, das Meer und die Dünen sind die Inspiration für Farben und Dekors der Keramikerin Vibe Falkenberg. Neben Geschirr töpfert sie auch großformatige Skulpturen. Di–So 9–16 Uhr. Strandvejen 56, Lønstrup, 9800 Hjørring, ✆ 26 28 50 96, www.keramoda.dk.

Galleri Dorte Friis, die freundliche Galerie präsentiert verspielte Keramiken von Dorte Friis, wuchtige Skulpturen aus Granit und Bronze von Anders Friis und farbstarke Textilien von Lisbeth Friis. Außerdem sind Arbeiten anderer Künstler zu sehen. Mo–Fr 11–17, Sa/So 11–16 Uhr. Strandvejen 71, Lønstrup, 9800 Hjørring, ✆ 98 97 13 18, www.galleridortefriis.com.

Mein Tipp **Vange Glas,** traditionelle Techniken, experimentelle Designs: In der von Leif Vange gegründeten Glasbläserei kann man auch dem neuen Chef Anders Vange und seinen Glasmachern bei der faszinierenden Arbeit zusehen. Neben künstlerischen Einzelstücken in typischer Streifenoptik oder in Glassguss-Technik entstehen auch geblasene Gebrauchsgläser in Kleinserien. Tägl. 10–17 Uhr. Strandvejen 68, Lønstrup, 9800 Hjørring, ✆ 22 18 78 03, www.vangeglas.dk.

Keramik Atelier Dorte Visby, Form und Dekors der künstlerischen Keramiken von Dorte Visby haben geometrische Strenge. Salz- und Rakuglasuren machen die Oberflächen in Schwarz, Grau, Weiß und Grün lebendig. HS tägl. 10–17 Uhr, NS s. Webseite. Mårup Kirkevej 62, Lønstrup, 9800 Hjørring, ✆ 51 22 16 11, www.dortevisby.dk.

Giebelhausen Keramik, Tassen und Teller mit bunten Punkten sowie witzige Figuren findet man im Atelier der Keramikerin Kari Giebelhausen. Di–So 10–17 Uhr. Rubjergvej 5,

Galleri Dorte Friis

In aussichtsreicher Lage: das charmante Villa Vest Restaurant

Lønstrup, 9800 Hjørring, ✆ 25 14 62 11, www.giebelhausen.dk.

Glaspusteriet Rikke Precht, Kugeln, Vasen, Schalen und Figürliches in frischen, bunten Farben gestaltet die Glasbläserin Rikke Precht am Studioofen. Juli/Aug. tägl. 10–17 Uhr, sonst Di–Sa 10–17, So 11–16 Uhr. Strandvejen 49, Lønstrup, 9800 Hjørring, ✆ 41 10 11 23, www.rikkeprecht.dk.

Schwimmbad Im **Skallerup Seaside Resort** bietet das schöne, gerade um neue Attraktionen erweiterte Erlebnisbad ein Schwimmerbecken sowie ein Kinderbecken mit Rutsche. Tägl. 8–21 Uhr. Resortgäste kostenlos, externe Gäste NS Mo–Do 100 DKK, Fr–So und HS 160 DKK. Nordre Klitvej 21, Lønstrup, 9800 Hjørring, ✆ 99 24 84 00, www.skallerup.dk.

Veranstaltungen Jeweils dienstags im Juli findet in Lønstrup ein **Flohmarkt** statt. Mit Musik und Spezialitäten begeht man am ersten Juliwochenende das **Lønstrup Sommerfest.** Mitte Aug. quälen sich Hartgesottene beim **Rubjerg Knude Marathon** auf klassischer Distanz oder auf verkürzten Strecken. www.rubjergknudeloebet.dk.

Mein Tipp **Wellness** Im gerade um neue Attraktionen erweiterte Romulus Spa des **Skallerup Seaside Resort** darf man sich wie in einer römischen Therme fühlen. In großartigem Ambiente badet man in mehreren Thermalpools. Außerdem gibt es Wassermassage, Sauna mit Meerblick und Dampfbad. Auf Reservierung gibt es ein breites Spektrum von Massagen, Peelings und Hautbehandlungen. Tägl. 9–18 Uhr. Eintritt für Hotelgäste 180 DKK, für externe Gäste Mo–Fr 350 DKK, Sa/So 500 DKK. Zutritt ab 16 J. Nordre Klitvej 21, Lønstrup, 9800 Hjørring, ✆ 99 24 84 00, www.skallerup.dk.

Übernachten **Villa Vest Badehotel,** im Zentrum. Das 100 Jahre alte Badehotel ist stilvoll renoviert und zeigt viel moderne Kunst. Auf Fernseher und Telefon auf den Zimmern wird verzichtet (zur Ruhe kommen, lautet die Devise), nur einige Zimmer haben ein eigenes Bad/WC. Ein angenehmer Ort für Nostalgiker. Saison ist Ostern bis Anfang Dez. Die Zimmer mit Waschbecken (sowie Gemeinschaftsbad) sind etwas günstiger. Rubjergvej 2, Lønstrup, 9800 Hjørring, ✆ 98 96 05 66, www.villavest.dk. **€€€€**

Villa Maris, im Zentrum. In dem umgebauten Kaufmannshaus gibt es 18 schön in dänischem Stil eingerichtete, nicht allzu große Zimmer mit eigenem Bad/WC und TV. Die Zimmer der angegebenen Kategorie haben ein französisches Bett, DZ mit großem Doppelbett sind teurer. Parkplätze im Hof. Strandvejen 94, Lønstrup, 9800 Hjørring, ✆ 98 96 07 00, www.villamaris.dk. **€€€**

Skallerup Seaside Resort, angeboten werden 282 ganzjährig nutzbare, moderne und komfortabel ausgestattete Ferienhäuser, viele haben Kaminofen, andere auch Spa und Sauna. Spaßbad und Wellness-Bad Romolus wurden gerade erweitert, außerdem gibt es Spielland, Reitcenter, Sporteinrichtungen, Kino und Restaurant. Die Wohnungen und Häuser sind buchbar ab 2 Tage. Nordre Klitvej 21, Lønstrup, 9800 Hjørring, ✆ 99 24 84 00, www.skallerup.dk. **€€€€**

Lønstrup Camping Møllebakken, nicht weit vom Zentrum entfernt. Ebenes Gelände mit Wiesenstellplätzen, kleines gepflegtes Sanitärgebäude, Gemeinschaftsküche, gemütlicher Aufenthaltsraum mit Kaminofen, Spielplatz, Kiosk, Fahrradvermietung. April–Sept. Stellplatz für 2 Pers. HS 335 DKK. Außerdem gibt es Hütten zu mieten. Møllebakkenvej 20, Lønstrup, 9800 Hjørring, ✆ 21 44 56 37, www.camping loenstrup.dk.

MeinTipp **Essen & Trinken** **Restaurant Lido,** delikate Fischplatten zu erschwinglichen Preisen erfreuen den Gaumen. Fischverweigerer finden auf der Speisekarte eine große Auswahl an Fleischgerichten und Pizzen (Hauptgerichte mittags ab 99 DKK, abends ab 169 DKK, Pizza ab 99 DKK). Auch an die Kleinsten wird gedacht. Ganzjährig tägl. 12–21 Uhr. Strandvejen 87A, Lønstrup, 9800 Hjørring, ✆ 98 96 96 22, www.restaurantlido.dk.

Restaurant Villa Vest, im stilvollen Restaurant am Strand mit Meerblick wird saisonale und regionale Gourmetküche serviert. Der Fisch wird entweder fangfrisch von den lokalen Küstenfischern geliefert oder bei der Morgenauktion in Hirtshals gekauft. Fleisch und andere Zutaten stammen von regionalen Erzeugern. 3-Gänge-Menü abends ab 600 DKK. In der Vor- und Nachsaison wird So ein 3-Gänge-Mittagsmenü (500 DKK) serviert. HS tägl. 12–14, 18.30–20 Uhr, NS Di–Fr 18.30–20, Sa/So 12–14 und 18.30–20 Uhr. Reservierung empfehlenswert. Strandvejen 138, Lønstrup, 9800 Hjørring, ✆ 98 96 05 66, www.villavest.dk.

Restaurant Glashuset, im Wintergarten-Ambiente mit typisch dänischem Interieur genießt man köstliche Fisch- und Meeresfrüchtegerichte, doch auch Rind, Lamm oder Vegetarisches munden hervorragend (Hauptgerichte Frokost ab 145 DKK, 3-Gänge-Menü am Abend ab 395 DKK). HS tägl. 11.30–16, 17–22 Uhr, NS Mi/Do 17–21, Fr/Sa 11.30–16, 17–22, So 11.30–16 Uhr. Strandvejen 68, Lønstrup, 9800 Hjørring, ✆ 98 96 01 11, www.restaurantglas huset.dk.

Café Karlsson, nah am Meer. Gemütliches Café-Restaurant, in dem man mit Burgern, Tapas, Fisch oder vegetarischen Gerichten satt wird. Hauptgerichte abends ab 159 DKK. Dazu schmecken Draft-Bier aus Hjørring und Skagen sowie heimische Säfte und Smoothies. HS Di–Do 12–20, Fr–Mo 12–21 Uhr, NS Mo/Di und Do 12–16, Fr–So 12–20 Uhr. Kysten 1, Lønstrup, 9800 Hjørring, ✆ 98 96 03 44, www.cafe karlsson.dk.

Café Havblik, am Strand. Einen weiten Blick aufs Meer gewähren die Plätze auf der (stets gut besuchten) Außenterrasse und die Fensterplätze im Café. Hausgebackener Kuchen und Kaffee, kleine Speisen wie Stjerneskud, Æggekage oder Fischteller (Hauptgerichte ab 129 DKK). Auch bestens geeignet für den abendlichen Sundowner. HS So–Do 11.30–16, Fr/Sa 11.30–20 Uhr, NS Do–So 11.30–16 Uhr. Strandvejen 139, Lønstrup, 9800 Hjørring, ✆ 20 40 61 18, Facebook.

MeinTipp **Keramikcafé Møllehuset,** 2,5 km östlich von Lønstrup. Im hyggeligen Haus hinter der Vennebjerg Mølle leben die Keramiker

Vennebjerg Mølle

Kerstin und Martin ihren Traum. Im ehemaligen Atelier des Malers Johannes Hofmeister und im Garten servieren sie auf selbst getöpfertem Geschirr (käuflich zu erwerben) hausgebackenen Kuchen sowie Brot und Brötchen, belegt mit köstlichen ökologischen, regionalen Zutaten. Und sie schenken selbst gebrautes Bier aus. Auf Bestellung gibt es Brunch (189 DKK) und Afternoon Tea mit Gebäck (Do). Hier schmeckt einfach alles lecker. Ein behaglicher Ort, an dem man gerne einkehrt. Ostern–Mitte Okt. Mi–So 10–17, Do bis 18 Uhr. Skallerupvej 810, 9800 Hjørring, ✆ 98 98 16 16, www.mollehuset.com. Die historische Vennebjerg Mølle dreht sich Juni–Aug. Mi 12.30–16 Uhr und kann besichtigt werden. www.vennebjerg-moelle.dk.

Hjørring

Im Herzen Vendsyssels liegt die Kommunenhauptstadt Hjørring. Seit dem Mittelalter kamen die Bauern und Fischer aus der Gegend hierher, um Handel zu treiben. Heute ist die Stadt mit knapp 26.000 Einwohnern ein beliebtes Einkaufsziel. Zahlreiche Kunstwerke machen den Stadtbummel interessant.

Schon in der Frühzeit siedelten hier Menschen, wie archäologische Fundstücke im Vendsyssel Historiske Museum zeigen. Um 1150 taucht der Name der Stadt in seiner lateinischen Version „Heringa" auf einer Münze auf. Die Stadtrechte erhielt Hjørring 1243 von König Erik IV. verliehen. Als Handelsstadt mit guten Verkehrswegen, Bischofssitz und Gerichtsort wurde sie im Mittelalter bedeutend. Rund um die Nørregade liegt der älteste Teil Hjørrings. Hier findet man gleich drei romanische Kirchen: die Sct. Hans Kirke (sehenswertes Fresko des Heiligen Christophorus von 1350), die Sct. Olai Kirke und die Sct. Catharinæ Kirke. Hjørrings Blüte im Mittelalter folgten Krisen wie die Pest, Brände und Besetzungen.

Erst ab dem 18. Jh. setzte ein dauerhafter Aufschwung ein. Im 19. Jh. siedelten sich eine Eisengießerei und Textilbetriebe an. Alte Handwerkstechniken werden im **Håndværkernes Hus** (Handwerkerhaus) bewahrt, wo Drechsler, Schmiede, Möbeltischler, Weber und Garnspinner noch arbeiten wie früher (Tinpottegyde 6, Di–Do 11–15 Uhr, www.håndværkerneshus.fora.dk).

Beim Bummel durch die Fußgängerzone trifft man immer wieder auf Kunstwerke. Über 150 Skulpturen sind im öffentlichen Raum zu sehen. Moderne dänische Kunst zeigt das Vendsyssel Kunstmuseum. Auch für die darstellende Kunst gibt es ein Forum in Hjørring: Im **Vendsyssel Teater** kommen neben Eigenproduktionen zahlreiche Gastspiele mit klassischer Musik, Kindertheater, Shows und Kabarett auf die Bühne. (Banegårdspladsen 4, 9800 Hjørring, Theaterkasse werktags 10–15 Uhr, ✆ 98 92 47 11, www.vendsyssel-teater.dk). Auf der Freilichtbühne im Park Sct. Knuds Kilde werden bei den alljährlichen Sommerspielen Ballett und Opern aufgeführt.

Sehenswertes

Sct. Catharinæ Kirke: Die im Laufe ihrer Geschichte mehrfach umgebaute und erweiterte Katharinenkirche ist Hjørrings Schutzheiliger gewidmet, deren Abbild sich auch im Stadtwappen wiederfindet. Der Altar aus dem Jahre 1651 zeigt das letzte Abendmahl. Er wurde von Christian Billedsnider im Stil des Knorpelbarock geschnitzt und vom Maler Johannes Kontrafeje bemalt.

▪ Mo–Fr 9–16, Sa 9–12 Uhr. Lille Kirkestræde 1, 9800 Hjørring.

Vendsyssel Historiske Museum: Das historische Museum in der alten Schule von 1825 und der Probstei verfügt über eine beeindruckende Sammlung prähistorischer Funde aus ganz Vendsyssel. Zu sehen sind Schmuck, Waffen, Keramik und Opfergaben aus der Stein-, Bronze- und Eisenzeit sowie Funde aus der Eiszeit wie Walknochen, Eisbärenkiefer und Mammutzähne. Anhand vielfältiger Exponate vom Schädel des letzten Hingerichteten bis zu historischem Spielzeug wird die Stadtgeschichte beleuchtet. In einem alten Lebensmittelgeschäft aus den 1950er-Jahren werden während der Schulferien Salami, Käse, Kaffee und Süßigkeiten verkauft wie anno dazumal. Außerdem kann man in der ethnografischen Sammlung Objekte aus Ostafrika und Grönland bewundern. Die Gartenanlage zwischen den Gebäuden ist mit Stauden und Kräutern gestaltet.

▪ Mitte Juni–Mitte Aug. tägl. 11–16 Uhr, Mitte Aug.–Mitte Juni Di–Fr, So 11–16 Uhr. 80 DKK, Kinder unter 18 J. frei. Museumsgade 3, 9800 Hjørring, ✆ 96 24 10 50, www.vhm.dk.

Vendsyssel Kunstmuseum: In der stillgelegten Bechs Kleiderfabrik zeigt das Vendsyssel Kunstmuseum seit 1996 zeitgenössische dänische Kunst, deren Schöpfer Bezüge zu Nordjütland haben. Die sehenswerte Ausstellung beinhaltet Malerei, Grafik, Skulptur und Kunsthandwerk. Viel Raum ist dem Werk des dänischen Malers und Bildhauers Niels Larsen Stevns gewidmet. Zur Sammlung des Museums gehören auch Werke von Sven Engelund, Johannes Hofmeister, Poul Winther und Poul Anker Bech, deren Gemälde die Landschaft Nordjütlands und die Nordsee zum Thema haben.

▪ Di–So 11–16 Uhr. 80 DKK, Kinder unter 18 J. frei. P. Nørkjærs Plads 15, 9800 Hjørring, ✆ 98 92 41 33, www.vkm.dk.

Kunst im öffentlichen Raum: Beim Bummel durch die Fußgängerzone trifft man am Springvandspladsen auf die Skulptur „Sonnenring" von Claes

Staudengarten am Vendsyssel Historiske Museum

Hake. Es ist eines von über 150 Kunstwerken, von Reliefs über Skulpturen bis zu großflächigen Gestaltungen, mit denen Hjørring sich schmückt. Spektakulärer Mittelpunkt der Kunstmeile ist der P. Nørkjærs Plads, den man durch ein Portal aus bunten Kacheln betritt. An diesem Platz lädt die mit Figuren der nordischen Mythologie von Prof. Bjørn Nørgaard gestaltete Brunnenanlage zum Verweilen ein. Zehn Minuten vor der vollen Stunde erklingt Musik, die den Tanz der Fontänen untermalt. Nachts wird der Brunnen illuminiert.

■ Beschreibung der Kunstwerke: https://skulpturguide.hjoerring.dk/.

Praktische Infos

→ Karte S. 285

Information Die Infoterminals der **Hjørring Touristeninformation** befinden sich in der Stadtbibliothek im ersten OG des Metropol-Einkaufszentrums. Man erhält allgemeine Informationen über die Stadt und die Region und es liegen Broschüren aus. Zudem stehen Computer und WLAN zur Verfügung. Mo–Fr 10–18, Sa 10–15 Uhr. Østergade 30, 9800 Hjørring, ✆ 72 33 48 00, www.toppenafdanmark.de.

Verbindungen **Bahn:** Regionalzüge fahren regelmäßig nach Aalborg, Frederikshavn, Hirtshals und Skagen. www.rejseplanen.dk.

Bus: Am Bahnhof starten regelmäßig Busse u. a. nach Aalborg, Løkken, Lønstrup, Brønderslev und Aabybro. www.nordjyllandstrafikselskab.dk.

Angeln Die beiden Flüsse in der Hjørring Kommune, die 20 km lange Liver Å und die 63 km lange Uggerby Å, sind hervorragende Angelgewässer; Angelkarten und -ausrüstung im Outdoor-Geschäft Brasholt, Vandværksvej 29, 9800 Hjørring, ✆ 96 23 29 00, www.brasholt.com.

Einkaufen Im großen **Metropol Shoppingcenter** (Østergade 30) findet man rund 40 Geschäfte und Gastronomie. Die Fußgängerzone um die Østergade lädt mit Boutiquen und Fachgeschäften zum Bummeln ein.

Fahrradfahren Die in Hjørring beginnende 32 km lange **Bolleruten** (Nr. 60) ist ein Verbindungsstück zur Hærvejsruten (Nr. 3, im Osten Nordjütlands). Die **Tolnerute** (Nr. 62) führt zur Vestkystruten (Nr. 1) an der Nordsee. https://hjoerring.dk/Media/3/0/cykelrute-bolleruten-2015.pdf.

Fahrradreparatur **Hjørring Cykellager Mosquito,** repariert Fahrräder und verkauft Ersatzteile, Zubehör und natürlich Räder. Laden Mo–Fr 9–17.30, Sa 10–13 Uhr, Werkstatt

„Sonnenring" am Springvandspladsen Hjørring

Mo–Fr 9–17.30 Uhr. Korsgade 7, 9800 Hjørring, ✆ 98 92 04 24, www.hj-cykellager.dk.

Golf Der Platz des **Hjørring Golf Clubs** nördlich der Stadt besteht aus 3 9-Loch-Schleifen (Greenfee 450 DKK) sowie einem kurzen 9-Loch-Platz für jedermann (200 DKK). Vinstrupvej 30, 9800 Hjørring, ✆ 98 91 18 28, www.hjoerringgolf.dk.

Schwimmbad Sportlich Aktive finden im 50-m-Becken des **Vandhuset Hjørring** ein ideales Trainingsbecken. Außerdem bietet das Hallenbad eine 60-m-Rutsche und ein Babybecken. Mo–Mi 6–21, Do 6–22, Fr 6–18, Sa 7–16, So 10–16 Uhr. 55 DKK. Børge Christensens Vej 4, 9800 Hjørring, ✆ 72 33 49 01, www.hjoerringhallerne.hjoerring.dk.

Wandern Vier **Kleeblattwege** (Kløverstierne) starten am Springvandspladsen. Die grüne Route (2,5 km) führt zu kulturhistorischen Sehenswürdigkeiten, die blaue Route (5 km) durch Grünanlagen und Parks, auf der roten Route (7,5 km) kommt man zu den am nördlichen Stadtrand gelegenen Hjørring Bjergen und dem Aussichtsturm Bellevue. Am längsten ist die schwarze Route (13 km). Karten: https://friluftsraadet.dk/files/media/document/Hjoerring_Kloeverstifolder_Samlet.pdf.

Wellness Im **Vandhuset Hjørring** gibt es einen Wellnessbereich mit Sauna und Dampfbad mit Farb- und Aromatherapie, ebenso ein Warmwasserbecken mit Massagedüsen. 55 DKK, Zutritt ab 16 J., Öffnungszeiten → Schwimmbad. Børge Christensens Vej 4, 9800 Hjørring, ✆ 72 33 49 01, www.hjoerringhallerne.hjoerring.dk.

Veranstaltungen Anf. Juni sind bei der **Kulturnacht** die Läden und Kultureinrichtungen der Stadt geöffnet, auf den Straßen gibt es vielfältige Aktivitäten und Musikdarbietungen und zum Abschluss wird ein Feuerwerk gezündet. Der Folkeparken wird im Aug. Schauplatz einer riesigen **Gardenparty** mit Livebands.

Wohnmobile Verkehrsgünstig zur Autobahn E 39 gelegen, knapp 6 km ins Zentrum. Auf einem ehemaligen Bauernhof vermieten nette Wohnmobilfans ebene Wiesenstellplätze mit Strom und Entsorgungsmöglichkeit, 75 DKK/Nacht. Es gibt keine Toiletten. Bredkærvej 89, 9800 Hjørring, ✆ 41 19 36 12.

Vendsyssel Festival

Klassische Musik in rund 60 Konzerten erklingt beim alljährlichen Vendsyssel Festival Ende Juni–Aug. an verschiedenen Orten in Vendsyssel. Es wurde 1970 gegründet und ist heute Skandinaviens größtes Musikfestival. Einzelticket ca. 100–200 DKK, Festivalkarte für alle Veranstaltungen 800 DKK. Ticketverkauf in den Touristenbüros und unter www.vendsysselfestival.dk.

Übernachten/Essen **Hjørring Kro 8**, am südlichen Stadtrand, 4 km ins Zentrum. In dem netten Dorfkrug übernachten die Gäste in gediegenen Komfortzimmern mit Bad/WC, TV und WLAN. Am Morgen gibt es Frühstücksbüfett. Parkplätze am Haus. Im dezent-modernen Ambiente bietet das Restaurant schmackhafte dänische Küche mit günstigen Smørrebrød-Varianten, Burger oder Stjerneskud zum Frokost. Abends werden Fleisch- und Fischgerichte, z. B. Scholle und Steaks serviert (Hauptgerichte abends ab 145 DKK). Restaurant tägl. bis 21 Uhr. Birthesvej 2, 9800 Hjørring, ✆ 98 92 53 29, www.hjoerringkro.dk. **€€**

Mein Tipp **Hotellet Hjørring 3**, nur wenige Meter ins Zentrum. Das gepflegte kleine Stadthotel unter neuer Leitung bietet im Haupthaus und im Nebengebäude hübsche Zimmer mit Blick in die Altstadtgassen. Alle Zimmer haben

An der Brunnenanlage am Nørkjærs Plads verweilt man gerne

eigenes Bad/WC, TV und WLAN. Im moderndänischen Ambiente überzeugt das **Restaurant Konkret** sowohl mit dänischen Klassikern wie Bratfisch mit Apfelsoße und Hühnerbrust mit Roter Bete als auch mit französisch inspirierten Gerichten wie Boeuf bearnaise und Foie Gras (3-Gänge-Menüs ab 275 DKK). Unter dem Titel „Farlig Fredag" („Gefährlicher Freitag") gibt es regelmäßig Livemusik von Jazz bis Rock. Mo–Sa ab 17 Uhr. Nørregade 33, 9800 Hjørring, ✆ 26 25 70 30, www.hotellethjoerring.dk. **€€€**

Dana Cup Sports Center 2, 2 km zur Innenstadt. Vermietet werden einfache, saubere Zimmer mit Bad/WC und TV sowie Apartments und Hütten mit eigenem Bad/WC und Küche. Businesszimmer etwas teurer. Morgens gibt's ein Frühstücksbüfett. Børge Christensens Vej 5, 9800 Hjørring, ✆ 98 92 67 00, www.danacupsportscenter.dk. **€€**

City Camping Hjørring 1, in der Nähe der Sportanlagen, 1,5 km zum Zentrum. In einem Wäldchen gelegener Campingplatz mit ebenen Wiesenstellplätzen. Wegen seiner hervorragenden Ausstattung mit sauberen Sanitäranlagen, Außenpool, Spielplatz, Minigolf und Kiosk mag man hier gern länger bleiben als nur eine Nacht auf der Durchreise. Stellplatz für 2 Pers. HS 350 DKK. Außerdem kann man Hütten und Zimmer mieten. April–Sept. Idræts Allee 45, 9800 Hjørring, ✆ 60 18 02 60, www.citycamping-hjoerring.dk.

meinTipp **Happie Café & Butik 6,** essen Sie noch oder shoppen Sie schon? Das ist hier die Frage. Im Café Happie genießt man leckere Kuchen und Torten, umfangreiches Frühstück, hausgebackene, glutenfreie „Steinzeit-Brötchen" (aus Mandel- und Kastanienmehl), Salat, Nachos oder Vegetarisches und kann währenddessen schon mit Kissen, Kerzen und anderer Dekoware liebäugeln. Die Stühle, auf denen man sitzt, kann man ebenso kaufen wie Tees und Delikatessen. Ein cooles Konzept. Mo–Fr 10–17, Sa 10–14 Uhr. Østergade 46, 9800 Hjørring, ✆ 23 90 98 40, www.happie.dk.

Nordisk Buffet 5, All-you-can-eat-Lokal mit gemütlichem Ambiente im Zentrum. Nordische Küche mit verschiedenen Fleisch- und Fischspezialitäten sowie eine riesige Auswahl an appetitlich angerichteten Beilagen, Salaten und Desserts. Erwachsene 229 DKK (Fr/Sa teurer), Kinder bis 5 J. gratis, bis 12 J. halber Preis. Mi–So 17.30–21 Uhr, Frokost-Büfett Sa/So 11–14 Uhr (129 DKK). Jernbanegade 5a, 9800 Hjørring, ✆ 34 12 78 98.

Bryghuset Vendia 7, im Zentrum. Das Restaurant des Brauhauses wurde zum „besten Restaurant Nordjyllands" gekürt und ist im Guide Michelin ebenfalls gut bewertet. Die moderne, innovative Küche ist ihren Preis wert: Man setzt auf frischen Fisch und Fleisch aus der Region sowie auf reichlich Kräuter und Salate. In der Brasserie sitzten die Gäste mit Blick auf die Sudkessel – eines der Hausbiere sollte man probieren (Brasserie Mo–Fr 11.30–21.30, Sa 10–21.30 Uhr). Im exklusiven Gourmetrestaurant kann der Gaumen einmal quer durch Nordjylland reisen. An nur 3 Tischen wird ein Menü aus 11 aufwendigen Gerichten serviert (ab 2000 DKK, Reservierung nötig, Do–Sa ab 17.30 Uhr). Markedsgade 9, 9800 Hjørring, ✆ 98 92 22 29, www.bryghusetvendia.dk.

Nachtleben Zwei Große Bier Bar 4, im Zentrum. Auch in Hjørring können Nachtschwärmer im Après-Ski-Stil abfeiern. Getanzt wird – mit und ohne Dirndl – zu angesagter Musik, zuweilen auch live. Dazu werden mehrere Sorten dänisches Fassbier gezapft und Hochprozentiges ausgeschenkt. Do 19–2, Fr/Sa 21–5 Uhr. Strømgade 4, 9800 Hjørring, ✆ 26 24 21 26.

Der Norden → Karte S. 254/255

Tornby

Der 10 km lange, feinsandige Tornby Strand ist quasi der Hausstrand von Hjørring und Hirtshals. Hier darf man mit dem Auto auf den Strand fahren und trotzdem gibt es genügend Platz, um das Handtuch auszurollen und zu relaxen. Draußen auf dem Meer sieht man die in Hirtshals auslaufenden riesigen Norwegenfähren vorbeiziehen. In den Dünen von **Nørre Tornby** findet man lockere Ferienhausbebauung und einen Campingplatz. Rund 1000 Einwohner leben im Ortsgebiet von Tornby.

Die romanische **Tornby Kirke** in Tornby Dorf ist einen Blick wert. Eine Runeninschrift im Chorraum datiert ihren Bau auf etwa 1200. Das reich gestaltete Altar-Triptychon stammt von 1500. Der Mittelteil zeigt oben Gottvater flankiert von der Heiligen Katharina und Anna Selbdritt. Im unteren Teil wird die Anbetung Jesu durch die Heiligen Drei Könige von Figuren des Heiligen Olaf und einem unbekannten Bischof umrahmt. Auf den beiden Außenflügeln sind die zwölf Apostel zu sehen. Die beiden Schiffsmodelle im Kirchenraum zeigen die Fregatte „Juno" und das Feuerschiff „Knoben".

Nostalgiker sollten sich den **Gamle Købmandsgaard** (alter Kaufmannsladen) im Dorf nicht entgehen lassen. Hier ist die Zeit stehen geblieben, aber die Knöpfe der alten Ladenkasse glänzen mit den Emaille-Werbeschildern um die Wette. Tornby war ein wichtiger Umschlagplatz, von dem aus flachbäuchige Schuten Handelsware von und nach Norwegen umsetzten. Während vor allem Rinder und Schweine in den Norden verschifft wurden, landeten die Frachtkähne Holz, Eisen und Granit am Strand von Tornby an. Das 1688 begründete Anwesen war ab 1827 ein Seehandelshof. Ein kleines Museum berichtet über die Geschichte und im Laden kann man Souvenirs und Hochprozentiges erstehen. Am zweiten Juniwochenende findet hier ein „Schutenhändlermarkt" statt.

Di–So 12.30–16 Uhr. Hovedvejen 61, Tornby, www.tornbygk.dk.

Praktische Infos

Information Am **Tornby Strand Camping** gibt es ein Infoterminal für allgemeine Informationen. Auch im Gamle Købmannsgaard bekommt man Infos über die Region. Persönliche Auskünfte erhält man in der Touristeninformation in Hirtshals.

Verbindungen **Bahn:** In Tornby Dorf halten an 2 Haltestellen regelmäßig verkehrende Nahverkehrszüge von/nach Hirtshals, Hjørring und Aalborg.

Busse: An Schultagen verkehrt Telebus 850 von Tornby Schule bis Hirtshals (Bestellung beim Busfahrer ✆ 92 72 53 87), www.nordjyllandstrafikselskab.dk.

Fahrradfahren In der Tornby Klitplantage finden **Mountainbiker** in hügeligem Gelände eine anspruchsvolle 14-km-Strecke, auf der 180 Höhenmeter zu überwinden sind.

Ferienhausvermietung **Tornby Feriehus Udlejning,** von Familie Munch betriebene örtliche Ferienhausvermietung. Tornby Strandvejen 31, 9850 Hirtshals, ✆ 98 97 71 15, www.tornbystrand.com.

Strand Tornby Strand wird von Mitte Juni bis Mitte Aug. tägl. 10–18 Uhr von Livreddern bewacht.

Veranstaltungen An Pfingsten regieren die Wikinger in der Tornby Klitplantage: Rund um die Holzhütten im Yxengaard kommt es bei einem **Wikingermarkt** zum Schaukampf (50 DKK). Rævskærvej, Tornby Klitplantage, 9850 Hirtshals.

Wohnmobile Am **Tornby Strand Camping** ist Quick-Stop (20–10 Uhr) außerhalb des Geländes möglich. Stellplatz für 2 Pers. 235 DKK, Duschen und Entsorgung gratis, Strom extra. Strandvejen 13, Nr. Tornby, 9850 Hirtshals, ✆ 98 97 78 77, www.tornbystrandcamping.dk.

Übernachten/Essen **Hotel Munch,** 1939 als Konditorei eröffnet, entwickelte es sich schnell zum Badehotel. Heute werden 5 Zimmer und 2 Bungalows, jeweils mit Bad/WC, Balkon und Blick in die Dünen, vermietet. Die Zimmer in den Nebengebäuden sind etwas günstiger. Essen mit Aussicht ist die Devise in dem gemütlichen Restaurant Munch am Tornby Strand. Das Familienrestaurant bietet deftige dänische Küche zu angemessenen Preisen. Zum Frokost gibt's Smørrebrød, Biksemad, Stjerneskud oder Fish 'n' Chips, abends warten große Wiener Schnitzel oder gebratene Scholle auf ausgehungerte Strandbesucher. Regelmäßig gibt es Büfett-Abende. Zu Kaffee und diversen hausgemachten Kuchen lässt man sich gerne auf der Außenterrasse nieder. Tägl. ab 12 Uhr. Strandvejen 31, Tornby, 9850 Hirtshals, Hotel ✆ 98 97 71 15, Restaurant ✆ 96 56 31 00, www.restaurantmunch.dk, www.munchsbadehotel.com. **€€€**

Hotel Strandlyst, 1,3 km zum Strand. Das Hotel knüpft an die Badehoteltradition an, es werden einfache, ordentliche Zimmer ohne TV und Radio, aber mit WLAN vermietet, ein Teil der Zimmer hat eigenes Bad/WC, für die anderen stehen Gemeinschaftsbäder zur Verfügung. Strandvejen 18, Nr. Tornby, 9850 Hirtshals, ✆ 98 97 70 76, www.hotelstrandlyst.dk. **€€€**

Tornby Guesthouse B&B, an der Bahnhaltestelle in Tornby Dorf. Einfache, individuell eingerichtete Gästezimmer mit Doppel-, Einzel- oder Stockbetten. Es gibt die Möglichkeit für die Nutzung eines „privaten Bads“ außerhalb des Zimmers (teurer). Außerdem stehen Gemeinschaftsbäder und eine geräumige Küche zur Verfügung. Fahrräder parken in der Garage. Zwei Zimmer liegen in Richtung Bahnhaltepunkt, die anderen haben Blick in den Garten, in dem verschiedene Sitzmöglichkeiten zum Entspannen einladen. Bjergbyvej 2, Tornby, 9850 Hirtshals, ✆ 53 15 00 02, www.tornbyguesthouse.dk. **€€**

Tornby Strand Camping, 1,3 km zum Strand. Sonniges, ebenes Wiesengelände mit Hecken. Der komfortable Ferienplatz bietet bestens ausgestattete Sanitäranlagen, Familienküche, Frei- und Hallenbad, Spielplatz, Fußballplatz, Volleyball und Minigolf. Stellplatz und 2 Personen HS 275 DKK. Hütten kann man schon ab einem Tag mieten, außerdem gibt es einfache Zimmer. Ganzjährig geöffnet. Strandvejen 13, Nr. Tornby, 9850 Hirtshals, ✆ 98 97 78 77, www.tornbystrandcamping.dk.

Hirtshals

Lebhafte Hafenatmosphäre bestimmt das Flair von Hirtshals. Aber auch mit Strand- und Stadtleben kann der 5500-Einwohner-Ort aufwarten. Attraktion ist das große Ozeanarium.

Ein markantes, 22 m hohes Kliff zwischen Jammerbugt und Tannis Bugt diente den Seeleuten schon in alten Zeiten als Orientierungspunkt. Auf holländischen Seekarten aus dem 16. Jh. ist der Name Hartzhals (Hirschhals) zu lesen, denn der Felsen erinnerte die Matrosen an den Hals eines Hirsches. Seit 1863 sendet der weiße Hirtshals Fyr sein Leuchtsignal, auf das sich auch heute noch Fischer und die Kapitäne der großen Norwegenfähren verlassen. Lilleheden war der ursprüngliche Name des Fischerdorfes an diesem Ort, für den sich nach dem Bau des Leuchtturms der Name Hirtshals einbürgerte.

Wirtschaftlicher Motor von Hirtshals ist der 1930 eingeweihte **Hafen.** Er ist einer der größten Fischereihäfen Dänemarks. Vom bedeutenden Fährhafen aus starten Fähren mehrerer Reedereien nach Norwegen, Island und zu den Färöer-Inseln (Færøerne). Etwa 2,4 Millionen Passagiere pro Jahr nutzten die Verbindung vor der Corona-Pandemie, 2021 waren es rund 800.000. Rund 2 Millionen Tonnen Güter werden umgeschlagen.

Die Verbindung zwischen Stadtzentrum und Fischereihafen bildet die „Trappen“, eine Treppe mit einem Kunstwerk von Dorte Dahlin und Mogens Møller. Unten am Wasser angelangt, kann man im Fiskehus eines der köstlichen Fischgerichte probieren und zum Bummel entlang der Hafenbecken aufbrechen. Hier im Westhafen, dem ältesten Teil von Hirtshals Havn, liegen die kleineren Kutter, und in den Werkstätten kann man dem authentischen

Fisch-Skulptur in Hirtshals

Der Norden → Karte S. 254/255

Leben der Fischer nachspüren. Manche der bunten Boote warten auf zahlende Gäste, denn Hochseetörns sind bei Sportanglern beliebt. Über die Westmole gelangt man zur neuen Marina. Unterhalb des Leuchtturms liegt der Husmoderstranden (Strand der Hausfrau), der schöne und sogar im Winter beliebte Badestrand von Hirtshals.

Es lohnt sich, sich ein wenig mit der Geschichte von Hirtshals auseinanderzusetzen, z. B. bei einem Besuch im Hirtshals Museum. Über die Besatzungszeit von Hirtshals und den Bau der Küstenbatterien informiert das Bunkermuseum.

Größte Attraktion und ein Muss für Familien mit Kindern ist das Nordsøen Oceanarium, in dem man putzige Robben und riesige Fischschwärme erleben kann.

Die Natur rund um Hirtshals ist ein Paradies für (Hobby-)Ornithologen. Viele Zugvögel passieren Vendsyssel auf ihrem Weg zu den Brutplätzen in Skandinavien und Sibirien. Im August und September kann man allabendlich die Starenschwärme ihre Tänze aufführen sehen (Sort Sol). Unter den hier lebenden Seevögeln sind die großen schwarzen Kormorane am auffälligsten. Sie brüten in einer Kolonie südöstlich von Hirtshals, machen aber gerne ein Päuschen auf der Westmole in Hirtshals.

Sehenswertes

Nordsøen Oceanarium: Eine Expedition unter die Meeresoberfläche lässt sich im Nordsee Ozeanarium in Hirtshals trockenen Fußes erleben. Lebensräume wie die Mole, das Stornoway Wrack, die Doggerbank, die Norwegische Rinne und das offene Meer werden in unterschiedlich großen Wasserbecken lehrreich dargestellt. Man kann Nordseebewohner wie Plattfische, Heringe, Kaisergranat, Krabben, Korallen und Seeigel aus nächster Nähe betrachten. Auch heimische Haie und Rochen ziehen ihre Bahnen. Staunend steht man vor dem mit 4,5 Millionen Liter Meerwasser gefüllten Riesenaquarium

Kunstobjekt und Treppe zum Hafen in einem: „Trappen“

Das Seehundebecken im Nordsøen Oceanarium

und beobachtet Makrelenschwärme, Hornhechte oder den eigentümlichen Mondfisch. Das Aquarium misst 22 x 33 m und ist damit das größte in Nordeuropa. Im Glastunnel unter dem Robbenbecken sieht man, wie anmutig Robben durchs Wasser gleiten. Und von der Besuchertribüne aus kann man bei der Fütterung der Kegelrobben und Seehunde zusehen (tägl. 11 und 15 Uhr). In den Aquarien füttern Taucher die Fische, sie fressen ihnen dabei zum Teil aus der Hand (tägl. 13 Uhr). Das Ozeanarium bietet zudem verschiedene Aktivitäten an, so auch Führungen zu den Fischauktionen in Hirtshals Havn.

▪ Ende Juni–Ende Aug. 9–18 Uhr, April–Mitte Juni und Sept./Okt. 9–16/17 Uhr (weitere Zeiten s. Webseite). 205 DKK, Kinder bis 2 J. frei, 3–11 J. 110 DKK. Im Café gibt es Sandwiches und kleine Gerichte. Willemoesvej 2, 9850 Hirtshals, ✆ 98 94 44 44, www.nordsoenoceanarium.dk.

Hirtshals Museum: Plattfische hängen vor dem 1880 erbauten Fischerhaus zum Trocknen auf der Leine. Natürlich stehen die Fischerei, der Hafen, Strandungen und Rettungen im Mittelpunkt des stadthistorischen Museums. Auch wie der in Hirtshals berühmte Kräuterschnaps „Bjesk“ gemacht wird, können die Besucher erfahren (und sich selbst eine mitgebrachte Flasche Klaren mit Bjesk-Zutaten verfeinern lassen). Im Juli führen Fischer und Netzbinder im Museumsgarten das Anfertigen von Seilen und das Flicken von Netzen vor.

▪ Juli Mo–Sa 10–16, So 11–15 Uhr, April–Juni und Aug.–Dez. Di, Do, So 11–15 Uhr, Jan.–März letzter So im Monat 11–15 Uhr. 50 DKK, Kinder bis 18. J. frei. Sophus Thomsens Gade 6, 9850 Hirtshals, ✆ 96 24 10 00, www.vhm.dk.

Hirtshals Fyr: Zweimal pro Minute sendet der rotierende Linsenspiegel des Leuchtturms ein Licht aus, das bis 25 Seemeilen weit auf dem Meer gesehen werden kann. Auf dem 22 m hohen Felsen wurde der 35 m hohe Leuchtturm 1863 eingeweiht. Über der Eingangstür ist das Wappen von König Frederik VII. zu sehen. Der Aufstieg über 144 Stufen wird mit einer fantastischen Rundsicht belohnt. In der Maskinstuen (Maschinenraum) werden Funktion und Geschichte des Leuchtturms erläutert. Die Geologie der Steilküste von Hirtshals wird im Madpakkerum präsentiert: In den „Hirtshals Blöcken“ sind versteinerte Muscheln,

Der Norden → Karte S. 254/255

Der Leuchtturm von Hirtshals oberhalb des Husmoderstranden

Schnecken, Ammoniten oder fossiles Holz aus der Jurazeit eingeschlossen. Im Leuchtturmwärterhaus finden wechselnde Kunstausstellungen statt. In den Sommermonaten sowie in den Oster- und Herbstferien ist der Kaffeeraum geöffnet, wo hausgemachter Kuchen und Kaffee serviert wird. An bestimmten Terminen wird als besonderes Erlebnis das Abseilen (Rapelling) außen vom Leuchtturm angeboten.

■ Tägl. 10 Uhr bis Sonnenuntergang. 20 DKK, Kinder 6–15 J. 10 DKK. Fyret 2, 9850 Hirtshals, ✆ 61 28 18 62, www.hirtshals-fyrtaarn.dk.

Bunkermuseum Hirtshals 10. Batterie: 1940 wurden auch Hirtshals und Hjørring von der deutschen Wehrmacht besetzt. Bis 1943 ließen die Besatzer auf dänische Kosten eine Verteidigungsanlage mit 70 Bunkern und zwei Küstenbatterien bauen. Das Areal unterhalb des Leuchtturms steht seit 1997 unter Denkmalschutz. 54 Bunker, darunter Kanonen-, Mörser- und Maschinengewehrstellungen, wurden vollständig freigelegt und sind jederzeit als offenes Freilichtmuseum kostenlos zugänglich. In einem Mannschaftsbunker (10 Uhr bis Sonnenuntergang) erläutert eine Ausstellung, wie die Deutschen Lichtposten setzten, um Feinde im Dunkeln besser ausmachen zu können. Von Juli bis August bietet das Vendsyssel Historiske Museum Mo und Mi geführte Touren auf Deutsch an (16 Uhr, 60 DKK).

■ Parkplatz am Leuchtturm, Kystvejen 2, 9850 Hirtshals, www.vhm.dk.

Praktische Infos

Information In der **Hirtshals Touristeninformation** erhält man Infos zu Übernachtung, Sehenswürdigkeiten und Veranstaltungen. Hier kann man Angelscheine kaufen und Tickets für die Fähren Fjord Line, Smyril Line, Color Line und Stena Line buchen. Außerdem bekommt man Rabatt auf Tickets für das Nordsee Ozeanarium. Mo 12–16, Di 13–16, Fr 10–14 Uhr. Jørgen Fibigersgade 26, 9850 Hirtshals, ✆ 98 94 22 20, www.visitnordvestkysten.de, www.toppenafdanmark.de. Infoterminals findet man u. a. im Nordsøen Oceanarium, im Camping Hirtshals und im Restaurant Lilleheden.

Verbindungen **Zug:** Regelmäßige Verbindungen nach Hjørring. www.rejseplanen.dk.

Bus: Regionalbus 852 fährt regelmäßig von Hirtshals nach Tverstedt und Uggerby. www.nordjyllandstrafikselskab.dk.

Angeln Die Westmole erreicht man bequem mit dem Auto, dort geht's im Frühjahr auf Heringe, im Sommer auf Makrelen, außerdem auf Plattfische und Dorsch. Brandungsangler machen in der Saison Jagd auf Hornhecht und Seebarsch. Angelscheine gibt's in der Touristeninformation.

Hochseeangeln, als Tagestour oder mit Übernachtung, wird von mehreren örtlichen Fischern auf ihren Kuttern angeboten: Ostsee Star, ✆ 28 49 89 18, www.starocean.dk; Sea

Hawk, Angel- und Tauchtouren, ✆ 22 40 73 48, www.sea-service-express.dk.

Angelausrüstung, bei Hirtshals Indkøb, Vestkajen 4, 9850 Hirtshals, ✆ 98 94 36 34, www.hirtshalsindkoeb.dk.

Fahrradfahren Von Hirtshals nach Uggerby führt die 35 km lange **Panoramaroute 415.** Hügelig, aber aussichtsreich ist die **Panoramaroute 414** (44 km) von Hirtshals über Mygdal und Tornby. www.vestkystruten.dk/de.

Fähren Vom Fährterminal in **Hirtshals Hafen** kann man Ziele in Norwegen (Fjord Line, Color Line), Island oder auf den Färöern (Smyril Line) erreichen. Auf dem Parkplatz des Hirtshals Transport Centers, das 2–3 km vom Fährterminal entfernt liegt, gibt es Möglichkeiten zum kostenpflichtigen Langzeitparken (Buchung über Touristeninformation).

Norwegen-Tagesausflug, mit dem schnellen Katamaran der Reederei Fjord Line wird Kristiansand in Norwegen in 2:15 Std. erreicht. Im Sommerhalbjahr werden 2 bzw. 3 Abfahrten tägl. ab Hirtshals angeboten. So kann man das Skagerrak und einen ca. 8-stündigen Landgang erleben. Infos und Tickets beim Touristenbüro.

Ferienhausvermietung Die **Hirtshals Feriehusudlejning** ist ein Teil des Hirtshals Touristenbüros und vermittelt Ferienhäuser in Tornby, Rajen und Kjul. Jørgen Fibigersgade 26, 9850 Hirtshals, ✆ 98 94 22 20, www.toppenferienhauser.de.

Golf Der **Hirtshals Golfklub,** windgeschützt hinter der Plantage von Kjul, bietet eine 18-Loch-Bahn (400 DKK) und eine 9-Loch-Pay&Play-Bahn (80 DKK). Kjulvej 10, 9850 Hirtshals, ✆ 20 31 94 08, www.hirtshals-golfklub.dk.

Hafenrundfahrt Auf dem **Museumsschiff HG 156** Johs Hejlesen Juli–Anf. Aug. Di und Do 12.30 Uhr. Abfahrt am Sydvestkajen unterhalb der „Trappen". 50 DKK, Kinder bis 12 J. kostenlos. Buchung über Touristenbüro Hirtshals.

Kunsthandwerk **Atelier Joan Grønfeldt Kristensen,** einfaches, funktionales Design in Naturfarben prägt die Keramik von Joan Grønfeldt Kristensen. In ihrer Atelier-Galerie zeigt sie außerdem Werke anderer Kunsthandwerker: Bernstein, Glas, Schmuck, Malerei und Skulptur. HS Di–Fr 11–17, Sa/So 11–14 Uhr, NS s. Webseite. Hjørringade 7, 9850 Hirtshals, ✆ 25 12 71 19, www.groenfeldt.nu.

Spezialität Pflanzen, Beeren und Kräuter aus den Dünen rund um Hirtshals werden mit klarem Schnaps zum würzigen **Bjesk** veredelt. Im Hirtshals Museum wird die Zubereitung erklärt und man kann sich einen mitgebrachten Klaren mit Bjesk-Zutaten verfeinern lassen.

Strand Der Husmoderstranden liegt zentrumsnah südwestlich der Mole. Er ist feinsandig, autofrei und wird als Vinterbådestrand ganzjährig genutzt. Surfer nutzen zum Aufwärmen gerne das **Sauna-Boot** eines örtlichen Anbieters für Surf- und SUP-Kurse (100 DKK, www.surfognatur.dk). Parkplätze am Kystvejen.

Veranstaltungen An Ostern finden im Rahmen des **XTREM Hirtshals-Laufes** zahlreiche Aktivitäten für Erlebnishungrige vom Rapelling bis zur Helikoptertour statt. Im Juli findet in Hirtshals das Festival **Musik Under Trappen** mit über 30 Bands von Rock bis Reggae statt. Am ersten Wochenende im Aug. wird das **Hirtshals Fiskefestival** mit einem großen Fischbüfett gefeiert, außerdem gibt es Livemusik, Hafenrundfahrten, Aktivitäten und Informationen zu Fisch und Fischerei.

Wandern Vier **Kleeblattsteige** (Kløverstien) führen durch und rund um Hirtshals: Die grüne Route (2,5 km) ist ein kleiner Stadtspaziergang zu Strand und Mole. Schöne Ausblicke bekommt man auf der blauen Route (7,5 km) zum Leuchtturm. Die rote Route (7,5 km) führt durchs Stadtgebiet. Eine ordentliche Wanderung durch die Klitplantage zum Kjul Strand erlebt man auf der schwarzen Route (16 km). Start für alle ist an der Hirtshals-Treppe. https://www.visitnordvestkysten.de/nordvestkysten/planen/kloverstier-hirtshals-staedtische-wanderwege-gdk1017284.

Der nordwestliche Zweig des **Hærvejen** (Ochsenweg) startet oder endet in Hirtshals. Insgesamt sind auf 22 Etappen 500 km Strecke zwischen Flensburg und Hirtshals zu bewältigen. www.haervej.de.

Wohnmobile Am Bahnhof und somit nahe zum Stadtzentrum und mit Blick über den Hafen gibt es am Banegårdspladsen Stellplätze für Wohnmobile mit Entsorgung. Die Gebühr von 75 DKK für 24 Std. zahlt man mit Kreditkarte an der Schranke. Auf dem **Hirtshals Camping** am Strand gibt es schöne Stellplätze mit Ver- und Entsorgung. HS Stellplatz für 2 Pers. 245 DKK. Geöffnet April–Okt. Kystvejen 6, 9850 Hirtshals, ✆ 98 94 25 35, www.hirtshals-camping.dk.

Übernachten **Hotel Hirtshals,** zentral zwischen Bahnhof, Zentrum und Hafen. Bis ins Jahr 1700 reicht die Geschichte des Kro zurück, der sich durch Anbauten zum großen Hafenhotel gemausert hat. Lebendig und bisweilen laut geht es rundherum zu. Von vielen der gediegenen Zimmer aus kann man die einlaufenden Fähren des naheliegenden Fährterminals beobachten. Die in dänischem Stil eingerichteten Zimmer haben eigenes Bad/WC und TV. Havnegade 2, 9850 Hirtshals, ✆ 98 94 20 77, www.hotelhirtshals.dk. **€€€**

Montra Skaga Hotel, das Vier-Sterne-Haus neben dem Nordsee-Ozeanarium bietet komfortable Zimmer in schnörkellosem Design mit Bad/WC und TV. Ein Schwimmbad lädt zu entspannter Bewegung ein. Das Hotel ist beliebt bei Gästen, die mit der Norwegenfähre weiterreisen. Gegen geringe Gebühr stehen Langzeitparkplätze zur Verfügung. Willemoesvej 1, 9850 Hirtshals, ✆ 98 94 55 00, www.skagahotel.dk. **€€€**

MeinTipp **B&B by the Sea,** am Husmoderstrand, 600 m zum Zentrum. Von hilfsbereiten Gastgebern geführte Frühstückspension mit sauberen, in dänischem Stil eingerichteten Zimmern (zum Teil mit eigenem Bad/WC). Einige Zimmer haben wunderschönen Ausblick aufs Meer (teurer) und z. T. einen Balkon oder eine Terrasse. Auch Familienzimmer stehen zur Verfügung. Es gibt eine Gemeinschaftsküche, sowie WLAN und Parkplatz. Kystevejen 53, 9850 Hirtshals, ✆ 98 94 12 48, www.bbhirtshals.com. **€**

Hirtshals Camping, am Strand, 1 km zum Zentrum. Auf einem Plateau zwischen Leuchtturm und Strand liegt das ebene Wiesengelände zwar ohne Windschutz, dafür mit toller Aussicht. Der Platz ist komfortabel ausgestattet mit gepflegten Sanitäranlagen, Familienküche, Wohnzimmer mit TV, Waschmaschinen, Spielplatz und Kiosk. Stellplatz für 2 Pers./Tag HS 265 DKK. Es gibt auch unterschiedlich ausgestattete Hütten. April–Okt. Kystvejen 6, 9850 Hirtshals, ✆ 98 94 25 35, www.hirtshals-camping.dk.

Essen & Trinken **Hirtshals Fiskehus,** frischer geht's kaum: beim Imbiss direkt am Hafen bekommt man Fisch und Meeresfrüchte in leckerer Vielfalt, u. a. Fischfrikadellen mit Pommes, großen Stjerneskud und eine umfangreiche Meeresfrüchteplatte (Gerichte ab 69 DKK). Ostern–Dez. tägl. 11–20/21 Uhr. Im Laden kann man frischen Fisch kaufen, Mo–Fr 10–17.30, Sa 9.30–14 Uhr. Sydvestkajen 7, 9850 Hirtshals, ✆ 40 55 43 55, www.hirtshalsfiskehus.dk.

Im Fiskehus am Hafen ist immer etwas los

Restaurant Lilleheden, hyggeliges Café und Restaurant mit schöner Außenterrasse im Zentrum an der „Trappen". Wer morgens etwas länger braucht, wird hier mit einem umfangreichen Brunch (149 DKK) auf Trab gebracht. Zum Frokost gibt es viele leckere Auflagen auf's hausgebackene Brot, außerdem werden Fischsuppen, Austern und Kaviar, Fisch- und Fleischgerichte, Salat oder vegane Burger serviert. Abends Hauptgerichte ab 180 DKK. Café Mo–Do 10.30–21, Fr/Sa 10–22, So 10–21 Uhr; Restaurant Mo–Do 12–21, Fr/Sa 11–22, So 11–21 Uhr. Hjørringgade 2, 9850 Hirtshals, ✆ 98 94 45 38, www.restaurantlilleheden.dk.

Mein Tipp **Normann's,** im Zentrum. In dem stylishen Restaurant genießt man Meeresfrüchte, dick belegte Burger mit hausgemachten Pommes, feine Ribeye-Steaks vom Grill oder den „Fisch des Tages" (fragen Sie den Kellner). Bei den Beilagen hat man freie Auswahl: Kartoffeln, Gemüse und Soßen. Neben zahlreichen feinen Weinen gibt es hier auch die Schnapsspezialität Bjesk. HS tägl. 17–22 Uhr, NS Mi–So 17–22 Uhr. Nørregade 23, 9850 Hirtshals, ✆ 61 42 82 19, Facebook.

Restaurant Abstrakt, am Fischereihafen. Ein gepflegtes Gourmetrestaurant ohne Schickimicki: Der Küchenchef entlockt den saisonalen, frischen Zutaten Geschmack und Duft. Angerichtet werden Lieblingsgerichte wie hausgeräucherter Lachs, Fischsuppe oder Boeuf béarnaise wie abstrakte, farbenfrohe Gemälde. Zu den 3- bis 7-Gänge-Menüs (375–650 DKK) gibt es ausgezeichnete Weine. Do–Sa 17.30–22 Uhr. Sydvestkajen 7a, 9850 Hirtshals, ✆ 60 21 90 60, www.restaurantabstrakt.dk.

Ausflug nach Aalborg

Der Norden → Karte S. 254/255

Feiern, Shoppen, Kunst genießen – viele Gründe sprechen für einen Ausflug nach Nordjütlands Hauptstadt Aalborg. Wer auf dem Weg an die Nordsee einfach nur auf der Autobahn durch den Limfjordtunnel saust, verpasst vor allem eines: Aalborgs mitreißendes nordisches Lebensgefühl.

Der Limfjord, der sich bei Aalborg wie ein Fluss verjüngt und die Passage von der Nord- zur Ostsee ermöglicht, sowie der Ochsenweg waren schon seit jeher die Lebensadern dieser Stadt. Bereits vor über 1000 Jahren wurde an diesem strategisch wichtigen Ort gesiedelt. Auf dem Gräberfeld der Lindholm Høje nördlich von Aalborg fanden Archäologen einen Bestattungsplatz aus der späten nordischen Eisen- und Wikingerzeit. 1040 tauchte der Name Alabu auf einer Münze auf, 1075 wurde Aalborg als wichtiger Hafen für den Seehandel nach Norwegen erwähnt. Das 1342 verliehene Stadtrecht und das ab 1516 geltende Monopol auf den Handel mit gesalzenem Hering machten die Stadt reich und mächtig. Plünderungen und Besetzungen – durch Wallensteins Truppen, die Schweden und die Preußen – setzten der Stadt zu.

Heute ist Aalborg modern, kreativ, aufmüpfig und traditionsbewusst zugleich. Die Gänseliese (Gåsepigen) ist ihr Wahrzeichen, der cimbrische Stier (Cimbrertyren) verkörpert Kraft und Stolz der aus Himmerland stammenden Germanenkrieger (die Skulpturen stehen in der Straße Vesterbro). Die 120.000 Einwohner im „Paris des Nordens" schreiben ihre Stadt stolz mit Doppel-A. Sie feiern ausgelassen im Mai den größten Karneval Nordeuropas und haben mit der Jomfru Ane Gade ein Kneipenviertel, das das ganze Jahr über Feiermeile ist. Getrunken wurde in Aalborg schon immer gern: Mit der Erfindung der fuselfreien Destillationsmethode durch Isidor Henius Mitte des 19. Jh. trat der Aalborg Akvavit seinen Siegeszug an. Bis 2015 wurde in der Fabrik in Aalborg Schnaps gebrannt, heute wird

Aalborger Akvavit in der Nähe von Oslo hergestellt.

Auch ohne eigenes „Zielwasser" ist Aalborg Spitze – im Handball und als Industrie- und Universitätsstadt, und sie ist auch als Verkehrsknotenpunkt die wichtigste Stadt am Limfjord. Die Wasserstraße spielt im Stadtleben eine bedeutende Rolle. Ein schwimmendes Freibad in Innenstadtnähe gibt es dort ebenso wie hübsche Jachthäfen. Die früher von nüchternen Industriebauten geprägte Hafenfront ist heute dank moderner Weltklassearchitektur ein schmuckes Eingangstor zur Kulturstadt Aalborg. Utzon Center, Musikkens Hus und das Kulturhaus Nordkraft bieten Räume für Kulturhighlights. Auch mit Streetart hat sich die Stadt einen Namen gemacht. Rund 70 haushohe Wandmalereien von internationalen und einheimischen Künstlern machen die Innenstadt Aalborgs zur riesigen Freiluftgalerie. (Karte unter: www.enjoynordjylland.de/aalborg/erlebnisse/street-art).

Die Altstadt

Am **Jens Bangs Hus** in der Østerågade steht man vor dem größten Renaissancebürgerhaus Skandinaviens. Der Prunk liebende Großkaufmann Jens Bang wollte den Aalborgern mit seinem 1624 erbauten, fünfstöckigen Haus imponieren. Trotz seines Reichtums wurde er nie in den Rat der Stadt gewählt. Man erzählt sich, dass die grotesken Masken und Köpfe der Fassade Karikaturen seiner vielen Feinde waren. Von 1665 bis 2013 war hier die Schwanen-Apotheke untergebracht. Die alte Apothekersammlung ist bei Führungen des Historischen Museums zu besichtigen (www.nordjyskemuseer.dk). Am Gammeltorv (Altmarkt) steht das **Rådhuset,** ein gelber Rokokobau mit der Büste von König Frederik V. Vom schwarzen Obelisk am Gammeltorv aus wurden und werden die Straßen Aalborgs ver-

Jens Bangs Hus

messen, er bezeichnet den Kilometer Null. Ein kleines Stück weiter westlich erblickt man die weißgetünchte **Budolfi Kirke,** den Aalborger Dom. Über die Stadtgeschichte informiert das **Historiske Museum** am westlichen Ende des Kirchplatzes.

Ein kleines Gässchen, die Adelgade, führt zum **Heligåndskloster** (Heiliggeist-Kloster), das 1431 von der Bürgersfrau Maren Hemmings gestiftet wurde und vom Heilig-Geist-Orden als Pflegeeinrichtung für Alte und Kranke betrieben wurde. Die Gebäude mit zeittypischen Treppengiebeln wurden in mehreren Etappen im 15. und 16. Jh. erbaut. Vom Kloster aus erreicht man den C. W. Obels Plads, einen der schönsten Plätze in Aalborg. Wendet man sich in der Bispensgade nach links, erreicht man die Jomfru Ane Gade, die mit ihren Kneipen allabendlich zum Leben erwacht.

Gegenüber des Utzon Centers steht ein weiteres Zeugnis aus Aalborgs mittelalterlicher Geschichte: **Schloss Aalborghus** wurde 1539–55 von König Christian III. errichtet, um die Einwohner der Stadt von Aufständen abzuhalten. Aalborghus war keine Festung, sondern Wohnsitz des königlichen Lehensmanns sowie Speicher für die enormen Naturalienabgaben, die der König der Region am Limfjord abverlangte. Im Schlosshof (8–21 Uhr) kann man die aus Ziegeln erbauten Lagerhäuser sehen. Im Torweg befand sich ein schauriges Verlies ohne Lichtöffnung, in dem Inhaftierte mit eisernen Fesseln am nackten Boden angekettet wurden. Unter dem westlichen Wall des Schlosses sind einige der unterirdischen Angriffsgänge und Kasematten zugänglich. (Besichtigungen Mai-Sept., Kerkerloch Mo–Fr 8–15 Uhr, unterirdische Gänge 8–21 Uhr).

Folgt man der Fußgängerzone Algade Richtung Osten, erreicht man beim Kaufhaus Salling einen gläsernen Aufzug, der Besucher zur Besichtigung des **Gråbrødrekloster Museet** in die Unterwelt bringt. Ein paar hundert Meter weiter steht die neoromanische **Vor Frue Kirke** (Frauenkirche), deren Eingangsportal in der Peder Barkes Gade das älteste bauliche Zeugnis der Stadt ist. Es war Teil des Vorgängerbaus der Kirche, des Benediktiner-Klosters von 1100. Das Zickzackmuster der Bogenleiste und die Motive der umrahmenden Reliefs weisen auf den Einfluss englischer Bauweise aus der Zeit nach 1066 hin. Christus in der Mandorla ist umgeben von den Symbolen der Evangelisten. Dargestellt sind die Auferstehung des Lazarus und die Flucht nach Ägypten. Außerdem wimmelt es von heidnischen Schreckensbildern wie Drache und Zentaur. 1878 wurde die baufällig gewordene Kirche durch den heutigen Bau ersetzt (Mo–Fr 10–16.30, Sa 10–12 Uhr, Vor Frue Plads 1, 9000 Aalborg).

Sehenswertes

Utzon Center: Das letzte Werk des weltberühmten dänischen Architekten Jørn Utzon, das er in Zusammenarbeit mit seinem Sohn Kim Utzon geschaffen hat, steht an der Hafenfront in Aalborg. Das Utzon Center ist wie alle seine Gebäude weiß und mit glänzendem Edelstahlblech gestaltet. Die charakteristischen Dachformen erinnern an Segel, Zelte und Ausgucke. In der Utzon Gallery kann man an Infoterminals Videomaterial über Leben und Werk von Jørn Utzon, den Schöpfer der Sydney Opera, anschauen. Ausgestellt

Aalborgs moderne Hafenfront mit dem Utzon Center

Der Norden → Karte S. 254/255

ist u. a. das Spidsgatterbåden, ein elegantes Boot, das Utzons Vater Aage entworfen hat. Schwerpunkt des Utzon Center sind Wechselausstellungen zu Themen aus Architektur und Design.

▪ Di–Fr 11–17, Do bis 21, Sa/So 10–17 Uhr. 100 DKK, Kinder 4–17 J. 50 DKK. Slotspladsen 4, 9000 Aalborg, ☏ 76 90 50 00, www.utzoncenter.dk.

Budolfi Kirke: Der Dom von Aalborg ist dem Heiligen St. Botulf gewidmet. Beim Betreten des 1450 im gotischen Stil erbauten Gotteshauses blickt man im Kirchenvorraum auf gut erhaltene Fresken (um 1500) mit Darstellungen der vier Evangelisten. Im Laufe seiner Geschichte wurde der Dom mehrfach umgebaut und mit zeitgenössischem Inventar reich ausgestaltet. Der frühbarocke Altar (1689) von Lauritz Jensen zeigt ein Golgatha-Gemälde, auf der Predella ist das letzte Abendmahl zu sehen. Die Leidensgeschichte Christi hat Jensen auf der Kanzel in zehn Bildern dargestellt.

Budolfi Kirke

Auffallend auch die von reichen Bürgern gestifteten Emporen, eine davon wurde 1770 als Königsloge eingerichtet und mit dem Wappen von König Christian VII. geschmückt. Das Glockenspiel der Budolfi Kirke erklingt zu jeder vollen Stunde von 8–22 Uhr. Im Sommer finden regelmäßig Konzerte statt.

▪ Mo–Fr 10–15, Sa 10–12 Uhr. Algade 40, 9000 Aalborg, www.aalborgdomkirke.dk.

Gråbrødrekloster Museet: Etwa 3 m unter der belebten Fußgängerzone Algade beginnt die Reise in die Vergangenheit. Die freigelegten Ruinen des 1250 in Aalborg begründeten Graubrüder-Klosters und die Fundamente der Klosterkirche sind ebenso zu sehen wie Skelette und Funde aus der Wikingerzeit und dem Mittelalter. Ein Zigarrenmachertisch für zehn Arbeiter ist der Ausgangspunkt einer Ausstellung über die einstmals blühende Tabakindustrie Aalborgs.

▪ Tägl. 8–20 Uhr. 50 DKK pro Fahrt mit dem Aufzug. Algade 19, 9000 Aalborg, ☏ 99 31 74 00, www.nordjyskemuseer.dk.

Aalborg Historiske Museum: Paradestück des Historischen Museums ist die Aalborgstuen von 1602, eine der besterhaltenen zivilen Renaissancestuben Dänemarks mit reicher Holzvertäfelung und Schnitzereien. Die lokalhistorische Ausstellung zeigt neben frühen Ausgrabungsfunden und Exponaten zur Stadt- und Industriegeschichte die wertvollen Sammlungen „Nordjütländisches Glas" und „Aalborger Silber".

▪ April–Nov. Di–Sa 10–17 Uhr, Dez. Mo–Sa 10–17.30 Uhr, Jan.–März Di–Sa 10–16 Uhr. 60 DKK, Kinder bis 18 J. frei. Algade 48, 9000 Aalborg, ☏ 99 31 74 00, www.nordjyskemuseer.dk.

Kunsten: Zeitgenössische Kunst in Form und Inhalt – dafür steht das Museum für moderne Kunst (Kunsten) in Aalborg. Geschaffen vom finnischen Star-Architekten Alvar Aalto, seiner Frau Elissa und dem dänischen Partner

Jean-Jacques Baruël, bietet das 1972 eingeweihte, lichtdurchflutete Gebäude den Rahmen für eine herausragende Sammlung dänischer und internationaler Kunst des 20. Jh. Die rund 1500 Werke umfassende Sammlung beinhaltet ein großes Konvolut der CoBrA-Künstlergruppe um Carl-Henning Pedersen und Asger Jorn, Werke des Symbolismus, Fluxus und der Jungen Wilden der 1980er-Jahre, darunter Arbeiten von Vilhelm Lundstrøm, Jens Søndergaard, Ingvar Cronhammar, Max Ernst und Marc Chagall. Wechselaus stellungen machen mit nationalen und internationalen Zeitgenossen bekannt.

■ Di–Do 10–21, Fr–So 10–17 Uhr. 130 DKK, Kinder bis 18 J. frei. Kong Christians Allé 50, 9000 Aalborg, ✆ 99 82 41 00, www.kunsten.dk.

Maritimes Erlebniscenter Springeren: Im Bauch des wichtigsten Ausstellungsstücks ist es eng, dunkel und es riecht nach Diesel. Auch Jahrzehnte nach seiner letzten Tauchfahrt nimmt man im U-Boot „Springeren" die authentische, durch realistische Soundeffekte unterstützte Atmosphäre wahr. Der 575 t schwere und 54 m lange Koloss der Dolphin-Klasse wurde ab 1961 in Kopenhagen gebaut und fuhr im Dienst der dänischen Streitkräfte von 1964 bis 1990 zu NATO-Missionen. An Bord taten 33 Männer Dienst. Im Normalfall navigierte das U-Boot in bis zu 100 m Tiefe, im Verteidigungsfall hätte es bis 200 m tauchen können. Die „Springeren" hielt den damaligen Tauchrekord mit 29 Tagen unter Wasser; acht Torpedos hatte sie im Gepäck. Die Ausstellung präsentiert u. a. auch das Gasturbinen-Torpedoboot „Søbjørnen" und mehr als 600 historische Schiffsmodelle, darunter die „Titanic" und Exponate der Dänischen Marine. Eine Ministadt zeigt, wie Aalborg im Jahr 1870 ausgesehen hat. Kinder können sich auf dem Segelsimulator als Kapitän ausprobieren und auf einem schönen Schiffsspielplatz herumtoben.

Im U-Boot Springeren ... ▲
... Atmosphäre schnuppern ▼

■ Juli tägl. 10–20 Uhr, Mai–Juni und Aug. 10–17 Uhr, Jan.–April und Sept.–Dez. 10–16 Uhr. 110 DKK, Kinder 6–17 J. 60 DKK, Kombiticket mit Garnisonsmuseum 155 DKK. Vestre Fjordvej 81, 9000 Aalborg, ✆ 98 11 78 03, www.springeren-maritimt.dk.

Forsvars- og Garnisonsmuseum: In einem deutschen Flugzeughangar und Befehlsbunker aus dem Zweiten Weltkrieg zeigt das Verteidigungs- und Garnisonsmuseum eine umfangreiche Ausstellung über die dänische Armee, Luftwaffe, Heimatschutzgruppe, Polizei und Rettungsdienst sowie über die Besatzungszeit und die Aalborger Garnison. Die meisten Exponate, darunter Flugzeuge, Panzer, Fahrzeuge, Kanonen, Uniformen und Orden, dürfen angefasst oder ausprobiert werden.

■ Juli/Aug. 10–17 Uhr, April–Juni und Sept./Okt. tägl. 10–16 Uhr, März Mo–Sa 10–16 Uhr. 80 DKK, 4–14 J. 40 DKK, Kombiticket mit Springeren 155 DKK. Skydebanevej 22, 9000 Aalborg, ✆ 98 12 88 21, www.forsvarsmuseum.dk.

Lindholm Høje: Der Sandflucht ist die Erhaltung des einzigartigen Gräberfelds Lindholm Høje zu verdanken, das Archäologen unter einer dicken Sandschicht in den 1950er-Jahren etwa 5 km nördlich von Aalborg Zentrum entdeckten. Es handelt sich um etwa 682 Gräber und 150 Schiffssetzungen (Grabmarkierungen) sowie Reste von Siedlungen sowohl aus der germanischen Eisenzeit als auch aus der Wikingerzeit. Meistens wurden die Verstorbenen bei der Beerdigung verbrannt, die Grabstelle wurde anschließend mit Steinen markiert. Gräber mit dreieckigen oder schiffförmigen Steinsätzen waren Männern vorbehalten, ovale oder kreisförmige den Frauen. Im anschaulich gestalteten Museum dienen neben den Originalfunden auch Rekonstruktionen, Panoramen und 3-D-Animationen zur Veranschaulichung der Zeit zwischen 400 v. Chr. und 1000 n. Chr.

■ April–Okt. Di–So 10–17 Uhr, Nov.–März Di–So 10–16 Uhr. 90 DKK, Kinder unter 18 J. frei. Vendilavej 11, 9400 Nørresundby, ✆ 99 31 74 40, www.nordjyskemuseer.dk.

Praktische Infos

→ Karte S. 301 und S. 302

Allgemeine Infos

Information In Aalborg gibt es kein Touristenbüro mehr. „Enjoy Nordjylland" setzt nun auf digitale Medien und stellt ganzjährig aktualisierte Informationen über die **App GoVisit** bereit (Download über Webseite). Auch die Touristenmagazine sind in digitaler Form abrufbar. Von Ende Juni bis Ende Aug. sind sogenannte „Tourist Angels" auf Fahrrädern im Aalborger Stadtgebiet unterwegs und bieten Infos (Mo–Fr 10–16 Uhr). www.enjoynordjylland.de.

Schloss Aalborghus diente im Mittelalter als Speicher

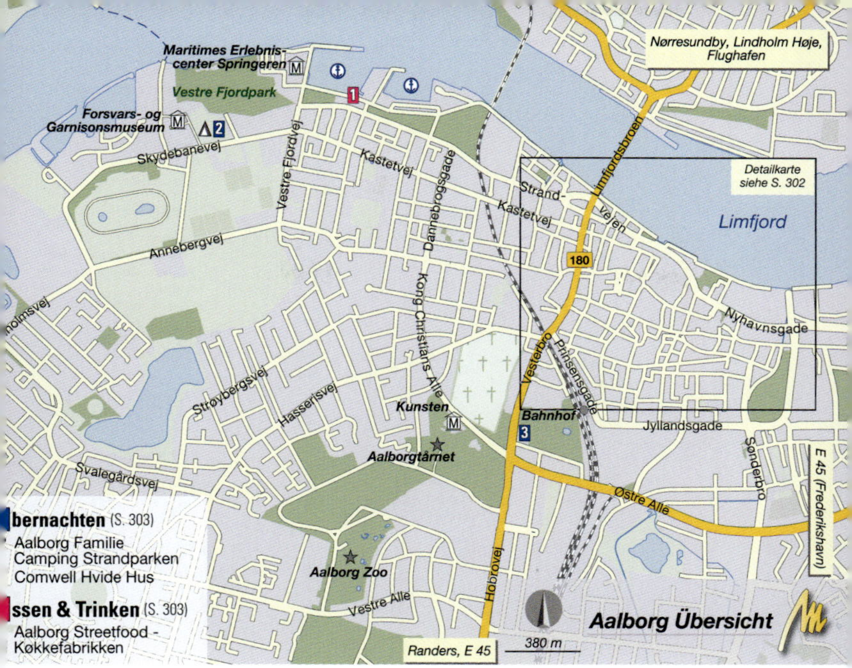

Verbindungen **Flugzeug:** Von Aalborg Lufthavn (Flughafen) gehen regelmäßig In- und Auslandsflüge u. a. nach Kopenhagen. Ny Lufthavnsvej 100, 9400 Nørresundby, ✆ 98 17 11 44, www.aal.dk.

Bahn: Regelmäßige Verbindungen im Fernverkehr z. B. nach Aarhus, Fredericia und Kopenhagen, im Regionalverkehr u. a. nach Hjørring, Hirtshals und Nyborg. www.rejseplanen.dk.

Busse: In Aalborg erreicht man mit dem Bybus (Stadtbus) alle Bezirke. Buslinie 12 fährt zum Aalborg Lufthavn. Mit Regionalbussen gibt es regelmäßige Verbindungen u. a. nach Fjerritslev, Thisted, Nykøbing, Løkken, Hjørring, Frederikshavn, Fårup Sommerland, Blokhus. www.nordjyllandstrafikselskab.dk.

Aussicht Vom 55 m hohen **Aalborgtårnet** geht der Blick weit über die Stadt, Fjord und Landschaft. Hinauf geht es per Lift. Juli–Mitte Aug. und Herbstferien 10–17 Uhr, April–Juni und Mitte Aug.–Ende Sept. 11–17 Uhr. 50 DKK. Søndre Skovvej 30, 9000 Aalborg, ✆ 98 77 05 11, www.aalborgtaarnet.dk.

Einkaufen In der Fußgängerzone findet man in Bispensgade und Algade viele Einzelhandelsgeschäfte und Kaufhäuser. Im Zentrum laden das **Friis** **9** Shoppingcenter (Nytorv 27) und das Kaufhaus **Salling** **8** (Nytorv 8) zum Bummeln ein. In der Algade 17 findet man den charmanten, über 100 Jahre alten Kaffee- und Teeladen **Kronen** **12**, in dem es eine breite Auswahl feiner Kaffee- und Teesorten sowie Schokolade und Pralinen zu kaufen gibt.

Fahrradverleih- und werkstatt **Bike-Xperten Munk's** **14**, im Zentrum, verkauft neue Fahrräder sowie Ersatzteile und erledigt Reparaturen. Mo–Fr 8.30–17.30, Sa 10–13 Uhr. Løkkegade 25, 9000 Aalborg, ✆ 98 12 19 46, www.munk-aalborg.dk. Bei **Aalborg Cykeludlejning** gibt es Leihräder ab 250 DKK/Tag. Abholung: Lerumbakken 11, 9400 Nørresundby, ✆ 50 57 51 15, www.aalborgcykeludlejning.dk.

Konzerte Wie ein architektonisches Ballett scheint die moderne Fassade von **Musikkens Hus** an der Hafenfront zu tanzen. In dem 2014 eröffneten Konzerthaus befinden sich auf 9 Stockwerken 4 Konzertsäle mit 200 bis 1293 Sitzplätzen, 5 Bühnen sowie Unterrichtsräume und ein Gourmetrestaurant. Neben dem Aalborg Symfonieorkester und Det Jyske Musikkonservatorium gastieren zahlreiche Ensembles und Solisten mit einem breit gefächerten Programm von Klassik bis Pop. Musikkens Plads 1, 9000 Aalborg, Tickets ✆ 60 20 30 00, Kasse im Foyer: Mo–Mi, Fr 10–12 und 13–15, Do 10–12 und 13–20, Sa 10–14 Uhr sowie jeweils 2 Std. vor Konzertbeginn. www.musikkenshus.dk.

Schwimmbäder Direkt an der Hafenfront kann man im **Aalborg Havnebad** in den Limfjord hopsen. Die schwimmende Badebrücke am Jomfru Ane Park hat getrennte Becken für Schwimmer und Nichtschwimmer sowie einen Sprungbereich (Juni–Aug. 12–18 Uhr, Juli–Mitte Aug. 10–19 Uhr, Eintritt frei). Im **Vestre Fjordpark** am Limfjord findet man ein schönes Naturfreibad mit großen Liegewiesen (rund um die Uhr geöffnet, freier Eintritt). Rettungsschwimmer in beiden Freibädern: Mitte Juni–Mitte Aug. Im **Nørresundby Idrætscenter** gibt es ein Hallenbad mit 50-m-Becken, Familienbassin und Babybecken. Trainingsbecken: Mo 6–20.30, Di–Do 6–21.30, Fr 6–17.30, Sa/So 9–15.30 Uhr. Familienbecken: Mo–Do 10–19.30, Fr 10–17.30, Sa/So 9–15.30 Uhr. 54/61 DKK. Lerumbakken 11, 9400 Nørresundby, ✆ 98 17 43 66, www.nsbic.dk.

Veranstaltungen Hunderttausend Besucher und mehrere Zehntausend Mitwirkende machen den **Aalborg Karneval** im Mai zu einem ausgelassenen Spektakel. Internationale Gruppen stellen sich dem Battle of Carnival Bands, die ganze Stadt wird zu Partymeile. Höhepunkt ist am Samstag der sternförmige Umzug Richtung Zentrum (www.aalborgkarneval.dk). Im Aug. bildet die **Aalborg Regatta** den Rahmen für ein maritimes Familien-Event. Mitte Aug. erklingt beim **Blå Festival** auf Straßen und Gassen im Zentrum Aalborgs Jazz und Blues mit dänischen und internationalen Künstlern. In der letzten Augustwoche kleiden sich alle in Rot: Beim Festival **Aalborg i Rødt** gibt es Musik, Markt, Kinderspiele, Sport und Wettbewerbe.

Wellness Mehrere Innen- und Außensaunen, Dampfbad und Whirlpool bietet die Wellnesslandschaft im **Nørresundby Idrætscenter** (ab 18 J.). Mo 6–21, Di–Do 6–22, Fr 6–18, Sa/So 9–16 Uhr. 85 DKK inkl. Schwimmbad. Lerumbakken 11, 9400 Nørresundby, ✆ 98 17 43 66, www.nsbic.dk.

Zoo Elefanten, Orang-Utans, Löwen, Giraffen, Pandas – über 100 beliebte Tierarten leben im Aalborg Zoo. Interessant sind die Fütterungen der Tiere, bei denen vieles über ihre jeweilige Art zu erfahren ist (Termine s. Webseite). Tägl. ab 10 Uhr, im Frühjahr und Herbst bis 17/18 Uhr, Sommer bis 19 Uhr, Winter bis 15 Uhr. 225 DKK, Kinder 3–11 J. 135 DKK, Jahreskarte 535 DKK (12 Monate gültig, bietet zahlreiche Rabatte bzw. freien Eintritt für Sehenswürdigkeiten in Dänemark). Mølleparkvej 63, 9000 Aalborg, ✆ 96 31 29 29, www.aalborgzoo.dk.

Übernachten

Während des Aalborg Karnevals und weiterer Großevents sind die Unterkünfte in der Stadt ausgebucht. Reservieren Sie frühzeitig oder weichen Sie auf die Region aus.

Prinsen Hotel 15, nahe Bahnhof. Das schöne Stadthotel bietet modern eingerichtete Komfortzimmer mit Bad/WC, TV und WLAN. Es liegt zentral für einen Stadtbesuch und bietet ein reichhaltiges Frühstücksbüfett. Einige Parkplätze gibt es am Hotel (kostet extra). Prinsengade 14–16, 9000 Aalborg, ✆ 98 13 37 33, www.prinsenhotel.dk. **€€**

Mein Tipp **Comwell Hvide Hus 3**, 1,5 km zum Zentrum. Das moderne Businesshotel, das in einem Hochhaus untergebracht ist, liegt westlich der Bahnlinie in einem kleinen Park. Die Innenstadt ist bequem zu Fuß erreichbar. Die modern eingerichteten Zimmer bieten allen Komfort mit Bad/WC, TV, WLAN und sogar Bügeleisen. Unschlagbar ist die Aussicht über die Stadt. Parkplätze, Fitnessraum, Bar und Restaurant sowie ein umfangreiches Frühstücksbüfett auch mit Bio-Produkten machen den Aufenthalt angenehm. Vesterbro 2, 9000 Aalborg, ✆ 98 13 84 00, www.comwell.com. **€€€€**

Aalborg Familie Camping Strandparken 2, am Limfjord, 3 km ins Zentrum. Der gepflegte Platz liegt im grünen Freizeitbereich Aalborgs. In nächster Umgebung findet man ein Freibad, die Jachthäfen sowie das Maritime Erlebniszentrum Springeren. Es gibt ebene, parzellierte Stellplätze für Zelte, Wohnwagen und Wohnmobile. Der beliebte und in der Hauptsaison stets vollbesetzte Platz bietet gepflegte Sanitäranlagen, eine Camperküche, einen Aufenthaltsraum und einen Spielplatz. Reservierung in der HS empfehlenswert. Stellplatz für 2 Pers. HS 280 DKK, Duschen extra. Es werden auch schöne, helle Hütten vermietet. Febr.–Nov. Skydebanevej 20, 9000 Aalborg, ✆ 98 12 76 29, www.strandparken.dk.

Essen & Trinken

Den Bette Kro 13, in dem gemütlichen dänischen Gasthof im Zentrum genießt man zum Frokost reich belegtes Smørrebrød sowie dänische Klassiker wie Æggekage, Pariserbøf oder Stjerneskud. Auch Schnitzel oder Rindersteak erhält man zu akzeptablen Preisen. Mittwochs in der NS gibt es Schweinebauch mit Petersiliensoße ad libitum. Mo–Fr 11–21, Sa 11–17 Uhr. Vingårdgade 5, 9000 Aalborg, ✆ 98 31 90 00, www.bettekro.dk.

Mein Tipp **Duus Vinkjælder 7**, im Zentrum. Im stimmungsvollen Gewölbekeller des Jens Bang Hus' treffen sich die Aalborger gern zum Bier, das in reichlicher Auswahl vom Fass sprudelt. Wein ist in Duus Weinkeller eher Nebensache. Zu den Spezialitäten gehören Lendenbraten, Æggekage, Bauchfleisch mit Petersiliensoße und Wildragout (Hauptgerichte ab 179 DKK). Samstags gibt es ein umfangreiches Mittagsbüfett mit Fisch, Pfannengerichten, Desserts und frisch gebackenen Kuchen (198 DKK). An ausgewählten Terminen wird ein „Dinner im Dunkeln" serviert. Küche: Mi–Fr 12–22, Sa 11.30–22 Uhr (Getränke auch nach Küchenschluss). Østerågade 9, 9000 Aalborg, ✆ 98 12 50 56, www.duusvinkælder.dk.

Einladende Gastronomie am C. W. Obels Plads

Restaurant Emil 10, westlich des Zentrums. Wer sich einen feinen Abend mit Delikatessen aus Fjord und Meer machen möchte, ist in dem kleinen Fischrestaurant richtig. Dorsch mit Apfel, Tintenfisch mit Pilzen, Kaisergranat mit Blumenkohl und Haselnüssen – der kreative Koch kitzelt den Gaumen auf vielfältige Art. Menüs ab 350 DKK. Di–Sa ab 17 Uhr. Vesterbro 65, 9000 Aalborg, ✆ 93 80 16 73, www.restaurantemil.dk.

Mein Tipp **Café Vi2 6**, im Zentrum. Das junge Café mit netter Terrasse am schönen C. W. Obels Plads lädt zu einer genüsslichen Auszeit ein. Hier kann man sich satt frühstücken, mit leckeren Smoothies Energie tanken oder reich belegte Sandwiches, hausgemachte Burger oder Nachos genießen. Verschiedene fleischlose Gerichte erfreuen Veganer. Hauptgerichte ab 139 DKK. Auch zu Kaffee und Kuchen oder zum abendlichen Cocktail trifft man sich hier gern. Mo–Mi 9–23, Do 9–24, Fr/Sa 9–1, So 9–22 Uhr. C. W. Obels Plads 2, 9000 Aalborg, ✆ 98 10 25 23, www.cafevi2.dk.

Café Penny Lane 11, im Zentrum. Brötchen und Kaffee duften. Richtig hyggelig sitzt man in kleinen Nischen zwischen Graffiti, Bergen von Süßem und einem Kramladen voller Mitbringsel. Umfangreiche Frühstücke, Wraps, Smørrebrød, Salate und viele tolle Heiß- und Kaltgetränke gibt es zu genießen. Mo–Fr 8–18, Sa 8–17, So 9–17 Uhr. Boulevarden 1A, 9000 Aalborg, ✆ 32 94 90 96, www.pennylanecafe.dk.

Restaurant Tabu 5, im Zentrum. Moderne, innovative Gerichte mit Fokus auf Frische und Geschmack gibt es im mehrfach preisgekrönten und im Michelin-Guide gelobten Restaurant Tabu. Die raffinierten Speisefolgen (14, 18 oder 22 Gänge, auf Vorbestellung auch vegetarisch) werden mit passender Weinbegleitung über Stunden zelebriert, wenn auch die Portionen nichts für Ausgehungerte sind. Sa 6 Gänge 500 DKK. Mi–Fr 18–21, Sa 12–14 und 18–21 Uhr. Vesterå 5, 9000 Aalborg, ✆ 88 19 60 58, www.ta-bu.dk.

Restaurant Fusion 4, an der Hafenfront. Schickes Gourmetrestaurant und stylishe Sushi-Bar mit grandiosem Blick auf den Limfjord. Die Küche wagt gekonnt die Fusion dänisch-japanischer Geschmäcker und kreiert ambitionierte, moderne Gerichte und Menüs. Seehecht und Wasabi, Wachtel mit Wasserspinat, Wagyu Carpaccio mit Kaviar – so liest sich eine Speisenfolge. Herrlich ist auch die Sushi-Vielfalt. 4-Gänge-Menü 625 DKK. Di–Sa 17–24 Uhr. Strandvejen 4, 9000 Aalborg, ✆ 35 12 33 31, www.restaurantfusion.dk.

Mein Tipp **Aalborg Streetfood – Køkkefabrikken 1**, nahe Springeren. In einer umgebauten Möbelfabrik sorgt The Lighthouse für ein etwas anderes Essvergnügen: An verschiedenen Kochständen wird von indisch, thailändisch, mexikanisch über Sandwich, Pizza, Sushi, Fish 'n' Chips bis Burger und Desserts frisch im Streetfood-Style gekocht. Unbedingt probieren: die saftigen Pulled Duck Burger bei Duck It. In legerer Atmosphäre haben 500 Gäste innen und außen Platz an Biertischen. Gutes zu trinken von Bier bis Cocktails gibt es natürlich auch. Regelmäßig auch Livemusik und weitere Veranstaltungen. Ab April So–Do 11.30–21, Fr 11.30–22.15, Sa 11.30–22 Uhr. Skudehavnsvej 35–37, 9000 Aalborg, Facebook.

Nachtleben

Die **Jomfru Ane Gade** zieht die meist jungen Nachtschwärmer magisch an. Auf 150 m reihen sich Kneipen, Pubs, Diskotheken und Nachtklubs aneinander. Nachmittags kann man noch gemütlich Kaffee trinken, doch später steigen die Pegel der Musikanlagen und es geht hoch her. Gelegentlich gibt es Stand-up-Comedy, Livemusik und Mottoparties. Die meisten Kneipen haben Mi/Do 18–5 Uhr, Fr/Sa 18–6 Uhr geöffnet (im Einzelnen s. Webseite), www.jomfruanegade.dk.

Nordkraft, in dem ehemaligen Kohlekraftwerk (hinter Musikkens Hus) findet man heute Theater, Kino, Veranstaltungsräume, Sportstätten und Restaurants unter einem Dach. In der Turbinen- und Kesselhalle werden Ausstellungen gezeigt. Mo–Fr 5.30–23, Sa/So 6.30–23 Uhr. Kjellerups Torv 1, 9000 Aalborg, ✆ 99 82 41 30, Veranstaltungskalender: www.nordkraft.dk.

Jomfru Ane Gade

Echtes Nordlicht: der Grå Fyr an der Nordspitze in Skagen

Tannis Bugt und Halbinsel Skagen

Die weitläufige Tannis Bugt mit schönem Nordseestrand und die Halbinsel Skagen bilden das nördlichste Dänemark. Ungebändigte Natur und Hochkultur liegen nah beieinander – das macht dieses „Land's End" für einen Urlaub attraktiv.

Bei Hirtshals beginnt die Tannis Bugt, die sich mit sanftem Schwung erst nach Osten, dann nach Norden zieht. Der 600-Einwohner-Ort Tverstedt bildet das touristische Zentrum. Ein paar Kilometer landeinwärts erschließt die Sekundärroute 597 den Küstenstreifen. Von der Autobahn E 39 kurz vor Hirtshals geht es von Åbyen über Uggerby, Tversted und Tuen nach Aalbæk. Wer in nördliche Richtung auf eine der Stichstraßen abzweigt, gelangt fast immer direkt an den Strand.

Weiter nach Nordosten erreicht man die Halbinsel Skagen. Der nördlichste Zipfel Dänemarks ist ein fragiles Gebilde aus Sand. Auch wenn durch jahrzehntelange Anstrengungen inzwischen vielerorts ein grüner Eindruck überwiegt, können Strandhafer, Heide und Dünenwälder nicht darüber hinwegtäuschen, dass man sich eigentlich auf wüstenhaftem Dünengelände bewegt. Gewaltige Kräfte formen die 30 km lange und oft kaum 5 km breite Skagens Odde bis heute: Sandflug durch stetigen Westwind und Sedimentverfrachtung durch die starken Meeresströmungen von Nord- und Ostsee, die sich an der Spitze der Landzunge bei Grenen vereinen. Auf der Höhe von Kandestederne wälzt sich die Råbjerg Mile, eine 40 m hohe Wanderdüne, unaufhaltsam über das Land. Bei Grenen, an Dänemarks nördlichstem Punkt, schlagen die Wellen von Skagerrak (Nordsee) und Kattegat (Ostsee) übereinander und lassen die Spitze der Halbinsel jährlich um mehrere Meter nach Nordosten wachsen. Nordsee oder Ostsee – für Badeurlauber ist das hier oben keine Grundsatzentscheidung, sondern eher eine Frage der Tageszeit. Die Halbinsel Skagen bietet 60 km feinsten weißen Badestrand, an dem sich nicht nur Urlauber, sondern auch Seehunde und Kegelrobben gerne die Sonne auf den Bauch scheinen lassen. Naturliebhaber kommen auch bei Wanderungen von Küste zu Küste voll auf ihre Kosten. Wie ein wegweisender Finger zeigt Skagens Odde Zigtausenden Zugvögeln den Weg in die Sommerquartiere Norwegens und Schwedens. Im Frühjahr überfliegen mehr als 250 verschiedene Arten, darunter auch zahlreiche Greifvögel, die Landmarke, und Skagen wird zum Eldorado für Vogelinteressierte. Das Städtchen Skagen ist einer der schönsten Urlaubsorte in Nordjütland, denn es bietet Kunst und Museen vom Feinsten.

Tversted

Der 600-Einwohner-Ort Tversted hat sich seinen dörflichen Charakter bewahrt, auch wenn im Sommer Tausende Touristen das „kleine Paradies am Meer" in einen belebten Touristenort verwandeln. Er gilt auch als Versteck für Promis, die hier der Regenbogenpresse aus dem Weg gehen wollen. Schmucke alte Häuser begleiten den zum Strand führenden Tannisbugtvej. In der Hauptsaison ist die Straße viel befahren, denn sie führt geradewegs zum Autostrand. Bis zu 80 m breit ist der helle Sandstrand und viele Kilometer lang. Am Wasser sowie in der umliegenden Natur hat man alle Möglichkeiten für Aktivitäten wie Fahrradfahren, Wandern, Reiten oder Windsurfen. Die weitläufigen Ferienhausgebiete in den Dünen bieten beschauliche Ruhe. Mitte Oktober wird Tversted zu Vendsyssels Mekka der Jazzfans, denn bei den weithin beachteten Jazzy Days geben sich internationale Jazzformationen, Solisten und Bigbands ein Stelldichein.

Praktische Infos

Information Die **Tversted Touristeninformation** befindet sich im Büro von Feriepartner Tversted. Die Mitarbeiter helfen bei der Suche nach Unterkünften, informieren über Sehenswürdigkeiten und Veranstaltungen, außerdem gibt es hier Tickets, Angelscheine und Prospekte. Juli/Aug. Mo–Do 9–16.30, Fr–So 9–18 Uhr, sonst Mo–Sa 9–16.30 Uhr. Østervej 2c, Tversted, 9881 Bindslev, ✆ 98 93 12 93, www.toppenafdanmark.de.

Verbindungen Es fahren regelmäßig **Busse** über Uggerby nach Hjørring und Lønstrup, nach Hirtshals, Bindslev und Sæby. www.nordjyllandstrafikselskab.dk.

Bootstouren Bei gutem Wetter wird das alte Rettungsboot, das **Tversted Bjærgelaug-Plattboot,** von den Mitgliedern der Bergungs-Gilde zu Wasser gelassen und man darf sich selbst in die Riemen legen. Mitte Juni–Mitte Sept. Mi und So ab Bootshaus.

Fahrradfahren Es führen **5 regionale Fahrradrouten** auf 23–31 km von Tverstedt aus ins „Hinterland", z. B. Uggerby-Mygdal-Bindslev, oder durch die Tversted Plantage nach Skiveren, vorbei an der Råbjerg Kirke, durch die Aalbæk Plantage nach Tuen und zurück. Karte im Touristenbüro.

In der Tversted Klitplantage ist außerdem eine **Mountainbikestrecke** (9 km) ausgeschildert, Start in der Nähe des Parkplatzes Tversted Søerne (Seen).

Ferienhausvermietung **Feriepartner Tversted,** vermietet Häuser in Tversted, Kjul und Skiveren. Juli/Aug. Mo–Do 9–16.30, Fr–So 9–18 Uhr, sonst Mo–Sa 9–16.30 Uhr. Østervej 2c, Tversted, 9881 Bindslev, ✆ 98 93 12 93, www.feriepartner.de.

Strand Der bis zu 80 m breite Sandstrand kann mit dem Auto befahren werden. Tversted Strand wird von Mitte Juni–Mitte Aug. tägl. 10–

18 Uhr von Livreddern bewacht. Es geht flach ins Wasser, deshalb ist der Strand gut für Kinder geeignet. Die Wasserqualität ist mit gut bewertet. Nur in der Nähe der Mündungen von Uggerby Å und Liver Å wird nach starken Regenfällen vom Baden wegen geringfügiger Verschmutzungen abgeraten.

Veranstaltungen Am dritten Juliwochenende findet der **Tversted Markt** statt mit Händlern, Tieren, Bratwurst und Bier sowie einem kleinen Rummelplatz. Bei den eine Woche dauernden **Jazzy Days** während der Herbstferien (KW 42) sind alljährlich international anerkannte Jazzer zu Gast. www.jazzydays.dk.

Wandern In der Tverstedt Plantage sind **3 Wanderrouten** von 3–6,4 km Länge markiert.

Wohnmobil Auf dem Tannisby Camping gibt es zwei Stellplätze außerhalb der Schranke und 9 schöne, ebene Stellplätze in einem speziellen Areal auf dem Campingplatz mit Ver- und Entsorgung (2 Pers. 250 DKK).

Übernachten/Essen **Hotel Tannishus,** in Strandnähe. Das historische Badehotel von 1896 ist bis heute zu einem Ferienresort gewachsen, das die weißen Treppengiebel auch in den modernen Anbauten aufgreift. Es gibt 103 praktisch möblierte Apartments von Mini-DZ mit Kitchenette bis zu angemessen großen Familienapartments. Regelmäßig wurde renoviert, kürzlich auch das Schwimmbad. Im Preis inklusive sind die Nutzung des Schwimmbads und der Sauna, Fitnessraum, Spielplatz, Tischtennis und WLAN. Gegen Gebühr kann man Billard, Minigolf und Tennis spielen sowie die Waschmaschinen nutzen. Das Restaurant bietet mittags eine kleine Karte mit Smørrebrød, Fischsuppe oder Burger. Am Abend werden Fischgerichte, Vegetarisches und Steaks serviert (Hauptgerichte Frokost ab 140 DKK, abends 220 DKK), außerdem gibt es regelmäßig Büfetts. Man kann auch Frühstück buchen. Tägl. 11.30–20.30 Uhr. Tannisbugtvej 123, Tversted Strand, 9881 Bindslev, ✆ 98 93 13 00, www.tannishus.dk. **€€**

Tannisby Camping, 700 m zum Strand. Kleiner familiärer Campingplatz unter freundlicher Leitung. Schöne, parzellierte Wiesenstellplätze mit Hecken. Der Platz bietet saubere Sanitäranlagen, Familienküche, Aufenthaltsraum, Sauna und kleinen Laden. Stellplatz für 2 Pers. HS 375 DKK. Es wird auch ein schön eingerichtetes Mobilhome vermietet. Tannisbugtvej 86, Tversted Strand, 9881 Bindslev, ✆ 98 93 12 50, www.tannisbycamping.dk.

Aabo Camping Vandland, zentrale Lage in Tversted, 1,5 km zum Strand. Ein tolles Freibad mit 66-m-Rutsche ist das Herzstück des schönen Familiencampings. Der komfortable Platz bietet ebene Wiesenstellplätze mit Hecken, gepflegte Sanitäranlagen mit bunten Kinderbereichen, Camperküchen und Aufenthaltsraum mit TV, ferner großen Spielplatz, Indoor-Spielhaus, Sportplätze und Laden. In der Grillbar gibt es À-la-carte-Essen, Grill- oder Fischbüfetts und Livemusik. In der Hauptsaison unbedingt reservieren! Stellplatz für 2 Pers./Tag HS 270 DKK. Es werden auch Hütten und Wohnwagen vermietet. Mitte März–Mitte Sept. Åbovej 18, 9881 Bindslev, ✆ 98 93 12 34, www.aabo-camping.dk.

Badeleben in Tversted Strand

Café Fisk, an der Strandstraße. Zum gut sortierten Fischgeschäft, das frischen Fisch, Räucherwaren und Fischfeinkost anbietet, gehört ein schlichtes, aber gutes Restaurant. Unterm Zeltdach und im Außenbereich kann man die beliebten Heringsteller, Stjerneskud oder Scholle sowie wechselnde Tagesgerichte genießen (Hauptgerichte ab 89 DKK). Im Juli und Aug. gibt es abends ein All-you-can-eat-Fischbüfett. Juli/Aug. tägl. 11–22 Uhr, sonst Mi–So 11–20 Uhr. Tannisbugtvej 63, Tversted, 9881 Bindslev, ✆ 98 93 34 94, Facebook.

De 2 Stuer, in dem gemütlichen Restaurant wird mittwochs gebratenes Schweinefleisch mit Kartoffeln und Petersiliensoße serviert. Mi 17.30–20.30 Uhr. Tannisbugtvej 36, 9881 Bindslev, ✆ 98 93 11 77, www.de2stuer.dk.

Blå Ishus, das blaue Eishaus steht schon seit 1920 in den Dünen und wurde 2017 zur besten Eisdiele Dänemarks gewählt. Zur Saisoneröffnung Ende März stehen die Einheimischen Schlange, um die köstlichen Eissorten in hausgebackenen Waffeln mit bunten Streuseln zu vernaschen. Im Sommer ist die blaue Hütte die erste Relaisstation nach dem Strandtag. Tannisbugtvej 125c, Tversted, 9881 Bindslev.

Der Norden → Karte S. 254/255

Wenn Dünen wandern: das Problem Sandflucht

Im Nordwesten und Norden nagt der stetig über die Nordsee blasende Wind besonders stark an der Küste. Er treibt den feinen Sand ins Land. Vielerorts überzog Sand das fruchtbare Ackerland, deckte Gehöfte und Kirchen zu. Viel Arbeit und Geld wurde seit dem 19. Jh. in die Pflanzung von Strandhafer, Heide und Dünenschutzwäldern investiert. Obwohl sich fast überall ein schützendes, grünes Mäntelchen über den leidigen Sand gebreitet hat, bleibt das Sandtreiben an der Nordseeküste ein Thema. Meist hat der Mensch die Oberhand, doch oft siegt der Sand im Kampf um das Land. Aufgegebene Kirchen wie die Mårup Kirke bei Lønstrup oder die Tilsandede Kirke bei Skagen sowie der von einer Wanderdüne überrollte und umgesetzte Leuchtturm Rubjerg Knude Fyr sind Marksteine dieser Geschichte.

Schon in der jüngeren Bronzezeit vor ca. 3000 Jahren hatten es die Menschen nach einem Klimawandel aufgrund von kälterem und windigerem Wetter mit Sandflucht zu tun. Im Zusammenspiel von Wind und der Anhebung der Küstenlinie in Nordjütland wurde Sand vom Meeresboden in Bewegung gesetzt. Beim Bulbjerg entstanden die höchsten Dünen in den Jahren 1600 bis 1700. In derselben Zeit hat die Wanderdüne Råbjerg Mile auf der Skagens Odde ihren Ursprung. Die Landzunge am nördlichsten

Mitten durchs Land wälzt sich die Wanderdüne Råbjerg Mile

Zipfel Dänemarks besteht aus schierem Sand, der von Meeresströmungen mitgenommen und entlang der Küstenlinie zu steilen Dünen aufgeworfen wird. Ab 1880 bepflanzten die Einwohner Skagens die sie umgebende Wüstenlandschaft mit Heide und Wald. Kaum trug das Früchte, setzte sich eine Initiative rund um den Dichter Jeppe Aakjær für die Erhaltung der Råbjerg Mile ein und erreichte, dass sie unter Naturschutz gestellt wurde. Die Wanderdüne ist etwa einen Kilometer lang und einen Kilometer breit sowie etwa 40 m hoch. Vier Millionen Kubikmeter Sand wälzen sich nun unbehelligt von menschlichem Eingreifen pro Jahr um rund 15 m Richtung Osten und werden irgendwann in der Ostsee verschwinden.

Küstenschutz ist eine Mega-Aufgabe für Staat und Kommunen. Millionen werden investiert, um mit Buhnen, Deichen und Sandaufspülungen am Strand sowie der Sicherung des Dünengürtels gegen Küstenerosion und Sandflucht an der Nordseeküste vorzugehen. Doch auch simple Maßnahmen wie Zäune oder aufgehäuftes Holz in den Dünen helfen, den Sand zu bremsen. Wer in den Dünenheiden und Küstenschutzwäldern unterwegs ist, sollte sich bewusst sein, wie fragil die dünne Schutzschicht der Pflanzen ist. Ein Fehltritt könnte der Auslöser für eine neue Wanderdüne sein. Deshalb gilt: Nur auf ausgewiesenen Pfaden und Wegen wandern oder Fahrrad fahren und auf dem Weg zum Strand nur die vorhandenen Zugänge durch die Dünen benutzen.

Umgebung von Tversted

Von der Ferienhaussiedlung **Kjul** (bei Hirtshals) bis weit hinter **Skiveren** erstreckt sich auf über 20 km feiner Sandstrand. In den mit Strandhafer begrünten hohen Dünen findet sich immer ein ruhiges Plätzchen. Die Mündung der Uggerby Å ist eine Naturperle, die man auf Wander- und Fahrradwegen oder vom Kanu aus erleben kann.

Sehenswertes

Tverstedt Plantage: Der Wald zwischen Tverstedt und Skiveren ist Nordjütlands älteste Dünenpflanzung: 1858 wurde damit begonnen, durch Aufforstungen der Sandflucht entgegenzutreten. Die Plantage mit ihren romantischen kleinen Seen bietet sich für schöne Waldwanderungen an. Neben Kiefern und Weißtannen wachsen hier auch große, 90 Jahre alte Edeltannen. Auf einer Waldlichtung kann man die reetgedeckte Scheune des einstigen Hofs Østerklit besuchen. Auf dem Dach sind die Flügel von Dänemarks letzter funktionierender Stokmølle (Stockmühle) zu sehen, die bei besonderen Gelegenheiten angeworfen wird, um Getreide zu mahlen (Eintritt frei, Parken an den Tverstedter Seen, Plantørvej, von der Sekundärroute 597 ausgeschildert).

Herregården Odden: Dänemarks nördlichster Herrensitz liegt 3 km südlich von Uggerby. Er wurde um 1500 auf einem Hügel erbaut und war umgeben von einem Wassergraben, Bächen und einem See. Bis 1743 war er im Besitz adeliger Familien, danach wurde er als Landgut bewirtschaftet. Der nördliche der vier Flügel wurde Anfang des 19. Jh. zerstört. Bei Restaurierungsarbeiten wurden Fresken aus dem 16. Jh. entdeckt. Die Geschichte des Hauses wird im renovierten Pferdestall dargestellt. Zuletzt gehörte das Anwesen Victor Peters. Er schenkte das Gebäude 1992 der Willumsen-Stiftung, die das Haus zu einem Museum für den Maler, Bildhauer, Grafiker, Keramiker und Architekten Jens Ferdinand Willumsen (1863–1958) umgestaltete. Willumsen schuf Werke in einem für die damalige Zeit gewagten symbolischen Stil und sorgte damit für Skandale in der Kunstwelt. Von 1925 bis zu seinem Tod lebte er in Südfrankreich.

▪ April–Okt. tägl. 10–17 Uhr. 80 DKK. Oddenvej 31, Mygdal, 9800 Hjørring, ✆ 98 97 52 02, www.jfwillumsenodden.dk.

Natur erleben

Adlerwelt: Vor über 40 Jahren hat der Naturfotograf Frank Wenzel das Ørnereservatet (Adlerreservat) an der 597 östlich von Tuen gegründet. Im offenen Heideland führen die Falkner zu Fuß und zu Pferde Shows mit ihren Seeadlern, Steinadlern und Jagdfalken vor. Dabei vermitteln sie Wissenswertes über ein 5000 Jahre altes Handwerk, das in den Steppen Asiens erfunden wurde.

▪ Oster-, Pfingst- und Herbstferien tägl. 15 Uhr, April/Mai und Sept. Mi 10, Sa 15 Uhr, Juni Mi/Do 10, Sa/So 15 Uhr, Juli Di–Fr 10 und 15, Sa/So 15 Uhr, Aug. Di–Sa 15 Uhr. 155 DKK, Kinder 4–12 J. 90 DKK, Rabatte bei Onlinebuchung. Skagensvej 107, 9881 Bindslev, ✆ 98 93 20 31, www.eagleworld.dk.

Uggerby Å: Die Uggerby Å hat ihre Quelle bei Hjørring und mündet nach über 60 km langem mäanderndem Verlauf bei Vester Tverstedt in die Nordsee. Das Flüsschen ist ein Geheimtipp unter Anglern. Besonders nach starkem Regen steigen Meerforellen und atlantische Lachse in dem Fluss auf. Außerdem kann man hier gut Bachforellen, Hechte, Zander und Aale fangen (Angelkarten in den Touristenbüros). Auch Paddler lieben das Gewässer. Die Uggerby Å kann in mehreren Streckenabschnitten ab Ilbro befahren werden. Ein schönes Naturerlebnis ist vor allem das letzte Teilstück von Uggerby zur Mündung am Strand (Dauer ca. 1:30 Std.).

Technikinteressierten sei verraten, dass sich in einer Flussschleife mit dem **Gl. Elværk Bindslev** das einzige wasserbetriebene Gleichstromelektrizitätswerk Dänemarks befindet. Von 1919 bis Ende der 90er-Jahre produzierte es Strom bzw. Fernwärme für den Ort. 2004 wurde es wieder in Betrieb genommen und speist nun umgewandelten Wechselstrom ins Netz ein (Gamle Elværk, Sdr. Bindslevvej 2, 9881 Bindslev, 15. März–15. Nov. tägl. 10–21 Uhr, Eintritt frei).

▪ **Uggerby Kanofart,** Verleih von Kanus und Ausrüstung, Rücktransport. Tages- (240–450 DKK) und Mehrtagestouren mit Übernachtung. Mitte Juni–Mitte Aug. tägl. 10–18 Uhr, Mai–Mitte Juni, Mitte Aug.–Mitte Sept. Mi–So 10–18 Uhr. Skagen Landevej 849, Uggerby, 9800 Hjørring, ✆ 98 97 53 04, www.uggerby-kanofart.dk.

Praktische Infos

Information Über die Region Tannis Bugt informieren die **Touristeninformation Hirtshals,** Jørgen Fibigersgade 26, 9850 Hirtshals, ✆ 98 94 22 20, und die **Tversted Touristeninformation,** Østervej 2c, Tversted, 9881 Bindslev, ✆ 98 93 12 93, www.toppenafdanmark.de.

Verbindungen **Busse:** An der Sekundärroute 597 gibt es Haltestellen der Rufbuslinien 850 (Horne–Hirtshals–Åbyen) und 852 (Bindslev–Tverstedt–Uggerby–Åbyen–Horne–Hirtshals). www.nordjyllandstrafikselskab.dk. Die kleineren Strände der Tannis Bugt sind nicht mit öffentlichen Verkehrsmitteln erreichbar. Infos über Taxis in den Touristenbüros.

Fahrradfahren Die **Vestkystruten** (Nordseeradweg) führt von Hirtshals über Kjul und Tversted nach Skiveren und dann über Råbjerg Mile auf die Halbinsel Skagen. www.vestkystruten.dk/de/.

Kunsthandwerk **Rav-Værkstedet,** Bernstein und Amber verarbeiten die Künstler Andreas und Beate Wörner zu extravagantem Schmuck sowie in Verbindung mit Treibholz und Stein zu Skulpturen. Mo–Fr 10–16/17 Uhr. Højtvedvej 7, Mygdal, 9800 Hjørring, ✆ 98 97 52 23, www.rav-vaerkstedet.dk.

Das Schleifensymbol führt zu Sehenswürdigkeiten

Galerie Mygdalhus, in einem ehemaligen Kaufmannsladen werden wechselnde Ausstellungen anerkannter Künstler und Kunsthandwerker u. a. mit Malerei, Skulptur, Glas, Keramik, Filz und Holz gezeigt. April–Dez. Di–Fr 13–17, Sa/So 11–17 Uhr. Skagen Landvej 658, Mygdal, 9800 Hjørring, ✆ 44 40 21 06, www.mygdalhus.dk.

Übernachten/Essen **Kjul Camping,** 4 km östlich von Hirtshals. Zwischen Wald und Strand ruhig und idyllisch gelegener Campingplatz mit parzellierten Wiesenstellplätzen (teilweise Meerblick) zwischen schützenden Buschreihen. Älteres, aber sauberes Sanitärgebäude, kleiner Kiosk, Gemeinschaftsküche, schöner Aufenthaltsraum, Spielplatz. Stellplatz für 2 Pers. HS 255 DKK. Außerdem gibt es Hütten. April–Mitte Okt. Kjulvej 12, 9850 Hirtshals, ✆ 60 53 81 20, www.kjulcamping.dk.

Skiveren Camping, am Strand, 5 km ab Tuen. Komfortabler Familiencampingplatz in den Dünen. Die parzellierten Stellplätze (verschiedene Kategorien, auch mit Meerblick) sind mit Hecken gegen Wind geschützt. Der Platz verfügt über moderne und schön gestaltete Sanitärgebäude mit Kinderabteilungen, Familienküchen, ein Außenschwimmbad, einen Wellnessbereich mit Sauna und Dampfbad, eine Halle für Spiel und Sport (Tennis, Spielplätze, Minigolf) und einen kleinen Supermarkt. Der Camping ist „Bed&Bike"-zertifiziert und bietet spezielle Stellplätze für Radler mit Zelt. Standard-Stellplatz für 2 Pers. HS 355 DKK. Es werden Hütten vermietet. Ostern–Ende Sept. Niels Skiverens Vej 5–7, 9982 Aalbæk, ✆ 98 93 22 00, www.skiveren.dk.

Der Norden → Karte S. 254/255

Ziel des Jetsets: der Skagener Jachthafen mit den Fiskepakhuse

Skagen

Die Skagenmaler haben das kleine Städtchen im Norden Dänemarks berühmt gemacht. Ihre epochemachenden Gemälde und die Künstlerhäuser zeugen von der Kulturblüte Skagens. Heute sonnt sich vor allem der internationale Jetset im kulturellen Glanz.

Ende des 13. Jh. gründete sich an der gottverlassenen Spitze der wilden Halbinsel eine Siedlung. Skagen, einst ein ödes Fischernest, ist heute ein hipper Treffpunkt der Reichen und Schönen. Viele der charakteristischen gelben Häuser mit roten Dächern und weißen Ausmalungen gehören statt Fischern längst dem Geldadel. Ein Glück, dass die berühmten Skagenmaler im 19. Jh. – angelockt vom faszinierenden blauen nordischen Licht – das Idyll des Hafenstädtchens ohne Superjachten und Protzboliden überliefert haben. Heute sieht man in der Hauptsaison manchmal vor Menschenmassen kaum die rot-weißen Fiskepakhäuser am Ostsee-Hafen, wo man die maritime Atmosphäre Skagens am schönsten erleben kann. Bei Sonnenuntergang macht eine Segeljacht an der anderen fest, und nicht selten ließe sich dann das Hafenbecken trockenen Fußes überqueren. Mit Champagner, Schalentieren und anderen Leckereien lässt man es sich auf Deck gut gehen. Aber auch Normalurlauber dürfen sich auf Gaumenfreuden frisch aus den umliegenden Fischgeschäften und Restaurants freuen.

Kaum weniger exklusiv geht es in **Gammel Skagen** an der Nordseeseite zu. Im Ursprungsort Skagens, der auch Højen genannt wird, leben nur etwa 30 Einwohner dauerhaft, ansonsten gehört der Ortsteil mit seinen Badehotels und Ferienhäusern den Urlaubern und einigen gut betuchten Hausbesitzern. Das harmonische Bild aus gelb-weißen Häusern und hohen Dünen lässt sich gut von der alten Seebake aus genießen. Es wird nur noch vom romantischen Sonnenuntergang getoppt: Bei schönem Wetter ist dann am Strand beim Sonnenuntergangsplatz (Solnedgangspladsen) richtig was los.

Altstadt

Im Jahr 1299 wurde Skagen erstmals urkundlich erwähnt, seit 1413 darf in dem Fischerort Markt gehalten werden, 1507 folgte das Stadtrecht. Nicht nur durch harte Arbeit wurde hier das Auskommen erwirtschaftet, auch die Bergung von Fracht aus havarierten Schiffen war eine gern genutzte Einnahmequelle. Während des Krieges gegen England 1807–14 betätigten sich Besitzer von Kanonenbooten – vom Staat legitimiert durch „Kaperbriefe" – sogar als Seeräuber. Das Plündern von englischen und schwedischen Handels- und Kriegsschiffen brachte ein Vermögen ein. Doch die Versandung durch Wanderdünen erschwerte das Leben auf Skagens Odde ebenso wie Sturmfluten und Kriege. Hans Christian Andersen beschrieb 1859 das wenig erbauliche Umfeld noch so: „... hier liegt ein Haus, zur Hälfte von einer Düne verdeckt, dort drüben ein weiteres – dunkle, geteerte Holzgebäude mit Strohdächern!" Das Bild änderte sich um die Jahrhundertwende. 1890 wurde die Bahnstrecke Frederikshavn–Skagen eingeweiht. Das erste Bahnhofsgebäude wurde schon 1919 durch ein imposantes, im neoklassizistischen Stil von Architekt Ulrik Plesner gestaltetes Bauwerk abgelöst. Ein prächtiger Empfang für Bahnreisende ist es noch heute. Nur wenige Schritte und man ist mittendrin in der entdeckenswerten Altstadt. Mehrere Architekten prägten Skagens Erscheinungsbild. Von Ulrik Plesner stammen das aus Backstein gebaute Brøndums Hotel, der gelb-weiße Admiralsgården, der 1915 noch direkt am Strand gelegen war, und das Anchers Hus. Thorvald Jørgensen entwarf die Apotheke und Laurits Tuxens Haus. Die 1841 eingeweihte Skagens Kirke löste die „Tilsandede Kirke" (Versandete Kirche) ab. Geplant von Christian Frederik Hansen, wurde die Stadtkirche 1910 durch Plesner und Thorvald Bindesbøll erweitert und in strenger Raumsymmetrie umgebaut. Im hellen Kirchenraum mit weißen Säulen und vergoldeten Kapitellen steht die Kanzel mittig vor dem Altar. Er zeigt eine Szene von Jesu Geburt. Das Bronzerelief über der Eingangstür erinnert an die Strandung der Brigg „Daphne" 1862 (tägl. 10–18 Uhr, Ved Kirken 2, 9990 Skagen).

Skagens Künstlerkolonie

Auf der Suche nach neuen Motiven und realistischen, „wahren" Ausdrucksformen wurden Mitte des 19. Jh. Künstler aus Dänemark, Norwegen und Schweden in Skagen fündig. Aus den sommerlichen Treffen der Skagenmaler, bei denen gemalt, aber auch gefeiert wurde, entwickelte sich eine Künstlerkolonie, die mit ihren Arbeiten bald internationale Aufmerksamkeit (u. a. auf der Pariser Weltausstellung 1889)

Typische gelb-weiße Häuschen in Skagen

erregte. Sie zogen mit ihren Staffeleien hinaus in die Natur und wagten mit Motiven von Fischern bei ihrer harten Arbeit oder stimmungsvollen Ansichten der rauen Landschaft die Abkehr vom erstarrten Kunstbetrieb der Kopenhagener Akademie. Auf Einladung von Karl Madsen kam 1874 der Bornholmer Maler Michael Ancher nach Skagen. Er heiratete Gastwirtstocher Anna Brøndum, die sich ebenfalls zur Malerin ausbilden ließ. Zu ihnen gesellten sich Peter Severin Krøyer, Holger Drachmann, Laurits Tuxen und viele andere. Ihre Werke sind in Skagens Kunstmuseum, aber auch in den Künstlerhäusern zu sehen. Das Grab von Holger Drachmann ist in den Dünen von Grenen zu finden.

Bis zum heutigen Tage lassen sich Künstler in Skagen nieder. Eine Vielzahl von Galerien präsentiert ihre Werke von Malerei über Keramik und Glas bis Schmuck.

Der Hafen

Bis 1907 wurde in Skagen die Strandfischerei gepflegt. Erst mit der Einweihung des Hafens nahmen Fischerei und Wirtschaft ihren Aufschwung. Mehrfach wurde der Hafen vergrößert, und heute ist der Skagen Havn Dänemarks größter Fischereihafen. Bis zu 400.000 t Fisch pro Jahr werden hier angelandet. Bei den Fischauktionen dürfen auch Touristen zusehen (werktags 6.30 bzw. 7 Uhr, während der Sommermonate auch 10 Uhr, Auktionsvej 10). Für Fracht- und Containerschiffe ist der Hafen dank seiner günstigen Lage für den Schiffsverkehr zwischen Atlantik, Nordsee und Ostsee ebenfalls interessant, in den weiteren Ausbau fließen gewaltige Investitionen. Seit 2015 können große Kreuzfahrtschiffe bis 400 m Länge den Hafen anfahren. Nicht nur wenn so stattliche Schiffe wie die „Queen Elizabeth" anlegen, ist die Neugier der Zuschauer groß (Liste der erwarteten Schiffe: www.skagenhavn.dk/en/business-areas/cruise/cruise-calls). Die schönste Stimmung erlebt man am zentral gelegenen Jachthafen (Lystbådehavn) mit den umgebenden rot-weißen Fischerhäuschen. Am Himmelfahrtswochenende füllt er sich bei der Regatta Skagen Race mit Seglern aus Norwegen, Schweden, Dänemark und Deutschland. Historische Großsegler ergänzen das farbenfrohe Bild.

Bunker bei Grenen

Leuchttürme in Skagen

Strömungen und das rund 4 km lange Riff Skagens Rev im Nordosten machten die Navigation rund um die Landzunge schon immer schwierig. Deshalb wurden in Skagen mehrere Leuchtfeuer und Leuchttürme gebaut. Meer und Sand haben sich zuletzt in den 1950er-Jahren den Højen Fyr „geholt".

1627 wurde in Skagen – landesweit zum ersten Mal – mit dem Vippefyret (Wippfeuer) gearbeitet. Die kranartige Konstruktion bewegt einen offenen Eisenkorb nach oben und unten, der mit brennbarem Material befüllt wird. Das aktuell zu sehende Vippefyret (Gl. Fyrvej 1) ist ein Nachbau. Im Jahr 1747 übernahm Det Hvide Fyr (das weiße Feuer, Fyrvej 2) die Signalfunktion. Auf dem aus Ziegelsteinen gemauerten Leuchtturm wurde zuerst mit einem Kohlefeuer, später mit einer Lampe das Lichtsignal in 21 m Höhe abgegeben. Die „Jahresringe" der Skagens Odde aus aufgeschwemmtem Sand nahmen mit den Jahren zu und so wurde der **Grå Fyr** (der graue Leuchtturm, Fyrvej 36) 1858 etwa einen Kilometer weiter nördlich in Betrieb genommen. Er ist der zweithöchste Leuchtturm Dänemarks, der höchste befindet sich auf Bornholm. 210 Stufen führen auf die 46 m hohe Plattform des Grå Fyr hinauf, von wo aus sich eine großartige Aussicht über Grenen eröffnet (→ Sehenswertes). Zunächst schummerte hier oben eine Petroleumlampe, ab 1905 wurde eine auf Quecksilber gelagerte Drehoptik mit fünf Linsenfeldern eingesetzt. Bis 2017 wurde der alle vier Sekunden ausgestrahlte und 20 Seemeilen (37 km) weit leuchtende Lichtstrahl von einer 400 Watt starken Natriumlampe erzeugt. Heute ist der Grå Fyr außer Dienst gestellt, im Leuchtturmgebäude ist das Zugvogelzentrum untergebracht.

Der jüngste Skagener Leuchtturm ist der 25 m hohe **Skagen Vest,** ein nüchterner, vollautomatischer Turm, der 1956 auf einem alten Weltkriegsbunker errichtet wurde. Der Volksmund nennt ihn „Bleistift".

Grenen

Dort, wo Skagens Bebauung endet, beginnt Grenen, die sandige Spitze von Skagens Odde. Das nördlichste Ende Dänemarks zu besuchen, ist einfach ein Muss. Auf der nordöstlichen Sandspitze, wo Skagerrak und Kattegatt ihre Wellen übereinander kräuseln lassen, steht man mit einem Bein in der Nordsee, mit dem anderen in der Ostsee. Baden darf man hier allerdings nicht, denn die Strömungen sind lebensgefährlich. Der etwa halbstündige Spa-

Massenansturm auf Grenen

ziergang am Strand entlang führt an einigen Bunkern sowie an Holger Drachmanns Grab vorbei. Man kann sich aber auch vom Sandormen (Sandwurm), einem Traktorbus, bequem zur Spitze chauffieren lassen (Start am Parkplatz beim Bunkermuseum, Ostern bis Ende Okt. tägl., solange Gäste da sind, 35 DKK, Kinder bis 12 J. 15 DKK). Das **Skagen Bunkermuseum** informiert über die deutsche Bunkeranlage samt Sperrbatterie, die im Zweiten Weltkrieg die Einfahrt von Schiffen in die Ostsee und Landungsversuche unterbinden sollte. In dem ehemaligen Sanitätsbunker veranschaulichen Figuren in Uniform, Waffen und ein Operationszimmer das Leben und Arbeiten der Besatzungssoldaten.

■ Juli 10–17 Uhr, Ostern sowie Juni und Aug. 11–16 Uhr, April/Mai und Sept./Okt. 11–15 Uhr. 60 DKK, Kinder 25 DKK. Fyrvej 59, 9990 Skagen, ✆ 98 44 40 40, www.skagen-bunkermuseum.dk.

Sehenswertes

Skagens Museum: Das Entsetzen über einen tot geborgenen Seemann, die schwere Arbeit der Fischer auf vereisten Booten, loderndes Sct.-Hans-Feuer, zwei Damen im hellen Kleid beim Strandspaziergang, Sonnenuntergänge

Der Norden → Karte S. 254/255

am Meer – Bilder vom Leben und von der Landschaft haben die Skagenmaler in Überfülle geschaffen. Rund 9000 Werke hat das Kunstmuseum in seinem Bestand. In wechselnden Ausstellungen werden sie jeweils unter einem neuen Motto präsentiert. Die berühmtesten Künstler der Gruppe waren Anna und Michael Ancher, Peder Severin Krøyer, Holger Drachmann, Viggo Johansen, Carl Locher, Laurits Tuxen sowie Christian Krohg und Oscar Björck. 1908 wurde das Skagens Museum mit der Aufgabe betraut, die Werke der Künstlerkolonie in der Umgebung zu bewahren, in der sie geschaffen wurden. Seit 1928 befindet sich das Museum in dem von Ulrik Plesner entworfenen Gebäude, das mit einem modernen Anbau erweitert wurde. Im Gartenhaus findet man das erste Atelier, das sich P. S. Krøyer in Skagen einrichtete. Auch der Speisesaal aus dem Gasthaus der Familie Brøndum wurde in das Kunstmuseum integriert. Den Ort ihrer Zusammenkünfte, an dem debattiert, gegessen und gefeiert wurde, hatten die Skagenmaler 1892 selbst mit 81 eigenen Gemälden, darunter Porträts der Mitglieder der Künstlerkolonie, ausgestaltet.

■ Juni–Aug. tägl. 9–17 Uhr, Jan.–Mai und Sept.–Dez. Di–So 10–17 Uhr. 125 DKK, Kinder unter 18 J. frei, Kombiticket für 3 Museen 200 DKK. Brøndumsvej 4, 9990 Skagen, ✆ 98 44 64 44, www.skagenskunstmuseer.dk.

Drachmanns Hus: Der Maler, Dichter und Journalist Holger Drachmann war 1872 einer der ersten der Kopenhagener Boheme, die nach Skagen reisten. Durch seine Berichte wurden weitere Künstler auf Skagen aufmerksam. Drachmann war ein Exzentriker mit langem weißen Bart, breitkrempigem Hut und Cape. Er hatte sechs Kinder mit drei Frauen, nur mit zweien von ihnen war er verheiratet. Er nahm regen Anteil am städtischen Leben und engagierte sich für die Belange der Fischer. 1902 kaufte er das Haus seines Lehrers und baute es als Wohnhaus mit Atelier um. Die Besucher von Drachmanns Hus erleben seinen Arbeitsplatz mit Farbpaletten und zahlreiche seiner Gemälde, als hätte er gerade erst das Zimmer verlassen. Besonders gern malte Drachmann die aufgewühlte See. Seine Freunde, Marie und Peder Severin Krøyer, hatten gro-

Skagens Museum präsentiert die Werke der Skagenmaler

ßen Anteil an der Einrichtung des Hauses. Neben Möbeln, die Marie entworfen hatte, findet man norwegische Volksmöbel sowie Reisesouvenirs und persönliche Andenken vor.

▪ Juni–Aug. tägl. 11–16 Uhr, April/Mai und Sept./Okt. Di–So 11–16 Uhr. 60 DKK, Kinder bis 18 J. frei. Kombiticket 3 Museen 200 DKK. Hans Baghs Vej 21, 9990 Skagen, ✆ 98 44 64 44, www.skagenskunstmuseer.dk.

Anchers Hus: Das Wohnhaus des Künstlerpaares Anna und Michael Ancher war das Herz der Skagener Künstlerkolonie. Das ursprünglich kleinere Haus wurde von Ulrik Plesner 1913 erweitert, im Anbau sind die Ateliers der beiden Künstler untergebracht. Exquisite Möbel, schwere Teppiche, Kunsthandwerk und Reisesouvenirs sowie die Sammlung seiner eigenen Werke und die Werke befreundeter Künstler spiegeln den Erfolg und den damit verbundenen Wohlstand der Anchers wider. Im Garten des Anwesens steht der ehemalige Bäckereihof Saxilds Gaard, in dem Wechselausstellungen über die Familie Ancher gezeigt werden.

▪ Juni–Aug. tägl. 10–16 Uhr, April/Mai und Sept./Okt. Di–So 10–16 Uhr. 90 DKK, Kinder bis 18 J. frei, Kombiticket 200 DKK für 3 Museen. Markvej 2–4, 9990 Skagen, ✆ 98 44 64 44, www.skagenskunstmuseer.dk.

Galleri Grenen/Grenen Kunstmuseum: Die Galerie in den Dünen Grenens zeigt eine Dauerausstellung mit Gemälden des dänisch-schwedischen Malers und Museumsgründers Axel Lind sowie eine Skulpturensammlung skandinavischer Künstler. Außerdem gibt es wechselnde Ausstellungen, die das breite Spektrum moderner Kunst abbilden.

▪ Mitte Juni–Juli tägl. 11–17 Uhr, Oster- und Herbstferien tägl. 11–15 Uhr, Mitte April–Mitte Juni und Sept.–Mitte Okt. Di/Mi, Sa/So 11–15 Uhr, Aug. Sa–Do 11–16 Uhr. 20 DKK. Fyrvej 40, 9990 Skagen, ✆ 98 44 22 88, www.galleri-grenen.dk/.

Skagens Bamsemuseum: Kinder und alle, die im Herzen ein wenig Kind geblieben sind, haben ihren Spaß im Bärenmuseum. Hunderte alte und junge Teddys posieren in allerlei Szenen, dies zugleich aber auch mit dem Blick auf die Spielzeuggeschichte.

▪ Do, Sa/So 11–15 Uhr, Schulferien tägl. 11–15 Uhr. 50 DKK, Kinder 20 DKK. Oddenvej 2b, 9990 Skagen, ✆ 98 44 21 08, www.skagensbamsemuseum.dk.

Kystmuseet Skagen: Das lokalhistorische Freilicht- und Regionalmuseum ist in einer Mühle und in Häusern aus Skagens schwarzer (bis ca. 1875), gelber (1875–1907) und roter Periode (nach 1907) eingerichtet. Die Sammlung thematisert das Leben der armen Fischer, Strandungen und Seenotrettung. Der restaurierte Museumskutter „Hansa" kann im Hafen besichtigt werden.

▪ Juli Mo–Fr 10–16, Sa/So 11–16 Uhr, April–Juni und Aug.–Okt. Di–Fr 10–16, Sa 11–16 Uhr, Jan.–März Di–Fr 11–15, Sa 11–16 Uhr, Nov./Dez. Di–Sa 11–15 Uhr. 100 DKK, Kinder unter 18 J. frei, Wochenkarte 130 DKK gültig für alle Museumsorte des Kystmuseet in Sæby, Bangsbo, Bangsbo Fort und Skagen. P. K. Nielsens Vej 8–10, 9990 Skagen, ✆ 98 44 47 60, www.kystmuseet.dk.

Naturhistorisk Museum Skagen: Themen der Ausstellung sind die Entstehung der Skagens Odde, die Natur der Råbjerg Mile, Tiere und Vögel der Region, Mammutfunde und Strandsteine aus der Eiszeit. Wer sich für die Herstellung des Kräuterschnapses Bjesk interessiert, erhält Infos über Heidekräuter und ihre Verwendung. Die Exponate – von Versteinerungen bis Tierpräparate – stammen aus Dänemarks größter Privatsammmlung.

▪ Juli tägl. 12–16 Uhr, Mitte–Ende Juni und Aug./Sept. Di–Fr 12–16 Uhr, NS sowie Exkursionen s. Webseite. 60 DKK, Kinder unter 15 J. 10 DKK. Flagbakkevej 30, 9990 Skagen, ✆ 61 31 00 73, www.naturmuseum-skagen.dk.

Skagen Grå Fyr – Center for Trækfugle: Die Aussicht vom Leuchtturm aus 46 m Höhe geht weit über Grenen und Skagen. 210 Stufen führen auf die Aussichtsplattform. Im Leuchtturm werden verschiedene Ausstellungen gezeigt. Zu finden ist hier auch das Zentrum für

Der Norden → Karte S. 254/255

Zugvögel. Es vermittelt multimedial und interaktiv die faszinierende Welt der Zugvögel. Skagen ist ein Drehkreuz der Zugvögel Europas. Im Museum wird auch erklärt, warum die Vögel oft Tausende Kilometer von ihren Nistplätzen im Norden zu den Winterquartieren im Süden ziehen.

■ Ende Juni–Aug. tägl. 10–17 Uhr, April–Ende Juni und Sept./Okt. tägl. 10–16 Uhr. 85 DKK, Kinder 4–15 J. 30 DKK. Fyrvej 36, 9990 Skagen, ✆ 72 10 90 11, www.detgraafyr.dk.

Skagens Odde Naturcenter: Das moderne Ausstellungs- und Veranstaltungsgebäude in den Dünen auf Grenen ist unschwer als Werk des dänischen Architekten Jørn Utzon zu erkennen. Ein Teil der Ausstellung widmet sich seinem Werk. Der Schwerpunkt jedoch liegt auf der Vermittlung von Wissen über die Entstehung der Landzunge und die hier lebende Tierwelt. Auch wechselnde Design- und Kunstausstellungen sind zu sehen. Beste Aussicht bietet sich von der Dachterrasse aus.

■ Juli Mo–Fr 10–17, Sa/So 11–17 Uhr, Aug.–Mitte Okt. und Mai/Juni Di–Fr 10–16, Sa/So 11–16 Uhr. 75 DKK, Kinder bis 12 J. 30 DKK. Programm und Exkursionen s. Webseite. Bøjlevejen 66, 9990 Skagen, ✆ 96 79 06 06, www.skagen-natur.dk.

Praktische Infos

→ Karte S. 321

Allgemeine Infos

Information Das **Skagen Touristenbüro** am Hafen ist das Hauptbüro von Toppen af Danmark in Nordjylland. In der Touristinformation gibt es neben Informationen zu Übernachtung, Ausflügen und Aktivitäten auch Fahrradkarten, Tickets und Angelscheine. Geöffnet ist das Büro während der dänischen Ferienzeiten: Mo–Fr 10–16, Sa 10–14 Uhr. Außerdem bei Ankünften von Kreuzfahrtschiffen: werktags zu o. g. Zeiten, So 10–14 Uhr. Sogenannte „Tourist Angels" sind auf Fahrrädern im Stadtgebiet unterwegs und bieten Infos Di–Do 10–16, So/Mo 16–21 Uhr. Vestre Strandvej 10, 9990 Skagen, ✆ 20 82 56 16, www.toppenafdanmark.de. Weitere Infos auf der Webseite www.enjoynordjylland.de.

Verbindungen **Bahn:** Regelmäßige Verbindungen mit der Regionalbahn von/nach Frederikshavn, von dort aus über Hjørring nach Aalborg. www.rejseplanen.dk.

Busse: Die Buslinien in Skagen sind 2023 eingestellt worden. Mit der Bahn erreicht man von

Fischernetze liegen am Skagen Havn zum Trocknen

Skagen aus Frederikshavn und hat dort Anschluss an regionale Buslinien z. B. nach Hjørring und Løkken. www.nordjyllandstrafikselskab.dk.

Angeln Am bequemsten sind die Molen am Hafen, wo man Hornhechte, Makrelen und Dorsche fangen kann. Brandungsangler freuen sich über Flunder, Kliesche und Scholle. Angelscheine im Touristenbüro.

Skagen Havfiskeklub, vermittelt Bootstouren für Hochseeangler und veranstaltet das Havfiskefestival (Wettangeln), ✆ 42 80 10 46, www.skagen-havfiskeklub.dk.

Fahrradfahren In der Region Skagen sind mehrere Fahrradwege ausgeschildert. Eine **grüne Route** (3 km) gibt es in Grenen. Zwei **rote Routen** (9,2 km und 8,3 km) liegen in den Küstenschutzwäldern südwestlich von Gammel Skagen bzw. bei der Tilsandede Kirke. Die **Vestkystruten** (Nr. 1) kommt von Skiveren und endet in Skagen. Ein Stück davon fährt man auch auf dem **Panoramaradweg 416.** Dieser führt auf 41 km von Hulsig zur Råbjerg Mile und der Råbjerg Kirke nach Tuen und über Aalbæk zurück. Faltblätter und Karten im Touristenbüro. www.vestkystruten.dk/de.

Fahrradverleih **Skagens Cykeludlejning,** direkt ab Bahnhof. Mai–Aug. tägl. 9–18 Uhr, April und Sept. 9–17 Uhr. 30 DKK/Std., 90 DKK/Tag. In der Hauptsaison besser vorbestellen! Banegårdspladsen, Sct. Laurentii Vej 24A, 9990 Skagen, ✆ 98 44 10 70, www.skagen-cykeludlejning.dk.

Ferienhausvermietung **Skagen Feriehusudlejning 14,** im Touristenbüro, Sct. Laurentii Vej 6B, 9990 Skagen, ✆ 98 48 86 55, www.toppenferienhauser.de; **Skagen Feriebolig 16,** kleiner örtlicher Vermieter, Sct. Laurentii Vej 96B, 9990 Skagen, ✆ 98 44 15 02, www.skagen-feriebolig.dk.

Einen guten Überblick über weitere private Stadtwohnungen bietet die Webseite (auf Dänisch) www.skagenguide.dk.

Kulturhus Kappelborg Das Kulturhaus im Zentrum vereint Bibliothek, Kino, Konzertsaal und Musikschule unter einem Dach. Ganzjährig gibt es Oper, Konzert, Jazz, Folk, Rock und Pop. Skolevej 5, 9990 Skagen, Tickets ✆ 98 45 85 00, 70 20 20 96 oder im Touristenbüro, www.kappelborgskagen.dk.

Parken In Skagen dürfen Autos nicht mit zwei Rädern auf dem Gehweg parken. Auf Parkplätzen mit befristeter Parkdauer ist eine Parkscheibe zu verwenden.

Schwimmbad **Kultur- und Freizeitcenter,** es verfügt über ein Schwimmbad mit 25-m-Becken, Kinderbassin, Wasserrutsche und Sauna. Mo 13.30–15 und 19–21, Di 6–8 und 11–13, Do 6–8, 11–13 und 19–21, Fr 14–17, Sa/So 10–13 Uhr. 50 DKK, Kinder 35 DKK. Kirkevej 19, 9990 Skagen, ✆ 98 44 32 50, www.skfc.dk.

Strand Der Ostseestrand von Skagen – **Sønderstrand** beim Vippefyret – wird von Mitte Juni–Mitte Aug. tägl. 10–18 Uhr von Livreddern bewacht. Der Strand ist kinderfreundlich, er hat weniger Wellen und ist flach. An den Stränden **Nordstrand** und **Gl. Skagen** auf der Nordseeseite gibt es mehr Wellengang und das Wasser ist tiefer. Hier mischt sich auch Kies in den feinen weißen Sand. Weitere Strände in der Umgebung sind: Damstederne, Hulsig und Aalbæk (Ostseeseite) sowie an der Nordsee Kandestederne (mit dem Auto befahrbar) und Skiveren. Überall weht die blaue Flagge für beste Wasserqualität.

Achtung: Bei **Grenen** ist Baden wegen der lebensgefährlichen Strömungen verboten!

Veranstaltungen Bei den Skagen **Vinterbadedagen** am letzten Januarwochende hüpfen Hartgesottene in die eiskalten Fluten. Immer dabei: Strandsaunen, Musik, gute Laune und heiße Suppe. Am ersten Aprilwochenende findet in Gaststätten und Hotels das **Skagen Forårsfestival** (Frühlingsfest) mit zahlreichen Bands und Solisten statt. Beim **Skagen Løbet** am Wochenende von Christi Himmelfahrt trifft sich Danmarks Veteran Motorcykleklub in Skagen, dann knattern Oldtimer-Motorräder durch den Ort. Im Schlepptau des alljährlichen Frühjahrsvogelzugs über der Halbinsel Skagen bringen Vogelkundler beim **Skagen Vogelfestival** im Mai ihre Ferngläser in Stellung und warten darauf, den seltensten Vogel zu erhaschen. In der Vogelwarte im Leuchtturm gibt es dazu fachliche Informationen. Das **St.-Hans-Feuer** (Johannisfeuer) wird traditionell mit Gesang am 23. Juni um 21 Uhr am Sønderstrand entzündet. Am ersten Juliwochenende erklingt im Stadtgebiet und am Hafen beim internationalen **Skagen Festival** Folk und Rock verschiedenster Stilrichtungen. Mitte Juli zeigen Balletttänzerinnen und -tänzer der Weltklasse ihre Kunst beim **Verdensballett** (Weltballett) Open Air vor der Kulisse der Tilsandede Kirke (Tickets: www.verdensballetten.dk).

Wellness Externe Besucher können den Wellnessbereich von **Ruths Hotel** (Sauna, Dampfbad, Pool sowie Behandlungen) nutzen, 150 DKK/Tag. www.ruths-hotel.dk.

Der Norden → Karte S. 254/255

Wohnmobile Auf dem **Parkplatz am Grenen Kunstmuseum** dürfen Wohnmobile von 22–8 Uhr stehen, dafür sind 175 DKK ab 18 Uhr am Automaten zu bezahlen. Sept.–Mai gratis. WC vorhanden. Fyrvej 40, 9990 Skagen. Auch am Jachthafen ist auf dem **Parkplatz Fiskehuskajen 2V** das Übernachten von 22–9 Uhr erlaubt, 175 DKK sind dafür am Automaten zu entrichten (Juni–Aug., sonst gratis).

Einkaufen

Aavangs Fiskehus 17, direkt am Jachthafen in einem rotweißen Holzhaus. Dorsch, Jomfruhummer, Schellfisch, grimmiger Seeteufel (Havtaske) und andere Fänge nach Saison liegen hier tagesfrisch auf Eis. Mo–Fr 10–17, Sa 9–14 Uhr. Fiskehuskajen 1, 9990 Skagen, ✆ 98 44 14 33.

Bolcheriet 9, die Bonbonmacher verwandeln Zucker in kleine Kunstwerke, Herzchen, Kringel oder gar der Dannebrog. Aus der Vielfalt der Geschmacksrichtungen stellt man sich sein Tütchen selbst zusammen. HS Mo–Sa 10–17, So 11–18 Uhr, NS Di–Do 11–17, Sa 10–14 Uhr. Havnevej 6, 9990 Skagen, ✆ 98 99 00 07, www.bolcheriet.dk.

Skagens Glasværksted 15, Dekoratives von Kerzenleuchtern bis Schalen aus mundgeblasenem farbenfrohen Glas findet man in der Werkstatt. HS Mo–Fr 10–17, Sa 10–12 Uhr, NS Sa 10–14 Uhr. Sct. Laurentii Vej 95, 9990 Skagen, ✆ 27 24 19 56, www.skagenglasvaerksted.dk.

Galleri Bo 10, die hübsche Galerie in der Fußgängerzone präsentiert Werke von 35 Künstlern und Kunsthandwerkern. Das Spektrum reicht von Malerei über Glas, Keramik, Bronze und Schmuck bis zu Skulptur. Mo–Fr 10–17.30, Sa 10–16, So 11–15 Uhr, NS s. Webseite. Havnevej 10, 9990 Skagen, ✆ 40 85 20 21, www.galleribo.dk.

Übernachten

Skagen ist während der Ferien, in den Sommermonaten und während des Skagen Festivals stark gebucht – es empfiehlt sich, langfristig vorab zu reservieren. In der HS sind Zimmer ziemlich teuer, wer außerhalb der Ferienzeiten kommt, kann oft günstiger übernachten als hier in den Preiskategorien abgebildet.

Brøndums Hotel 1, im Zentrum. Übernachten, wo alles begann, das kann man in diesem historischen Badehotel. Aus der Familie Brøndum stammt die Künstlerin Anne Ancher. Daher kehrten die Skagenmaler einst regelmäßig in der Wirtsstube ein. Den Charme der Jahrhundertwende atmet das stilvoll renovierte Haus noch heute. Ganz im Sinne des asketischen Gründers Degn Brøndum gibt es Fernsehen nur in der Blauen Stube (WLAN hingegen überall). Die meist kleinen Zimmer im Hauptgebäude haben nur ein Waschbecken und das Bad muss man sich teilen. Dafür sind sie wirklich hyggelig. Wer Zimmer mit eigenem Bad möchte, schläft in der Dependance nahe am Industriehafen. Ganz exklusiv geht es im Klitgården zu, dem einstigen, von Plesner gebauten Sommersitz von König Christian X. und Königin Alexandrine. Die Hälfte der Zimmer hat ein eigenes Bad/WC. Wer Privatsphäre schätzt, mietet sich in einem der 3 typischen Skagen-Häuschen ein. Anchersvej 3, 9990 Skagen, ✆ 98 44 15 55, www.broendums-hotel.dk. **€€€€**

Hotel Plesner 6, im Zentrum. Im top renovierten und in dänischem Stil eingerichteten Haus, das Ulrik Plesner 1907 entwarf, werden 6 komfortable DZ mit Bad/WC und TV sowie 2 Suiten vermietet. Eine modern gestaltete Gartenterrasse lädt zum Entspannen ein. Es wird ein sehr gutes Frühstück serviert. Holstvej 8, 9990 Skagen, ✆ 98 44 68 44, www.hotelplesner.dk. **€€€€**

Skagen Hotel 3, gegenüber dem Bahnhof. Ein stimmig renoviertes Haus in dänischem Stil mit komfortablen Zimmern, die über Bad/WC und TV verfügen. Sankt Laurentii Vej 35, 9990 Skagen, ✆ 98 45 01 66, www.skagen-hotel.com. **€€€€**

Color Hotel 24, am westlichen Stadtrand, 2,5 km zum Zentrum. Das Hotel bietet ansprechend gestaltete, komfortable Zimmer mit Bad/WC, TV und WLAN. Für Wellnessfans stehen Pool und Sauna kostenlos zur Verfügung. Parkplätze sind vorhanden. Gl. Landvej 39, 9990 Skagen, ✆ 98 44 22 33, www.skagenhotel.dk. **€€€€**

Ruths Hotel 23, in Strandnähe in Gl. Skagen. Das 1904 als kleines Gästehaus eröffnete Ruths ist heute ein stylishes Luxushotel für Fans von Wellness und exquisitem Essen. Schicke dänische Einrichtung, Bang & Olufsen-Fernseher, top Bäder – die Zimmer und Suiten im Haupt- und mehreren Nebengebäuden sind vom Feinsten (buchbar ab 2 Tagen). Der Besuch des Wellnessbereichs mit Sauna, Dampfbad, Pool und Trainingsraum ist inklusive, Anwendungen werden extra berechnet. Hans Ruths Vej 1, Gl. Skagen, 9990 Skagen, ✆ 98 44 11 24, www.ruths-hotel.dk. **€€€€**

Übernachten (S. 319–322)
1 Brøndums Hotel
2 Finns B&B
3 Skagen Hotel
6 Hotel Plesner
14 Skagen Feriehusudlejning
16 Skagen Feriebolig
22 Poul Eeg Camping
23 Ruths Hotel
24 Color Hotel
25 Danhostel Skagen
26 Råbjerg Mile Camping

Essen & Trinken (S. 322/323)
1 Restaurant Brøndums Hotel
4 Restaurant Kokkenes
5 Skagens Bryghus
7 Jakobs Café und Bar
8 Green's Pub
11 Bodilles Kro
12 Café Knuth's
18 Skagen Fiskerestaurant
19 Jollehuset
20 Wittco Fisk & Skaldyr
21 Pakhuset
23 Restaurant Ruths Hotel
24 Restaurant Holger

Nachtleben (S. 324)
7 Jakobs Café und Bar
8 Green's Pub
13 Buddy Holly

Einkaufen (S. 320)
9 Bolcheriet
10 Galleri Bo
15 Skagens Glasværksted
17 Aavangs Fiskehus

Finns Bed & Breakfast 2, ca. 1 km östlich des Zentrums in Hafennähe. Ein norwegisches Blockhaus aus den 1920er-Jahren ist der filmkulissenreife Rahmen für diese Pension. Schwere Möbel, alte Gemälde, dicke Teppiche – die Räume sind charakteristisch. Neben Zimmern mit eigenem Bad gibt es auch günstigere mit Bad auf dem Gang. Mai–Sept. Østre Strandvej 63, 9990 Skagen, ✆ 40 15 45 33, www.finns.dk. **€€€**

Danhostel Skagen 25, 1,5 km ins Zentrum. Eine günstige und gute Alternative im teuren Skagen ist das Danhostel. Es bietet kleine, zweckmäßig eingerichtete DZ und Familienzimmer mit eigenem Bad/WC, aber auch Zimmer mit Gemeinschaftsbad. Es gibt große Aufenthaltsräume mit TV, eine Gemeinschaftsküche, Parkplatz, Spielplatz und Bolzplatz. Zimmer für die Hauptsaison frühzeitig reservieren! Eine Bahnhaltestelle ist nur 200 m entfernt. März–Dez. geöffnet. Rolighedsvej 2, 9990 Skagen, ✆ 98 44 22 00, www.danhostelskagen.dk. **€€€**

Poul Eeg Camping 22, etwa 2,5 km zum Zentrum, 1 km zum Strand. Skagens schönster Campingplatz befindet sich in ruhiger, naturnaher Lage am östlichen Stadtrand. Die ebenen Stellplätze sind durch Hecken und Bäume abgeteilt. Ein neues Servicegebäude mit sauberen Sanitäranlagen, Familienbad, sehr schöner Gemeinschaftsküche und Waschküche lässt es an nichts fehlen. Außerdem gibt es Aufenthaltsräume mit TV, einen Laden, einen tollen Spielplatz und Fahrradvermietung. Stellplatz für 2 Pers. HS 323 DKK, Duschen extra. Auch Hütten und Mietwohnwagen warten auf Gäste. Mitte April–Mitte Sept. Bøjlevejen 21, 9990 Skagen, ✆ 98 44 14 70, www.pouleegcamping.dk.

Råbjerg Mile Camping 26, 1 km außerhalb von Hulsig. Großes, kreisförmig angelegtes Gelände mit Hecken und Bäumen. Man findet Bereiche für Familien und für Menschen, die es ruhiger mögen. Schöne Swimmingpools, Sauna, Spielplatz, Minigolf und Freizeitaktivitäten. Gepflegte Sanitäranlagen, komfortabel eingerichtete Familienküche, Aufenthaltsraum mit TV. Stellplatz für 2 Pers. HS 350 DKK. Es werden auch Hütten vermietet. Kandestedvej 55, 9990 Skagen, ✆ 98 48 75 00, www.firstcamp.dk/destinationer/rabjerg-mile-skagen.

Essen & Trinken

Restaurant Ruths Hotel 23, in Gl. Skagen. Die Küche von Ruths Hotel ist eine Empfehlung für Feinschmecker. Im Gourmetrestaurant Okê zaubert Küchenchef Jack Cramer regional inspirierte Genüsse aus Fisch und Schalentieren, Wild und Rind sowie Kräutern und Beeren (10-Gänge-Menü 1995 DKK). Febr.–April, Okt.–Dez. Fr/Sa ab 18 Uhr, Mai/Juni, Sept. Do–Sa ab 18 Uhr, Juli Mi–Fr ab 18 Uhr, Aug. Mi–Sa ab 18 Uhr. Reservierung notwendig. Französisch inspirierte Küche von Moules frites bis Ribeye Steak wird in der Brasserie und auf der Terrasse serviert; tägl. 12–16 und 18-21 Uhr, Mitte Juni–Mitte Aug. bis 22 Uhr, Hauptgerichte ab 245 DKK. Hans Ruths Vej 1, Gl. Skagen, 9990 Skagen, ✆ 98 44 11 24, www.ruths-hotel.dk.

Restaurant Brøndums Hotel 1, in dem historischen Haus werden einige Gerichte, z. B. die Fischsuppe, noch nach Madame Brøndums Rezepten zubereitet. Ein Klassiker sind auch die Butterbrote mit Rullepølse, gerolltem und gefülltem Schweinebauch. Abends gibt es dänische und französisch inspirierte Küche sowie Vegetarisches (Hauptgerichte ab 275 DKK). Tägl. 12–16.30 und 18–21 Uhr. Anchersvej 3, 9990 Skagen, Tischreservierung ✆ 98 44 10 55, www.broendums-hotel.dk.

Skagens Bryghus 5, im Zentrum. Lebendige dänische Brauhausatmosphäre erlebt man mit Blick auf die Sudkessel oder im netten Biergarten beim Genuss der hauseigenen Biere, deren Namen „Drachmanns“ oder „Krøyer“ Bezug auf die feierfreudigen Skagenmaler nehmen. Als feste Grundlage gibt es Brauhausburger, eine große Auswahl an Fischgerichten von der Fischfrikadelle bis zur Fischplatte sowie Vegetarisches (Hauptgerichte ab 149 DKK). Juli Mo–So 10–19 Uhr, Aug. Mo–Do 10–18, Fr/Sa 10–19, So 10–16 Uhr, Jan.–Juni und Sept.–Dez. Mo–Do 10.30–17, Fr/Sa 10.30–19, So 10.30–16 Uhr. Brauhausführungen mit Verkostung Juli Mo, Mi, Sa 11 Uhr, Aug. Mi, Sa 11 Uhr, weitere s. Webseite (175 DKK, Anmeldung notwendig). Kirkevej 10, 9990 Skagen, ✆ 98 45 00 50, www.skagenbryghus.dk.

Mein Tipp **Bodilles Kro 11**, in dem rustikalen Gasthof im Zentrum kommen dänische Klassiker frisch zubereitet und in ordentlichen Portionen auf den Tisch: Fischsuppe, Wiener Schnitzel, gebratene Scholle, Ochsenfilet mit Whiskysoße und mehrere vegetarische Gerichte zur Wahl (Hauptgerichte ab 188 DKK). HS tägl. 12–22 Uhr, NS Mo–Fr 17–22, Sa 12–22, So 17–21.30 Uhr. Østre Strandvej 11, 9990 Skagen, ✆ 98 44 33 00, www.bodilleskro.dk.

Mein Tipp **Restaurant Kokkenes 4**, am Kulturhus Kappelborg im Zentrum. Ein kunstvollelegantes Ambiente innen oder auf der Außenterrasse lädt zum exquisiten Tafeln ein. Kredenzt wird frische dänische und internationale Küche, mittags mit feinen Suppen und Smørrebrød mit hausgemachtem Belag, Burgern oder Fish 'n' Chips. Am Abend wird man mit Tournedos vom Black Angus Rind oder mit Fisch des Tages und zartem Nachtisch verwöhnt; auch als Menü bestellbar (Hauptgerichte Frokost ab 165 DKK, abends ab 355 DKK). Vegetarier werden ebenfalls gut versorgt. Zum Abschluss gibt es einen Hausschnaps mit Porse-Kraut, Kiefer und anderen Kräutern. Reservierung empfehlenswert. HS Mo–Sa 11.30–23, So 11.30–16 Uhr, NS Di–Sa ab 11.30 Uhr. Reservierung empfehlenswert. Sct. Laurentii Vej 54, 9990 Skagen, ✆ 98 11 48 48, www.kokkenes.dk.

Restaurant Holger 24, das Restaurant im Color Hotel mit schöner Außenterrasse vereint Tradition mit Ambition. Dem Gaumen schmeicheln Vorspeisen wie Kaisergranat auf Kürbissuppe mit Lauch, um beim Hauptgang von Rinderfilet mit Kräutern und Rotwein noch übertroffen zu werden. Auch für Vegetarier wird Genussvolles zubereitet (Hauptgerichte ab 295 DKK). Ansprechende Weinauswahl. Tägl. ab 18 Uhr. Gl. Landvej 39, 9990 Skagen, ✆ 98 45 43 63, www.skagenhotel.dk.

Café Knuth's 12, in der Fußgängerzone. In dem gemütlichen Café wird man mit verschiedenen Burgern oder vegetarischen Alternativen, Fish 'n' Chips, Moules-frites und Salaten gut versorgt. Das hauseigene Bier sollte man probieren. Im Sommer finden Konzerte statt. HS tägl. 11–22 Uhr, NS So–Do 12–21, Fr/Sa 12–22 Uhr. Havnevej 14a, 9990 Skagen, ✆ 31 5005 80, Facebook.

Fiskepakhuse, in den rot-weißen, von Thorvald Bindesbøll entworfenen Fischlagerhäusern am Jachthafen bieten mehrere Restaurants frischen Fisch und Meeresfrüchte an.

MeinTipp **Skagen Fiskerestaurant 18**, serviert fein abgestimmte Fischgerichte mit leckeren Soßen und Dressings, Delikatessen wie Austern, Kaviar oder Hummer und auch Vegetarisches (Hauptgerichte ab 195 DKK). Star der Karte ist die Fischplatte für 2 Pers. mit Jomfruhummer, Austern, Krabben, Muscheln und Garnelen (1100 DKK). Regelmäßig gibt es Livemusik. Tägl. 11–21 Uhr. Fiskehuskaj 13, 9990 Skagen, ✆ 98 44 35 44, www.skagenfiskerestaurant.dk.

Wittco Fisk & Skaldyr 20, setzt auf Zubereitung nach Hausmacherart, z. B. Fischfilet mit Pommes, Stjerneskud oder Scholle. Zudem Leichtes wie Sommerpasta mit Lachs. Alle Leckereien kann man beim täglichen Fischbüfett durchprobieren (179 DKK). Tägl. ab 11.30 Uhr. Fiskehuskajen 29–31, 9990 Skagen, ✆ 61 65 27 43, www.wittcofiskogskaldyr.dk.

Beliebt: Restaurants in den Fiskepakhuse

Jollehuset 19, hier sollte man Traditionsgerichte wie gefüllte Pfannkuchen, geräucherten Lachs mit Bratkartoffeln und Scholle mit Kartoffeln und Petersiliensoße (198 DKK) probieren. Leckere Vielfalt bieten die gemischten Fischplatten. Fiskehuskaj 25, 9990 Skagen, ✆ 20 14 40 07, www.jollehuset.dk.

Pakhuset 21, am südlichen Ende des Jachthafens. Das Restaurant-Café im Erdgeschoss des stimmungsvollen, mit zahlreichen Galionsfiguren geschmückten Packhauses bietet ganzjährig köstlich Bodenständiges mit klarem Fischschwerpunkt (abends ab 190 DKK). Die maritime Umgebung lässt sich bei einem Glas Bier auf der Terrasse am besten genießen. HS tägl. 11–20 Uhr, NS Mi–Sa ab 11 Uhr. Im Sommer gibt es regelmäßig Livemusik und Tanz. Eine Etage höher im Restaurant Håkon avancieren die Zubereitungen zur Gourmetküche (Fr/Sa ab 18 Uhr, Reservierung nötig). Rødspættevej 6, 9990 Skagen, ✆ 98 44 20 00, www.pakhuset-skagen.dk.

Nachtleben

Green's Pub 8, in der Fußgängerzone. Das gemütliche Pub mit Außenterrasse ist ein beliebter Treffpunkt zu jeder Tageszeit. Nachtschwärmer finden eine wohl sortierte Bar u. a. mit 16 Jahre altem Single Malt Whisky, guten Weinen und einer großen Auswahl an Bieren und Cocktails. Gerne wird hier Fußball geschaut, von Mai bis Aug. gibt es Livemusik. Am Morgen danach helfen – je nach Bedarf – ein Ingwershot, eine Bloody Mary oder verschiedene Frühstücke auf die Füße. Zwischen 12 und 17 Uhr werden kreative Variationen von Burger, Nachos & Co. sowie Fisch und Vegetarisches serviert. Abends gibt es Steaks, Burger, Fisch oder Muscheln. HS Mo 11–23, Di 11–20, Mi 11–22, Do 11–24, Fr/Sa 11–2 Uhr, NS s. Facebook. Havnevej 3, 9990 Skagen, ✆ 98 45 15 85, Facebook.

Jakobs Café und Bar 7, in der Fußgängerzone. In dem modernen Café mit seiner schönen Außenterrasse ist immer etwas los. Von Ende April bis Mitte Sept. gibt es an jedem Wochenende Livemusik von Rock bis Pop und die Tanzfläche ist stets gut gefüllt. Die Bar versorgt Durstige mit dem hauseigenen Bier Jakobs Gylden Rav, Cocktails oder Hochprozentigem pur. Morgens und tagsüber ist das Pub ein Bistro, in dem man schön frühstücken und zu Mittag essen kann. Bevor die Mucke wieder losgeht, sorgen Fisch des Tages, Vegetarisches oder große Steakportionen für eine feste Grundlage zum Feiern (Hauptgerichte tagsüber ab 149 DKK, abends ab 250 DKK). Mo–Do 11–22, Fr 11–24, Sa 10–24, So 10–21.30 Uhr. Havnevej 4a, 9990 Skagen, ✆ 98 44 16 90, www.jakobscafe.dk.

Buddy Holly 13, nahe Hafen. In dem beliebten Nachtclub feiert ein bunt gemischtes Publikum zu angesagter Musik und Live-Events. Im Keller wird Rock 'n' Roll aufgelegt und Mitsingen ist Kult. Juli/Aug. Mo–So 18 bzw. 20–5 Uhr, NS s. Facebook. Havnevej 16, 9990 Skagen, ✆ 98 45 11 22, Facebook.

Umgebung von Skagen

Den Tilsandede Kirke: Etwa 3 km südwestlich von Skagens Zentrum trifft man in einem bewachsenen Dünengebiet auf die Versandete Kirche. Die Ende des 13. Jh. erbaute Kirche St. Laurentius mit gotischem Langschiff und Staffelgiebel war bis zur Mitte des 18. Jh. die Skagener Kirche. Um 1770 erreichten die Wanderdünen das Gotteshaus und die Kirchenbesucher mussten sich den Weg freischaufeln. 1795 gab die Gemeinde die Kirche auf,

Flugsand ließ von der Versandeten Kirche nur den Turm übrig

Wanderung auf die Miniwüste Råbjerg Mile

das Kirchenschiff wurde 1810 abgerissen, nur der Turm blieb als Seezeichen stehen. Zur Versandeten Kirche gelangt man auf einem Wanderweg (Gamle Kirkesti) von Skagen aus oder vom Besucherparkplatz am Gamle Landvej. Der Turm ist über eine Innentreppe begehbar.

▪ Aufstieg Juli tägl 10–18 Uhr, Juni und Aug. tägl. 10–16 Uhr, April/Mai und Sept.–Mitte Okt. Sa/So 10–16 Uhr. 25 DKK. Gamle Landvej 63, 9990 Skagen.

Råbjerg Mile: Ein Stück Wüste auf Wanderschaft ist 16 km südlich von Skagen zu erleben. Die Wanderdüne Råbjerg Mile ist das letzte Überbleibsel einer Zeit, in der Skagens Odde eine Sandwüste war. 1880 begannen die Bewohner mit der Anpflanzung von Küstenschutzplantagen und Heidegebieten. Råbjerg Mile wurde unter Naturschutz gestellt. Die Parabeldüne mit zwei nach hinten gerichteten Armen hat eine Fläche von etwa einem Quadratkilometer und ist etwa 40 m hoch. Der stetige Westwind treibt die vier Millionen Kubikmeter Sand seit ihrer Entstehung im 16. Jh. auf die Ostsee zu und sie wird wohl in 200 Jahren im Meer verschwunden sein. Hinter sich lässt die Düne eine steinige Ödnis zurück. In den ausgeblasenen Vertiefungen sammelt sich Regenwasser und langsam beginnt rund um die Dünenseen (Mile Søerne) neues Leben. Auf Gras und Schilf folgen Moosbeeren, Porst, Kleiner Bärlapp und Sonnentau. Insekten, Wassermolche und Kreuzkröten sowie Vögel geben im kleinen Maßstab quasi eine Lehrstunde aus der Evolutionsgeschichte des Lebens auf der Erde.

Für die meisten ist eine Wanderung auf die Råbjerg Mile vor allem ein Spaß (zumindest bei moderaten Windbedingungen). Ein Pfad aus Gummimatten (ab Parkplatz) hilft beim Aufstieg. Von oben hat man eine grandiose Rundsicht auf beide Meere. Bei Sonnenuntergang kann man ein zauberhaftes, warmes Farbenspiel erleben. Herausforderung statt Genuss suchen Laufenthusiasten, die Sand in den Schuhen und den steilen Anstieg nicht scheuen, denn beim alljährlichen Råbjerg Mile Lauf im Mai führt ein Halbmarathon direkt über die Düne.

▪ Von der Primärroute 40 am Kreisel bei Hulsig Richtung Kandestederne abbiegen, kostenloser Parkplatz ab Kandestedvej ausgeschildert. Infobroschüre mit Wanderwegen: https://naturstyrelsen.dk/media/nst/67333/RaabjergMiletysk.pdf.

Der Norden → Karte S. 254/255

Wandgestaltung in Hjørring

Nachlesen

& Nachschlagen

Gemütlich und wohlgeordnet: dänischer Lebensstil

Kurzporträt Dänemark

Dänemark liegt zwischen Mitteleuropa und der Skandinavischen Halbinsel. Kulturhistorisch wird es als Teil Skandinaviens begriffen. Einzige Festlandsgrenze ist die 70 km lange deutsch-dänische Südgrenze, ansonsten ist Dänemark von Meer (Nord- und Ostsee) umgeben. Die Landmasse besteht aus der Halbinsel Jütland (Jylland), den Inseln Fünen und Seeland (mit der Hauptstadt Kopenhagen) sowie weiteren 500 Inseln. Außerdem gehören die autonomen Färöer-Inseln und Grönland zum Königreich. Das in diesem Buch beschriebene Reisegebiet, die Nordseeküste Dänemarks im Westen Jütlands, ist zwischen dem Marschland bei Tønder und der nördlichsten Spitze bei Grenen rund 500 km lang.

Das sympathische Land ist gepflegt und wohlgeordnet, eine Art „Schweiz des Nordens". Im Ranking der glücklichsten Menschen liegen die Dänen auf Platz zwei (Deutschland Platz 16, World Happiness Report 2023). Dänemark rangiert gemessen am Bruttoinlandsprodukt pro Kopf auf Rang vier der europäischen Staaten der EU. Die Work-Life-Balance ist ausgezeichnet, bei höchstens 37 Arbeitsstunden pro Woche bleibt viel Zeit fürs Privatleben.

Die Dänen zahlen zwischen 37 und 59 Prozent Steuern und finanzieren damit ein Gemeinwesen mit erstklassigen sozialen Annehmlichkeiten. Der Wohlfahrtsstaat versorgt seine Bürger mit kostenlosen medizinischen Leistungen, kostenloser Bildung, Arbeitslosengeld und Rente und strebt dabei Gleichheit auf hohem Niveau an. Urlauber spüren an den hohen Preisen vor allem die 25-prozentige Mehrwertsteuer (die nicht zurückerstattet wird). Dafür ist andererseits einiges gratis: Feriengäste müssen keine Autobahnmaut, Kurtaxe oder Strandgebühr bezahlen.

Die dänische Verwaltung gliedert sich in die fünf Regionen Nordjylland (Nordjütland), Midtjylland (Mitteljütland), Syddanmark (Süddänemark), Sjælland (Seeland) und Hovestaden (Hauptstadt Kopenhagen und Umgebung) sowie 98 Kommunen. Die dänischen Kommunen sind in der Regel an Einwohnern gemessen größer als deutsche Gemeinden, ihre Verwaltungskompetenzen weisen über die von deutschen Städten und Landkreisen hinaus. Sie erheben eine eigenständige Kommunalsteuer, die für Aufgaben wie Gesundheitswesen, Bildung, Straßenbau, Stadtplanung und öffentlicher Nahverkehr verwendet wird.

Wirtschaft

Eine Vielzahl mittelständischer Industrie- und Dienstleistungsunternehmen, aber auch weltweit agierende Großunternehmen prägen die dänische Wirtschaft. Produkte wie Danfoss-Thermostate, stylishe HIFI-Anlagen von Bang & Olufsen, Lego-Bausteine, auch Milchprodukte von Arla und Bier von Carlsberg sind weit über die Landesgrenzen hinaus bekannt. Europaweit in aller Munde ist Dänemark durch die Exporte aus Landwirtschaft und Fischerei. Die Nordmanntanne an Weihnachten kommt mit hoher Wahrscheinlichkeit auch von hier, denn Dänemark ist größter Weihnachtsbaumproduzent in Europa. Steigende Umsätze hat auch der Energiesektor. Neben der Öl- und Gasförderung setzt Dänemark zunehmend auf die Nutzung erneuerbarer Energien mit dem Ausbau riesiger Offshore-Windparks. Auch die Tourismusbranche ist ein wichtiger Faktor für die dänische Wirtschaft. Sie trägt mit 2,3 Prozent zum BIP (Bruttoinlandsprodukt aller Waren und Dienstleistungen) bei. Im Jahr 2022 wurden rund 19,5 Millionen Übernachtungen deutscher Touristen in Dänemark erfasst. Deutschland ist zudem der wichtigste Handelspartner.

Umweltpolitik

Dänemark bekommt die Folgen der Klimaerwärmung hautnah zu spüren: Im polaren Grönland, das zum Königreich Dänemark gehört, kommt es inzwischen zu einer deutlichen Verringerung des Eisschildes mit dramatischen Auswirkungen auf das Ökosystem. Dänemark ist beim Engagement für Klimaschutz und bei den Einsparzielen für den CO_2-Ausstoß Vorreiter in der EU. Ein langfristiger Klimaplan soll das Land bis 2050 von Öl, Gas und Kohle unabhängig machen. Im Jahr 2022 lag der Anteil erneuerbarer Energien der dänischen Stromversorgung bei 75,9 Prozent, wobei Windenergie an erster Stelle steht. Die Akzeptanz in der Bevölkerung ist hoch, zum einen werden die Bürger direkt an den Windparks beteiligt oder für Nachteile entschädigt, zum anderen fließt der Ökostrom vielerorts durch Erdkabel statt auf Leitungstrassen. Wie man die in Sonne, Biomasse, Wind und Nordseewellen steckende Energie nutzen kann, erforschen mehrere Zentren an der Nordseeküste. 2023 fiel an der Nordseeküste der Startschuss für das europaweit einmalige Projekt Greensand: In einem ehemaligen Ölfeld 200 km vor der Küste sollen bis 2030 bis zu 13 Millionen Tonnen verflüssigtes Kohlendioxid endgelagert werden.

Nicht alle Probleme der Konsumgesellschaft hat das Land im Griff. Der Einsatz von Düngemitteln und Pestiziden in der intensiven Landwirtschaft sowie Massentierhaltung bilden noch große Herausforderungen für den Umweltschutz. Als Nordsee-Anrainerstaat hat Dänemark ein großes Interesse an der Verringerung von Plastikmüll. Dünne Plastiktüten sind inzwischen verboten, Einkaufstaschen aus Plastik sind kostenpflichtig. Für Getränkeflaschen gilt ein Pfandsystem. Recycling wird großgeschrieben. Plastikmüll, der an den Stränden angespült wird, weist auf das globale Problem der illegalen

Von Esbjerg aus werden die Offshore-Windparks betreut

Fakten zu Dänemark

Einwohner: 5,8 Mio. (2023)
Hauptstadt: Kopenhagen
Sprache: Dänisch (Minderheitensprache Deutsch)
Staatsform: parlamentarische Erbmonarchie
Staatsoberhaupt: Königin Margrethe II.
Regierungssystem: parlamentarische Demokratie
Währung: Dänische Krone (DKK)
BIP: ca. 375 Mrd. Euro
Religionen: 74,7 % ev.-luth. Volkskirche, 0,8 % Katholiken, 4,2 % Muslime
Fläche: Kernland Dänemark: 43.094 km² (davon 23.872 km² Jütland)
Grönland: 2,2 Mio. km²
Färöer: 1396 km²

Verklappung von Abfällen auf hoher See hin. Als Urlauber kann man mithelfen, Dänemarks schöne Natur sauber zu halten, indem man beispielsweise den vom Strandpicknick übrig bleibenden Abfall in die bereitstehenden Mülltonnen am Strand entsorgt.

- Infos: www.plasticchange.org.

Das Königshaus

Ähnlich wie die Briten sind auch die Dänen stolz auf ihr Königshaus, das auf eine tausendjährige Geschichte zurückblickt. **Königin Margrethe II.** ist seit 1972 regierende Königin und Staatsoberhaupt des Königreichs Dänemark. Damit die Tochter von König Frederik IX. die Krone übernehmen konnte, wurde 1953 die Verfassung geändert, die vorher nur eine männliche Erbfolge vorsah. Margrethe stammt aus dem Haus Schleswig-Holstein-Sonderburg-Glücksburg und ist eng mit den anderen europäischen Königshäusern verwandt. König Carl XVI. Gustav von Schweden ist ihr Cousin und Queen Elisabeth II von England war ihre Cousine. Margrethe II. heiratete den französischen Diplomaten Graf Henri de Laborde de Monpezat (Prinzgemahl Henrik), der 2018 verstarb. Die Monarchin lebt auf Schloss Amalienborg in Kopenhagen und Schloss Fredensborg in der Nähe der Hauptstadt. Sie gilt als pflichtbewusst und fleißig, ist aber eine leidenschaftliche Raucherin, was nicht bei allen Landsleuten gut ankommt. Neben ihren Repräsentationspflichten widmete sie sich gern künstlerischen Tätigkeiten. Sie entwarf Theaterkostüme und Bühnenbilder, brachte es als Malerin zu Ansehen und übersetzte u. a. Werke von Simone de Beauvoir gemeinsam mit ihrem Mann Prinz Henrik ins Dänische.

Aus der Ehe stammen zwei Söhne. **Kronprinz Frederik** ist verheiratet mit der aus Tasmanien stammenden Kronprinzessin Mary. Sie haben vier Kinder, der älteste, Prinz Christian, steht auf Platz zwei der dänischen Thronfolgerliste. Zweiter Sohn des Königspaares ist **Prinz Joachim.** Er lebte mit Frau und Kindern von 1995 bis 2014 auf Schloss Schackenborg in Møgeltønder. Seine erste Ehe mit Alexandra Manley wurde 2005 geschieden. 2008 heiratete er in der Kirche von Møgeltønder Marie Cavallier.

- www.kongehuset.dk, auch Englisch.

Die Küstenlandschaft

Die **Halbinsel Jütland** (Jylland) bildet das Festland Dänemarks. Die nördlich des Limfjords gelegene Region Vendsyssel-Thy ist genau genommen eine Insel, wird aber nicht als solche wahrgenommen. Der Ostteil Jütlands ist hügelig, zur Nordsee im Westen fällt das Land flach ab. Die Eiszeiten haben jede Menge Grundmoränenmaterial hinterlassen. Die Gletscher der Weichsel-Eiszeit bedeckten das Land bis vor rund 12.000 Jahren östlich einer Linie von Padborg bis Viborg und von dort aus am Südrand des Limfjords entlang bis nach Bovbjerg im Westen. Dort lassen sich an der Steilküste die aufgehäuften Geschiebeschichten der Moränen aus Lehm und Sand wunderbar besichtigen. Auch das Hanklit auf der Insel Mors am Limfjord mit seinen markanten Molerablagerungen ist wie ein aufgeschlagenes Buch der Erdgeschichte. Die Gletscher haben auch die schmalen Meeresbuchten gegraben, die sich nach dem Anstieg des Meeresspiegels mit Wasser füllten und Jütlands Osten malerisch zerklüfteten. Förden nennt man sie auf Deutsch, das Dänische bezeichnet sie sprachlich als Fjord, geologisch sind sie aber keine Fjorde. Auf der Nordseeseite entstand unter dem stetigen Anbranden der See eine glatte Ausgleichsküste.

Für die Landschaftsgestaltung waren die nacheiszeitliche Landsenkung im Südwesten und Landhebung im Osten und Norden ausschlaggebend. Im Tiefland des Südwestens entstand so das **Wattenmeer** mit vorgelagerten Inseln. Von Blåvand mit dem westlichsten Punkt Dänemarks am Blåvandshuk bis zur nördlichsten Spitze des Landes bei Grenen zieht sich eine schier endlose Sandstrandküste mit dahinter liegendem Dünengürtel. Haffs wie **Ringkøbing Fjord** und **Nissum Fjord** lockern das grüne Hinterland auf. Der 180 km lange **Limfjord** verbindet seit dem Bruch der Landzunge Agger Tange vor knapp 200 Jahren Nord- und Ostsee zwischen Thyborøn und Aalborg. Noch bis vor 4000 Jahren war das westliche Thy ein Inselmeer, das sich mit der Landhebung und Aufschwemmung von Sand zur heutigen Landschaft formte. Der steinzeitliche Küstenverlauf ist noch an Binnensteilhängen z. B. am Wildreservat Hanstholm oder am Nors Sø zu erkennen. Die relativ junge Landschaft des Nordens ist noch immer in Veränderung. Bei Grenen, wo die Wellen von Skagerrak und Kattegatt übereinanderschlagen, wächst die Spitze Jütlands jährlich um mehrere Meter nach Nordosten an.

Dünenwald auf Fanø

Erosion an der Steilküste bei Lønstrup

Die Nordsee

Sie ist ein kleines Randmeer des Nordatlantiks und doch riesengroß: Etwa 1000 km beträgt die Entfernung zwischen Englands Ostküste und Dänemarks Westküste und rund 1100 km von Norwegens Südwesten bis Holland und Belgien. An Dänemarks Nordkap fungieren Skagerrak und Kattegatt als Zufluss zur Ostsee. Im Durchschnitt ist die Nordsee 93 m tief, nur an der etwa in der Mitte liegenden Doggerbank ist sie mit 13 m ziemlich flach. Nördlich von Jütland fällt die Norwegische Rinne auf bis zu 725 m Tiefe ab. Entstanden ist das Nordseebecken vor Millionen von Jahren, doch die heutige Gestalt bildete sich erst vor rund 8000 Jahren heraus. In der Weichsel-Eiszeit lag der Meeresspiegel bis zu 120 m niedriger als heute, nach der Gletscherschmelze stieg das Wasser an. Der Prozess ist noch nicht abgeschlossen: Die weltweite Klimaerwärmung wird voraussichtlich zu einer Anhebung des Meeresspiegels führen. Steigt er „nur" um einen Meter, wären schon 7,4 Prozent der Fläche Dänemarks betroffen.

Die Nordsee, an deren Küsten insgesamt rund 80 Millionen Menschen leben, ist eine der meistbefahrenen Schifffahrtsregionen der Welt. Mit dem Wattenmeer, das sich vom holländischen Den Helder bis zum dänischen Esbjerg erstreckt, hat dieses Meer die größte zusammenhängende Schlick- und Sandwattfläche weltweit. Der Salzgehalt der Nordsee liegt bei knapp über drei Prozent.

Die Dänen nennen die Nordsee **Vesterhavet** (Westmeer), selten wird die Bezeichnung Nordsø verwendet. Die von Wind und Strömungen glatt geschliffene Ausgleichsküste im Westen Jütlands bietet der anbrandenden Nordsee auf 500 km die Stirn. An der Wattküste zwischen der deutsch-dänischen

Grenze und Esbjerg lässt sich das Aufeinandertreffen von Wasser und Land am eindrucksvollsten erleben. Das als UNESCO-Weltnaturerbe ausgezeichnete und besonders geschützte **Wattenmeer** bildet im Spiel der Gezeiten ein faszinierendes Ökosystem mit etwa 10.000 verschiedenen Tier- und Pflanzenarten. Es wird als „Speisekammer des Meeres" bezeichnet, denn hier leben und gedeihen neben großen auch allerkleinste Lebewesen am Anfang der Nahrungskette, die das Futter für viele Fische und Vögel bilden. **Ebbe und Flut** sind der Motor an dieser flachen Küste. Zweimal am Tag fallen die Wattflächen trocken und werden wieder überspült. Der Tidenhub, also die Höhe der Flut, ist je nach Ort unterschiedlich. In der Deutschen Bucht liegt er bei etwa 4 m, im dänischen Wattenmeer beträgt er im Schnitt nur noch 1,5 bis 2 m, bei Skagen an der Nordspitze Jütlands sogar nur noch etwa 40 cm. Wer im Wattenmeer unterwegs ist, sollte sich unbedingt mit der in jedem Touristenbüro erhältlichen örtlichen und tagesaktuellen Gezeitentabelle ausrüsten (http://ocean.dmi.dk/Tides/tides_dk.php).

Stürme können die Nordsee auf dramatische Weise entfesseln. Als „Blanker Hans" wird das aufgepeitschte Meer auch bezeichnet. Verheerende **Sturmfluten** haben die dänische Nordseeküste in ihrer Geschichte heimgesucht, Tausende Menschenleben gefordert und nicht selten die Landschaft umgeformt. Bei der Burchardiflut 1634 wurde die Wattküste zwischen Ribe und Brunsbüttel überschwemmt und bis zu 15.000 Menschen fanden den Tod. 1825 brach bei einem Orkan die Landzunge Agger Tange zwischen Thyborøn und Agger und öffnete den Limfjord zur Nordsee. Küstenschutz ist seit alters her eine wahre Kärrneraufgabe. Deiche und Sperrwerke entlang der Wattküste sollen das Marschland vor Überflutungen bewahren. Buhnen bremsen weiter nördlich die Nordseewellen aus, damit Strände und Steilküsten nicht abgetragen werden.

Die Mole in Løkken stemmt sich gegen die Nordseewellen

Auch als „Eisenküste" wird die Nordseeküste manchmal bezeichnet. Heftige Stürme, Strömungen und Sandbänke brachten in all den Jahrhunderten immer wieder Schiffe vor der dänischen Küste in Seenot. Mehr als **5000 Wracks** liegen dort auf dem Meeresgrund, Zehntausende Seeleute verloren ihr Leben. Das Strandingsmuseum St. George in Thorsminde erzählt die Geschichte der gefährlichen Seefahrt. Die Küstenbewohner halfen den Schiffbrüchigen und profitierten zugleich vom angeschwemmten Strandgut. Manch alter Name erzählt noch davon: Um den Mannschaften verunglückter Schiffe zu Hilfe zu eilen, wurden Rettungsboote auf den Redningsvejen (Rettungswegen) parallel zum Strand zur Unglücksstelle gebracht. Vom Raketvej (Raketenweg) wurde mithilfe von Raketen ein Seil zum verunglückten Schiff geschossen, über das die Mannschaft in Sicherheit gebracht werden konnte. Die Überlebenden wurden vorübergehend in den Höfen der Strandvögte einquartiert und aufgepäppelt. Das Strandgut aber, das nach den Havarien angespült wurde, wurde eingesammelt und zu barer Münze gemacht.

Leuchttürme entlang der Küste geben noch heute den Schiffen Orientierung. Schon im 16. Jh. wurde das Entzünden von Leuchtfeuern in Skagen angeordnet, um Unglücke zu verhindern. Die Skagener, so wird kolportiert, wollten sich jedoch das lukrative Strandgut nicht entgehen lassen und unterliefen zeitweise den königlichen Befehl. Historische Bedeutung erlangte die Nordsee vor Dänemark, als sie zum Schauplatz der Skagerrakschlacht, der größten Seeschlacht des Ersten Weltkriegs, wurde. Im Zweiten Weltkrieg war die dänische Nordseeküste Teil von Hitlers Atlantikwall: Befestigungsanlagen und Geschützstellungen sollten einen Angriff der Alliierten von der Seeseite verhindern und gleichzeitig die wichtige Nord-Ostsee-Passage blockieren.

Leuchttürme geben Schiffen Orientierung: Bovbjerg Fyr

Bernstein – „Gold des Nordens"

Viele Spaziergänger stiefeln durch die Brandung der Nordsee mit nur einem Ziel: Sie wollen Bernstein finden. Die Schatzjäger halten Ausschau nach kleinen Steinen in Gelb-, Rot- und Brauntönen, die sich durch Schliff zu schönen Schmuckstücken verarbeiten lassen. Kaum ein Badeort, der nicht einen Laden hat, wo Rav (Bernstein) verkauft wird (wenn auch die Masse davon nicht aus der Nordsee stammt).

Bernstein besteht aus Baumharztropfen, die auf urzeitlichen Boden fielen. Das Land wurde vom Meer überschwemmt, das Harz härtete unter dem hohen Druck aus und versteinerte. Manches Insekt oder Pflanzen wurden in den Harztropfen eingeschlossen. Solche Inklusen machen einen Bernstein besonders wertvoll, erlauben sie doch einen seltenen Blick in die Frühgeschichte der Erde. Der in Jütland gefundene Bernstein ist rund 50 Millionen Jahre alt. Die Gletscher der Eiszeit haben bernsteinführende Schichten ausgeschürft und das gehärtete Harz ausgewaschen.

Bernstein ist brennbar. Wegen seines harzigen Geruchs hat man ihn früher als Räuchermittel und Weihrauchersatz für kultische Rituale eingesetzt. Ihm werden auch Heilkräfte nachgesagt, und er wird als Schutzzauber verwendet. Schon in der Frühzeit schmückten sich die Menschen mit Bernstein. Bei den Wikingern war er eine beliebte Handelsware.

Gute Chancen, Bernstein zu finden, bieten die Strände von Rømø, Fanø, Esbjerg und Blåvand am besten nach stürmischen Tagen. Die Steinchen verstecken sich im niedrigen Wasser unter Algen, Seetang und Holzstücken, aber nicht zwischen Kieseln und Steinen. In den kälteren Monaten wird mehr Bernstein angespült als in den Sommermonaten. Das liegt am kälteren Meerwasser, das mit 4 °C eine höhere Dichte aufweist als im Sommer und damit den Bernstein besser transportiert.

Mit der Faszination des Schmucksteins aus gehärtetem Harz befasst sich das Tirpitz Museum in Blåvand. Einer, der richtig viel darüber erzählen kann, ist der Bernsteinschleifer Jens Peter Jensen, der in seiner Schleiferei Ravsmeden in Sønderho auf Fanø Bernstein zu Schmuck und kleinen Kunstwerken verarbeitet. Beim Bernsteinfestival Ende September in Henne Strand, Vejers und Blåvand werden Kultur und Geschichte des fossilen Harzes im Rahmen von zahlreichen Mitmachaktionen präsentiert.

Kegelrobben und Seehunde sind die größten Räuber der Nordsee

Flora und Fauna

Die größte Artenvielfalt findet man in und am Wasser. Allein im Wattenmeer existieren 10.000 verschiedene Tier- und Pflanzenarten – von Plankton, Queller und Seegras über Wattwürmer, Muscheln und Vögel bis hin zu größeren Spezies wie Schweinswalen, Seehunden und Kegelrobben.

Das Leben im und am Wasser

Meerespflanzen sind ein guter Indikator dafür, wie es mit der Ökologie der Nordsee bestellt ist. Starker Nährstoffeintrag und die Sonneneinstrahlung lassen im Frühsommer weit draußen in der Nordsee die Algen blühen. Sterben sie ab, wird Eiweiß frei, das als Schaum an die Küste gespült wird. Er ist ungefährlich, riecht aber scheußlich.

Als Speisepflanze des Menschen und als Medizinpflanze findet der (Blasen)-Tang Verwendung. In den Überflutungszonen des Watts gedeiht Queller, der früher als „Arme-Leute-Spargel" galt und heute die besten Restaurants erobert. Auch das Seegras, das in Teppichen auf dem Meeresboden wächst, wurde seit alters her von den Nordseeanrainern genutzt, z. B. als Polstermaterial für Matratzen und heute als ökologischer Dämmstoff. Seegras ist ein tüchtiger Sauerstoffproduzent, in den Seegraswiesen gedeihen Kleinlebewesen, die wiederum Nahrungsquelle vieler Seevögel sind.

Vögel kann man an der Nordseeküste in rund 350 Arten beobachten. Einer der charakteristischsten ist der Austernfischer mit schwarzweißem Gefieder und langem rotem Schnabel. Überall zu sehen und immer für ein geklautes Stück Brot zu haben sind die Möwen. Am Bulbjerg hat man beste Einblicke in die Kinderstube der Dreizehenmöwen. Ob Flugkünstler oder Watvögel – unter jeder Spezies findet man an der Nordseeküste auch gefährdete Vogelarten wie Rohrdommel, Löffelreiher, Säbelschnäbler, Kampfläufer, Küstenseeschwalbe und Flussregenpfeifer. Auch Sumpfohreule, Seeadler und Falken jagen hier.

Millionen von Zugvögeln legen alljährlich auf dem Weg in ihr Sommer- bzw. Winterquartier an Dänemarks Nordseeküste eine Fresspause ein. Dort tanzen dann Schwärme von Staren jeden Abend vor der sinkenden Sonne ihr faszinierendes Ballett (Sort Sol – Schwarze Sonne). Skagen ist ein bedeutendes Drehkreuz für die Vogelzüge in die Brutgebiete im nördlichen Skandinavien. Nicht vergessen werden sollen der geruhsam dümpelnde Schwan, Dänemarks Nationalvogel übrigens, und gemütlich in Stadtparks auf Futter aus Kinderhand wartende Enten.

Vogelbeobachtung

Mit größtmöglichem Fernglas und Teleobjektiv nach Vögeln Ausschau zu halten, hat sich besonders im Frühjahr und Herbst zum regelrechten Sport entwickelt. Wer sich beim erfolgreichen Artensichten mit anderen messen will, gehe nach Skagen. Für stille Genießer sind die Vogelbeobachtungstürme, die es zum Beispiel in der Skjern Enge und in den Vogelreservaten Tipperne und Vejlerne reichlich gibt, ausgezeichnete Standorte für die Vogelschau.

Seehunde und Kegelrobben kann man auf Sandbänken beim Sonnen beobachten. Die geschickten Jäger ernähren sich von Fischen und Krebstieren. Seehunde werden bis 1,60 m lang und 130 kg schwer. Die größeren Kegelrobben können bis zu 300 kg auf die Waage bringen. Auch wenn sie noch so possierlich aussehen, sind sie doch Wildtiere. Man sollte weder ihnen noch ihren Jungen zu nahe kommen. Nur durch eine Glasscheibe getrennt, kann man Seehunden jedoch ungefährdet in den Aquarien in Esbjerg und Hirtshals bei ihren Schwimmkünsten zuschauen.

Fische der Nordsee sind in den Aquarien ebenfalls zu sehen. Am weitesten verbreitet sind Hering, Aal, Dorsch, Makrele, Hornhecht sowie Plattfische wie Scholle und Kliesche. Recht exotisch mutet der Mondfisch an, in der freien Natur wird man aber kaum einem solchen Exemplar begegnen. Mit etwas Glück kann man einen Schweinswal im freien Meer sichten. Die delfinähnlichen, ca. 1,85 m langen, unter Naturschutz stehenden Tiere sind die häufigsten Wale in der Nord- und Ostsee, landen jedoch oft als Beifang in den Fischernetzen. Auch ein paar Haiarten tummeln sich in der Nordsee. Keine Angst, sie haben es nicht auf den Menschen abgesehen. Der Kleingefleckte Katzenhai frisst Krebs- und Weichtiere, der bis zu 12 m lange Riesenhai ist ein Planktonfresser, und der Dornhai gilt längst als gefährdete Art, vielleicht auch, weil seine geräucherten Bauchlappen den Menschen als Schillerlocken einfach zu gut schmecken. Die in die Nordsee mündenden Flüsse bringen reiche Fischfracht mit wie Forellen und Aale. In der Vidå, der Ribe Å und der Varde Å hat sich der im Wattenmeer als ausgestorben geltende Nordseeschnäpel wieder angesiedelt. In der Skjern Å ist der Lachs wieder heimisch geworden.

Muscheln und Schalentiere gehören zu den Delikatessen der Nordsee. Die (Pazifische) Auster, die ursprünglich an den Küsten des westlichen Pazifiks heimisch war, hat sich im Zuge ihrer Kultur als Zuchtauster bis in die Nordsee ausgebreitet. Im Wattenmeer kann man sie bei einer Austernsafari in der kalten Jahreszeit „frisch gepflückt" aus dem Sand genießen. Die ursprünglich heimische Europäische Auster wächst noch im Limfjord. Auf Schritt und Tritt begegnet man in den Bereichen der Gezeiten der schwarzen Miesmuschel

(Musling). Sie bildet große Kolonien, filtert das Meerwasser und wird nicht nur vom Menschen, sondern auch von Vögeln gern verspeist. Die scharfen Kanten ihrer Schalen bergen beim Barfußlaufen im Watt Verletzungspotenzial.

Delikatesse aus dem Watt: Austern

Vorsicht vor diesen Zeitgenossen

Quallen: Beim Baden in der Nordsee kann man je nach Jahreszeit Quallen begegnen. Am häufigsten sind die Ohrenquallen mit einem flach gewölbten, durchsichtigen Schirm und vier weißlichen Ringen. Sie sind für Badende ungefährlich, da ihr Nesselgift nur schwach ist und die menschliche Haut nicht durchdringt. Sehr schmerzhaft ist dagegen der Kontakt mit Feuerquallen (Brandmand). Sie tragen auffällige rote bis bräunliche Zeichnungen und haben lange Tentakeln. Schon bei einer kurzen Berührung wird das Nesselgift wie mit einer Harpune in die Haut injiziert. Auch tote Tiere und abgetrennte Fangarme können noch Verletzungen hervorrufen. Im schlimmsten Fall kann es zu allergischen Reaktionen mit Atembeschwerden, Schwindel, Erbrechen und heftigen Hautausschlägen kommen. Man sollte bei einem Quallenstich die betroffenen Hautstellen am besten mit Essig oder Salzwasser (keinesfalls Süßwasser) abwaschen und mit trockenem Sand bestreuen. Dann das Ganze mit einem Messerrücken oder einer Plastikkarte von der Haut abschaben, um die Nesselzellen zu entfernen. Alternativ soll auch Rasierschaum helfen (einwirken lassen und abschaben). Hinterher mit Eis kühlen oder Salben gegen Insektenstiche auftragen. Bei heftigen Reaktionen am besten einen Arzt aufsuchen.

Petermännchen: In den sandigen Uferzonen des Wassers leben die goldfarbenen Petermännchen (Fjæsing). Die 15 bis über 50 cm langen Grundfische haben eine giftige Rückenflosse. Da sie sich in den Sand eingraben, kann man beim Baden auf sie treten. Die Stiche sind schmerzhaft und führen zu Schwellungen und Entzündungen, in selteneren Fällen auch zu einem allergischen Schock. Nach einem Stich muss der Stachel entfernt werden. Hilfreich ist die Behandlung der betroffenen Stelle mit Wärme (knapp über 50 °C, beispielsweise einem heißen Fußbad, mit Fön aufwärmen oder einem elektronischen Mückenstichheiler), wodurch das Gift unschädlich wird. Anschließend Eisbeutel auflegen und einen Arzt aufsuchen. Um Stiche von Petermännchen zu vermeiden, ist das Tragen von Badeschuhen ein guter Schutz.

Kreuzottern: Das sandige Terrain der Heide und Dünen ist der Lebensraum der Kreuzotter. Sie trägt auf dem Rücken eine auffällige schwarze Zickzacklinie. Es gibt zum Glück nur wenige, außerdem sind sie auch scheu, sodass man ihnen höchst selten begegnet. Aggressiv werden sie nur, wenn sie sich bedroht fühlen. Bester Schutz sind festes Schuhwerk und lange Hosen. Falls man doch von einer Kreuzotter (Hugorm) gebissen wird, sollte man das betroffene Körperteil absolut ruhig stellen, den Körper flach lagern und für den Transport zum Arzt oder in eine

Klinik sorgen. Der Biss verursacht etwas mehr Schmerzen als ein Wespenstich, die Wunde schwillt stark an und zeigt oft eine blaurote Verfärbung. Es kann zu Übelkeit, Blutdruckabfall, Kollaps und Atemproblemen kommen.

Das Leben an Land

Der **Dünengürtel** ist bewachsen mit Strandhafer, Heide und Büschen, von denen der orangefarbene Sanddorn im Herbst besondere Farbtupfer setzt und der Wacholder als Schnapszutat geschätzt wird. Die Blätter des Gagelstrauchs (Porse) werden als Würze von Draftbieren verwendet. Angenehm duftend sind die lilafarbenen Blüten des Sand-Thymians; die Schwarze Krähenbeere bietet nach der dunkelroten Blüte ab August vitaminreiche Beeren. Ebenfalls bestens an die kargen Lebensbedingungen in den Dünen angepasst ist die silbrig-bläuliche Stranddistel. Wenn Sie eine der seltenen Pflanzen sehen, erfreuen Sie sich einfach daran, aber lassen Sie diese stehen! Die einen oder anderen Pflanzen liefern sich einen erbitterten Kampf wie die heimische Dünenrose (Klitrose), die im Juni zarte, weiße Blüten hervorbringt, sie wird von der aus Ostasien eingeschleppten rotblühenden Kartoffelrose verdrängt. Zwar beschert diese Hagebutten, die zu Marmelade eingekocht gut schmecken, doch sie vermehrt sich so rasant, dass sie dem Strandhafer und dem Strandroggen, sogar manchen Eidechsenarten den Lebensraum streitig macht. An vielen Orten hat man ihr den Kampf angesagt.

Dünenwälder zum Schutz gegen Erosion bestehen meist aus Nadelbäumen, vor allem Kiefern. Weiter im Landesinneren dominieren Laubbäume wie Buche, Eiche, Haselsträucher, Birken und Linden, allerdings selten auf größeren Flächen. Zwischen Wiesen und Feldern strecken sich Heckenreihen windschief in den Blick, sodass man sieht, wie ernst sie ihren Job als Windschutz nehmen. Eine Besonderheit ist der übersandete Eichenwald wie am Blåbjerg bei Henne. Tief unter dem Flugsand liegen die Wurzeln und Stämme der Bäume, oben ragen die Äste wie ein niedriges Gebüsch heraus.

Wild wie Rotwild und Damwild lebt vor allem in Schutzzonen wie dem Hanstholm Reservat im Nationalpark Thy. Füchse, Dachse und Waschbären bekommt man meist erst dann zu Gesicht, wenn sie vor ein Auto gelaufen sind.

Nutztiere wie Kühe, Pferde, Schweine, Schafe und Geflügel sieht man in Jütland oft auf den Weiden, aber natürlich gibt es auch zahlreiche Mastbetriebe. Zwei Drittel des Landes werden landwirtschaftlich genutzt, die Produktivität ist hoch: Statistisch kommen auf jeden Dänen zwei Schweine. Aus Angst vor der Afrikanischen Schweinepest, die vor allem Wildschweine einschleppen, wurde 2019 entlang der 70 km langen deutsch-dänischen Grenze ein Wildschweinzaun hochgezogen, Kostenpunkt etwa zehn Millionen Euro. Da viele grenzüberschreitenden Straßen und Wege unbebaut bleiben, zweifeln Kritiker aber an der Effektivität der Maßnahme.

Grasende Kühe

Windschiefe Baumreihe im Binnenland

Klima und Reisezeit

Auf eines kann man sich verlassen: Das Wetter an der Nordseeküste ist wechselhaft. Der Vorteil: Selbst an regnerischen Tagen reißt der Himmel meist für eine gewisse Zeit auf.

Wind (aus vorwiegend westlicher Richtung) bläst eigentlich immer, besonders im Winter erreicht er nicht selten Sturmstärke. Als Land im Norden Europas hat Dänemark ein kühl-gemäßigtes Klima mit mäßig warmen Sommern und kühlen Wintern, wobei die Tiefstwerte nur wenige Grade unter Null fallen. Die Monate Februar bis Mai sind am trockensten, die Monate Oktober und November die feuchtesten. Im Mai liegen die Höchsttemperaturen bereits bei 15/16 °C. Im Sommer klettert das Thermometer tagsüber in der Regel nur wenig über 20 °C, es sind aber auch hochsommerliche Phasen mit bis zu 30 °C möglich. Nachts kühlt es im Schnitt auf 12 bis 13 °C ab. Von Juni bis September erreicht die Nordseeküste badetaugliche 15 bis 19 °C.

Das Tolle am nordischen Sommer sind die langen Tage mit viel Licht für Unternehmungen. In Skagen geht die Sonne bei Sommersonnenwende um 22.20 Uhr unter, das ist ca. eine Stunde später als in Berlin. Die angenehmen Temperaturen und der kühlende Wind lassen einen schnell vergessen, wie stark die Sonne auch in den nordischen Breiten scheint. Zum Schutz vor UV-Strahlung und zur Vermeidung von Sonnenbrand sollte man bei allen Aktivitäten im Freien Sonnencreme mit hohem Lichtschutzfaktor verwenden. Schützen Sie besonders am Strand spielende Kinder mit Hütchen, Sonnenbrille, T-Shirt und wasserfester Sonnencreme!

Mein Tipp: Wenn es an der Nordseeküste bedeckt und ungemütlich ist, kann es an der Ostsee durchaus schön sein. Also Wetterbericht checken und gegebenenfalls einen Ausflug machen. Wettervorhersage: www.dmi.dk.

Reizklima: Wind, Sonne, Salz – das Klima der Nordseeküste hat gesundheitsfördernde Auswirkungen auf den gesamten Organismus. Ärzte sind sich darüber einig, dass es kaum etwas Gesünderes gibt als einen Spaziergang an der Nordsee. Bewegung in allergenarmer, kühler Luft, die thermische Wirkung des Windes, dazu das Sonnenlicht und das salzhaltige Aerosol – all das regt das Immunsystem an, unterstützt die Durchblutung, hilft bei Atemwegs- und Hauterkrankungen und fördert den Ausstoß von Glückshormonen. Das für die Nordseeküste typische Reizklima ist also ein Wellnesseffekt, den es hier völlig kostenlos gibt.

Reisezeit: Für einen Badeurlaub sind die Monate Juni bis September am besten geeignet, da dann die Nordsee angenehme Temperaturen hat. In dieser Zeit sind auch alle Attraktionen geöffnet. Wer gerne wandert, Rad fährt oder sonst im Freien aktiv ist, findet von April bis Oktober beste Voraussetzung für seinen Sport. Für Vogelbeobachtung und Naturexkursionen sind Frühjahr und Herbst die ergiebigsten Zeiten. Auch in den Wintermonaten hat die Nordseeküste ihren Reiz, doch muss man sich auf kurze Tage und nasskaltes Wetter einstellen. Kultururlaub und Wellnessaufenthalte lassen sich das ganze Jahr über einplanen. Im Herbst und Winter sollte man mit kürzeren Öffnungszeiten und in den Badeorten sogar mit längeren Schließzeiten von Museen, Hotels und Restaurants rechnen.

Geschichte im Zeitraffer

Die frühesten Spuren von Jägern und Siedlern stammen aus der Steinzeit. Grabhügel aus der Bronzezeit findet man in Ost-Thy. Zahlreiche Ausgrabungsfunde zum Beispiel im Naturpark Marbæk oder in Vestervig zeigen, wie man sich das bäuerliche Leben in der Eisenzeit um ca. 400 n. Chr. vorstellen kann. Das Territorium des Stammes der Danen reichte seinerzeit bis zur Schlei im heutigen Schleswig-Holstein. Mithilfe des im 5. und 6. Jh. erbauten Danewerks (Danvirke), einer bis zur Nordsee reichenden Befestigung aus Erdwällen, Mauern und undurchdringbaren Feuchtgebieten, riegelten die Danen die Halbinsel Jütland an der schmalsten Stelle ab. In der Wikingerzeit sicherte das zum UNESCO-Welterbe erkorene Danewerk die Handelswege bis zur Siedlung Haitabu bei Schleswig an der Schlei.

Wikingerzeit

Anfang des 6. Jh. besiedelten die Nordmänner vom schwedischen Schonen aus Seeland und weitere Inseln sowie ab Jahrhundertmitte auch Jütland. Das Seefahrervolk nutzte natürliche Häfen wie in der Stadt Ripa (Ribe). Im Jahr 860 begründete der Missionar Ansgar von Bremen in Ribe die erste christliche Kirche Skandinaviens. Die vereinzelt existierenden Königreiche einte Gorm der Alte im 10. Jh. Sein Sohn Harald Blauzahn nahm den neuen christlichen Glauben an. Zwei Runensteine, die Gorm und Blauzahn in Jelling aufstellen ließen, belegen erstmals den Namen „Danmark". Von Festungen wie der Aggersborg aus startete das damals Wikinger genannte Volk blutige Handels- und Eroberungszüge. Ihr Nordseereich umfasste schließlich weite Teile der Britischen Inseln, Norwegens und Jütlands. Nach den vernichtenden Schlachten von Stamford Bridge und Hastings in England und mit der Zerstörung des Handelshafens Haitabu an der Schlei fand die Wikingerzeit 1066 ihr Ende.

Mittelalter

In der Waldemarzeit (11. Jh.) durchlebte das Land heftige Wirren. Ende des 12. und Anfang des 13. Jh. expandierte das Reich nach Osten und Süden. In jener Zeit lebte die beliebte Dänenherrscherin, Königin Dagmar, deren früher Tod 1212 in Ribe in einem Volkslied besungen wird. Unter Königin Margrete I. vereinigten sich Dänemark, Norwegen, Island, Schweden und Finnland im Jahr 1380 zur Kalmarer Union. Der Verbund endete nach 1523, als Schweden seine Unabhängigkeit errang. 1536 setzte sich die Reformation durch und Dänemark wurde evangelisch.

Vom 16. bis ins 19. Jh.

Die Auseinandersetzungen mit Schweden um die Vormachtstellung in Skandinavien blieben bis ins 17. Jh. an der Tagesordnung. Dänemark schrumpfte und die Hauptstadt Kopenhagen rückte vom einstigen Zentrum des Reichs an den östlichen Rand. Staatsreformen im Sinne der Aufklärung und die Bauernbefreiung kamen im 18. Jh. zum Tragen. In der napoleonischen Zeit gab Dänemark schließlich seine anfängliche Neutralität auf und kooperierte mit Frankreich. Die hohen Belastungen durch die Niederlage in den Napoleonischen Kriegen trieben Dänemark 1813 in den Staatsbankrott; mit dem Kieler Friedensvertrag 1814 musste es Helgoland an Großbritannien und Norwegen an Schweden abtreten. Island, die Färöer-Inselgruppe, Grönland und Dänisch-Westindien (bis 1917) blieben bei Dänemark.

Christianisierung: Kirche in Bork Vikingehavn

Ab 1849 avancierte Dänemark unter dem Haus Glücksburg zur konstitutionellen Monarchie und erhielt seine erste Verfassung. Der erstarkte Nationalgedanke verschärfte den Gegensatz von Dänen und Deutschen. Als Folge kam es zum Kampf um den Süden Jütlands – damals noch Herzogtum Schleswig (als dänisches Lehen) – sowie um die Herzogtümer Holstein und Lauenburg (Mitgliedsstaaten des Deutschen Bundes). Im Deutsch-Dänischen Krieg 1864 siegten Preußen und Österreich; Schleswig und Holstein gingen an Preußen und die Grenze des dänischen Königreichs lag plötzlich bei Ribe. Noch heute wird die entscheidende Schlacht bei den Düppelner Schanzen (nahe Sønderburg an der Ostsee) alljährlich für Touristen nachgespielt. 1920 durfte schließlich das Volk entscheiden: Nordschleswig fiel an Dänemark, Südschleswig blieb bei Deutschland. Diesseits und jenseits der bis heute geltenden Landesgrenze verblieben dänische bzw. deutsche Minderheiten.

Weltkriege

Neutralität war die politische Maxime in beiden Weltkriegen. Dänemark ließ sich nicht in den Ersten Weltkrieg verstricken. Im Zweiten Weltkrieg wurde das Land aber, obwohl es 1939 einen Nichtangriffspakt unterzeichnet hatte, am 9. April 1940 im Rahmen der „Operation Weserübung" von der deutschen Wehrmacht überrannt. Innerhalb eines Tages war Dänemark besetzt, Eisenbahnnetz und Flugplätze wurden für den Transport deutscher Truppen nach Norwegen genutzt. Bis an die Nordspitze bei Skagen bauten Hitlers Truppen den sogenannten Atlantikwall aus und befestigten auch die gesamte dänische Nordseeküste mit Bunkern und Geschützstellungen. Am 4. Mai 1945 kapitulierten die deutschen Truppen. Am Kriegsende sah sich Dänemark mit Hunderttausenden deutschen Flüchtlingen und Evakuierten aus den deutschen Ostgebieten konfrontiert, die meist mit Schiffen über die Ostsee flüchteten. Bis zu 250.000 Menschen mussten zeitweise in den Auffanglagern, u. a. in Oksbøl bei Esbjerg, versorgt werden.

Nachkriegszeit

Dänemark engagierte sich als Gründungsmitglied der UNO (1945), der NATO (1949) und des Nordischen Rats (1952). In der Bonn-Kopenhagener-Erklärung (1955) vereinbarten Deutschland und Dänemark Sonderrechte für die jeweiligen Minderheiten in der Bevölkerung. 1972 starb König Frederik IX. und seine Tochter Königin Margrethe II. wurde Staatsoberhaupt. Am 1. Januar 1973 trat Dänemark der Europäischen Gemeinschaft bei. Dem Maastricht-Vertrag zur Europäischen Einigung stimmten die Dänen erst in einem zweiten Referendum mehrheitlich zu, bei der Abstimmung über die Währungsunion im Jahr 2000 lehnte eine Mehrheit die Einführung des Euros ab. Dänemark gehört zum Schengen-Raum, doch im Zuge der europäischen Flüchtlingswelle wurden 2016 stichprobenartige Grenzkontrollen wieder eingeführt.

2010 kürte Dänemark „sein" Wattenmeer zum Nationalpark Vadehavet. Das schreckliche Erbe der Kriegszeit beschäftigte Dänemark noch bis 2012: Erst dann wurden die letzten von den Nazis im Sand vergrabenen Minen auf der Halbinsel Skallingen unschädlich gemacht. Im Jahr 2014 wurde das dänische Wattenmeer zum UNESCO-Welterbe erklärt. Auch Ingenieurskunst setzte historische Marksteine im Inselkönigreich: 1998 wurde die Brücke über den großen Belt eingeweiht, die die Reisezeit vom Festland nach Kopenhagen entscheidend verkürzt. Die Øresundbrücke verbindet Dänemark und Schweden seit dem Jahr 2000.

Denkmal in Ribe für Königin Dagmar

Mit einer medienwirksamen Rettungsaktion wurde 2019 der vom Absturz in die Nordsee bedrohte Rubjerg Knude Fyr auf Schienen gesetzt und 70 m landeinwärts verbracht. Seit den 1990er-Jahren liefen die Planungen für eine feste Fehmarnbelt-Querung, 2008 unterzeichneten Deutschland und Dänemark einen entsprechenden Staatsvertrag. Die Kosten trägt Dänemark. Seit 2021 wird an dem Tunnelbauwerk zwischen Rødby auf Lolland und Puttgarden auf Fehmarn gebaut, die Fertigstellung ist für 2029 geplant.

Kultur-Geschichte(n)

Dänemark ist reich an hochkarätiger Literatur, Kunst, Architektur und Design. Nicht nur in der Hauptstadt, auch in den Städten der Nordseeküste und sogar an abgelegenen Orten stößt man auf bemerkenswerte Menschen und ihre Geschichte(n).

Prinz Hamlet

Der Ausruf „Es ist etwas faul im Staate Dänemark" aus Shakespeares Tragödie „Hamlet" (1602) ist weltbekannt. Der englische Dramatiker siedelt sein Politdrama am Hof von Schloss Kronborg in Helsingør bei Kopenhagen an und lässt den Dänenprinzen über „Sein oder Nichtsein" sinnieren. Die Heimat des echten Hamlet war allerdings die Insel Mors am Limfjord. Der Sage nach soll König Fegge Hamlets Vater getötet und dessen Mutter geheiratet haben. Auf dem Feggeklit nahm der Prinz schließlich blutig Rache an seinem Stiefvater.

Hans Christian Andersen (1805–1875)

„Die Höhen mit Heide und Buketts von Eichengebüsch, Hügel wie aus schwarzem Torfmull, der weiße Sand schimmerte hindurch." So beschreibt Hans Christian Andersen den Weg von Silkeborg nach Herning auf einer Reise an die Nordsee im Juli 1859. Er erzählt, wie er auf den Dünen am Nissum Fjord sein Zelt mit dem Danebrog krönt, und wie die Kirche von Husby unter dem Sandtreiben fast ersoffen wäre (Andersen: „Ja ich bin ein seltsames Wesen", Tagebücher 1825–1875, Göttingen 2000). In seiner „Geschichte aus den Sanddünen" (1859) verarbeitet er sein Erleben der damals öden Gegend von Skagen: „Die Häuser lagen ... hingestreut zwischen wechselnden Sandhügeln, eine Wüste, wo der Wind in dem losen Sand spielt. ... Das große Wohnhaus war mit Teer angestrichen, die kleineren Wirtschaftshäuser hatten jedes ein umgestülptes Boot als Dach ...". Es lohnt sich, ein bisschen hineinzulesen in die Werke Hans Christian Andersens, der als Sohn eines Schusters und einer alkoholkranken Wäscherin in Odense auf Fünen geboren wurde. Mit 14 Jahren ging er nach Kopenhagen, versuchte sich als Schauspieler und Sänger. Vom Direktor des Königlichen Theaters unterstützt und von König Friedrich VI. finanziert, konnte er die Lateinschule besuchen. Andersen etablierte sich als Autor und Dichter und unternahm ausgedehnte Reisen in Europa und bis ins Osmanische Reich. Er schrieb 156 Märchen, darunter „Die kleine Meerjungfrau". Andersen griff auch die mittelalterliche Sage von Holger Danske auf, dem schlafenden Retter Dänemarks, dessen Bart in der Tischplatte eingewachsen war. Holger Danske werde aufwachen und sich gegen Feinde erheben, wenn Dänemark Gefahr drohe, heißt es. Eine Danske-Statue ist in Skjern zu sehen.

Karen Blixen (1885–1962)

Die dänische Schriftstellerin, die im Deutschen vor allem als Tania Blixen bekannt ist, zählt zu den berühmten Literatinnen des 20. Jh. Sie wurde nahe Kopenhagen geboren, studierte Kunst in Paris und Rom und wanderte 1913 mit ihrem Mann nach Kenia aus, um der bourgeoisen Langeweile ihrer begüterten Familie zu entfliehen. Die Erlebnisse der 17-jährigen Zeit als Besitzerin einer Kaffeefarm verarbeitete Blixen in ihrem autobiografischen Roman „Afrika – dunkel lockende Welt" (1937). Er wurde unter dem Titel „Jenseits von

Statue der Sagengestalt Holger Danske in Skjern

Afrika" mit Meryl Streep in der Hauptrolle verfilmt und erhielt zahlreiche Oscars. Erfolgreich wurde auch ihre Erzählung „Babettes Gastmahl" (erschienen 1952; deutsche Ausgabe bei Manesse, 2022) und Blixen kam mehrmals für den Literaturnobelpreis ins Gespräch. Von der Kopenhagener Aristokratie und Begegnungen mit Gutsbesitzern aus Nordjütland erzählt Tania Blixen in „Nordische Nächte: Die schönsten Erzählungen" (2016, München, Penguin Verlag). Sie beschreibt darin das „ungewöhnlich reiche" Vogelleben auf einem Gut namens Ballegaard. Sie erinnert sich an „unendliche Schwärme wilder Gänse" und „Wolken von Enten", die sich aus den Seen erhoben. „Die dichten Züge der Sumpfvögel auf ihrem Weg nach Norden oder Süden bezeichneten die Jahreszeiten."

Ulrik Plesner (1861–1933)

Der in Vedersø an der Nordseeküste geborene Architekt beeinflusste ganze Generationen seiner Zunft. Nach seinem Studium an der Königlich Dänischen Kunstakademie Kopenhagen begann er ab 1881 architektonisch zu arbeiten. Er vereinte Elemente des vorgefundenen bäuerlichen Baustils mit solchen aus Historismus und Jugendstil. Die schmucken Backsteinhäuser der Kaufmannsstadt Ringkøbing stammen von ihm. Auch das Stadtbild der gelben Häuser mit weißen Gesimsen von Skagen trägt seinen Stempel. 1891 kam er erstmals dorthin, um einen Leuchtturm für Gammel Skagen zu bauen. Er fasste Fuß im Künstlerzirkel der Skagenmaler, erweiterte Brøndums Hotel, baute das Wohnhaus von Michael und Anna Ancher, die Königliche Sommerresidenz Klitgården und schließlich viele öffentliche Gebäude wie Skagens Museum, den Bahnhof, sowie Bank und Post. Er starb 1933 und wurde in Skagen beigesetzt.

Hans J. Wegner (1914–2007)

Ein gebürtiger Tönderaner schuf „den schönsten Stuhl der Welt": der „Runde Stuhl" des Möbeldesigners Hans J. Wegner zierte 1950 das Cover der US-

Design-Ikonen: Stühle von Hans J. Wegner in Tønder

Zeitschrift „Interiors". Wegners Stühle wurden weltbekannt und dänisches Design zur Marke. Einfachheit, Eleganz, Klarheit und organische Formgebung gepaart mit Funktionalität, die den Benutzern dient, kennzeichnen den dänischen Stil. In der Ausstellung des Museums Sønderjylland in Tønder dürfen die Besucher seine Stühle und Sessel ausprobieren. Im Laufe seiner Karriere entwarf Wegner, der in seiner Heimatstadt Tønder den Beruf des Möbelschreiners erlernte und später an der Kunstgewerbeschule Kopenhagen studierte, über 1000 Sitzmöbel. Kein geringerer als John F. Kennedy hatte Wegners „The Chair" 1960 für das erste TV-Duell der Präsidentschaftskandidaten ausgewählt. 1997 erhielt Wegner die Ehrendoktorwürde des Royal College of Art in London und den 8. Internationalen Design Award in Osaka.

Jørn Utzon (1918–2008)

Das Sidney Opera House mit dem markanten Dach, das an aufgeblähte weiße Segel erinnert, hat den dänischen Architekt Jørn Utzon weltberühmt gemacht, obwohl andere Architekten seinen Entwurf – nach einem Zerwürfnis mit der Regierung wegen der gestiegenen Baukosten – letztlich zu Ende bauten. Auch Utzons Bauten an der Nordseeküste wie das Museumsgebäude Skagen Odde Naturcenter und ein ehemaliges Uni-Gebäude im Birk Centerpark Herning, erinnern mit ihren weißen Fassaden und nach dem Himmel greifenden Dächern an Segel beziehungsweise Motive aus der Natur. Das 1997 eingeweihte Musikhuset Esbjerg verbanden Jørn Utzon und sein Sohn Jan durch ein von Pilzen inspiriertes Kolonnaden-Foyer mit dem angrenzenden Kunsthaus. Sein letztes Werk ist das Utzon Center in Aalborg, das er mit seinem Sohn Kim realisierte. Eine interaktive Ausstellung informiert ausführlich über sein Leben und Werk. Jørn Utzon studierte Architektur in Kopenhagen und arbeitete auch mit dem berühmten finnischen Kollegen Alvar Aalto zusammen. 2003 erhielt er den renommierten Pritzker-Preis für sein Lebenswerk.

Anna Ancher (1859–1935)

Für die Tochter der Hoteliersfamilie Brøndum in Skagen eröffnete der Kontakt mit den alljährlich im Gasthof einquartierten Künstlern aus Kopenhagen neue Welten. Sie verliebte sich in den Maler Michael Ancher (1849–1927), der das künstlerische Talent der jungen Frau förderte. Er überzeugte ihre Eltern, Anna nach Kopenhagen zu schicken, wo sie drei Winter in einer privaten Zeichenschule ausgebildet wurde. Den Sommer über malte sie mit den Skagenmalern und wurde bald bei ihrer ersten Ausstellung als „besonders vielversprechende Debütantin" gefeiert. Anders als ihre männlichen Kollegen, die in der freien Natur malten, hielt Anna – inzwischen mit Michael Ancher verheiratet und später auch Mutter einer Tochter – das weibliche Lebensumfeld im häuslichen Bereich fest: Frauen beim Hühnerrupfen, beim Stillen ihrer Kinder oder beim Nähen. Das legendäre Skagener Licht fällt durchs Fenster herein. Vom Realismus und dem französischen Impressionismus ausgehend fand Anna Ancher eine starke eigene Bildsprache, wie man in der Ausstellung im Skagens Museum sehen kann.

Peder Severin Krøyer (1851–1909)

Der norwegisch-dänische Maler war einer der wichtigsten Maler der Künstlerkolonie Skagen. Er schuf Meisterwerke der impressionistischen Freilichtmalerei. 1882 kam er zum ersten Mal nach Skagen und war fasziniert von dem besonderen Licht und der umgebenden Natur. Sein Gemälde „Sommerabend am Skagener Südstrand" (1893), eine stille Szenerie mit zwei Damen in langen weißen Sommerkleidern am Strand, und andere Bilder sind im Skagens Museum zu sehen. Er malte auch den kleinen Fischerort Stenbjerg, wo er 1889 mit seiner Frau Marie die Flitterwochen verbrachte. Auf dem Skagener Friedhof fand er seine letzte Ruhestätte.

Jens Søndergaard (1895–1957)

„Was, ein Kunstmaler?", machten sich die Bauern lustig, als Jens Søndergaard als spindeldürrer 15-Jähriger durch Thy radelte, um seine Motive zu finden. Sein Vater betrieb in Hurup Thy ein Fahrradgeschäft und Jens absolvierte im Dorf eine Malerlehre. Er komplettierte die Ausbildung an der technischen Schule in Aarhus. Die Großmutter förderte sein Talent, er zog nach Kopenhagen, aber es dauerte eine Weile, bis sich der eigenwillige Maler künstlerisch durchsetzen konnte. Inspiriert durch die Werke von Munch, van Gogh, Kokoschka und Nolde wandte er sich dem Expressionismus zu. In den tristen Kopenhagener Wintermonaten malte er strenge, abstrakte Stadtlandschaften und Porträts. Aber es ist vor allem die raue, ungezähmte Natur der Nordsee, die den Maler faszinierte. Sein Freund und Kollege Niels Bjerre nahm ihn zur Steilküste des Bovbjerg in Ferring mit. Das dort von Bjerre betriebene Badehotel wurde zum Treffpunkt vieler Maler und Literaten. Søndergaard verbrachte jeden Sommer dort und kaufte 1930 selbst ein Sommerhaus, das heute als Jens-Søndergaard-Museum (Dependance des Lemvig Museums) seine großformatigen Landschaftsgemälde zeigt. Auch Stenbjerg besuchte er immer wieder und machte es zu Motiven seiner Bilder. Weitere Werke des Künstlers, der von den Nazis als „entartet" gebrandmarkt und 1956 in den USA mit dem Guggenheim-Preis geehrt wurde, sind im Heltborg Museum in Hurup Thy zu sehen. Außerdem gehören Werke von Søndergaard zur Sammlung des Museums Kunsten in Aalborg (www.lemvigmuseum.dk, www.museumthy.dk).

An der Vilsundbroen zwischen den Inseln Mors und Thy

Anreise

Mit dem Flugzeug

Direktflüge nach Billund Airport in der Mitte Jütlands gibt es ab Berlin, Frankfurt und Amsterdam. Den Flughafen Aalborg im Norden erreicht man mit Zwischenstopp ab Frankfurt, Zürich und Wien. Außerdem gibt es weitere kleinere Flughäfen in Jütland mit Flügen nach Kopenhagen sowie internationalen Zielen: Flughafen Aarhus, Midtjyllands Lufthavn in Karup, Flughafen Esbjerg.

Mit dem Auto

An der Nordseeküste ist man mit dem eigenen Fahrzeug am flexibelsten unterwegs, und für Urlauber aus Norddeutschland liegt Dänemark quasi um die Ecke. Über die A7 geht es ab Hamburg Richtung Flensburg, die deutsch-dänische Grenze ist nach 160 km erreicht. Gelegentlich werden stichprobenartige Grenzkontrollen durchgeführt, so kann es an den Hauptreisetagen (Samstag) während der Ferienzeit zu Staus kommen. Ab dem Grenzübergang bei Padborg sind es rund 400 km bis an die Nordspitze Jütlands bei Skagen. Die Autobahn E45 führt bis Frederikshavn, ab Aalborg zweigt die E39 nach Hirtshals ab. Esbjerg im Westen erreicht man nach 150 km über die E45 (bis Kolding) und dann über die E20. Ebenfalls vierspurig ausgebaut ist der Midjyske Motorvej (Primärrouten 18 und 30) von Vejle nach Herning (Entfernungstabelle → Faltkarte dieses Buches).

Ein dichtes Netz von Landstraßen (ausgewiesen als Primärrouten und Sekundärrouten) führt von den größeren Städten bis zu den Badeorten an der Nordseeküste. Da Jütland flach ist, macht es von den Kilometern her meist keinen Unterschied, ob man eine Haupt- oder Nebenstrecke benutzt. Auf den Sekundärrouten sind allerdings mehr Ortsdurchfahrten zu meistern. Ab Varde nördlich von Esbjerg erschließt die Sekundärroute 181 die Nordseeküste als Küstenstraße bis Hanstholm im Norden.

Für Reisende aus dem süddeutschen Raum, Österreich und der Schweiz gibt es mit dem **Autozug** eine entspannte Alternative. Im Sommer (Mai–Oktober) verkehren Urlaubs-Express-Züge mit Autoverladung von München, Innsbruck und Lörrach nach Hamburg, der ÖBB-Nightjet verbindet bis in die Wintermonate täglich Innsbruck mit Hamburg. Aktuellen Fahrplan beachten!

▪ www.urlaubs-express.de; www.nightjet.com

meinTipp **Übernachten** **Hotel an der Schlei,** von der A7 nach 6 km leicht erreichbar. Empfehlenswert für einen Übernachtungsstopp nahe Schleswig (Deutschland). Komfortable, ruhige Zimmer mit Bad/WC, TV und WLAN versprechen eine erholsame Nacht. Während des leckeren Frühstücksbüfetts genießt man den Blick auf die Schlei. Anreise jederzeit, Schlüssel im Safe mit Code. Parkplätze am Haus. DZ mit Frühstück 104 €. Dorfstr. 44, 24857 Fahrdorf, ✆ 0 46 21/3 80 00, www.hotelanderschlei.de.

Einkaufen Um Reisevorräte zu günstigen deutschen Preisen aufzufüllen, ist ein Einkauf im **Fördepark Flensburg** eine gute Adresse. Hier findet man Discounter und Supermarkt, sowie Mode, Schuhe, Drogerie, Apotheke, Elektronik und mehrere gute Schnellrestaurants. Mo–Sa 8–21.30 Uhr. Autobahnabfahrt 3 (Flensburg), dann über B200/B199 Richtung Kappeln, Ausschilderung Fördepark folgen, ab A7 knapp 7 km. Schleswiger Str. 130, 24941 Flensburg, ✆ 04 61/90 20 20, www.foerdepark.de.

Mit der Bahn

Aus Deutschland verkehren die Fernverkehrszüge zunächst über die großen Städte in Ostjütland (Kolding, Vejle, Aarhus, Aalborg). Mit Umstieg sind die küstennahen Städte wie Esbjerg, Holstebro und Hjørring gut zu erreichen. Auch einige Badeorte (z. B. Thyborøn) und Orte am Limfjord (z. B. Struer, Thisted) haben Bahnanschluss (www.rejseplanen.dk). Detailliert sind die Verbindungen im Reiseteil bei den Praktischen Infos erklärt.

Von Hamburg aus erreicht man mit dem Intercity Niebüll, dort geht es mit der Regionalbahn direkt nach Tønder, Ribe und Esbjerg weiter (www.bahn.de).

Mit dem Bus

Das Fernbusunternehmen Flixbus fährt regelmäßig mehrere Städte im Reisegebiet an, darunter Aalborg, Billund (Legoland), Esbjerg, Hirtshals, Herning und Thisted (www.flixbus.de). Weitere Fernbuslinien unter www.eurolines.de.

Mit der Fähre

Nur für die Anreise nach Fanø muss man eine Fähre benutzen. Alle anderen Ziele sind (wenn auch mit Umweg) auf Straße und Schiene erreichbar. Von Sylt aus pendelt die Syltfähre nach Rømø. Auf der Sekundärroute 181 zwischen Thyborøn und Agger kann man mit einer kurzen Fährstrecke einen riesigen Umweg in den Nordwesten vermeiden. Von/nach Norwegen, Färöer und Island checkt man im Hafen von Hirtshals bei einer der großen Fährgesellschaften ein (www.colorline.de, www.fjordline.de, www.smyrilline.de).

Moderates Tempo ist Vorschrift

Auf der Margeritenroute zu feinen Sehenswürdigkeiten

Mobil in Dänemark

Straßenverkehr

Die Dänen sind sehr rücksichtsvolle und entspannte Autofahrer. Die mautfreien Fern- und Landstraßen sind hervorragend ausgebaut, regelmäßig gibt es Raststätten und Parkplätze. An vielen Kreuzungen auch über Land fließt der Verkehr durch Kreisverkehre, die das Finden des richtigen Abzweigs auch mit Ehrenrunde ermöglichen. Aufgrund des geringeren Verkehrsaufkommens und der geltenden Tempobegrenzungen ist der Verkehr meist im Fluss. Nur zu den üblichen Hauptverkehrszeiten muss man auf der Autobahn in Aalborg und bei Kolding am Kreuz E20/E45 mit Staus rechnen. Wer mit Wohnwagen-Gespann oder großem Wohnmobil unterwegs ist, sollte immer auf Windböen gefasst sein.

Die **Margeritenroute** (Wegweiser mit Margeritenblüte auf braunem Grund) führt auf schönen Nebenstrecken zu sehenswerten Schlössern, Kirchen oder Altertümern. Rund 3500 km erstreckt sich die reizvolle Route durch das ganze Land, davon 600 km allein an der Nordseeküste.

Verkehrsregeln: Straßenschilder und Verkehrsregeln entsprechen europäischen Standards. In Dänemark muss auf allen Straßen tagsüber das Abblendlicht eingeschaltet sein. Es herrscht Gurtpflicht, Kinder müssen gesichert sein. Im Allgemeinen gilt innerorts Tempo 50 und auf Landstraßen Tempo 80 (mit Anhänger 70 km/h). Auf Autobahnen darf bis 130 km/h gefahren werden (mit Anhänger 80 km/h), häufig gilt jedoch eine Beschränkung auf 110 km/h. Schon bei geringen Überschreitungen werden hohe Bußgelder fällig, auch Fahren ohne Licht oder ohne Gurt sowie Telefonieren ohne Freisprechanlage wird geahndet. Das Limit für Alkoholgenuss liegt bei 0,5 Promille. Der deutsche Führerschein wird anerkannt. An den Autobahnauffahrten gilt das Reißverschlussprinzip (weißes Schild mit zusammenlaufenden roten Pfeilen) – Fahrzeuge auf der Geradeausspur und auf der Auffahrt sind gleichberechtigt.

An Kreuzungen bedeuten weiße Dreiecke auf der Straße (sogenannte Haifischzähne): Vorfahrt gewähren! In den ausgewiesenen Umweltzonen (Miljøzone) in Aalborg, Aarhus, Frederiksberg, Kopenhagen und Odense müssen Diesel-Kfz die Euro-4-Norm erfüllen.

▪ Siehe auch Dänisches Außenministerium: www.tyskland.um.dk.

Parken: Die Regeln, wo und wie lange man parken kann, sind für Touristen zuweilen verwirrend. Da Falschparken schnell zu teuren Knöllchen führt, sollte man sich genau umsehen. Auf ausgewiesenen Parkplätzen zeigen üblicherweise blaue Schilder, wie lange man kostenlos parken darf (Zeitangaben 1-timer = 1 Stunde, 2-timer = 2 Stunden etc., Zeitangaben ohne Klammer = Mo–Fr, mit Klammern = Sa, rot = So/Feiertage). Eine Parkscheibe gehört hinter die Windschutzscheibe, die dänische Parkscheibe (erhältlich in Touristenbüros und Tankstellen) ist in 15-Minuten-Schritte eingeteilt, so lässt sich der zugestandene „Puffer" von einer Viertelstunde besser einstellen. Die deutsche Parkscheibe ist gültig, allerdings muss sie richtig eingestellt sein (www.bussgeldkatalog.org/daenische-parkscheibe/). Die Parkscheibe muss auch auf Parkplätzen von Supermärkten verwendet werden. Parken Sie auf keinen Fall unberechtigt auf ausgewiesenen Stellplätzen für Wohnmobile, E-Autos und Behindertenstellplätzen, auch das kann teuer werden. An Parkscheinautomaten kann man Parktickets mit Münzen (dänische Kronen) oder per Handy-App bezahlen. Innerorts darf man am rechten Fahrbahnrand parken: entlang weiß gestrichener Bordsteine oder mit aufgemalten Stellplätzen; bei durchgezogener Mittellinie muss der Abstand vom Fahrzeug zur Linie noch mindestens 3 m betragen. In verkehrsberuhigten Zonen ist Parken nur auf markierten Flächen erlaubt. Wenn Sie sich nicht sicher sind, fragen Sie ortskundige Autofahrer.

Generelles Parkverbot: Entlang gelb gestrichener Bordsteine; 10 m vor und nach einer Kreuzung (teilweise durch gelbe Dreiecke am Gehweg markiert); 10 m vor und nach Bushaltestellen, Radweg-Einmündungen, Fußgängerüberwegen sowie in Bereichen mit „Parken verboten"-Beschilderung gilt Parkverbot. Übrigens: Auch wenn man im Auto sitzt, während man im Parkverbot steht, muss man eine Geldstrafe bezahlen.

Tankstellen: Das Netz dänischer Tankstellen (bemannt oder mit Automat) ist flächendeckend, die gängigen Kraftstoffsorten sind überall verfügbar. Blyfri 92 = Benzin, Blyfri 95 = Super, Blyfri 98 = Super Plus, Diesel = Diesel. Zapfsäule heißt auf Dänisch Pumpe. Autogas ist teuer und man findet nur wenige Tankmöglichkeiten. Bezahlen kann man bar oder mit Karte. Häufig muss man auch an bemannten Tankstellen zuerst zur Kasse gehen und kann dann erst die Zapfpistole bedienen. Mit der guten Verbreitung von Ladestationen für E-Autos ist Dänemark vorbildlich.

Pannenhilfe: Bei Pannen helfen Falck-Rettungsservice ✆ 70 10 20 30 und Dansk Autohjælp ✆ 70 10 80 90.

Mit dem Bus

In Jütland bestreiten drei regionale Busunternehmen den öffentlichen Personennahverkehr. In den größeren Städten verkehren Stadtbusse. Über Land und bis in die meisten Badeorte kommt man mit Regionalbussen, die auch Fahrräder (je nach Platz) mitnehmen. Auf wenig befahrenen Strecken fährt der sogenannte **Telebus.** Man bestellt die Fahrt etwa eine Stunde vor Abfahrt telefonisch. Außerdem bieten die Unternehmen Flextrafik an, die einen auf Bestellung von A nach B bringen.

▪ Informationen und Tickets: www.sydtrafik.dk, www.midttrafik.dk, www.nordjyllandstrafikselskab.dk. Mitarbeiter in Touristenbüros und Hotelrezeptionen helfen, um die richtige Verbindung zu finden.

Erstklassig und gemütlich: der Sønderho Kro auf Fanø

Übernachten

Ein Ferienhaus in den Dünen ist der Inbegriff für einen Dänemark-Urlaub. Es gibt Tausende davon entlang der Nordseeküste und doch muss man für die Hauptferienzeit frühzeitig buchen.

Es gibt jede Menge Alternativen: Hotel, Privatzimmer, Camping, Herberge oder Biwak im Staatsforst – die Bandbreite der Übernachtungsmöglichkeiten ist groß. Die Preise variieren nach Saison, Lage und Ausstattung. Grundsätzlich gilt: Wer in den Hauptferienmonaten Juni bis August eine Unterkunft in beliebten Strandorten haben möchte, muss frühzeitig reservieren. Auch in den Städten sind während beliebter Veranstaltungen alle Zimmer schnell weg. Wer flexibel ist und ein paar Fahrkilometer nicht scheut, findet auf dem Land oder in den kleinen, noch unentdeckten Strandorten preiswerte und dennoch komfortable Unterkünfte.

Preiskategorien

Zur Orientierung bei der Zimmerbuchung dienen in diesem Buch vier Preisklassen, die jeweils am Ende einer Übernachtungsadresse benannt sind. Die **€-Symbole** stehen dabei für die Preisspannen in der Landeswährung Dänische Krone (DKK):

€	bis 750 DKK
€€	750–1000 DKK
€€€	1000–1600 DKK
€€€€	über 1600 DKK

Die Preisklassen stehen für ein Standard-Doppelzimmer inklusive Frühstück in der Hauptsaison bei Aufenthalt von nur einer Nacht. In der Regel haben die Zimmer ein eigenes Bad/WC.

Abweichungen wie in einigen Badehotels werden im Text erklärt. Bei Zimmern in **Hostels** sind die Preiskategorien berechnet für Zimmer mit eigenem Bad/WC inkl. Frühstück und Mietbettwäsche jeweils für zwei Personen.

Bei **Ferienwohnungen** ist ebenfalls die Belegung für zwei Personen zugrundegelegt. Die Kategorie bildet den reinen Mietpreis von Ferienwohnungen pro Tag ab, Nebenkosten wie Endreinigung oder Strom etc. kommen hinzu.

Hauptsaison meint in der Regel die Monate Juni bis August sowie die Zeiten der dänischen Schulferien. An Feiertagen, während großer Veranstaltungen oder Kongresse können die Preise höher liegen. Natürlich variieren die Preise auch nach Lage (mit Meerblick/Blick zur Straße) oder Ausstattung und Zimmergröße. Doch sogar in der Hauptsaison kann man Glück haben und, abhängig von der Buchungslage, auch mal ein Schnäppchen landen. Viele Hotels geben über die gängigen Buchungsportale eine Übersicht über ihre Preise; wenn Sie flexibel sind, können Sie hier oft einen günstigeren Preis finden. Bei längerem Aufenthalt gewähren viele Vermieter Preisnachlass.

Bei Adressen, die sowohl Übernachtungsadresse als auch Restaurantadresse sind, stehen die €-Symbole für den Übernachtungspreis.

Hotels und B&B

Als es Ende des 19. Jh. schick wurde, die Sommer an der Nordseeküste zu verbringen, wurden die ersten **Badehotels** gebaut. Viele davon sind bis heute erhalten und laden – stilvoll renoviert – zur romantischen Übernachtung ein. Ruhe finden, abschalten, das Meer genießen, fein essen – diese Aspekte werden auch heute besonders betont. In klarer Faktensprache heißt das: Fernseher sind verbannt, die Zimmer in hübschem dänischen Stil haben oft nur ein Gemeinschaftsbad, dafür liegen die Hotels meist in der ersten Reihe und haben Meer- oder Dünenblick. Zu den schönsten dieser Häuser gehört das Henne Mølle Å Badehotel (→ S. 128), in dem sich der Architekt Poul Henningsen verewigt hat.

Wer von Ort zu Ort unterwegs ist, findet in den Städten ansprechende, komfortable **Stadthotels**. Da die Entfernungen zum Meer selten groß sind, lässt sich so Kultururlaub mit Badeabstechern wunderbar verbinden. Mit meist urigem Ambiente in historischen Reetdachhäusern laden die dänischen **Landgasthöfe** (Kroer) in den kleinen Dörfern unterwegs zum beschaulichen Zwischenstopp ein. Vom einfachen Doppelzimmer bis hin zum exquisiten Luxuszimmer im Kro mit Gourmetküche ist alles möglich. Zu den besten Adressen gehören der Sønderho Kro auf Fanø (→ S. 51) und der Henne Kirkeby Kro (→ S. 129).

Unter dem Namen **„Small Danish Hotels"** haben sich privat geführte Gasthöfe, Badehotels und Schlösser zusammengeschlossen. Sie alle bieten 3- bis 4-Sterne-Standard, liegen in schöner Natur- oder Stadtlage und haben meist eine charmante Atmosphäre. Mit der kostenlosen Mitgliedskarte kann man Punkte sammeln, die bei weiteren Übernachtungen oder Restaurantbesuchen angerechnet werden (www.smalldanishhotels.com). Die meisten Hotels und Gasthöfe bieten preislich interessante Arrangements an, z. B. Golfaufenthalt, Wellness- oder Gourmetaufenthalt.

Dänische Gastfreundschaft lässt sich besonders bei Privatvermietern genießen. Meist sprechen die Gastgeber sehr gutes Englisch, mitunter auch Deutsch. Die Zimmer variieren in ihrer Gestaltung vom Eiche-rustikal-Charme bis zu frischem dänischen Stil. Ob Gemeinschaftsbad für mehrere Zimmer oder Apartment mit Wohnzimmer, eigenem Bad und kleiner Küche – die Ausstattung in **Bed & Breakfast-Unterkünften (B&B)** ist individuell verschieden. Für Familien mit Kindern sind Übernachtungen auf dem Bauernhof (Bondegårdferie) ein schönes Erlebnis. In ruhiger Landlage gibt es Hühner, Kaninchen, Kühe oder Pferde zum Anfassen und (Bio-)Lebensmittel aus eigener Erzeugung.

▪ Adressen in den Touristenbüros sowie unter www.visitdenmark.de, www.bedandbreakfast.dk, www.bondegaardsferie.dk.

Ferienhäuser

In einem Ferienhaus bringt man Familie und Freunde für ein paar Wochen unter einem Dach zusammen und kann nach seinem eigenen Rhythmus eine entspannte Zeit verbringen. Mehrere überregionale und zahlreiche örtliche Ferienhausvermittlungen bieten maßgeschneiderte Häuser an: klein oder groß, für Hundbesitzer, mit Pool und Sauna, für jedes Budget. In den Hauptferienzeiten werden die Häuser in der Regel wochenweise (Sa auf Sa) vermietet. In der Nebensaison sind nicht nur die Preise günstiger, man ist auch von den Reisetagen her flexibler. Zu den Mietkosten kommen noch Nebenkosten wie Strom, Endreinigung sowie nach Bedarf auch Bettwäsche. Außerdem wird eine Kaution verlangt.

In den Touristenbüros liegen Kataloge aus, die Vergleich und Auswahl erleichtern. Man kann sie sich auch schicken lassen. Einen Überblick bietet www.visitdenmark.de.

■ Örtliche Vermittlungen: z. B. www.feriepartner.de. Überregionale Vermittlungen: z. B. www.dansommer.de www.novasol.de.

Ferienwohnungen

Mit einem umfangreichen Freizeitangebot wie Schwimmbad, Tennis, Golf oder Reiten und gastronomischen Einrichtungen bedienen die Ferienparks Gäste, die gern alles vor Ort erleben wollen. Die Ferienwohnungen, mal im Apartment-Zuschnitt, mal als Reihenhaus mit zwei Stockwerken, gibt es in verschiedenen Größen und Lagen. Meist werden die Einheiten ab zwei Tagen vermietet. Charmanter und oft ruhiger sind die privat geführten Ferienwohnungen, deren Adressen man bei den Touristenbüros oder z. B. über das Portal www.fewo-direkt.de erfährt.

Außergewöhnliche Unterkünfte

Ein besonderes Erlebnis ist die Übernachtung im **Hausboot.** Das Wasser gluckst, das bestens ausgestattete schwimmende Haus schaukelt ein bisschen und der Blick von der Terrasse darf übers Wasser schweifen. Die Liegeplätze der Hausboote sind in Bork Havn und in Hvide Sande am Ringkøbing Fjord. Leider ist das Mieten eines Hausboots ein teurer Spaß (www.esmark.dk und www.feriepartner.de).

In Ribe, gleich gegenüber dem altehrwürdigen Dom, kann man in einem ehemaligen **Gefängnis** schlafen. Aus den einst tristen Knastzellen ist das Hotel Den Gamle Arrest hervorgegangen (→ S. 84).

Auf dem Nystrup Camping Klitmøller schlafen Surfer und andere hippe Leute in coolen **Tonnenhütten** (→ S. 220).

Besten Komfort und Wassernähe verbinden die reetgedeckten **Luxus-Fischerhütten** auf Stelzen am See im Hvidbjerg Strand Camping (→ S. 119).

Ruhe, Kontemplation und geistige Erbauung kann man als Gast im **Refugium Løgumkloster** finden. Das Refugium neben der eindrucksvollen Klosterkirche wird von der evangelisch-lutherischen Volkskirche Dänemarks geführt (→ S. 69).

Herbergen

Die **Danhostel-Herbergen** (www.danhostel.dk) sind immer ein guter Tipp für Familien, Senioren und Einzelreisende, die preiswert Urlaub machen wollen. Man findet sie entlang der Nordseeküste in fast allen Städten, aber auch in größeren Strandorten. In allen Herbergen gibt es mittlerweile Doppel- und Familienzimmer mit eigenem Bad/WC. Man kann sein Frühstück am Büfett bekommen, oder sich Verpflegung in den Gemeinschaftsküchen selbst zubereiten. Bettwäsche kann mitgebracht oder ausgeliehen werden, Schlafsäcke sind nicht erlaubt. Die Herbergen verfügen über großzügige Gemeinschaftsräume sowie Spiel- und Sportplätze. Mit einer

Campingplätze in den Dünen sind beliebt

HiHostel-Card (Jugendherbergsausweis: www.jugendherberge.de) oder der vor Ort zu erwerbenden HiHostel-Gästekarte (160 DKK) bekommt man zehn Prozent aufs Zimmer sowie Ermäßigungen in Attraktionen. In den Städten findet man häufig auch **kommunale Hostels** (Vandrerhjem), die oft an Freizeitzentren (Idrætscenter) angegliedert sind. Auch hier gibt es Doppel- und Familienzimmer und meist erhält man Ermäßigungen z. B. beim Schwimmbadeintritt.

Camping

Für Camper ist die dänische Nordseeküste ein Traum. Alle paar Kilometer findet man einen landschaftlich reizvoll gelegenen Campingplatz, wo man in den Dünen, mit Fjordblick oder in der Nähe hübscher Städtchen übernachten kann. Die Bandbreite der Stellplätze ist riesig, vom Standardplatz bis hin zum Luxusplatz mit eigenem Whirlpool und privatem Bad/WC. Einen hippen Gimmick bietet der Camping in Ribe an: Hier kann man seinen Wohnwagen auf einer „Drehscheibe" aufstellen und sein mobiles Zuhause mittels Fernbedienung jederzeit Richtung Sonne (oder aus dem Wind) drehen (→ S. 85). Die meisten dänischen Campingplätze sind sehr komfortabel ausgestattet und glänzen durch Service und Sauberkeit. Familien mit Kindern dürfen sich auf großzügige und meist bunt gestaltete Kinderbäder in den Sanitäranlagen freuen. Familiencampingplätze bieten zudem Spielplätze, Schwimmbäder und tolle Freizeitaktivitäten. Zu den besten Adressen für Familien zählen Hvidberg Strand Feriepark in Blåvand (→ S. 119) und Thy Feriepark bei Hanstholm (→ S. 224). Wer nicht mit dem eigenen Zelt oder Wohnwagen anreist, kann sich Hütten in verschiedenen Ausstattungsvarianten sowie Leihzelte oder -caravans mieten. Auch stylish ausgestattete Glamping-Zelte werden angeboten. In der Hauptferienzeit Juni bis Mitte August hat man ohne Reservierung meist keine Chance, einen Stellplatz auf den Strandcampingplätzen zu bekommen. Alt optaged – alles besetzt – heißt es dann. Je weiter man sich von der Küste entfernt, desto eher findet man einen Platz, der zudem auch meist billiger ist.

> Als Bezugsgröße sind in diesem Reiseführer die **Preise jeweils für zwei Personen und Standard-Stellplatz** (ohne Strom) aufgeführt.

Naturlagerplatz für Wanderer

Je nach Lage, Saison und Größe der Stellplätze variieren die Preise. Fast überall wird ein Campingausweis verlangt. Den europaweit gültigen Camping Key Europe (16 €) kann man auf jedem Platz oder in den Touristenbüros erwerben.

▪ In den Touristenbüros gibt es Infos zu den Campingplätzen der jeweiligen Region sowie Broschüren mit Karten der Plätze der beiden großen Verbände DK-Camp und DCU Camp, www.dk-camp.dk, www.dcu.dk.

Wohnmobil

Übernachten im Bully oder Wohnmobil auf Strandparkplätzen ist verboten und wird auch rigoros mit hohen Bußgeldern geahndet. Viele Campingplätze bieten deshalb einen sogenannten Quickstop an, d. h., man darf gegen ein kleines Entgelt (ca. 75 bis 150 DKK) vor der Campingplatzschranke von 20 Uhr bis 10 Uhr übernachten. Manchmal verlangen die Betreiber darüber hinaus eine Nutzungsgebühr für die Sanitäranlagen und Entsorgung, sodass sich eine Übernachtung innerhalb der Schranken schon wieder lohnt (www.dk-camp.dk). Eine gute Adresse für Wohnmobilisten sind die Marinas (Lystbådehavn) u. a. am Limfjord. Hier gibt es schöne Stellplätze meist direkt am Wasser und man kann die Sanitäranlagen des Jachthafens nutzen. Detailliertere Infos über Wohnmobilstellplätze finden sich direkt bei den Orten im Reiseteil, Stichwort Wohnmobile.

Übernachten in der Natur

Wildcampen, insbesondere am Strand und in den Dünen, ist in Dänemark generell veboten. Ausnahme sind die so genannten Naturlagerplätze (naturlejerpladser) in staatlichen Wäldern. Hier dürfen Wanderer und Radfahrer unter Einhaltung folgender Regeln kostenfrei biwakieren: Aufenthalt nicht länger als eine Nacht an einem Ort, nicht mehr als zwei kleine Zelte oder sechs Personen, nicht in Sichtweite von Gebäuden, Straßen und Campingplätzen, keinerlei Müll hinterlassen. Motorisierte Fahrzeuge auf Waldwegen sind verboten. Besonders entlang der Weitwanderwege findet man auch Lagerplätze mit hölzernen Sheltern, in denen man seinen Schlafsack ausrollen kann. Offenes Feuer darf man nur an dafür eingerichteten Feuerstellen machen. Hierfür ist es erlaubt, trockenes Holz im Wald zu sammeln. Für Gruppen (z. B. Pfadfinder, Vereine) gibt es große Lagerplätze (Stor Lejrpladser), die vorab reserviert werden müssen.

▪ Interaktive Karte der Naturlagerplätze: www.udinaturen.dk (Sov under stjernerne anklicken).

Essen und Trinken

Dänische Küche ist deftig, gehaltvoll und lecker. Schwere Arbeit auf dem Meer oder auf den Bauernhöfen sowie kalte, dunkle Winter machten in der Vergangenheit eine ordentliche Kalorienzufuhr nötig. Und so spielen Butter, Milchprodukte, Eier, Fleisch, (fetter) Fisch, Kartoffeln und Backwaren die Hauptrolle.

Die Zutaten kommen meistens aus der Region. Frischer Fisch findet auf kürzestem Weg auf den Teller. Landwirte erzeugen schmackhaftes Fleisch und Milchprodukte in großer Menge. Neuer Trend in der nordischen Küche sind regionale Naturkräuter und Früchte, die man wiederentdeckt hat, sowie alte Zubereitungstechniken wie beispielsweise Kochen auf dem Holzfeuer.

Die erste Mahlzeit des Tages ist das **Morgenmad,** ein Frühstück mit Brötchen, Eiern, Wurst, Käse, Marmelade und Gebäck, Müsli oder Haferbrei (grød), aber auch deftigen Heringszubereitungen. Dazu werden Bohnenkaffee und Tee getrunken.

Zwischen 12 und 14 Uhr wird das meist aus kalten Speisen bestehende **Frokost** eingenommen: Zu dieser Mahlzeit gibt es traditionell Smørrebrød mit vielfältigen Auflagen. Die Restaurants bieten aber auch kleine warme Gerichte wie Suppen, Burger, Tagesfisch oder Steakgerichte an. Wer in der Mittagspause nur wenig Zeit hat, holt sich einen Hotdog vom Stand am Marktplatz.

Middag ist die dänische Bezeichnung für das warme Abendessen (18 bis 20 Uhr), das am liebsten im Kreise der Familie oder mit Freunden genossen wird. Im hyggeligen Ambiente und bei guten Gesprächen kommen üppige Speisen auf den Tisch. Auch in den Restaurants sind die Portionen zum Middag größer als zum Frokost – und die Preise entsprechend höher. Wird abends eine kalte Mahlzeit serviert, dann heißt dieses Abendbrot **Aftensmad.**

Smørrebrød

Das traditionelle Butterbrot war einst Landarbeiterkost. Butter und Getreide gab es auf dem Land immer und so waren Brote mit Aufstrich bei jeder Gelegenheit dabei. Heute genießt man die reich belegten Smørrebrød vom Mittagessen an bis spät nachts zum Feierabenddrink, für den kleinen Hunger sowie auch zu Partys und Festen. Grundlage bildet Brot, vorzugsweise dunkles Roggenbrot, teils auch Weißbrot, bestrichen mit gesalzener Butter. Es gibt nichts, was man nicht auf ein Smørrebrød legen könnte: Fleisch, Wurst, Käse, Fisch, Eier, Tomaten, Radieschen, Rote Bete, Mayonnaise, Senf und vieles mehr. Die hohe Kunst liegt im ansprechenden Kombinieren der Zutaten auf den Schnittchen. Längst vorbei sind die Zeiten, als Smørrebrød in der Gastronomie ein Randdasein fristete. Heute

Smørrebrød-Klassiker Stjerneskud

wird mit Kreativität und kunstvoller Dekorierfreude aufgetürmt, was auf eine Scheibe Brot passt. Zu den Smørrebrød-Klassikern zählen **Sol over Gudhjem** mit geräuchertem Hering, Zwiebeln und Radieschen oder **Pariserbøf** mit Tatar, Zwiebeln, Rote Bete und Eigelb. Auf keiner Karte an der Nordseeküste fehlt **Stjerneskud** (Sternschnuppe), ein Smørrebrød belegt mit zwei Stücken panierter Scholle, Krabben, Spargel und Kaviar. Egal ob am Imbiss oder im guten Restaurant: Smørrebrød wird grundsätzlich mit Messer und Gabel gegessen!

Røde Pølser: Hotdog

Als schnelles Essen auf die Hand sind in Dänemark Hotdogs beliebt. In den Städten findet man Hotdog-Buden auf dem Torvet (Marktplatz), aber auch viele Imbisse bieten Hotdogs an. Die Røde Pølser, mit roter Speisefarbe gefärbte Brühwurst, wird gekocht (kogt) oder gebraten (risted), dann in ein längliches Brötchen gepackt und je nach Geschmack mit Röstzwiebeln oder frischen Zwiebeln, Remoulade, Ketchup, Senf und süßsauren Gurken garniert. Fazit: Ohne Kleckern kein Genuss!

Fisch und Schalentiere

Für Fischliebhaber ist die Nordseeküste ein Paradies. In den kleinen und großen Fischereihäfen kann man den Fischern zusehen und wertschätzen, mit welch schwerer Arbeit die maritimen Schätze gefangen werden. Frischer als hier kommt man wohl kaum an Nordseefisch. Die wichtigsten Speisefische sind Hering, Scholle, Kliesche und Flunder, Dorsch und Aal. Zu den feinsten Genüssen gehören Lachs, Austern, Jomfruhummer (Kaisergranat) und Garnelen, Letztere gibt es entweder geschält oder zum Selbstpulen (pil-selv). Fisch wird gedünstet, natur oder mit Panade gebraten, geräuchert oder er kommt roh als Sushi oder Tartar auf den Tisch. Hering schmeckt gesalzen, gebraten und mariniert. Immer lecker sind Fischsuppen und in Weißwein gekochte Miesmuscheln, die oft mit Pommes (Moules-frites) serviert werden. Ein Klassiker in der dänischen Fischküche ist Scholle mit Petersiliensoße. In Hafennähe lohnt es sich, in einem der roten Fiskepakhuse oder einem Fischimbiss einzukehren. Hier essen auch die Einheimischen gern Fischfrikadellen, gebackenes Fischfilet und Hering für wenig Geld.

Fisch und Meeresfrüchte kommen frisch vom Kutter

Fleischgerichte

Gleich hinter der Küste beginnt das saftige Weideland. Hier grasen glückliche Rinder, die irgendwann zum Lieblingsgericht der Dänen verarbeitet werden: einem **Steak.** Es wird zumeist in der Pfanne gebraten, manchmal auch auf dem Grill, und wird mit Kartoffeln/Pommes, Gemüsegarnitur, Soßen und Salat gereicht. Etwas günstiger ist das **Hakkebøf** (Rinderhacksteak). Wer übers Land fährt, kommt ziemlich sicher auch an großen Wiesen vorbei, auf denen dicke Sauen und rosige Ferkel in der Sonne dösen. Dort wächst heran, was später einmal lecker und speckig schmecken soll: das dänische Nationalgericht **Stegt Flæsk,** gebratener Schweinebauch, der mit Kartoffeln und reichlich Petersiliensoße (Persillesovs) serviert wird. Fast auf jeder Karte findet man alternativ zum Glück auch mageres Hühnchen oder Pute, meist kurz gebraten. Zu den jahreszeitlichen Spezialitäten gehören Wild aus der Region, Lamm von der Marsch sowie Enten- und Gänsebraten. Auch bei der traditionellen Wurst lieben es die Dänen deftig. Zu den beliebtesten Sorten gehören Leberpastete (Leverpostej) oder Rullepølse, gerollter, mit Kräutern gefüllter Schweinebauch.

Und Vegetarisches?

Man muss ganz klar sagen: Das vegane und vegetarische Angebot der Gastronomie an der Nordseeküste ist noch ausbaufähig. Manche Restaurants sind vorbildlich und bieten mehrere fleischlose Gerichte an, aber vielerorts dominieren Fisch und Fleisch. Bevor man nur an Salatblättern nagt, bittet man am besten den Service um Hilfe und lässt sich aus den Möglichkeiten der Küche ein vegetarisches/veganes Essen zusammenstellen. Wer selbst kocht, bekommt in Obst- und Gemüseläden sowie in Supermärkten alle Zutaten von Aubergine über Sojaprodukte bis Zwiebel – oft auch in Bioqualität.

Süße Sünden

Dänisches Eis schmilzt auf der Zunge und wird meist von einer frisch gebackenen Waffel begleitet. Doch auch sonst lieben es die Dänen süß und fettig. Schon am Morgen, aber auch zum Nachmittagskaffee reicht man **Wienerbrød** oder andere süße Plunderteilchen. Legendär ist die Südjütländische Kaffeetafel mit sieben trockenen Kuchen, sieben Sahnetorten und sieben Sorten Gebäck. Im Sommer steht traditionell Rødgrød med Fløde, Rote Grütze mit flüssiger Sahne, auf der Karte. Zu Weihnachten gibt es in den Familien süßen Mandelmilchreis. Eine in dem Dessert versteckte, gehäutete Mandel beschert dem Finder ein kleines Geschenk. In Bonbonläden (Bolcheriet) werden aus heißer Zuckermasse vor den Augen der Besucher Süßigkeiten von Hand geformt. Die Dänen lieben darüber hinaus Lakritz, das überall in vielfältigen Geschmacksrichtungen von salzig bis fruchtig erhältlich ist.

Gutes im Glas

Skål! Gerne prostet man sich in Dänemark mit einem Glas **Bier** (Øl) zu. Neben den international bekannten Marken Tuborg, Carlsberg und Faxe haben sich kleine regionale Brauereien wie Ribe Bryghus und Thisted Bryghus mit Brauspezialitäten von Pils bis Dunkel die Herzen der Bierfans erobert. Mit Herzblut experimentieren auch Mikrobrauereien mit dem Gerstensaft, kreieren schmackhafte Craft-Biere und verfeinern ihr Bräu mit Beeren und Kräutern von der Küste oder lassen es nach Schokolade und Lakritz schmecken. Neue Geschmackserfahrungen sind also garantiert. Zum Abendessen wird meist **Wein** getrunken. Naturgemäß geben Frankreich, Italien, Spanier, Südamerika oder Südafrika den Ton auf den Weinkarten an. Tatsächlich kann man inzwischen auch jütländischen Wein trinken, der meist von kleineren

Weingütern wie dem Vester Vedsted Vingård selbst vermarktet wird. Nach einem deftigen Essen soll ein **Snaps** wahre Wunder wirken, dafür trinkt man in Dänemark entweder den ursprünglich aus Aalborg kommenden, heute in Norwegen gebrannten Akvavit oder den Kräuterschnaps Gammel Dansk. Unter Kennern mehr als ein Geheimtipp ist der **Stauning Whisky,** der am Ringkøbing Fjord gebrannt wird. Sobald der Winter naht, wird in Dänemark heißer **Gløgg** (Glühwein) aus Rotwein, Wodka oder Korn und Gewürzen wie Zimt, Kardamom, Nelken, Ingwer, Rosinen und Mandeln serviert. Das eigentliche Nationalgetränk ist jedoch **Kaffee.** Die Dänen trinken Unmengen davon. In Cafés und Restaurants ist es üblich, dass man einmal bezahlt und immer wieder kostenlos nachgeschenkt bekommt. Und damit man auch im Hotel oder Gästezimmer nicht auf die belebende Koffeinzufuhr verzichten muss, stehen dort meist Kaffeemaschine oder Wasserkocher sowie Kaffeepulver/Teebeutel bereit.

Bauernstand am Straßenrand

Lebensmittel-Kauf

In Discounter- und Supermärkten der größeren Orte und Städte werden frische Lebensmittel in großer Bandbreite angeboten. Meist gibt es dort jeweils eine Backwaren-, Fleisch- und Wursttheke sowie eine Fischtheke und eine große Gemüseabteilung. Für den Wocheneinkauf lohnt es sich, vom Ferienhaus in die nächstgelegene Stadt zu fahren, denn in den Badeorten liegen die Preise höher. Die Urlaubskasse kann man auch schonen, wenn man auf Sparangebote achtet. Milchprodukte wie Joghurt kaufen die Dänen gerne in großen 1-l-Kartons. Milch gibt es als Sødmælk (Vollmilch) mit 3,5 % Fett, Letmælk (fettarm, 1,5 %), Minimælk (0,4 %) und Skummetmælk (0,1 %). Ein leichtes Lieblingsessen der Dänen fehlt im Sommer in keinem Supermarkt: Koldskål – es besteht aus Buttermilch, Eiern, Zucker und Vanille –, dazu gibt es Kammerjunkere, kleine Gebäckstücke mit Vanillegeschmack.

In Metzgereien oder Bäckereien findet man häufig auch hauseigene und regionale Spezialitäten. In fast allen Badeorten gibt es eine Bäckerei und einen Lebensmittelladen, oft führen auch die Campingplätze ein kleines Sortiment von Brötchen bis Getränke. Frischen Fisch kauft man am besten direkt vom Kutter – dazu muss man aber recht früh dran sein – oder aber in den örtlichen Fischgeschäften. Diese bieten oft günstige Fischgerichte an, auch zum Mitnehmen.

Tipp: Frisches Obst und Gemüse nach Saison und in bester Qualität ist an den mit dänischen Fähnchen geschmückten **Selbstvermarkter-Ständen** der Bauern entlang der Straßen erhältlich. Nach dem Prinzip von Treu und Glauben legt man den abgezählten Betrag in eine Kasse und kann Kartofler, Jordbær (Erdbeeren), Kirsebær (Kirschen), Æg (Eier) und Honning (Honig) ins Auto oder Fahrradkörbchen packen. Auch Brennholz (Brænde) wird häufig an der Straße verkauft.

Mit dem Auto geht es direkt auf den Strand

Nordseeküste von A bis Z

Ärztliche Versorgung

Akute Notfälle und Unfälle: Notrufnummer ✆ 112 anrufen. Der Notarzt überweist den Patienten ggf. an die nächstliegende Notfallstation oder ins Krankenhaus. Diese gibt es nur in den Städten, eher selten direkt in den Orten an der Nordseeküste.

Ärzte: Informationen, wie der nächstgelegene Arzt (læge) oder ein Ärztehaus (lægehus) erreichbar ist, gibt es in der Touristeninformation oder an der Hotelrezeption. Die Praxen sind meist Mo–Fr 8–16 Uhr geöffnet.

Ärztlicher Notdienst (lægevagten): Hilft weiter in der Zeit von Mo–Fr, So und feiertags 16–8 Uhr, Region Syddanmark ✆ 70 11 07 07, Mitteljütland ✆ 70 11 31 31, Nordjütland ✆ 70 15 03 00.

Apotheken: Die Apotheken haben meist Mo–Do 9.30–17.30 Uhr geöffnet, Fr oft länger, Sa 10–13 Uhr. Eine Liste der diensthabenden Apotheke mit Öffnungszeiten gibt es auf der Webseite www.laegevagten.dk (Apoteker anklicken).

Angeln

Wer in Dänemark angeln möchte, muss im Besitz einer staatlich anerkannten Fischereikarte (Dansk fiskekort) sein. Diese kann man online kaufen (www.fisketegn.dk, Tagesschein 40 DKK, Wochenschein 130 DKK, Jahreskarte 185 DKK). Die Fischereikarte ist auch in Touristenbüros, Postfilialen und größeren Angelgeschäften erhältlich. Außerdem braucht man noch eine Tages- oder Mehrtages-Karte für das jeweilige Angelgebiet (www.fiskekort.dk). An Put&Take-Seen braucht man weder Angellizenz noch Angelkarte. Informationen geben die örtlichen Touristenbüros.

Autostrand

Die Dänen lieben es, mit ihrem Auto direkt auf den Strand zu fahren. Die breiten Strände der Nordseeküste sind dafür wie geschaffen. Autostrände gibt es u. a. auf Rømø, Fanø, in Vejers, Løkken und Blokhus. Denken Sie beim Befahren daran, dass der sandige Untergrund sich je nach Witterung verändert, nach Regenperioden ist der Sand fester als nach längerer Trockenheit. Es gilt Tempo 30, die Fahrzeuge sollten mit genügend Sicherheitsabstand zum Meer geparkt werden.

Baderegeln

„Lernen Sie Schwimmen!" lautet der wichtigste Baderat, den die dänischen Gastgeber den Badegästen an der Nordseeküste mitgeben. Sie wissen um die Tücken des Meeres. Auch als guter Schwimmer muss man sich immer bewusst sein, dass auch bei scheinbar niedrigen Wellen und an flachen Sandbänken Gefahren z. B. durch Strömungen lauern können. Es gilt: Nur an ausgewiesenen Badestellen ins Wasser gehen, niemals alleine schwimmen, nur bis zum Bauchnabel ins Wasser, Kinder nicht unbeaufsichtigt am Wasser spielen lassen. Gefahr besteht durch aufblasbare Badetiere, Luftmatratzen und Bötchen, denn sie können aufs Meer hinaus getrieben werden, also besser nur im Pool verwenden! In der Nähe von Häfen, Molen, Wellenbrechern und Stellnetzen darf man nicht baden. An den Strandzugängen stehen Infotafeln mit Lageplänen und Strandnummer (wichtig, damit man im Notfall lokalisiert werden kann). Im Unglücksfall sofort die Notfallnummer 112 anrufen und Hilfe rufen. Besondere Vorsicht ist an den Stränden des Wattenmeeres geboten, denn hier ist der Tidenhub (Wasserhöhe zwischen Hoch- und Niedrigwasser) besonders stark (→ „Gefahren im Wattenmeer", S. 30). Von Mitte Juni bis Mitte August sind an bestimmten Stränden die Rettungsschwimmer (Livredder) von Trygfonden im Einsatz (www.respektforvand.dk/i-vandet/find-livreddere).

Infotafel mit Strandnummer

Botschaften

Die Botschaften helfen ihren Staatsangehörigen in dringenden Notlagen.

Deutsche Botschaft: Göteborg Plads 1, 2150 Kopenhagen Nordhavn, ✆ +45 35 45 99 00. Mo, Mi–Fr 9–12, Di 13–16 Uhr, Notfälle außerhalb der Dienstzeiten: ✆ +45 40 17 24 90, www.kopenhagen.diplo.de.

Österreichische Botschaft: Sølundsvej 1, 2100 Kopenhagen. Mo/Di, Do/Fr 10–12 Uhr, Mi 14–16 Uhr, ✆ +45 39 29 41 41, Notfälle außerhalb der Dienstzeiten ✆ +45 21 72 79 41, www.bmeia.gv.at/oeb-kopenhagen/.

Schweizerische Botschaft: Richelieus Allé 14, 2900 Hellerup, ✆ +45 33 14 17 96, www.eda.admin.ch/copenhagen.

Dünenregeln

Der herrliche Dünengürtel entlang der dänischen Nordseeküste steht unter Naturschutz. Um den Sandflug zu verhindern, wurden sie mit Strandhafer bepflanzt. In Mulden und Windbrüchen werden Zweige ausgelegt, die den Flugsand auffangen helfen. Die Durchquerung der Dünen ist nur auf ausgewiesenen Wegen und Pfaden erlaubt. **In den Dünen ist verboten:** reiten, Auto und Fahrrad fahren, Hunde frei laufen lassen, Feuer machen, rauchen (1. März bis 31. Oktober), campieren, graben, Burgen bauen und Wege anlegen sowie die sandigen Hänge hinunterrutschen.

Einreisebestimmungen

Bürger der EU und der Schweiz (auch Kinder) benötigen für Einreise und Aufenthalt bis zu 90 Tagen gültige Ausweispapiere, also Personalausweis oder Reisepass. Für Bürger anderer Länder gelten Visa-Regelungen. Dänemark (außer Färöer und Grönland) gehört zum Schengenraum. www.tyskland.um.dk/de.

Haustiere: Hunde (außer als aggressiv bekannte Rassen wie Pitbull und Tosa Inu), Katzen und Pferde können eingeführt werden, wenn sie mittels Chip oder Tätowierung eindeutig identifizierbar sind und einen (EU-)Heimtierausweis haben. Außerdem müssen sie gegen Tollwut geimpft sein (www.tyskland.um.dk/de/reise-und-aufenthalt/).

Corona-Infos: Auf folgender Webseite (engl.) finden Sie regelmäßig aktualisierte Informationen über evtl. Corona-Restriktionen und Hygiene-Regeln in Dänemark sowie Einreisebestimmungen: https://coronasmitte.dk/en.

Ermäßigungen

Studenten und Rentner erhalten gegen Vorlage ihres gültigen Ausweises in vielen Museen, Schwimmbädern und bei Veranstaltungen Ermäßigungen. Auch Fahrkarten sind für alle, die älter als 65 Jahre sind, günstiger (an Automaten gibt es eine entsprechende Taste). Auf Campingplätzen erhält man bei Vorlage eines Campingausweises Rabatt. Mit dem Internationalen Jugendherbergsausweis ermäßigen sich die Übernachtungen in Danhostels.

Etikette

Dänen sind freundlich, zurückhaltend und höflich, aber auch aufgeschlossen und tolerant. Das Gleiche erwarten sie von ihren Gästen. Lieber ein Tak (Danke) zu viel als eines zu wenig, lautet die Devise. In Dänemark kennt man kein hierarchisches Denken. So ist es üblich, dass man mit dem Vornamen und mit „du" angesprochen wird, was man auch gern erwidern darf. Dänen sind Meister des Understatements. Kommt man mit Einheimischen ins Gespräch, sollte man sich mit Protzerei zurückhalten, denn das ist verpönt. Im Alltag treten die Dänen meist leger gekleidet auf. Bei offiziellen Anlässen und in sehr guten Restaurants wird auf angemessene Kleidung Wert gelegt. Wird man zu Dänen nach Hause eingeladen, ist es üblich, dass man an der Wohnungstüre die Schuhe auszieht.

Dänische Flagge: der Danebrog

Feiertage

Zusätzlich zu den christlichen Feiertagen haben die Dänen an folgenden Tagen frei und die Geschäfte sind geschlossen: Gründonnerstag (Skærtorsdag), Verfassungstag (Grundlovsdag, 5. Juni).

Flagge

Seit mehr als 800 Jahren ist der Danebrog die Nationalflagge Dänemarks. Das „Tuch der Dänen" ist *das* Symbol ihres Nationalstolzes. Und so weht die rote Flagge mit dem weißen Kreuz über Ferienhaussiedlungen genauso wie an staatlichen Gebäuden. Morgens ab 8 Uhr darf der Danebrog hochgezogen werden, bei Sonnenuntergang muss er wieder eingeholt werden. Damit alles seine Ordnung hat, ist der richtige Gebrauch der Flagge auf einer 64-seitigen Anleitung hochoffiziell dargelegt. Verboten ist es, andere Nationalflaggen zu hissen. Deshalb können Sie Ihre Landesflagge zu Hause lassen.

FKK

Es ist in Dänemark grundsätzlich erlaubt, sich am Strand nackt aufzuhalten, nackt zu baden und sich zu sonnen. Ein respektvoller Abstand zu textilen Strandgästen und 50 m Abstand zu Wohnhäusern ist aber erwünscht. Die wenigen Stellen, wo FKK nicht erlaubt ist, wie z. B. in Holmsland Klit und Henne Strand, sind mit Schildern gekennzeichnet. Offizielle FKK-Strände gibt es z. B. auf Rømø, in Houstrup Strand und am Handbjerg Strand am Limfjord. Bei so viel Aufgeschlossenheit ist es verwunderlich, dass man in Dänemark niemals nackt, sondern in Badebekleidung in die Sauna geht!

Geld

Seit 1875 ist die Dänische Krone (Dansk Kroner) die offizielle Währung des Königsreichs. Eine Krone wird in 100 Öre (øre) unterteilt, obwohl die derzeit kleinste Münze einen Wert von 50 Öre (aus Kupfer) hat. Die 1, 2 und 5-Kronen-Münzen (silberfarben) haben in der Mitte ein charakteristisches Loch. Außerdem gibt es Münzen zu 10 und 20 Kronen (beide aus Messing). Als Banknoten gibt es 50, 100, 200, 500 und 1000 Kronen. Bargeld und andere Zahlungsmittel dürfen unbegrenzt nach Dänemark eingeführt werden. Die Dänen selbst haben wohl am wenigsten Kronen bar im Geldbeutel, denn selbst für kleine Beträge zahlen sie am liebsten mit Karte oder mit dem Smartphone. Der Wert der dänischen Krone zum Euro unterliegt dem „Wechselkursmechanismus II" der EU-Länder.

Euro und Dänische Krone

(Stand: 15. August 2023)

1 € = 7,45 DKK

1 DKK = 0,13 €

10 DKK = 1,34 €

50 DKK = 6,71 €

75 DKK = 10,07 €

100 DKK = 13,43 €

500 DKK = 67,13 €

Kreditkarten: Sie werden in den meisten Supermärkten, Tankstellen und in vielen Geschäften und Hotels akzeptiert. Die gängigsten Karten in Dänemark sind Visa, Master und American Express. Pro Bezahlung wird eine Gebühr verlangt. Da an der Nordseeküste viele Deutsche Urlaub machen, kann man in vielen Geschäften oder Tankstellen auch **in Euro bezahlen** (am besten vorher fragen). Die Abrechnung erfolgt nach Tageskurs, das Rückgeld gibt es in Kronen.

Geldautomaten: Mit EC-Karte oder Kreditkarte kann man Bargeld an den zahlreichen Geldautomaten (Kontanter) abheben. Dafür muss man mit Gebühren von ca. 5 bis 10 € pro Abhebung rechnen (manchmal auch mehr). Am günstigsten sind normalerweise Geldautomaten bei Banken. Informieren Sie sich vor Reiseantritt bei Ihrer Hausbank, mit welcher Bank in Dänemark sie vor Ort zusammenarbeitet und bei welcher die geringsten Gebühren für Barabhebungen verlangt werden. Wenn die Möglichkeit besteht, zu wählen, ob man in Kronen oder Euro abrechnen möchte, dann sollte man Kronen wählen, denn das ist meist günstiger.

Geld wechseln: Möglich in Bankfilialen (meist Mo–Fr 10–16 Uhr), in Wechselbüros oder Touristenbüros. Dänische Banken bieten meist einen günstigeren Wechselkurs als deutsche Banken, aber es wird eine Wechselgebühr verlangt (ca. 35–60 DKK). Wechselbüros schlagen da nicht unerheblich zu, am besten man erfragt die Gebühren vor der Transaktion.

Hunde

Generell ist Dänemark hundefreundlich, laut einer Verordnung dürfen sie aber nicht in Restaurants mitgenommen werden, es sei denn, das Unternehmen hat eine Erlaubnis. Am Strand müssen Hunde vom 1. April bis 30. September an der Leine geführt werden (Hund i snor). In Wäldern besteht ganzjährig Leinenpflicht. Nicht in allen Unterkünften sind Hunde willkommen, andere Anbieter werben gezielt für Urlaub mit Hund.

Internet-Portale

www.visitdenmark.de: Hauptseite der dänischen Touristeninformation mit Überblick über alle Reiseziele, Übernachtungsmöglichkeiten, Attraktionen.

www.daenemark.de: Das Buchungsportal bündelt die Angebote der Ferienhausvermittlungen und bietet darüber hinaus viele interessante Infos über Land und Aktivitäten.

Blogs: www.welovedenmark.de bietet viele Infos und schöne Lesestorys, www.meermond.de lesenswerte Reisereportagen und viele Tipps.

Medien

In den Touristenorten sind deutschsprachige Zeitungen und Zeitschriften verfügbar.

Im Bereich Nordschleswig erscheint die deutschsprachige Regionalzeitung „Der Nordschleswiger", die neben aktuellen Nachrichten auch gute Veranstaltungstipps enthält (www.nordschleswiger.dk).

In Hvide Sande sendet Radio Klitholm FM 104,5 (nördlich) und FM 91,3 (südlich) sein Programm auf Deutsch, werktags Mitte Juni–August 11–13 Uhr.

Mülltrennung

Umweltschutz wird in Dänemark großgeschrieben. Deshalb wird überall Müll in verwertbare Materialien wie Kunststoffe, Glas und Papier sowie Restmüll getrennt. Fragen Sie bei Ihrem Ferienhausvermieter nach, wie die Mülltrennung vor Ort gehandhabt wird.

Ein altes Boot wurde zur Recyclingstation

Notruf

Internationale Notrufnummer **112** für Polizei, Notarzt, Feuerwehr sowie Seenotrettung. Anruf aus Telefonzellen gratis.

Öffnungszeiten

Die allgemeinen Öffnungszeiten von Supermärkten und Geschäften liegen werktags zwischen 7 und 21 Uhr, Sa meist kürzer, in den Ferienorten im Sommer oft auch So und abends bis 22 Uhr geöffnet. Im Winter schließen Supermärkte um 18 oder 20 Uhr. Die in den reisepraktischen Tipps veröffentlichten Öffnungszeiten spiegeln den Stand bei Redaktionsschluss wider. Öffnungszeiten von Restaurants werden häufig saisonal angepasst.

Post

Porto für Briefe und Postkarten ist in Dänemark richtig teuer. Begründung: Wegen der Digitalisierung würden einfach immer weniger Briefe verschickt. Eine Postkarte oder ein Brief (bis 100 g) weltweit kostet 36 DKK (4,83 €). Die Zustellung dauert ca. eine Woche.

Rauchen

Wie in den meisten anderen EU-Staaten gilt in Dänemark ein generelles Rauchverbot in öffentlichen Gebäuden (Ausnahme Raucherräume), in Taxis und im öffentlichen Nahverkehr. In kleinen Kneipen und Cafés mit Alkoholausschank darf weiterhin geraucht werden, wenn die Gesamtfläche unter 40 m² beträgt. In Hotels werden Gästezimmer, in denen Rauchen gestattet ist, speziell ausgewiesen.

Regeln für Radler

Für Radfahrer gelten zwei Besonderheiten: Direktes Linksabbiegen ist verboten. Man überquert eine Kreuzung am rechten Fahrbahnrand zur Gänze, lässt den Geradeausverkehr passieren und kann, wenn alles frei ist, nach links abbiegen. Wer auf einem Radweg anhalten will, signalisiert das durch eine senkrecht hochgehaltene Hand. Kinder unter sechs Jahren dürfen nur mit Begleitung (ab 15 Jahren) Fahrrad fahren. Auf Fahrrädern dürfen keine Gegenstände transportiert werden, die länger als 3 m und breiter als 1 m sind. Auch Radfahrer müssen mit hohen Bußgeldern rechnen, z. B. kosten freihändig fahren oder fahren ohne Licht 700 DKK. Es besteht keine Helmpflicht.

Schulferien

Es gibt keine landesweit einheitlich festgelegten Schulferienzeiten, denn die Schulen bestimmen ihre Ferientage individuell. Vom Ministerium festgelegt ist nur der Start der Sommerferien, die immer am letzten Samstag im Juni anfangen. Sie enden meist zwischen dem 9. und 13. August. Die Herbstferien sind normalerweise in der Woche 42, die Winterferien meist in Woche 7 oder 8. Viele Industriebetriebe haben traditionell in den ersten drei Juliwochen geschlossen.

Sicherheit

Dänemark ist ein sicheres Reiseland, auch für alleinreisende Frauen. Dennoch ist das Land nicht frei von Kriminalität. Mit der üblichen Aufmerksamkeit kann man Dieben das Leben schwer machen: Lassen Sie keine Wertgegenstände im Auto und achten Sie in großen Menschenansammlungen auf Handtaschen, Geld und Ausweispapiere.

Strom

In Dänemark hat die Netzspannung 220 Volt, man benötigt keine Adapter.

Spartipps

In vielen Museen haben Kinder freien Eintritt. Häufig erhalten Best Ager ab 55+ und Senioren Rabatte. Viele Hotels bieten Übernachtungspakete an, z. B. als Gourmet-, Wellness- oder Golfaufenthalt – das kann sich rechnen. Beim Einkaufen im Supermarkt immer auf Angebote achten: Beim Kauf von größeren Stückzahlen eines Artikels sinkt der Preis pro Stück.

Telefon und Internet

Dänische Telefonnummern bestehen aus acht Ziffern, es gibt keine Ortsvorwahl. Möchte man von einem Handy mit deutscher (österreichischer, Schweizer) SIM-Karte eine Nummer in Dänemark anrufen, muss man die dänische Landesvorwahl 0045 auch dann wählen, wenn man sich in Dänemark befindet.

Aus Deutschland, Österreich und der Schweiz: 0045 + achtstellige Rufnummer.

Von Dänemark ins Ausland: 00 sowie die Landesvorwahl (D = 49, A = 43, CH = 41), dann Ortsvorwahl ohne 0 plus Rufnummer. Mobiltelefone der europäischen Mobiltelefonsysteme DCS 1800, GSM900 und UMTS können ohne Formalitäten eingeführt und benutzt werden. Nach der europaweiten Abschaffung der Roaminggebühren telefoniert und surft man in Dänemark zum Preis eines Inlandsgesprächs im Heimatland. Die Kostenkontrolle der EU beendet Internetverbindungen im Ausland automatisch bei einem Betrag von 59,50 €. Um hohe Kosten zu vermeiden, erkundigen Sie sich am besten bei Ihrem Telefonanbieter über die entstehenden Kosten bei der Netz-Nutzung der dänischen Anbieter (z. B. Telenor, Tele Danmark und Telia).

Öffentliches WLAN nutzen: In den meisten Hotels, Ferienanlagen, Campingplätzen, oft auch in Restaurants oder in Touristenbüros und Bibliotheken gibt es gratis WLAN (in Dänemark Wifi). Manchmal wird eine Tages-/Wochengebühr verlangt.

Touristische Informationen

Touristenbüros: Mitarbeiter kümmern sich in allen größeren Badeorten um die Anliegen der Gäste. Hier kann man Ferienhäuser und Zimmer buchen, sich über Aktivitäten, Sehenswürdigkeiten und Ausflüge informieren, man erhält Eintrittskarten, Angelscheine, Karten, Prospekte und vieles mehr.

Touristeninspirationen: An den vielerorts aufgestellten Infoterminals, „Touristeninspiration" genannt, kann man sich mit dem Urlaubsziel vertraut machen.

Bibliotheken wie in Holstebro bieten WLAN und touristische Infos

Internet: Mit einem groß angelegten Webauftritt ist Dänemark in der digitalen Welt vertreten. Einen Überblick über Regionen, Orte und alles, was man erleben kann, bietet die deutschsprachige Webseite www.visitdenmark.de.

Zu allen Regionen gibt es regionale Webseiten, z. B. www.vadehavskysten.de oder www.visitvesterhavet.de. Im Reiseteil sind die zutreffenden Seiten bei den Regionen und Orten angegeben.

Trinkgeld

Der kleine Obolus für die Bedienung im Restaurant ist bereits mit 15 Prozent im Preis enthalten. Trotzdem geben die Dänen, wenn der Service gut war, noch etwas obenauf.

Trinkwasser

Das Leitungswasser in Dänemark ist in der Regel Trinkwasser (drikkevand), es sei denn, es ist ausdrücklich als nicht trinkbar vermerkt. Das Trinkwasser stammt vom Grundwasser und wird streng kontrolliert.

Wellness

An vielen Stränden bieten Holz-Saunen (Saunahytter) durchgefrorenen Surfern und Schwimmern die Möglichkeit, sich wieder aufzuwärmen. Und auch in vielen Schwimmbädern und Ferienhäusern kann man sich in einfachen Saunen und Infrarotkabinen einen schnellen Wärmekick holen. Aber Wellness im Sinne von stylishen Spa-Landschaften ist in Dänemark gerade erst im Kommen. Hier sind die schönsten Anlagen:

Romulus Spa: Ganz auf die italienische Antike besinnt sich der Wellnessbereich im Skallerup Seaside Resort, wo man wie in einer römischen Therme relaxen kann (→ S. 280).

Sydthy Kurbad: In eine schöne Gartenanlage eingebettet sind die Saunen im Sydthy Kurbad in Hurup Thy. Goldfische schwimmen unter den Füßen der schwitzenden Gäste und im Whirlpool liegend sieht man über sich einen künstlichen Sternenhimmel (→ S. 211).

Esbjerg Spa & Wellness: Ein abwechslungsreiches Angebot von Fische-Spa bis Sauna bietet der mit Stein und Holz gestaltete Wellnessbereich in Esbjerg (→ S. 96).

Kurbad Limfjorden: Schwimmbecken mit Aussicht auf den Limfjord, Entspannungsmassage unter dem Wasserfall, Hamam und mehrere Saunen gehören zu den Angeboten des modernen Spa in Struer (→ S. 191).

Blåvand Kurbad & Wellness: Hier relaxen nicht nur Gäste der Hvidbjerg Strand Ferienanlage, auch externe Besucher haben gegen Eintrittsgebühr Zugang zu Saunen, Dampfbädern und Schwimmbecken mit Meerblick (→ S. 118).

In allen genannten Wellnesszentren werden auf Bestellung verschiedene Massagen und Beautyanwendungen angeboten. Zunehmend setzen auch Campingplätze und Ferienzentren auf Wellnessangebote. Nicht vergessen: In dänische Saunen geht es nur mit Badebekleidung!

Zeit

In Dänemark gilt die Mitteleuropäische Zeit (MEZ). Die bisher in Europa einheitliche Sommerzeit beginnt auch in Dänemark am letzten Sonntag im März und endet am letzten Sonntag im Oktober.

Zoll

Waren für den eigenen Gebrauch dürfen ein- und ausgeführt werden. Für EU-Bürger gilt als Richtwert die Mitnahme von 10 l hochprozentigem Alkohol, 110 l Bier, 90 l Wein und 800 Zigaretten. Für Schweizer (nicht EU) gilt der Richtwert 200 Zigaretten und 1 l hochprozentiger Alkohol. Die Einfuhr von Feuerwerk und Knallkörpern jeglicher Art nach Dänemark ist verboten.

Strandsauna zum Aufwärmen

Veranstaltungen und Festivals

Januar

Skagen Vinterbadedage

April

Heringsfestivals in Hvide Sande und Thorsminde

Muschelerntefest in Løgstør

Skagen Forårsfestival

Mai

Wikinger-Markt im Ribe VikingeCenter (um den 1. Mai)

Steinbutt-Festival in Vejers Strand

Internationales Sandskulpturenfestival in Søndervig (Mai–Herbst)

Heavy-Agger-Festival (Rock und Metal, Ende Mai/Anfang Juni)

Aalborg Karneval

Juni

North Sea Beach Run & Walk in Hvide Sande

Haze Over Haarum (Musikfestival) bei Harboøre

Im ganzen Land Sankt Hans Fest mit Sonnwendfeuer (23. Juni)

Blokhus-Løkken Wind Festival mit Rahmenprogramm für Drachenbegeisterte

Parade als Höhepunkt des Aalborg Karneval

Juli

Fannikerdage: Trachtenfest auf Fanø
Ribe Jazz-Festival (letztes Juliwochenende)
Varde Open Air
Mittelalter Markt in Spøttrup Borg
Ringreiterwettbewerb und Sommerfest in Slettestrand
Løkken Antiquitäten-Messe (Ende Juli/Anfang August)
Kunsthandwerker- und Designermarkt in Ringkøbing (an 7 Montagen im Juli/August)
Vendsyssel Festival (Klassik, Juli/August)
Stenbjerg-Tag am Landingsplads in Stenbjerg (zweiter So im Juli)
Musik under Trappen in Hirtshals
Skagen Festival (Folk/Rock)

August

Tønder Festival (Folk- und Rootsmusik)
Kloster Mærken – großes Volksfest in Løgumkloster (2. Augustwoche)
Esbjerg Festwoche mit kostenlosen Open-Air-Konzerten
Jazz-Festvial in Stauning Havn
Wikinger-Markt in Bork Vikingehavn
Kammermusikfestival Thy in Thisted und Region
Ho Fåremarked mit Jahrmarkt und Händlern in Ho bei Blåvand
Rubjerg Knude Marathon

September

Bernsteinfestival in Henne Strand, Vejers und Blåvand (letztes Septemberwochenende)
Rømø Drachenfestival (erstes Septemberwochenende)
Fanø Strikkefestival
Waterz Festival der Windsurfer in Hvide Sande
Krabbenfestival in Lemvig
PWA World Cup (Windsurfing) Klitmøller
Regatta Limfjorden Rundt (37. Woche)

Oktober

Austernpremiere in Nykøbing Mors
Jazzy Days in Tversted

Dezember

Peters Jul in Ribe (Adventsfeiern und kleiner Weihnachtsmarkt)
Esbjerg Juleby mit Schlittschuhbahn
Vinterbadefestival in Vorupør (28. Dezember)

Auf dem Nordseewanderweg am Bulbjerg

Wandern und Rad fahren

an Dänemarks Nordseeküste

GPS-kartierte Touren sind mit dem Symbol GPS gekennzeichnet. Download der GPS-Tracks inkl. Waypoints unter https://mmv.me/52692

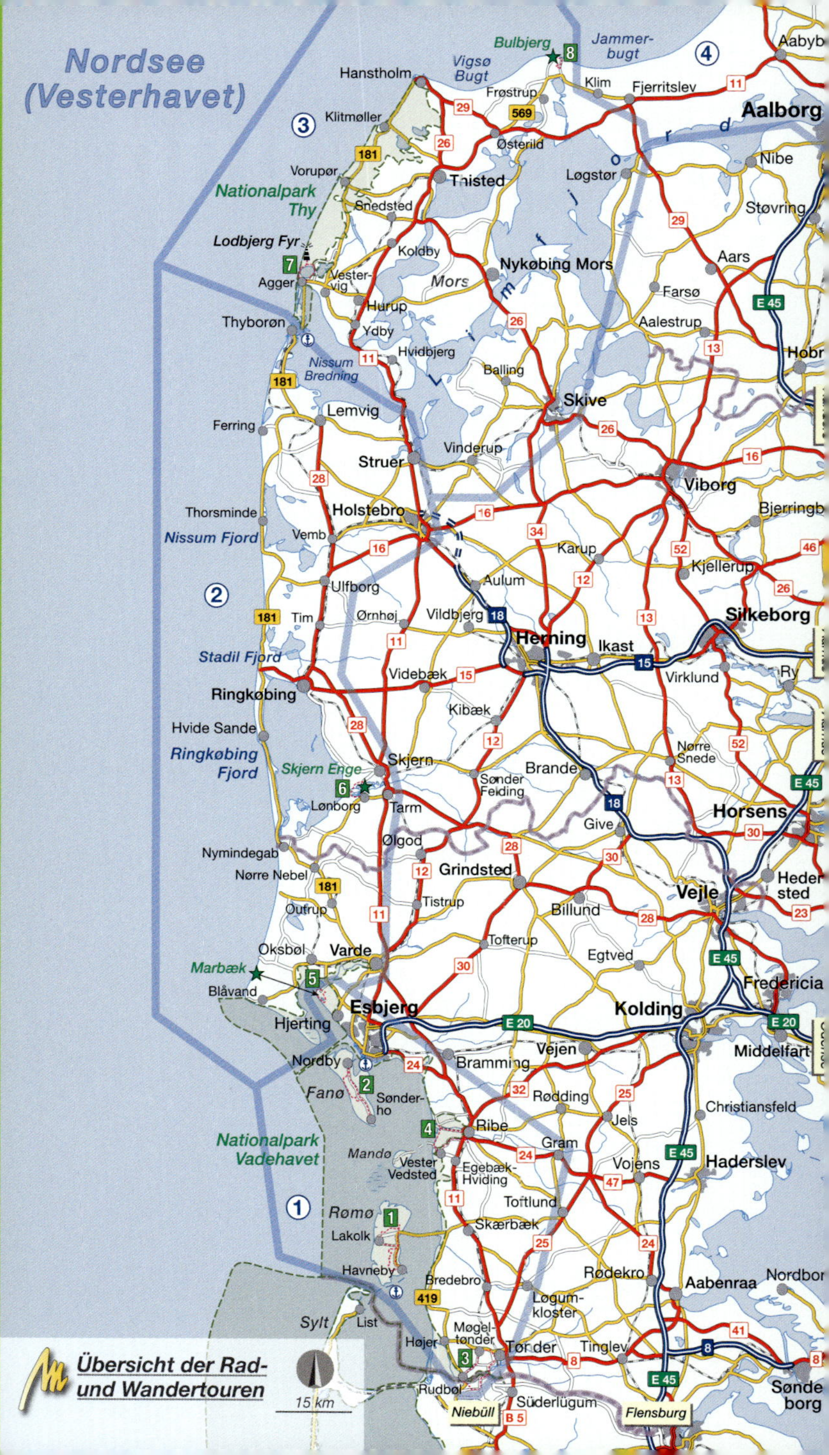

Übersicht der Rad- und Wandertouren

Kleiner (Rad-) Wanderführer

Die abwechslungsreichen Naturlandschaften und ihre vielfältigen Reize entlang der Nordseeküste lassen sich am besten auf Schusters Rappen oder mit dem Fahrrad erkunden. Wer nur am Strand liegt, versäumt eindrucksvolle Erlebnisse am Wegesrand.

An der Nordseeküste stehen gut ausgeschilderte Wanderwege und ein riesiges Netz an Fahrradwegen zur Verfügung. Dänemark ist überwiegend flach und das kommt Wanderern und Radlern mit durchschnittlicher Kondition und Familien entgegen. Wenn man zu Fuß unterwegs ist, stört der Wind nicht besonders. Fahrradfahrer haben da schon eher zu kämpfen, wenn es auf ungeschützten Strecken aus meist westlicher Richtung heftig bläst. Mein Tipp: Am besten vor einer Tour den Wetterbericht und die Windvorhersage checken, damit der Rückweg nicht zur Tortur wird. Das dänische Wetter ist wechselhaft. Kleidung in mehreren Schichten, die gegen Wind, Kälte und gelegentliche Regenschauer schützt, ist ebenso empfehlenswert wie festes, wasserdichtes Schuhwerk (für Wanderer), Kopfbedeckung, Sonnenbrille, Sonnencreme und ggf. Mückenspray. Eine Helmpflicht für Radler gibt es derzeit nicht, aber „oben mit" ist sicherer.

Die regionalen Wanderwege sind mit farbigen Dreiecken gekennzeichnet, wobei die Spitze in Gehrichtung weist.

Die Ribe Å im Nationalpark Wattenmeer

Im Allgemeinen sind die Forst- und Wanderwege gut befestigt. In Flussauen (z. B. Skjern Enge) und in Uferzonen können besonders nach Regen durchfeuchtete oder überschwemmte Stellen auftreten. Radfahrer sollten auch auf geteerten Radwegen immer mit Flugsand rechnen, der zum Sturz führen könnte.

In Dänemark darf sich jeder in der Natur frei bewegen. Erlaubt ist das Sammeln von Beeren, Kräutern und Pilzen für den eigenen Gebrauch. Besonders geschützte Bereiche wie Dünen und Heidegebiete erkennt man an meist roten Markierungspfosten mit einer Krone. In den Nationalparks, Naturschutz- und Vogelschutzgebieten gelten jahrszeitliche Zugangsbeschränkungen z. B. während der Vogelbrutzeiten (1. April bis 15. Juli). Heide und Wald sind das Territorium der giftigen Kreuzotter. Sie ist scheu und es ist sehr selten, dass ein Mensch gebissen wird – falls doch, sollte man einen Arzt aufsuchen (→ Flora und Fauna S. 338).

Kartenmaterial: Die im Folgenden beschriebenen Wanderungen und Radtouren sind sorgfältig recherchiert und beschrieben, jedoch können auf der Strecke immer wieder mal Markierungen verwittert und Wegweiser verschwunden sein. Es empfiehlt sich, eine gute Wander-/Fahrradkarte mitzunehmen. In den Touristenbüros sind Karten für die jeweilige Region und Flyer mit Routenvorschlägen erhältlich. Auch Infos über die Begehbarkeit der Wege kann man hier bekommen. Gute Radwanderkarten (Maßstab 1:100.000, Sydlige Jylland, Vestlige Jylland, Nordlige Jylland) gibt es im Verlag Nordisk Korthandel, www.scanmaps.dk.

Die Dauer der GPS-Radtouren ist mit einem normalen Tourenrad (ohne Elektrounterstützung) berechnet.

Nützliche Webseiten Karten auf Deutsch: https://naturstyrelsen.dk/publikationer/oversigt-over-turfoldere/tysk/.

Allgemeine Informationen auf der Webseite der Naturbehörde: www.naturstyrelsen.dk.

Fahrrad-Routen und Karten: https://vestkystruten.dk/de/.

Blick auf den Ørum Sø bei Agger

GPS-Tour 1

Watt, Wald und Wal – die Insel Rømø mit dem Fahrrad entdecken

Charakteristik: Ausführliche, etwas anstrengende Inseltour, die die abwechslungsreiche Landschaft ebenso erschließt wie mehrere Sehenswürdigkeiten. Die Strecke führt etwa zur Hälfte über Asphaltstraßen, aber auch über raue Schotterstrecken und befestigte Waldwege mit Gras und sandigen Stellen. Besonders die außerhalb des Waldes gelegenen Abschnitte sind dem Wind ausgesetzt. Je nach Windverhältnissen können Sie die Tour auch in umgekehrter Richtung fahren. Die Tour, wie ich sie beschreibe, nutzt über weite Strecken die ausgeschilderte Panoramaroute 402, teilweise jedoch entgegen der Richtung der Wegweiser-Pfeile. **Länge:** 32,4 km. **Dauer:** Reine Fahrtzeit ca. 3 Std. ohne Besichtigungen. **Einkehr:** Zahlreiche Restaurants und Imbisse in Lakolk und Havenby (→ Rømø ab S. 31). **Start/Ziel:** Parkplatz am Strand von Lakolk.

Wegbeschreibung: Am **Großparkplatz** **1** am Strand von Lakolk starten wir die Tour. Hinter den Shops an der Ostseite des Parkplatzes geht es über eine Schotterstraße (Langlivej) und an Stellplätzen des Campingplatzes entlang auf eine Gruppe Ferienhäuser zu. Wir folgen nun dem **Wegweiser der Panoramaroute 402** **2** nach links auf einen Weg, der uns um die Ferienhäuser herum durch Kuhweiden und Dünen führt. Nach etwa 2 km haben wir das Ferienhausgebiet am Ringvejen erreicht. Wir biegen links in die **Asphaltstraße** **3** ein und folgen der Wegweisung 402 in östlicher Richtung. Etwa 3 km führt die Straße durch die Dünenheide und Kiefernwald bis **Bolilmark** **4**. Um zur ersten Sehenswürdigkeit der Strecke zu gelangen, biegen wir nach links auf den Fahrradweg ab. Nach knapp 1 km kommen wir an dem reetgedeckten Anwesen eines ehemaligen Kapitäns, dem **Museum Kommandørgården in Toftum** **5**, an. Wirklich sehenswert sind die ehemaligen Wohnräume im Kommandørgården, aber auch das riesige Walskelett, das hier Zeugnis von der Arbeit der Walfänger ablegt.

Wieder zurück auf dem Radweg fahren wir nun auf der Hauptachse der Insel nach Süden. Der Autoverkehr stört uns nicht weiter, denn der zweispurige Radweg ist mit genügend Abstand angelegt. An der Ampel in Nørre Tvismark überqueren wir den Vesterhavsvej. Auf der linken (östlichen) Seite genießen wir den schönen Blick aufs Wattenmeer, bis wir nach wenigen Kilometern das **Naturcenter Tønnisgård** **6** passieren. Hier kann man eine kleine Ausstellung über das Weltnaturerbe Wattenmeer ansehen und sich über die vom Naturcenter angebotenen Führungen informieren.

Nach weiteren 2 km in südlicher Richtung verlassen wir die geteerte Piste und starten in den „Off-Road-Teil" der Tour. An einem **Wanderparkplatz** **7** am Waldrand auf der rechten Seite (Schild: Skovlegeplads) biegen wir rechts ab. Kinder möchten vielleicht eine Pause auf dem schönen Waldspielplatz einlegen. Dem Wegweiser 402 folgend radeln wir ab jetzt auf dem befestigten Waldweg in Richtung Spidsbjerg. Im lichten Kiefernwald befindet sich nach etwa 300 m auf der linken Seite ein idyllischer Picknickplatz an einem

kleinen See. Auf einer 2 km langen Strecke sind die Radroute und der Wanderweg mit dem gelben Dreieck identisch, doch der Wanderweg schlägt sich dann auf einem Pfad ins Gebüsch. Wir bleiben auf dem Waldweg bis zur Wegmarkierung 402, die uns bei einem **kleinen Teich** **8** nach links weist. Nach einem weiteren Kilometer erreichen wir eine **Dünenkette** **9**. Wir folgen dem Weg nach links entlang der Sandhügel, der höchste davon ist der Spidsbjerg (19 m). Er ist dank einer kleinen Holztreppe rasch erklommen und bietet eine nette Aussicht über die Dünenheide. Wir fahren geradeaus wieder in den Wald hinein, an der **Waldweggabelung** **10** biegen wir mit Wegweisung 402 rechts ab. Bei der folgenden Wegkreuzung geht es geradeaus auf die Dünen zu. Ab einem Gatter werden Rad- und Reitweg parallel nach links geführt. Am geschotterten **Grammarkvej** **11** steht ein Wegweiser 402 und wir fahren rechts weiter. Nur kurz geht es über den rauen Weg, dann führt uns der Wegweiser 402 nach links auf einen erneut sandigen Grasweg im Kiefernwald. An einer Absperrkette quert eine geschotterte Fahrstraße, die wir überqueren. Nach etwa 3 km treffen wir an einem Wanderparkplatz auf den geschotterten **Langdalsvej** **12**, auf den wir nach rechts abbiegen. Am Ende dieser

Schotterstraße quert bei einer großen Weidefläche der Rimmevej und wir biegen nach links ab. Nach weiteren 1,7 km ist das mühsame Schotterstück geschafft. Ab dem **Sønderstrandvej** **13**, in den wir nun links abbiegen, haben wir einen ebenen, asphaltierten Radweg unter den Reifen. Nun können wir es geradeaus rollen lassen, einmal überquert der Radweg die Fahrstraße (an der Vestergade). Die Markierung 402 begleitet uns, bis wir nach knapp 2,5 km Havneby erreichen – den **Hafen von Rømø** **14**. Am Fischereihafen und am Fähranleger der Syltfähre gibt es viel zu schauen und man kann sich für die Rückfahrt stärken.

Wir lassen den Hafen rechts hinter uns zurück, fahren ein Stück an der Autostraße 175 entlang, vorbei am Supermarkt Dagli Brugsen. Sodann treffen wir wieder auf den Radweg, dem wir in nördlicher Richtung folgen. Nach 4 km gibt es wieder etwas zu schauen: Wir passieren die Gamle Redningsstation (Rettungsstation) von 1872, wo früher ein Rettungsruderboot für acht Mann sowie ein Fuhrwerk stationiert waren. Gleich daneben steht die **St. Clemens Kirke** **15**, die einen kurzen Besuch lohnt. Auf dem Friedhof zeugen die historischen Grabsteine der ehemaligen Kapitäne von den Verlusten auf See. Es geht auf dem Radweg weiter, bis wir nach 2 km links in den **Småfolksvej** **16** abzweigen. Wir rollen geradeaus dem Meer entgegen, nach 2,5 km knickt die Straße bei den ersten Häusern der Ferienhaussiedlung von Lakolk rechts ab und endet nach weiteren 2 km direkt am Ausgangspunkt. An der Ampel die Straße überqueren, dann ist der **Strandparkplatz** wieder erreicht **1**.

Blick von der Düne: am Spidsbjerg auf Rømø

GPS-Tour 2

Inselrunde – Radtour zu den Highlights von Fanø

Charakteristik: Die große Inselrunde führt auf meist flacher Strecke zu den Sehenswürdigkeiten von Fanø und am Strand entlang. **Länge/Dauer:** 31,8 km, ca. 3 Std. reine Fahrtzeit; mit Fähranfahrt, Besichtigungen und Einkehr einen ganzen Tag einplanen. **Ausrüstung:** Für die Fähranfahrt eine winddichte Jacke einpacken. Wer am Strand baden möchte, sollte noch Handtücher und Sonnencreme mitnehmen. **Einkehr:** Restaurants, Bäckereien und Supermärkte in Nordby, Rindby Strand und Sønderho. Schöne Picknickplätze am Nøkkerose Sø, am Skovlegeplads und an der Flutsäule in Sønderho. **Start/Ziel:** Am Fährhafen in Nordby auf Fanø.

Anreise: Die Insel Fanø (→ ab S. 42) ist bequem mit der Fähre (Fanølinjen) zu erreichen (Fahrtzeit ca. 12 Min.). Da die Fährtickets für Autos ziemlich teuer sind, empfiehlt es sich, mit dem Fahrrad auf die Insel zu kommen und das Auto auf einem der kostenlosen Tagesparkplätze in Esbjerg (→ S. 96) stehen zu lassen. Empfehlenswert ist der Parkplatz am Adgangsvejen. Von hier aus ist die Fähre auf dem Radweg in wenigen Minuten erreicht. Tickets für Fußgänger und Radfahrer gibt es am Automaten. Auf der Fähre sind genügend Radstellplätze mit Befestigung vorhanden. Hin- und Rückfahrt Erwachsene NS 49 DKK, HS 65 DKK, Fahrrad kostenlos. Hinfahrten ab Esbjerg ab 5.40 Uhr alle 40 Min., ab 8.30 Uhr im 20-Min.-Takt; Rückfahrten ab Fanø bis 18.10 Uhr im 20-Min.-Takt, danach alle 40 Min.; letzte Fahrt 23.50 Uhr. Dokvej 5, 6700 Esbjerg, ✆ 70 25 10 25, www.fanoelinjen.dk.

Rast am Nøkkerose Sø

Wegbeschreibung: Am Hafen von Nordby auf Fanø starten wir an der **Hundesäule** **1**, einem Denkmal für einen inseltypischen Brauch. Der Radweg an der Langelinie führt vorbei an der Fanø Skibsfarts- & Dragtsamling (Schifffahrt- und Trachtenmuseum, Eingang um die Ecke). Kurz danach biegen wir rechts ab in den **Havnevej** **2**, passieren dabei die Fluttore und fahren bei der Sparkasse links in die Hovedgaden. Ein Teil der malerischen Hauptstraße in Nordby ist Fußgängerzone (und wir müssen das Rad schieben). Hier können der erste Hunger und Durst gestillt werden. Wir fahren auf der Hovedgaden weiter bis zur **Nordby Kirke** **3**, die innen mit ihren schmucken Schiffsmodellen einen Kurzbesuch wert ist. Kurz darauf erreichen wir den **Strandvejen** **4** und biegen rechts ab. Auf dem Radweg passieren wir alsbald das Fanø Bryghus. Hier kann man den Braumeistern bei der Arbeit zusehen und Craft-Biere verkosten (Mo/Di 12–16, Mi/Do 12–22, Fr/Sa 11–22, So 11–16 Uhr). Kurz danach biegen wir beim Nørbygaard Kro Fanø links in die **Storetoft** **5** ab. Nach einem **Angelteich** **6** nehmen wir den Asphaltweg nach rechts (das Schild Sackgasse

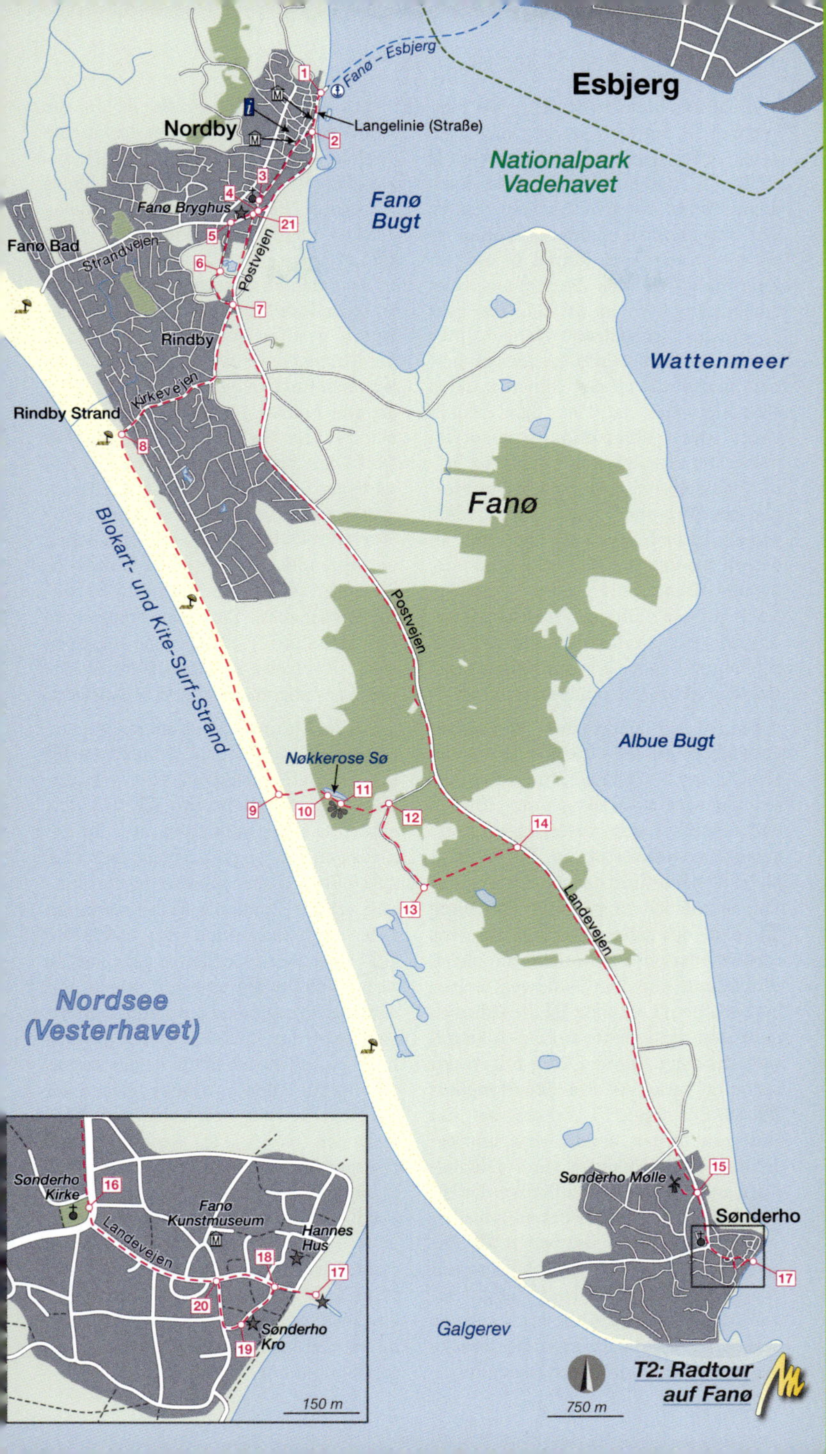

Esbjerg
Fanø – Esbjerg
Langelinie (Straße)
Nordby
Nationalpark Vadehavet
Fanø Bugt
Fanø Bryghus
Fanø Bad
Strandvejen
Postvejen
Rindby
Wattenmeer
Kirkevejen
Rindby Strand
Fanø
Blokart- und Kite-Surf-Strand
Postvejen
Albue Bugt
Nøkkerose Sø
Landevejen
Nordsee (Vesterhavet)
Sønderho Mølle
Sønderho
Galgerev
Sønderho Kirke
Fanø Kunstmuseum
Hannes Hus
Landevejen
Sønderho Kro
150 m
750 m
T2: Radtour auf Fanø

braucht uns nicht zu stören). Wir bleiben auf der Storetoft, bis wir kurz nach dem Fodboldgolf auf den **Kirkevejen** **7** stoßen. Hier rechts abbiegen und gleich darauf links auf den Radweg fahren. Wir kommen an mehreren Campingplätzen vorbei und fahren in einigen Kurven durch das Ferienhausgebiet von Rindby bis zum Strand. Jetzt geht es auf der **Strandstraße** **8** nach links weiter. Wir fahren auf der festgefahrenen Spur direkt an den Dünen entlang. Normalerweise ist der Sand durch Feuchtigkeit, Wind und Autos so fest verdichtet, dass man mit dem Rad keine Probleme hat. (Aufpassen bei Mulden mit Flugsand!) Knapp 4 km radeln wir am Strand. Wer Lust hat, kann jederzeit bis vor ans Wasser fahren oder in den Dünen die Sonne genießen. Nach gut der Hälfte der Strecke passieren wir das Revier der Blokart- und Kitebuggy-Segler. Wer mutig ist, kann sich einen dieser Strandsegler leihen.

Bei einem deutlichen **Wegweiser Pælebjerg/Fahrradroute 404** **9** verlassen wir den Strand nach links und fahren auf einem Kiesweg durch Dünen und Schilf bis zum malerisch im Wald gelegenen **Nøkkerose Sø** **10**. Wenige Meter danach führt rechts ein Weg mit Treppe auf den 21 m hohen **Pælebjerg** **11**, eine bewachsene Düne, die eine schöne Aussicht zur Nordsee hin bietet. Wir fahren auf dem Waldweg weiter, bis bei einem **Parkplatz** **12** die Fahrradroute 404 nach rechts auf einen Betonweg abzweigt. Diesem Weg folgen wir bis zum Parkplatz des **Skovlegeplads** **13** (Waldspielplatz), fahren bei der Schranke in den Wald hinein und radeln auf dem Waldweg am Waldspielplatz entlang (kleine Radler werden sicher auf einen Stopp bestehen!), bis wir an der **Landstraße Landvejen** **14** ankommen und hier rechts abbiegen. Auf dem zweistreifigen Radweg, der gut abseits der Straße geführt wird, geht es nun ca. 4 km südwärts auf freier Strecke mit Wald und Dünen nach Sønderho.

Am Ortseingang grüßt rechts die **Sønderho Mølle** **15**, die frei gegen eine Spende (20 DKK, Kinder 5 DKK) zugänglich ist und natürlich ein schönes Fotomotiv liefert. Auf dem Radweg geht es weiter bis zur **Sønderho Kirke** **16**, wo man ebenfalls absteigen sollte. In der reich ausgestatteten Kirche sind 15 Modellschiffe zu sehen, die von Seeleuten gestiftet wurden. Gleich nach der Kirche biegen wir mit dem Landvejen nach links in den Ort ab und fahren an den bunten Reetdachhäusern vorbei, für die Sønderho als „schönstes Dorf Dänemarks" berühmt wurde. Am Ende des Landvejen steht am einstigen, mittlerweile versandeten Hafen eine **Sturmflutsäule** **17**, die von zahlreichen verheerenden Hochwassern kündet. In Sønderho sollte man sich ruhig ein wenig umschauen. Ein altes Pfadsystem (ausgeschildert) führt von Haus zu Haus. Auch das Museum Hannes Hus und das Kunstmuseum sind sehenswert.

An der Sturmflutsäule kehren wir um, biegen nach links zum **Kropladsen** **18** ab und treffen bald auf den gemütlichen alten **Sønderho Kro** **19**. Wer dort einkehrt, sollte aufpassen, sich an der niedrigen Eingangstüre nicht den Kopf zu stoßen. Weiter geht es in die Fußgängerzone (Sønderland) mit mehreren Cafés und Gaststätten. Am **Landvejen** **20** biegen wir links ab, es geht zurück bis zur **Kirche** **16** und dort wieder auf den Radweg, auf dem wir hergekommen sind. Auf der Rückfahrt nach Norden heißt es, ordentlich in die Pedale zu treten. Bis zur Fähre in Nordby bleiben wir auf dem Radweg von Landvejen bzw. Postvejen (ca. 13,5 km). Rechts sind das Wattenmeer und die Hafenanlagen von Esbjerg zu sehen. Der Radweg wird in Nordby über den Gamle Postvej geführt, wo wir an einem **Zebrasteifen** **21** den Strandvejen überqueren. Der Radweg führt aufs Wattenmeer zu. Wir fahren am Deich entlang, passieren den Jachthafen und gelangen bald an den Ausgangspunkt am **Fährhafen** **1** zurück.

GPS-Tour 3

Schloss, Marsch, Kunst – abwechslungsreiche Radrunde im Grenzland bei Tønder

Charakteristik: Leichte Radtour durch ebenes Acker- und Marschland mit malerischen Dörfern. Meist Asphaltwege, ca. 1 km der Strecke sandiger Gras- bzw. grober Schotterweg, ca. 800 m Kopfsteinpflaster in Møgeltønder. Sehenswürdigkeiten laden zum Verweilen ein. Länge/Dauer: 29,7 km, knapp 3 Std. ohne Besichtigungen. Einkehr: Restaurants und Cafés in Møgeltønder, Rudbøl, Rosenkranz und im Nolde-Haus Seebüll. Start/Ziel: Am Sport- und Freizeitcenter (Tønderhallerne).

Wegbeschreibung: Im sehenswerten Tønder (→ S. 55) startet unsere Radtour am **Parkplatz** 1 des Sport- und Freizeitcenters (Tønderhallerne). Vom Parkplatz aus fahren wir rechts auf den Radweg, ein kurzes Stück auf dem Sønderlandvej und gleich wieder links in den Kongevej. Nach etwa 500 m kommen wir am **Museum Sønderjylland** 2 mit seinem markanten Wasserturm vorbei. Der Wasserturm beherbergt nicht nur eine umfangreiche Sammlung an Stühlen des Möbeldesigners Hans J. Wegner, sondern wartet mit einem herrlichen Rundblick über Tønder und das flache Marschland auf, das wir gleich durchfahren werden. Nach weiteren 400 m auf dem Kongevej biegen wir an einer Ampel links in die Vestergade ein. Achtung: Direktes Linksabbiegen mit dem Fahrrad ist in Dänemark verboten. Benutzen Sie die Fußgängerampel und radeln Sie dann auf dem Radweg der Vestergade weiter. Nach dem Überqueren des Bahnübergangs fahren wir geradeaus durch die Strucks Allee bis zur Einmündung am **Bargumsvej** 3. Hier führt der Fahrradweg stadtauswärts auf der linken Straßenseite. Nach ca. 300 m erreichen wir die Umgehungsstraße **Vestre Omfartsvej** 4 und folgen der Fahrradweg-Ausschildung Grænseruten Nr. 8 nach rechts. Am **Kreisverkehr** 5 der Landstraße 419 folgen wir der Ausschilderung Møgeltønder (Margaritenroute) nach links. Nach etwa 800 m Fahrradweg müssen wir an den auf die Straße gepinselten „Haifischzähnen", den weißen Vorfahrt-gewähren-Dreiecken, anhalten und überqueren die Landstraße (Fahrtrichtung links nach Møgeltønder/Schackenborg Slot). Nach 1,5 km bringt uns der Radweg zur Auffahrt von **Schloss Schackenborg** 6 (→ S. 62). Ist die königliche Familie nicht anwesend, dürfen Besucher den Schlosspark und das Schloss besichtigen. Der folgende Streckenabschnitt am Schloss vorbei und durch das historische Møgeltønder

Am Slotskroen in Møgeltønder

schüttelt Radfahrer kräftig durch. Das alte Kopfsteinpflaster ist nur optisch malerisch, wer im Sattel sitzt, fühlt sich an das berühmt-berüchtigte Radrennen „Paris–Rubaix" erinnert. Schieben ist in der malerischen Slotsgaden des Dorfes eine gute Alternative. Die teilweise reetgedeckten Backsteinhäuser sind eine Augenweide, im Antiquitätenladen gibt es das eine oder andere Schnäppchen und in Mormors Lille Café mit schönem Garten lässt sich ein erstes Päuschen einlegen. Am Ende der Pflasterstraße zeigt sich die **Kirche Møgeltønder** **7** mit einer prächtigen Innenausstattung, die bis in spätromanische Zeit zurückgeht.

Nun aber wieder aufs Rad! Links geht es in den Sønderbyvej. Wir folgen der Ausschilderung Rudbøl in einer Rechtskurve und bleiben auf der Strædet bis zur nächsten Einmündung (Villegardsvej). Hier fahren wir rechts, gleich danach in einer Linkskurve an den letzten Häusern vorbei zum Dorfende (Ausschildung Rudbøl). Viehweiden, Felder und einsam gelegene, stattliche Bauernhöfe bestimmen das Bild. Wir radeln auf dem Kogen, bis wir an der Gabelung von Ved Åen rechts abbiegen. Auf diesem „Recreativ Vej" tummeln sich neben wenigen Autos und Landfahrzeugen auch Jogger und Radler. Nach 4 km biegen wir links in den **Rudbølvej** **8** ab und folgen in dem kleinen Grenzdorf Rudbøl der Ausschildung Grænse. Kurz nach dem Rudbøl Grænsekro überqueren wir den Fluss Vidå, der sich auf der östlichen Seite zum Rudbøl Sø verbreitert hat. Auf der deutschen Seite liegt Rosenkranz, hier wartet der Alte Deutsche Grenzkrug auf Gäste. Wir folgen der Rosenkranzer Straße und sehen auf dem Wegweiser unser nächstes Etappenziel, die Nolde Stiftung, ausgewiesen. Die Abzweigung nach Aventoft lassen wir links liegen und bleiben noch etwa 100 m auf dem Radweg. Nun biegen wir links in den **Noldeweg** 9 ein (Schild Restaurant Seebüll bzw. Fahrrad-Wegweiser Niebüll-Seebüll). Lassen Sie sich nicht vom „Gesperrt-Schild" verunsichern! Radler dürfen hier fahren. Der asphaltierte Weg verwandelt sich nach 200 m in einen sandigen Grasweg, der idyllisch zwischen Schilf und Hecken eingebettet ist. Auf einer Brücke überqueren wir einen Kanal, der das Hülltofter Tief füllt, ein Teich, der schon Emil Nolde zum Malen inspirierte. Noch ein kurzes geschottertes Wegstück, dann haben wir das **Nolde-Haus** 10 (→ S. 64) erreicht. (Nach Regen kann dieses Wegstück aufgeweicht und unpassierbar sein. Nutzen Sie folgende Ausweichstrecke: Beim Abzweig Nolde-Weg 9 auf dem Radweg geradeaus bis Neufeddersbüll, links abbiegen in den Feddersbüller Weg, dann links Revtoftweg 11 und der Ausschildung Nolde-Stiftung folgend nach Seebüll abbiegen.)

„Hier ist unser Platz!" befand Ada Nolde und so bauten Sie und ihr Mann, der Maler Emil Nolde, ab 1927 ein maßgeschneidertes Atelier- und Wohnhaus. Sie legten einen weitläufigen Blumengarten an und fanden ein wenig abseits ihre letzte Ruhestätte. Das Museum ist ein Muss für Kunstfans. Die Drahtesel parken wir neben dem Eingang des modernen Verwaltungs- und Kassengebäudes. Ein Restaurant sorgt für das leibliche Wohl, Kinder können auf dem Spielplatz toben. Ein kleiner Spazierweg führt hinter dem Spielplatz zu dem bereits erwähnten Hülltofter Tief mit sandiger Badestelle und Umkleiden.

Zur Fortsetzung unserer Tour kehren wir auf das Sträßchen zurück, lassen das Nolde-Haus rechts liegen und radeln am Seebüll-Hof und Parkplatz vorbei. Wir treffen an ein paar Fahnenmasten auf den **Revtoftweg** 11 und biegen links Richtung Niebüll/Süderlügum ab. Nach 2 km geht es an einer **Kreuzung** 12 links ab nach Aventoft, dessen Kirchturmspitze wir in der Ferne sehen. Nach weiteren 2 km haben wir den Grenzort **Aventoft** 13 erreicht und folgen nach rechts der Wegweisung Richtung Tønder. Aventoft wartet mit einer Reihe deutscher und dänischer Supermärkte auf, die auch sonntags geöffnet haben. Außerdem findet man an der Tankstelle den Fahrradladen Wollesen mit Zubehör und Reparaturservice. **Am Ortsausgang** 14 biegt unser Weg links Richtung Tønder ab. Wir überqueren wieder die Vidå, passieren den Weiler Dyrhus und erreichen auf einem Fahrradweg neben der Landstraße nach insgesamt etwa 3,4 km wieder Tønder. Von der Umgehungsstraße biegen wir auf den **Søndre Industrivej** 15 ab, verlassen aber das Industriegebiet nach 400 m nach links in die Viddingherredsgade (Ausschilderung Centrum). Kurz nach dem Bahnhof biegen wir am Ende dieser Straße rechts ab in die **Vestergade** 16, überqueren den Bahnübergang und halten uns an der Ampel rechts. Der Kongevej führt uns wieder am Museum Sønderjylland vorbei und unser **Ausgangspunkt** 1 ist in Kürze erreicht.

Mormors Lille Café in Møgeltønder

GPS-Tour 4

Watt und Wikinger – Radtour rund um Ribe

Charakteristik: Leichte Radtour auf ebenen, asphaltierten Wegen mit mehreren Sehenswürdigkeiten. **Länge/Dauer:** 25 km, 2,5 Std. reine Fahrtzeit ohne Besichtigungen. **Einkehr:** Café im Vadehavscentret, Kuchen und kleine Speisen aus Bioprodukten, Mai–Okt. tägl. 10–16.30 Uhr, Nov.–April tägl. 10–15.30 Uhr, Okholmvej 5, Vester Vedsted, 6760 Ribe, ✆ 75 44 61 61. **Start/Ziel:** Parkplatz Syd, Stampemøllevej, 6760 Ribe.

Wegbeschreibung: In Ribe am **Parkplatz Syd** **1** starten wir unsere Tour nach rechts ein Stück auf dem Tøndervej und biegen noch vor der kleinen Brücke nach links in den **Holmevej** **2** ab. Geradeaus geht es bis zum Ende der Sackgasse, dort kreuzt die Fahrradspur sogleich die Primärroute 24. Wir überqueren aufmerksam die viel befahrene Landstraße und folgen nun der Wegweisung Kammersluse. Eben und geradeaus geht es 6 km durch die westliche Ribe-Au, die – im Gegensatz zur östlichen Ribe-Au – kanalisiert und für Motorboote befahrbar ist. In den Schleifen des Flusses gehen Angler und zahlreiche Vögel ihrer Lieblingsbeschäftigung nach: dem Fischen. Wir erreichen den grünen **Deich** **3**, der das Marschland vor den Gewalten des Meeres schützt, und fahren zunächst nach rechts bis zur **Kammersluse** **4**. Die 1912 gebaute Schleuse schließt sich automatisch, wenn die tägliche Flut kommt. Wenn der Wasserstand fällt, öffnet der Wasserdruck des Flusses die Schleusentore wieder. So wird der Wasserstand ausgeglichen und den kleinen Booten, die am Ufer der Ribe Å malerisch dümpeln, die Passage ins Meer ermöglicht. Schon seit den 1930er-Jahren verbrachten Ribes Bürger an diesem beschaulichen Ort gern ihre Zeit und bauten kleine Holzhütten, die von Jäger und Fischern genutzt wurden.

Boote an der Kammersluse

Unsere Weiterfahrt führt zurück zu **3** und dann weiter, insgesamt 4 km in südlicher Richtung, am Deich entlang. Dabei müssen mehrere Gitterpassagen an Viehgattern überquert werden. Der Radweg am Deich ist befestigt, aber etwas holprig. Wer die Aussicht auf die Nordsee genießen möchte, findet an mehreren Stellen Treppen zum Aufstieg. Außen am Wattenmeer und landeinwärts sorgen die Deichschafe für die notwendige Landschaftspflege.

Am Ende des Radwegs treffen wir auf den **Låningsvejen** **5**, die tideabhän-

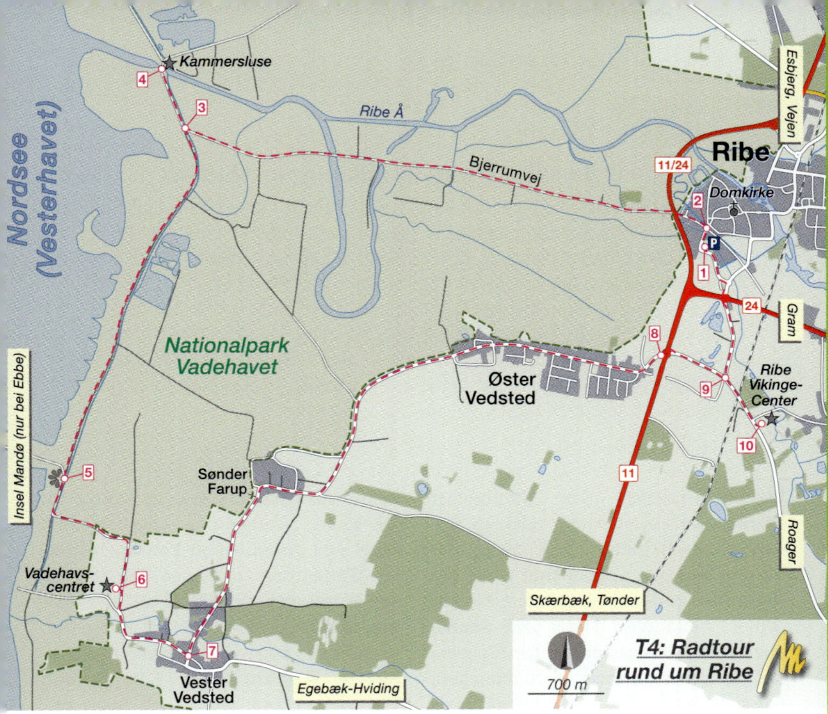

gige Pkw-Strecke nach Mandø. Von der Deichkrone aus kann man die Autos beobachten, die es wagen, die schwierige, nur bei Ebbe befahrbare Passage zu der Insel anzugehen (wichtige Informationen dazu → Kasten Abenteuerliche Anreise, S. 40).

Wir folgen der zweimal im rechten Winkel abknickenden Straße Richtung Vester Vedsted und erreichen nach ca. 700 m das **Vadehavscentret** (Wattenmeerzentrum) **6** mit seiner charakteristischen Reetverkleidung. Die Ausstellung dort informiert über das Ökosystem Wattenmeer und seine Tierwelt. Wer Lust auf einen Abstecher nach Mandø verspürt, kann ab hier in Abhängigkeit von der Tide den Traktorbus benutzen.

Vom Wattenmeerzentrum aus fahren wir nach rechts weiter ins Dorf Vester Vedsted, passieren die hübsche Dorfkirche und erreichen nach gut 1 km eine **Kreuzung** **7**. Ab hier folgen wir links der Ausschilderung nach Ribe. Ländlich beschaulich geht es in Sønder Farup und Øster Vedsted zu, zwei Dörfer die wir entlang der Hauptstraße durchqueren. Kurz nach Øster Vedsted erreichen wir einen **Kreisverkehr** **8**. Unsere Strecke führt geradeaus, der Radweg wird links am Kreisverkehr vorbeigeführt und endet bald. Auf dem Roagervej fahren wir geradeaus über die nächste **Kreuzung** **9** und erreichen nach 1,4 km das **Ribe VikingeCenter** **10**. Hier wird auf lebendige Art und Weise vermittelt, wie die Wikinger einst in ihrer Stadt Ripa lebten (→ S. 80). Nach dem Besuch geht es zurück zur letzten Kreuzung **9**, an der wir nach rechts in den Haulundvej abbiegen. Nach den Storkesøen (idealer Picknickplatz) treffen wir auf einen Kreisverkehr: erneut geht es für uns geradeaus mit Radwegführung links am Kreisel vorbei, am zweiten Kreisverkehr biegen wir links ab in den Stampemøllevej, wo wir nach wenigen Hundert Metern den **Parkplatz** **1** wieder erreichen.

GPS-Tour 5

Sand, Wald und Eisen – Wanderung im Marbæk

Charakteristik: Leichte Strand- und Waldwanderung für die ganze Familie mit der Möglichkeit zur Information über die archäologischen Funde aus der Eisenzeit. **Länge/Dauer:** 9 km, ca. 2,15 Std. reine Gehzeit. **Einkehr:** Unterwegs keine. Restaurant Sjelborg Strand (ca. 4 km südlich vom Wanderparkplatz über den geschotterten Myrtuevej erreichbar), meist Sa/So 11.30–16 Uhr, Genaueres s. Webseite, Sjelborg Strandvej, 6710 Esbjerg, ✆ 75 11 70 71, www.sjelborgstrand.dk. **Start/Ziel:** Parkplatz am Museum Myrthuegård. Anfahrt: An der Straße 463 Esbjerg–Oksbøl bei Kravnsø westlich an der Ausschilderung Marbæk/Myrthue abzweigen.

Wegbeschreibung: Das Naturgebiet Marbæk ist abwechslungsreich in seinen Landschaftsformen – Meer, der Varde-Fluss, Seen, Heide und Wald. Die Vermittlung dieses Naturraumes mit seiner vielfältigen Flora und Fauna, aber auch der archäologischen Spuren, die bis in die Steinzeit zurückreichen, hat sich das Museum Myrthuegård zur Aufgabe gemacht. Direkt am Museum kann man parken. Wer mag, kann sich die kleine Ausstellung ansehen und seine neu gewonnenen Kenntnisse bei der Wanderung anwenden. Wir starten am **Museumsparkplatz** **1** auf der Asphaltstraße in nördlicher Richtung, um nach knapp 200 m links in einen **Schotterweg** **2** abzubiegen. Entlang der Viehweiden und bereits mit Blick auf das Wasser der Ho Bugt gehen wir auf dem mit grünen Pfosten oder Punkten markierten Wanderweg. Nach etwa 1 km queren wir bei einem kleinen Hügel mehrere Weidegatter, halten uns mit Markierung immer rechts und gelangen so an den **Strand** **3**. Der Blick reicht weit über das Wattenmeer der Ho Bugt, die im Westen von der Halbinsel Skallingen begrenzt wird. Etwa 3 km lang wandern wir nun am Sandstrand entlang, können Muscheln finden, Krebse und verschiedene Seevögel sehen. Am Horizont Richtung Süden tauchen hinter der kleinen Insel Langli nicht selten große „Pötte" auf – Frachtschiffe mit Kurs auf den Hafen von Esbjerg.

Ebbe im Watt bei Marbæk

An der bewaldeten Düne befinden sich mehrere Parkplätze mit Picknickbänken, wo man sich die mitgebrachte Verpflegung munden lassen kann. Nachdem wir an einigen Ferienhäusern vorbeimarschiert sind, kommt der Gulebjerg in Sicht. An diesem sandigen Abhang färben Eisenauswaschungen

den gelben Sand in verschiedenen Rottönen. Kurz vor einer Sandnase am Wasser verlassen wir den Strand. Wir wählen für den kleinen Aufstieg landeinwärts einen **sandigen Strandweg** **4**, über den wir hoch zum Wald steigen. Oben angelangt, halten wir uns rechts, der **Wanderpfad** **5** (Markierung rote und blaue Punkte) verläuft direkt an der Böschungskante und ermöglicht schöne Ausblicke. Am **Gulebjerg** **6** führt der Wanderweg in den Wald hinein. An einem sandigen Platz wählen wir den Weg geradeaus und finden wieder eine blaue Markierung. Die nächste Waldwegkreuzung überqueren wir geradeaus. Dem blauen Pfad folgen wir in einer sanften Linkskurve bis zu einem Querweg, auf dem wir ein paar Schritte rechts gehen, um dann links auf den **Reitweg** **7** am Rand der Heide abzuzweigen. Auch hier sehen wir blaue Pfosten. Nach etwa 400 m erreichen wir an ein paar großen Steinen eine **Wegkreuzung** **8**, die wir geradeaus überqueren (Wegweiser Spjderhytter/Øen

Traumhafter Wanderweg am Strand

sowie weitere blaue Markierungen). Etwa 200 m weiter an der **Gabelung 9** des blauen Wegs wandern wir nach links in den Wald hinein und kommen an den beschriebenen Pfadfinderhütten vorbei. Bald treffen wir auf den Teil des Wegs, der das Hüttengebiet von der östlichen Seite her erschließt. Wir überqueren ihn und gehen über einen Wiesenpfad zwischen zwei idyllisch gelegenen Seen hindurch. Danach folgt ein sandiger Waldweg (blaue Markierung) und ein **Querweg 10**, an dem wir rechts abzweigen. Der Waldweg in der Marbæk Plantage macht bald eine Linkskurve, danach verläuft er schnurgerade. Nach ungefähr 400 m überqueren wir an einer Holzschranke einen Schotterweg und auch an der nächsten Wegkreuzung geht es geradeaus weiter. Als nächstes kreuzt der geschotterte **Lodnevej 11**, wo wir nach rechts abbiegen (Markierung grüner Punkt an einer Fichte, im Verlauf weitere grüne Markierungen). Nach 500 m kommen wir an eine **Waldwegkreuzung 12**. Wer sich einen Acker aus der Eisenzeit (Jernalderagre) ansehen möchte, kann jetzt rechts abbiegen und die wenigen Meter bis **13** gehen und danach zu **12** zurückkehren. In der heute mit Heide bewachsenen Lichtung befinden sich Reste der von den Eisenzeitbauern aus Steinen angelegten Ackerraine. Eine Infotafel (auf Dänisch) berichtet über die hier gefundenen Pflugscharen und die damals kultivierten Getreidesorten. Wer keine Lust auf den Abstecher hat, biegt an der **Waldwegkreuzung 12** gleich nach links ab. Ein Querweg wird gekreuzt, danach geht es schnurstracks auf einem Sandpfad, über eine Viehweide und vorbei am ländlichen Schaugarten von Myrthuegård zurück zum **Parkplatz 1**.

Übrigens: Eine weitere Fundstelle aus der Eisenzeit, Reste einer Siedlung (Jernalderboplads), die durchaus einen Blick wert sind, findet man etwa 500 m von Myrthuegård entfernt am Myrtuevej auf dem Rückweg zur 463. Hier wurden die gepflasterten Wege zwischen den einstigen Bauernhütten rekonstruiert, die man so nur in Südwestjütland gefunden hat.

GPS-Tour 6

Vogelbeobachtung und Pionierfeeling – Wandern im Flussdelta der Skjern Enge

Charakteristik: Leichte Naturwanderung durch das vogelreiche Feuchtgebiet von Skjern Enge. Abenteuerlicher, aber unproblematischer Höhepunkt ist die Überquerung zweier Arme des Flusses Skjern Å mithilfe von Zugfähren (Trækfærge). Länge/Dauer: 10 km, 2,5 Std. reine Gehzeit. Ausrüstung: Feste, wasserdichte Wanderschuhe empfehlenswert. Vor Wanderungsbeginn ggf. Mückenspray auftragen. Fernglas zur Vogelbeobachtung nicht vergessen. Einkehr: Unterwegs keine, jedoch sind schöne Picknickplätze für die Rucksackverpflegung vorhanden. Start/Ziel: Wanderparkplatz am Skjernåvej bei Lønborg. Von Tarm aus fährt man auf der Straße 423 Richtung Lønborg. In Lønborg nach Skjern abbiegen. Der Parkplatz liegt am Ortsausgang auf der linken Seite kurz vor der Brücke über die Skjern Å.

Wegbeschreibung: Vom **Wanderparkplatz** **1** aus folgen wir auf einem breiten Wanderweg dem Flusslauf der Skjern Å in westlicher Richtung. Unser Blick schweift über Viehweiden und grüne Auenlandschaft, durch die sich der Fluss schlängelt, bevor er in den Ringkøbing Fjord mündet. Nach etwa 1 km biegen wir nach rechts auf eine schmale **Asphaltstraße** **2** ab in Richtung der Wegweisung Naturcenter Skjern Enge og Trækfærge. Nach 250 m kommen wir an einem Zugang zu einem Vogelbeobachtungsturm vorbei, den man rechts über einen Pfad in einer Buschreihe erreichen kann. Wir wandern auf der Asphaltstraße weiter, passieren **Lønborggård** **3**, einen Herrensitz aus dem 13. Jh., der heute als Ferienzentrum genutzt wird. Die Straße wandelt sich in einen Schotterweg, dem wir weiter in Richtung des Wegweisers Naturcenter folgen. An einem **scharfen Rechtsknick** **4** wandern wir rechts an einer Hecke weiter auf einen See zu und folgen dem Schotterweg bis zu einer Absperrkette an einem kleinen **Parkplatz** **5**. Hier steht (etwa 100 m auf der linken Seite) das Naturcenter Skjern Enge. Von April bis Oktober ist die Ausstellung über das Vogelleben der Skjern-Wiesen täglich geöffnet.

Zugfähre zur Überquerung der Skjern Å

Wir folgen nun nach rechts dem Wegweiser Trækfærge und wandern an Viehweiden und Wassertümpeln entlang. Nach gut 1 km erreichen wir die **Zugfähre** 6, die uns auf die gegenüberliegende Seite des Flussarms Fortgrøft bringen wird. Mithilfe einer Kurbel kann man die Fähre an einem Stahlseil zu sich herüberholen. Dann zieht man sich an den zwei Hanfseilen (rechts und links vom Boot) – wie beim Seilziehen – vorwärts. Zu zweit ist das ganz leicht, aber auch alleine geht das gar nicht so schwer. Der Weg führt uns auf einem feuchten Pfad zwischen Viehweiden hindurch über die kleine Insel Kalvholm. Nun wartet die **zweite Fährfahrt** 7 auf uns. Bis zu 12 Passagiere mit und ohne Fahrrad kann die Fähre laden. Am gegenüberliegenden Ufer findet man einen schönen Grill- und Picknickplatz und ein paar Schritte weiter am Shelterplads könnte man für eine Nacht den Schlafsack in einer Holzhütte ausrollen.

Geradeaus führt der Weg auf die Pumpenstation Nord mit einem Aussichtsdeck zu. Sie und einige Reste von Kanälen und Deichen erinnern noch an das einst größte Entwässerungsprojekt Dänemarks. Über die kolossalen Eingriffe in die Natur und die anschließende erfolgreiche Renaturierung gibt es Erläuterungen im Informationspavillon.

Zur Fortsetzung der Wanderung geht es an der Pumpenstation ostwärts auf dem Damm weiter (Markierung gelber Punkt, Fahrradweg 4), dem wir bis zur Fahrstraße, dem **Skjernåvej** **8**, folgen. Wir biegen rechts ab, überqueren die Brücke und wandern auf dem Fahrradweg entlang der Straße in südlicher Richtung. Links von uns breitet sich der Hestholmsø aus, auf dem nicht nur Scharen von Schwänen, sondern auch viele andere Wasservögel zu sehen sind. Um ganz nah an sie heranzukommen, empfiehlt sich ein Abstecher auf den Vogelbeobachtungsturm auf der linken Straßenseite, den wir nach kurzem Marsch erreichen. Tafeln mit Vogelabbildungen helfen einzuordnen, was sich gerade vor dem Kameraobjektiv befindet. Über zwei Brücken kreuzt die Straße nochmals die Skjern Å, dann haben wir den **Parkplatz** **1** wieder erreicht.

GPS-Tour 7

Wasser und Wind – aussichtsreiche Tour zu Fuß oder per Fahrrad zum Lodbjerg Fyr

Charakteristik: Die weitgehend ebene, landschaftlich reizvolle Tour von Agger aus rund um den Flade Sø steigt leicht an zum Lodbjerg Fyr (Leuchtturm) und führt am Meer entlang zurück. Es bieten sich großartige Ausblicke in die Naturlandschaft des Nationalparks Thy. Länge: 15,5 km. Dauer: Als Wanderung 3,5 Std. reine Gehzeit, mit dem Rad ca. 1,5 Std. Ausrüstung: Festes Schuhwerk für Wanderer bzw. geländegängiges Fahrrad. Bei stärkerem Wind Sonnenbrille gegen Flugsand. Einkehr: Am Start/Zielpunkt bietet der Strandimbiss Vesterhavshytten gute Hausmannskost und Süßes, tägl. ab 11 Uhr, Vesterhavsvej 2, Agger. Im Café des Lodbjerg Fyr gibt es April–Sept. 11–16 Uhr Kaffee und Kuchen. Start/Ziel: Strandparkplatz Agger, Vesterhavsvej. Haltestelle Regionalbus 321 (ab Thisted) und 327 (ab Hurup).

Wegbeschreibung: Am **Strandparkplatz** **1** in Agger wandern wir los, über wenige Stufen erreichen wir einen betonierten Weg direkt an den Dünen. Wir gehen in nördlicher Richtung, lassen die schwarzen Häuser (De sorte Huse) von Agger rechts liegen. Nach knapp 500 m geht rechts ein **Pfad** **2** ab, der alsbald eine Straße überquert und an einem Wegweiser-Pfosten mit gelbem Dreieck auf die Dammkrone zusteuert. Dem Damm am Ufer des Flade Sø folgen wir über 4,5 km. Auch als Radfahrer kommt man auf dem festen karrenbreiten Weg aus Gras und Schotter gut voran, ein wenig Gleichgewichtssinn ist aber vonnöten. Als Wanderer lässt man den Blick über Agger schweifen, das wir bald rechts liegen lassen. Beim Blick über den See lässt sich in der Ferne das Ziel der Tour ausmachen: der graue Lodbjerg Fyr. Wir bleiben immer auf der Dammkrone, ignorieren abzweigende Wege, gehen um eine Holzschranke herum. Zeitweilig bewegen wir uns zwischen zwei Seen, denn der Damm trennt den Flade Sø und den Ørum Sø.

Bei einem Gatter erreichen wir eine **asphaltierte Autostraße** **3** und wenden uns mit dem gelben Dreieck an einem Pfosten nach links. Die Straße führt auf die Ansiedlung Tolbøl mit ihren versprengt liegenden Häusern zu. An einem roten Haus zweigt der **Flade Sø Vej** **4** nach links ab, den wir nun einschlagen (auf Google Maps heißt er Klitvej). Zwischen See bzw. Dünenheide und dem Waldrand geht es

auf dem bald geschotterten Weg (gelbes Dreieck) in westlicher Richtung weiter. Nach etwa 1,5 km erreichen wir den **Redningsvej** **5** und zweigen an einem Pfosten mit Markierung Radweg 410 nach rechts ab. Der Weg führt leicht ansteigend auf den Lodbjerg Fyr zu. Linker Hand liegen mit Strandhafer und Heide bewachsene Dünenhügel, rechts sorgen die Bäume der Lodbjerg Plantage für eine Befestigung des sandigen Terrains. Das Sandtreiben ist jedoch nicht überall „im Griff“: Vom Lodbjerg Fyr werden wir später die Wanderdüne Lodbjerg Mile sehen, die der Westwind ins Land peitscht. An einer **Wegkreuzung** **6** in Sichtweite des Leuchtturms gehen wir links und erreichen den Turm nach 200 m. Von 7 bis 21 Uhr ist der aus grauem schwedischen Granit erbaute **Lodbjerg Fyr** **7** geöffnet (Eintritt 30 DKK). Wer hinaufsteigt, überblickt aus 35 m Höhe das Heide- und Waldgebiet. In Ostrichtung liegt die kleine Lodbjerg Kirke. Auch die mit Buhnen geschützte Küste von Agger Tange im Süden lässt sich bei guter Sicht ausmachen. Ein paar Meter hinter dem Leuchtturm ist ein Übernachtungsplatz für Wanderer (Shelter) zu finden. Der Rückweg erfolgt zunächst auf gleicher Strecke über den Redningsvejen bis zu **5**. Dort wenden wir uns an der Markierung (gelbes Dreieck) nach rechts und wandern auf dem Schotterweg 1,5 km auf die Dünen zu. Mehrfach zweigen Wege Richtung Strand ab, die wir aber ignorieren. An einem **Markierungspfosten mit gelbem Dreieck** **8** zweigt links ein Wanderweg ab, der Wanderer direkt am See entlang unterhalb der Düne ins ca. 2 km entfernte Agger zurückführt. (Sollte dieser Weg wie bei meiner Recherche-Tour aufgrund von Nässe oder Wind ungeeignet sein, einfach wie die Radfahrer die auf dem Dünenkamm liegende Asphaltstraße benutzen. Falls nötig kann man vom Wanderweg auch an mehreren Stellen zur Straße hochgehen.) Mit dem Rad geht es ab **8** auf die Düne hoch und am **Strandparkplatz** **9** links auf den asphaltierten Fahrweg. Direkt auf der Düne rollt man nun noch gut 2 km zurück zum Ausgangspunkt in **Agger** **1**.

GPS-Tour 8

Wo die Möwen kreischen – Wanderung zum Aussichtsfelsen Bulbjerg

Charakteristik: Abwechslungsreiche Wanderung durch Wald und Dünen. Ziel ist der 47 m hohe Aussichtsfelsen Bulbjerg. Länge/Dauer: 8,6 km, 2 Std. reine Gehzeit. Markierung: Nordsøstien weißes „N" oder weißer Wanderer auf blauem Grund. Einkehr: Unterwegs keine, schöne Picknickplätze für Rucksackverpflegung. Start/Ziel: Wanderparkplatz Ellidsbølvej/Bulbjergvej. Der Ellidsbølvej ist erreichbar ab Landstraße 569 (Fjerritslev–Østerild) bei einer stark abknickenden Kurve (hier auch ein Fahrrad-Wegweiser Vestkyststien). Wanderparkplatz nach ca. 1,5 km auf der rechten Seite.

Wegbeschreibung: Wir starten am **Wanderparkplatz** **1** und gehen zunächst auf der Asphaltstraße nach links (Richtung Süden). Nach etwa 550 m biegen wir nach rechts **2** auf den Granvej ein, ab hier begleitet uns die Markierung des Nordsøstien (weißer Wanderer oder weißes „N" auf blauem Grund). Wir wandern hier im Naturschutzgebiet durch schönen Nadelwald auf teils sandigen, teils auf mit Gras bewachsenen Waldwegen. Jeweils mit Wegweiser halten wir uns nach etwa 400 m an einer **Gabelung** **3** rechts, kurz darauf knickt der Weg erneut **nach rechts** ab **4**. Am nächsten Markierungspfosten gehen wir nach links und marschieren bald am Waldrand entlang. Linker Hand erheben sich einige Dünen. Wer mag, kann bei einem **Wegweiser** (Symbol Felsen) **5** über einen Pfad einen kleinen Abstecher zur Tinghøj unternehmen, den Resten eines Grabhügels aus der Bronzezeit. Die großen Steine, die man in diesem Gebiet sieht, haben die Gletscher der Eiszeit vor ca. 18.000 Jahren hinterlassen. Sie liefern Stoff für die Sagen von großen Trollen, die hier im Wald „Troldsting" ihr Thing (Gerichtsversammlung) abgehalten haben sollen.

Ab **5** führt der Pfad auf eine **Wegkreuzung** **6** zu, wir bleiben dem Nordsøstien treu, wandern nach links und treffen auf einen **Wanderparkplatz** **7**, dort zeigt sich erstmals auf dieser Tour die Nordsee. Wir nehmen den Schotterweg nach links, der bald rechts abknickt und als betonierter Weg Richtung Meer

führt. An einer **Wegkreuzung** **8** gehen wir rechts bergauf bis zum **Parkplatz am Bulbjerg** **9**. Natürlich lädt dieses Gelände mit Dünen, Felsplateaus und Bunkerruinen zur ausgiebigen Erkundung ein. Nachdem wir die Aussicht an der auf einem ehemaligen Bunker aufgemalten **Windrose** **10** genossen haben, kehren wir bis zum Abzweig **Trappe til Stranden** **11** zurück und steigen die Holz-Sand-Treppe hinunter bis zum **Strand** **12**. Von hier aus präsentiert sich der Bulbjerg als tolles Fotomotiv. Bei niedrigem Wasserstand kann man unter den Felsen entlanglaufen und eine ganze Kolonie Dreizehenmöwen mit ihren Brutplätzen oben in den Felsen beobachten. Auf der Ostseite des Felsens führt wieder eine Treppe nach oben. Von dort kann man die Wanderung ab **14** fortsetzen. Ansonsten kehrt man über die westliche Treppe zurück zum **Parkplatz** **9** und steigt an der **Markierung Nordsøstien** **13** über den östlichen Treppenweg bis zu einem **Abzweig** **14** hinunter. Der Nordseesteig führt uns nun ostwärts auf einem Dünenpfad oberhalb des Strands. Im Herbst leuchtet es dort orangefarben von den Beeren der niedrigen Sanddornbüsche. Wir folgen den blau-weißen Symbolen bis zu einem geschotterten **Strandparkplatz** **15**. Zeit für einen letzten Blick aufs Meer, dann wandern wir landeinwärts auf dem Ellidsbølvej bis wir nach gut 1 km wieder den **Wanderparkplatz** **1** erreichen.

Bulbjerg

Etwas Dänisch

Dänisch gehört zu den skandinavischen und damit germanischen Sprachen, zu denen auch Deutsch und Englisch zählen. Das eine oder andere Wort Dänisch kann man beim Lesen verstehen. Die Aussprache jedoch stimmt meist nicht mit dem Schriftbild überein. Außerdem neigen die Dänen dazu, die Endungen zu verschlucken.

Aussprache

A	wie a (z. B. „alt“: gammel – gaml) oder ä (z. B. „können“: kann – kän oder nur kä)
ag	g stumm (z. B. „Freitag“: fredag – freda)
ds	wie s (z. B. „Platz“: plads – pläs)
eg/ej/ig	wie aj (z. B. „ich“: jeg – jaj, „nein“: nej – naj, „dir“: dig – daj)
d/g/t	v. a. am Schluss oft verschluckt (z. B. „S-Bahn“: S-tog – es-tou, „das“: det – de)
h	vor v und j nicht ausgesprochen (z. B. „wer“: hvem – wäm)
nd	wie n (z. B. „Wasser“: vand – vän)
p	nach s wie b (z. B. „essen“: spise – sbise)
tion	wie schon (z. B. „Station“: station – staschon)
v	wie w bzw. nach Vokal wie u (z. B. „Hafen“: havn – haun)
y	wie ü (z. B. „hell“: lys – lüs)

Sonderbuchstaben (im Alphabet hinter XYZ):

Æ/æ	wie Ä
Ø/ø	wie Ö
Å/å (oft: AA/aa)	wie ein offenes O (z. B. „Aalborg“: Olborg, Blåvand – Blovand)

Allgemeines

guten Morgen	*god morgen*
guten Tag	*goddag*
Hallo	*hej*
auf Wiedersehen	*farvel*
Entschuldigung	*undskyld*
danke	*tak*
vielen Dank	*mange tak*
ja!	*ja!*
nein!	*nej!*
Bitte! (beim Vorlassen oder Überreichen)	*Værsgo!*
Bitte ... (Forderung)	*Vær så venlig at ...*

Unterwegs

Wo ist ...?	*hvor er ...?*
hier	*her*
dort	*der*
(nach) links	*(til) venstre*
(nach) rechts	*(til) højre*
geradeaus	*lige ud*
gegenüber	*overfor*
bis	*til*
Autobahn	*motorvej*
Brücke	*bro*
Fußgängerzone	*gågade*
Kreuzung	*kryds*
Platz	*plads*
Straße	*gade/vej*
Ausfahrt	*udkørsel*
Einfahrt	*indkørsel*
Einfahrt/Zugang	*adgang*
Einbahnstraße	*ensrettet*
Grenze	*grænse*
Fahrrad	*cykel*
Radweg	*cykelsti*
geschlossen	*lukket*
offen	*åbent*
Parkplatz	*parkeringsplads*
Flughafen	*lufthavn*
Flugzeug	*fly*
Gepäckausgabe	*bagageudlevering*
Koffer	*kuffert*

Handgepäck – *håndbagage*
Bahnhof – *banegård*
Fahrplan – *køreplan*
Abfahrt – *afgang*
Ankunft – *ankomst*
ab/an – *fra/til*
Ticket für einfache Fahrt – *enkeltbillet*
Hin- und Rückfahrt – *returbillet*
Fähre(hafen) – *færge(havn)*
Auto(verleih) – *bil(udlejning)*
(Bus-)Haltestelle – *(bus-)stoppested*
(S-/U-Bahn-)Station – *(S-tog/metro) station*

Notfall

Hilfe! – *hjælp!*
Polizei(station) – *politi(gården/station)*
Arzt – *læge*
Apotheke – *apotek*
Krankenhaus – *sygehus/hospital*
Unfall – *ulykke/uheld*
Rettungswagen – *ambulance*
Zahnarzt – *tandlæge*

Übernachten

Hotel – *hotel*
Einzel-/Doppel-/Familienzimmer – *enkelt-/dobbelt-/familieværelse*
für eine Nacht – *for en nat*
für zwei Tage – *for to dage*
für eine Woche – *for en uge*
Bett – *seng*
Bettwäsche – *sengetøj*
Dusche – *brusebad*
Toilette – *toilet*
Fernseher – *fjernsyn*
Frühstück – *morgenmad*
Schlüssel – *nøgle*
alles belegt – *alt optaget*
(Nicht-)Raucher – *(ikke)ryger*
Jugendherberge – *vandrehjem*
Ferienhausvermietung – *feriehusudlejning*
Endreinigung – *slutrengøring*
Campingplatz – *campingplads*
Wohnwagen – *campingvogn*
Trinkwasser – *drikkevand*
Gasflaschen – *gasflasker*
Zelt – *telt*
Waschraum – *vaskerum*
Stromanschluss – *strømtilslutning*

Essen und Trinken

Ich hätte gerne … – *Kan jeg få …? Jeg vil gerne have …*
… die Speisekarte – *… spisekortet/ menukort*
Die Rechnung bitte … – *Må jeg bede om regningen.*
Bitte alles zusammen. – *Det hele på en regning, tak.*
Das stimmt so. – *Det passer.*
Geld – *penge*
Kreditkarte – *kreditkort*
Essen – *spise*
Trinken – *drikke*
Abendkarte – *aftenkort*
Kinderstuhl – *børnestol*

Frühstück – morgendmad

Brot – *brød*
Schokolade – *chokolade*
Weißbrot – *franskbrød*
Haferflocken – *havregrød*
Honig – *honning*
Kaffee – *kaffe*
Schinken – *skinke*
Skyr (isländischer Joghurt) – *skyr*
Milch – *mælk*
Käse – *ost*
Aufschnitt – *pålæg*
Würstchen – *pølser*
(Rühr)Ei – *(rør)æg*
Brötchen – *rundstykker*
Gerollter Bauch – *rullepølse*
Butter – *smør*
Zucker/Süßstoff – *sukker/sødestof*
Tee – *te*
Joghurt – *yoghurt*

Mittagessen – Frokost und Abendessen – middag/aftensmad

Vorspeisen	*forretter*
Hauptgerichte	*hovedretter*
Kindergerichte	*børneretter*
Tagesgericht	*dagens ret*
vegetarisches Gericht	*vegetarisk ret*
belegtes Brot	*smørrebrød*
Lunchplatte	*frokostanretning*

Fisch und Schalentiere – fisk og skaldyr

geräucherte Kliesche	*Bakskuld*
Calamaris	*blæksprutte*
Fisch des Tages	*dagens fisk*
Fischklößchen	*fiskeboller*
Lachs	*laks*
Seewolf	*havkat*
Seeteufel	*havtaske*
Heilbutt	*hellefisk*
Kaisergranat	*jomfruhummer*
Jakobsmuscheln	*kammusling*
Makrele	*makrel*
Seelachs	*mørksej*
(Mies)Muscheln	*(blå)muslinger*
Krabben (zum selber Pulen)	*rejer (pil selv)*
Scholle	*rødspætte*
Rogen	*rogn*
(geräucherter) Hering	*(røget) sild*
Heringsplatte	*sildeanretning*
geräucherter Dorschrogen	*stenbiderrogn*
Kabeljau (Dorsch)	*torsk*
Aal	*ål*
Austern	*østers*

Fleisch – kød

Ente	*and*
Rumpsteak	*engelsk bøf*
Rindersteak	*fransk bøf*
Gans	*gås*
Hacksteak (Rind)	*hakkebøf/dansk bøf*
Kassler	*hamburgerryg*
Hühnersalat	*hønsesalat*
Pute	*kalkun*
Hase	*kanin*
Hähnchen	*kylling*
Lammfleisch	*lammekød*
Leber	*lever*
Schweinefilet	*(svine)mørbrad*

Spezialitäten

Labskaus (Gericht aus Rindfleisch und Kartoffeln, oft mit Hering, Ei und rote Beete)	*Labskov*
„Sternschauer" (gebratene Scholle, Garnelen, Spargel und gebuttertes Roggenbrot)	*Stjerneskud*
Eierkuchen (Omelette)	*æggekage*

Gemüse und Beilagen – grøntsager og tilbehør

Spargel	*asparges*
Karotten	*gulerødder*
Knoblauch	*hvidløg*
neue Kartoffeln	*nye kartofler*
Salzkartoffeln	*hvide kartofler*
Bratkartoffeln	*stegte kartofler*
Kräuter	*urter*
Zwiebeln	*løg*
Nudeln	*nudler*
Paprika	*peberfrugt*
Meerrettich	*peberød*
Petersiliensoße	*persillesovs*
Schnittlauch	*purløg*
Reis	*ris*
Rote Bete	*rødbeder*
Rotkohl	*rødkål*
Salat(buffet)	*salat(bord)*
Senfsoße	*sennepssovs*
saure Beilagen (Gurken, rote Beete)	*surt*
Pilze	*svampe*

Desserts – desserter

Schlagsahne	*flødeskum*
Obst	*frugt*
Himbeeren	*hindbær*
Eis	*is*
Erdbeeren	*jordbær*

Das Nordseegemüse Queller kommt in vielen Restaurants auf den Tisch

Kuchen	*kage*
Pfannkuchen	*pandekage*
rote Grütze	*rødgrød*
Waldbeeren	*skovbær*
Käse	*ost*
Löffel	*ske*
(in Butter) gebraten	*(smør)stegt*
Salz/Pfeffer	*salt/peber*
Teller	*tallerken*
Öl/Essig	*olie/eddike*

Allgemein

traditionell(e)	*gammeldags*
durch	*gennem*
Glas/Flasche	*glas/flaske*
hausgemacht	*hjemmelavet*
Curry	*karry*
Messer/Gabel	*kniv/gaffel*
gekocht	*kogt*

Getränke – Drikkevarer

(Fass)Bier	*(fad)øl*
Glühwein	*gløgg*
Weißwein	*hvidvin*
(Mineral)Wasser	*(mineral)vand*
Rotwein	*rødvin*
Soda (Fanta, Cola etc.)	*sodavand*
heiße Getränke	*varme drikke*

Zahlen

0	*nul*	10	*ti*	20	*tyve*
1	*en*	11	*elleve*	30	*tredive*
2	*to*	12	*tolv*	40	*fyrre*
3	*tre*	13	*tretten*	50	*halvtreds*
4	*fire*	14	*fjorten*	60	*treds*
5	*fem*	15	*femten*	70	*halvfjerds*
6	*seks*	16	*seksten*	80	*firs*
7	*syv*	17	*sytten*	90	*halvfems*
8	*otte*	18	*atten*	100	*et hundrede*
9	*ni*	19	*nitten*	1000	*et tusind*

Zeitangaben

Montag	*mandag*
Dienstag	*tirsdag*
Mittwoch	*onsdag*
Donnerstag	*torsdag*
Freitag	*fredag*
Samstag	*lørdag*
Sonntag	*søndag*
heute	*i dag*
gestern	*i går*
vorgestern	*i forgårs*
morgen	*i morgen*
übermorgen	*i overmorgen*
jetzt	*nu*
später	*senere*
täglich	*daglig*
jeden Tag	*hver dag*
morgens	*om morgenen*
vormittags	*om formiddagen*
mittags	*ved frokosttid*
abends	*i aften*
Stunde	*time*
zwei Stunden	*to timer*
Sonnenaufgang	*solopgang*
Sonnenuntergang	*solnedgang*

Ein paar wichtige Sätze

Sprechen Sie Deutsch/Englisch?	*Taler du tysk/engelsk?*
Ich verstehe kein Dänisch.	*Jeg forstår ikke dansk.*
Ich kann kein Dänisch.	*Jeg taler ikke dansk.*
Ich heiße …	*Jeg hedder …*
Wo kann ich das Auto parken?	*Hvor kan jeg parkere bilen?*
Wo finde ich …?	*Hvor er …?*
Wo fährt der Bus?	*Hvor går bussen fra?*
Können Sie mir helfen?	*Kan du hjælpe mig?*
Ich brauche einen Arzt.	*Jeg har brug for en læge.*
Hier tut es weh.	*Jeg har smerter her.*
Haben Sie ein Zimmer?	*Har du et værelse?*
mit Frühstück?	*med morgenmad?*
Kann ich mit (dieser) Kreditkarte bezahlen?	*Kan jeg betale med (dette) kreditkort?*
Wie viel kostet …?	*Hvor meget koster …?*
Wann öffnet/schließt …?	*Hvornår åbner/lukker …?*
Zutritt verboten	*adgang forbudt*
Vorsicht!	*Pås pa!*

Sonnenuntergang im Winter

Kartenverzeichnis

Zeichenerklärung für die Karten und Pläne

- Autobahn (mit Ausfahrt)
- Autobahn im Bau
- Fernstraße (vierspurig)
- Hauptstraße (vierspurig)
- Nebenstraße (vierspurig)
- Piste/Pfad
- Track mit Waypoint
- Bahnlinie
- Fährlinie
- Landesgrenze
- Regionsgrenze
- Fluss/Kanal
- Militär. Sperrgebiet
- Truppenübungsbereich
- Nationalpark
- Waldfläche
- Strand
- Schwemmland
- Flughafen/Flugplatz
- Fähre/Fährhafen
- Parkplatz
- Krankenhaus
- Campingplatz
- Brücke
- Information
- Golfplatz
- Sehenswürdigkeit
- Burg/Schloss
- Kirche/Kloster
- Archäologische Stätte
- Museum
- Leuchtturm
- Windmühle
- Badestrand
- Naturattraktion
- Aussichtspunkt
- Schutzhütte

Alles im Kasten

Fotonachweis

Alle Fotos von Heidi Schmitt außer: S. 266 (Ambiente A-S) | S. 129 (Anders Schoennemann) | S. 265 (Fårup Sommerland) | S. 251 (Holstebro Museum/Lis Helles Olesen) | S. 20, 138, 139 (Legoland) | S. 2 (Peter Schmitt) | S. 370 (Rafael Zajac) | S. 28, 336 (Reiseziel Sydvestjylland) | S. 338 (Reiseziel Sydvestjylland/Thomas Høyrup Christensen) | S. 316 (Skagens Kunstmuseer) | S. 176 (Strandingsmuseum St. Georg) | S. 212 (Visit Denmark/Anne-Sophie Rosenvinge) | S. 218 (Visit Denmark/Mark Wengler)

Das Foto von Heidi Schmitt auf S. 65 entstand mit freundlicher Genehmigung der Nolde Stiftung Seebüll.

Sandskulpturenfestival Søndervig

Was haben Sie entdeckt?

Haben Sie ein besonderes Restaurant, ein neues Museum oder ein nettes Hotel entdeckt? Wenn Sie Ergänzungen, Verbesserungen oder Tipps zum Buch haben, lassen Sie es uns bitte wissen!

Schreiben Sie an: Heidi Schmitt, Stichwort „Dänemark Nordseeküste"

c/o Michael Müller Verlag GmbH | Gerberei 19 | D – 91054 Erlangen

heidi.schmitt@michael-mueller-verlag.de

Vielen Dank!

Vielen Dank allen Mitarbeiterinnen und Mitarbeitern der örtlichen Touristenbüros, Nationalparkverwaltungen, Pressestellen, Museen, Künstlerinnen und Künstlern, Gastronomiebetrieben etc. für die freundliche Unterstützung. Herzlichen Dank an Berit und Julia. Ganz besonders danke ich meinem Mann Peter Schmitt.

Impressum

Text und Recherche: Heidi Schmitt | **Lektorat:** Carmen Wurm | **Redaktion:** Ricarda Böhm | **Layout:** D&M Services GmbH: Jana Dillner, Jana Locker, Julia Lüssow | **Karten:** Hans-Joachim Bode, Theresa Flenger, Judit Ladik, Benedikt Neuwirth | **Herausnehmbare Karte:** Benedikt Neuwirth | **GIS-Consulting:** Rolf Kastner | **Innentitel:** Leuchtturm von Rubjerg Knude in Løkken | **Covergestaltung:** Karl Serwotka | **Covermotiv:** Boote am Strand von Vorupør

ISBN 978-3-96685-269-2

 Druck: Livonia Print, Riga.

Haftungsausschluss

Die in diesem Reisebuch enthaltenen Informationen wurden von der Autorin nach bestem Wissen erstellt und von ihr und dem Verlag mit größtmöglicher Sorgfalt überprüft. Dennoch sind, wie wir im Sinne des Produkthaftungsrechts betonen müssen, inhaltliche Fehler nicht mit letzter Gewissheit auszuschließen. Daher erfolgen die Angaben ohne jegliche Verpflichtung oder Garantie der Autorin bzw. des Verlags. Autorin und Verlag übernehmen keinerlei Verantwortung bzw. Haftung für mögliche Unstimmigkeiten. Wir bitten um Verständnis und sind jederzeit für Anregungen und Verbesserungsvorschläge dankbar.

Register

Die in Klammern gesetzten Koordinaten verweisen auf die herausnehmbare Karte.

Dänemark Nordseeküste
Die Wattküste, S. 26
Nationalpark Vadehavet
Nationalpark Schleswig-Holsteinisches Wattenmeer
Süddänemark (Syddanmark)
Sønderjylland
Fyn
Kleiner Belt (Lillebælt)
DEUTSCHLAND
Esbjerg
Varde
Grindsted
Billund
Vejle
Hedensted
Fredericia
Middelfart
Kolding
Haderslev
Aabenraa
Sønderborg
Odense
Svendborg
Faaborg
Ribe
Tønder
Westerland
Sylt
List
Rømø
Fanø
Mandø
Nordby
Sønderho
Blåvandshuk Fyr
Blåvand
Ho Bugt
Hjerting
Oksbøl
Vejers Strand
Filsø
Henne Kirkeby
Outrup
Nørre Nebel
Nymindegab
Bork Vikingehavn
Ølgod
Tistrup
Give
Legoland
Billund Lufthavn
Esbjerg Lufthavn
Tofterup
Vorbasse
Egtved
Børkop
Holsted
Bramming
Vejen
Lunderskov
Vamdrup
Rødding
Christiansfeld
Jels
Gram
Vojens
Vadehavs-centret
Vester Vedsted
Egebæk-Hviding
Toftlund
Skærbæk
Nationalmuseet Kommandørgården
Bredebro
Løgum-kloster
Kloster-kirche
Rødekro
Højer
Tinglev
Gråsten
Süderlügum
Husum, Flensburg
Flensburg, Hamburg
Glücksburg (Ostsee)
Broager
Nordborg
Als
Assens
Haarby
Ringe
Bellinge
Vissenbjerg
Årslev
Bogense
Otterup
Hans Christian Andersen Lufthavnen
Kerteminde
Kopenhagen
Langeland
Tåsinge
Endelave
Samsø
10 km